DÎNER DE GALA

PHILIPPE VIDELIER

DÎNER DE GALA

L'étonnante aventure des Brigands Justiciers de l'Empire du Milieu

nrf

GALLIMARD

L'Histoire doit commencer par l'Empire chinois, car c'est le plus ancien aussi loin que l'on remonte, et certes son principe est d'une telle substantialité qu'il est pour cet empire le plus ancien comme le plus nouveau. De bonne heure déjà, nous voyons la Chine en arriver à cet état où elle se trouve aujourd'hui…

GEORG WILHELM FRIEDRICH HEGEL (1770-1831)
Leçons sur la philosophie de l'Histoire

Prologue

Après que tout fut accompli des Printemps et Automnes, lorsque le Sage aux longues oreilles reçut le Sage au regard perçant, il lui confia d'une voix égale : « Ceux dont tu parles, même leurs ossements sont tombés en poussière, et il ne reste rien d'eux que leurs paroles. »

Alors, ayant dit et s'étant tu, le Vieux Sage aux longues oreilles se dirigea vers l'ouest, juché sur le dos d'un buffle docile. Il quitta le pays par la porte d'occident et jamais on ne le revit.

CHAPITRE I

Au bout du monde, un Britannique s'enquiert de poèmes magiques et une Américaine de la chasse au tigre — Un jeune homme découvre les Cent Huit Brigands Justiciers.

Il ne faut pas croire ce que dit Li Rui. Li Rui est un fieffé menteur. Mais il n'est pas fou. Seulement prudent. Qui lui donnerait tort ? Li Rui a commencé par le nécessaire, rien de plus : « Le camarade Mao Zedong était une personne célèbre pour sa modestie et sa cordialité. » Et si ce n'étaient pas là ses qualités principales, comme l'insinuaient de mauvais éléments, c'est qu'il en avait bien d'autres, plus marquantes encore. Les Soviétiques eux-mêmes en convenaient avant d'avoir emprunté le chemin boueux du capitalisme, quand ils étaient encore des frères pleins de prévention, comme doivent l'être les aînés. Finoguénov, artiste au joli coup de crayon et à la langue bien pendue, avait eu le bonheur de pénétrer au cœur de la Cité Interdite, de serrer cette main, d'en recevoir une cigarette. Tout était exactement comme il l'imaginait : « Dans son costume kaki avec son front magnifique de philosophe et de poète, ses yeux noirs attentifs et brillants, avec la douceur et la sensibilité qui se dégagent de sa personne, Mao Zedong produit, lorsqu'on l'a approché, une impression ineffaçable. » Qui oserait le nier ? Mao en connaissait un rayon en philosophie : la pratique, la contradiction, le un-qui-se-divise-en-deux... En outre, il savait aussi tracer les caractères subtils formant des poèmes appréciés jusque dans l'opulent Occident.

« Donnez-moi un poème », lui avait demandé l'Anglais au Repaire, dans les temps héroïques, avant de grimper dans l'avion du retour. « Non, ils sont tellement stupides », avait répondu le simple philosophe, modeste et cordial. L'Anglais travaillait pour le Foreign Office. Il venait aux nouvelles et croyait savoir qu'existait en de rares exemplaires un recueil intitulé *Poésies du Vent et du Sable* dont on avait besoin à Londres, sur la Tamise, afin de se faire une idée exacte de la situation. L'Anglais et le Chinois avalèrent donc, dans les grottes de lœss sobrement aménagées du pays écarté, une soupe de poulet, du riz, des tomates, et Mao évoqua la Longue Marche : « Je ne sais pas comment j'ai survécu… Il y avait tant de lieux où personne n'était jamais allé avant. C'était tellement solitaire que l'on se demandait si on était arrivé à l'extrémité du monde. »

Personne dans l'Armée Rouge ne redoutait les misères de la Longue Marche.
Nous regardions avec mépris les mille pics, les dix mille rivières,
Les Cinq Chaînes s'élevaient et s'abaissaient comme des vagues qui ondulent,
Les montagnes de Wuliang n'étaient plus que de petits cailloux verts.

« Ainsi, vous voulez mes poèmes ? s'étonnait Mao. J'ai pensé…, poursuivit-il en hésitant, j'ai décidé que vous ne pouviez les avoir. Ils sont si stupides ! » « Vous savez, j'écris seulement des poèmes pour m'amuser, insistait le Chinois quand l'Anglais revenait à la charge. Nous livrons d'énormes batailles, actuellement, ce n'est pas le moment d'écrire des poèmes. » Il le faisait tout de même, plus ou moins en cachette.

Son nom franchissait déjà les océans, porté par l'éther. Sa réputation était établie. Quelques chanceux intrépides parvenaient jusqu'à lui.

Lorsque l'Américaine arriva, à peu près en même temps que l'Anglais, le camarade Mao Zedong, cordial et modeste, reçut la visiteuse à l'ombre d'un pommier pour deviser aimablement. Au soir, ils dégustèrent un plat sans nom dans lequel se mêlaient haricots, oignons et piments rouges, suivi d'un riz aux huit trésors. Les conversations se prolongèrent. Mao révéla à l'Américaine que les réactionnaires étaient des tigres de papier. Elle en fut ravie, consigna ces termes dans son carnet. « Mao Zedong, soulignait-elle, a des connaissances très étendues… Il est aussi à l'aise dans le domaine de la philosophie occidentale, depuis les Grecs de l'Antiquité jusqu'aux penseurs contemporains en passant par Spinoza, Kant et Hegel. » Ceux qui l'avaient connu plus jeune en doutaient. Mao n'avait pas lu grand-chose, sifflaient-ils, et n'était pas bien éduqué. Cependant, on ne pouvait tout lui enlever. Ce n'aurait pas été équitable, pas juste.

Assurément, il avait avalé *Le Roman des Trois Royaumes,* aux mille héros et vilains, et *Au bord de l'eau*, l'histoire prodigieuse des Cent Huit Brigands Justiciers, chevaliers des vertes forêts et des marais inexpugnables. Sans doute aucun, il avait parcouru de part en part *Le Voyage vers l'Ouest du Singe pèlerin* et *Le Rêve dans le Pavillon rouge* aussi appelé *Récit du bonze sentimental* ou *Miroir caché des amours*. Mao Zedong savait par cœur leurs péripéties. Rien là d'original, ironisaient les lettrés prétentieux, ceux qui avaient négligé de se frotter l'esprit et le corps aux foules ouvrières et paysannes. Ce ne sont que vétilles, bagatelles et broutilles, rognonnaient-ils, quiconque a fréquenté un peu d'école a goûté à cette littérature, fût-ce en tranches fines, entraîné mécaniquement par les annonces alléchantes d'ouverture et les injonctions prometteuses de fin de chapitre : PRÈS DU PAVILLON D'ÉMERAUDE, LA CHARMANTE XUE FAIT LA CHASSE AUX PAPILLONS BARIOLÉS, « … mais pour savoir ce qui va se passer, lisez plutôt le chapitre suivant ». DANS LA COUR DU ROUGE CHARMANT, MÈRE LIU IVRE MORTE EST TOMBÉE, « … pour savoir la suite, tournez la page et lisez le chapitre suivant ». AINSI DONC LES TROIS VOYAGEURS ALLAIENT VERS L'OUEST, ET FINALEMENT ILS ARRIVÈRENT DEVANT UNE GRANDE PLAINE, « … et si vous ne savez pas combien de temps devait encore s'écouler avant qu'ils fussent gratifiés de l'Illumination, écoutez ce qu'on va vous conter dans le chapitre suivant ». Les romans chinois des siècles écoulés se ponctuaient invariablement de cette façon. LE TOURBILLON-NOIR AFFRONTE L'ANGUILLE-BLANCHE, « … lisez la suite, elle ne vous décevra pas ». Il fallait au moins ces appels palpitants pour suivre les aventures complexes et tortueuses des multiples personnages difficiles à situer : la bru de la Première Wang, appelée aussi la Première, le fils d'un général, la bonzesse du couvent du Treillage Émeraude, l'Empereur de Jade et la Reine du Ciel, le Grand-Sage et la Matrone des Éclairs, et les Cent Huit Brigands redresseurs de torts aux noms formidables.

Quand il avait déniché ses deux premiers livres précieux, dans son village natal de Shaoshan, Mao Zedong n'avait pas treize ans. Il s'asseyait sous un arbre, près d'une ancienne tombe, et apprenait à en déchiffrer les caractères. Son père n'était pas content de le voir échapper aux travaux des champs. Son père était rapiat et dur. Parfois, ils se prenaient de bec. Le vieux aimait mieux voir son fils récolter les fèves et engraisser les porcs que de lire les histoires sans queue ni tête de démons malfaisants et de guerriers agiles. Il le traitait de « glouton » et de « paresseux » et il s'en fallait d'un poil que leurs rapports ne tournent au pugilat. Bien sûr, Li Rui n'était guère disert sur ces points. Il importait peu d'en savoir plus, suggérait-il, convaincu qu'il importait plus d'en savoir peu.

Li Rui le conteur ne faisait que répéter ce qu'il avait entendu dire en haut lieu de l'enfance du jeune Mao : « C'était un expert pour nourrir le bétail et élever les cochons. Il nettoyait si bien étables et porcheries que les vaches et les gorets dont il avait la charge n'étaient jamais malades… » Mao préférait néanmoins se plonger dans les intrigues bouillonnantes d'*Au bord de l'eau* et du *Roman des Trois Royaumes* et, tout instruit qu'il était en animaux domestiques, il décida de quitter son pays afin d'apprendre davantage. « Où habites-tu, Mao Zedong ? lui demanda le maître de l'école éloignée et moderne.

— Je vis à Shaoshan, à environ quarante ou cinquante lis d'ici.

— Et quel âge as-tu ?

— J'ai quinze ans passés.

— Tu sembles assez grand pour en avoir dix-sept ou dix-huit. As-tu fréquenté l'école de ton village ?

— J'ai étudié deux ans avec M. Wang et je peux lire des romans assez correctement.

— Et quel genre de romans lis-tu, Mao Zedong ?

— J'ai pas mal lu *Le Roman des Trois Royaumes* et *Au bord de l'eau*.

— Mais as-tu lu les manuels de primaire ?

— Non, monsieur, je ne les ai pas lus.

— Es-tu capable de lire les livres de deuxième année ?

— La plupart. Il y a des caractères que je ne connais pas encore.

— As-tu appris un peu de mathématiques ?

— Non, pas du tout.

— Et que sais-tu de l'histoire et de la géographie ?

— Je n'ai encore rien appris de l'histoire ou de la géographie.

— J'aimerais que tu écrives deux lignes en caractères classiques… »

Mao s'exécuta avec grâce mais le maître jugea que ça n'allait pas, que son doigté n'était pas bon et qu'il ne savait pas tenir correctement un pinceau. À force de supplications, le jeune garçon évita le renvoi et s'efforça de suivre la classe. C'est là qu'il apprit la double mort de l'Empereur et de l'Impératrice douairière, survenue deux ans auparavant. Et c'est là qu'il découvrit un ouvrage curieux prêté par un de ses condisciples : *Les Grands Héros du monde* où il était question de gens importants, ayant vécu au-delà des frontières et au-delà des mers, dont les noms s'inscrivirent dans sa mémoire. Il sut ainsi qu'avaient existé, quelque part, chacun pour soi et pour la grandeur des nations, Wellington, Gladstone et Napoléon, Montesquieu, Rousseau et Lincoln, et celui aussi qu'on appelait Washington. Cela l'avait marqué : « Après huit ans d'une guerre difficile, Washington remporta la victoire et édifia son pays », était-il expliqué en caractères mandarins.

Mao Zedong progressait. Avec l'appui d'un enseignant qui lui prodiguait des cours de soutien, Mao apprit à composer des dissertations en forme classique et à mieux manier son pinceau. Un professeur audacieux décrivait en phrases fleuries le Japon enviable qui s'était affranchi d'un passé de servitude, et lui apprit les couplets de *La Bataille en mer Jaune*, aimable chanson de cette contrée :

Le grenadier fleurit pourpre,
Les saules ont la feuille tendre,
Et voilà un nouveau tableau.

Cependant, Mao se fâcha avec ses condisciples qui le craignaient à juste titre parce qu'il était grand et fort. Mao Zedong avait l'habitude de raconter autour de lui les exaltantes histoires des Trois Royaumes et des Cent Huit Brigands Justiciers, jusqu'à ce que le professeur d'histoire de l'école moderne prétende que tout cela n'était que roman et fables, qu'il ne fallait pas plus que ça y ajouter foi. « Es-tu plus savant que nos pédagogues ? » lui demandèrent les élèves narquois, tant il est facile de s'appuyer sur l'autorité. « Vous êtes une bande de traîtres et de lâches, rétorqua Mao en colère, et je vais vous casser la gueule. » S'il n'est pas sûr qu'il le fît, il y pensa très sérieusement. Ne le méritaient-ils pas ?

Mao Zedong songea à changer d'air, à aller de l'avant. Il ne souhaitait pas retourner à sa vie antérieure. « Le travail à la ferme me dégoûtait », confiait-il à qui voulait l'entendre. Et puis c'était une époque de famine, une époque triste et douloureuse pour les paysans, les métayers, les pauvres de la campagne. Mao le savait bien. Il avait entendu parler dans son village des sociétés secrètes, de la *Gēlǎohuì*, la Société des Frères Aînés qui, tels les Cent Huit Brigands du bord de l'eau, entendaient faire régner la Justice et pillaient des greniers à riz pour le distribuer aux indigents. Il se souvenait de ces révoltés, de Pang-le-Meulier qui fut attrapé et décapité. La Chine était en proie au trouble. Il courait le bruit que l'Empereur régnant était mort empoisonné par la vieille Impératrice douairière, maternelle, propice, auguste, protectrice, paisible, nourricière, glorieuse, indulgente, grave, sincère, comme on disait à tout bout de champ en lui prodiguant son lot de « *Wànsùi ! Wànsùi !*

Wànwànsùi ! » — « Dix mille ans de vie ! Qu'elle vive longtemps, très longtemps, une vie respectable, pieuse, altière, brillante ! » Or, il advint par maléfice ou enchantement que l'Impératrice douairière, frappée d'une maladie fatale, enfourcha le lendemain même le dragon céleste. Ça n'avait pas traîné !

Comme elle avait en sa vie dominé trois empereurs, broyé la révolte des Taiping et celle des Boxers, mis au pas les lettrés récalcitrants, elle jouissait d'une certaine considération. Aussi le Grand Eunuque, avant de refermer son cercueil, l'étendit sur un matelas de fils d'or épais de sept pouces, la tête reposant sur des feuilles de lotus taillées dans le jade, le corps enroulé neuf fois d'un cordon de perles, entouré de cent huit Bouddhas d'or et de pierres précieuses, d'abricots de saphir, de citrouilles de jade, de dattes de rubis pour prévenir ses besoins.

Le nouvel empereur, élevé au trône sous le nom de Xuantong, n'était âgé que de deux ans et dix mois. L'enfant poussait des cris dans la salle de la Suprême Harmonie où se tenait la Grande Cérémonie tandis que son père le régent lui glissait à l'oreille : « C'est bientôt fini... » La révolution éclata à Wuchang au soir du 10 octobre 1911 et c'est pourquoi cette date mémorable est communément appelée Double-Dix, jour et mois où fut renversée la dynastie mandchoue des Qing si funeste au pays. Les insurgés hissèrent sur les murailles leur bannière triomphante : le *Taìjítú* des origines, poissons Yin et Yang, diagramme de l'unité communielle des contraires, entouré d'une ronde d'étoiles à six pointes. La révolution courut comme le feu, de cité en cité, de province en province. Les armées des Han rejetaient l'Ancien avant que n'éclose le Nouveau, l'Empire s'écroulait laissant place au chaos des espérances et des idées. Les hommes coupaient leur natte, signe de soumission. Ils coiffèrent des chapeaux importés et firent la fortune de Borsalino. Les femmes cessèrent de bander leurs pieds atrophiés.

Mao Zedong se trouvait dans la capitale provinciale, à Changsha. Il trancha sa natte et s'engagea comme simple soldat. De ce qu'il fit à ce moment et de ce qu'il ferait ensuite, il ne souffla mot ni à l'Américaine invitée à la chasse au tigre, ni à l'Anglais en quête de poésie. Il ne le révéla qu'à l'Américain-Venu-en-Premier, celui qui les connaissait tous. Mais si vous voulez savoir comment et pourquoi, tournez simplement la page.

CHAPITRE II

En été, un journaliste confirmé fait la connaissance des Bandits Rouges — Un publiciste en herbe prône l'éducation physique.

L'Américain-Venu-en-Premier arriva où il devait par un après-midi d'été, sur un petit cheval à l'échine fatiguée, poussé par la curiosité. Ceux qu'il voulait observer, il avait, pour les voir, cheminé longtemps, bravé maints dangers, sauté de train en camion, contacté des passeurs clandestins, des agents camouflés, mangé du chou, de la bouillie de millet, toutes choses méritoires de la part d'un Américain de Kansas City, Missouri. Sur la route il avait aperçu les slogans en gros caractères qui, selon, faisaient froid dans le dos ou donnaient du cœur au ventre : « À bas les propriétaires fonciers qui se repaissent de notre chair ! » « À bas les militaristes qui boivent notre sang ! » « Vive l'Armée Rouge chinoise ! »

Errant à l'aventure vers le Territoire Interdit, l'Américain, engagé dans un tour du monde formateur après avoir gagné une grosse somme d'argent en Bourse, se présentait dans les hameaux des vaux et des monts avec force explications, en un chinois douteux, sur sa présence insolite : « Je suis un journaliste américain… Je viens pour interviewer Mao Zedong. » Mais il ne s'attirait que des réponses lapidaires et des regards en biais : « *Wǒ bù zhīdào…* », « *Wǒ bù dǒng…* », « Pas savoir… », « Pas comprendre… », jusqu'à ce qu'au lieu-dit La Paix des Cent Familles, croisant un groupe de paysans peu amènes, pourvus de piques et de vieilles pétoires, il s'entende interpeller : « *Hello ! Are you looking for somebody ?* » « Vous cherchez quelqu'un ? » Celui qui parlait, jeune et souple, avait l'élégance douce d'un mandarin et des manières polies. Il portait une barbe noire et sa tête était mise à prix.

C'est ainsi que l'Américain-Venu-en-Premier parvint au terme de son voyage, c'est ainsi qu'il fut escorté jusqu'à la capitale provisoire des Bandits Rouges, comme on disait à Shanghai dans les salons et les bouges, ou au Japon chez les militaires à bandes molletières. Au creux de cette vallée retirée, à peu de distance de la Grande Muraille jadis protectrice, se tenait Mao Zedong, chef incontesté. Il demeurait dans une grotte, entouré de ses fidèles lieutenants, ceux qui l'avaient suivi dans son odyssée, ceux qui avaient marché avec lui depuis les vertes forêts du lointain Jiangxi.

Mao Zedong passait son temps à réfléchir aux choses de la guerre sous leurs aspects divers. Il combattait les Japonais, autrefois admirés, les cliques mandchoues et cantonaises, celles de Pékin et de Nankin, les propriétaires fonciers et les réactionnaires tigres en papier. Mao Zedong combattait tout le monde, en somme, mais avec une habileté peu banale qui excita l'attention des étrangers.

Poète à ses heures perdues, philosophe quand cela lui chantait, Mao Zedong était de notoriété internationale un grand stratège. Il possédait à la perfection et au-delà de la perfection, supposait-on, le *Sunzi* des Royaumes Combattants. Là résidait son secret.

Ce n'était pas à dire vrai dans l'Armée nouvelle du Hunan, en 1911, qu'il l'avait percé. Non. Ce fut bien plus tard.

Dans l'Armée nouvelle du Hunan, il n'était resté que peu, écrivant des lettres pour les uns et pour les autres parce qu'il maniait déjà mieux le pinceau que ceux qu'il fréquentait. Il avait fait ami-ami avec un mineur et un forgeron, peu portés sur la calligraphie. Après six mois, la République étant proclamée, il quitta l'uniforme et retourna à ses études. L'empereur Xuantong, âgé de six ans, demeura dans son palais de la Pureté Céleste entouré de ses eunuques et conserva le droit de manger autant qu'il le souhaitait du poulet vapeur aux champignons impériaux, des mamelles froides marinées dans le vin et du canard de la triple délicatesse. Mao Zedong dévorait les livres. À ce qu'il prétendait, il engloutit successivement la *Richesse des nations* d'Adam Smith, *L'Origine des espèces* de Charles Darwin et *L'Esprit des lois* de Montesquieu. Il lui arrivait de déjeuner aussi de deux galettes de riz. Parfois, il restait debout, concentré, devant la grande carte accrochée au mur de la bibliothèque. Il ne pensait pas, jusque-là, que le monde fût si vaste. Il voulut ingurgiter en bloc le nom de toutes les villes majeures de tous les pays, les océans, les montagnes et les fleuves, sans rien omettre d'important. Mao Zedong cherchait la Voie. Il s'inscrivit successivement dans diverses écoles, versant un yuan à chaque fois. Il pencha d'abord pour une école de police, se ravisa, lui préférant un établissement où s'enseignait la fabrication du savon qui rendrait la Chine propre et hygiénique. En troisième choix, il envisagea le droit afin de devenir quelqu'un, mais renonça. Il tenta en quatrième l'école de commerce parce que, à son avis et de toute évidence, la Patrie manquait d'économistes dégourdis. Cela ne fit pas son affaire. Il jeta finalement son dévolu sur l'École Moyenne provinciale mais, la trouvant peu à son goût, la délaissa après six mois.

En cet endroit cependant, Mao Zedong, étudiant hésitant, rédigea son premier écrit connu et prisé à tous les degrés : *Essai sur la manière dont Shang Yang établit la confiance en déplaçant le pieu.* Ce n'était pas un écrit militaire fulgurant ou une poésie classique amollie. De la philosophie, peut-être, avec l'indulgence due aux esprits enthousiastes. Le professeur en était si satisfait qu'il posa la dissertation en exemple, l'annota de cercles et de points. La manière dont Shang Yang établit la confiance s'avérait fort simple, la façon dont il finit bien lugubre. Shang Yang était un ministre remarquable du temps des Royaumes Combattants, c'est-à-dire d'il y a bien longtemps, et Mao l'admirait beaucoup. Yang avait des principes. « Qui hésite à entreprendre ne deviendra pas célèbre, qui tergiverse dans l'action échoue. » L'illustre homme d'État ajoutait, péremptoire et audacieux : « Il n'y a pas une seule voie pour gouverner le monde. » Mao acquiesçait : « Les lois et les règles sont des outils pour faire le bonheur, assurait-il. Si les lois et les règles sont bonnes, le bonheur de notre peuple sera certainement grand… Les lois de Shang Yang étaient de bonnes lois. Si vous vous retournez aujourd'hui sur nos quatre mille ans d'histoire enregistrés dans les annales, et sur les grands hommes qui ont cherché le bien-être du pays et le bonheur du peuple, Shang Yang n'est-il pas l'un des tout premiers de la liste ? » Il n'avait pour s'en convaincre que les antiques *Mémoires historiques* de Sima Qian, fonctionnaire de talent qui écrivit en l'an moins 100, avant d'être châtré pour avoir déplu à son souverain. Il arriva donc que Shang Yang, pour garantir la parole des gens de pouvoir, promit de l'or à celui qui déplacerait vers la porte nord de la cité qu'il administrait un pieu planté à la porte sud. Ainsi fut dit, ainsi fut fait, et la confiance revint. Fort de ce crédit, il gouverna à satiété et fut paré du titre clinquant de Grand Créateur du Bien. Hélas ! Les lois qu'il imposa, les codes qu'il mit en place, les mesures qu'il adopta lui valurent d'être regardé de travers et occis à la première occasion. Son cadavre fut écartelé et l'historien Sima Qian jugea que c'était bien fait.

Mao pleurait à chaudes larmes sur le triste sort du triste sire. « Quand je lis les *Mémoires historiques* sur l'affaire Shang Yang, je déplore la bêtise du peuple, se lamentait-il. Et je crains que si cette histoire d'établir la confiance en déplaçant le pieu parvenait à la connaissance des peuples civilisés de l'Est et de l'Ouest, ceux-ci ne se tordent de rire à s'en tenir le ventre et émettre quelque bruit moqueur de leur langue. Je ferais mieux de ne rien dire de plus. » Il n'avait pas tort. Auprès des étudiants acharnés ou de meilleure extraction, Mao faisait pâle figure, son coup de pinceau manquait encore d'adresse. « Tu peux écrire deux caractères dans un seul petit carré, s'étonnait-il auprès d'un condisciple, tandis que moi j'ai besoin de trois carreaux pour deux caractères. »

Mao Zedong noircissait des cahiers en neuf colonnes. Il recopiait les poésies languissantes de Qu Yuan, lequel s'était jeté dans un fleuve en l'an moins 278, au cinquième jour de la cinquième lune. Mao calligraphiait les *Neuf Chants* qui étaient onze (le *neuf* n'ayant été retenu que pour ses vertus de Yang mutant des oracles) et la *Rencontre de la tristesse* que de contrariants exégètes désignent parfois par *Douleur de l'éloignement* ou *Éloignement du chagrin* car la poésie ancienne est matière ardue. « *En tourbillonnant les vents s'unirent, ils se précipitaient à la rencontre les uns des autres / Menant nuées et vapeurs, ils venaient pour me conduire... / Je liais ensemble de secrètes orchidées, longtemps attendis debout. / Le siècle est fange, eau trouble, nul n'y discerne...* » En réalité, Mao prenait des notes sur tout ce qui aiguisait son appétit. Sous l'influence des événements impondérables et surprenants, du renversement inopiné de l'Empire millénaire et abhorré, les jeunes de Chine, ceux qui avaient comme lui vingt ans et croyaient que c'était un âge utile, étaient devenus boulimiques. Ils brûlaient du désir ardent de « mettre à bas Confucius et sa boutique », et s'étaient pris d'amour pour la science de l'Occident, les ouvrages prodigieux des littérateurs et des savants. Ils n'avaient que l'embarras du choix. Deux lettrés, Yen Fu et Lin Shu dont les noms brillaient, en avaient traduit par boisseau. Lin Shu, qui ne maîtrisait d'autre langue que la sienne, avait transcrit en chinois ancien *La Dame aux camélias*. Ce n'était pas, malgré les préjugés, une tâche trop compliquée. Il lui suffisait de dresser l'oreille, d'écouter attentivement l'un de ses nombreux assistants exposer en mandarin un quelconque exemplaire imprimé en japonais d'auteur français, russe, suédois ou américain, pour en faire avec son pinceau précieux dix mille caractères. Par sa méthode frugale Lin Shu offrit aux Chinois cent quatre vingts romans, les chevaliers de Walter Scott, les enfants malheureux de Charles Dickens, et jusqu'au pathétique oncle Tom d'Harriet Beecher-Stowe. Yen Fu était moins fécond, mais il avait l'avantage de parler l'anglais. Ce n'était pas superflu pour aborder Spencer et T. H. Huxley. Yen Fu avait étudié ce langage autrefois en Grande-Bretagne, au Collège naval royal de Greenwich, quand il plut à la Cour Céleste de disposer d'une armée véritable, d'arsenaux puissants et d'en façonner à l'étranger les serviteurs expérimentés. Yen Fu revint la tête pleine, il fumait l'opium et ruminait les systèmes singuliers des philosophes exotiques. Ses traductions, par sortilège, eurent une grande influence. Elles faisaient éclore en Mao Zedong des pensées fleuries qu'il confiait à son cahier : « Mes limites doivent être étendues jusqu'à ce que l'univers devienne un grand Moi. Un Moi individuel est petit ; un Moi universel est grand.

Le Moi individuel est fait de chair et d'os ; le Moi universel est celui de l'esprit... La Voie Royale est aussi simplement de permettre au peuple de se vêtir de soie et de se nourrir de grain, afin de lui éviter le froid et la faim... Il est une qualité des plus difficiles à s'imposer dans la vie : être méticuleux. Si l'on peut éviter d'être négligent en toute affaire et prolonger cela des petites aux grandes choses, on peut certainement atteindre la sagesse. » Il s'y employait avec avidité, épluchait les journaux, réfléchissait parfois en cheminant au bord de l'eau. Ses pas le conduisirent devant l'École Normale de Changsha, il la trouva digne de ses attentes. Grâce aux admonestations d'un pédagogue peu commode appelé Yuan Grande-Barbe, Mao Zedong progressa dans l'écriture. Il atteignit un style calqué sur celui de l'empereur Huizong, de la dynastie des Song, qui avait régné dans la délicatesse vers l'an 1100 avant de se faire étriller par les barbares de Mandchourie.

Mao s'appliquait à ranger dans sa mémoire toutes sortes de connaissances utiles, consignées en vrac comme elles lui arrivaient. Leçon de chinois, de mathématiques, que de travail ! Chinois : « Le caractère *shaan*, inclus dans le nom de la province du Shaanxi, est composé du radical de "Grand" et du radical de "Entrer"... » Calcul : « La référence de la longitude est ou ouest étant l'observatoire de Londres, capitale de l'Angleterre, la longitude de Pékin est de 116° 30′, et la position du Japon est de 139° 40′ de longitude... » Philosophie : « Wang Chuanshan, lettré ming, a dit : "Il y a eu des héros qui n'ont pas été des sages, mais jamais de sages qui n'ont été des héros" » — Explication : « Les sages sont ceux qui atteignent la perfection à la fois en vertu et en accomplissement. Les héros manquent de vertu même s'ils accomplissent de grandes choses et atteignent la gloire, par exemple *Vieux Na* (ainsi appelait-il Napoléon) était un héros, pas un sage. » Perfectionnement : « Une marche de dix mille lis commence par un seul pas. » Mao Zedong apprit comment l'Anglais Isaac Newton, gardien de moutons à ses débuts, élucida les mystères de la nature, du mouvement, des forces contraires, comment Benjamin Franklin, de Philadelphie, aimantait une aiguille pour indiquer le nord, comment James Watt, de Greenock en Écosse, améliora la machine à vapeur indispensable aux fabriques avancées. L'élève se donnait bien du mal. On ne peut pas dire qu'il flemmardait. « Tôt le matin, j'apprends l'anglais, racontait-il à un bon camarade. De huit heures à trois heures de l'après-midi, j'assiste aux cours ; de quatre heures jusqu'au dîner, j'étudie la littérature chinoise ; du moment où les lumières s'allument à celui où elles s'éteignent, je fais mes devoirs ; et après qu'elles sont éteintes, je me livre à une heure d'exercices. » Cette ardeur lui valut, sinon les compliments, du moins la considération des enseignants. « L'étudiant Mao a travaillé comme paysan pendant deux ans et il a été aussi soldat six mois au moment où la République a remplacé l'Empire. Il a vraiment une biographie intéressante. » C'était là l'avis du professeur de morale qui avait une jolie fille appréciée des élèves. Mao Zedong et quelques amis avaient coutume de sortir ensemble, par tous les temps, pour prendre des bains de nature et exposer leur corps aux éléments. Qu'il fasse beau, qu'il vente ou qu'il pleuve, ils prenaient un « bain de soleil », un « bain de vent », un « bain de pluie » et, du haut des collines environnantes, déclamaient en hurlant des poèmes de la dynastie des Tang. Arrivé à un certain point, Mao Zedong composa, pour une revue de Pékin influente dans la contestation, un essai qu'il signa *Monsieur-Vingt-Huit-Traits*, le nombre de coups de pinceau qu'il fallait pour tracer les trois caractères de son nom. « J'ose offrir mes stupides opinions pour qu'on en discute… Si ce que je dis est faux, enseignez-moi, je l'accueillerai avec humilité, et je saluerai cent fois. » Il s'agissait d'une étude circonstanciée de l'éducation physique, de ses peines, de ses joies et de sa haute nécessité. Mao commençait ainsi : « La puissance de notre État est très faible. La condition militaire n'est pas en honneur. L'état physique de notre peuple se détériore de jour en jour. Ce phénomène est inquiétant à l'extrême. » L'État, depuis que l'Empire avait été jeté bas, n'était plus qu'une marmelade de provinces livrées à la voracité de pouvoirs changeants. Des militaires, de ceux qui portaient des uniformes mal assortis et traînaient des canons fabriqués au Creusot ou chez Krupp, il n'y en avait que trop maintenant sous le ciel de la République insaisissable. Mais il était exact qu'ils étaient peu honorables. Les Chinois s'étiolaient, tandis que le pays, seigneurs de guerre par-ci, gouverneurs militaires par-là, s'abîmait dans un désordre sans fin.

Il importait à la jeunesse nouvelle, douée de raison, de chercher une solution. Monsieur-Vingt-Huit-Traits, puisant dans son bagage, proposait la sienne. « La Vertu et la Sagesse, affirmait-il, renvoient au corps, et sans corps, il n'y a ni vertu ni sagesse... C'est le corps qui contient les connaissances, qui est la demeure de la Vertu. » Vingt-Huit-Traits avait constaté, en écumant les bibliothèques, que certains poètes émoussés, parmi les Quatre Éminents de la dynastie des Tang, étaient morts précocement, que Yan Hui, fervent disciple de Confucius, n'avait pas longtemps vécu, et cela était pure perte. Au contraire, remarquait-il encore, Confucius, le Maître Kong qui ne mangeait ni poisson pourri ni viande faisandée, ainsi que le rapportent les *Analectes*, avait allègrement franchi les soixante-douze ans (« Je n'ai pas entendu dire que son corps fût faible »), quant au Bouddha, voyageur de l'infini, il mourut à un âge avancé. Le triomphe de la Sagesse exigeait donc de civiliser son esprit et de rendre sauvage son corps. Ainsi s'exprimait-il : « Car à mon humble avis, il n'y a que mouvement sur la terre et dans le ciel. » Selon ses observations, les étudiants sédentaires manquaient de souffle en gravissant les montagnes et souffraient de crampes aux pieds dès qu'ils pataugeaient dans l'eau, c'était pourquoi ils baissaient la tête et courbaient le dos. Cela n'était pas sans remède. Mao suggérait de pratiquer comme lui les exercices, serrer les poings et tendre les bras vers l'avant, gauche et droite successivement, tourner les mains vers le haut et vers le bas, allonger les doigts, donner un coup en avant d'une jambe à la fois, avancer l'épaule gauche, puis l'épaule droite, tourner la tête à gauche, puis à droite, avec la main se toucher le front, le nez, les lèvres, la gorge, les oreilles et le coude, sauter plus de dix fois et respirer profondément.

À l'Américain-Venu-en-Premier, Mao Zedong ne tint pas exactement ce langage. Il ne lui dit pas tout de sa vie et de ses vicissitudes. Mais il lui parla suffisamment, la nuit, flanqué d'un interprète capable d'entendre l'accent du Sud, de comprendre le dialecte du Hunan, afin qu'il fût content. L'étranger, vivant à la manière de ses hôtes, mangeant comme eux et leur apprenant le poker, remplissait des carnets. Il était convenablement équipé, ainsi que doit l'être un gars de Kansas City, Missouri, et pour illustrer son passage, s'avisa de prendre Mao Zedong en photo devant sa grotte. Mao Zedong était fort maigre, et nu-tête, le cheveu abondant rejeté en arrière, les joues creuses, les yeux plissés, la bouche sérieuse, une verrue plantée sous la lèvre inférieure. Il manquait un accessoire au personnage pour ce que l'Américain désirait en faire. La casquette. La casquette octogonale et cousue main. La casquette étoilée qui lui donnerait de la prestance. L'Américain tendit la sienne, car il s'était vêtu de l'uniforme bleu-gris à la mode du Territoire Interdit. Mao s'en coiffa et prit la pose. Et c'est ainsi que, sur le cliché, cent fois retouché, parut pour le monde Mao Zedong, chef incontesté des Bandits Rouges.

Pour apprendre ce qu'il advint de la casquette étoilée, il faudra vous reporter beaucoup plus loin. Mais pour découvrir comment Monsieur-Vingt-Huit-Traits en quête de la Sagesse éternelle est devenu un Bandit Rouge, il suffit de suivre le récit.

CHAPITRE III

Le Tigre-de-Mandchourie étrangle un bibliothécaire encombrant — Les étrangers applaudissent aux déboires des Bandits Rouges.

La chance tomba sur lui, si l'on peut dire, en même temps qu'un sort funeste s'abattait sur ses amis de cœur et d'esprit, creusait de grands trous et emplissait les fosses communes. Des chefs incontestés, il y en avait eu plusieurs avant lui. Mao Zedong s'en souvenait parfaitement et pouvait les compter en jouant des doigts. *Yī*, *èr*, *sān*, *sì*, *wǔ*, *liù*... Un, deux, trois, quatre, cinq, six... Le Vieux-Professeur, d'abord, celui qui connaissait tout de la langue et de ses arcanes, celui qui ne jurait que par le *xīxué*, le savoir occidental, et avait traduit avec fantaisie *Les Misérables* de Victor Hugo, celui qui conspuait Confucius et s'était donné, un temps, le nom de plume de Trois-Amours, celui que les Russes avaient flatté, monté au pinacle pour le vouer ensuite aux gémonies, le pousser au ruisseau, le traîner dans une boue épaisse et visqueuse. Celui-là portait la marque de la grande défaite.

Dresser la liste des martyrs de la Cause, cependant, était devenu tâche impossible, fût-ce pour un virtuose du boulier à treize tiges. Click-clack, click-clack. La technique du doigté, les boules glissent et glissent encore, addition, multiplication, division. Les têtes roulaient au sol sur ordre du Généralissime, des seigneurs de guerre, des banquiers, des compradores, des truands des Triades et des consuls étrangers. Click-clack, click-clack faisaient les unaires et les quinaires contre le cadre de bois sombre. Une intelligence parfaite des *Neuf Chapitres sur l'art mathématique* ne suffisait pas à saisir la chute des corps. Les têtes tombaient plus vite que ne filent les boules de droite et de gauche. Il est acquis qu'un nombre entier quelconque peut être tenu pour la valeur numérique d'un polynôme à coefficients entiers positifs, mais il faudrait avoir les doigts plus qu'agiles et les yeux bien mobiles pour compter exactement les morts sur les douze branches terrestres, vers l'est, le sud, le centre, l'ouest et le nord.

Le mouvement s'accélérait. Dans le Nord, le maréchal Zhang Zuolin avait produit de jolis morts, profitables, supputait-on, au monde et à la civilisation. Son raid éclair contre l'ambassade des Soviets était de gros rapport. Étant donné son sens de l'étiquette, malgré une éducation sommaire, Zhang Zuolin, le coupeur de têtes vendu aux Japonais, avait sollicité la permission, auprès du doyen du corps diplomatique en poste à Pékin, de se rendre maître du nid de subversion protégé par les traités d'exterritorialité. S'y cachaient quelques Bandits Rouges d'importance, plaidait-il, dont il souhaitait débarrasser la communauté. Au vu de ces louables intentions, le doyen des Puissances Protocolaires, Hollandais à la bonne mine, donna élégamment son accord. Évidemment, ce n'était pas tous les jours que des soudards excités pénétraient dans le quartier des Légations. Ce n'était pas l'usage, et il était avéré que l'empereur déchu Xuantong, Pu Yi de son nom de simple citoyen, avait reçu un accueil empressé et déférent à l'ambassade du Japon quand les militaires maîtres de Pékin l'avaient bouté hors de la Cité Interdite regorgeant de jade et d'or. L'infortuné souverain était arrivé en fiacre, accompagné de son précepteur britannique, après un détour courtois et prudent par l'hôpital allemand. L'ambassadeur Yoshizawa s'était mis en quatre pour lui, pour ses épouses, ses concubines, les serviteurs, les cuisiniers et les eunuques formant sa suite. « Les concessions étrangères sont sans conteste des endroits hospitaliers », soupira Sa Majesté. Pu Yi avait fêté dignement ses vingt ans d'âge chinois, selon l'année lunaire, dans le grand salon de réception de l'ambassade nipponne, sur un trône tendu de jaune impérial, attention charmante de ses hôtes. Les nobles mandchous avaient fait pour lui la triple génuflexion et les neuf *kòutóu*, frappant de leur front le sol aux tapis moelleux. Il ne manquait pas à l'extérieur des murs protecteurs de trouble-fête qui piaillaient, glapissaient, tendaient le poing, poussaient des cris d'orfraie, arboraient des bannières amères, hurlaient à l'ingérence dans les affaires chinoises. La Ligue pékinoise contre le Traitement Bienveillant Accordé à la Maison Impériale Mandchoue tempêtait. Les ambassadeurs du Japon, et de la Grande-Bretagne, et des Pays-Bas n'en démordaient pas : le droit d'asile s'inscrivait hautement dans leurs traditions, il était de règle dans les Légations.

Mais à toute règle il faut son exception. L'âpreté des temps, le sérieux de la menace imposaient une entorse aux bonnes manières. Les Hollandais s'inquiétaient pour Batavia, les Français pour Saigon, les Portugais pour Macao aux juteux tripots, les Anglais pour Singapour et Hongkong, perle des perles qu'une grève générale de seize mois avait ternie. L'occasion semblait inespérée de se débarrasser des Rouges proliférants qui offraient à l'Orient leur exemple néfaste. Zhang Zuolin, le Tigre-de-Mandchourie aux ongles longs, fondit donc sur l'ambassade soviétique de Pékin. De la fumée s'échappait des fenêtres. Les badauds agglutinés, les *Marines* américains de planton, les employés des Légations en retrait sur le trottoir virent bientôt sortir entre les argousins triomphants des hommes au visage tuméfié, des jeunes filles ébouriffées et des caisses de secrets. Zhang Zuolin tenait dans ses rets de jolis poissons. « Parmi les prisonniers, disions-nous, il y avait le fameux Li Dazhao, un des fondateurs du communisme chinois, qui travaille les milieux du Nord, tandis que son collègue Chen Duxiu travaille les centres du Sud. Tous deux furent professeurs à l'Université Nationale et sont grandement estimés des étudiants comme hommes de lettres et penseurs… Si nous en croyons l'esprit qui règne au quartier général, les coupables seront traités avec indulgence. » Les journaux occidentaux, modérés par principe, s'en trouvaient soulagés. Li Dazhao fut exécuté par strangulation avec dix-neuf de ses camarades. Les bras ballants, engoncé dans sa robe traditionnelle, le vieux Li fixait avant l'heure le photographe de l'éternité. Click-clack. Les os qui craquent.

Au sud, le Généralissime des troupes nationalistes, Chiang Kai-shek, hier nourri par les Russes, ne voulait pas être en reste. Il frappa un grand coup, cogna dur et fort la ville immense de l'immense port. Contre les ouvriers, les parias, les va-nu-pieds de Shanghai, le Généralissime déchaîna les sbires de la Bande Verte armés jusqu'aux dents, les truands des Triades bénis par les consulats, et il termina le travail avec ses réguliers sous le drapeau à soleil blanc du Kuomintang. Les corps s'étalaient sur la chaussée. Les têtes s'exposaient au bout de perches de bambou ou dans des cagettes accrochées aux lampadaires et aux poteaux de signalisation. *Speed limit 15 miles per hour.* Le spectacle n'était pas beau à voir, mais il était coutumier. Les gardes à casquette plate portaient sur l'épaule leur large sabre *kǎn dāo* à trancher les cous d'un seul coup. De lourdes charrettes ramassaient les cadavres obscènes auxquels les coloniaux en chapeau ne jetaient qu'un regard distrait. « Chiang Kai-shek a pris enfin une action décisive contre les communistes dont il a fait une véritable hécatombe à Shanghai », observait la presse des concessions. Hécatombe était le mot, mais boucherie eût aussi bien convenu. Des morts innombrables, ouvriers, coolies, écoliers, jonchaient les rues de la métropole et des faubourgs. Chiang Kai-shek avait pour lui la conjonction des astres et l'appui des forces occultes. L'inspirateur de la Bande Verte, roi des bas-fonds et de la nuit, était plus qu'un ami, une sorte de maître, connu sous le sobriquet de Huang-le-Grêlé, à cause d'une sale maladie. On murmurait que le Grêlé possédait Le Grand Monde, établissement de jeu et de plaisir édifié au croisement de l'avenue Édouard-VII et du boulevard de Montigny, qu'il contrôlait les bordels et les fumeries, le *business* du racket et des kidnappings. C'était un être respecté et forcément respectable : il exerçait au grand jour la fonction de chef des inspecteurs de police de la Concession française. Les Français savent par expérience que les gibiers de potence font d'excellents préfets. Napoléon, génie de leurs institutions, leur avait offert l'exemple de François Vidocq, forçat en rupture de ban parvenu au rang envié de directeur de la Sûreté. Mais, fierté mise à part, il devait être humblement admis qu'à côté de Vidocq, escroc de moyenne envergure, vols et faux en écritures, le Grêlé était une fripouille de classe exceptionnelle. Les résidents satisfaits relevaient que les six cents agents chinois sous ses ordres étaient « tous parfaitement dressés ». Huang-le-Grêlé usait de méthodes rudes et efficaces qui n'étaient pas pour déplaire aux Français en charge de la Concession, adeptes de la Raison. Comment gérer autrement cette cité dans la ville qui agglomérait sous l'autorité de la République hexagonale trois cent cinquante mille Chinois à mille huit cents Français, deux mille cinq cents Anglais, mille neuf cents Américains, sept mille Russes Blancs (y compris les fausses comtesses), six cents Allemands, trois cent quinze Japonais, cent onze Suisses, trente-cinq Arméniens, vingt et un Irakiens et deux Mexicains ?

Huang-le-Grêlé avait pour allié, dans ses tâches ardues, Du Grandes-Oreilles, son cadet de vingt ans et néanmoins frère dans la Bande Verte. Grandes-Oreilles gagna, à force de travail, sa notice dans le *Who's Who* de Shanghai : « Philanthrope bien connu, membre du Conseil municipal français (la Concession avait naturellement son conseil municipal *à la française*), président de la Chung Wai Bank et de la Tung Wai Bank, membre du bureau de la Chambre générale de Commerce », etc. Bien que son domaine de prédilection fût le jeu et sa spécialité l'opium, dont il tirait au bas mot six millions de dollars chinois le mois à raison de trente pour cent sur chaque pipe fumée, Grandes-Oreilles mit la main à la pâte quand il devint nécessaire, pour protéger le commerce, d'exterminer les communistes. Du Grandes-Oreilles mobilisa ses troupes avec diligence et dextérité. Il n'avait rien à refuser au généralissime Chiang Kai-shek, son conscrit, un temps courtier de banque à Shanghai et introduit dans les secrets de la Bande Verte par Huang-le-Grêlé en personne. Les Français de la Concession se félicitaient de l'évolution heureuse de la conjoncture et du coup de pouce que, par agents interposés, ils donnaient à l'histoire. « Chiang Kai-shek se livre à une chasse continue aux communistes qu'il traque périodiquement sans merci et dont plusieurs sont occis avec beaucoup plus d'aisance que n'en aurait le dictateur Zhang Zuolin. Il y a une semaine, c'était le fils du fameux Chen Duxiu qui était arrêté à

Shanghai et exécuté sur-le-champ. Aujourd'hui, c'est à un groupe d'une douzaine d'étudiants de subir le peloton d'exécution. » Click-clack résonnaient les culasses des fusils.

Quoiqu'il ne se trouvât pas au cœur de l'événement, Mao Zedong en fut grandement affligé. N'avait-il pas été disciple de Chen Duxiu, le Vieux-Professeur, et de Li Dazhao, le Bibliothécaire-Chef, quand il n'était qu'un simple gratte-papier à l'Université de Pékin monté de sa province grossière, lorsqu'il habitait la ruelle du Puits-aux-Trois-Yeux et regardait en rêvant fleurir les prunus blancs ? De pareils moments ne s'effacent jamais. « J'avais rencontré Chen Duxiu la première fois à l'Université Nationale de Pékin et son influence a été sur moi plus forte que toute autre... Li Dazhao m'a donné du travail comme bibliothécaire-adjoint, occupation pour laquelle je reçus la somme généreuse de huit yuans par mois. » Li Rui le flatteur prétend que Li Dazhao avait conçu dès alors « une grande admiration pour le camarade Mao Zedong qu'il reconnaissait comme leader des jeunes du Hunan ». Mais Li Rui reste un fieffé menteur. Le Bibliothécaire-Chef était serviable, voilà tout. Si on lui demandait un coup de pouce en faveur de tel étudiant désargenté, mal fagoté, mais méritant, fût-ce avec l'accent du Hunan, il ne se dérobait point. Li Dazhao prêchait à la ronde le triomphe des gens de peu. « Nous les Chinois, déplorait-il, nous sommes ou mendiants ou voleurs. Nous devrions enfin comprendre que l'avenir appartient aux travailleurs. » Et il ponctuait ses conclusions d'un vibrant : « Tout le monde au travail ! » Par des intermédiaires, lui était parvenu un mot de recommandation. « Quand j'ai embauché Mao pour entretenir la bibliothèque, je n'ai fait que me conformer aux souhaits du recteur, s'excusait-il auprès de ses ouailles. Naturellement, je ne connaissais pas votre excellent ami, et j'espère que vous ne m'en voudrez pas. » Mao ne lui en tenait nullement rigueur. Ce n'est pas que la vie ait été drôle, rue du Puits-aux-Trois-Yeux. Il fallait se serrer à sept sur le bat-flanc pour dormir et réveiller le voisin pour se tourner. Ce n'est pas que l'heure ait été gaie, à l'Université. Il fallait, le regard baissé, coucher sur le registre les noms d'usagers altiers qui ne lui adressaient pas même une parole. Mais c'est à cette période que Mao s'était découvert communiste, quand le communisme existait en Chine seulement dans les articles inventifs du Bibliothécaire-Chef, les commentaires pétillants du Vieux-Professeur, alors que la Russie était un lointain théâtre et qu'aucun Russe ne s'était mêlé de leurs histoires.

Le communisme n'avait pas de nom, les Chinois ne savaient que dire. Sans doute était-ce un avatar de la Grande Concorde dont les générations anciennes avaient attendu vainement l'avènement. N'était-il pas affirmé par les Sages d'autrefois, gravé dans la pierre, inscrit sur le papier pour des siècles entiers, qu'à l'Âge du Désordre se substituerait l'Âge de la Paix Ascendante, prélude à l'Âge de la Paix Suprême justement nommée *Tàipíng* ? Les vivants avaient de bonnes raisons, néanmoins, pour se méfier du passé et laisser choir la tradition. Les mots nouveaux venaient à eux, souvent par le Japon, et l'exemple, plus souvent encore, par la porte ouverte d'Occident. Ils estimaient donc, discutant ceci et cela, ergotant à l'infini en de longues controverses, que le communisme pouvait se dire tantôt *jūnchǎn zhīshuō*, considéré comme théorie de l'égalité parfaite, tantôt *gòngchǎn zhǔyì*, accepté en tant que doctrine résolue du partage. Quoi qu'il en soit, c'était pour eux la Voie.

Tout au début, ils se réunirent à douze en cénacle, croyait-on, tels les apôtres, et Mao Zedong en était, modestement. Ils fondèrent un parti, essaimèrent. Les communistes de l'an premier n'étaient pas plus de cinquante, cinquante pour les dix-huit provinces grandes comme des pays, sans compter les régions extérieures, cinquante éparpillés entre le fleuve du Dragon Noir et l'archipel de Nansha, cinquante qui n'avaient pas plus de poids qu'un grain de riz. Ils furent deux cents après douze mois, comme des glumelles dans le creux d'une main. Une année de plus, ils se comptèrent cinq cents mais ne pesaient toujours pas lourd, et quand ils arrivèrent à mille, ils demeuraient malgré leurs efforts quantité négligeable. Ce n'est qu'ensuite, dans le processus fatal de fermentation, qu'ils se mirent à pulluler dans les universités, les quartiers mal famés et les villages isolés. Quelques-uns entrèrent à l'Académie militaire.

La Chine était en guerre contre elle-même ou pour elle-même, selon des points de vue difficiles à distinguer. Ces troubles au bout du monde captivaient les lecteurs parisiens d'*Excelsior*, curieux de nature, surtout depuis que son envoyé spécial à chapeau gris, barbichu et débrouillard, leur avait conté en feuilleton la « fantastique histoire de Zhang Zuolin » le coupeur de têtes, ancien détrousseur de voyageurs, parvenu de petite taille ayant coutume chaque matin de raccourcir ses contemporains et de consulter un aveugle devin. Cela leur rappelait les romans épatants de naguère, *L'Invasion jaune* du capitaine Danrit ou *La Prisonnière du Dragon Rouge* de Jean de La Hire. « La Chine est la Chine, le reste du monde est le reste du monde », confiait le cruel seigneur de guerre au grand reporter en sirotant du thé vert. Les abonnés fidèles d'*Excelsior*, qu'un crime crapuleux à Ménilmontant remuait plus facilement que de lointains carnages, se contentaient de cette pauvre explication.

Les Chinois chétifs, tout chinois qu'ils étaient, prenaient pourtant au sérieux la République. Ils en attendaient comme dans les pays d'Occident, à ce qu'ils imaginaient, des salaires décents, des syndicats puissants, des associations bénéfiques. Un bol de riz leur semblait par trop insuffisant après dix heures et demie d'un labeur écrasant. Les Chinois sans rien souffraient comme des chiens sous la férule de leurs maîtres et la badine des diables étrangers. Ils se donnaient le mot, créaient des unions, semaient aux quatre vents des volées de réclamations et se mettaient à chanter : « Nous mangerons en commun ce que nous avons produit. Nous dépenserons en commun l'argent gagné par tous. Soyons tous fourmis, soyons tous abeilles. Qu'il n'y ait plus de parasites… » On voyait se forger à Canton d'inédites confédérations : un demi-million d'ouvriers syndiqués sous l'impulsion de Liu Gros-Nez, des myriades de paysans constitués en ligues, les contingents étudiants formés en union nationale. La vague enflait, montait des profondeurs.

Il n'est pas aisé de déterminer qui, des tyrans autochtones impudents, des Britanniques hautains, des Français effrontés ou des Japonais arrogants, étaient les plus détestés par les tireurs de pousse-pousse aux jambes maigres, les coolies au visage émacié, les enfants sales des ruelles, les étudiants légers aux cheveux en bataille. Les faits ne prêtaient pas à contestation. À Shanghai, les policiers coloniaux, aux ordres de l'inspecteur Everson, avaient tiré sur des jeunes gens qui protestaient contre l'assassinat d'un ouvrier chinois dans une fabrique nippone. On releva onze morts. L'incident s'imprima dans les consciences sous le nom de *Massacre de Nanking Road* ou *Massacre du 30 Mai*. Les Chinois de peu peinaient à se couler dans les tournures d'esprit anglo-saxonnes : il ressortait en effet de l'enquête rapide du *Chief Justice* Sir Henry C. Gollan, corroborée par le juge japonais Suga Kitarō, que l'ordre d'ouvrir le feu était « inévitable ». Les Chinois ne l'acceptaient pas. Les États-Unis délivrèrent à la suite leur opinion. Tout bien considéré, le juge E. Finley Johnson, venu spécialement de Manille, aux Philippines, estimait qu'un contingent plus important sur les lieux eût pu éviter la fusillade mais que « vu l'absence de ce nombre plus grand de policiers, c'était impossible ». Les Américains mettaient toujours dans leur mission ce soupçon de délicatesse qui les a partout appelés à régner. Les Chinois ne se calmaient pas. À Canton, depuis les concessions, des détachements français et britanniques fauchaient à la mitrailleuse les manifestants franchissant le pont Shakeelu. Il y eut cinquante-deux morts. L'incident s'installa dans les mémoires comme *Massacre de Shaji*. Puis les marins de Sa Majesté, remontant sur leurs canonnières le cours du Yangtsé, bombardèrent deux heures durant la population de Wanxian apeurée. La ville brûlait. On dénombra cinq mille morts. L'événement fut enregistré sous le titre d'*Incident de Wanxian*. Les Chinois rugirent de colère, brandirent des pancartes, lancèrent des anathèmes. « Vengeons Wanxian ! Boycottons les marchandises britanniques ! Reprenons les concessions arrachées à la Chine ! Déracinons l'impérialisme britannique ! »

Les Puissances et les clans, jaunes ou blancs, civils ou militaires, d'où qu'ils viennent et quels qu'ils fussent, scrutaient cette agitation d'un œil noir et méchant. C'était plus que, chacun pour soi et tous ensemble, ils n'en pouvaient supporter. Ils décidèrent de concert d'y mettre le holà. « Depuis l'ouverture des syndicats, gémissait la Chambre de Commerce glacée d'effroi, les meneurs ont empoché plus de dix millions de piastres et se sont offert des concubines, des automobiles, etc. Ils ont ruiné les individus, détruit les institutions, persécuté la religion... » C'était très exagéré. De source mieux informée, les redoutables comploteurs, Liu Gros-Nez et le Mandarin-Versatile, n'étaient experts ni en femmes légères ni en conduites intérieures. Ils possédaient par contre de solides talents d'organisateurs. « Par suite des menées de ces gens, poursuivaient les négociants, grossistes et boutiquiers, les étudiants ont quitté leurs cours, les paysans leurs terres, les ouvriers leurs ateliers... Sortons enfin de notre léthargie et sus aux communistes ! » Point n'était besoin de le crier fort pour être entendu. Zhang Zuolin, dictateur du Nord, frappa les trois coups à Pékin le 6 avril 1927 et Chiang Kai-shek, dictateur du Sud, entra en scène à Shanghai le 12 avril. C'est alors que pour les Rouges cela se gâta vraiment. Ils vécurent des journées terribles, fracassantes, sanguinaires et peu en réchappèrent. Les sabres courbes, le gourdin, les mausers, le feu, tout était bon pour en venir à bout. Les tueries s'étendirent le long du Yangtsé et dans les provinces éloignées. Un pas de travers, un morceau de tissu écarlate faisaient le suspect, le suspect faisait le condamné, le condamné le cadavre et les cadavres la fierté des gouvernementaux. Les autorités des bourgs et des villes s'en montraient joyeuses et s'enorgueillissaient de leur dur ouvrage. Certains estimaient que le spectacle valait les meilleures promotions touristiques. « Hangzhou a son champ d'exécution, où sont conduits les communistes condamnés à mort ; il est situé non loin des bâtiments des douanes, tout près de la rive du fleuve. Aucun peloton d'exécution. Les condamnés, les mains liées derrière le dos, sont placés agenouillés, en ligne droite, à plusieurs mètres de distance les uns des autres. Un soldat, armé d'un revolver de gros calibre, se place derrière eux, appuie le canon de son arme dans le dos du condamné, un peu au-dessous du cou. Pang... Pang... jusqu'à ce que le dernier corps ait roulé par terre. Les communistes vont à la mort en vociférant leur cri de guerre contre la société. Sur la jetée des douanes, une foule assez dense se presse chaque soir, dans l'espoir d'assister à une exécution de Rouges. » Click-clack, click-clack, revolver Webley & Scott britannique, Lefaucheux français à broche et Meiji japonais Type 26, Colt New Service américain. Pang… Pang… Les escouades de spadassins ne ménageaient pas leur peine. Les exécuteurs poussaient, aussi loin que le permettait le rendement, le détail et le raffinement. Grâce à des lanières, ils avaient mis au point une ingénieuse muselière destinée à empêcher les condamnés de nuire inutilement à leur dernier soupir, de gâcher la représentation par de futiles slogans, quand ils étaient agenouillés avant le coup final. Les communistes mouraient comme des mouches, des abeilles surprises, des fourmis désorientées.

Mao Zedong, errant à nouveau, n'avait que ses yeux pour pleurer : « Notre grande révolution, si pleine de vie et de force, a été enterrée », se lamentait-il, regardant à droite et à gauche, à Changsha et à Wuhan. Mais Chiang Kai-chek, fût-ce en se démenant comme un beau diable, ne pouvait les avoir tous. Il en restait. Mao se reprit, raisonna et prononça quelques paroles de réconfort à l'attention de ceux qui n'étaient pas morts : « Ils se relevèrent, essuyèrent le sang, ensevelirent les camarades tombés au combat et poursuivirent la lutte. » Mao s'éclipsa dans la nature.

À quoi il passa son temps dans les bois ? Où et par quels moyens ses compagnons trouvèrent une issue ? Certainement, le chapitre suivant répondra à votre attente.

CHAPITRE IV

Au-delà des mers, le Mandarin-Versatile forge son âme — Dans une auberge de campagne, une jeune servante prédit l'avenir.

D'un cheveu, le Mandarin-Versatile évita la fin prématurée qui lui était promise. On aurait pu l'appeler sans bévue le Mandarin-Chanceux. Le Mandarin-Versatile occupait la première place, à Shanghai, parmi les Bandits Rouges. Il dirigeait les ouvriers. Le Mandarin-Versatile n'avait rien d'un prolétaire mais figurait à leur tête par ordre du Parti. Il était de bonne famille et discipliné. « Je suis un intellectuel issu d'une famille féodale », susurrait-il pour être dans le ton. Il demeurait tapi en un lieu sûr de la Concession française, au 29, rue Lafayette, et échafaudait des plans, consultait ses cartes, lançait des directives. Hélas, avec les truands et les militaires, il avait affaire à trop forte partie. « J'étais responsable du commandement des révoltes armées, mais je manquais d'expérience et je ne savais guère comment faire usage de la force politique. » Du Grandes-Oreilles et Chiang Kai-shek le coiffèrent sur le poteau. Ils brisaient les corps comme on fait du bois mort et voulaient sa peau, la mirent à prix quatre-vingt mille dollars, une somme non dénuée d'attrait. Par chance, donc, alors que les ouvriers se faisaient étriper à la chaîne et que son avenir personnel semblait scellé, le Mandarin-Versatile en pénible posture fut reconnu par un colonel, un major ou quelque gradé régulier qui l'avait quelque peu côtoyé à l'Académie militaire de Whampoa. C'eût été manquer de savoir-vivre que de fusiller sans délai un bon camarade de régiment. Le Mandarin-Versatile s'en tira sans dommage, repéra une mansarde où se cacher et, après un jour, ou deux, ou trois, sortit de la ville indemne.

Quoique étant jeune, le Mandarin-Versatile avait voyagé déjà et vécu. Il avait abordé le Japon, Tokyo et Kyoto, mangeait des légumes et buvait du vin. Il s'était rendu en France, pour un long séjour, avait navigué quarante jours sur le *Porthos* aux deux cheminées et à double hélice. Le Mandarin-Versatile visita Château-Thierry et Billancourt, la banlieue, la capitale, fréquenta assidûment le restaurant chinois de la rue de l'École-de-Médecine. Il croisa Face-de-Lune, Deuxième-Couteau, Petite-Bouteille et d'autres, comme lui en quête de leur destin. « Paris est magnifique ! s'exclamait-il, beaucoup d'amis, beaucoup de choses à voir. » Avant qu'il n'en eût assez vu, le Mandarin-Versatile déguerpit à Berlin et s'installa dans la Wilhelmstrasse pour s'adonner à ses passions. Il trimballait partout une serviette gonflée de tracts, de brochures, de feuilles ronéotées, *La Jeunesse*, *Lumière Rouge*... Mince, alerte, rasé de près, le Mandarin-Versatile était vêtu à l'européenne, portait veston, cravate, et un pantalon trop court qui laissait voir ses chaussettes. On eût pu l'appeler sans flatterie le Mandarin-aux-Mains-Fines. Il noua une affaire amoureuse avec une fille approchée en prison (parce qu'il avait fait de la prison). De bonne composition, parfois rougissant, il se laissait aller évidemment à agencer des vers. « *Sans cesse on pénètre et la vie et la mort / On s'efforce de vivre bien / Et on s'efforce de bien mourir.* » Il lui arrivait de canoter sur un lac mais il préférait à l'air pur les sombres réunions. Le Mandarin-Versatile avait joué au théâtre, incarné à merveille les personnages grimés à la façon de l'Opéra de Pékin. De l'avis général, il possédait l'art magique de la persuasion. Ce fut dans la ville allemande, quelque part, qu'il rencontra pour la première fois Petit-Chien, dit Rouge-Vertu, de dix ans son aîné mais novice en doctrine. Il le convertit. Cette aptitude n'était pas si courante. Le parti des Bandits Rouges rappela en Chine le Mandarin-Versatile, si efficient, et l'affecta en qualité d'instructeur politique à l'Académie militaire de Whampoa, l'école des cadets de la République qui accueillait sans discrimination des jeunes gens de tempéraments variés aux credo différents. Il exerça ses talents sanglé dans un uniforme impeccable d'officier, fit la connaissance de certains Soviétiques conseillers en stratégie, en tactique, et convia pour le seconder Face-de-Lune, Deuxième-Couteau et Tête-de-Fouine. Son travail était excellent. Il brillait à l'Académie militaire, premier entre ses pairs. Ses tâches effectuées, il soupirait en secret : « Pour l'issue de la révolution, nous devons être très patients. Pour l'issue de la révolution, nous devons jouer le rôle d'une concubine, d'une prostituée, même, s'il le faut. » Il était fort dévoué. Les manières douces et le sens du contact dont il faisait preuve en toutes circonstances le sauvèrent aux instants délicats.

Le Mandarin-Versatile, sain et sauf au milieu du désastre, aurait pu être nommé sans égarement le Mandarin-Doublement-Chanceux car il échappa non seulement au trépas terrible, à la mort brutale que son impéritie lui avait fait frôler, mais aussi aux règlements de compte parmi les siens qui suivirent la grande défaite. Le Vieux-Professeur, au-dessus de lui, en fut la première victime. Il était montré du doigt. Voilà où menaient ses instructions, sa ligne, sa politique et tous les mots fumeux qu'il couchait dans des revues. La débâcle l'emporta. « Bien que j'aie travaillé avec acharnement jour et nuit, mes démérites sont cependant plus grands que mes mérites », se repentait le Vieux-Professeur, battant sa coulpe. « J'accepte humblement et accepterai toute critique sauf les rumeurs et les fausses accusations. » C'était là que le bât blessait. Le Vieux-Professeur à la langue déliée ne comprenait rien au Parti bien qu'il en fût, jusque-là, le Numéro Un. « Chaque fois que des camarades montreront mes erreurs passées, je les admettrai sincèrement. » C'était honnête, acceptable, digne. Mais il croyait utile et salutaire, conforme à la vérité, de décocher des traits venimeux à l'encontre de frères étrangers autrement expérimentés : « J'ai toujours appliqué fidèlement, clamait-il, la politique opportuniste des dirigeants de l'Internationale Communiste : Staline, Zinoviev, Boukharine et autres. » Il parlait trop. Il fut remplacé.

Le poste de Numéro Un était instable, comme l'apprirent à leurs dépens ceux qui, joyeux, se mirent sur les rangs. Deux, trois, quatre, cinq, six… Ils se succédaient à un rythme si rapide que la postérité peine à conserver leur trace. Le Jeune-Écrivain, le tuberculeux partisan de la langue simplifiée, celui qui avait découvert Moscou tout au début et conté *L'Histoire d'une âme dans la capitale rouge*, rapidement ensevelie, celui-là fut le deuxième. Vint après lui le Trop-Parfait-Élève, celui qui ignorait tout de la langue et du reste, n'avait que neuf doigts pour compter, des dents en or et ne fit que passer. Il fut le troisième et périt par trahison entre les mains de la police des grandes villes. Le quatrième était un bolchevik autoproclamé, un chaud partisan de Moscou à l'esprit froid. Lorsqu'il partit en Russie prendre les consignes, il laissa derrière lui l'un de ses séides. Mais ce dernier, mou et sans idées, perdit rapidement toute influence. Le Mandarin-Versatile faisait profil bas, suivait l'un puis l'autre, prodiguait à chacun des paroles suaves. Sans doute eût-il mérité qu'on l'appelât sans ambages Mandarin-Habile mais il ne gagna que le surnom facétieux de *bùdǎowēng*, tel un jouet lesté qui, bousculé, chahuté, culbuté, reprend invariablement sa place par l'effet sorcier et naturel de la gravitation. Mais le Mandarin-Versatile n'était pas dénué de sagesse, il se tenait un cran en retrait. Le rôle de Numéro Un ne lui seyait pas.

À ce moment, les Bandits Rouges n'étaient guère en forme. Ils allaient à gauche, à droite, ballottés par leurs chefs incontestés successifs et, il faut l'avouer, les directives insensées des grands frères étrangers qui se mêlaient de tout. Ceux-ci passaient comme des aéroplanes sur un champ de bataille.

Yī, èr, sān, sì, wǔ, liù, qī, bā… Un, deux, trois, quatre, cinq, six, sept, huit. Les envoyés de Moscou étaient riches en injonctions plus qu'en conseils, en conseils plus qu'en roubles et en roubles plus qu'en sagacité. Le premier, si tant est que ce fût le premier, arriva de Sibérie jovial et débraillé, il était sympathique, resta peu. Le deuxième, mieux posé et pourvu en subsides, se faisait appeler Wu Tinkang et avait vécu en Amérique. Vinrent le tour du Hollandais-Volant tout droit venu de Java, du Lituanien en cour à Canton, d'un Bengali féru de mathématiques recruté au Mexique et d'un Géorgien expéditif. D'aucuns prétendent, parfois à bon escient, qu'on ne se méfie jamais assez des Géorgiens. Il eût été scrupuleux d'ajouter à la liste l'Ukrainien grossier (on ne se défie jamais trop des Ukrainiens) et l'Allemand aux dents blanches (se garde-t-on suffisamment des Allemands ?). Bref, tous ceux-là, à la queue leu leu, dûment mandatés, investis d'autorité, s'étaient arrêtés en Chine, pour un mois, pour un an, pour quelques années, tricotant une maille à l'endroit, une maille à l'envers, la politique des Rouges. Ce n'était pas une franche réussite mais ils couvraient leurs mécomptes de communiqués triomphants.

Mao Zedong, retiré dans son coin, n'en pensait pas moins. Les Russes n'avaient jamais été sa tasse de thé. Ils ignoraient les bienfaits de l'éducation physique, la manière dont Shang Yang établit la confiance en déplaçant le pieu, *Le Roman des Trois Royaumes* et les Cent Huit Brigands Justiciers. Mao Zedong battait la campagne, l'œil vif, l'oreille à l'affût, le nez au vent. Chaussé de sandales de paille, la tête rasée à la mode des soldats et des moines errants, il cheminait alors, portant un parapluie usé, un carnet d'écriture, son pinceau et son encrier. Il vagabonda, comme dans ses années d'études, quand il mendiait sa nourriture sur les routes flanqué d'un condisciple. « Nous avions parcouru cinq cantons sans dépenser un sou. Les paysans nous donnaient à manger et un coin pour dormir ; où que nous allions, nous étions bien traités et bien accueillis. » Un bol de riz, des légumes pimentés suffisaient à le sustenter. Mao Zedong avançait d'un bon pas. Tout en mettant un pied devant l'autre, il philosophait, contemplait le présent et songeait au passé. Lui venaient à l'esprit de multiples questions. « Comment se fait-il que la pensée de Confucius soit devenue si puissante, qu'après deux mille ans elle soit aussi prégnante ? Pourquoi les empereurs tenaient-ils Confucius en si haute estime ? » Les réponses se faisaient attendre jusqu'à l'heure du dîner au détour du sentier.

Li Rui le bonimenteur soutient que Mao Zedong profita de ce périple juvénile pour étudier les conditions sociales des pauvres gens afin de préparer une réforme de la société. Mais Li Rui respire le mensonge et la tromperie. Si Mao se querellait avec son compagnon de route, ce n'était que sur l'histoire ancienne contée par les livres, sur les vertus et les imperfections de Liu Bang, le roturier qui s'empara à une époque oubliée du sceau impérial de jade. « Liu Bang est un grand héros, jurait Mao. — Liu Bang est un sale type », répliquait son compère. Ils ne manquaient pas l'un l'autre d'arguments pour étayer leurs thèses car la contradiction est l'aspect principal de la réalité. « Liu Bang le roturier leva une armée pour débarrasser la contrée d'un tyran, s'insurgeait Mao, comment peux-tu dire qu'il était mauvais ? — Il était trop égoïste, trop obsédé par l'idée d'occuper le trône de l'Empereur, ripostait l'autre. Il avait un couteau à la place du cœur, c'était un très cruel sale type. » Ils en restèrent là dans la mesure où pousser plus avant les aurait conduits à une fâcherie inutile. Liu Bang, empereur des Han, était mort voilà deux mille cent onze ans.

Dans une gargote, assis à table, Mao avait écouté les confidences d'une diseuse de bonne aventure au joli minois : « Tu pourras devenir un grand officier, un Premier ministre ou un célèbre chef de bande, lui avait-elle assuré en scrutant son visage… Si tu atteins l'âge de trente-cinq ans sans avoir été tué par tes ennemis, tu pourras te considérer en sûreté jusqu'à tes cinquante ans, et ta chance s'affirmera de jour en jour. Autour de cinquante-cinq ans, tu seras encore plus fortuné. Tu auras au moins six femmes. »

Dix ans s'étaient écoulés. Mao avait maintenant trente-quatre ans, une épouse et demie et il risquait gros. Il prospectait le Hunan dans un but précis, non plus pour humer les parfums, découvrir les torrents, les temples, les auberges, ni pour se chicaner avec un associé. Mao marchait depuis trente-deux jours dans cinq districts. « J'ai vu et entendu bien des choses étonnantes dont je n'avais jamais eu connaissance jusque-là. » Les Unions paysannes poussaient comme des champignons noirs sous les théiers. Frappés d'une fringale soudaine, les pauvres à l'estomac vide, ceux qui n'avaient jamais possédé de lopins plus grands qu'une pointe d'épingle, jamais eu de tuile au-dessus de leur tête et jamais élevé la voix, s'attaquaient tout à coup aux propriétaires, aux mauvais hobereaux, aux fonctionnaires corrompus et concussionnaires. Ils s'armaient de longues piques à pompon rouge et criaient : « Tout le pouvoir aux Unions paysannes ! » En troupe, ils s'invitaient dans les maisons des riches aux lits incrustés d'ivoire, faisaient main basse sur le grain, s'emparaient sans façon des cochons. « Tu sais à présent à qui tu as affaire, mauvais hobereau ! » « Dix mille ans de vie aux Unions paysannes ! » C'était excessif. Ils interdirent tout de go le jeu qui engloutissait les colliers de sapèques, le mah-jong, les dominos, ils brûlaient l'opium, confisquaient les pipes, prohibaient la culture du pavot, menaçaient les récalcitrants, renversaient les palanquins, introduisaient pour toute tâche le tarif minimum et se moquaient sans vergogne des superstitions immémoriales. Des horoscopes, de la géomancie, de l'emplacement propice du tombeau des ancêtres, les paysans mis en branle n'entendaient plus tenir le moindre compte, ils ne craignaient plus la malédiction des esprits orphelins et des fantômes sauvages. Les misérables cessaient de sacrifier au dieu de la Peste, à la déesse de la Miséricorde protectrice du Singe pèlerin, au dieu Guan Yu, patron des soldats et des marchands de soja. Ils réduisaient en miettes les statuettes de bois peint, usaient à leur convenance des temples pour leurs activités profanes et sacrilèges. Mao, par devoir et conviction, jetait de l'huile sur le feu autant qu'il pouvait : « Si vous n'aviez que le dieu Guan et la déesse de la Miséricorde et pas d'Union paysanne, persiflait-il, auriez-vous pu renverser les despotes locaux et les mauvais hobereaux ? » Il semblait bien que non, et les paysans tombaient d'accord avec lui sur ce point. Les indigents en colère se saisissaient des propriétaires exécrables, les coiffaient de bonnets pointus en papier sur lesquels étaient inscrits des noms d'oiseaux : « despote féodal », « mauvais seigneur », et ils les promenaient ainsi dans le canton, attachés à une corde, en frappant sur des gongs, afin de les châtier et de leur faire perdre la face. Mao appréciait les défilés en grands bonnets. Les idées justes ne tombent pas du ciel, se disait-il. Il se prit à philosopher comme il ne l'avait plus fait depuis qu'il discutait Confucius et Liu Bang. « La révolution n'est ni un dîner de gala, ni une œuvre littéraire, ni un dessin, ni une broderie. Elle ne peut s'accomplir avec autant d'élégance, de tranquillité et de délicatesse, ou avec autant de douceur, d'amabilité, de courtoisie, de retenue, de générosité d'âme. » Prenant son pinceau, Mao Zedong relata ses observations et les transmit à qui de droit.

Qui de droit fit imprimer le rapport et, de Shanghai, le rapport parvint à Leningrad, circula dans des cercles maigrement captivés, tomba entre les mains d'un Belge raisonneur appelé Le Rétif, correspondant de cénacles parisiens au lustre patent. La petite revue à laquelle ce Belge de Leningrad confiait habituellement ses réflexions hébergeait de grands noms : Desnos, Éluard et Breton. « J'ai sous les yeux, annonçait Le Rétif, un document du plus grand intérêt sur le mouvement paysan dans le Hunan. Il s'agit d'une lettre détaillée écrite de Changsha par l'étudiant communiste Mao Zedong et publiée dans le numéro 20 de la revue russe l'*Orient révolutionnaire*… J'ai lu bien des choses sur la révolution chinoise. Je n'ai trouvé nulle part de pensée communiste du meilleur aloi que celle du jeune militant inconnu Mao Zedong. » Celui qu'il appelait « notre camarade chinois » ne sut rien de cet intérêt soudain mais passager pour sa modeste personne. Il était loin, solitaire. Le Parti l'avait envoyé à l'automne cueillir des fruits amers.

S'il vous chante, par extraordinaire, de connaître ces fruits, il faudra les transformer en les goûtant. Mais en attendant, vous pouvez continuer à lire.

CHAPITRE V

Le Pirate-Optimiste et le Dragon-Borgne entrent en scène — Petit-Chien, dit Rouge-Vertu, grave la crosse de son pistolet Mauser.

Les mages précautionneux, les fins connaisseurs du *Livre des Mutations* n'auraient pas été crus si, jetant en l'air trois pièces de monnaie, ils avaient prédit, comme la jeune étourdie d'une auberge perdue, que l'avenir appartenait à Mao Zedong, né dans l'année du Serpent d'Eau qui précédait celle du Cheval de Bois. Les Serpents d'Eau, assure-t-on, sont doués pour l'organisation et résolus au succès. Mais la condition ne semblait pas suffisante en ce temps où toutes sortes d'armées sous cent drapeaux et oriflammes, de factions rivales et alliées, de forces contradictoires et complémentaires, de polarités opposées en un désordre total et une infinie divisibilité ravageaient la Chine du haut en bas et de long en large.

Mao Zedong n'était pour rien dans cette situation, ni dans le désastre de Shanghai, la catastrophe de Canton, la débâcle de Pékin. Il était logé à la même enseigne que ses camarades. Les Rouges chinois n'en revenaient pas de leur déconfiture, eux qui avaient suivi à la lettre, au doigt et à l'œil, les conseils des Russes. Les envoyés de Moscou, hier matamores et fanfarons, se retrouvaient penauds, d'un coup, l'oreille basse. Roy, le brahmane bengali à l'âme légère, s'était évaporé. Mal en point, un bras cassé et en proie aux fièvres, Borodine, le Lituanien naguère en cour, grimpa dans un train en direction du nord avec un billet sans retour. Son remplaçant, Lominadzé, Géorgien furtif, était un blanc-bec dépourvu d'envergure dont la préoccupation principale sous l'orage semblait de passer au travers des gouttes. Les Rouges chinois, abandonnés à leur sort, décidèrent de jouer leur va-tout.

Hagards, ils se réunissaient dans des caches énigmatiques et cherchaient remède à leur désarroi. L'un d'eux, Zhang-le-Solitaire, ouvrit la bouche pour prononcer ces mots : « En ce moment critique entre la vie et la mort, laissons ceux qui ne peuvent pas supporter l'épreuve partir au repos, mais nous devons continuer la lutte. » Sur ce point, ils s'accordaient. La partie n'était pas terminée. Ils firent le compte des cartes qui restaient dans leur jeu, les jugèrent non dénuées de valeur et crurent pouvoir doubler la mise.

Les Rouges avaient dans leur manche des officiers mûrs pour leur cause, des cadets de Whampoa gagnés à leurs idées et des militants convaincus infiltrés subrepticement au sein des armées. Ils avaient pour eux les redoutables Côtes de Fer, le Régiment Indépendant stationné sur la rive droite du Yangtsé. Ils avaient pour eux la 24e Division de la 11e Armée du IIe Front et la 25e Division de la 4e Armée. Ils bénéficiaient de la sympathie larvée des affidés fervents, disséminés en tous lieux, de la *Gēlǎohuì*, la société secrète des Frères Aînés. Le Mandarin-Versatile, d'ordinaire si posé, fut soulevé d'exaltation. « Nous avons commis de lourdes erreurs lorsque nous avons occupé Shanghai avec les brigades ouvrières armées, estimait-il. Si nous ne reprenons pas l'initiative, nous serons forcés à la retraite… Nous ne pouvons nous permettre aucun délai. » Ayant parlé et reçu approbation, le Mandarin-Versatile se rendit sur-le-champ dans la ville de Nanchang, ouverte à tous les vents, prit pension au Grand Hôtel du Jiangxi et attendit pour déclencher une insurrection qu'accourent à son appel de fidèles compagnons. L'hôtel était un solide bâtiment géométrique de trois étages, comme savent les construire partout dans le monde les Occidentaux, avec leur alignement de fenêtres à balcons, un toit en terrasse, une entrée flanquée de colonnes, surmontée d'une imposte de verre coloré, et un perron en demi-cercle.

Petit-Chien, dit Rouge-Vertu, le Pirate-Optimiste, le Dragon-Borgne, Deuxième-Couteau et Tête-de-Fouine vinrent, chacun chargé d'un commandement militaire. Face-de-Lune, en retard, ne se manifesta qu'après la bataille mais il n'en fut que plus utile. Ceux qui convergèrent à ce moment, à cet endroit, étaient appelés à un grand destin.

De tous, Petit-Chien était le plus âgé. Il était né dans l'année du Chien de Feu. À sa naissance, comme l'exigeait la tradition, ses parents lui avaient attaché ce surnom d'animal afin d'égarer les mauvais esprits tourmenteurs des jeunes humains. Ensuite seulement, ayant échappé aux maléfices, il avait reçu le nom de Rouge-Vertu. Petit-Chien, dit Rouge-Vertu, était un homme des rudes campagnes du Sichuan. Sa mère, qui n'avait pas d'autre nom que « Mère » pour les enfants ou « Deuxième-Bru » pour le reste du clan, avait subi treize grossesses. Mais seuls les huit premiers enfants avaient vu briller le soleil : les cinq suivants avaient été noyés à peine arrivés car la famille était d'une pauvreté abyssale et de mœurs primaires. Petit-Chien et les siens ne pouvaient pas même se mettre du riz sous la dent, seulement de la bouillie de sorgho et une poignée de haricots. Ils étaient vraiment pauvres. L'aînée, la grande sœur aux pieds bandés, pleurnichait sans cesse, toute la triste journée, et recommençait le lendemain. Il y avait à la maison, sur une étagère, une statuette de Guanyin, déesse de la Miséricorde, désespérément muette et inutile. Petit-Chien travaillait aux champs et portait des culottes rapiécées. Il ne se plaignait pas. Le clan vivait ainsi. Petit-Chien n'avait d'autre horizon que la route devant chez lui qui venait de l'inconnu et menait il ne savait où, la route et les montagnes émeraude. « Avez-vous déjà vu les fleurs du Sichuan ? demandait-il à ses nouveaux amis. Elles sont très grandes et très belles. Elles sentent si bon qu'elles embaument l'air à des lieues à la ronde. » Petit-Chien aimait les fleurs. Parfois, il construisait des cerfs-volants virevoltants. Sur la route passaient des personnages, des paysans portant le sel, des camelots chargés de bibelots, des comédiens frétillants, des fonctionnaires austères, des silhouettes floues dans les palanquins, des soldats mandchous à turbans noirs, tortues de mauvais augure hurlant à pleins poumons pour s'ouvrir la voie. Devenu grand, il voyagea dans la province afin d'apprendre. Il croisa un étudiant, docteur magique qui promettait de guérir toutes les douleurs. « Je n'ai mal nulle part, lui dit Petit-Chien, je n'ai jamais été malade de ma vie. » Quand il eut vingt-trois ans, il s'en fut loin, à pied, rejoindre l'École militaire du Yunnan, la nouvelle armée moderne dont les officiers instruits rêvaient de renverser la dynastie mandchoue vendue aux étrangers. Petit-Chien s'entraînait au tir et à toutes les choses intéressantes pour des militaires. Une nuit, dans un temple, au milieu d'autres soldats, d'autres sous-officiers, il fut initié à la société secrète des Frères Aînés, la *Gēlăo-huì* dont les membres conspiraient contre la Dynastie, malmenaient les collecteurs d'impôts à la main lourde et les fonctionnaires zélés. Il s'entailla le poignet, ou se piqua le doigt du milieu avec une aiguille d'argent, but le sang mêlé au vin, le sang de l'entraide, le sang du serment. Comme il avait soif d'expérience et de fraternité, il entra également dans la Ligue Jurée de la République.

Petit-Chien avait le grade de sous-lieutenant lorsque éclata le soulèvement du Double-Dix qui renversa l'Empire. En peu de mois, à la faveur des troubles, il conquit les galons de capitaine, commandant, puis colonel. Il guerroya de-ci, de-là, monté sur un coursier. Devenu général de brigade, il amassa quelques dollars, collectionna les femmes et s'adonna à l'opium. Il ne sut pas dire quels étaient ses songes. Il n'était alors bandit qu'à moitié, et rouge pas le moins du monde, mais il aspirait confusément à le devenir.

Le Pirate-Optimiste n'avait rien de rouge non plus quand il se faufila dans l'histoire. C'était cependant un brigand chevronné, à la réputation méritée. Il forçait le respect depuis qu'armé d'une paire de couteaux de cuisine, il avait contrarié un administrateur de la régie du sel et l'avait quitté gisant en deux morceaux inégaux. Il forma une bande, écuma le district, échappa à toutes les poursuites. Il n'est pas prouvé que le Pirate-Optimiste ait un jour appris les classiques confucéens sur un banc d'école. Si quelqu'un lui demandait de combien d'hommes il disposait, il répondait au hasard et finissait par avouer qu'il ne savait pas compter. Le Pirate-Optimiste appartenait à la *Gēlăohuì* et son père avant lui.

Aussi loin que remontaient leurs souvenirs, les étrangers, les missionnaires, les gouverneurs, les fonctionnaires redoutaient la

Société des Frères Aînés ; aussi loin que s'étendait la mémoire, les paysans du Sichuan, du Guizhou, du Yunnan, du Hunan, du Hubei, les bateliers du Yangtsé s'en remettaient à la *Gēlǎohuì.* « Brûlons et pillons les riches et les notables ! » fulminaient les Frères Aînés très en colère. « Pillons les riches, aidons les pauvres ! » Les premiers suaient à grosses gouttes, tremblaient de tout leur corps, sûrs d'être dépouillés, les seconds applaudissaient, même s'ils n'étaient pas certains de voir jamais entre leurs mains le produit fastueux des rapines. Les Frères Aînés, au cours de leurs cérémonies, sacrifiaient aux trente-six bons génies et aux soixante-douze mauvais esprits en plaçant sur douze rangs les Cent Huit lampions de papier aux cinq couleurs des cinq éléments : rouge-feu, jaune-terre, bleu-bois, noir-eau, blanc-métal. Les couleurs du drapeau de la République. Les initiés dans la *Gēlǎohuì* des rives du Yangtsé juraient par le sang de ne se point trahir, à l'instar des Cent Huit Brigands du roman de jadis dans leur salle de Loyauté et de Justice, peu d'heures avant qu'ensemble ils ne périssent : « Humblement conscients d'être autrefois venus de divers horizons… Puisque dans les cieux sont inscrits nos noms, ne laissons sur la terre qu'honorable renom… Et si jamais l'un d'entre nous venait à manquer à l'amour fraternel… à se montrer droit en apparence mais fourbe au fond de son cœur… alors, que l'éclat du Ciel le confonde, que les démons le démasquent, que le sabre le déchiquette, que la foudre en efface toute trace… »

Le Pirate-Optimiste occupait dans la confrérie un niveau élevé. À ce qu'on murmurait, il avait atteint le degré séant de « Tête de Dragon parmi les Têtes de Dragons ». Il pouvait aller où bon lui semblait, entrer dans les villages, et, en se faisant reconnaître par des signes cabalistiques, obtenir ce qu'il désirait. « Être bandit réclame beaucoup d'habileté, avait-il coutume de répéter autour de lui, et par-dessus tout, il faut être vigilant. » Il dormait la nuit un revolver sous l'oreiller et le brandissait au moindre courant d'air. Les gouverneurs, ne parvenant pas à lui mettre la main dessus, jugèrent plus simple, avec raison, de l'enrôler à leur service. C'est ainsi que le Pirate-Optimiste se transforma en officier, se tailla un fief et contrôla les caravanes d'opium, prélevant sa dîme au passage. Mais lui-même ne fumait pas, gardait l'esprit clair, l'œil malicieux, le sourire aux lèvres. Il ne sombrait pas dans d'exécrables tourments. « C'est un homme grand, fort comme un tigre. Il n'est jamais fatigué », sifflaient ses subordonnés admiratifs. Et il riait tout le temps.

Sans doute serait-il bien long, et un brin présomptueux, d'expliquer par quelle volonté surhumaine Petit-Chien, dit Rouge-Vertu, abandonna l'opium et les dollars, par quel instinct primordial le Pirate-Optimiste se lassa du brigandage, par quels cheminements surprenants ils en vinrent l'un et l'autre à choisir pour guide le drapeau écarlate. Tout comme le Dragon-Borgne. Celui-là aussi était un militaire, celui-là aussi servait des seigneurs de guerre. Le Dragon-Borgne était né d'un père musicien ambulant. Cette ascendance le prédisposait peu à devenir général. Mais dans les années qui suivirent le Double-Dix, la chute de la Dynastie, l'instauration d'une République brinquebalante, les militaires sortaient de terre comme fleurissent les prés après une pluie de printemps. Il n'y avait plus dans toute la Chine une journée de paix. Des usurpateurs patentés, des maréchaux autoproclamés à képis emplumés surgissaient de chaque coin de bois. Les armées se coagulaient, se liquéfiaient, partaient en lambeaux, revenaient plus fortes. Il n'aurait pas été convenable d'en citer les chefs de crainte d'en oublier. Aucun ne ménageait la poudre, ni les cartouches, et cela faisait des heureux. La Deutsch Asiatische Bank, la Banque de l'Indochine, la Hongkong & Shanghai Banking Corporation, la Yokohama Specie Banking, la John Pierpont Morgan & Co. étaient aux anges. Et la Mauser Waffenfabrik d'Oberndorf am Neckar, les ateliers Schneider du Creusot, la Vickers, Sons & Maxim de Sheffield, et John Moses Browning de l'Église de Jésus-Christ et des Saint des Derniers Jours dans l'Utah aux cent vingt-huit brevets de pistolets, carabines et fusils. À la bataille de Fengdu, aux portes de l'Enfer, une balle traversa la tempe du jeune Dragon et sortit par l'œil droit. Le médecin allemand qui le soigna croyait au miracle. Le Dragon-Borgne portait, depuis lors, d'épaisses lunettes. C'est à peu près à ce moment de son existence qu'il fit la connaissance de Petit-Chien et lui transmit une proposition malhonnête. Ils se séparèrent sans faire affaire, ne se revirent que rouges et plus vivants que jamais.

Le Dragon-Borgne était expansif, malgré son air bonasse de colosse timide et ses gros verres. « Alors, vous vous souvenez de moi ? avait-il lancé à Petit-Chien avec une grande claque dans le dos. Nous nous sommes déjà rencontrés dans le sud du Sichuan. C'est moi que le seigneur de guerre de Chengdu avait envoyé proposer une sinistre alliance contre le Yunnan et le Guizhou. » L'eau du Yangtsé coulait en flots tumultueux entre les gorges et sous les ponts. Le Dragon-Borgne avait changé. Petit-Chien avait changé. Le Pirate-Optimiste avait changé. Ils avaient trouvé la Voie.

Nanchang les voyait réunis sous la houlette du Mandarin-Versatile. Le Pirate-Optimiste et le Dragon-Borgne s'étaient approprié une école de missionnaires pour y installer leur PC. Le Pirate occupait, en bas, le fauteuil du directeur, tandis que le Dragon se tenait coi au premier étage, attendant l'heure de l'action. Le Mandarin-Versatile apporta les plans de bataille et distribua les rôles. Il nomma le Pirate-Optimiste commandant en chef des forces insurgées. « Fort bien ! acquiesça celui-ci. J'obéis au Parti communiste. Je me conformerai en tout à ses ordres. » Du Dragon-Borgne, le Mandarin fit un chef d'état-major, de Petit-Chien, le responsable de la Sécurité. « J'étais celui qui connaissait le mieux Nanchang », glissait Petit-Chien comme pour s'excuser.

Ce n'était pas le tout d'être aux avant-postes d'une périlleuse mission. Pour vaincre, il fallait ruser. Petit-Chien, en sa qualité de haut gradé, honorable et respecté, en charge de l'Instruction et de la Sécurité, offrit dans un restaurant un banquet aux officiers de la garnison et les pria de se laisser aller à une interminable partie de mah-jong. Par instants, des rumeurs leur parvenaient du dehors. « Continuons notre partie de mah-jong, souriait Petit-Chien, et n'allons pas prêter attention à tous ces bruits que transporte la brise. » À l'heure prévue, les insurgés cueillirent leurs adversaires comme des fleurs. Lorsque l'aube du 1er août se leva, Nanchang était aux mains des Rouges. Ils se virent pourvus de cinq mille fusils et sept cent mille cartouches, en furent contents et fondèrent, ce premier jour du huitième mois, l'Armée Rouge des Ouvriers et des Paysans. Cela étant posé, ils divisèrent leurs forces en trois qu'ils nommèrent, pour faire impression, 9e, 11e et 20e Armées. Petit-Chien commandait la 9e, le Pirate-Optimiste la 20e. Le Mandarin-Versatile ordonna d'investir la Banque municipale car il avait appris de la Commune de Paris, dans son séjour en Occident, qu'un révolutionnaire digne de ce nom se devait d'agir ainsi. C'était la règle. Les habitants réveillés se rassemblaient en de grands meetings, avec force drapeaux et banderoles, et poussaient des exclamations. Les Rouges annonçaient que dorénavant les terres des propriétaires fonciers et des mauvais hobereaux seraient confisquées et redistribuées. Sur les murs ternes et les mornes palissades apparurent des proclamations flamboyantes en caractères élégants. « Vive la victoire de l'insurrection du 1er Août ! » « À bas l'impérialisme ! » « À bas Chiang Kai-shek ! » reprenaient dix mille gorges déployées et dix mille langues déliées.

Cependant, les insurgés n'en étaient pas plus avancés. La ville était encerclée. Il faisait à Nanchang une chaleur suffocante. Deuxième-Couteau ingurgitait des tranches de pastèque afin de se rafraîchir. Les Rouges se sentaient, à juste titre, pris au piège et délibérèrent pour savoir que faire sans dégager de réponse adéquate. Le 5 août ils se dispersèrent. Chacun sortit comme il pouvait, par la gauche, par la droite, prenant la direction du sud, avec l'espoir chimérique de rejoindre Canton. Petit-Chien, dit Rouge-Vertu, grava une inscription sur la crosse de son pistolet Mauser automatique : « Souvenir de l'insurrection de Nanchang. »

Les émules empressés de Li Rui assurent sans sourciller que la fameuse insurrection de Nanchang fut conduite sous la direction de la ligne révolutionnaire du Président Mao. Ce n'est pas exact. Et ce n'est pas aimable. Pareille affirmation ne peut naître que d'un cœur au fond fourbe, droit seulement en apparence.

Les hommes dépités traînaient avec eux des mitrailleuses et des canons de campagne. Le soleil tapait dur, comme un marteau sur une enclume, et ils se fatiguaient bien vite, leur tête, leurs jambes devenaient lourdes, leur cerveau, leurs pieds ralentissaient. Les soldats se disaient qu'à tout prendre ils préféraient rentrer chez eux. Ils lâchaient la troupe en chemin, laissaient les munitions sur le bas-côté. Ils désertaient. Parfois, aux abords des villes ou des rivières, les colonnes en retraite rencontraient des détachements adverses frais et dispos. Les échauffourées, les escarmouches, les combats perdus fabriquaient à foison des éclopés et des déçus. Petit-Chien s'adressa à ceux qui étaient avec lui : « Tous ceux qui ne veulent pas poursuivre la lutte avec nous peuvent s'en aller. Nous avons décidé de rester et de continuer la révolution même avec une demi-douzaine de fusils. » En un endroit, ils dénichèrent un médecin compatissant pour soigner les blessés, un Chinois formé par les missionnaires baptistes britanniques, le Docteur Fu qui avait adopté en manière de reconnaissance le prénom bizarre de Nelson. Accompagné de Face-de-Lune et de Tête-de-Fouine, Petit-Chien obliqua vers l'est puis vers l'ouest, tournicota et se lova dans les montagnes. Le Mandarin-Versatile, le Pirate-Optimiste, le Dragon-Borgne et Deuxième-Couteau poursuivirent en direction du sud. Ils se firent étriller durement à Tangken et à Liusha. Leur cortège allait s'amenuisant. Tous autant qu'ils étaient erraient en piteux état. Dans ses accès de fièvre, le Mandarin-Versatile, frappé d'une attaque de malaria et porté sur un brancard, criait : « Chargez ! Chargez ! » On le chargea sur un esquif et, par le fleuve, il parvint entier, mais pas sans encombre, à Hongkong.

Mettre ce fiasco sur le dos de Mao en une phrase doublement enrobée de miel est le fait de louches hypocrites. Mao Zedong n'était pas à Nanchang. Il n'y connaissait personne ou presque. Mao regardait venir et réfléchissait. Il se trouvait pour l'heure à Hankou, province du Hubei, en conciliabule avec le Géorgien de passage qui parlait d'importance et quelques Chinois de ses amis. Chacun y allait de ses sentiments. Mao Zedong confia à l'assemblée distraite le résultat de ses cogitations. « À partir de maintenant, il faudrait prêter plus d'attention aux questions militaires. Nous devons savoir que le pouvoir est au bout du fusil… » Rares étaient ceux que passionnait son propos. « Les échelons élevés devraient écouter attentivement ceux d'en bas », lança-t-il à la fin, plus ou moins irrité. Mao affûtait des pensées pour ses lendemains. « Le problème des brigands, remarquait-il, est fort important. Parce que les sociétés secrètes et les bandits sont extraordinairement nombreux, on doit concevoir une tactique à leur égard. » Il reprit son bâton de pèlerin et piqua vers l'occident préparer la Moisson d'Automne, nom de code d'une opération périlleuse.

Des événements inopinés vinrent entraver son projet. « Alors que je voyageais, raconta-t-il, je fus capturé par des milices au service du Kuomintang. La terreur était alors à son apogée et des centaines de suspects étaient fusillés. On donna l'ordre de m'emmener au quartier général des milices où je devais être exécuté. Ayant cependant emprunté plusieurs dizaines de yuans à un camarade, je tentais de soudoyer l'escorte. » Il se trouva malheureusement que le gradé haïssait plus les Rouges qu'il n'aimait l'argent. Cette situation avait un avantage — Mao conserva sa monnaie — et un inconvénient : il dut pour sauver sa vie prendre ses jambes à son cou et se dissimuler jusqu'au crépuscule dans les herbes hautes d'un étang, en position bien inconfortable. L'obscurité venue, il quitta les lieux et fila droit devant lui. « Je n'avais pas de chaussures, mes pieds étaient douloureusement meurtris. Je rencontrai en chemin un paysan qui me vint en aide, m'hébergea, et plus tard me guida jusqu'au district voisin. J'avais sur moi sept yuans et m'en servis pour acheter des chaussures, un parapluie et à manger. » Depuis qu'autrefois il avait parcouru le Hunan en mendiant, Mao ne se déplaçait plus sans parapluie. Et il lui restait encore deux sous lorsqu'il arriva à bon port.

Si vous êtes curieux de savoir ce que Mao acheta avec ses deux sous vaillants ou comment le Mandarin-Versatile triompha des affres de la maladie, vous resterez sur votre faim. Mais si vous souhaitez connaître la suite de leurs tribulations, il n'est pas inutile d'aller au chapitre suivant.

CHAPITRE VI

Des Occidentaux curieux discutent du destin de la Chine — Quelques écrivains s'effacent dans la nuit.

Lorsqu'il eut fini d'égorger les ouvriers de Shanghai et des faubourgs, Chiang Kai-shek réunit les notables en un joyeux banquet, se proclamant leur ami et parent : « Je protégerai les millionnaires comme aussi les petites fortunes. » Il demanda de virer à son compte sept millions de dollars shanghaiens pour ses premiers frais, en billets gris, rouges ou verts sur lesquels figuraient des locomotives fumantes. L'opération fut complétée d'un emprunt à fonds perdu de trente millions. Des courtiers persuasifs tendaient la sébile dans les quartiers chics, couraient les sièges sociaux des firmes prospères. Compagnie des Eaux et de l'Électricité de Zhabei : deux cent cinquante mille yuans ; Grands Magasins Wing On : deux cent cinquante mille yuans ; Société des Tabacs Hua-Ch'eng : cent mille yuans… Quelques malheureux jugeaient la note salée. Le roi de la farine Rong Songjing rechignait à alléger ses coffres. Une courte détention l'amena à de meilleurs sentiments. Pareillement, le directeur des magasins Sincère versa un demi-million pour retrouver en bonne santé son fils de trois ans retenu prisonnier. L'argent rentrait. Satisfait, Chiang Kai-shek prit des vacances. Lui aussi avait à faire ailleurs. Il répudia sa quatrième femme, renvoya ses concubines et entreprit d'épouser une riche héritière de la dynastie financière des Soong. Pour parvenir à ses fins, il se convertit au protestantisme. La famille Soong tenait à ses préceptes moraux autant qu'à ses comptes bancaires et il eût été maladroit, contraire à la politesse et au respect filial, de ne pas se plier à cette formalité. Chiang Kai-shek offrit à ses nombreux amis une fête au Majestic Hotel, débordant de luxe, et dépensa les dollars sans avarice. Le jazz-band américain de Whitney Smith attaqua *I'll be Loving You Always* qu'avait enregistré précédemment Joséphine Baker sur 78 tours. Chiang Kai-shek se fit chrétien, passa la bague au doigt, puis il se fit refaire les dents. Enfin il mit de l'ordre autour de lui.

La Bande Verte, de formation par trop traditionnelle et aux fidélités contingentes, ne suffisait plus à garantir ses projets. Cela lui faisait souci. Il n'était pas dépourvu d'idées et avait le cœur ouvert au monde. Chiang Kai-shek s'était abouché avec Tōyama Mitsuru, l'inspirateur à barbe blanche de la société japonaise du Dragon Noir. Mais il préférait regarder vers l'Occident, source du progrès, et, sur un modèle européen en vogue, il constitua une milice efficace. « Je connais bien la Société du Dragon Noir au Japon et les Triades de Shanghai, confiait-il à un proche, mais je leur préfère le système des Chemises Noires de Benito Mussolini en Italie. Ce serait une splendide idée d'organiser mon propre groupe et de l'appeler Chemises Bleues. Ses membres n'obéiraient qu'aux ordres de leur leader, un principe qui deviendrait leur plus haute loi. Ils devront oublier tout devoir autre que la loyauté à leur chef et devront être prêts à arrêter, torturer ou mutiler tout suspect tombant entre leurs mains. » Il délégua cette tâche délicate au responsable du Bureau d'Investigations et de Statistiques qui s'en acquitta à la perfection.

Chiang Kai-shek habitait dans la Concession française, au 9, route Francis-Garnier, une vaste villa qu'il appelait la Maison de l'Amour, car il l'avait reçue en dot avec sa femme. Le Généralissime garait sa Packard à l'entrée et pouvait dormir sur ses deux oreilles. La Concession française était le secteur le plus sûr de Shanghai, non seulement grâce au labeur des inspecteurs bourdonnants de Huang-le-Grêlé et de son supérieur avisé, le capitaine Fiori, mais aussi grâce aux solides blockhaus de ciment armé à portes de fer qui en commandaient les entrées, aux chevaux de frise et aux sacs de sable placés aux carrefours, aux canons sans recul, aux chars d'assaut et aux automitrailleuses, aux corps de troupes de la colonie, aux marins à cols bleus et pompon rouge, aux fantassins annamites coiffés du casque Adrian modèle 1915, et aux bâtiments de l'escadre d'Extrême-Orient embossés sur le Huangpu. Chiang Kai-shek recevait dans un salon aux rideaux de velours à fleurs bleues des visiteurs étrangers et les faisait asseoir dans de confortables fauteuils en cuir rouge. C'était plus agréable pour discuter des choses sérieuses.

« Que pensez-vous de l'état de la Chine ? » le questionnaient les journalistes occidentaux peu imaginatifs. Le Généralissime rassurait ses interlocuteurs. « Je pense que ça va très bien. Je suis très optimiste... Après le coup d'État communiste de Canton, la ville a été reprise, on a tué deux mille communistes. Si nous n'avions pas réagi, où en serions-nous maintenant ? » Ses vis-à-vis approuvaient. Il poursuivait : « Et ici même, à Shanghai, vous avez vu toutes ces grèves de tramways, ces attentats ? » Ils avaient vu, ceux qui l'écoutaient, et c'était avec gratitude, pour les services rendus, qu'ils venaient l'entendre. « Il était temps », concluait le Généralissime en s'accordant un *satisfecit*. Il parlait d'une voix lente et basse. « Les communistes sont battus, mais les têtes de l'hydre peuvent renaître. Il y a encore beaucoup de bolchevistes dans le Hunan. »

Entre les points mouvants d'un méridien et d'un parallèle, à l'intersection du Hunan et du Jiangxi, les provinces centrales, vadrouillaient Mao Zedong, Petit-Chien, l'opiomane repenti, et son cadet sichuanais Face-de-Lune, Tête-de-Fouine et le Pirate-Optimiste. Les avait rejoints, venant de Pingjian, plus au nord, l'Ours-Téméraire, une recrue de choix. À eux tous ils formaient l'état-major de la cohorte irrégulière qu'avec une modestie coutumière ils avaient sacrée Armée des Ouvriers et des Paysans. Le Bureau d'Investigations et de Statistiques de Chiang Kai-shek, fort savant, établissait au quart de poil le nombre de maisons, masures et édifices brûlés dans le secteur — soit cent douze mille cinq cent quarante-deux — et calculait les dommages à hauteur de deux cent trente-quatre millions cinquante mille dollars chinois. Mao, qui n'avait pas oublié son pinceau, son encre et les gestes du poète, composait des vers sur le mode de la *Lune sur la rivière de l'Ouest.*

Notre troupe est l'Armée Révolutionnaire des Ouvriers et des Paysans.
Notre drapeau arbore la faucille et la hache.
Nous ne nous attarderons pas au sommet du mont Lushan,
Nous avancerons droit vers les rivières du Hunan.
Les mauvais hobereaux infligent toutes formes d'oppression,
Les paysans les détestent en un comme en cent.
À la Moisson d'Automne de sombres nuages se lèvent au crépuscule.
Avec un bruit de tonnerre, s'impose l'insurrection.

Cela, et le reste, était en ville source d'affliction et de mécontentement. Il était notoire que l'on ne pouvait remonter le Yangtsé sans essuyer des coups de fusil, sans risquer une balle perdue. Les journaux influents ne se lassaient pas de gratter la plaie : « Aussi n'est-il pas étonnant que les autorités provinciales du Hunan aient arrêté les mesures préliminaires pour une campagne en vue d'une complète suppression des Rouges. » D'esprit large mais pratique, formés à bonne école, les résidents des concessions et les touristes éminents se disputaient pour savoir si tout allait bien, comme la plupart l'espéraient, ou s'il était prudent de préparer ses bagages et boucler ses malles, comme d'aucuns le craignaient.

Dans ces conditions, le point de vue d'un homme compétent à barbiche et lorgnons, la soixantaine bien sonnée, Belge socialiste habitué des fonctions ministérielles, se donnait pour rassurant. Émile Vandervelde, à l'invitation d'amis exotiques — il n'en manquait pas en Belgique —, venait accroître ses connaissances, déguster du thé vert, fumer des cigarettes Golden Dragon et donner une pincée de conférences. Membre du Club Alpin et des Amis Philanthropes du Grand Orient, il avait, depuis tout jeune, adopté pour règle invariable : « Bien manger, bien dormir, bien marcher. » De la fenêtre du train, il voyait défiler les paysages. Aux étapes, son programme était lourdement chargé : salutations, déjeuner, thé, dîner, toasts, discours, compliments… L'universitaire qu'il était prenait des notes : Nankin, les tombeaux Ming, dragons alignés, éléphants, chameaux taillés dans la pierre… Canton, la Rivière des Perles, Shameen, hôtel de la Nouvelle Asie… Shanghai, sixième port du monde après Anvers, Rotterdam, Hambourg…, canidrome, courses de lévrier, Greyhound Racing Club, bars, danseuses russes… La Chine, relevait-il scrupuleusement, ne compte qu'un seul parti légal : le Kuomintang crédité de six cent cinquante mille membres, à quarante et un pour cent militaires. La haute personnalité qu'il était côtoyait de hautes personnalités : à Moukden le fils du défunt Tigre-de-Mandchourie, en smoking blanc, à Nankin le maréchal Chiang Kai-shek « que l'on appelle couramment ici le Mussolini chinois », à Shanghai des banquiers affairés : « J'ai souvent et longuement causé avec eux. » Émile Vandervelde, figure de proue du Parti Ouvrier Belge et président en titre de la IIe Internationale, se faisait son opinion. Peut-être n'y avait-il que les communistes pour l'irriter, partout où il passait. Le socialiste moderne qu'il était ne pouvait les voir en peinture ni les encadrer. Tandis qu'il prononçait sa conférence à l'Université de Shanghai, d'insignifiants papillons de papier le taxaient de *social-traître*. Mais il n'en avait cure. « Visiblement, la IIIe Internationale ne se relève pas de l'écrasante défaite au-devant de laquelle elle courut, lorsqu'elle fit, en 1927, la tentative folle de bolcheviser la Chine », commentait-il, serein. Des tempêtes dont il avait eu vent ne restait, à son sens, que l'écume. « Chacun sait, en effet, que dans certaines provinces de l'intérieur il y a eu ces derniers mois des troubles communistes d'une gravité certaine… Sous le signe du communisme, des mouvements de violence, de révolte et, parfois, de banditisme pur et simple que l'on n'était point parvenu jusque-là à réprimer efficacement. » Son sentiment trouvait peu d'écho dans les milieux intellectuels européens et cela avait de quoi le chagriner. Une ombre ternissait son visage à l'évocation de l'écrivain cabotin, du jeune Français inspiré, mèche tombante et mégot à la bouche, coqueluche transitoire du Tout-Paris dont la renommée romanesque reposait tout entière sur les événements de Chine. Vandervelde n'appréciait pas André Malraux, alors même que les revues du Quartier Latin, naturellement portées sur l'hyperbole, se répandaient en louanges : « Malraux a tous les dons. » Malraux en avait en effet un certain nombre et racontait comme s'il y avait été les grèves de Canton, les soulèvements de Shanghai. Cela avait du succès, en France, mais ne manquait pas, par ricochet, d'éclabousser Chiang Kai-shek, de lui accrocher une piètre réputation. Tueur. Tueur en chef et dictateur. Les lecteurs se passionnaient. Malraux plaçait dans la bouche de ses personnages des vérités inconvenantes. « *Grâce aux liens qui unissent le Consortium à une grande partie du commerce chinois, j'ai participé de la façon la plus efficace à la prise du pouvoir par le général Chiang Kai-shek* », se glorifiait son commis de la Finance, introduit au ministère de la rue de Rivoli. « *Certes,* lui objectait-on sous les lambris, *mais Chiang Kai-shek peut être tué ou battu, si le bolchevisme renaît…*

— Les communistes sont écrasés partout, répondit Ferral. Borodine vient de quitter Hankou et rentre à Moscou.

— Les communistes, sans doute, mais non point le communisme. La Chine ne redeviendra jamais ce qu'elle était, et, après le triomphe de Chiang Kai-shek, de nouvelles vagues communistes sont à craindre. » Les prophéties d'écrivain agaçaient prodigieusement Vandervelde. Un ministre, surtout lorsqu'il a eu la charge de l'Intendance ou des Affaires étrangères, et plus encore quand il se fait une joie de « bien manger, bien dormir, bien marcher », devient facilement ombrageux. Émile Vandervelde avait vu en personne Chiang Kai-shek descendre de son aéroplane, « grand, mince, étonnamment jeune d'allure, très simple dans son uniforme kaki sans galons… Le haut du visage est très beau, les yeux à peine bridés ne sont pas sans douceur, le sourire séduit… ». Avec ses observations, Vandervelde rapportait dans son calepin une coupure du *China Critic* saluant l'offensive contre les bandes communistes du Yangtsé : « Tout homme raisonnable doit se rallier au gouvernement et souhaiter au généralissime Chiang Kai-shek une heureuse campagne. »

Chiang Kai-shek s'occupait de tout, sauf de monter au front. Son rôle de chef suprême l'obligeait d'abord à exercer ses talents enfouis de théoricien et signer de sévères contributions à l'édification nécessaire de la nation : *Mes pensées au sujet du nouveau système douanier* ; *La différence entre la révolution du peuple du Kuomintang avec la révolution communiste du parti bolchevik des Soviets*. Dans ce sillage, les magazines à sa dévotion délivraient des guirlandes d'explications : *Comment déraciner les communistes chinois* ; *Questions essentielles après la purgation du Parti* ; *Histoire de l'extermination des communistes*… Chiang Kai-shek répondait en souriant à la presse de tous les continents. « Le problème du communisme au Jiangxi a été réglé de manière satisfaisante », assénait-il à l'envoyé spécial d'un journal d'Osaka, au Japon. « Il est possible que de légers troubles soient causés dans d'autres régions du pays par de petits groupes de communistes qui seront peu à peu éliminés. » Les Japonais, courtois à l'excès, insistent rarement sur les choses déplaisantes et posent d'exquises questions en y mettant les formes. « En tant que dictateur virtuel du pays, Votre Excellence accepterait-elle d'être nommé président de la nation si le peuple le demandait ? Nous considérons Votre Excellence comme le Mussolini, le Hitler ou le Kemal Pacha de la Chine. » Flatté, Chiang Kai-shek l'était autant qu'un généralissime pouvait l'être, mais poli autant qu'un Nippon, il n'en laissait rien paraître. La Chine était la Chine, soupirait-il, et l'idée de la gouverner en *Duce*, en *Führer* ou en *Gazi* n'effleurait pas son être simple tourné vers le sacrifice et les anciennes vertus.

Or, résidaient en Chine à ce moment de vieux briscards de l'espèce coloniale, blanchis sous le harnais et sûrs de leur fait, qui faisaient du Malraux comme Monsieur Jourdain de la prose. Monseigneur Fourquet, évêque de Canton, était de ceux-là. Il portait la barbe fournie des missionnaires émérites et n'était pas du genre à donner ses chandeliers au premier venu. Mais il gardait l'accent aveyronnais si sympathique au visiteur. Dans son diocèse, il baptisait huit mille enfants de païens à l'année. En trente ans de pays jaune, il avait acquis une expérience qu'il se plaisait à exposer. « Dès les premières attaques, racontait-il en se remémorant la Révolution de 1911 (car il était déjà là), j'étais fixé sur le résultat… »

C'est dire s'il faisait preuve de perspicacité. Lors de la révolte des Boxers de 1900 (il y était aussi), une canonnière française l'avait embarqué en qualité d'interprète. Le prélat appréhendait parfaitement la Chine et les Chinois. « Le communisme les attire d'une façon quasi invisible. Ils y glissent d'une pente continue et rapide. Ils se sentent entraînés par des doctrines qui sont, pour la plupart d'entre eux, comme une nouvelle religion. On aura bien de la peine à arrêter ce mouvement. » Ce n'était dans sa bouche qu'amère et sobre constatation.

Plus Chiang Kai-shek taillait dans le vif, plus ses services de sécurité en Borsalino découvraient de nouvelles raisons de sévir. Dès que, dans les villes, un communiste pointait le bout de l'oreille, il se faisait attraper rudement, malmener et parfois enterrer vivant en vertu des principes anciens. Les services ratissaient large. Leur activité soutenue affleurait parfois dans les pages intérieures des journaux. « Les bolchevistes conspirent plus que jamais à Shanghai où, lors d'un raid dont un organe communiste a été l'objet, treize jeunes gens, hommes et femmes ont été arrêtés, qui appartiennent à la clique de Trotsky. » Les services spéciaux étaient fort correctement organisés, disposaient d'un personnel abondant, de voitures automobiles et d'un petit manuel de campagne. « Les méthodes de l'arrestation clandestine et de l'assassinat secret sont extrêmement simples », lisait-on au paragraphe concerné. C'était pure vérité. D'autant que la duplicité, la corruption et l'aide étrangère jouaient leur rôle. Ainsi furent effacés du monde des vivants les activistes de la Ligue des Écrivains de Gauche et disparurent sans laisser de traces les Cinq Martyrs qui, en réalité, étaient plus de vingt. Des informations dignes de foi avaient conduit la police britannique de la Concession à prendre d'assaut l'Eastern Hotel du 666, Hankow Road et, un peu plus tard, le Zhonghan Hotel de Tianjin Road. La pêche était bonne. Bien entendu, les Britanniques, inventeurs enviés de l'*Habeas Corpus*, ne savaient que faire de leurs prises et les remirent aux agents de Chiang Kai-shek, plus doués pour les finitions. C'est donc de cette manière qu'ils périrent, les Martyrs, près d'un pont, nuitamment, les chaînes aux pieds, en chantant pour leurs assassins *L'Internationale* bien connue : « *Qǐlài, jīhán jiāo pò de núlì, Qǐlài, quán shìjiè shòukǔ de rén !...* » Vingt et un hommes et trois femmes dont on ne sut plus rien avant longtemps, sinon qu'ils étaient morts. La chronique ne retient, parmi eux, que les cinq écrivains. C'est naturel. Des Américains, par compassion professionnelle, se penchèrent sur leur sort : Sinclair Lewis, Edna Ferber, Thornton Wilder, tous trois prix Pulitzer. Leur voix était puissante, moins toutefois que la police secrète de Chiang Kai-shek. Ils étaient bien jeunes, ces morts dont on s'inquiétait, et qui n'avaient pas beaucoup écrit. Le temps leur avait manqué. À vingt-neuf ans, Rou Shi gardait les cheveux longs, en arrière, et de petites lunettes rondes devant ses yeux myopes. Feng Kong, âgée de vingt-quatre ans, avait une coupe courte, pour une fille, des lunettes rondes à la mode, une expression volontaire ; on prétend qu'elle avait la figure boursouflée au moment de mourir. Hu Yepin, chargé par la Ligue des Écrivains de Gauche du « Comité de Correspondance des Ouvriers, Paysans et Soldats », exhibait sur son visage de vingt-sept ans les lunettes rondes de l'intellectuel prolétarien. Les autres n'avaient pas de lunettes. Leur vie s'arrêta là.

Une rumeur persistante circulant dans Shanghai, au centre et aux marges, à Nandao, à Pudong, à Zhabei, donnait à penser à ceux qui pensaient encore que les renseignements fiables dont les Britanniques avaient bénéficié, noms d'hôtels et numéros de chambre, venaient en douce de chauds partisans de Moscou que les cinq écrivains et leurs dix-neuf camarades peu ou prou prolétaires n'aimaient pas beaucoup. La trahison était partout, convenablement rémunérée. Ainsi vint l'idée, un jour, à l'une des femmes de Petit-Chien dit Rouge-Vertu, la deuxième ou la troisième, qui l'avait accompagné en Allemagne, à Berlin, à Göttingen, et ne détestait pas la belle vie, de livrer aux hommes de Chiang Kai-shek une liste de trois cent cinquante noms et adresses de Rouges bon teint moyennant finance. Cinquante mille dollars lui semblait un juste prix. Cinquante mille dollars et un passeport pour l'étranger, afin d'en profiter. Pour preuve de sa bonne foi, elle en donna un premier, une jolie pièce, un secrétaire de comité dans sa cachette. Mais les

Rouges n'étaient pas si bêtes, ils firent usage de leurs petites cellules grises et des méthodes inductives prisées en Grande-Bretagne.

Le sort de la traîtresse vous sera conté sans tarder. Mais si, par hypothèse, vous intéresse le destin sans accrocs d'Émile Vandervelde, sachez qu'il poursuivit sa carrière de ministre du Royaume de Belgique et mourut de congestion cérébrale en corrigeant les épreuves de ses *Mémoires*. Quant à la fortune politico-littéraire d'André Malraux, la suite révélera quelques détails ignorés.

CHAPITRE VII

Mao Zedong perd une épouse et égare ses enfants — Une femme de lettres gagne la notoriété puis disparaît soudain.

De retour à Shanghai après l'aventure malheureuse de Nanchang, remis sur pied par une préparation médicinale mystérieuse guérissant fièvre, migraine et maux d'estomac, le Mandarin-Versatile s'était plongé dans l'action clandestine, risquée, dangereuse. Il demeurait d'ordinaire chez sa mère adoptive, sur Seymour Road, car il venait d'une famille comme-il-faut où le temps s'écoulait doucement. On aurait pu l'appeler le Mandarin-Insaisissable. Parfois, à la grande joie de la maisonnée, il s'exerçait à la cuisine, art où il était passé maître. Autrement, il revêtait une tunique traditionnelle de soie grise, laçait des chaussures cirées, sortait en ville et finissait ses soirées au cinéma. Shanghai n'en manquait pas. Mélodrames, épopées furieuses de bandits de grands chemins, films de Hollywood se partageaient inégalement les écrans. Il avait comme cela des activités nombreuses et variées. À l'heure dite, discrètement, il se rendait par des voies détournées dans un lieu éloigné, au quartier des bordels, des *sing-song houses*, vers le Tianchan Theater, immeuble parfait à deux entrées, pour rencontrer ses pareils, couper les cheveux en quatre et apprécier justement la situation. Le Mandarin-Versatile parlait longuement, interprétait les directives transmises par des marins en escale, les dépêches à l'encre sympathique qu'il fallait tremper dans l'eau d'alun, traduisait du russe l'expression « marée haute imminente » en « marée montante encore assez éloignée », et colmatait les brèches. Il fut, croit-on, à l'origine, de l'« Escouade d'Élimination des Chiens », des gars armés, décidés, hardis, qui n'avaient peur de rien, tendaient l'oreille, ouvraient l'œil, reniflaient les pièges, liquidaient les mouchards. Le Mandarin-Versatile avait entrepris de constituer un échelon de protection, aidé de Deuxième-Couteau et de camarades agréés, recrutés en des lieux sordides qu'il ne convient pas de désigner. Toujours est-il que ce ne fut pas trop compliqué, par le truchement d'informateurs placés au bon endroit au bon moment, d'identifier « la belle à l'accent du Sichuan » qui fréquentait les commissariats, parlait l'allemand et attendait en échange de trois cent cinquante noms une grosse somme d'argent. Une équipe des mausséristes la surprit chez elle et la truffa de plomb. Dotés d'une expérience trop élémentaire, les tireurs ignoraient qu'un calibre 7,63 ne suffisait pas fatalement à clore un dossier. La belle du Sichuan, ancienne épouse de Petit-Chien dit Rouge-Vertu, en réchappa, non sans dommages, mais elle s'en tira, réfléchit trois secondes, pesa le pour et le contre, renonça aux dollars et l'on n'entendit plus parler d'elle.

La lutte était sanglante, cruelle. Chiang Kai-shek n'en démordait pas. « La suppression du communisme est la tâche principale du gouvernement », rabâchait-il comme un phonographe. Le travail, à son goût, ne se faisait qu'à moitié. C'était mou, incomplet, mal ficelé. « Le progrès accompli jusqu'ici n'est pas aussi rapide qu'on pourrait le désirer. » Il le confessait au *Times* de Londres, tempérant son aveu d'une note optimiste : « Mais je suis convaincu que les communistes chinois, qui sont aussi bien les ennemis des autres pays, seront anéantis avant peu. » À force d'investigations, de tâtonnements, en cherchant bien ou par un coup de chance, un traîne-sabre mit la main sur l'épouse de Mao Zedong, le chef des guérillas de la montagne, et la supprima. Quant à savoir si elle fut torturée, comme d'aucuns l'affirment, décapitée selon la tradition ou sommairement fusillée, la réponse n'est pas certaine. Mao, à vrai dire, avait jusque-là une épouse et demie. Son père l'avait marié d'autorité, en premières noces, à une fille de dix-huit ans quand il en avait treize. Mais il ne consomma pas. Il préférait lire tranquillement *Au bord de l'eau* et *Le Voyage vers l'Ouest du Singe pèlerin*. « Je ne la regardais pas comme ma femme, admettait Mao, et, en ce temps-là, n'y pensais guère. » Il quitta son village de Shaoshan sans un regard pour elle et oublia jusqu'à son nom. Son épouse vraie, sa femme que l'on venait d'occire, il l'avait abordée en étudiant, après. C'était la fille de son professeur d'éthique et de philosophie, que les élèves moqueurs surnommaient Confucius, la fille du professeur Yang, et comme son père, naturellement, elle s'appelait Yang, son prénom était Kaihui. Mao Zedong s'engageait, soupesait les concepts de mariage et d'amour, décomposait la dialectique du mariage arrangé et de l'amour libre, élaborait une théorie épineuse du désir : « Nous avons plusieurs sortes de désirs, arguait Mao, tels que le désir de manger, le désir de sexe, le désir de jouer, le désir de gloire, le désir du pouvoir et de l'influence (également appelé désir de domination), etc. Entre tous, les désirs de nourriture et de sexe sont fondamentaux, le premier pour se maintenir au présent, le second pour se projeter dans l'avenir. » Yang Kaihui avait la figure douce et les yeux tendres. « À bien des égards, la camarade Yang Kaihui avait hérité de l'excellent caractère de son père », soutenait Li Rui le flagorneur. Les tourtereaux se plurent à Pékin, se marièrent à Changsha, filèrent le parfait amour à Shanghai et firent trois enfants. Puis ils ne se virent plus. Mao était guérillero, elle s'occupait des enfants, loin de là, quand elle fut prise et mise à mort devant l'un de ses fils.

À cette époque triste, Mao avait trois enfants mâles. Le premier s'appelait Anying, le deuxième Anqing, le troisième Anlong. Celui-ci était un nourrisson. Le parti des Rouges envoya une femme cueillir les trois enfants. Le Nouvel An lunaire approchait quand elle reçut instruction de les convoyer à Shanghai dans la plus stricte discrétion, de se rendre à une adresse déterminée, de frapper à l'huis le nombre de coups indiqué, de prononcer certains mots et, sans poser de questions, de laisser ses protégés entre les mains charitables qui ouvriraient la porte. Par mesure de précaution, elle leur donna d'autres noms : au premier Yongfu, au deuxième Yongshou et au troisième rien du tout puisqu'il ne parlait ni ne comprenait.

Celui-ci, elle le tenait serré contre son sein. Le rail et le fleuve les menèrent dans la grande métropole, le grand port enfumé. La femme avait rendez-vous dans un magasin de liqueurs. Comme convenu, elle tapa trois fois à la fenêtre, à gauche de la porte, et, comme prévu, on lui ouvrit. « Ne soyez pas affligée, lui dit-on. Dans une révolution des gens doivent mourir. » Mais elle avait le cœur gros. Les orphelins pleuraient. Ils furent placés au jardin d'enfants de la Grande Concorde que le Parti gérait en sous-main. Mais bientôt, la police efficace du Kuomintang donna un coup de pied dans le nid, arrêta le personnel, dispersa les pensionnaires. Anying, Anqing et Anlong devinrent des enfants des rues, errant, mendiant leur pitance. On dit qu'ils furent battus et que le plus petit mourut de dysenterie.

Les hommes de main de Chiang Kai-shek n'étaient pas des tempéraments anxieux. Ils aimaient boire et jouer au mah-jong, prendre du bon temps, s'appuyer nonchalamment sur la portière de conduites intérieures rutilantes et poser pour la photo souvenir après un raid fructueux, exhiber leurs trophées, drapeau rouge à faucille et hache croisées, intellectuel tuméfié ou toute autre proie à valeur marchande. Leurs supérieurs, en une utile intention syncrétique, vantaient aux Chemises Bleues néophytes les brillants exploits des Chemises Noires italiennes ou des Chemises Brunes allemandes. Mais ce n'était pas absolument nécessaire. L'exemple du lointain Occident parlait peu aux hommes du rang qui s'ébrouaient dans les bouges et traquaient le bandit rouge. La Chine était grande et se dispensait des leçons d'autrui. « Dans les dernières décades, ruminait Chiang Kai-shek, nous nous sommes saoulés de démocratie, faits les avocats de la libre-pensée, et pour quel résultat ? » Oui, pour quel résultat !?? se demandaient ses hommes, accessibles à la question lorsqu'ils étaient à jeun. Bien sûr, le Chef exagérait. Il y avait à peine vingt ans que les Chinois avaient tranché leur natte et s'étaient convertis au Borsalino, pas plus de quinze ans que les étudiants bruyants avaient réclamé à cor et à cri *Mister Sai & Mister De* — la science et la démocratie. Il y avait vingt ans à peine que les Chinoises n'avaient plus les pieds bandés et quelques années seulement qu'elles coupaient court leurs cheveux, les frisaient parfois, et portaient des robes fendues jusqu'à la cuisse. Le résultat n'était pas beau. « Nous avons sombré dans le chaos », maugréait Chiang Kai-shek. Les rabatteurs du Généralissime entretenaient leurs subordonnés d'un passé millénaire et glorieux, des légendes impérissables de l'Empereur Initial, de Shihuangdi des Qin qui avait conquis pour son compte les Sept Principautés, dans une antiquité éthérée où les ancêtres des Chemises Brunes n'étaient que tribus hagardes des forêts profondes, où les ancêtres des Chemises Noires se faisaient aplatir par Hannibal et ses éléphants. Les Chemises Bleues n'avaient nul besoin de modèles exotiques. « Le succès du contrôle culturel dans la période des Qin est précisément ce que nous voulons imiter aujourd'hui. »

Le choix n'était pas mauvais. Shihuangdi occupait dans la longue succession des souverains une place à part. L'Empereur Fondateur s'était montré entreprenant. L'Histoire dit que le trône lui fut confié à l'âge de treize ans et que, peu après, il avait déjà découpé en fins morceaux l'amant de sa mère, tué ses deux frères bâtards et poussé au suicide son Premier ministre. Voyant poindre la réprobation, il fit battre à mort un conseiller mécontent, vingt-sept fonctionnaires, et exposer leurs restes gluants aux portes du Palais. L'Empereur Fondateur était plein de ressources. À vingt ans, entré en guerre contre ses voisins, il écroula la digue du fleuve Jaune afin d'engloutir sous les eaux la ville de Kaifeng, qui s'appelait alors Daliang. Ce fut en pure perte que le roi de Pékin lui offrit la tête coupée de son propre fils, espérant pour lui la clémence. La puissance de l'empereur Shihuangdi des Qin augmentait à proportion de sa cruauté. Elle augmenta encore quand il extirpa de ses refuges sacrés le passé même. Un décret informa ses sujets qu'hormis ceux parlant des Qin en bien, tous les livres et écrits devaient être confisqués, déchiquetés, jetés aux flammes, que quiconque, dans un délai de trente jours, n'aurait pas brûlé les ouvrages interdits serait tatoué sur le visage et envoyé aux confins construire la Grande Muraille avec ses mains, que quiconque citerait dorénavant le *Livre des Odes* ou le *Livre de l'Histoire* serait exécuté en public, que mourrait sans tête toute personne usant du passé pour dénigrer le présent. Sur une liste qui lui fut présentée, Shihuangdi cercla les noms de quatre cent soixante lettrés à enterrer vivants sur-le-champ, ordre suivi d'effet.

Avec méthode, les Chemises Bleues appliquaient cette devise pragmatique : en tuer un pour en avertir cent — *shā yī jǐng bǎi*, ou, avec un brin de poésie, *shā jī xià hóu* — tuer le poulet pour terroriser le singe. Les Chemises Bleues firent donc irruption au domicile de la romancière Ding Ling dans la Concession internationale. Des témoins virent s'écraser au sol un homme, jeté du quatrième étage, et la romancière Ding Ling poussée par des costauds dans une voiture immatriculée 4223. Peu de temps, de jours, de semaines après, Shanghai, la Chine, le monde l'apprirent. « Le Généralissime ne supportait plus les impertinences de Ding Ling, entendait-on dans les salons et les boutiques. Il s'est mis en colère. » La romancière était une petite femme moderne et jolie, d'un peu moins de trente ans, qui prenait des poses romantiques, la tête légèrement inclinée, le regard dans le vague. Ding Ling n'était pas son nom, mais le pseudonyme agréable à l'oreille qu'elle s'était choisi quand elle avait cherché, sans succès, à devenir actrice de cinéma, les deux caractères du sceau de jade qu'elle posait près des coupes de pigments, des pinceaux et de son papier ligné lorsqu'elle avait opté pour l'écriture. *Le Journal de Mademoiselle Sophie*, une longue nouvelle, lui avait valu la notoriété et les applaudissements des jeunes filles romantiques de son âge au regard vague. « *Pourquoi me suis-je laissé embrasser par un homme que je méprise autant, que je n'aime pas, et dont je me moque éperdument* ?... » Ce n'était pas ces fantaisies pernicieuses qui soulevaient l'ire du Généralissime. Il en avait vu d'autres. Ni même la vie sentimentale chaotique que la romancière menait avec plusieurs hommes dans le désordre, lui qui pourtant abhorrait le chaos, détestait le désordre. Passe encore que Ding Ling ait eu pour amie d'enfance la femme morte de Mao Zedong, qu'elle s'extasiât devant *Madame Bovary* et *La Dame aux camélias*, qu'elle fût l'épouse de Hu Yepin, l'un des fusillés à la va-vite, qu'elle en pinçât pour un traducteur de poèmes russes ou ait flirté avec le secrétaire numéro deux du parti des Bandits Rouges, le tuberculeux enfoui dans la clandestinité et recherché par toutes les polices. Fi donc ! Il y avait plus grave. Ding Ling se laissait corrompre par les mots, les phrases, la littérature. Elle empruntait un ton blessant, inadapté, se montrait grossière en public, dans des revues miteuses. Quand parut son récit « L'Eau » en feuilleton sur *La Grande Ourse*, elle franchit les bornes de la décence. Peut-être aurait-ce pu n'être qu'une banale histoire d'inondation, comme il en arrivait si fréquemment dans l'immensité chinoise, les digues rompues du fleuve Jaune, le flot ravageur, les villages noyés, *des eaux terribles qui avaient tout avalé*… Mais elle allait trop loin, beaucoup trop loin pour son âge et pour sa condition. « *Putain de merde ! Vous les affamés, vous n'êtes qu'une bande d'enculés qui ne meurent pas et quand vous serez morts, ils n'en auront rien à foutre !... Vous avez compris enfin, fils de pute !... Je vous le dis, là, voilà notre labeur qui épaissit la peau de nos mains et de nos pieds sous le froid et la faim !... Bâtards, œufs de tortues !... Partout dans le monde, les corbeaux sont noirs…* » Ce n'est pas ainsi que devait écrire une jeune femme. Cela faisait enrager Chiang Kai-shek et contrevenait aux Trois Principes et aux Huit Vertus confucéennes. Ses personnages, loqueteux, crasseux, ses paysans déguenillés, ses réfugiés, avant le point final, hommes, femmes et enfants, s'agglutinaient en colonnes puissantes, se répandaient *avec plus d'impétuosité que l'eau elle-même* : « *Allons reprendre ce qui nous appartient !* » Ding Ling s'était mise en fâcheuse position. Lorsque la voiture 4223 eut emmené la romancière vers une destination peu propice à l'écriture, les grandes voix de l'étranger se manifestèrent, les cercles influents de Louis Aragon, dandy ondulant, et de Paul Nizan, fringant jeune homme à lunettes : « Ding Ling est morte, en pleine force de l'âge, du talent et de l'enthousiasme. Elle est morte après de longues tortures. Ding Ling est morte comme tant d'autres de nos frères jaunes… » La rumeur courut comme une traînée de poudre : « Les Chemises Bleues l'ont enlevée et enterrée vivante. » Cela ne laissait personne indifférent.

Une escouade rouge d'élimination des chiens aligna l'organisateur du rapt juste comme il descendait de l'automobile immatriculée 4223 et entrait au Sweet Heart, une *singsong house*, pour se délasser.

La question de savoir si tout allait bien ou si tout allait mal demeurait pendante.

Dans tout, il y avait matière à inquiétude, dans tout, il y avait matière à réconfort. C'est là l'essence de la contradiction. L'ancien empereur Xuantong, le citoyen Puyi, en donnait le vivant aperçu. Une fantaisie démocratique lui prit de se faire appeler Henry, de porter des lunettes rondes bleutées, un costume gris et un chapeau mou. Il s'habillait chez Whiteaway, Laidlaw & Co., accumulait les montres, les postes de TSF, les pianos. Il fréquentait le Country Club et s'aspergeait de lotion Max Factor plaisante à l'odorat. Depuis qu'il vivait à Tianjin dans la Concession japonaise, l'empereur déchu ne faisait plus parler de lui que pour les extravagances d'une existence molle et sans but. Des langues trop bavardes le disaient maître d'un chien énorme à vingt mille dollars, un chien gigantesque, et puis d'un singe, un singe qui pissait sur les invités, et encore de deux femmes, l'une chaude comme Shanghai, l'autre froide comme Pékin. On soutenait aussi qu'il faisait collection de cartes postales pornographiques nippones, qu'il maltraitait ses concubines, les laissait battre comme plâtre par ses eunuques et pour un rien. Cela fit grand tapage lorsque la plus jeune réclama sa liberté et cinq cent mille dollars de compensation.

De quelle façon l'héritier Henry Puyi refit sa vie, comment le proscrit Mao supporta le veuvage sont, à ce point, de légitimes interrogations. S'il vous agrée d'en apprendre davantage, tournez donc la page.

CHAPITRE VIII

Les Brigands Justiciers font régner leurs lois dans la Forêt de Jade — L'Ours-Téméraire se joint à la bande.

Ce n'était pas commode de survivre à l'intersection du Hunan et du Jiangxi, au début. Accablée par la chaleur et les kilomètres, la colonne défaite de Petit-Chien, Face-de-Lune et Tête-de-Fouine avait laissé derrière elle ses armes lourdes et ses paniers emplis des billets de banque raflés à Nanchang. Elle subsistait en commerçant l'opium avec plus ou moins de bonheur. Mao Zedong, à l'écart, étudiait le terrain. Dans la plaine, raisonnait-il, un tigre pouvait être attaqué même par un chien. Les troupes blanches ravageaient les villages, les hameaux, les cultures, éradiquaient les germes malins des Unions paysannes, écrabouillaient les comités clandestins, réduisaient les récalcitrants en chair à pâté. Dans la montagne, sa tanière, on ne viendrait pas lui chercher noise, au moins dans l'immédiat. Elle était si accidentée, cette montagne, de pics et de creux enveloppés de brume, tant tapissée d'arbres, de plantes foisonnantes, de pins, d'érables, de bambous, que sa défense était rendue aisée et que si, malgré tout, il fallait la quitter, les voies d'une retraite restaient ouvertes. Dans les rapports minutieux qu'il transmettait aux centres du Parti terrés dans les cités, Mao l'appelait la Forêt de Jade. « Envoyez-nous le plus possible d'insurgés quand ils ne peuvent plus tenir dans leur district », suggérait-il à ceux des villes. Les insoumis traqués par les milices, les polices, les hommes de main en Borsalino affluaient sur les monts. La petite armée croissait, se gonflait de paysans et de vagabonds. D'escarmouche en embuscade, elle capturait à l'ennemi des mortiers, des mitrailleuses, des caisses d'argent. Petit à petit, Mao fit son nid.

Au mois d'avril, le 28, la colonne de Petit-Chien, Face-de-Lune et Tête-de-Fouine rejoignit enfin sous les frondaisons la cohorte de Mao Zedong. Les Rouges donnaient à leurs unités des noms ronflants pour faire impression : le 31e Régiment de la Division de Mao Zedong, le 28e Régiment de la Division de Petit-Chien. Mais il s'agissait, jusqu'à preuve du contraire, de pauvres hères à qui il fallait donner à manger et de l'instruction. Mao se rappelait ses années d'école primaire à Shaoshan, l'étude rébarbative des Cinq Classiques obligatoires, le maître qui le battait, le rouait de coups pour lui enfoncer Confucius dans le crâne. Il avait d'autres idées, savait comment s'y prendre et peaufinait sa méthode : vingt-cinq élèves par classe, aller du proche au lointain, s'élever du simple au complexe, parler la langue du commun, faire rire, distraire, joindre le geste à la parole. Point n'était nécessaire, à son avis, d'excéder la demi-heure pour détailler les slogans de la semaine. Les lourds pensums se digéraient mieux en récréation : jouer à cache-cache, au football et pousser haut des airs d'opéras anciens. Dans les campements ascétiques de la montagne fleurie bruissant de cent quarante espèces d'êtres vivants, tragopans tachetés, élaphodes timides, singes à queue courte, salamandres et serpents venimeux, les pauvres hères se transformaient, assimilaient les Trois Grandes Règles de Discipline et découvraient ce qui distingue un vaillant soldat de l'Armée Rouge des soudards des troupes blanches. Sur le motif mélodieux de poésies Tang du VIIIe siècle, Mao Zedong ciselait ses vers :

Outre les rangs parfaits à l'égal des murailles
La volonté de nous tous sert de citadelle
Autour de Huangyangjie, notre canon résonne :
Il dit que dans la nuit l'ennemi s'est enfui.

Les anciens relataient qu'en un temps reculé, sur les hauteurs de la montagne aiguë émergeant des nuages, entre les villages de

Huang et de Yang, un garçon du clan des Yang, aidé de son chien, sauva de deux loups féroces une frêle jeune fille du clan des Huang, qu'ayant tué les loups d'une flèche et du tranchant d'un couteau, il s'assit auprès de la demoiselle sous un chêne mongol magique, et qu'arriva ce qui devait arriver. C'est à cet endroit que les pauvres hères mirent en déroute les troupes blanches, les *troupes militaristes*, et que, sous le chêne magique, Petit-Chien, dit Rouge-Vertu, prit un peu de repos la tâche accomplie. Cela lui fit du bien.

Petit-Chien avait erré longuement, chaussé de sandales de paille, avant de rallier Mao dans les monts, et l'on peut dire qu'au passage il en avait dévalisé des propriétaires fonciers, des mauvais hobereaux, des despotes locaux. C'est pourquoi l'ennemi furieux le qualifiait de « chef de brigands rusé et dangereux ». Considéré sous leur angle, ce n'était pas faux. Pour cette raison et pour d'autres, Petit-Chien gagna le titre de commandant en chef de l'Armée Rouge des Ouvriers et des Paysans. Il avait quarante-deux ans, une expérience sérieuse des batailles, des uniformes, des baïonnettes, des fusils, de la course à pied. Son bagage militaire s'alourdit en montagne des conseils d'un paysan dur d'oreille appelé Vieux-Sourd. Le Vieux-Sourd savait confectionner des canons meurtriers de troncs d'arbres évidés bourrés de poudre et de caillasse, et décocher à l'arbalète des flèches empoisonnées sans jamais manquer sa cible. Sur un carnet, Petit-Chien recueillait les chansons folkloriques qui donnaient de l'élan à ses soldats. « *Mon Amour, dépêche-toi de rejoindre l'Armée Rouge / Ne me reviens que vainqueur / Alors, nous rouvrirons nos cœurs.* » Petit-Chien s'était trouvé une femme au cours de ses pérégrinations, une militante, une intellectuelle qui savait parler aux pauvres, pas comme ses compagnes d'autrefois, mélancoliques, ni comme celle de Berlin qui aimait les dollars et vendait ses amis. « J'avais déjà une femme au Sichuan… Nous nous étions écrit quelques fois, mais depuis longtemps elle avait compris que je ne rentrerais pas car ma vie appartenait à la révolution. » Petit-Chien évitait de parler de celle aux dollars de Shanghai, révolvérisée par l'escouade de protection. Jusqu'ici, Petit-Chien n'avait pas eu de chance côté femmes. La militante, l'intellectuelle, se fit pincer dans la plaine par les troupes blanches, et finit comme l'épouse de Mao Zedong, torturée et décapitée. Sa tête fut piquée au bout d'une perche et placée bien en vue, afin que chacun sache ce qu'il en coûtait de fréquenter les Brigands Justiciers de la Forêt de Jade.

Peu après, néanmoins, Petit-Chien fit une nouvelle rencontre, une jeune fille solide, ignare mais dégourdie, qui voulait rejoindre l'Armée Rouge car ne l'effrayaient ni les épreuves ni la mort. *Aya !* cette fille était brave. Ses ancêtres étaient originaires du coin, sa mère avait enfant sur enfant, tous de sexe féminin, et, étant plus pauvre que pauvre, elle les offrait en présent à des familles moins démunies, dotées de mâles, pour des mariages arrangés. On appelait ces enfants *tóngyǎngxí*, enfant-esclave ou enfant-adopté, selon l'idée que l'on se faisait de leur destination. Cette fille aux joues pleines venait d'un village razzié par les troupiers du Kuomintang. Le sort l'avait épargnée. « C'est qu'une gamine ! Elle ne sait rien ! » avaient menti les villageois. Son nom était Vaillante-Pureté. Alors, elle rejoignit dans la montagne les Brigands Justiciers. Un après-midi, sur les sommets, Petit-Chien la prit à part : « Tu veux bien m'épouser ? » demanda-t-il. Elle ne pipa mot. Il avait passé quarante-deux ans, elle pas encore dix-huit. « On dirait que tu es trop timide pour me répondre, reprit le Bandit Rouge. Si tu n'es pas contre, tu n'es pas obligée de parler, je peux prendre ton silence pour un oui. Qu'en penses-tu ? C'est oui, donc !? » Et c'est ainsi qu'ils s'engagèrent pour la vie.

Les rebelles avaient établi leur quartier général dans la vallée des Cinq Puits Grands et Petits et les collines des Neuf Dragons. Aux beaux jours, resplendissants des fleurs de thé rouges et de colza jaune, Mao Zedong reçut la charge de commissaire politique. De ce moment, on l'appela dans les rangs « Commissaire Mao ». Lui aussi s'était trouvé une compagne, pour remplacer celle que l'ennemi lui avait odieusement ravie, celle qui avait laissé sa vie à Changsha sous le couperet. À dire vrai, il fréquentait déjà la combattante de dix-huit ans aux yeux de braise qui lui avait offert deux bouteilles de vin et deux poulets, et que l'on disait bonne tireuse. Son nom était Petit-Trésor. Mao ne craignait rien. « L'ennemi, disait-il, n'a pas les talents de Sun Wukong », le singe fabuleux. « Et même s'il les avait, nous aurions les moyens de lui faire face, car nous possédons les talents de Bouddha. » Les soldats écoutaient babas cette modeste profession de foi. C'était quelque chose que l'histoire du Singe pèlerin Sun Wukong et de son gourdin prodigieux à pommeau d'or de treize mille cinq cents livres ! L'animal faisait de cette arme ce qu'il voulait, l'allongeait jusqu'au Trente-Troisième Ciel, jusqu'au Dix-Huitième Gouffre de l'Enfer, triomphait des dragons en la maniant à sa façon, et des démons des soixante-douze cavernes. Tout le monde à la ronde admirait le Singe pèlerin. Depuis des générations. Bondissant, sautillant, effronté et lucide, chaussé d'escarpins à grimper sur les nuages et coiffé des plumes du phénix, le Singe soulevait la question des questions : *Pourquoi les palais du Ciel auraient-ils jamais qu'un seul maître* ? Il s'était découvert Grand-Sage-Égal-du-Ciel et n'avait au-dessus de lui, en puissance et intelligence, que le philosophe Lao-tseu, dépositaire du feu alchimique, Guanyin, déesse de la Miséricorde, et le Bouddha en personne.

Mao Zedong soignait ses images, astiquait ses comparaisons. « Parmi nos dix doigts, il y en a des longs et des courts. Parmi les fleurs de nénuphars, il y en a des grandes et des petites. De même les ennemis ont leurs points forts et leurs points faibles. Nous leur assénerons d'abord un coup violent et, après notre victoire, nous nous disperserons aussitôt et nous jouerons dans leur dos à cache-cache. » Cette perspective enchantait les jeunes soldats. Mais pour en arriver là, chaque point devait être éclairé, décortiqué, expliqué en large et en travers. Mao prenait le temps. De loin, des provinces côtières, de la grande ville parvenaient des directives abstraites, des injonctions absurdes soufflées par les Russes, leurs envoyés ignares dans les ports, les chefs incontestés de l'instant qui se succédaient à rythme rapide, tombaient l'un après l'autre, *yī, èr, sān, sì*..., un, deux, trois, quatre... Les Chemises Bleues, la trahison, les dissensions. Click-clack, arrestation. Click-clack, exécution. Click-clack, *front and back*. Cependant, ils y croyaient encore, à la « nouvelle marée révolutionnaire ». Mao Zedong dans son repaire lissait au pinceau la métaphore. « La marée révolutionnaire est semblable au navire dont la cime des mâts est déjà visible à l'horizon lointain ; elle est semblable au disque solaire dont les rayons ardents percent déjà les ténèbres de l'Orient et sont perceptibles du haut de la montagne. » À ses dons de poète, Mao Zedong ajoutait désormais ses qualités de stratège.

Mao avait excellemment résumé en seize caractères les principes victorieux, magiques, intangibles de la guerre populaire : « L'ennemi avance, nous reculons ; l'ennemi s'immobilise, nous le harcelons ; l'ennemi s'épuise, nous le frappons ; l'ennemi recule, nous le pourchassons. » Chacun apprenait par cœur ces caractères, les traçait sur des toiles, les affichait sur les murs. Mao Zedong dispensait son enseignement. Les gens des villages venaient à lui, se plaignaient des propriétaires suceurs de sang et repartaient contents. Il avait édicté pour l'Armée Rouge des Ouvriers et des Paysans qu'il tenait à sa main Trois Règles de Discipline et Huit Recommandations. Règle n° 1 : Obéissez aux ordres dans tous vos actes ; règle n° 2 : Ne prenez pas aux masses une seule aiguille, un seul bout de fil ; règle n° 3 : Remettez aux autorités tous les biens enlevés aux despotes locaux. C'était là le credo de l'Armée Rouge, de l'armée de Mao qui à cette époque-là était appelée Armée de Zhu-Mao pour des raisons sur lesquelles il n'est pas raisonnable d'insister à l'excès. Aux règles incontournables, furent adjointes des recommandations. 1° : Remettez en place les portes que vous avez décrochées pour servir de châlits ; 2° : Rapportez la paille utilisée comme couche ; 3° : Soyez courtois, polis avec les gens du peuple ; 4° : Payez honnêtement ce que vous achetez ; 5° : Rendez tout ce que vous empruntez ; 6° : Payez ou remplacez tout ce que vous avez endommagé ; 7° : Veillez aux précautions d'hygiène, creusez les latrines à distance convenable des habitations, et ne vous baignez pas à la vue des femmes ; 8° : Ne fouillez pas les poches des prisonniers.

Les deux dernières avaient été ajoutées, comme des grains de sel, par son compagnon d'armes Tête-de-Fouine, petit homme malingre à la voix fluette sorti naguère de l'Académie militaire des cadets de Whampoa et promu colonel avant que ça ne tourne mal. Il était précoce. Né dans l'année du Bouc de Feu, il passait tout juste vingt-deux ans. Tête-de-Fouine craignait les microbes mais, quoique fragile des os et des viscères, il était plutôt malin, avait le sens des situations, des opportunités à saisir, des manœuvres à développer. Au dire de tous, il était fin tacticien.

L'Armée Rouge des monts et des vaux comptait assez d'hommes de bravoure et de vertu. Ils allaient vêtus de gris, semblables d'apparence, mais divers en caractère. L'un d'eux, qui s'appelait Wang et servait à l'état-major, avait juré de ne se couper ni cheveux ni barbe avant le triomphe complet de la révolution. Son visage était envahi de poils et sa chevelure tombait sur ses épaules quand une balle le coucha sur le bord du chemin. « Ce fut une perte énorme », se lamentait Face-de-Lune qui consignait l'histoire des faits et gestes dans la verte forêt. Son horizon était ample, il possédait d'abondantes connaissances sur le monde. Autrefois, Face-de-Lune avait été plongeur à Paris et ouvrier au Creusot, s'était vu enfermé à Lyon dans un sinistre cachot, trimballé à Marseille en wagon de troisième classe et hissé contre sa volonté sur un bateau de la ligne d'Extrême-Orient des Messageries Maritimes. Maintenant, il parcourait les monts, habillé de gris, les collines des Neuf Dragons et la vallée des Cinq Puits Grands et Petits, revolver au côté, une casquette étoilée sur le crâne. « Dans l'Armée Rouge, la vie matérielle est la même pour un officier et pour un soldat, s'exclamait-il, enjoué. Il n'y a aucune différence entre eux. » Bien sûr, enthousiaste comme il était, Face-de-Lune ne se lassait pas de tout raconter, les batailles, l'entraînement, le froid coupant de l'hiver, les discours politiques, les tours de prestidigitation et le jeu de *shuānghuáng* dans lequel l'un parle, l'autre mime, à la grande joie des spectateurs. Le mieux, c'était les jours de fête qui s'égrenaient dans l'année selon le nouveau calendrier. 21 janvier : anniversaire de la mort de Lénine ; 8 mars : journée internationale des femmes ; 1er mai : fête des prolétaires ; 5 mai : naissance de Karl Marx ; 30 mai : anniversaire du massacre de Shanghai ; 23 juin :

commémoration du massacre de Canton ; 1er août : célébration de l'insurrection de Nanchang ; 10 octobre : Double-Dix ; 7 novembre : Révolution d'Octobre… Ils savaient tout cela, les petits soldats gris des montagnes du Jiangxi. Ils s'asseyaient en groupe, chantaient *L'Internationale* et un hymne spécialement composé sur l'air de *Dixie's Land* qui leur semblait joli. Évidemment, il y avait le revers. Fréquenter les prostituées ou jouer au mah-jong, aux jeux de hasard, n'était pas permis. Ceux qui transgressaient la loi se voyaient privés d'argent de poche ou frappés sur les fesses. L'Armée Rouge vivait de ce qu'elle récoltait. Dans les villages et les bourgs traversés, les soldats aux semelles de paille collaient des affiches convenablement écrites de haut en bas et de droite à gauche : « Les pauvres n'ont même pas de bouillon de riz, alors que les silos sont pleins à craquer ! Les ouvriers et les paysans logent dans des cabanes délabrées, alors que les despotes locaux, les mauvais hobereaux se font élever des maisons modernes ! Impossible de compter les impôts et les taxes qui font couler notre sueur ! Soutenez l'Armée Rouge ! » Ils frappaient toujours aux bonnes portes, s'adressaient poliment à la guilde des commerçants, tenaient des propos raisonnables : « Voici la somme à verser dans trois jours. » Puis, ils avisaient les demeures des nantis, encourageaient les domestiques, creusaient le sol aux endroits meubles pour dénicher les bijoux, les taëls cachés. Avant de se retirer, ils estimaient la valeur de la maison et apposaient un avis à l'entrée : « Valeur, dix mille yuans ; taxe, cent yuans. » Il était toujours désolant, pour un riche, de voir sa maison en flammes faute de s'être acquitté d'une si misérable somme. « Cette méthode s'avère extrêmement efficace, souriait Face-de-Lune. Grâce à elle, les problèmes financiers de l'Armée Rouge sont dans une large mesure résolus. » Les soldats aux semelles de paille offraient aux pauvres du vin ou du thé en les entretenant de la vie courante, des méchancetés, de l'injustice, et ils traçaient à la chaux de grands caractères sur les murs pour qu'on se souvienne d'eux.

Ni les riches ni les pauvres ne les oubliaient. Les Rouges s'incrustaient dans le paysage. L'ennemi ne parvenait pas à les coincer. Pourtant, il se donnait du mal, criait fort, tapait sur des gongs, trépignait, montrait ses canines pointues, lançait à intervalles mathématiques des campagnes d'encerclement réglées au métronome : « Chaque touffe d'herbe doit être brûlée, chaque pierre fendue d'un coup de sabre, aucun habitant ne sera épargné ! » Les Rouges étaient fuyants, glissaient par-ci, revenaient par-là. Les troupes blanches s'enfonçaient dans l'inconnu de la forêt verte, ne rencontrant que ronces et rocaille, bambous effilés où poser les pieds. Les Rouges testaient leurs tactiques, éprouvaient leur stratégie, vérifiaient leurs grands principes, et ceux-ci fonctionnaient à la perfection. « L'ennemi intrus ne trouve ni bois de chauffage, ni riz, ni huile, ni sel. Envoie-t-il ses soldats fouiller nos villages ? Pour beaucoup de peine, ils ne chipent même pas de quoi préparer un repas. » L'estomac vide, le corps éreinté et le moral au plus bas, l'ennemi n'avait au bout du compte que le choix de revenir à son point de départ.

Un jour, ayant ouï parler de l'existence et des succès de l'Armée Rouge des vertes forêts, arrivèrent en renfort l'Ours-Téméraire et ses guerriers. « Alors toi aussi, tu as suivi notre Voie », lui jeta Mao Zedong en l'accueillant, heureux. « Les conditions sont mûres pour une révolution en Chine », ajouta-t-il. Ils tinrent colloque, afin de se réjouir et se complimenter, oriflammes au vent. Au moment de s'adresser aux combattants réunis, la tribune construite avec légèreté s'effondra et les orateurs boulèrent au sol en position inconfortable. « Qu'importe, glousse Petit-Chien, le commandant en chef. Si nous tombons, nous nous relèverons et nous battrons encore. » Ils déroulèrent donc comme prévu leurs discours flamboyants, Petit-Chien dit Rouge-Vertu, le Commissaire Mao, et l'Ours-Téméraire, nouveau venu. « À bas le capitalisme ! Mangez des courges ! » scandaient les vétérans qui n'avaient que cet aliment à se mettre sous la dent. D'ordinaire et par nature, l'Ours-Téméraire était gai et joyeux, bien que la vie l'eût secoué et ballotté. L'Ours-Téméraire avait la figure ronde et un air frondeur, une moue bien à lui, quand il était sérieux. Un conseil de famille, dans son enfance, l'avait condamné à mort pour avoir renversé le fourneau d'opium de la grand-mère, manquement majeur à la piété filiale. Il devait avoir neuf ans. Son père déclara que si telle était la volonté du clan, il ne voyait pas de raison d'y faire obstacle. Par chance, un oncle prit le gamin en affection et le sauva. « Ma vie fut épargnée, mais je dus quitter la maison. Je ne possédais rien que ma veste et mon pantalon. » Deux fois par mois, la grand-mère priait les dieux et les démons d'anéantir l'enfant sacrilège. L'enfant ne mourait pas. L'enfant s'en fut mendier. Il ignorait tout du métier, refusait de faire les courbettes requises et, par suite, demeurait affamé. Il transporta du bois, garda des buffles d'eau, descendit dans les mines de charbon une lampe à huile sur la tête, tourna treize heures par jour un moulin de bambou. « Tu es sale et pâle, disait-on à son contact, tu ne ressembles plus à un être humain. » De son vieil oncle, jadis mêlé à la révolte des Taiping, lui vint l'idée qu'il était juste de prendre aux riches pour donner aux pauvres. L'année de grande famine, quand il eut quinze ans, il prit part à une jacquerie. Son oncle sage lui conseilla de déguerpir. « Je n'ai pas la moindre sapèque, objecta l'adolescent, ni où aller.

— J'ai vendu un porcelet aujourd'hui, reprit l'oncle, voici une ligature de sapèques pour ton voyage. Va vers les lacs et travaille sur la digue. » Il y travailla deux ans et demi pour ne gagner rien, puis entra dans l'armée, comme elle rôdait par là, l'Armée du Hunan, 1re Compagnie du 1er Bataillon du 6e Régiment de la 3e Brigade où il devint fantassin. Le jeune homme débrouillard était déjà en charge de commandement quand il se vit impliqué dans l'affaire d'un comité Sauvez-les-Pauvres et du meurtre subséquent d'un tyranneau abhorré. Tandis que ses geôliers lui tombaient dessus à bras raccourcis pour le faire avouer, le pendaient au plafond par les poignets, le rossaient sans merci, il serrait les mâchoires et se disait qu'il ne parlerait que le lendemain. D'aube en crépuscule, il tint un mois les lèvres closes. Les soldats chargés de le transférer, misérables dans son genre, le laissèrent, aux trois quarts du trajet, prendre ses jambes à son cou. Après maintes aventures, longues à narrer, il commandait un régiment sous l'insigne du Soleil Blanc du Kuomintang. Mais il n'en pensait pas moins. Une nuit de la première lune de la dix-septième année de la République, l'Ours-

Téméraire fut introduit secrètement au sein du Parti Communiste. Sous les portraits mal dessinés de Karl Marx et Friedrich Engels, devant les caractères « Prolétaires de tous les pays, unissez-vous et bâtissez une société communiste », il écouta religieusement la parabole de la marée révolutionnaire et jura de consacrer sa vie à la Cause.

Le Pirate-Optimiste avait été reçu dans le Parti au cours d'une semblable cérémonie. C'était pendant la retraite de Nanchang, après la bataille de Huichang où il affronta dix heures durant quatre régiments adverses, perdit huit cents hommes et resta à la fin maître du terrain. Il jura, lui aussi, fidélité au Parti, mais était un brin déçu, chagriné. Dans la société secrète des Frères Aînés, Tête de Dragon parmi les Têtes de Dragons, le Pirate-Optimiste connaissait les rituels d'initiation, les signes couverts, les chiffres sacrés, les papiers magiques envolés en fumée et les formules incantatoires d'invulnérabilité. Il y avait aussi ceux des Huit Diagrammes, des Abstinents, du Grand Couteau, du Dragon Fleur, des Piques à Houppes Rouges, les descendants du Lotus Blanc et ceux de la Société du Ciel et de la Terre. Ce qu'on lui présentait n'était pas à la hauteur. Il suffisait en effet de lever le poing, solennellement, et de prononcer le serment. « Il est moins compliqué d'être admis au Parti Communiste que dans un gang de bandits ou une confrérie ésotérique », soupira-t-il. Ses parrains lui expliquèrent avec ménagement, au su de ses antécédents, que ce n'était pas exactement la même chose. Il devait apprendre encore et, bien qu'il fût du signe du Singe, il en convint. « J'ai usé la moitié de ma vie à chercher la juste Voie. J'ai croisé le Parti Communiste et je le suivrai le reste de mes jours. Je ferai la révolution avec les pauvres. » Le nouvel affilié fut envoyé à Shanghai étudier en forme souterraine le B. A.-BA, la lutte des classes et tout ça. Mais fût-ce pour en savoir plus, il ne voulut pas aller à Moscou, loin de chez lui et de ses habitudes, comme on l'y conviait. Il partit pour Hankou en catimini, deux pistolets à sa ceinture, drapé dans un manteau à col de renard. Le Pirate-Optimiste s'était rasé la moustache, caché les yeux derrière de sombres besicles. Renouant avec d'anciennes mœurs, épaulé par des compagnons sûrs, il déroba à des gardes du Yangtsé quatre fusils, autant de revolvers, et s'en fut constituer sa propre armée. Ils se retrouvèrent quatre-vingt-onze en route, avec soixante-douze fusils, dormaient à la belle étoile et se nourrissaient de légumes sauvages. « Ici c'est l'Armée Rouge, s'exclamait en riant le Pirate-Optimiste. Il n'y a pas de différence entre officiers et soldats. » Au bout d'un moment, ils furent mille avec huit cents fusils, et bientôt dix mille combattants dans cinquante districts baignés de lacs et de rivières.

Depuis qu'il hantait les montagnes et les vallées, suite au renversement de la dernière dynastie, le Pirate-Optimiste avait acquis quelques notions de stratégie. Mais maintenant qu'il avait embrassé la cause des pauvres, des sans-rien, des crève-la-faim, il attachait davantage de prix à la théorie. « Sans les cellules du Parti, professait-il, les troupes sont comme une poignée de fèves qui glissent entre les doigts dès que l'on desserre la main. » Le Pirate se débrouillait seul dans son coin, organisant par-ci par-là des soviets à sa sauce. Le Pirate-Optimiste commandait à l'Armée du IIe Front, base de l'ouest du Hunan-Hubei ; Petit-Chien, dit Rouge-Vertu, à l'Armée du Ier Front, base centrale du Jiangxi, dont Mao Zedong était commissaire politique. Ils étaient séparés par un nombre imposant de kilomètres, le double en *lis*, mesure traditionnelle.

Une certaine saison, chargé de tâches comme il l'était, le Commissaire Mao s'adjoignit pour l'aider un soldat d'ordonnance, jeune paysan emprunté qu'un guide avait mené jusqu'à sa porte, indiquant : « C'est lui. » À Mao, le guide avait dit : « C'est votre nouvel ordonnance. » Chaque matin, le paysan de quinze ans montait l'eau jusqu'au logis pour la toilette du commissaire qui avait travaillé tard. Il préparait la gamelle, le riz, les légumes bouillis, portait pendant les marches les deux couvertures, le drap, l'uniforme gris de rechange, toutes les affaires du commissaire à l'exception de la sacoche à neuf compartiments, où Mao fourrait son exemplaire défraîchi du roman *Au bord de l'eau*, et du parapluie rapiécé dont il ne se séparait jamais. La nuit, à la lueur d'une faible lampe, la tête entre les mains, le pinceau hésitant, Mao

Zedong se penchait sur les problèmes de l'heure. Sa parole devint loi. Il élaborait son essai *De l'élimination des conceptions erronées dans le Parti*, discernait huit déviations au nombre desquelles l'ultra-démocratisme pernicieux, l'égalitarisme absolu et la mentalité hors-la-loi, pareille à celle de ce pauvre Huang Chao qui avait couru la Chine de part en part en tête des paysans courroucés mais que son titre tonitruant de Général Égalitaire Ordonné par le Ciel ne préserva pas d'une fin cruelle vers l'an 884.

S'il vous prend envie de connaître la manière dont Mao Zedong devint plus égal que d'autres et pourquoi il se compara à Bouddha, de savoir comment Petit-Chien, Tête-de-Fouine et l'Ours-Téméraire, singulièrement pourvus en armes, mitrailleuses et machines à coudre de marque japonaise, établirent une république, en quelles circonstances, enfin, ils furent rejoints par le Mandarin-Versatile et le Dragon-Borgne, alors il vous faudra aller plus loin.

CHAPITRE IX

Cinq fois encerclés, les Brigands Justiciers reçoivent du renfort — Les fils du Soleil Levant font preuve d'un grand appétit.

Quand ils furent assez nombreux et se sentirent de taille, les Rouges descendirent des Hauts Monts en bataillant. Ils progressaient sur les pentes, dans les environs et plus loin, conquéraient des horizons, couvraient de longues distances, traînant leur barda. Alors, las d'aller à pied, sacoche à neuf poches sur l'épaule, Mao Zedong s'adjugea un cheval docile et ses proches compagnons en firent autant. Les Justiciers des vertes forêts investirent les villages peu à peu, annexèrent des cantons et, à chaque fois, appliquaient leurs lois. Le peuple des indigents ne s'en trouvait pas mécontent. Les Rouges abolissaient les dettes, distribuaient les terres à qui les voulait, et le commerce gardait ses droits : toiles, sel, grains, huile camphrée, champignons secs, essence de menthe circulaient entre les villageois, de bourg en bourg. Les Rouges se fixèrent dans la cité de Ruijin, en firent leur capitale.

Bientôt, ils régnaient sur un territoire deux fois grand comme la Hollande et la Belgique agrandies du Luxembourg. Mao certifiait qu'aucune école ne valait la pratique. « Allez faire un tour dans les secteurs et les localités qui sont de votre ressort et faites comme Confucius qui posait des questions sur tout. » C'est ainsi que délaissant les livres, à l'exception d'*Au bord de l'eau*, où résidait le secret de la hardiesse et des stratagèmes, des évitements et des triomphes, il apprenait à gouverner les gens, les bêtes et les choses. « Prétendre que, dès le début, j'ai toujours été marxiste, ce n'est pas juste», insistait Mao Zedong afin d'illustrer sa proverbiale modestie. «Dire que j'étais au courant de tout, ce n'est pas davantage juste… Tout ce que nous savions, c'est que nous voulions faire une révolution. Mais la manière de s'y prendre pour faire une révolution, les méthodes, la ligne, la planification politique, sur tous ces points, nous étions de parfaits ignares.» Il n'exagérait en rien. À l'appel du matin, rangés selon la règle, ses soldats à semelles de paille lançaient en chœur leurs slogans favoris: «Chargeons bravement en avant!» «Balayons l'ennemi au risque de nos vies!» «Les troupes blanches sont l'armée des seigneurs, l'Armée Rouge est la troupe des ouvriers et des paysans!» «Les pauvres ne combattent pas les pauvres!» «À bas Chiang Kai-shek!» Unis comme les cinq doigts de la main, Mao, Petit-Chien, l'Ours-Téméraire, Tête-de-Fouine et Face-de-Lune faisaient en tout point cause commune. Leur réputation croissait par-delà les monts et les vaux, les fleuves et les océans. On commençait à parler d'eux aux Amériques et en Europe, en Hollande et en Belgique, peut-être même au Luxembourg. Les journaux anglais, tenus, comme chacun sait, pour excellents, leur faisaient l'honneur de leurs colonnes rigoureuses. «Beaucoup pensent que le *communisme*, en Chine, n'est qu'un euphémisme pour désigner les manifestations de banditisme, de mécontentement, de désœuvrement. Mais qui pense ainsi s'égare profondément, risquait le *Times*, de Londres, avec sa franchise habituelle. Les faits que nous avons observés, durant notre voyage sur le front anticommuniste du Jiangxi et du Hunan méridional, mènent à des conclusions plus exactes bien que moins rassurantes.» De telles annonces, dispersées aux quatre vents, heurtaient la sensibilité de Chiang Kai-shek, chef des chefs à Nankin.

Le Généralissime se froissait de n'être pas maître en son pays et de laisser la part belle aux Bandits. Il ne suffisait pas, à l'évidence, de gronder, de grogner, de retrousser les lèvres, de montrer ses crocs et ses incisives, de claquer des molaires carnassières. Il fallait mordre, une fois pour toutes. Chiang Kai-shek lança à grand fracas la Première campagne d'encerclement et d'extermination des

Bandits Rouges. Il assembla ses troupes avec le dessein d'accomplir grande tuerie : cent mille hommes, fantassins, cavaliers, sabreurs, fusiliers, mitrailleurs, canonniers, et les envoya fondre en décembre sur la province du Jiangxi. Cent mille hommes, des régiments, des divisions, des commandants. Petit-Chien et l'Ours-Téméraire les laissèrent avancer, les entourloupèrent et les taillèrent en pièces. « On peut les comparer à des crevettes échouées sur la grève », exultait leur communiqué de victoire. Au bord d'une rivière, les assaillants perdirent leur général. Son corps gras et gros glissait en deux morceaux au fil de l'eau. Mao, soulagé, traça ces vers de son pinceau :

Les arbres virent au rouge sous le ciel de givre,
Le courroux de notre Armée Céleste monte vers la Voie Lactée.

Chiang Kai-shek n'était pas homme à se décourager. Le Généralissime patienta deux mois et, à son de trompes, mit en branle la Deuxième campagne d'encerclement et d'extermination des Bandits Rouges. Il expédia au-dessus du Jiangxi ses avions de bombardement, concentra artillerie et munitions, ramassa ses troupes dans l'intention de produire grand massacre : cent cinquante mille soldats, officiers, généraux et le ministre de la Guerre. L'Ours-Téméraire, en les attendant, se nourrissait de baies sauvages et échafaudait ses plans : « L'ennemi ne peut s'imaginer que nous oserons le frapper au flanc alors que nous sommes dos au fleuve. » L'ennemi avançait à pas de loup. L'Ours-Téméraire et Petit-Chien, dit Rouge-Vertu, l'agrippèrent au passage et le réduisirent en miettes sans plus de peine qu'une baguette de bambou. Les combats terminés, Petit-Chien, commandant en chef, et le Commissaire Mao enjoignirent à leurs soldats d'aider les paysans à labourer les champs, à planter pour la moisson d'automne le riz, les melons et les pois : « Nous devons être très polis avec nos amis les paysans. » Et ils engrangèrent leur succès.

À la Première campagne d'encerclement, Chiang Kai-shek perdit une dent.

À la Deuxième campagne d'encerclement, Chiang Kai-shek perdit deux dents.

Cela commençait à se voir, à faire mauvais effet. Le Généralissime était humilié. Il suivait les préceptes anciens de Zen Guofan, orthodoxe confucéen qui avait écrabouillé la rébellion Taiping avec ses milices et ses jonques, et ça ne marchait pourtant pas. Zen Guofan, vice-ministre des Rites et marquis de première classe à plume de paon sous l'impitoyable impératrice douairière Cixi, estimait qu'une chaussure ne pourrait jamais remplacer un chapeau, que chacun devait rester à sa place, l'un en bas, l'autre en haut. Son enseignement convenait pleinement à Chiang Kai-shek. Il se révélait cependant insuffisant au regard des événements et de la modernité. Le Généralissime prit conseil. Les Allemands, songeait-il judicieusement, sont experts en stratégie guerrière, pourquoi ne pas faire appel à leurs solides compétences ? Il s'adjoignit ainsi le lieutenant-général Georg Wetzell, ancien de Verdun qui avait utilement fréquenté Ludendorff, le Prussien au casque à pointe vainqueur de la Belgique, dont peu de Chinois soupçonnaient l'existence. En sus et par précaution, Chiang agrégea à son état-major quelques officiers japonais bien élevés.

Rasséréné, mis en confiance, Chiang Kai-shek préparait sa Troisième campagne d'encerclement et d'extermination des Bandits Rouges. Les Rouges guettaient ses fautes au coin des bois. « En deux raclées, les troupes blanches ont parfaitement appris qu'elles ne sont pas à même de parvenir à un encerclement, analysait l'Ours-Téméraire devant une table. Elles vont donc davantage concentrer leurs forces et essayer de nous prendre en tenaille… Dans le souci de reconquérir son prestige, Chiang Kai-shek veut toujours nous battre, mais il ne peut plus rêver d'exterminer l'Armée Rouge… Donc, quand l'ennemi se concentrera et avancera d'un côté, laissons-le pénétrer profondément. » Ses compagnons approuvaient. Tête-de-Fouine opinait de la casquette : « Nous devons attaquer où les forces nous sont favorables. » C'était élémentaire, mais juste. Et c'est de cette manière que, pour la troisième fois, tournèrent les affaires. Chiang Kai-shek mobilisa deux cent mille hommes, une aile gauche, une aile droite et cinq escadrilles d'aviation, des estafettes, des officiers, des généraux, un ministre de la Guerre et lui-même au poste de superviseur. Il n'est pas sûr que les Allemands lui furent d'un secours certain, mais il est certain que les Japonais le prirent de court.

Le Généralissime intempestif était tenu en haleine par les Rouges lorsque intervint l'*Incident de Mandchourie* connu de tous : des businessmen américains occupés à lire la presse, des colons d'Afrique fumant la pipe, des maharadjahs hindous indolents, des journalistes anglais circonspects, de la Hollande sans doute, peut-être du Luxembourg, et de la Belgique assurément. À une vitesse électrique la nouvelle courut sur le fil : « Bandits chinois ont fait sauter voie chemin de fer — stop — kilomètre 412 — stop... », amplifiée par la radio : « On nous communique qu'un attentat vient d'être commis sur la ligne de chemin de fer... douze Japonais parmi les victimes... » Cela se passa le 18 septembre 1931 vers vingt-deux heures près de Moukden, dans les provinces du Nord-Est. En réalité, il n'y avait pas douze victimes japonaises ; en réalité il n'y avait pas de bandits chinois. Tout cela était un coup monté.

La réalité était à la fois très simple et très compliquée. Conduisant une nuit sa patrouille le long de la voie du Sud-Mandchourien, le lieutenant Kawamoto Suemori, de l'armée du Soleil Levant, fut témoin, à sa façon, du sabotage d'un rail à proximité du village de Liutiaohu. Au son de l'explosion, le lieutenant Kawamoto Suemori téléphona, depuis un poste installé opportunément à cet endroit, au colonel Itagaki Seishirō à Moukden, lequel informa au-dessus de lui le général Tatekawa qui endossa en conséquence l'occupation de la ville et l'attaque des casernes chinoises endormies. À six heures du matin, avec trois cent vingt Chinois tués, c'était plié. La ville de Moukden, capitale de la Mandchourie, était devenue japonaise. Le lendemain, une dizaine de cités tombaient. Les troupes nippones avaient franchi la frontière de Corée. Cela ne plut pas à tout le monde et aux Chinois moins qu'aux autres.

Les petits soldats du Grand Japon se sentaient à l'étroit dans leur archipel. Ils avaient besoin d'espace. La Corée, ils l'avaient avalée au début du siècle et savouraient maintenant une tranche de Chine. La Mandchourie avait leurs faveurs, jusqu'au fleuve que les Occidentaux appellent Amour et que les Chinois nomment Heilongjiang, le Dragon Noir, à cause de son cours sinueux et de la couleur de ses eaux. Les Japonais étaient pétris d'ambition et ils étaient rêveurs. « S'ils veulent perpétuer l'existence de leur race, les Japonais doivent se répandre et évoluer sur le continent asiatique », prêchaient les officiers supérieurs. Ils avaient déjà assassiné quelques ministres, chez eux, pour se faire la main, et désiraient exercer leurs talents sur plus vaste échelle. « Nous avons été insultés de toutes les manières par une nation voisine. Cette nation nous a craché dans les yeux, nous a jeté de la boue à la figure. Ce n'est plus de la patience, que laisser faire des choses pareilles… » Les officiers supérieurs en avaient assez de rester l'arme au pied. L'action leur manquait. Pour remédier à leur mélancolie, ils s'offraient de provoquer l'étincelle, de suivre comme il convenait la voie du Bushidō et des samouraïs de la tradition.

Dans ces circonstances, Chiang Kai-shek rejoignit Nankin fort ennuyé. Les Rouges, bafouillait-il, avaient été « totalement battus » mais pour autant des soulèvements de cette envergure « ne peuvent être matés qu'après des efforts s'étendant sur dix à douze ans au minimum ». Ses amis fronçaient les sourcils. Ses soutiens commençaient à fléchir, renâclaient, faisaient preuve de mauvaise humeur. La *China Weekly Review*, d'habitude flegmatique, laissait poindre une sombre inquiétude : « Malgré toutes les mesures prises par le gouvernement national pour exterminer les communistes, leur nombre ne cesse de croître et leur influence se fait sentir, de plus en plus angoissante. » Ce n'était pas niable.

En l'anniversaire de la Révolution d'Octobre russe, le 7 novembre, Mao Zedong convoqua un congrès et proclama à Ruijin la République Soviétique chinoise des Ouvriers et des Paysans dont il fut élu président. De ce jour on l'appela dans l'Armée Rouge *Máo Zhǔxí,* Président Mao. Le Président résidait dans un village, à huit kilomètres, par là, du chef-lieu. Il occupait une maison en briques crues derrière laquelle s'étalait un camphrier vénérable, si gros que six hommes n'en faisaient pas le tour en se donnant la main. C'est ici, contre ce tronc noueux, que Mao Zedong se livrait à l'étude de ses dossiers. Les réunions du gouvernement se tenaient tout près, dans le temple des ancêtres des habitants.

Sans délai, le Président Mao promulgua dans tous les cantons à la ronde, hameaux et cités, la loi des Rebelles Justiciers : Constitution, code du Travail et un décret sur le mariage qu'il rédigea personnellement. « Sous la domination féodale, le mariage était une institution barbare et inhumaine… Dans les districts soviétiques, les mariages sont contractés librement. Le libre choix doit être le principe de base. Le système féodal, le pouvoir des parents d'arranger les unions, d'user de contrainte, de vendre et d'acheter, sont abolis… Dans l'ancien système, les enfants comptaient peu. Les enfants sont les maîtres de la nouvelle société. » Mao Zedong avait déjà épousé sa deuxième moitié et demie, Petit-Trésor aux yeux brillants. Du temps qu'elle vécut avec le Président, elle fut enceinte dix fois. Petit-Chien dit Rouge-Vertu avait remplacé sa femme suppliciée, l'intellectuelle enflammée dont la tête fut coupée, par la jeune paysanne joviale de dix-huit ans, illettrée mais alerte à la tâche. L'Ours-Téméraire, l'âme en peine, n'avait jamais revu sa compagne de l'époque où il commandait un régiment de l'Armée du Hunan. Face-de-Lune, frôlant la trentaine, se mit en ménage pour la première fois avec une aimable auxiliaire de son unité, sa cadette de douze ans. Quant à Tête-de-Fouine, le plus jeune, on ne lui connaissait pas d'aventure féminine.

La république de Mao et ses compagnons attirait l'attention.

De points disséminés dans les douze directions, de villes sous le joug et d'autres forêts affluaient en renfort les communistes éparpillés : vétérans de Nanchang, réfugiés de Shanghai et retours de Moscou.

Le Mandarin-Versatile, le Dragon-Borgne, Deuxième-Couteau gagnèrent Ruijin l'un après l'autre, et même Liu Gros-Nez, parrain des syndicats, et Petite-Bouteille qui avait autrefois étudié en France, chez Renault, Hutchinson, Schneider & Cie. Pour ceux de

Shanghai, terrés dans les alcôves, les greniers, toujours poursuivis, partout recherchés, le climat était devenu malsain, ils sentaient l'odeur de la mort, le souffle derrière eux des policiers en Borsalino. Ce n'était plus tenable. La photographie du Mandarin-Versatile, dans son uniforme lustré de l'Académie de Whampoa, ornait les gares et les commissariats soulignée d'une somme considérable à gagner contre tout renseignement. La police britannique de la Concession internationale lançait contre lui un mandat d'arrêt. « J'ai l'honneur de vous informer que la personne suivante, etc., bien bâtie, taille moyenne, teint frais, parlant le français et le japonais, est recherchée par la Police Municipale de Shanghai et les autorités militaires chinoises pour meurtre. » Les Anglais lui collaient sur le dos la liquidation en série des traîtres à la Cause. Le Mandarin-Versatile quitta en hâte les parages. Certains bavards pourvus d'un regard aigu prétendirent l'avoir reconnu, disparaissant sous une barbe longue et la noire soutane des missionnaires catholiques. Fuyant la métropole, menés par des passeurs, les proscrits arrivaient au Jiangxi en suivant la chaîne secrète du fleuve, terminaient à cheval ou à pied, et se présentaient au rapport. Après avoir à son tour navigué, chevauché, marché, Deuxième-Couteau, un soir, fit à Mao et Petit-Chien le récit haletant de la clandestinité des villes, dressa le mémorial des tués, la liste de ceux qui avaient trahi ou déserté et de ceux qui demeuraient comme des animaux traqués. « Ici, dans la Base, je me sens chez moi, remarqua-t-il en respirant, je peux me promener librement.

— Tu vas te sentir au poil à prendre les armes et former des gouvernements comme nous le faisons ici », s'esclaffa Mao avec force gestes.

Les Japonais ne perdaient pas leur temps. Ils posaient leurs jalons, étiraient leur périmètre, accroissaient leur emprise. La *Militär-Wochenblatt*, revue berlinoise au fait des questions militaires autant que pouvaient l'être des spécialistes prussiens, jugeait que ces gains étaient substantiels, qu'en occupant la Mandchourie, en s'annexant ses ressources, le Japon fragile des îles s'était mué en Grand-Japon robuste, qu'il n'avait désormais plus de souci de provisions, de main-d'œuvre, de mines, de matières premières nécessaires à la guerre. Cent soixante et onze mines d'or, vingt et une d'argent, deux cent treize gisements de charbon, le fer, l'aluminium, du zinc, du manganèse… « Aucune puissance n'est capable d'arrêter le Japon, concluaient les Teutons, s'il se lance dans de nouvelles conquêtes. La Société des Nations a donc agi avec beaucoup de finesse, lorsqu'elle s'est bornée à désigner une commission qui n'engage à rien. » Chacun en était conscient, à Tokyo, à Londres, à Genève, à Bruxelles et au Luxembourg. Sous la présidence du délicat M. Hymans, délégué de la Belgique, Grand Cordon de l'Ordre de Léopold, Grand-Croix de l'Ordre d'Adolphe de Nassau, de l'Ordre du Lion néerlandais, de l'Ordre de l'Aigle Blanc de Pologne, de l'Ordre du Faucon d'Islande, de l'Ordre du Condor des Andes bolivien et de la Légion d'Honneur française, la SDN tint colloque au bord du lac Léman et convint qu'il était urgent, en effet, et indispensable qu'une commission de dix-neuf membres insignes enquêtât finement sur la tragédie de Mandchourie.

À peine, en effet, eurent-ils mangé la Mandchourie, que les Nippons s'attaquèrent à Shanghai, ouvrant grand la bouche. Des observateurs malveillants susurrèrent que l'actif colonel Itagaki Seishirō promettait depuis Moukden deux cent mille yens à qui arrangerait un incident éclatant, qu'il tenait au bout du fil l'officier traitant Tanaka Ryūkichi, un gros plein de soupe patibulaire, et sa bonne amie Bijou-Oriental, princesse mandchoue, espionne nippone qui adorait se déguiser en garçon. Point n'était besoin cette fois de faire sauter des voies, la nuit, auprès d'un téléphone. La tension à Shanghai montait d'elle-même. Les prétextes s'accumulaient en piles compactes dans les bureaux des quartiers généraux. Celui qui fut retenu était propre à travailler les opinions étrangères au-delà des détroits de la mer du Japon, au-delà des rivages du Pacifique. Des bonzes, à ce qu'il paraît, des bonzes japonais, avaient subi un outrage sacrilège de Chinois en colère, cinq bonzes psalmodiant à la gloire du Mikado autour d'une usine allergique aux marchandises japonaises. Or, qui touche à la religion, en un quelconque point du globe, doit tomber foudroyé. C'est écrit dans les livres saints, les annales des ambassades et les manuels de guerre.

Le Japon fit décoller deux escadrilles d'aviation, ancra face au port ses destroyers et débarqua sur le Bund ses fusiliers-marins.

Un hasard romanesque fit qu'en ces jours précisément, résidait au numéro 19, dans l'une des cent vingt chambres du Palace Hotel, le reporter barbichu et débrouillard du *Journal* de Paris, autrefois salarié d'*Excelsior*. C'était donc son second séjour en Chine et il trouvait à nouveau le moyen d'évoluer à l'aise au centre géométrique de la tourmente. « Les journalistes qui, à onze heures trente-cinq de cette même nuit, promenaient leur insomnie professionnelle dans la partie de la Concession internationale attribuée aux Japonais se souviendront longtemps du spectacle qui, soudain, s'offrit à leurs yeux, câblait le barbichu. Un bruit régulier frappant sec sur le sol s'élevait en direction des rives du Huangpu... Une masse marchant à une cadence automatique venait dans le fond sur Zhabei. Composée d'hommes petits, aplatis par un casque brun, vêtus de bleu-noir, la masse, d'un seul bloc s'avançait baïonnettes au fusil... Les Japonais débarquaient... » Contre toute attente, les troupes du Soleil Levant se heurtèrent à une résistance opiniâtre des soldats chinois de la gare du Nord. Cela créait bien des complications.

Les Japonais étaient très surpris de voir les Chinois se cabrer, et Chiang Kai-shek très peiné de la tournure du conflit. Le Généralissime avait d'autres priorités que de tenir les Nippons en échec. Il préparait avec soin sa Quatrième campagne d'encerclement et d'extermination des Bandits Rouges. « Pacification intérieure d'abord, et résistance à l'agression étrangère ensuite » : telle était sa devise.

L'aventure de Shanghai virait au cauchemar. Les combats à l'arme lourde se prolongeaient. Des soldats japonais servaient à plat ventre derrière les murs, sur des escaliers, leurs mitrailleuses à trépied. Américains et Britanniques du *Settlement*, Français de la Concession contemplaient d'un sale œil les entraves mises à la liberté du commerce, au bon fonctionnement du Rotary, par la ronde des autos blindées. Les consulats délivraient en chapelets leurs dépêches pointilleuses à destination de leurs gouvernements. Les gouvernements s'alarmaient. Leurs populations commentaient les nouvelles dans les bars, sur les bancs des squares, aux alentours des kiosques. Les Occidentaux, sensibles quoi qu'on dise, savaient à quoi s'en tenir sur la Chine et les Chinois, le Japon, l'Asie, l'Extrême-Orient. Ils lisaient *Le Mystérieux docteur Fu Manchu* dans la collection du Masque ou conservaient les images colorées du chocolat Pupier. « Japonais — L'empire du Soleil Levant porte en effet sur son drapeau un soleil rayonnant, rouge sur fond blanc. Sur le Pacifique, il n'est pas sans inquiéter ses proches voisins les Chinois et ceux plus éloignés les Américains. — Achetez chez votre fournisseur l'album du chocolat PUPIER. » Les Occidentaux allaient au cinéma, regardaient les Actualités Gaumont, le Pathé Journal, *Shanghai Express* de Josef von Sternberg. *Tchou-tchou-tchou-tchou-tchou…* — "*You haven't a cigarette, have you, Doc ?*" *Tuu-tuut… tuu-tuuut…* — "*What makes you think I'm nervous ?*"… *Tchou-tchou-tchou-tchou-tchou…* — *"Five years in China is a long time"…* Anna May Wong les impressionnait quand elle plantait un couteau dans le dos de l'acteur Warner Oland, ou lorsqu'elle incarnait *La Fille du Dragon*. Rien de bon ne pouvait sortir de tout cela.

Shanghai était une chose, ses trains, ses gares, ses belles-de-nuit et ses journalistes fouinards. Mais le Japon semblait insatiable. Son budget militaire grimpait à trois cent trente-huit mille millions de dollars. « Notre pays, tonitruait le général ministre de la Guerre, est déterminé à propager son idéal national à travers les mers océanes. » Ses petits soldats, bandes molletières et casque rond, promenaient sur les pistes défoncées de Mandchourie leur fusil Arisaka type 38 à longue baïonnette. En quatre mois et dix-huit jours, les trois provinces du Nord-Est chinois étaient tombées entre les doigts japonais, puis malaxées, modelées à leur gré.

Alors qu'il se morfondait dans le Jardin de la Tranquillité, sa propriété à Tianjin, ne sachant comment occuper ses journées, Henry Puyi, ci-devant empereur Xuantong, reçut d'alléchantes propositions d'envoyés du Mikado haut-gradés. Ils l'invitaient à renouer à Moukden avec le grand destin des Qing, à rétablir sous leur ombrelle la dynastie perdue. Puyi, en sa candeur, s'imaginait taillé pour le rôle : n'avait-il pas tracé récemment sur sa photographie une suite d'élégants caractères pour Son Excellence Benito Mussolini : « Homme d'État qui cherche son semblable » ? Les suggestions nippones tombaient à bonne heure dans son oreille. Avant que ne s'ébruite le projet, une voiture de sport accueillit au fond de son coffre peu confortable le souverain déchu, « secoué comme un prunier » (il s'en plaignait), jusqu'à un restaurant japonais où on l'affubla d'une capote militaire avant de l'entraîner sur un canot à moteur vers un cargo de deux mille tonnes, l'*Awaji Maru*, qui trafiquait en mer Jaune. Puyi mangea des légumes salés et but du saké.

En Mandchourie, Puyi laissa tomber le prénom de Henry mais garda ses lunettes rondes bleutées. L'ancien empereur arriva en costume trois pièces et cravate à fines rayures, tête nue, cheveux lissés en arrière bien qu'il fasse un froid de canard. Puyi avait les lèvres charnues, le regard flou. Il s'établit dans une ville désignée, au bout du chemin de fer Sud-Mandchourien et de la ligne de l'Est-Chinois, à Changchun où n'existaient pour toute distraction que de misérables restaurants japonais et deux cabarets russes. Des Chinois à l'ancienne le couvaient, en longue robe, coiffés d'une calotte de soie noire, suivis d'officiers japonais bottés, sabre au côté. Sa garde arborait des bonnets de fourrure épais pour se défendre du vent. Dans les rues circulaient des calèches tirées par de petits chevaux trottinant, attelés à la sibérienne. Puyi s'entretint des questions importantes avec Itagaki Seishirō, le colonel des coups tordus. « C'était l'officier japonais le plus soigné que j'aie jamais vu jusque-là, avec ses manchettes d'un blanc éblouissant, et les plis impeccables de son pantalon d'uniforme, s'ébaubissait le souverain putatif. Cette élégance et la manière distinguée qu'il avait de se frotter doucement les mains en parlant dénotaient l'homme cultivé et charmeur. » « Le nouvel État s'appellera Mandchoukouo — Pays des Mandchous, annonça tout de go le colonel petit et pelé. Avec Changchun comme capitale que l'on rebaptisera Xinjing. » Puis il sortit d'une mallette de cuir le drapeau tout prêt du nouvel État, un emblème moutarde à canton supérieur de quatre bandes horizontales, rouge, bleu, blanc, noir — les cinq couleurs des cinq éléments composant l'univers, *jīn mù shuǐ huǒ tǔ* : métal blanc, bois cyan, eau nuit, feu sang, terre jaune… des cinq animaux sacrés : tigre immaculé, dragon azur, serpent noir, oiseau vermillon, licorne safran. La petite sauterie qu'avait organisée l'affable Itagaki pour fêter ça fut le théâtre d'un épisode lamentable. Le colonel Itagaki Seishirō cachait, sous sa fine moustache, un fort défaut. Il ne tenait pas l'alcool, pas plus que les femmes légères qui se trémoussaient dans son sillage. Les geishas avaient le geste déplacé et la langue vulgaire autant que pendue. Ce n'était pas conforme aux rites ni à la courtoisie, fût-ce dans un instant d'euphorie, que d'apostropher Puyi en termes peu choisis : « Alors, toi aussi tu es dans le commerce de gros ? » Sa figure s'allongea. Le Mandchoukouo était bien plus étendu que Hollande, Belgique et Luxembourg, deux fois plus grand que l'Allemagne, plus vaste encore que la France et l'Italie réunies. Lorsqu'il eut intégré le Pavillon de Clarté, en son palais raffiné, Puyi se fit livrer, pour faire le tour du propriétaire, side-car devant, side-car derrière, une Cadillac V8 Tudor, rouge cinabre aux chromes dorés, dont le bouchon de radiateur représentait une orchidée.

Retranché dans les montagnes du Jiangxi, loin, très loin de tout, des trains, des ports, des aérodromes, des consulats, de la Mandchourie, du Huangpu, de l'Asia Banking Corp., de la Chun Mei News Agency, de la British American Tobacco, des gourgandines vaporeuses, des reporters fureteurs, des trafiquants d'armes, des bateaux d'opium, Mao Zedong déclara la guerre au Japon.

Le gouvernement central des Redresseurs de Torts prit ses quartiers dans un village proche de Ruijin. Les machines à coudre de marque japonaise assemblaient à la chaîne les uniformes gris-bleu des soldats rouges, des guêtres, les casquettes octogonales à étoile. D'adroits tourneurs usinaient pièces d'acier et crosses de bois sur les établis d'arsenaux rudimentaires, rectifiaient les fusils pris à l'ennemi, les pistolets, les armes à feu. De presses adéquates sortaient en flot les billets de la banque nouvelle des ouvriers et des fermiers, des billets rectangulaires, imprimés sur un tissu écru, des billets prune au poing fermé, authentifiés par un cachet rouge, des billets violines à l'effigie grossière de Marx ou de Lénine. Un yuan, deux yuans, un chuan, deux chuans, le trésor de la République Soviétique de Chine.

Certaines denrées, des plus précieuses, faisaient défaut. Le sel manquait cruellement aux légumes et au riz. Alors, flanqué de Tête-de-Fouine et de Deuxième-Couteau, Mao Zedong partit en expédition vers l'orient et le midi, monté sur un cheval jaune. Ils suivirent la rivière des Neuf Dragons et entrèrent, après bien des combats et des engagements, dans une ville fortifiée, à peu de lieues de la mer, où les gens semblaient opulents, vêtus de laine ou de soie, et parlaient un dialecte curieux. Les soldats à semelle de paille n'en croyaient pas leurs yeux et leurs oreilles peinaient à tout saisir. Ils se transportaient de boutique en échoppe, collectaient les fonds et les marchandises, des chaussures à semelle de caoutchouc, de la vaisselle de fer et des boîtes de conserve. C'était un endroit prospère, planté de magnolias, d'aglaias odorants, fleuri de narcisses à cœur jaune. Les étrangers qui écumaient les côtes et les estuaires depuis moult décennies y avaient découvert le *pekoe*, les feuilles de thé au duvet blanc, et la sauce de poisson appelée *ketchup*. Habillés de neuf, marchant au pas, en colonnes, les soldats de l'expédition défilèrent dans la ville, clairons en tête. Ils allèrent au cinéma voir un film muet, regardèrent sur l'écran bouger les personnages en pied, en plan rapproché, plan américain et contre-plongée. Pour les soldats naïfs des monts et des vaux, c'était une première. Pour Tête-de-Fouine, pour Deuxième Couteau peut-être. Et pour Mao, ce n'est pas sûr. Les prises étaient de valeur. Tête-de-Fouine et Deuxième-Couteau se firent photographier devant un avion, un biplan des forces aériennes du Kuomintang qu'un Coréen féru de mécanique fit voler d'un coup d'aile jusqu'à Ruijing. L'expédition de la rivière des Neuf Dragons, chargée de butin, de vêtements, d'armes, de sel, de grains, revint superbe et pimpante.

Mao, le Président, n'avait pas que des amis à Ruijing. Quoique le lieu ne ressemblât ni à Pékin ni à Nankin, des intrigues se nouaient et se dénouaient dans son entourage. Les tard-venus, et parfois même de vieux routiers, tiraient à dia ou à hurhaut. Il s'en trouvait pour crier, quand le Président avait le dos tourné : « Vive l'Ours-Téméraire ! À bas Mao ! » « Soutenons Petit-Chien dit Rouge-Vertu ! » « Mao se croit Fils du Ciel ! » D'aucuns se laissaient séduire par ces sirènes et ces licornes. Les fidèles laissaient couler les mots séditieux comme des gouttes de pluie sur une toile huilée, mais les jalousies, les ambitions, les luttes entre deux voies s'exprimaient par des canaux sournois. Les Justiciers de la Forêt se prenaient à ferrailler, débusquer des hérésies mortelles, des diffractions bénignes, démêler la ligne de Li-le-Troisième de celle du Bolchevik-Cent-pour-Cent, distinguer la gauche de la droite et réciproquement. La discorde, annonciatrice de malheurs, se faufilait dans leurs rangs. Il s'ensuivait des chicanes et des litiges spécieux sur ce qu'il convenait de faire de l'avenir et du présent. « Nous nous opposons à ceux qui ne cherchent qu'à conserver leurs armées pour défendre leurs petits royaumes, gourmandait l'Ours-Téméraire. L'horizon de ces gens est aussi limité que celui d'une grenouille qui regarde le ciel du fond d'un puits. » Le Mandarin-Versatile prenait de l'ascendant. Mao, mine de rien, se voyait relégué à des tâches subalternes, dépouillé de ses prérogatives, renvoyé à ses pinceaux. Il se tournait les pouces.

Le Mandarin-Versatile lui tenait la dragée haute. On doit à la transparence et à l'exactitude de dire qu'au début, ceux arrivés en surplus par la voie secrète du fleuve, ceux venus en contrebande de Shanghai, des villes, des métropoles ou d'autres lieux, n'étaient pas faits pour le Refuge de la Forêt de Jade, ses coutumes, ses usages et ses penchants. Ils trouvaient toujours matière à critique, portaient à la va-vite des jugements sévères, exempts de politesse. Alors, Mao en prit ombrage. Il devint triste, attrapa les fièvres, la malaria, demeura longtemps couché et se réfugia dans ses pensées. Le bon Docteur Fu le soignait, inlassablement, sans espérer le moindre merci. Mao ruminait. « À l'époque où l'opportunisme de gauche fit son apparition à l'intérieur du Parti, on me taxa d'opportunisme de droite. Pas un seul homme ne se soucia de moi, je suis resté le dernier, seul et abandonné. » Les nouveaux décidaient à sa place. Tout Président qu'il était, chez les Bandits Rouges, les Redresseurs de Torts, il lui fallait avaler à petites gorgées le bol d'amertume. « Je le dis et je le répète, il y avait à cette époque-là un Bouddha qui, à l'origine, était tout-puissant ; mais on l'a jeté dans la fosse aux excréments et il s'est mis à puer atrocement. » Mao versait sur son sort des larmes affligées. Un jour qu'il était tant accablé, un vétéran lui apporta dans son antre du vin et un poulet, mais le cœur n'y était pas. « Aaah ! s'étranglait le Président, il s'est enfui le bon temps des monts et des vaux. »

L'expérience suffit à confirmer si un poulet convenablement assaisonné, arrosé d'une coupe de vin lourd, peut guérir de la nostalgie. Mais comment Mao Zedong se défit de la mauvaise odeur qui lui collait à la peau et à quel point le cinéma remua son âme, pour le savoir, il faut poursuivre plus avant.

CHAPITRE X

Un témoin capital disparaît dans les flots — La lutte pour la Forêt de Jade tourne à la querelle d'Allemands.

Il semblait fier de lui, l'envoyé spécial du *Journal* en Chine. Empâté, mal fagoté, il posait, main gauche dans la poche du veston et main droite dans celle du paletot, écharpe autour du cou, feutre sur la tête, à trois pas des petits soldats japonais, casque rond et bandes molletières, raides sous le drapeau déployé du Soleil Levant. Il était fier, avec son chapeau gris, Albert Londres, fier mais peu causant. « Je rapporte de la dynamite !!! » susurra-t-il seulement avant de franchir la passerelle du paquebot *Georges Philippar* de la Compagnie des Messageries Maritimes en partance pour Marseille. Grand reporter au *Journal*, antérieurement au *Petit Parisien*, à *Excelsior*, à *L'Éclair*, au *Matin* et au *Salut Public*, Albert Londres le fureteur des Dardanelles, le contempteur des séditieux bulgares et des bolcheviks de Russie, la providence des bagnards de la Guyane poisseuse, des prostituées d'Argentine et des esclaves de l'Oubangui-Chari, gardait par-devers lui ses trouvailles jusqu'au moment de les livrer aux rotatives, de les soumettre au jugement étonné des lecteurs de Ménilmontant, d'Aubervilliers, de la Croix-Rousse ou du Vieux-Port. Le reporter quittait Shanghai la tête pleine.

Lorsque vers deux heures du matin, au large des Somalis, l'épouse de l'ingénieur Valentin, des Mines d'Extrême-Orient, renifla le caoutchouc brûlé dans sa cabine de luxe de bâbord avant, il était déjà trop tard. Le *Georges Philippar* partait en fumée. Les coursives étaient en feu, le château s'embrasait, les sonneries d'alarme ne fonctionnaient pas plus que le poste émetteur de TSF, les canots flambaient suspendus à leurs bossoirs, reposant sur leurs berceaux. La lueur de l'incendie se distinguait à cinquante-six kilomètres de distance. Par hasard autant que par bonheur, le *Sovietskaïa Neft*, un pétrolier soviétique, naviguait dans les parages et recueillit les naufragés, ceux qui se jetaient à l'eau par-dessus le bastingage ou par l'ouverture étroite des hublots. Albert Londres ne faisait pas partie du lot. Les rescapés avouaient leur incompréhension, un si beau bateau, et à son premier voyage ! « Le service était parfait, le personnel très complaisant ; je me trouvais en parfaite sécurité », commentait le pensionnaire de la cabine 73, première classe, pont D. À l'arrivée manquaient une cinquantaine de passagers.

Les listes de rescapés s'affichaient au bureau des Messageries par ordre alphabétique : … M. Lirzin, soldat ; M. Loire, matelot ; M. Lombardi, cuisinier ; Mme Xavière Luciani… Point d'Albert Londres. La Compagnie, pourtant, n'omettait pas même son chargement subalterne : « 3 Arabes, 12 Chinois (passagers), 24 Chinois (équipage, compagnie), 3 charpentiers chinois, 4 chauffeurs chinois, 56 boys chinois, 10 boys annamites »… Le drame frappait les familles, intéressait la presse, soulevait les députés rassis, secouait le gouvernement. On se posa en haut lieu et en bas la question du comment, la question du pourquoi. *Le Matin*, quotidien à vingt-cinq centimes, si attrayant par ses titres et ses photos, tenait le fil d'une intrigue des plus captivantes : « L'incendie du *Georges Philippar* apparaît de plus en plus suspect. » — « De mystérieux incidents ont troublé la marche du paquebot… Il s'est passé à bord du grand navire englouti, visé dès le départ par des conspirateurs, de nombreux événements troublants dont on ne saurait rendre uniquement responsable la fatalité. » *Le Matin* glanait ses renseignements de premier choix dans les coulisses de la Sûreté générale de Paris dont l'honnêteté et le sérieux ne pouvaient être récusés en doute. Des groupes subversifs, croyait-on savoir, avaient dans le collimateur le *Georges Philippar*, non simplement parce qu'il sortait beau comme un œuf des chantiers de Saint-Nazaire, qu'il donnait dans un luxe extravagant, une débauche d'acajou, cuivre et sycomore, de faïences de Quimper et de Blois, moins encore parce qu'il s'inspirait du style Renaissance du château de Lourmarin en Provence, non plus à cause de ses cabines Louis XV, Louis XVI, Empire et Restauration avec terrasse particulière sur la mer, pas même parce qu'il disposait sur le pont supérieur d'un tennis et d'une piscine en pierres polies de Cassis et marbre turquoise, mais parce qu'il transportait des stocks d'armes jusqu'au port de Yokohama. La presse, assez sensible au sensationnel et volontiers cocardière, craignait que le *Georges Philippar* n'ait été victime d'actes scélérats destinés à empêcher l'industrie française de livrer au Japon dans le besoin ses munitions et ses automitrailleuses de qualité. Les interrogations ne manquaient pas : que faisaient en ces eaux un pétrolier soviétique et le navire japonais *Hakone Maru* dont l'unique cheminée striée de rouge et de blanc vomissait une épaisse fumée noire ? Au *Figaro*, rond-point des Champs-Élysées, on ne prenait pas de gants : « On verra plus loin que, bien qu'elle ne soit pas officiellement retenue, l'hypothèse d'un attentat communiste a été sérieusement envisagée dans certains milieux maritimes. » On se gantait d'autant moins, en cette affaire, que le Saint-Père Pie XI venait par encyclique radiodiffusée de vitupérer en latin « le mal le plus redoutable de notre époque », les « ennemis de tout ordre social, qu'ils se nomment communistes ou qu'ils prennent tout autre nom ». Propulsé par deux moteurs diesel Sulzer de dix cylindres deux temps d'une puissance de onze mille chevaux-vapeur, le *Georges Philippar* ramenait vers la Joliette sept cent soixante-sept personnes partagées en passagers et membres d'équipage, subdivisées pyramidalement en premières classes, secondes, troisièmes et quatrièmes, personnel européen et personnel indigène. « Nous sommes convaincues que beaucoup de passagers de première classe ont été brûlés vifs », se lamentaient deux femmes de chambres, sauvées *in extremis*. Les communistes hexagonaux — il s'en découvrait jusque sur les quais de la Joliette, dans les docks des chantiers de Saint-Nazaire et au comptoir des bistrots parisiens — se défendaient comme de beaux diables d'y être pour quoi que ce soit. « C'est pourtant, protestaient-ils, un navire construit à Novorossisk en 1929, c'est-à-dire dans le plan quinquennal, qui a porté les secours les plus immédiats et les plus efficaces… Ce sont des travailleurs de l'URSS qui ont sauvé les marins français et même les bourgeois, peut-être aussi des bourgeois de l'Indochine et de la Chine. » Leurs arguments, puisés dans d'obscurs opuscules débordant de chiffres, de graphiques, de courbes, de totaux, avaient un certain poids.

Il n'en demeurait pas moins que la « dynamite » rapportée de Chine par Albert Londres, grand reporter, et Albert Londres lui-même, passager de la cabine 34, pont D, gisaient par le fond dans l'épave calcinée du paquebot, à cent quarante-cinq milles nord-nord-est du cap Gardafui, avec trois millions d'or et d'argent en barres de la Banque de l'Indochine. Peut-être y avait-il là matière à tirer une morale : *il fait malsain en Chine pour les petits curieux de cette espèce*. Peut-être. Une certaine opinion ne manquait pas de relever la concordance entre l'incendie tragique du *Georges Philippar*, l'assassinat spectaculaire du Premier ministre Inukai à Tokyo et la mort inopinée du général commandant le corps expéditionnaire japonais à Shanghai, atteint par la grenade d'un Coréen de Mandchourie employé dans une blanchisserie chinoise de la Concession française. « Lorsqu'on la considère dans son ensemble, décortiquait *Le Temps*, de la rue des Italiens, la situation en Extrême-Orient a des aspects singulièrement inquiétants. » Seuls les Japonais contestaient ce diagnostic. Tout marchait pour eux à bon train, les militaires vaquaient à leurs occupations. « L'affaire de Shanghai n'a été qu'un incident, mais la question de Mandchourie est une chose vitale pour le Japon », glosait docte et froid le ministre des Affaires étrangères dans un français correct (il avait été ambassadeur à Paris).

Tandis que les Nippons grignotaient la Mandchourie, Chiang Kai-shek mijotait sa Quatrième campagne d'encerclement et d'extermination des Bandits Rouges. Il n'était pas homme à se laisser distraire. Quatre cent mille hommes devraient suffire cette fois, raisonnait-il en comptant les divisions sur ses doigts. Les Brigands des monts et des vaux l'attendaient sous la pluie. « Nous allons laisser l'ennemi entrer et refermer derrière lui », récitait

Deuxième-Couteau qui secondait Tête-de-Fouine et avait assimilé le précepte. Les mêmes causes, évidemment, produisirent les mêmes effets. Chiang Kai-shek se mordait les doigts, cherchait ses divisions, remâchait son erreur. Contrarié, il l'était forcément. À quoi bon louer à prix d'or les services d'un Allemand, d'un ancien de Verdun, d'un protégé du lourdeau Ludendorff, pour de si piètres résultats ? Le lieutenant-général Georg Wetzell décevait. Ce n'était pas que ses principes fussent mauvais, erronés ou hors sujet : se préparer dans les moindres détails, surprendre l'ennemi, frapper au point faible. Mais comment apprêter dans le détail des troupes sans queue ni tête, comment surprendre en *terra incognita*, comment toucher un point faible dont on ignore la force ? Quels que fussent leurs moyens, quels que fussent leurs mouvements, les troupes blanches du Généralissime se faisaient estourbir, désosser dans les coins, écharper sur les crêtes, hacher menu dans les creux. « Avance simultanée, poursuite en profondeur » ou « avances séparées, attaques groupées », aucun de leurs plans mûrement réfléchis ne se déroulait comme attendu et des trente-six stratagèmes ne restait à la fin que la fuite. Georg Wetzell, abasourdi, jeta l'éponge.

Le Mandarin-Versatile souriait dans sa barbe de douze centimètres en se frottant les mains. « Nous sommes toujours sortis vainqueurs, se gargarisait-il, les impérialistes sont aussi obligés d'admettre l'incapacité des troupes du Kuomintang. » On eût pu l'appeler le Mandarin-Euphorique. Le Dragon-Borgne, à ses côtés, esquissait une moue de contentement, le regard perdu derrière ses verres épais. Tous deux s'attribuaient les mérites du succès. L'un et l'autre, poussés de l'extérieur, avaient monté en grade chez les Brigands Redresseurs de Torts. À peine arrivés de Shanghai, le Dragon-Borgne se vit promu chef d'état-major, le Mandarin-Versatile commissaire politique général. Mao Zedong s'en fut promener, plus ou moins de son plein gré. Les autres, les anciens des monts, les vétérans des vaux, Petit-Chien dit Rouge-Vertu, Face-de-Lune, Tête-de-Fouine et l'Ours-Téméraire n'osaient récriminer. Si telle était la ligne, il convenait de l'appliquer. Ce n'était pas bon d'élever la voix, d'émettre des objections. Pour s'y être aventuré de bonne foi, Liu Gros-Nez perdit son ruban de guide syndical et Petite-Bouteille sa jolie femme qui se mit en ménage avec une étoile montante. Les nouveaux dirigeants, ceux de Shanghai, s'étaient emberlucoqués du principe : « Luttons contre l'opportunisme en profondeur, jusqu'au niveau le plus bas et dans les travaux les plus modestes ! » Désœuvré, en proie au doute, suant l'ennui, Mao usa son pinceau et, sur le motif du « Pavillon de la Grue Jaune », composa des vers :

Rouge, orangé, jaune, vert, bleu, violet…
Jadis, un dur combat en ce lieu s'engagea…

Mao flânait, lisait ce qui lui tombait sous la main, échafaudait des théories, prenait ses marques. Il envoya à l'Ours-Téméraire deux brochures de Lénine, le fameux Russe embaumé sur la place Rouge que tous, ici, révéraient comme un saint. « Il y en a qui auraient évité bien des fautes, s'ils avaient lu ce livre », griffonna-t-il en page d'ouverture d'un des ouvrages. Sur le second il crayonna : « Si tu as lu le premier, tu saisis seulement un aspect de la question. C'est seulement en lisant ceci que tu verras que les erreurs *de gauche* font autant de mal que les erreurs *de droite*. » Bien sûr, s'ils contenaient les secrets de la juste Voie, il était avantageux d'éplucher ces livres, plus précieux que le *Yi Jing* et ses huit trigrammes. L'Ours-Téméraire n'avait pas eu l'heur de suivre de bons maîtres du fait que sa grand-mère avait voulu le noyer et qu'il avait dû exercer mille métiers de basse condition avant d'échouer dans l'armée. L'Ours-Téméraire fit des efforts. « C'était difficile pour moi de comprendre le premier livre, le second fut plus aisé. » Son savoir était superficiel mais son horizon point borné. Bien sûr, il avait admiré autrefois le *Miroir complet pour aider à gouverner* que, sous la dynastie des Song et à la requête de deux empereurs, le sage Sima Guang mit dix-neuf ans à composer en trois millions de caractères. Avant de prêter le serment des Brigands Justiciers, il s'était quelque peu plongé dans des lectures ardues, avait feuilleté l'*ABC du communisme*, volume traduit du russe dont les auteurs modèles avaient cessé d'être estimés. Mais ce que l'Ours-Téméraire affectionnait par-dessus tout, lui aussi, c'était *Le Roman des Trois Royaumes* et *Au bord de l'eau*, appelé également *Les Héros des Marais* ou *Tous les hommes sont frères*, qu'il avait découverts lorsqu'il se cachait, après avoir échappé aux tortures et au cachot. Et, de tous les Héros des Marais, celui qu'il préférait, celui de qui, à son propre jugement, il se rapprochait le plus, était Li Kui le preux impétueux, autrement dit le Tourbillon-Noir qui fendait de ses haches de guerre les suppôts des mauvais hobereaux et de la dynastie néfaste. Des exploits pendables du Tourbillon-Noir, il en connaissait à revendre. Comment le héros se jetait en avant des batailles, descendait dans les puits, sautait les ponts-levis, comment il moulinait le vent avec ses deux haches et terrassait les plus puissants adversaires. De Lénine, il savait peu.

Chacun des Redresseurs de Torts, à ce moment, y allait de sa méthode. Petit-Chien avait eu l'idée de lancer des buffles d'eau contre les fils électrifiés, des pétards tonnants accrochés à la queue. Il se souvenait avoir lu quelque épisode du genre dans *Le Roman des Trois Royaumes*. Mais les bêtes affolées ne se résolvaient pas à garder la direction appropriée. Tête-de-Fouine, plus jeune d'expérience, défendait les attaques brèves et soudaines dans lesquelles le téléphone, inventé en Amérique, se révélait instrument essentiel. Mais le téléphone n'était pas en ces parages d'un courant usage. Le Dragon-Borgne, fraîchement arrivé, prétendait savoir ce que les autres ignoraient. Le Dragon-Borgne avait beaucoup appris dans ses années passées au loin.

Quittant Nanchang avec les autres pour se diriger au jugé, il était parvenu jusqu'à Hongkong, chez les Anglais, après moult tribulations, embrouilles et avanies. Ce n'était pas un lieu pour lui. Victoria, Aberdeen, Kowloon, nuées de pousse-pousse, de chaises à porteur, de tramways, de charrettes à bras, de palanches, milliers de sampans enchevêtrés, conglomérat de jonques, femmes en pantalons larges coiffées du chapeau tressé, hommes en robes longues et feutres mous, aspirant leurs nouilles accroupis ou debout sur la chaussée. Mais, au milieu et à côté, trop de police, Sikhs barbus du

Pendjab enturbannés de rouge, Britanniques d'Écosse en short, Malais de Singapour, trop de *constables*, de *patrolmen*, d'indicateurs s'occupaient à flairer les types comme lui. Nul ne sait comment il quitta Hongkong ni par où. Il reparut seulement pour s'asseoir sur un banc d'école à l'âge de trente-six ans, à Moscou. Avec application, deux années durant, le Dragon-Borgne suivit la classe de l'Académie militaire Frounzé. Le cours digéré, il préparait pour ses compatriotes dépaysés et moroses à l'excès de savoureux plats piquants du Sichuan, car il possédait plus d'une qualité. Afin de fignoler sa formation, il servit un temps, dit-on, sous les ordres du fameux général Galen, héros des *Conquérants*. Alors, gorgé de sciences érudites, de Clausewitz, qui vécut à l'époque de Napoléon, et d'autres doctrines exotiques, il rejoignit la Chine et le Mandarin-Versatile à Shanghai. Il était comme neuf. Tapi dans les concessions étrangères, il traduisit en compagnie de Deuxième-Couteau le manuel d'infanterie soviétique ramené dans son paquetage.

Quoiqu'il fût prévenant de manières et avenant de visage, le Dragon-Borgne croyait donc détenir quelque titre à critiquer ses compagnons. Le devoir était le devoir. Le Dragon-Borgne s'évertuait à empiler des harangues sur *les caractéristiques modernes de la tactique et de la stratégie*. Le *Sunzi* n'est plus de notre âge, s'acharnait-il à prouver, ce vieux traité guerrier du temps des principautés de Qi et de Wu, de Zhao et de Wei, de Chu et de Han que chacun s'entêtait à citer. Les artifices du *Roman des Trois Royaumes* ne valent pas une allumette, poursuivait-il, l'esprit attiré ailleurs. Le Dragon-Borgne voyait en l'Union Soviétique un étalon d'or et d'argent. De tempérament atrabilaire, Mao Zedong ne goûtait guère le manuel d'infanterie polycopié, ses recettes à la russe mal adaptées à son estomac. Cela ne convenait pas au relief des hameaux et des sentiers. « C'est comme se rogner le pied pour l'adapter à la chaussure », ronchonnait-il. Mais voilà, les commandes lui échappaient. Le Dragon-Borgne et le Mandarin-Versatile l'avaient supplanté et, derrière eux, se profilaient les délégués arrogants du Komintern, les cent pour cent pur sucre, les cent pour cent pur fruit.

Six, sept, huit, neuf, dix… Les messagers furtifs de l'Internationale, chargés de monnaie et de prescriptions, se succédaient à rythme accéléré. Trois d'entre eux, alors, séjournaient de concert à Shanghai. Trois des pays allemands. Le premier se faisait appeler Arthur, le deuxième Manfred, ou Fred, le troisième Otto. La vérité des faits voudrait bien sûr que les autres ne soient pas oubliés, car ils étaient nombreux de leur espèce disséminés dans la cité, courriers secrets, aventuriers : le Polonais spécialiste de la purge, le Finnois futé dont les affaires prospéraient sous couvert d'import-export, parfums, vins fins et maroquinerie, les anonymes dispendieux qui plaçaient par liasses de fausses coupures de cent dollars bien imitées et causèrent la perte de la banque Sass & Martini, les matelots costauds qui faisaient le tour des claques, laissant aux prostituées fragiles le soin de distribuer des paquets de tracts contre la promesse solennelle et ferme qu'après la révolution leurs maquereaux seraient noyés dans le Huangpu. Mais le récit ordonne de s'en tenir aux trois des pays allemands et à un particulièrement. Otto, qui ne balbutiait pas plus de huit mots de chinois mis bout à bout, fut choisi en effet par Moscou comme mentor militaire des Brigands Redresseurs de Torts, au-dessus de Mao Zedong, de Petit-Chien et de leurs compagnons. Il se mit en route par discipline sous le déguisement pratique d'un ecclésiastique.

À Ruijin, le conseiller Otto vivait à l'écart, dans le petit temple immaculé d'un dieu chanceux. Sans parler le mandarin ni aucun dialecte, il jouissait d'une influence considérable. Les Brigands Justiciers lui prêtaient hommage, il était partout connu sous le pseudonyme de Li De, qui signifie Li l'Allemand. Par sa position, il bénéficiait de certains privilèges, manger du canard, fumer des cigares. C'était peu de chose au regard de la science qu'il apportait. Au premier abord, cet Allemand semblait sympathique, avec sa casquette militaire, son large sourire et ses lunettes cerclées. Il avait été soldat en Europe, avant de s'enrôler sous le drapeau rouge, de faire le coup de feu dans les rues agitées de Munich et de Hambourg. Quelques ennuis inhérents à sa condition l'avaient conduit à la prison de Moabit, à Berlin, d'où il s'était évadé. À Moscou, quand il arriva, on le désignait sous le nom de Wagner. Il compulsa des ouvrages, rédigea des articles, se fit remarquer, et c'est pour cela qu'il donnait des directives au Dragon-Borgne, à Tête-de-Fouine, à l'Ours-Téméraire et tous les autres, sauf peut-être à Mao Zedong, tombé dans la fosse aux excréments. Otto le conseiller avait son idée pour défendre la République des vertes forêts qui imprimait des billets de banque moins cotés que les fausses coupures de cent dollars écoulées à Shanghai. « Pour remporter une victoire décisive face à la nouvelle tactique de l'ennemi, l'Armée Rouge doit étudier et utiliser une tactique militaire moderne » : l'Allemand exposait ses instructions en russe et du russe cela devenait du chinois.

« *Dǒng-budǒng ?* », demandait Petit-Chien aux hommes, campé sur ses pieds, dans sa position favorite, jambes écartées, mains sur les hanches — « Est-ce que vous y comprenez quelque chose ? » Les soldats aux semelles de paille n'entendaient rien à tout ce charabia. Places fortes à caractère semi-permanent, attaquer sur tout le front, frapper des deux poings dans deux directions à la fois, ils n'en cernaient pas le pur concept. Eux se racontaient les quatre livres extraordinaires, le Singe facétieux brandissant son bâton d'or, les feintes subtiles des Trois Royaumes, les Cent Huit Brigands des Marais, les moulinets destructeurs du Tourbillon-Noir, les plans infaillibles du moine stratège qui commandait aux éléments : « *Dès que l'ennemi sera profondément engagé à l'intérieur de nos lignes, une bannière marquée des sept astres de la Grande Ourse donnera le signal, alors nos armées prendront la forme d'une manière d'immense serpent. À ce moment, l'humble taoïste que je suis usera de magie et fera en sorte que les trois chefs adverses soient pris au milieu de nos troupes, sans voie de retraite en avant ou en arrière, sans issue à gauche ou à droite…* » Leur instinct s'accordait médiocrement aux procédés d'Otto. L'armée de Petit-Chien, de l'Ours-Téméraire, de Tête-de-Fouine et de Mao cessait du coup d'être le corps souple à quatre têtes et à huit queues animé d'une souveraine volonté.

La zizanie s'insinuait dans la République des Redresseurs de Torts. Le trouble s'installait, la discorde nuisible. Cela finissait par se savoir dans les villes, les métropoles, la capitale du Sud et la capitale du Nord. « Du foyer des Bandits Rouges, les nouvelles sont plutôt bonnes », s'égayaient les observateurs français en poste à Pékin. « La pression des armées régulières continue à s'accroître et l'on annonce, par surcroît, la mort d'un grand chef, le notoire Mao Zedong, qui aurait été tué d'après l'agence *Central News*, durant un raid aérien à Ruijin. » Dans leurs clubs fermés, aux courses, au bridge, devant un scotch à l'eau de Seltz ou un gin bien tassé, les coloniaux ne manquaient jamais de sujets de conversation et rarement de motifs de satisfaction. « Justement, une correspondance, du *North China Daily News* nous informait d'une querelle entre ce même Mao et un autre chef, pour la prédominance du pouvoir... En tout cas, il faut se réjouir de ces dissensions intestines qui ne peuvent qu'accélérer la défaite et l'écrasement des bandes rouges dont les jours semblent enfin comptés. » Ce n'était pas la faute des expatriés, connaisseurs qualifiés des bienfaits de la civilisation occidentale, au Canidrome, au bar du Cercle Sportif, s'il existait encore des gens à Paris pour se laisser berner par une propagande hostile. Mais il s'en rencontrait et il y avait là plus d'une raison d'irritation.

N'avait-on pas vu, dans la capitale du bon goût, le successeur de Georges Courteline, cravate à damier et pochette tombante, annoncer à des échotiers empressés : « Messieurs, le prrrix Goncourt pour dix-neuf cent trrrente-trois, est décerné à Monsieur Aaandré Malraux, pour son rrroman, *La Condition Humaine* » ? N'avait-on pas vu *Le Temps*, oui, *Le Temps* de la rue des Italiens, supplément finances le lundi, insérer dans ses colonnes cet encart publicitaire : « Prix Goncourt — *La Condition humaine* — l'extraordinaire roman de Malraux — *Un grand livre* » ? Malraux passait naturellement pour spécialiste des choses de la Chine. L'écrivain avait fait imprimer, au verso du faux-titre de son premier roman, une mention de son invention : « *Du même auteur* : La Tentation de l'Occident (Fragments). Texte chinois. Shanghai-Pékin. *Sous presse* : Texte chinois complet. » Nul n'aurait songé à en contester la véracité. Le buste penché en avant, main droite sur le front et cigarette coincée entre deux doigts, l'auriculaire secoué d'un irrépressible tic nerveux, l'écrivain s'adressait aux microphones d'une voix saccadée :

« Il est d'usage, après tout prix littéraire, d'expliquer par quoi et comment le livre qu'on a écrit doit plaire à tous. Je désire qu'il n'y ait aucune équivoque sur le mien. J'ai essayé d'exprimer la seule chose qui me tienne à cœur, et de montrer quelques images de la grandeur humaine. Les ayant rencontrées dans la vie, dans les rangs des communistes chinois, écrasés, assassinés, jetés vivants dans les chaudières et détruits de toutes façons, c'est pour ces morts que j'écris. » Plus d'un trembleur, à Shanghai, à Pékin et au Quartier Latin, souffrait que puisse être encouragé cet *apôtre du nihilisme*, que puisse être promue à peu de frais mais grand péril cette *mentalité d'anarchisant.*

Deux faits, néanmoins, apportaient à ces inquiets un peu de réconfort, l'un au Sud, l'autre au Nord.

Au Nord, Puyi, l'ex-empereur Xuantong de la dynastie des Qing, retrouva un trône. Il s'agissait d'un trône plus petit que celui duquel Puyi avait chu à l'âge de cinq ans, mais cela le contentait amplement. Puyi passa les robes jaunes brodées de dragons, sacrifia au Temple du Ciel un jeune taureau sans tache, puis enfila l'uniforme militaire du Japon, botté, sabre pendant au ceinturon. L'Empereur se choisit le nom de règne de Kangde. Il possédait plusieurs paires de lunettes, fumait de longues cigarettes. Son uniforme d'apparat n'arborait pas moins de six médailles et quatre plaques, en sus des rangées de galons dorés cousus sur les manches et des épaulettes à franges. Le Mikado lui conféra le Grand Cordon de l'Ordre suprême du Chrysanthème. Une musique occidentale stridente ravissait ses oreilles, Puyi s'enivrait du son des trompettes à pistons, tandis que son épouse rêvassait dans les fumées de l'opium. La maigre cour mandchoue, autour de lui, criait « *Wansui !* Dix mille ans de vie ! » Des courriéristes égarés s'attardaient à l'hôtel du Chemin de Fer, le seul de sa capitale isolée, et parcouraient d'un œil distrait les brochures emplies de statistiques heureuses remises par son ministre de l'Information. Tout à ses fonctions, Puyi recevait peu de visiteurs, n'avait guère d'amusements, sinon de donner la bastonnade à ses domestiques et de chahuter son énorme chien, un mastiff anglais qui répondait à l'aimable sobriquet de Monsieur Ponto. « Il est impossible de nier que l'occupation japonaise — nous disons *occupation*, car ce terme est le seul qui corresponde aux réalités — a donné de fort beaux résultats en Mandchourie », observaient les coloniaux de Shanghai et de Pékin. Les Japonais étaient aux petits soins. Leurs troupes franchirent la Grande Muraille, leurs avions de chasse survolaient les cités en rase-mottes.

Au Sud, Chiang Kai-shek, remis de ses déceptions, appela auprès de lui à titre de premier conseiller un second Allemand, pur Prussien à monocle, un loup de Poméranie au regard glacé, le général von Seeckt. Chiang Kai-shek reprenait du poil de la bête. Pète-sec, hautain, bien sous tous rapports, au mieux avec l'industrie lourde, von Seeckt lui amenait des canons Krupp de montagne, des canons Bofors de campagne, des mortiers de 82 mm, des télescopes Zeiss précis et sa passion pour les blockhaus en ciment armé. Au risque de paraître répétitif, de lasser son public, Chiang Kai-shek entreprit une Cinquième campagne d'encerclement et d'extermination des Bandits Rouges. Rien n'aurait pu le faire renoncer, pas même l'offensive japonaise qui enlevait à la Chine province sur province et menaçait Pékin.

Le Généralissime résolut d'amender sa tactique. « La suppression des Bandits Rouges, commença-t-il, est une tâche à soixante-dix pour cent politique et à trente pour cent militaire. » Allez savoir pourquoi, il appréciait ces proportions : sept à trois. Trois plus sept, dix ; trente et soixante-dix, cent. C'était rond, agréable de rapport et délicieusement abscons. Chiang Kai-shek ne comptait plus. Il jeta dans la balance un million d'hommes, disons, et s'en remit pour le reste aux calculs du Prussien à monocle. Alors, von Seeckt envoya ces troupes fraîches encercler la République des Redresseurs de Torts et bâtit à profusion de solides blockhaus, des lignes de blockhaus, des chaînes de blockhaus, un blockhaus sur chaque point de la carte où il posait les yeux. Von Seeckt procéda à un blocus en règle.

Le sel vint à manquer, le sel et l'huile, les légumes et la viande. Les rations s'amenuisaient, les plats devenaient mauvais. « Nous pouvons annoncer que la guerre de blockhaus de l'ennemi, comme les campagnes d'encerclement précédentes, connaîtra elle aussi la défaite », gazouillait le Mandarin-Versatile, ardent et étourdi. Il s'avéra bientôt que les Rouges manquaient de tout, qu'avec leurs pauvres billets en tissu, ils ne pouvaient rien négocier, qu'ils se trouvaient enfermés et démunis. Ils n'avaient plus à digérer que des pousses de bambou, une espèce d'oignons et des cacahouètes. Beaucoup étaient pris de diarrhée soudaine, tous maigrissaient à vue d'œil. Le Dragon-Borgne, Petit-Chien dit Rouge-Vertu, Tête-de-Fouine étaient désorientés. Les Brigands Justiciers perdaient du terrain. Chaque jour leur république rétrécissait. Li l'Allemand, le conseiller Otto, décida de relever le défi du Prussien à monocle et d'édifier à son tour des casemates. « Ne pas permettre qu'on vienne casser la vaisselle chez nous », c'était le nouveau postulat, « Halte à l'ennemi devant les grilles » son corollaire. Depuis plusieurs semaines, flanqué d'un interprète parlant russe et de gardes du corps attentionnés, Otto regardait vivre les Chinois à semelles de paille en tirant sur son cigare. Leur façon de mener la guerre, constatait-il, était fort éloignée de celle que l'on pratiquait dans l'Europe civilisée et de ce que l'on enseignait à l'Académie militaire Frounzé : « La tactique qui consiste à attirer l'ennemi pour qu'il pénètre profondément ne peut plus atteindre son but », décréta-t-il entre deux bouffées. Le Mandarin-Versatile se rallia à son avis : « Il faut construire des places fortes de caractère permanent ou semi-permanent. » Mao Zedong à ces mots se mettait en colère. On le voyait parfois sortir du temple de l'Allemand la mine renfrognée. « Anéantir l'ennemi avant de déjeuner, objectait-il, est un désir louable en soi, sur lequel nous ne pouvons cependant fonder des plans concrets d'action. » Mao revenait sans cesse à ses antiennes de l'époque des principautés combattantes de Qi et de Wei, dans les siècles immémoriaux où l'Europe n'avait pas d'existence. Il n'était pas familier de la guerre de tranchée, de la Marne, de Verdun, de Gorlice-Tarnow, de Brest-Litovsk, du Caucase, ni des bancs de l'Académie Frounzé. Avec l'Allemand, Mao Zedong ne filait pas un excellent coton.

Ce qu'il prisait, en matière de stratégie, c'était le *wéiqí*, le jeu de go, les échecs. Quand avec Petit-Chien ils se morfondaient dans les

Hauts Monts nimbés de brume, les forêts de pins et de bambous, entre les azalées écarlates, Mao jouait sur le dessus d'une table de bois gravée en échiquier. « Faute d'un plan dans une partie d'échecs, il est impossible de jouer un coup réellement bon », arguait-il, sûr de son expérience. Et de plan, Li l'Allemand n'en avait pas. Ses casemates artisanales s'effondraient sous une pluie d'obus Krupp et Bofors à vingt dollars pièce, ses assauts en choc rapproché tournaient court. Chiang Kai-shek et von Seeckt lui tenaient la dragée haute.

Cuisants étaient les revers, profondes les entailles. Au cours d'un engagement, Face-de-Lune reçut un éclat d'acier dans la cuisse. Chaque jour les vides s'élargissaient dans les bataillons, chaque jour la mort creusait des trous. Les héros des monts et des vaux furent pris de doute. Le Mandarin-Versatile en avait rabattu. Petit-Chien raillait les certitudes stratégiques : « On ne ronge pas un os de la même manière qu'on mange de la soupe », grognait-il sûr de son fait. L'Ours-Téméraire, généralement bon bougre, se risqua à la critique. Sa colère monta jusqu'aux nues. « Tes ordres sont mauvais depuis le début », lança-t-il au conseiller Otto, retournant son cœur, vomissant sa vésicule. Mais l'Allemand n'entendait rien au chinois. « Assis loin du front, tu disposes les emplacements de mortier sur une carte, mais ce coin de Chine n'a jamais été survolé pour dresser des cartes au un cent millième ! Tu as causé la perte de la presque totalité de notre premier groupe d'armée ! Il y a presque huit ans qu'existe notre base ! Ç'a été dur !... » s'échauffait l'Ours-Téméraire en pointant son index vers le conseiller. Comme il respectait cependant les règles de la sagesse et de la bienséance, il termina sur un proverbe hunanais : « Le fils prodigue n'éprouve pas de regrets quand il vend les champs de son père ! » Li l'Allemand ne remua pas un cil, ne prononça pas un mot. Ce n'est que lorsqu'il eut compris, qu'en russe tout lui fut exactement traduit, qu'il entra en furie, gesticula, cria à tous les démons. L'Ours-Téméraire fut taxé d'opportunisme droitier. Ce ne fut pas de grande conséquence, tant les pertes étaient lourdes et la débâcle semblait proche. Les Brigands Justiciers avaient d'autres chats à fouetter.

Dans leur antre, aux alentours de la Pagode Blanche, du pont du Dragon et des Nuages, ils tinrent conciliabule et décidèrent, en grand secret, de plier bagage. Mais ce que contenaient ces bagages, où ils furent expédiés et ce qu'il en advint, vous ne le découvrirez qu'en prenant connaissance du chapitre suivant.

CHAPITRE XI

La cohorte des Héros en haillons traverse de dures épreuves — Le Dragon-Borgne boit le sang d'un poulet et tape du pied sur le fleuve.

L'Histoire dit que le vent soufflait. De tous les monts, par tous les vaux, ils étaient parvenus au point fixé à l'heure dite, sans savoir rien, et ils se mirent en route. Quatre-vingt-six mille hommes et trente femmes. « Ordre nº 5 — Se réunir au crépuscule, partir à l'obscurité, marcher toute la nuit, ne s'arrêter qu'au lever du soleil. » À l'avant-garde s'avançaient l'Ours-Téméraire et le Dragon-Borgne, Deuxième-Couteau et Tête-de-Fouine. Le corps principal se divisa en deux. La colonne du Brassard Rouge et la colonne de l'Étoile Rouge. L'une emportait empaquetés les billets de banque en tissu, les piécettes de cuivre frappées de la faucille et du marteau, les joyaux raflés chez les propriétaires, boucles d'or, perles, onyx, et des caisses de dollars d'argent, de pesantes presses lithographiques, les machines à coudre de marque japonaise, les tours destinés à réparer fusils et pistolets, confectionner des grenades à main. L'autre protégeait les gens d'importance, le Mandarin-Versatile, le conseiller Otto, Petit-Chien et Mao Zedong. Ceux-là étaient peu chargés. Mao Zedong avait renoncé à sa sacoche à neuf poches, mais pas à son parapluie rapiécé ni à ses livres extraordinaires. Le Mandarin-Versatile gardait par-devers lui un lourd encrier de métal et de quoi écrire. Petit-Chien s'adressa aux hommes : « Camarades, nous allons enfoncer l'ennemi de toutes nos forces afin de briser la campagne d'encerclement. » Les torches de bambou des soldats à la queue leu leu dessinaient dans le noir un immense serpent souple, un dragon formidable sorti de son gouffre.

Chagrinés, le cœur mouillé de pleurs, les Brigands Justiciers laissaient dans les villages et les hameaux les femmes, les éclopés et Face-de-Lune que son entaille à la cuisse rendait inapte au service, pour se diriger vers l'ouest, ignorant leur destination. « Les secrets étaient très bien gardés, chuchotait Deuxième-Couteau, et nous n'avons demandé aucune explication. » Pressée par von Seeckt, par Chiang Kai-shek, par les canons allemands, les mortiers suédois disposés en barrages concentriques, l'Armée Rouge du Ier Front quittait sa garenne, dans l'espoir évanescent de rejoindre l'Armée Rouge du IIe Front que commandait le Pirate-Optimiste, quelque part où les lacs sont rouges de fleurs de lotus.

Avec sa deuxième épouse et demie, et tout en guerroyant, Mao Zedong avait eu deux enfants et demi. Une fille lui naquit d'abord, puis un fils que l'on nomma Mao-Mao ou Petit-Mao, et un garçon prématuré qui ne vécut pas. Son épouse se désespérait, versait des larmes chaudes. Mao, brûlant de la consoler, l'appelait son petit piment rouge. Mais elle ne se consolait pas, sauf quand elle jouait du théâtre pour les paysans. Elle incarnait dans une pièce satirique la belle Madame Chiang Kai-shek, de la famille Soong, milliardaire à Shanghai, Soong May-ling fille de Charlie Soong qui fit fortune en vendant des cigarettes et en imprimant des bibles. Le rôle ne lui seyait guère. La tristesse la rongeait. Avoir abandonné sa fille à des croquants lui travaillait le ventre. Elle se résolvait douloureusement à laisser derrière elle Petit-Mao, seul, avec ses vêtements molletonnés d'hiver. « Je serai de retour aussi vite que je pourrai », le rassura-t-elle, sachant qu'elle ne reviendrait jamais. Les enfants ne suivaient pas les soldats à semelles de paille. Les femmes non plus. Sauf exceptions. Le conseil des Redresseurs de Torts jugea, à l'aune de la pratique, que ce serait grand risque de voir les épouses des capitaines intrépides perdre la tête aux mains de l'ennemi. « Nous avons chaussé nos espadrilles et nous sommes parties », se contentait de murmurer la petite délurée sur laquelle lorgnait Liu Gros-Nez. Comme elle était atteinte de tuberculose et crachait le sang, l'épouse du Mandarin-Versatile fut transportée sur un brancard. La compagne de Petit-Chien, fille d'un pêcheur de rivière habituée à la vie au grand air, n'avait besoin de nulle assistance, elle avançait à longues enjambées, maniait le fusil avec dextérité. L'épouse de Mao Zedong prit sa pique à houppe rouge, son sac sur le dos et, quoique enceinte à nouveau, se mit à l'unisson sur le chemin rocailleux. Dans la colonne, les femmes se tenaient à part, groupées, sauf celle du conseiller Otto, une jeunette illettrée mais habile nommée Clair-de-Lune, choisie pour l'escorter et pratiquer à son égard les règles sacrées de l'hospitalité, de la politesse et de la bienveillance.

Les colonnes traversèrent sans dommages la première ligne hostile, le deuxième cercle, le troisième périmètre. Elles heurtèrent la quatrième barrière sur la rivière Xiang qui donna son nom jadis à l'orpheline gracieuse du *Rêve du Pavillon rouge*, parfois poète, parfois brodeuse : « *Le Soleil et la Lune, dit Xiang-yun, éclairent de leurs rayons l'Univers et la Terre… L'abricotier rouge pousse près du ciel, contre les nuages radieux…* » Chiang Kai-shek dépêchait quinze divisions aguerries aux trousses des Rouges. Les colonnes peinaient. Tête-de-Fouine pointait à l'avant, l'Ours-Téméraire protégeait le flanc. L'intendance pliait sous les charges, les imprimeries de la propagande, les équipements à rayons X du détachement médical, les machines-outils de l'arsenal, les caisses débordantes de la pompe à finance. La panique gagnait. La rivière était large, l'onde profonde. Le conseiller Otto, le Mandarin-Versatile ne savaient à quelle divinité se vouer. Lorsqu'elle eut passé sur l'autre rive, après huit jours d'âpres combats, l'armée fuyante des Brigands Justiciers avait fondu plus que de moitié. Les Redresseurs de Torts pour partie étaient morts. Noyés, déchiquetés. Ou alors ils avaient déserté, plongeant les machines dans les flots, livrant aux flammes les billets.

Franchie la rivière à grands deuils, les commandants délibérèrent. Ils arrivaient dans une région curieuse où le soleil ne luit jamais trois jours de suite, où l'on ne chemine pas plus de trois lis en terrain plat et où la richesse des habitants n'excédait pas trois fens de monnaie. Les forces de Chiang Kai-shek, de von Seeckt, l'artillerie, les avions, leur barraient la voie des lacs aux lotus rouges. Les yeux ouverts, la raison intacte dictaient d'orienter autrement la boussole.

Ils changèrent leurs plans et se dirigèrent vers un endroit, entre les montagnes vertes, où poussaient les chênes utiles aux vers à soie. C'était une ville grise traversée d'un cours d'eau et gardée par l'ennemi. S'y trouvaient une fabrique d'allumettes et une distillerie d'alcool. « Nous vivons des temps difficiles, soupira le Dragon-Borgne. Nous devons gagner les batailles avec le moins de pertes possibles et économiser nos balles. Cela doit nous inciter à faire œuvre intelligente. » Lui vint à l'esprit l'un des mille stratagèmes du *Roman des Trois Royaumes*. « Attaquez l'avant-poste, en veillant à ce que pas un ennemi ne s'échappe », ordonna-t-il à ses guerriers. Ceux-ci prirent le bastion d'assaut par temps de pluie et ne laissèrent aucun des défenseurs détaler. Alors, ils revêtirent les uniformes de l'adversaire, agitèrent ses drapeaux et, sans coup férir, enlevèrent la ville pour s'y ragaillardir, méditer, préparer le futur. Le jour du 15 janvier, parce qu'ils prenaient du repos après de rudes épreuves et qu'ils avaient en tête le calendrier enseigné aux Justiciers, les soldats dépenaillés, comme leurs capitaines, organisèrent une fête en l'honneur d'un Allemand et d'une Polonaise. Ce n'était pas en hommage au conseiller Otto, regardé par tous de travers. Non. Ils célébraient à Zunyi, dans les ruelles sales où s'agglutinaient mendiants et chiffonniers, pauvres de diverses catégories et tisseurs de soie Tussah, les fantômes éthérés de Karl Liebknecht et de Rosa Luxemburg dont on racontait, peut-être par erreur, qu'ils étaient leurs grands aînés.

Les pauvres n'avaient pas de riz. Ils mangeaient du chou frotté de résidu de sel noir. Les soldats de l'Armée Rouge distribuaient leurs restes de billets en tissu, de piécettes de cuivre, pour la joie des nécessiteux. Dans un bâtiment à colonnes de deux étages, autour d'une table rouge, les Brigands Redresseurs de Torts tinrent une assemblée réduite de haute gravité. Le climat était froid, à Zunyi. Ils s'assirent en carré sur des chaises cannées, dans la pièce chauffée par un brasero, Petit-Chien dit Rouge-Vertu, le Mandarin-Versatile, l'Ours-Téméraire, le Dragon-Borgne et Liu Gros-Nez, Deuxième-Couteau et Tête-de-Fouine, Petite-Bouteille et d'autres encore. Mao Zedong bombarda de paroles corrosives les chefs incompétents, ceux qui l'avaient naguère jeté dans la fosse aux excréments. Il vitupérait la ligne fausse, les fourvoiements, les désastres. Quand il eut fini son discours, l'un parmi les participants, jeune plein de morgue revenu de Moscou, le prit à rebrousse-poil : « Est-ce que tu sais seulement ce qu'est le marxisme ou le léninisme ? Au mieux, as-tu lu quelques chapitres de *L'Art de la guerre* de Sunzi ! » Mais celui-là était seul, à peu près, de son avis. Les autres, les commandants véritables, les anciens de Nanchang, des Hauts Monts, des vertes forêts, et même Liu Gros-Nez, en avaient soupé des recettes du conseiller Otto et des bolcheviks à cent pour cent. Le *Sunzi* avait leurs faveurs, comme *Le Roman des Trois Royaumes*, les Cent Huit Héros des marais et le Roi des singes au fabuleux bâton d'or. Ils rendirent à Mao la majorité. Le Mandarin-Versatile, revenu de ses égarements, jura qu'on ne l'y reprendrait plus. Près de la porte, Li l'Allemand, le conseiller Otto, étranger à ces voix coupantes, aux propos aiguisés, tirait taciturne sur son cigare. Ce n'était pas agréable de se voir montré du doigt quand on venait de si loin, du pays policé de Karl Liebknecht, que l'on n'entendait rien à la langue mandarine et qu'un interprète mal embouché vous balbutiait en russe à l'oreille partie seulement des griefs. Le conseiller Otto était mal à l'aise. Mao Zedong, au contraire, respirait à pleins poumons. « Moi, Bouddha puant, j'ai recommencé à sentir bon. »

Après s'être reposés, avoir repris des forces, les soldats aux semelles de paille, conduits par le Président Mao, filèrent au sud, obliquèrent à l'ouest et s'enfoncèrent vers le nord. À quel moment, quel point de l'itinéraire, la femme de Mao Zedong accoucha d'une petite fille, aucun témoin ne s'en souvient. La petite naquit le soir et à l'aube il fallait repartir. Alentour, les gens avaient fui, il ne restait personne hormis une vieille aveugle dans une cabane. « Sœur Aînée, nous avons un nouveau-né, et nous ne pouvons l'emmener. » La Vieille n'était pas bien disposée : « Je suis trop âgée ! objecta-t-elle.

— Ça ne fait rien, insistait une camarade tendant le bébé. Vous pourrez bien trouver un peu de bouillie de riz. Elle sera comme votre fille et vous aidera à travailler. » L'aveugle recueillit l'enfant moyennant dix dollars d'argent et force boules d'opium. La mère épuisée poursuivit la route.

Au pas, la cohorte traversait des villages vidés de leurs habitants, passait des temples bouddhistes, taoïstes, des églises missionnaires sur lesquelles se détachaient les caractères : « Croyons en Dieu ! Combattons les Rouges ! » Juchés sur des échelles, les soldats à semelles de paille peignaient par-dessus leur profession de foi : « Partageons les terres ! » Chargés de mousquetons, de sacs, de paniers emplis de dollars d'argent, coiffés de casquettes étoilées, de chapeaux de bambou, les visiteurs tambourinaient aux portes, faisaient de grands signes : « N'ayez pas peur, braves gens ! Nous appartenons à l'Armée Rouge ! » « Braves gens qui nous êtes si chers, vous en avez vu de dures ! » Jusqu'à ce que les villageois montrent leur tête, allongent timidement leur cou, écarquillent les yeux et prêtent l'oreille.

Tombant des nuages opaques, les faucons de Chiang Kai-shek, les biplans Curtiss Hawk acquis à grands frais, fondaient sur le cortège étiré des Brigands Justiciers, lâchaient des bombes meurtrières et la mitraille de leurs Browning 7,62 creusait des trous. Dix-sept éclats d'acier brillant se fichèrent dans les chairs, les membres, les bras, la tête, le dos de la deuxième épouse et demie de Mao Zedong. Tandis qu'à terre elle gémissait, qu'elle délirait ou perdait conscience, un ambulancier badigeonna les plaies à la teinture d'iode. « On ne va pas te laisser, murmura Mao à son chevet. Tu viendras avec nous même si on doit te porter tout le long du chemin. » Elle fut placée sur une civière. Quand la douleur devenait trop forte, que ses forces l'abandonnaient, elle suppliait qu'on la laissât mourir en paix. Des soignants attentionnés recouvraient les lésions vilaines de Panacée du Yunnan, poudre miraculeuse de ginseng, de fleurs rouges des montagnes, d'herbes hémostatiques prodigieuses, dont le Mandarin-Versatile s'était approprié trois camions en un coup de main audacieux.

Ayant tant marché, tourné, retourné, franchi lacs et rivières avec armes et bagages, le corps d'armée principal des Brigands Justiciers parvint au rivage des Sables d'Or. À force de se nourrir du vent et de boire la rosée, ils étaient maigres, avaient le teint jaune et le corps décharné. Devant eux s'étendait le Sichuan. Petite-Bouteille ne se tenait plus de joie, car c'était là qu'avaient vécu ses ancêtres, là qu'il était né. L'eau lui venait à la bouche. « La cuisine sichuanaise est délicieuse », jubilait-il, reniflant en pensée le fameux canard fumé aux feuilles de thé et au bois de camphre, le porc cuit deux fois, le poulet impérial, le *huā jiāo*, le poivre citronné qui émoustille les papilles. Ses compagnons alléchés piquèrent bientôt du nez. « N'y a-t-il donc rien d'autre ici que du riz gluant fermenté ? » grommelaient-ils en ravalant leur salive. Il n'y avait pas plus de nourriture que dans le Yunnan, que dans le Guizhou, que dans le Guangxi, que partout où leurs jambes lourdes, leurs pieds écorchés les avaient menés. Le passage des armées n'est jamais bon pour les garde-manger. Les Redresseurs de Torts se contentaient de ce qu'ils trouvaient, respectant en tout lieu les Trois Règles de Discipline et les Huit Recommandations : remettre les portes en place, rendre la paille, creuser les latrines à bonne distance, payer sans renâcler, être poli et courtois même avec les gens qu'ils ne voyaient pas. Alors, dans les maisons vides, les huttes, les boutiques désertées, ils étendaient les doigts, se servaient et laissaient en compensation, avec un mot d'explication, la monnaie de cuivre, les billets en tissu, des yuans, des fens ou ce qu'ils avaient en trop. « Patron, comme nous avons mangé un demi-pot de vos légumes salés et quelques ciboules et usé votre bois, voici un demi-boisseau de soja en guise de paiement. — Signé : 1re Section de la compagnie des mitrailleuses de la 7e Division du 2e Corps de l'Armée Rouge. » Ainsi évitaient-ils les récriminations infondées et les anicroches superflues.

Beaucoup furent pris de tourments lorsqu'ils durent traverser le pays des Yi. Les Yi, disait-on, étaient des barbares. Ce qui se colportait chez les Han concernant ces êtres frustes de la montagne fraîche faisait se dresser les cheveux sur la tête, se hérisser les poils et couler des sueurs froides sous la veste de toile rêche. Ce n'étaient que récits de fourberies, de supplices cruels et sans merci. Les Yi en avaient autant au service des Han, héritiers de quinze dynasties. Les soldats aux semelles de paille entendaient à distance les cris véhéments des Yi, les voyaient gesticuler en nombre sur les sentiers et, quoique convaincus des Trois Règles et des Huit Recommandations, ils n'en menaient pas large. « Ces sauvages aiment la bagarre, entendait-on dans la colonne, ils chantent les exploits de Hxoyi Ddiggur, le chasseur. » Petit-Chien dit Rouge-Vertu, commandant en chef, répétait que l'Armée Rouge des Ouvriers et des Paysans désirait l'émancipation des nationalités petites et faibles, qu'étant hautement disciplinée elle respectait les coutumes du peuple yi, qu'elle payait comptant les denrées dont elle avait besoin, ne volait pas le plus petit bout de fil, la moindre nourriture, et que les Yi devaient en toute raison lui accorder leur confiance. C'est à peu près à ce moment qu'un détachement se fit prendre et dépouiller. On les retrouva entièrement nus. Nus mais vivants. Sans armes, sans bagages, sans vêtements. Nus comme des vers. Le Dragon-Borgne et Deuxième-Couteau, tous deux du Sichuan, ne tenaient pas à connaître pareil sort. Ils ne voulaient pas non plus enfreindre les principes de Petit-Chien, batailler contre les gens du lieu, des pauvres plus pauvres qu'eux, des misérables qui ne mangeaient ni singes ni chiens, ni serpents ni grenouilles, croyaient aux esprits de la forêt, aux génies malfaisants, imaginaient la terre en forme de pelle et le ciel en forme de chapeau. Le gros de la troupe s'engagea donc. Lorsque le chemin fut fermé, que les Yi affluèrent avec leurs pétoires antiques, leurs lances effilées, les Brigands Justiciers n'eurent que la ressource de dénicher un interprète afin de palabrer et de tomber d'accord.

Au bord d'un lac peut-être appelé Haizibian, le chef des Yi à la peau tannée sacrifia un poulet. Agenouillé, le Dragon-Borgne, général des soldats à semelles de paille, but le sang mêlé à l'eau et prononça ces paroles : « Devenons aujourd'hui frères par le sang. Que le Ciel me tue et que la Terre m'anéantisse si je viole mon serment. » Le chef des Yi avala le liquide à son tour et dit :

« Devenons aujourd'hui frères par le sang. Que je meure comme ce poulet si je trahis mon serment. » Après quoi ils étaient frères, le Dragon-Borgne et le prince des Yi, et ils burent jusqu'à plus soif tout le vin qu'ils purent se procurer. Les soldats à semelles de paille distribuaient des ustensiles et des étoffes aux femmes yi, bien qu'elles fussent, par tradition et savoir-faire, parées de chaudes couleurs, broderies, perles, et de bijoux d'argent. « *Ggat ddu* », « *zze ddu* », s'exclamaient-elles dans leur idiome, « vêtements ! », « nourriture ! » « *Hóngjūn kachacha !* » croyaient entendre les soldats, « merci à l'Armée Rouge ! », « *hóngjūn wawakou !* » « vive l'Armée Rouge ! » Rien de cela n'était sûr, sauf que la cohorte tout entière sortit sans tracas du pays des Yi.

Ils n'étaient pas cependant tirés d'affaire, les Redresseurs de Torts. Un fleuve rapide et encaissé leur coupait la voie du nord. Sept mois ils avaient divagué, à gauche, à droite, et aboutissaient en somme dans un cul-de-sac. Chiang Kai-shek ne lâchait pas prise, ses troupes étaient sur leurs talons. Au-dessus d'eux, les avions larguaient des bombes et des papiers imprimés. « Mao Zedong est un nouveau Shi Dakai », proclamaient les feuilles volantes virevoltant jusqu'au sol. Cela n'avait rien d'agréable, chacun le savait. Shi Dakai était mort voilà longtemps, sans doute, mais c'était en cet endroit précis qu'il s'était fait prendre, c'était ici exactement, en ce point au bord du fleuve turbulent, de la frontière liquide et rugissante, que trois quarts de siècle auparavant, s'était fait égruger le vaillant général de l'Armée Céleste des Taiping. Chiang Kai-shek aimait les solides références. Il tenait les Taiping en exécration depuis qu'il avait saigné les Rouges à Shanghai et à Canton. D'hier ou d'aujourd'hui, c'était pour lui du pareil au même, Taiping, Boxers, Turbans Rouges ou Turbans Jaunes, partageurs et compagnie. Or, ce Shi Dakai, ici pris et démembré, appartenait à cette sorte de pouilleux. Cela figurait dans les livres. Chiang Kai-shek voyait logiquement approcher sa victoire. Les Sables d'Or derrière eux, le fleuve encaissé devant, les communistes étaient coincés. « Même s'il leur poussait des ailes, ils ne pourraient guère nous échapper », se rengorgeait le Généralissime.

Au sein de l'armée des Brigands Justiciers s'élevaient à nouveau rumeurs malignes et contestations inopportunes. Liu Gros-Nez haussait le ton, entonnait sa propre partition. Tête-de-Fouine, le regard par en dessous, risquait de sombres pronostics : « Si les choses vont ainsi, nous sommes voués à l'échec. » Que Mao, suggérait-il, s'occupe plutôt de politique et laisse à l'Ours-Téméraire la conduite des affaires militaires. Mao fut fâché et se répandit en admonestations. « Tu n'es encore qu'un gamin, lança-t-il à Tête-de-Fouine. Tu ne comprends rien. » Tête-de-Fouine ne pipa mot. Depuis huit ans sans broncher il battait la campagne. Redoutant la fin sinistre de Shi Dakai et n'ayant pas d'ailes pour s'échapper, Mao, Petit-Chien dit Rouge-Vertu, le Mandarin-Versatile, l'Ours-Téméraire et Tête-de-Fouine cherchèrent en réunion une juste solution.

Petit-Chien cuisina un cochon, le foie et les tripes, à la mode de chez lui, et conta par le menu l'aventure fascinante et triste des Taiping. De quelle façon, par la suite, dix-sept braves s'emparèrent d'un bac et comment, en amont, vingt-deux autres franchirent sous le feu un pont de chaînes privé de tablier, il n'y a pas lieu de le narrer sans alourdir le récit et souffrir l'imperfection. Le bac tournait dans les remous, tandis qu'un as de la mitrailleuse lourde arrosait la rive opposée de son tir ajusté. Plus haut, les soldats à semelles de paille dotés de grenades, le sabre dans le dos, s'accrochaient aux maillons géants des treize chaînes du pont, tendues à quatorze mètres au-dessus de l'eau grise. Ils parvinrent à l'extrémité. Pour cet exploit, les intrépides furent décorés de l'Étoile d'Or et reçurent en cadeau un bol émaillé et deux baguettes. Quand le passage fut libre, que furent agencés entre les chaînes de fer des madriers de bois, le Dragon-Borgne frappa trois fois du pied aux fins d'en éprouver la solidité. Alors, en file ininterrompue, l'armée des Redresseurs de Torts glissa sur l'autre rive.

Quels périls mortels attendaient encore les Brigands Justiciers lorsqu'ils eurent franchi à grand-peine le pont de trente-deux toises construit dans la quarante-quatrième année du règne de l'empereur Kangxi, quatrième de la dynastie des Qing ? Certainement la suite du récit le révélera.

CHAPITRE XII

Face-de-Lune recourt au baume du tigre —
Les Brigands Justiciers défient le Génie de la Montagne.

Mais il est temps de prendre des nouvelles de Face-de-Lune, blessé à la cuisse et demeuré au point de départ tandis que s'amorçait l'infini périple du corps principal de l'Armée Rouge du Ier Front. Face-de-Lune, clopin-clopant, menait la guérilla dans les territoires investis par Chiang Kai-shek. Il n'avait plus charge de famille. Son épouse, alors qu'il était en mission et porté disparu, de désespoir se jeta dans un puits. Il se remit en ménage, mais sa nouvelle compagne fut attrapée par les sbires du Kuomintang qui lui coupèrent le cou ou lui éclatèrent le crâne. Si bien qu'à trente-trois ans, Face-de-Lune était deux fois veuf. Les troupes blanches, nerfs en pelote, pistaient les subversifs attardés, incendiaient les villages, les maisons, les paillotes, un, deux, trois, quatre, *yī*, *èr*, *sān*, *sì*… Les troupes blanches abattaient les hommes comme on fauche l'herbe, vendaient les femmes pour cinq dollars aux troupiers, aux officiers, aux propriétaires fonciers. Click-clack, click-clack, un, deux, trois, quatre… Flammes, étincelles, odeur de chair grillée. En une nuit le Troisième Corps de Sécurité eut à son actif plus de cinq cents tués. Les divisions blanches coupaient les oreilles, arrachaient les yeux. Les régiments Kuomintang, les Escadrons d'Extirpation du Communisme, les Comités de Purification Rurale, les milices *míntuán* se remuaient à la besogne. « On câble de Shanghai. — Revenu de Nanchang après un voyage de quarante jours, le maréchal Chiang Kai-shek a télégraphié ses félicitations aux troupes qui ont pris la ville de Ruijin, siège du gouvernement communiste de la province du Jiangxi. La campagne va s'intensifier… » Face-de-Lune ferraillait en arrière-garde. Nuit, jour, son détachement d'irréguliers se déplaçait constamment, montait et descendait les collines, arpentait les ravins et les pentes boisées.

La blessure de Face-de-Lune prenait vilain aspect. Il n'avait pour se soigner que l'onguent des Dix Mille Huiles d'Or, connu sous le nom de baume du tigre. Un camarade appliquait avec soin sur la jambe meurtrie la mixture onctueuse d'huile de camphre, de cajeput, de menthe, de clou de girofle, de cannelle, de gaulthérie odorante et de plantes plus secrètes. Il est notoire que le baume du tigre soigne la migraine, le rhume, la malaria, le torticolis, la syphilis, le mal de mer et les rages de dents. Selon toute apparence, il ne guérissait pas des balles du Kuomintang. Des poches de pus se formaient sous la croûte. « Cette fois le problème doit être réglé une fois pour toutes », s'énervait Face-de-Lune étendu sous un arbre. Deux gardes du corps pressaient le membre malade afin d'en évacuer la sanie. « Plus fort ! Plus fort ! » haletait Face-de-Lune en aspirant les bouffées d'une cigarette. « Vous êtes trop timides, petits diables ! Allez-y ! Appuyez plus fort ! » Le gaillard qui faisait office d'infirmier fouillait la plaie à l'aide de tiges de bambou taillées et sortit deux éclats d'os. Après quoi il lava la blessure à l'eau salée et inséra au plus profond un fragment d'étoffe imprégné de pommade. Petit à petit, Face-de-Lune se remit. Sans doute traîna-t-il encore la patte, mais il échappa à toutes les poursuites, à tous les dangers. Les combattants du peloton l'appelaient « Chef ». Leur existence était pénible. Ils sillonnaient la forêt humide, évitant les patrouilles, s'abreuvaient aux ruisseaux, dormaient sous des toiles recouvertes de papier huilé ou dans les abris précaires de chasseurs de champignons. Le soir, autour du feu, Face-de-Lune racontait à ses hommes des bois quelque épisode saillant du *Roman des Trois Royaumes*, de l'antique saga des Turbans Jaunes. Comme il avait fait ses classes en de lointaines contrées, vogué sur de grands bateaux, traversé l'Océan, le canal de Ferdinand à Suez, visité l'Europe, la France, Paris et Clermont-Ferrand, comme il avait trituré du caoutchouc à l'usine et lavé la vaisselle dans un restaurant, comme il avait tâté du cachot et des gendarmes à moustaches, Face-de-Lune possédait de quoi entretenir la conversation par des propos exotiques. Il ne lui déplaisait pas, pour l'édification de ses compagnons, d'ajouter par-ci, par-là une pincée de Lénine. Face-de-Lune était adroit de ses doigts et du cerveau. C'est pourquoi, à son tour, d'un trait sûr, il composa des poèmes.

Il est près de midi,
Nos ventres affamés bruissent de gargouillis ;
Dans nos sacs se peuvent compter les grains de riz,
Ne nous reste qu'un mélange d'herbes bouillies.

C'était peu appétissant. Face-de-Lune riait souvent, plaisantait beaucoup. Pourtant, il avait passé de drôles d'heures. Il lui arrivait, dans les moments morts de la montagne verte, de jouer aux échecs. Cela stimulait sa réflexion et n'était jamais inutile lorsqu'il s'agissait d'organiser des opérations à travers les bosses du Dos de Chameau ou autour du pic de la Couronne, de préparer d'habiles coups de main afin de subtiliser à l'ennemi argent et fusils. Déguisés en porchers les irréguliers attaquèrent la commune de Shanhe, et en vendeurs de cacahouètes, le bureau des Mines de Tungstène du Xihuashan. Le chef retournait ensuite à ses poèmes culinaires :

Nous sommes à court de riz,
Trois mois durant n'avons goûté de viande ;
L'été mangeons des baies, l'hiver des pousses de bambou ;
Nous explorons les pentes en quête de sangliers,
Et prenons des serpents dans la nuit obscure.

Sûr, pour les sangliers, Face-de-Lune usait de licence poétique. Une chasse tapageuse aurait par trop mis en péril la sécurité du détachement. Mais il cueillait des noix, attrapait les crapauds-buffles qui relevaient la soupe et récoltait les larves de frelons exquises en friture. « Venez, camarades, j'ai préparé à votre intention des plats du Sichuan », glapissait-il parfois, car il avait en commun avec Petite-Bouteille, le Dragon-Borgne, Deuxième-Couteau et Petit-Chien de saliver à la pensée du Sichuan où la cuisine est si délectable et surpasse en saveur la cantonaise et la pékinoise.

Loin de là, ayant passé le pont aux treize chaînes et évité le destin navrant des Taiping, l'armée principale des Redresseurs de Torts rejoignit le pied d'une montagne au sommet enneigé. Cette montagne était sacrée. La colonne abordait les contreforts du Tibet où paissent les yaks en paix. Il était arrivé, racontaient les bergers d'en bas au teint hâlé, vêtus de laine chaude, que des villageois d'autrefois pour sacrifier aux dieux aient gravi les pentes un Bouddha sur l'échine sans qu'on les revît jamais. « Pas possible vivre, là-haut : trop froid, rien à manger. » « Là-haut, ni parler ni rire, sinon Génie de la Montagne vous fait mourir. » La tradition certifiait qu'un démon colérique à trois jambes exigeait comme prix du passage la chair d'un enfant et deux jarres de bonne eau-de-vie. Négligeant les avis, les conseils, les augures, la cohorte des Brigands Justiciers entreprit l'ascension en file indienne. Dans leurs veines ne coulait pas du jus de rutabagas. En ces parages, selon les calculs des sages, se situait le paradis des Trois Purs, des Immortels, l'Éden de Pan Gu, Vénérable-Céleste-de-l'Origine-Première, le nirvâna de Laozi aux oreilles pendantes, le domaine enchanté du Singe au bâton d'or.

Le voyage prit deux jours, éprouvants pour les hommes, plus encore pour les femmes en nombre restreint. Ouverte à la beauté malgré l'asthénie ou à cause d'elle, l'épouse fidèle du Mandarin-Versatile crut voir défiler en quarante-huit heures deux fois les quatre saisons : « Au pied de la montagne, il faisait une chaleur estivale ; à mi-pente, nous nous crûmes en pleine floraison printanière. Plus haut, la vue des feuilles d'arbres jaunies nous évoqua la fin de l'automne et, au sommet de la montagne, il neigeait et le ciel était brumeux comme au cœur de l'hiver. Ces spectacles de la nature étaient vraiment merveilleux. » C'était là souvenirs enjolivés. Les marcheurs transis, rompus, avalaient l'eau chaude, les tisanes de gingembre que préparait l'intendance. Plus ils grimpaient, moins il était aisé de respirer, de poser un pied devant l'autre. « Camarades, raidissez les jarrets ! » Leurs oreilles bourdonnaient, des taches lumineuses se formaient devant leurs yeux. Leurs lèvres scellées viraient au bleu, leurs doigts engourdis ne pliaient plus. Les mieux lotis se couvraient de gilets en peau de chien ou de bique, en feuilles de palmier. Les chanceux avaient aux pieds des chaussures de toile, la plupart des sandales de paille, les cadres allaient à cheval. Le vent aigre transformait en glace les vestes mouillées. Vaillante-Pureté, l'épouse de Petit-Chien, costaude aux muscles durs, se sentit soudain molle, défaillante. L'air lui manquait pour vivifier son sang, son cerveau se vidait. Pantin agrippé des deux mains à la queue d'une mule, elle fixait du regard les oreilles de l'animal. Un pas, deux pas, un pas, deux pas. Le Président Mao, malade, fit le trajet sur un brancard. Le génie des cimes n'en vint pas à bout.

Après avoir surmonté l'épreuve des Sables d'Or, du pont aux treize chaînes et de la montagne neigeuse, l'Armée Rouge du Ier Front, l'Armée de Mao et de Petit-Chien, de l'Ours-Téméraire et du Dragon-Borgne, rencontra enfin du renfort.

Dans le canton de Maogong, peuplé de Tibétains adorateurs de Bouddha et de Qiang éleveurs de moutons, campait depuis quatre jours une force nombreuse venue de l'ouest, en bonne santé et bien achalandée, l'Armée Rouge du IVe Front que conduisait Zhang-le-Solitaire.

Les uns les autres s'ouvrirent les bras, ce ne furent que cris de joie et fiévreuses accolades. « Bienvenue à l'Armée Rouge du Ier Front ! », applaudissaient ceux du IVe Front, et réciproquement. Ils se distinguaient par le fait que les uns étaient étiques, les autres pas. Sur une tribune, Mao Zedong et Zhang-le-Solitaire échangèrent leurs congratulations. Le soir ils festoyèrent, ergotèrent à perte de vue sur un sujet important : comment en toutes circonstances accommoder le piment dont Mao Zedong s'avérait des plus friands.

Mao et Zhang-le-Solitaire se jaugeaient en vieux compères. Du temps que Mao faisait l'aide-bibliothécaire à Pékin, Zhang y était étudiant, fréquentait soirs et matins les cercles avancés du

Bibliothécaire-Chef et du Vieux-Professeur de l'Université, les bancs de la salle de lecture, les rayons, les étagères sur lesquelles il découvrit en anglais *L'Origine de la famille, de la propriété privée et de l'État.* Zhang-le-Solitaire avait été avec Mao des douze délégués pressés qui fondèrent un été le Parti Communiste Chinois dans l'école de filles de la rue Bourgeat sur la Concession française de Shanghai. C'est dire s'ils se cernaient bien à défaut de s'apprécier. Zhang-le-Solitaire s'était toujours trouvé un cran au-dessus de Mao ou un cran au-dessous, et vice versa. Ils se suivaient comme cela, de loin, de près, d'un bout à l'autre de la Chine. Leurs routes se croisaient, parfois oui, parfois non, mais sur bien des points, ils n'étaient pas d'accord.

Après le repas, ayant ri et mangé de concert, Petit-Chien raccompagna le Solitaire dans ses quartiers et s'invita à boire un gobelet et deux coupes. Petit-Chien dit Rouge-Vertu, frappé de soudaine mélancolie, s'épanchait et ne parvenait plus à contenir le débit de ses phases hachées. « Maintenant, on ne peut plus se battre, se lamentait-il. L'Armée Rouge du Ier Front était un géant, mais ses muscles ont fondu, il ne reste qu'un squelette. » Zhang lui prodiguait des paroles de réconfort. L'aube mit fin à leur échange. Le Solitaire n'avait pas vu Petit-Chien depuis huit ans. Zhang s'affairait à Nanchang en vue du soulèvement : Petit-Chien, le Dragon-Borgne, Tête-de-Fouine, le Mandarin-Versatile n'étaient pas pour lui des étrangers. Le seul avec qui il n'avait jamais frayé était l'Ours-Téméraire. Voyant son état et celui de son unité, Zhang lui fit porter, conformément aux rites de la courtoisie, du riz, de la viande séchée et trois cents dollars. « Le Président Zhang vous connaît très bien », annonça l'aide de camp primesautier. « Je ne l'ai jamais rencontré », rétorqua l'Ours-Téméraire, sourcils froncés. Il soupçonnait le Solitaire de vouloir le mettre dans sa poche à la vieille manière. « Un don de riz et de viande séchée pouvait m'être égal, mais trois cents dollars éveillent la suspicion. » Et il n'aimait pas que l'on donnât à un autre que Mao le titre de président. C'était en vérité une bien mauvaise entrée en matière.

Plusieurs jours durant, ils conférèrent, Zhang-le-Solitaire et l'état-major des Redresseurs de Torts. La dispute, entre eux, se faisait jour. Mao désirait piquer au nord, Zhang persévérer à l'ouest. Zhang ne manquait pas de prestige ni d'ascendant. Quoique intellectuel, il avait présidé aux destinées des Soviets d'Eyuwan et du Nord-Sichuan. Les paysans crédules qui n'entendaient rien aux mots *soviet* ou *communisme*, soit en tant que théorie de la parfaite égalité, *jūnchǎn zhīshuō*, soit en tant que principe du partage résolu, *gòngchǎn zhǔyì*, le tenaient simplement pour la réincarnation de Zhang-l'Égalitaire, l'homme des bois qui, dans la légende ou les mémoires, dispensait aux pauvres les denrées ravies aux riches. Il était à leurs yeux l'Envoyé du Ciel. Son Armée Rouge du IVe Front, hommes et femmes mêlés en paires, confisquait aux nantis le grain et l'opium, recrutait en foule les déhérités, si bien qu'elle était dense et forte, malgré sa légèreté en officiers instruits. Zhang-le-Solitaire gardait sur Mao un avantage : en chair et en os, il avait approché naguère le Russe Lénine, chauve à barbiche, lui avait serré la main, causé en anglais. « Je suis le seul membre du CC du PCC à avoir rencontré Lénine », aimait-il à rappeler en conséquence. Au Comité Central du Parti Communiste Chinois, il demeurait pour l'éternité unique dans son cas. Zhang pouvait invoquer ainsi une kyrielle de sommités qu'il avait une fois côtoyées, égrener leurs noms, compter avec ses doigts : Zinoviev le gros, Boukharine le petit, et Trotsky, mais cela aurait été retenu contre lui. Telle la queue du lapin, cette situation ne pouvait se prolonger. Il fut décidé de distribuer les armées réunies en deux corps égaux : la colonne de droite avec Mao Zedong, l'Ours-Téméraire, Tête-de-Fouine et le Mandarin-Versatile, la colonne de gauche avec Petit-Chien, le Dragon-Borgne et Zhang-le-Solitaire. Chacune pour suivre son étoile.

« Allons au nord battre les Japonais ! » s'échauffait Mao Zedong, plein de fougue. Ordre fut donné à la colonne de droite : des vivres, des toiles et des fagots. Du riz, il n'y fallait point trop songer. Les Tibétains se gavaient d'orge et étaient de surcroît peu enclins à le céder aux étrangers. À tout prendre, ils préféraient en faire offrande aux idoles grimaçantes de leurs temples, gros yeux, face rouge, cornes d'or. Les Tibétains, voyant approcher des intrus, camouflaient le grain, abandonnaient leurs maisons. L'armée des Redresseurs de Torts fouillait les lamaseries où s'amassaient les trésors. Chez les gens, ils déposaient en chinois des reconnaissances de dettes sur des plaquettes de bois. Dans les champs ouverts, ils chapardaient l'orge en herbe qu'ils faisaient griller au feu. Parfois, d'invisibles snippers abattaient un Rouge isolé. « Patelin de malheur ! Bouffer de l'orge, rien que de l'orge ! » De l'orge, un peu de petits pois, une bolée de gros haricots, d'énormes navets. Tout ce qu'ils purent grappiller, les Brigands Justiciers l'entassèrent sur les mules, l'enfilèrent dans leur sac, le boudin de tissu qu'ils s'attachaient en bandoulière. Au signal, la cohorte des soldats efflanqués et anxieux se mut en direction du septentrion. Après une trotte, ils pénétrèrent dans la prairie marécageuse striée de ruisseaux où ne s'aventurait nul animal. Une vieille femme enlevée aux siens, Tibétaine impotente mais savante, servait de guide forcé au peloton des éclaireurs. L'avant-garde déroulait une corde, la fixait au sol afin de baliser le chemin. La colonne suivait. Splitch, splatch. Un jour, deux jours, trois jours… cinq, six, sept… Aussi loin que portait le regard tanguaient des cypéracées en touffes. La steppe spongieuse paraissait ne jamais finir. Splatch, splitch. Les pieds s'enfonçaient dans une boue noire puante. On n'entendait d'autre bruit que le clapotis de l'eau croupie du marais herbeux vaste comme la mer. Sans borne, sans relief, sans horizon. Ceux qui s'écartaient d'un pas basculaient dans les profondeurs de la tourbe.

Plus la progression devenait pénible, lente, longue, plus la prudence dictait de contingenter la nourriture. Les trois bols d'orge journaliers se réduisirent à deux, puis diminuèrent encore. Passablement secouée par ses infortunes, la deuxième épouse et demie de Mao Zedong égara ses rations et dut, pour se sustenter, mander secours à la promise de Liu Gros-Nez. Le Mandarin-Versatile était au plus bas, terrassé par un abcès du foie. Les soignants appliquaient de la glace sur son ventre, le traînaient sur une civière. Sept jours, sept nuits. Petite-Deng, sa femme, suivait à cheval. Le premier jour, elle tomba, roula dans la vase méphitique. Le deuxième jour elle fut saisie de diarrhée et de fièvre. Au ras du sol, le matin, couraient des bancs de brume, des brouillards mauvais. De sombres nuages se formaient, surplombant la lande visqueuse, éclataient en orages de pluie froide et de grêle. Le vent hurlait. Pour tromper la fatigue, oublier la faim, les chefs proposaient aux hommes de puiser dans leur mémoire des notes gaies. Sur un air de son canton, un soldat inventait des paroles : « Une bouchée d'orge, une gorgée d'eau, jusqu'à la nuit... », le suivant improvisait à son tour : « Pousse de petit pois, pousse de petit pois, tu sens bon, tu es sucrée. » Des petits pois, de l'orge, des navets, il leur en restait de moins en moins. Il fallut recourir aux grands moyens. Tuer les chevaux. Les braves petits chevaux vaillants et les mules endurantes. Les mules et les chevaux digérés, les carcasses équarries, les vagabonds du bourbier se mirent en quête de plantes sauvages, de racines comestibles. Ils apprenaient à distinguer dans le marais celles qui se pouvaient ingurgiter. Un épineux peu accessible donnait des baies rouges. À consommer des herbes vénéneuses, d'aucuns moururent, d'autres vomirent leurs entrailles. Les racines se faisant rares, ils firent bouillir en sus le cuir, les harnais, les ceintures et jusqu'à la peau des tambours coupée en lamelles. « On dirait des holothuries », se consolaient les gourmets venus des rivages du Sud qui en raffolaient en potage. À ce bouillon d'herbes, de racines et de peau fut prêté le nom généreux de soupe aux Trois Friandises. La nuit la colonne s'arrêtait. Les Justiciers dormaient assis dos à dos, sous des refuges fragiles de branches et de toile. Le froid ankylosait leurs membres. L'humidité transperçait les pantalons et les vestes. Au matin, la cohorte reprenait sa marche.

Il arriva qu'en fond apparut une construction de pierres, ou deux, ou trois. Un temple lamaïque. Des demeures de bergers à trois étages, le premier pour les bêtes, le deuxième pour les hommes, le grenier pour Bouddha. La terre des herbes trouvait sa limite. Les plus épuisés des Justiciers des marais se laissèrent choir au sol, autour d'un feu de bouses de yaks. Petite-Bouteille s'alla baigner à la rivière.

Enfin, ils escaladèrent encore une montagne.

Et livrèrent plusieurs batailles.

Mirent en déroute la cavalerie des frères Ma, mahométans redoutés. « Ces troupes ne valent pas même du fromage de soja ! » s'exclamaient les Redresseurs de Torts.

Sur ce, ils firent cuire un mouton gras, accompagné de millet doré qu'ils goûtaient pour la première fois.

Assis à l'ombre d'un châtaigner, Mao exprima ses pensées : « Nous avons traversé dix provinces. Nous pénétrons dans la onzième. Ce sera ici chez nous. »

Parvenus au nord du Shaanxi dans un hameau de huit familles nommé Wuqi où ne coulaient ni lait ni miel, les Brigands Justiciers décrétèrent l'exode terminé, achevé le parcours inouï des vingt-cinq mille lis.

Rasséréné, en proie à l'euphorie, Mao Zedong tourna son pinceau.

Notre bannière flotte au gré du vent de l'ouest.
Aujourd'hui nous avons en main la corde,
Quand allons-nous ligoter le Dragon Gris ?

Puis il s'installa face aux siens et se mit à évoquer le dieu-créateur Pan Gu, celui qui d'un coup de hache formidable à l'origine des origines avait partagé l'univers en Yang et en Yin. Mao Zedong prit à témoin les Augustes d'avant toute dynastie. « Depuis que Pan Gu a divisé les cieux de la terre et qu'ont régné les Trois Souverains et les Cinq Empereurs, dit-il, l'Histoire a-t-elle été témoin d'une marche telle que la nôtre ? Dites-moi, l'Histoire a-t-elle connu une Longue Marche pareille à la nôtre ? Non, jamais. La Longue Marche est un manifeste. Elle a proclamé au monde que l'Armée Rouge est une armée de héros, tandis que les impérialistes et leurs chiens courants, Chiang Kai-shek et ses laquais sont des rien du tout… La Longue Marche est aussi un semoir. Dans onze provinces, elle a répandu des graines qui vont germer, donner des feuilles, des fleurs et des fruits, et vont produire la moisson du futur. » Ayant ainsi parlé, Mao Zedong se détendit. Après peu de temps, sa deuxième épouse et demie attendait un nouveau rejeton.

Mais pour suivre les aventures des retardataires, de Petit-Chien et du Dragon-Borgne en pays tibétain, du Pirate-Optimiste au lac des Lotus Rouges, vous devrez sans faute explorer l'épisode à venir.

CHAPITRE XIII

Petit-Chien, dit Rouge-Vertu, et le Pirate-Optimiste voient du pays — Dans des grottes jaunes, les Bandits Rouges se trouvent à nouveau réunis.

Tandis que Mao et sa colonne de droite, ayant franchi les steppes marécageuses, se dirigeaient vers le nord, le Dragon-Borgne et Petit-Chien, dit Rouge-Vertu, conduisaient la colonne de gauche vers les hautes altitudes des massifs d'occident. Ce n'était pas une sinécure. Les Tibétains leur menaient la vie dure, ne lâchaient pas leur grain. L'hiver approchait. La colonne de gauche gravissait les pentes enneigées, passait des cols gelés, enfilait des vallées bouddhiques piquées de chörtens, de drapeaux de prière. Souffle court, cœur cognant la poitrine, les soldats grignotaient du gingembre. Des lamas jaunes en robe pourpre les guettaient du coin de l'œil, prêts à leur tomber sur le râble. Parfois, de loin, sur la rive opposée d'un cours d'eau, les soldats rouges apercevaient un détachement tibétain flanqué de Britanniques aimant les papillons, les fleurs, les espèces rares, les moustaches taillées en brosse et les uniformes impeccables. On les disait à la recherche de Shangri-la, la cité perdue. Ce n'était pas certain.

Petit-Chien fixait ses observations, noircissait des carnets, copiait des vers.

En traversant le pont, l'amoureux faiblit.
En traversant le pont, la bien-aimée aussi.
Quand la rouille aura rongé le pont,
Alors l'amour s'évanouira.

Contraint par les circonstances, Petit-Chien dut faire le deuil de son cheval, sacrifié à la cuisine, mais il s'attacha, en consolation, un dogue au pelage épais qui montrait ses crocs puissants à quiconque ne portait pas la casquette ornée de l'étoile vermeille. Le froid pénétrait les corps. Les soldats rouges passaient des vêtements de laine brute ramassée dans les lamaseries, filaient, tissaient, cousaient, rembourraient. Ils furent bientôt vêtus de blanc, se mirent à manger du fromage, de la viande séchée de yak et quelques tubercules singuliers qu'ils mélangeaient à l'orge *qīngkē*. Les soldats rouges, qui n'étaient pas plus bêtes que des botanistes britanniques du MI6, répertorièrent vingt-deux sortes de légumes sauvages à accommoder de diverses manières. La typhoïde faisait des ravages, couchait sans force jusqu'aux plus robustes. Le Docteur Fu, près de Petit-Chien dit Rouge-Vertu, cherchait des herbes bénéfiques. Les mois passaient.

Un jour, se montra en ces parages la troupe du Pirate-Optimiste, errante comme les autres. Ce ne fut évidemment que joie et applaudissements. Depuis belle lurette, harcelé qu'il était par les régiments tenaces de Chiang Kai-shek, le Pirate-Optimiste s'était éloigné des rives du lac aux lotus rouges, riche en poissons, en crustacés, et il entama son pèlerinage vers l'ouest. Le Pirate baguenaudait de-ci, de-là, d'abord, se dirigeait au hasard, en quête d'un havre, quand il apprit, par la radio ou la rumeur, que d'autres Rouges rôdaient en bandes sur les contreforts du Tibet. Il s'y rendit. C'est ainsi que la colonne de gauche, de Petit-Chien, du Dragon-Borgne et de Zhang-le-Solitaire, accueillit avec moult chants, danses et agitations de tous ordres l'Armée Rouge du IIe Front, celle que le Pirate-Optimiste avait bâtie de son initiative en commençant par s'approprier quatre fusils et quatre revolvers.

Le Pirate-Optimiste avait charge de famille, maintenant. Il avait épousé une jeune fille, l'unique de son armée, une jeune fille éduquée qui connaissait les Cinq Classiques, les Quatre Livres, *Les Trois Principes du Peuple* et l'*ABC du communisme*. Quand il l'avait rencontrée, le Pirate ne savait tracer que trois caractères, les deux de son nom à lui, et le premier de son nom à elle. Il était mordu. Elle n'était pas très favorable à cette union, parce qu'il était de culture militaire et s'adonnait au jeu. « J'ai été un mauvais élève », soupirait-il. Elle l'initia à la lecture, lui inculqua des rudiments d'écriture. Après quoi naquit une fille qui reçut le prénom de « Victorieuse ». Le Pirate-Optimiste ne la laissa pas derrière lui, comme l'avait fait Mao avec ses rejetons. « Emmenons-la, décida-t-il. Si c'est une épreuve, eh bien ce sera une épreuve ! » Lorsqu'ils se mirent en marche, le nourrisson n'avait que vingt jours. Des avions surplombaient la cohorte, semant leurs bombes, crachant leur mitraille. La petite, ballottée, portée tour à tour par les uns, par les autres, pleurait, vagissait, poussait des hurlements. Les hommes, autour d'elle, étaient aux petits soins. « Tu es couverte de pisse et de merde, lui chuchotaient-ils à l'oreille d'une voix douce, tu n'as pas été changée depuis deux jours et tu pues. Dans vingt ans, quand tu seras coquette et jolie, on te le racontera pour t'amuser. » Ils voyaient loin. Leurs yeux s'embuaient en contemplant l'enfant. Sa vie commençait rudement. Dans la montagne abrupte des ciboules et des azalées, une fièvre maligne lui effleura le front, des ombres létales passaient sur elle. Le Pirate-Optimiste la tint serrée entre ses bras et lui causa en ces termes : « Bien que tu sois une fille, je t'aime tout de même. Tu ne vas pas mourir... Je vais avoir quarante ans et je n'ai que toi, une fille. Quoique tu ne sois pas un fils, je t'aime quand même. S'il n'y a pas de poisson dans la rivière, les crevettes deviennent précieuses. Si tu meurs, je n'aurai pas même une crevette. » Ainsi s'exprimait le Pirate, chagriné jusqu'au tréfonds. La tradition du lieu soutenait qu'un cataplasme de terre chaude et de blanc d'œuf posé sur le ventre dissiperait la fièvre. La drôline survécut. Le Pirate la collait à sa poitrine, la portait contre lui sur les sentiers escarpés, poursuivant sa transhumance.

S'étant regroupés sur les hauts plateaux, dans les lamaseries rustiques des vallées bouddhiques battues par le vent, les Redresseurs de Torts que conduisait le Pirate-Optimiste et ceux qui suivaient Zhang-le-Solitaire, Petit-Chien et le Dragon-Borgne, jugèrent le pays tibétain peu hospitalier, le thé au beurre rance de yak moyennement à leur goût, les moulins à prières contraires à leur foi et les snippers franchement exécrables. Ils décidèrent de quitter l'endroit par la route la plus courte, afin de monter à leur tour vers le nord combattre les Japonais. Ayant coalisé leurs forces en une, ils les divisèrent en deux de nouveau par commodité, appelant l'une colonne de l'ouest et l'autre colonne de l'est. Zhang-le-Solitaire et Petit-Chien partirent donc de leur côté, le Pirate-Optimiste et le Dragon-Borgne prirent l'autre voie.

Sur ces entrefaites, le Dragon-Borgne s'accrocha femme. Une fille de paysans qui aimait le poisson salé et tournait autour de ses dix-neuf ans. Elle appartenait antérieurement à l'armée de Zhang-le-Solitaire et découvrit le Dragon-Borgne au hasard d'un bivouac, ses grosses lunettes sur le nez. « J'étais surprise de le trouver si quelconque, s'étonnait la fille qui aimait le poisson salé. Mais derrière sa banalité, il y avait la fermeté du stratège militaire. » Un camarade de haut rang fit l'entremetteur. « Je suis jeune et simple, se rengorgea-t-elle, et je ne crois pas pouvoir lui apporter joie et bonheur. » Le Dragon, chef d'état-major des Bandits Rouges et frère de sang des Lolos Noirs du pays des Yi, n'était pas de cet avis. La jeunesse lui convenait. Il frôlait les quarante-trois ans. Malgré son œil en moins, chacun s'accordait à l'estimer bienveillant. C'est comme cela qu'ils se mirent ensemble et, avec toute la troupe, marchèrent vers le septentrion.

Mao Zedong n'était qu'à moitié heureux de voir ses compagnons égarés au Tibet se porter à sa rescousse dans le but de combattre les Japonais. En premier lieu parce que des Japonais, il n'en avait jusqu'ici, et pour ainsi dire, point croisé. Ensuite, parce qu'il rechignait à coudoyer Zhang-le-Solitaire, avec qui il était fâché, le Dragon-Borgne, criticailleur à l'excès, et même Petit-Chien, dit Rouge-Vertu, dont il questionnait la loyauté. Quant au Pirate-Optimiste, s'il en avait entendu parler, il ne le connaissait pas, étant donné qu'au bord du lac des lotus écarlates celui-ci avait fait bande à part. Mao n'oubliait rien des moments où, Bouddha puant, il était tombé dans la fosse aux excréments, abandonné de tous sauf du Docteur Fu qui lui administrait quinine et jus de plantes. Il ne voulait pas que cela recommence. Depuis qu'il sentait de nouveau bon, qu'on le couvrait de fleurs, il entendait préserver envers et contre tout son excellente odeur.

Au-delà des steppes marécageuses, entouré de ses fidèles, de l'Ours-Téméraire, de Tête-de-Fouine, du Mandarin-Versatile, Mao Zedong s'était choisi un coin, taillé un repaire dans la roche.

Ils avaient dû, pour l'atteindre, batailler encore.

L'Ours-Téméraire rompit à plates coutures la fameuse cavalerie mahométane du clan des Ma : Ma Hongkui, Ma Hongbin, Ma Bufang, qui jurèrent sur leur livre saint de se venger. C'était un pays curieux que le Nord, au-delà des steppes. On n'y mangeait pas de porc.

Mao rendit grâce à l'Ours-Téméraire en quelques traits de pinceau, des vers courts du genre *shi* en usage chez les Han à l'époque des Tang :

Hautes montagnes, passes périlleuses, ravins profonds,
La cavalerie ennemie galope à son gré en large, en long ;
Qui ose l'arrêter, chevauchant sa monture, levant son arme de guerre ?
Nul autre que notre Ours-Téméraire.

L'Ours, d'ordinaire timide autant qu'intrépide en bagarre, retourna le poème après avoir d'un coup de patte troqué les ultimes caractères. « *Nulle autre que notre héroïque Armée Rouge* », corrigeait-il, le cœur allègre et l'esprit pur. Ainsi était l'Ours-Téméraire.

Les Brigands Justiciers, s'étant à grands coups de sabres, de lances, de piques, au feu nourri des mausers, des mitrailleuses légères, frayé la voie, se fixèrent en cette contrée qui sur les cartes s'appelait le Shaanxi septentrional et ils y prirent leurs aises.

Or, plus à l'est, des intrus dévoraient le pays sans qu'il y soit porté arrêt. Les Japonais s'étalaient en deçà de la Grande Muraille, progressant le long de la ligne de chemin de fer Pékin-Moukden. Les Japonais appréciaient les chemins de fer, ils y trouvaient toujours quelques menues choses à faire. Les rails, les locomotives, les trains blindés, les transports de troupes, tout cela flattait leur sens méticuleux de l'organisation, leur amour pointilleux du progrès. Le Mandchoukouo ne leur suffisait plus. La politesse, mère des vertus, les convainquit d'annoncer par avance qu'au cas où, après la Mandchourie, d'autres régions chinoises du Nord proclameraient leur sécession, le Japon leur tendrait une main secourable. Alors, les généraux chamarrés de cinq provinces convinrent qu'il était injuste d'envoyer à la Banque de Chine à Shanghai les liquidités monétaires dont chacun disposait dans son fief, et tous furent pris d'un furieux besoin d'indépendance. Les Japonais cantonnèrent à Tianjin quinze mille fantassins équipés, occupèrent la gare de Pékin et la ligne d'Hankou qu'avaient négociée au prix de cent quatre-vingt-huit millions de francs-or Schneider & Cie, la Société des Batignolles et l'excellent Paul Claudel. Le pays était mis en coupe réglée. « Le peuple devra faire preuve de patience en ce qui concerne le règlement des problèmes secondaires soulevés par la tension actuelle dans le nord de la Chine », semonça Chiang Kai-shek, prudent, selon l'accoutumée. Les étudiants des villes, les petites gens des champs n'approuvaient pas. Les étudiants, têtes folles, manifestaient bruyamment, à Pékin, à Shanghai, à Nankin. « À bas l'impérialisme ! » « À bas les diables japonais ! » s'époumonaient-ils en mandarin. Ces brailleries heurtaient les Nippons, les généraux passementés et Chiang Kai-shek. La troupe fit taire les trublions, click-clack, *click and clack, front'n' back.* Ils étaient morts.

Se découvraient quelques étrangers, agents stipendiés, clamant haut et fort que le Japon n'avait pas tort. « Il a été tué en Chine, durant ces dix dernières années, plus de monde qu'au cours de la Grande Guerre », soutenait navré un natif de New York City, bourlingueur à Cuba et aux Philippines. Sa qualité d'ancien militaire et d'éditeur de la *Far Eastern Review* de Shanghai l'autorisait à conclure qui si le Japon n'agissait pas de cette manière « une autre vaste région aurait été dominée par les communistes ». L'histoire, à son sens, et la géographie, plaidaient sa cause : « Quand le Japon pénétra en Corée en 1906, il lui donna un bon gouvernement, des lois, l'ordre, une monnaie stable. » Que pouvait-on espérer de mieux ? Un commandeur de l'Ordre de l'Empire Britannique, chevalier de l'Ordre de Léopold II, directeur du *Peking and Tientsin Times*, associé au *Shanghai Evening Post and Mercury* et habitué du Moukden Club, tennis, golf, bowling et badminton, ne pensait pas autrement, pas plus que le correspondant attitré de l'hebdomadaire *L'Illustration* imprimé à Bobigny, admirateur ébaubi de l'empereur Puyi et du général Araki.

Abrité dans sa grotte du Septentrion, Mao Zedong, en philosophe et en stratège, présumait le moment venu de faire à nouveau parler de lui. Le passé revenait devant ses yeux, les années écoulées, les kilomètres ardus parcourus l'ennemi aux trousses, parapluie percé sous le bras et dans sa sacoche à plusieurs poches les récits des Cent Huit Brigands Justiciers, des Trois Royaumes Batailleurs, du Singe d'Or au bâton fabuleux. Un cycle était achevé, un cycle commençait. « Selon nous, dit-il, mobilisant alors les ressources de son éducation, ces dix ans de guerre ne représentent que l'*introduction*, l'*exposition du thème* et les *thèses générales de la dissertation*, dans le plan classique des dissertations en huit parties, et bien des chapitres passionnants suivront encore. » Aux Redresseurs de Torts, à l'Armée Rouge des Ouvriers et des Paysans, il conféra le titre neuf d'Avant-Garde Anti-Japonaise du Peuple Chinois, s'attribuant le rôle de commissaire et celui de commandant à l'Ours-Téméraire. Au faîte de l'exaltation, Mao se laissa emporter par son érudition. « Tous ceux qui sont nés sur ce morceau de terre, et descendent de l'empereur Yan et de l'Empereur Jaune, se dresseront et s'uniront pour l'amour de la Patrie… Invoquons le Ciel pour défendre la terre de Yu. » Les bouseux grêles, les va-nu-pieds écorchés susceptibles de répondre à son appel étaient peu au fait des mythologies anciennes, de l'Empereur Jaune, de l'empereur Yan et de l'empereur Yu.

De l'Empereur Jaune, les anciens prétendaient qu'au temps reculé où il vécut peut-être, il escaladait sans fatigue les montagnes, apprivoisait les tigres et faisait partout croître le grain. De l'empereur Yan, qu'il commandait au feu et identifiait les herbes vénéneuses. De l'empereur Yu, qu'il domptait les eaux. Il est dit aussi, par un sage de ces siècles d'avant, que Connaissance s'engagea sur le Fleuve Obscur en quête de la Voie et que l'Empereur Jaune la conseilla de ces mots : « Ne pense pas, ne réfléchis pas, alors seulement tu connaîtras la Voie. » Mais cela, il ne faut pas le croire davantage que les contes de Li Rui le bonisseur.

Mao Zedong ne se satisfaisait pas d'en appeler aux ancêtres du fleuve Jaune et du fleuve Bleu, aux maîtres du tonnerre et de la pluie, des éléments et des vertus. Mao était pratique autant que romantique, sinon plus. Il sollicita les membres d'antiques sociétés secrètes, jadis traqués mais puissants, ceux de la *Gēlǎohuì*, la Société des Frères Aînés. « Frères ! les interpellait-il d'entrée, dans le passé, vous réclamiez la restauration des Han et l'extermination des Mandchous, aujourd'hui nous appuyons la résistance au Japon pour sauver le pays. Vous revendiquiez : "*Frapper les riches, secourir les pauvres*." Nous défendons : "*Frapper les despotes locaux, partager les terres*." Vous méprisez la richesse, prônez la justice, exaltez les héros et les braves gens du monde. Nos vues et positions ne sont donc pas très différentes. » Mao Zedong travaillait les lois subtiles de la contradiction. À ses lieutenants, à l'Ours-Téméraire, à Tête-de-Fouine, à Deuxième-Couteau et leurs égaux, il prescrivait de ménager les officiers ennemis pris dans leurs rets, de ne pas les fendre en deux, ainsi que le voulait la coutume parmi les armées vagabondes après d'âpres engagements, mais de les traiter bien, de ne les culbuter, bousculer ou ridiculiser, de ne leur distraire ni chapeau, ni manteau, ni autres effets ou insignes de leur rang, mais de les renvoyer sains et saufs, entiers et en bonne santé dans leurs foyers afin qu'ils en propagent partout la nouvelle.

Ainsi courait sur les rives du fleuve Jaune, le long de la Grande Muraille, à Lanzhou sur la route de la Soie, à Xi'an, chez le Jeune-Maréchal dont il faudra parler sans tarder, à Tianjin, à Qingdao, à Pékin et sur les voies du Sud-Mandchourien, le bruit qu'en Chine du Nord, par là, des Brigands Justiciers, repliés dans des grottes après un immense périple et force détours, brandissaient le poing au nez des Japonais.

C'est à ce moment précis qu'entra en scène l'Américain du Missouri, *l'Américain-Venu-en-Premier*. L'homme jeune qu'il était, correspondant aléatoire du *New York Sun* à Pékin, du *Saturday Evening Post*, mais peu porté sur le highball, le Cool Colonel ou le California Lemonade des clubs d'étrangers, se dit qu'il serait bon d'aller fureter dans les Territoires Interdits et d'en rapporter de l'inédit. En déduire que, jusqu'alors, il s'était amolli dans la futilité serait abusif. Il avait arpenté la Mandchourie, tiré le portrait en pied du Jeune-Maréchal et survolé le fleuve Bleu en avion amphibie Keystone-Loening. Trop peu, considérait-il, pour un type de sa trempe. L'Américain, qui n'était décoré de rien, fréquentait des étudiants le soir, les photographiait le jour quand ils pétitionnaient sous la neige dans le quartier de Tianqiao où se produisaient habituellement des lutteurs et des acrobates. Il rencontra les bonnes personnes, leur prêta sa machine à écrire, et reçut en retour des mots de passe et un itinéraire qu'il suivit jusqu'au point exact où il fut interpellé dans sa langue : « *Hello ! Are you looking for somebody ?* » Il avait devant lui, hirsute, le Mandarin-Versatile, et eut bientôt en personne le Président Mao.

Mao s'assit donc, docile, et du crépuscule à l'aube lui conta sa vie. Sa seconde épouse et demie, mal guérie, tendait l'oreille, se tenait coite afin de n'en point perdre une miette. Elle leur préparait de la compote de pêches sauvages. Posé sur un coffre ou étalé sur son *kàng*, calant entre ses doigts une cigarette Chienmen de bon goût, Mao déroulait en son dialecte le fil sans fin de son existence agitée. « Ma mère était bonne, généreuse et compréhensive… Elle avait pitié des pauvres… Mon père était d'un tempérament emporté et me battait souvent, ainsi que mes frères. Il ne nous baillait point d'argent et ne nous offrait que chiche chère. C'était un tyran sévère… Il détestait me voir désœuvré. Dès que j'eus appris quelques caractères, il exigea que je tienne ses livres de comptes, que j'apprenne à me servir du boulier… » Click-clack, click-clak… L'Américain griffonnait en anglais sur son calepin, aussi vite qu'il pouvait, les mots hachés de l'interprète. Mao Zedong faisait défiler les années, les lieux, les gens, les situations. Shaoshan, Xiangtan, Changsha, le Hunan… La maison et les champs, la classe, les livres, les escapades, les aventures, les avanies… « Il y avait eu une grande famine, cette année-là… Mes maîtres m'aimaient bien, surtout ceux qui enseignaient les Classiques, parce que je composais de bonnes dissertations dans le style classique… Le problème, avec ma nouvelle école, c'est que l'essentiel des cours étaient jabotés en anglais et que, comme la plupart des autres élèves, j'ânonnais bien peu d'anglais, à peine plus que l'alphabet, en fait. » Son récit se déployait dans le soir, la nuit du Nord, l'été. Mao croisait, décroisait les jambes, nouait, dénouait l'intrigue, allumait ses cigarettes, croquait des piments. « *Aya !* Lors de ma dernière année d'école, ma mère mourut, et plus que jamais, je perdis intérêt de retourner à la maison… J'accompagnai à Pékin quelques Hunanais qui se proposaient d'apprendre selon le système mi-études, mi-travail, grâce auquel les Français recrutèrent de jeunes Chinois pendant la Grande Guerre… Au début de 1919, je me rendis à Shanghai avec les étudiants en partance pour la France… Je fis étape à Qufu dans l'intention de visiter le tombeau de Confucius. Je vis le ruisseau où le Maître et ses disciples baignaient leurs pieds, et le village du Sage enfant. On prétend qu'il planta un arbre fameux là où s'élève le temple dédié à sa mémoire. Ça, je l'ai vu. Je m'arrêtai aussi au bord de la rivière où avait vécu Yan Hui, un des illustres adeptes de Confucius, et je vis le lieu de naissance de Mencius. Au cours de ce voyage, je fis également l'ascension du Taishan, le mont sacré du Shandong… » En devisant, Mao, d'un geste de la main, attrapait un papillon nocturne, le collait entre les pages d'un livre. Le Président ne faisait pas de façons. S'il avait chaud, il ôtait son pantalon devant l'Américain et devant Tête-de-Fouine, son proche compagnon. Le Président conservait les manières fraîches de sa jeunesse, de Shaoshan, du Hunan, de sa courte période d'enseignement à l'Université Autonome d'Apprentissage ouverte à l'innovation. Les camarades de ce temps, prudes exagérément, jugeaient incongru de le voir parfois professer ses idées une simple serviette autour des hanches. « Mais qu'est-ce que ça peut foutre ! » jurait Mao, insensible aux prunelles effarées, aux bouches en cul de poule d'interlocuteurs vieux jeu. « Faire tant de foin pour si peu. Il n'y aurait rien de scandaleux à ce que je me foute intégralement à poil. Estimez-vous donc déjà heureux que je porte une serviette ! » Apprendre librement et étudier ensemble, tels étaient depuis toujours les idéaux chéris du Président Mao, soulignait avec tact Li Rui le complimenteur.

Le tableau de Mao sans pantalon grattant ses puces et ses morpions n'offusquait pas l'Américain. Au contraire. Dans le Missouri, peut-être, à Kansas City, cela ne se pratiquait-il guère en société. Mais rien ne le prouve assurément. On dit que c'était un Français, un nommé Chouteau établi dans la fourrure, qui fonda un poste sur la route de l'Ouest, là-bas, au bord de l'onde, et les Français ne sont pas réputés côté propreté. L'Américain-Venu-en-Premier avait donc bonne opinion de Mao Zedong. « Ses habitudes de nonchalance allaient de pair avec sa complète indifférence à l'apparence personnelle... Il me parut sincère, honnête et véridique... Il m'administra sa propagande politique en doses modérées, nullement comparables à celles que j'avais reçues du camp d'en face. » Les gens du Kuomintang, en effet, les affidés de Chiang Kai-shek, ou les tenants des Japonais, ne voyaient pas malice à exposer crûment leurs vues. Elles semblaient raisonnables à tout un chacun. La dissection des communistes, sommaire ou scientifique, donnait rarement matière à émotion parmi les coloniaux sédentaires qui sillonnaient les concessions en Buick, en Studebaker, en Morris Cowley ou en Talbot, pas plus qu'elle ne suscitait de frisson horrifié chez les voyageurs éphémères descendus au Grand Hôtel de Pékin, trois ascenseurs et deux cents chambres — chacune pourvue de salle de bains, chauffage central, téléphone —, cuisine française avec un chef français, et bal après dîner tous les soirs. Il y avait à cela une bonne raison : les communistes nuisaient au commerce et le commerce était la substance des coloniaux incrustés et des voyageurs sporadiques. « Fabrique d'instruments de chirurgie (Nogent-en-Bassigny, Haute-Marne) désire entrer en relations d'affaires avec maison de Chine» ; «Maison de Bordeaux demande noms d'importateurs pouvant se charger de la distribution de ses cognacs à Shanghai» ; «Société de Roquefort (Aveyron) souhaiterait trouver en Chine un débouché pour la vente de fromages de Roquefort vrais» ; «Tannerie de Romans (Drôme) désirerait entrer en relations d'affaires avec maisons de Chine susceptibles de s'intéresser au cuir de chèvre naturel pour doublures» ; «Maison de Charenton demande plumes de canards de Chine» ; «Fabrique de fer-blanc (Plaine Saint-Denis) recherche débouchés en Chine»... Bistouris, cognac ou fer-blanc, eau de Cologne et canons Oerlikon, la Chine était assez profonde pour tout absorber. Mme Solomos, boulangerie et pâtisserie française rue Hatamen, dragées, fruits confits, marrons glacés, téléphone numéro 437 à Pékin, pas plus que M. Tchakalian, épicerie, pâtisserie et boulangerie, vins fins et liqueurs, au 607-A, avenue Joffre à Shanghai, ne tenait à perdre ses clients.

L'agence Reuters annonçait sur le câble qu'à Yan'an, au Shaanxi du Nord, les missionnaires décampaient sous escorte militaire. Si bien que l'Américain du Missouri se retrouvait seul Long-Nez en cette contrée, objet de tous les regards et de toutes les attentions. Sa tenue était négligée, il ne se rasait plus et portait sur le crâne la casquette étoilée. Les gens du cru lui infligèrent le surnom de Barberousse, *Hóng Húzi*, qui désigne parfois les bandits, ce dont il paraissait flatté. Il vaquait où bon lui semblait, où le menaient ses pas, les yeux écarquillés, son stylo à la main. «Je ne vis pas un mendiant pendant tout mon voyage», relevait-il. Il n'aperçut pas non plus de femmes aux pieds bandés, de fumeries d'opium, ni d'enfants molestés. Il ne remarquait que les petits orphelins qui lui couraient derrière, les gamins abandonnés ralliés à la révolution, et les laboureurs édentés et accueillants : «Nous ne pouvons pas laisser un diable étranger expliquer aux gens du monde extérieur que nous autres, Rouges, ignorons les convenances», disaient les villageois en l'invitant à leur table pour manger du poulet. Les paysans curieux voulaient savoir si, là d'où il venait, il y avait des poulets, s'il y avait du maïs, s'il y avait du millet, s'il y avait des pauvres et s'il y avait des riches. Il y avait tout ça, dans le Missouri, à Kansas

City. Ce qu'il n'y avait pas, c'était une Armée Rouge et cela ne laissait pas d'éberluer ses auditeurs. Comment était-ce possible ? Au lieu d'évoquer les cavalcades pétaradantes de John Brown à Vernon County, du *capitaine Brown le Redresseur de Torts qui ne savait pas plus de grammaire qu'un taurillon*, l'Américain leur chantait à tue-tête *L'Homme sur le trapèze volant*, un air de banquet : « *Oh, he floats through the air with the greatest of ease / This daring young man on the flying trapeze...* » Sa prestation n'égalait pas celle de Clark Gable dans *It Happened One Night* qui rafla les Oscars à Hollywood. Les paysans pantois, les soldats dubitatifs, lui préféraient leur théâtre rouge du samedi, au bord de la rivière, celui où les filles sautillaient parées de foulards de soie vifs, où la chorale des petits diables sérieux poussait haut *L'Internationale*, et où jeunes et vieux criaient en chœur à la fin : « À bas les Japonais, assassins du peuple chinois ! »

Pendant ce temps, aux lisières du Tibet, Zhang-le-Solitaire et Petit-Chien, le Pirate-Optimiste et le Dragon-Borgne cherchaient leur voie vers le nord. Enroulé dans une cape en veau, protégé de la froidure, du souffle aigre du vent, Petit-Chien dit Rouge-Vertu prodigua ses conseils et délivra ses ordres : « Après avoir tué un mouton, il faut nettoyer la peau à l'eau bouillante, et celle du yak doit être passée au feu. Les tripes et les viscères doivent être mangés. » Ils n'étaient pas sortis de l'auberge. Les démunis, les compagnons hâlés du Pirate-Optimiste arrivés sur le tard, reçurent des chaussettes de laine tricotées furtivement dans les lamaseries et des chandails épais. Puis ils se mirent en route comme annoncé, les uns par l'est, les autres par l'ouest, des chants à la bouche. « C'est bon, c'est bien bon, la peau de yak ! Yue-ai ! » Chacun de leur côté, ils subirent des déboires trop longs à raconter.

Zhang-le-Solitaire choisit la mauvaise voie. Ses soldats, à un moment, s'engagèrent dans l'étroit couloir entre le désert de Gobi et le fleuve Jaune, sur la route de la Soie, des caravanes, des chameaux à poils longs, au pas lent. Les cavaliers du clan des Ma, à leur vue, gloussèrent de plaisir, leur contentement ne connut aucune borne. Foulant leur territoire, piétinant leur herbe et profanant leurs rivières, s'avançait au-devant d'eux, en première ligne, le Détachement Féminin Rouge. Les cavaliers levaient leurs sabres courbes et poussaient des exclamations féroces, leurs forces soudain décuplées. « À la charge ! hurlaient-ils. Une femme pour chaque guerrier ! » Et les ayant capturées, ils se les partagèrent comme ils avaient dit. Ils les battirent d'abord, de fouets et de gourdins, et les enfermèrent dans l'obscurité car c'étaient des femmes impures, égales aux autres Rouges mécréants et mauvais, mais pires encore car elles n'acceptaient pas de maître. Or, au nombre des Ma, généraux pacificateurs, il en était un, obèse et chauve, embelli de l'Épi d'Or de première classe avec Grand Cordon, qui avait consigné des exhortations : « Gardez les bonnes mœurs familiales / Respectez les rites et les lois / Obéissez aux lois de la religion. » Après avoir été bâtonnées comme il convenait, lacérées au sang et cravachées de plus belle, les femmes de l'Armée Rouge, celles qui n'étaient pas mortes, furent présentées en rang à Ma Buqing, frère de Ma Bufang, et à l'élite de ses cavaliers. « Peut-être pensez-vous que vous êtes des soldats, les apostropha le chef dans sa langue rude, mais vous n'êtes que des femmes, et les femmes sont faites pour être des épouses. Vous êtes encore jeunes et nous ne vous voulons aucun mal, mais nous voulons que toutes vous accomplissiez votre destin de femmes. Vous commencez demain. » Puis, haussant d'un ton, il ajouta : « Toutes les prisonnières seront concubines de mes officiers. Qui ne se soumettra pas sera expédié au Paradis. » Ainsi périt le Détachement Féminin Rouge, et avec lui beaucoup des hommes qui avaient emprunté la voie de l'ouest. Zhang-le-Solitaire en fut grandement mortifié.

Ce n'est qu'aux jours ombrés de l'automne que le Solitaire et Petit-Chien, le Dragon-Borgne et le Pirate-Optimiste approchèrent, avec leurs cohortes amoindries, le nord du Shaanxi. L'Ours-Téméraire les vit en premier, puis le Mandarin-Versatile, et ensuite Tête-de-Fouine. Des larmes perlaient de leurs yeux, et de leurs lèvres volaient des mots d'allégresse. Au bout du chemin, maigre, élancé, mal fagoté dans sa veste bleue à quatre poches et cinq boutons, les mains posées sur le bas du dos, coudes écartés, les attendait

Mao Zedong. Sa silhouette et son style leur étaient à tous familiers, sauf au Pirate-Optimiste, enjoué et candide, qui suivait son idée : « Bien que je n'aie jamais rencontré le camarade Mao Zedong, je suis convaincu, à la lumière de mon expérience personnelle et de la lecture de certains de ses écrits, qu'il est un dirigeant compétent. » Mao bichait de se l'entendre dire. À chacun des nouveaux arrivants, fut attribuée une grotte où se loger et un bout de jardin à cultiver. Les machines à coudre japonaises et les Singer piquaient à bon rythme des uniformes neufs, des casquettes, des étoiles. Depuis qu'ils vivaient là, au repos dans cette montagne de fées, l'Ours-Téméraire, Deuxième-Couteau, Petite-Bouteille, et Li l'Allemand, le conseiller Otto, avaient contracté certaines habitudes. Ils s'entraînaient au ping-pong, échangeaient des amabilités, croquaient des prunes ou mâchouillaient des tranches de melon. Li l'Allemand avalait des saucisses, jouait au poker, et il était satisfait d'avoir trouvé en l'Américain de Kansas City un partenaire à sa mesure. Petit-Trésor, la deuxième épouse et demie de Mao, accoucha bientôt d'une fille qui fut appelée Jiaojiao. C'était, depuis qu'elle s'était accolée à Mao, son cinquième enfant, le seul qu'elle put garder, les autres avaient été semés le long de la route. Assis sur un banc rugueux, Petit-Chien et Mao Zedong épluchèrent leurs misères, discutèrent sous des angles variés des malheurs de la guerre, de ses chances aussi, du Japon, des hobereaux mauvais, de faits divers qu'ils examinaient en long et en travers. Mao était d'avis qu'il fallait voir le tout autant que les parties et narra sommairement l'histoire de la grenouille qui regardait le ciel depuis le fond d'un puits. Sur la table, devant eux, trônait une boîte cylindrique *S and W mellow'd Coffee — San Francisco*. Les choses allaient mieux. Dans leur Repaire, les Bandits Rouges, les Brigands Justiciers, les Redresseurs de Torts, transformés par la pratique, se trouvaient à nouveau assemblés. De grands événements se préparaient.

S'il vous importe de savoir de quoi il retourne, sautez sans attendre au chapitre suivant. Vous apprendrez en outre ce qu'il advint de la progéniture de Mao.

CHAPITRE XIV

Deux maréchaux se font des niches ; les Bandits Rouges en tirent profit — Les Nippons embrouillent la situation et offrent à Mao l'occasion d'un bon mot.

À Xi'an, ancienne capitale des vieilles dynasties, des Qin, des Han, des Tang, résidait celui que tous appelaient le Jeune-Maréchal. Les âmes de ses ancêtres hantaient les provinces orientales mises en coupe par les Japonais. Le Jeune-Maréchal était le fils favori du Tigre-de-Mandchourie qui avait étranglé les communistes de Pékin tandis que Chiang Kai-shek écorchait vifs ceux de Shanghai. Lui-même, enfant prodige, se livrait parfois à ce divertissement et reçut une médaille en récompense d'exploits désolants aux frontières de l'Amour, de l'Oussouri et de la Soungari. Vers ses dix-huit ans nommé colonel dans l'armée de son père, maréchal à plumeau, le garçon devint, comme il est normal, un jour maréchal. Le Jeune-Maréchal profitait convenablement de la vie. Des langues jalouses le disaient héros des cabarets et des tripots. Des yeux sournois le regardaient pirouetter sous les lampes au bras d'actrices de cinéma. Il dansa, et un peu plus, avec Miss Butterfly Wu, la star des cinés de Shanghai parfumée au savon Lux. Ami des arts, il préleva dans les réserves du Palais d'Été contrôlé par ses manipules de précieux rouleaux d'écriture et de délicates peintures. Aucun fruit ne lui était défendu. Le Jeune-Maréchal hérita de son père et, comme lui, actionnait la planche à billets sous la protection des Japonais, en sortait de la belle monnaie gravée en couleur, avec laquelle il achetait aux paysans des Trois Provinces mandchoues les pois soja qu'il échangeait contre de l'or scintillant aux compagnies américaines d'import-export. C'était, en quelque sorte, le roi du pois soja. Du pois soja et du pavot. Il ouvrit sur la place de New York un compte à la National City Bank, un compte bien rempli. Disons cinquante millions de dollars, au plus maigre. De quoi faire des folies. Le Jeune-Maréchal devint l'amant d'une Italienne de passage, la fille de Benito Mussolini, diplomate et comtesse par mariage, qui répondait au doux nom d'Edda. Il lui offrit deux statuettes de corail, la promena dans la Cité Interdite pourpre et jaune, lui fit les honneurs de la Grande Muraille crénelée. « Il m'aimait, pauvre petit ! » minaudait la donzelle. Ils atteignirent le comble du bonheur au jeu des nuages et de la pluie qu'ils pratiquaient assidûment le jour et la nuit. « Mais il se droguait, déplorait-elle. Il avait une femme, quatre enfants, des concubines… » Le Jeune-Maréchal collectionnait les défauts. Depuis qu'une explosion avait envoyé son géniteur au diable, il lui avait poussé une dent contre les Japonais.

Le Tigre-de-Mandchourie roulait tranquillement dans son train de dix-huit wagons tiré par deux locomotives fumant à pleine cheminée quand, à l'intersection de la ligne du Pékin-Moukden et du Sud-Mandchourien, douze charges adroitement camouflées pulvérisèrent les arches de pierre et le tablier d'acier du viaduc surplombant la voie, et par conséquent le wagon-salon dans lequel se prélassait le vieux chauve aux ongles longs en compagnie de sa concubine Numéro Cinq. C'en était fini du Tigre-de-Mandchourie. Ses huit fils, six filles, deux gendres, trois petits-fils et deux petites-filles invitèrent, selon les rites, ses obligés à se recueillir. Et ils étaient tous là, aux obsèques fleuries, les consuls de France, de Grande-Bretagne et d'Italie, des USA, de Germanie et du Soleil Levant, tous là courbés en deux, policiers nippons de la Secrète, officiers du Dragon-Noir, le directeur contrit du South-Mandchourian Railway, le baron Hayashi en queue-de-pie et les représentants éplorés du pavot et du pois soja réunis. Après quoi le Jeune-Maréchal, fils aîné, endossa la succession. Col cassé, yeux mi-clos, moustache tombante, le baron Hayashi, ambassadeur nippon, présenta ses condoléances et souligna combien les provinces du pois soja étaient chères à son pays.

Le Jeune-Maréchal ne pesait pas lourd, alors. Ce n'était pas en dansant le tango que l'on apprenait à contrer les Japonais. C'est pourquoi, à raison ou à tort, on lui mit en paquet sur le dos la déroute des Chinois à Moukden, l'ablation douloureuse des provinces du pois soja et du pavot, puis l'avènement, en lieu et place, d'un Mandchoukouo d'opérette étendu comme la France et l'Italie ou deux fois vaste comme l'Allemagne, selon que l'on préférât *Les Cloches de Corneville*, *Rigoletto* ou *Les Maîtres Chanteurs de Nuremberg*. Pour la seule échine du Jeune-Maréchal c'était pénible. Chiang Kai-shek n'avait-il pas ordonné la retraite sur tous les fronts ? Il en conçut une sourde amertume. Mais la morphine aidant il se sentit mieux, prit passage à bord du *Conte Rosso*, assez riant paquebot de dix-huit mille tonneaux, et s'en fut en Europe se distraire, parcourut l'Italie, l'Allemagne, la France, l'ossuaire de Douaumont, en revint requinqué et quémanda un commandement. Chang Kai-shek lui confia la mission d'éradiquer du Shaanxi les Bandits Rouges. Ainsi s'établit-il à Xi'an, martial en son quartier général.

Les nouvelles des agences, par habitude et courtoisie, tombaient sur les comptoirs telles qu'on aimait les lire le matin et les commenter le soir. « De source officielle, on a annoncé que les communistes dans le nord du Shaanxi ont subi des pertes considérables à la suite des attaques répétées des forces provinciales et des bombardements des avions du gouvernement. » C'était pour la galerie, le Canidrome, l'American Club, le Cercle Sportif Français et le Deutscher Garten Klub. À l'état-major on savait qu'il n'en était rien. Les troupes du Jeune-Maréchal partaient en capilotade. Ses officiers, revenus entiers de chez les Rouges, libérés sans la moindre égratignure, dispensaient à leur retour une fâcheuse propagande. Dans l'obscurité, des agents infiltrés se faufilaient près des campements et chantaient à répétition leur berceuse antijaponaise *Sur la Soungari* : « *Jiŭ yī bā, jiŭ yī bā ! cóng nà gè bēi căn de shí hòu, tuō lí le wŏ de jiā xiāng… Dix-huit septembre, dix-huit septembre, depuis ce jour misérable, j'ai perdu ma patrie…* » L'air mélancolique, tourné comme un couteau, rappelait aux hommes somnolents du Jeune-Maréchal la date purulente de l'Incident de Mandchourie, l'instant damné où ils avaient perdu la face. Si bien que les jours succédant aux nuits, rongés par l'inquiétude, le remords et l'affliction, le chef et ses subordonnés trouvèrent avantage à rester l'arme au pied et à prendre langue avec l'adversaire redoutable qui leur fredonnait ces mélodieuses romances. Dans quelles circonstances exactes et par quel enchantement le Mandarin-Versatile rencontra une première fois le Jeune-Maréchal, il se garda bien de le claironner. Leurs conciliabules étaient tenus secrets.

Deux mille fusiliers japonais appuyés par des automitrailleuses et de l'artillerie légère débarquaient à Qingdao, cité bavaroise des rivages bleus de la mer Jaune, afin de protéger les filatures de coton de leurs ouvriers en grève. Aux marges intérieures du Nord, le prince Demchugdongrub, né dans la Bannière Blanche des Mongols, tentait sa chance. Si les Mandchous l'avaient osé, pourquoi pas lui ? Un État mongol détaché faisait son affaire et celle d'Itagaki Seishirō, le fringant colonel des services spéciaux. Les nouvelles heureuses continuaient d'affluer. « Le quartier général de suppression du banditisme annonce plusieurs victoires sur les communistes du Shaanxi. »

L'Américain-Venu-en-Premier, l'Américain de Kansas City, Missouri, fit sensation quand il reparut à Pékin indemne avec ses carnets noircis et ses pellicules impressionnées. On l'avait donné pour mort. Voilà qu'il sautait d'un coup, vif et mystérieux, hors du Territoire Interdit, chargé de documents, d'images et de contes. Dès lors, il fut courtisé. Il vendit ses photos au nouveau magazine *Life* du magnat Henry R. Luce qui était né en Chine d'un pasteur presbytérien. Entre les Grands Lacs d'eau douce et la baie de Floride, entre Boston et Frisco, l'hebdomadaire atteignait le million d'exemplaires et attirait les femmes. Derrière la Studebaker quatre portes dernier modèle, mais devant le mariage de la princesse royale Juliana de Hollande avec le prince Bernhard zur Lippe-Biesterfeld, s'étalait la photographie nette du Chinois famélique en veste fripée, avec la casquette octogonale de l'Américain-Venu-en-Premier. « Mao est son nom et sa tête est mise à prix deux cent cinquante mille dollars — *Premières photos des Rouges errants de Chine* » : « Leur leader, Mao Zedong (*ci-dessus*), est appelé, selon, "le Staline chinois" ou "l'Abraham Lincoln chinois". » Suivait un reportage de sept pages. « Ces clichés ont été pris par un courageux correspondant de la presse new-yorkaise de trente ans. » Sur une carte sommaire, pour la bonne compréhension du contexte, des maquettistes virtuoses avaient placé une photographie de Petit-Chien, dit Rouge-Vertu, bras croisés, mains enfouies dans les manches de sa veste à la manière des anciens fonctionnaires impériaux, le regard fixe et noir. « Général Rouge, tête mise à prix deux cent cinquante mille dollars. Dirigeant militaire de la "Marche Héroïque"… Ses partisans rouges ont été décapités et étranglés par milliers, ses lieutenants cuits dans l'huile bouillante ou brûlés dans les chaudières de locomotives. » Les Brigands Justiciers, pour la première fois, pénétraient de paisibles foyers, de confortables maisons de bois où l'on buvait après dîner le whiskey Golden Wedding en fumant des Chesterfield légères. Monté sur un poney mongol noir, l'Ours-Téméraire présentait un visage affable : « cent mille dollars mort ou vif. » À cheval, également, barbu autant qu'un missionnaire, le Mandarin-Versatile fixait sérieusement l'objectif : « quatre-vingt mille dollars mort ou vif — A étudié en France, en Angleterre, en Allemagne et en Russie. » Il y avait enfin, en bas de page, devant un muret de pierres sèches, maigrichonne les mains dans les poches et souriant de toutes ses dents, la seconde épouse et demie de Mao Zedong, car *Life* et les ménagères américaines se passaient difficilement d'un peu de cœur. « Elle a accompagné son mari pendant la "Marche Héroïque". Les éclats d'une bombe lâchée par un avion du généralissime Chiang l'ont blessée en seize endroits. Elle a récemment donné naissance à une petite fille… Chiang Kai-shek a promis de payer deux cent cinquante mille dollars quiconque fera d'elle une veuve. » Les journaux américains étaient réputés dans le monde entier pour la qualité de leurs commentaires. Henry R. Luce ne semblait pas mécontent des exclusivités sur lesquelles il bâtissait son succès et sa fortune. Quant à l'Américain-Venu-en-Premier, c'était pour lui inespéré.

Depuis son retour à Pékin, il accordait des entretiens, se montrait dans des soirées courues. Les assidus de la Peking Union Church écoutèrent avec une attention dévote sa causerie « Les Rouges du Nord-Ouest : un visiteur des zones communistes expose ses observations de première main ». La presse anglo-saxonne se disputait son témoignage sidérant, contraire à tout ce qu'elle imaginait jusque-là. Une performance du journalisme. « Il a fait des déclarations intéressantes sur la façon dont il a été reçu par les communistes qui l'ont bien traité. Le général Mao Zedong et les autres chefs rouges se laissèrent volontiers interviewer par lui, le laissant déambuler à sa guise, prendre des notes et faire des photos. » L'Américain-Venu-en-Premier, de par ce privilège, médusait grandement son auditoire et ses lecteurs. « Les communistes, certifiait-il, sont bien nourris et habillés, quoique de manière rudimentaire. Les communistes exploitent leurs bureaux de poste, impriment leurs billets de banque. Leurs postiers arborent des uniformes verts étrangement semblables à ceux de leurs confrères du reste de la Chine. » L'Américain changeait chacun de ses yuans réguliers au taux favorable de 1,30 de monnaie rouge mal dégrossie. « Les billets de banque, reprenait-il en toute objectivité, sont bien moins beaux que ceux imprimés ailleurs en Chine. » Mais, même moins jolis, ils n'en étaient que plus précieux au plan des sentiments. Dans le creux de ses poches profondes, l'Américain ramena deux pièces de cuivre de un centime comme on n'en trouvait pas à Kansas City, deux pièces frappées de la faucille et du marteau qu'il fixa à une chaînette d'argent pour en faire un bracelet. Il remit ce bijou rare à sa femme dont il était fort épris bien qu'elle fût originaire de Cedar City dans l'Utah. Au crépuscule, il recevait dans son living-room des étudiants appâtés, alignait sur la table ses photographies insolites, les faisait circuler de main en main, puis éteignait la lumière et projetait son film en 16 mm. On y voyait passer des personnages… crrrrr… crrrrrr… aux mouvements saccadés… crrrrr… crrrrrr… des personnages qui bougeaient plus ou moins, souriaient à la caméra. « Connaissez-vous le barbu, là ? » questionnait l'Américain, fiérot. « L'impérialiste, là… — il désignait un Blanc sur l'écran — Eh bien c'est moi ! » C'était lui, en effet, secouant la main du Mandarin-Versatile, barbu aussi et à triste figure. Les Chinois des villes demeuraient sans voix. Il extirpa alors de sa boîte aux trésors un poème de Mao Zedong. Le premier qu'ils lussent. … *Le dernier défilé vaincu / Les Trois Armées souriaient…* Et il leur dit : « Si vous voulez en savoir plus, vous feriez mieux d'y aller voir par vous-même. » Pour la plupart, ils suivirent son conseil.

Les nouvelles s'empilaient, excellentes selon la coutume. Néanmoins, en son antre, Chiang Kai-shek trépignait d'indignation. Les étudiants lui causaient des soucis. Les étudiants, mais aussi les coolies, les tireurs de pousse, les débardeurs des quais, les ouvrières menues des filatures, les petits marchands à la sauvette, et les écrivains, insatisfaits par principe, tous ceux-là se coagulaient pour troubler sa quiétude : « À bas les voleurs japonais ! » « Résistance au Japon pour le salut de la Patrie ! » De concert, dans les aigus et les graves, ils clabaudaient, rauquaient, blatéraient. Cela ennuyait le Généralissime, gâchait ses projets, l'empêchait de gouverner à sa guise. Il fit coffrer les meneurs, les Sept Honorables dirigeants souterrains de la Fédération panchinoise des cercles d'opposition au Japon pour sauver la Nation. Les policiers anglais du *Settlement* de Shanghai, les Français de la Concession mirent la main à la pâte, naturellement, et le consul du Japon en fut satisfait. Malheureusement, étant l'un journaliste, le deuxième juriste, le troisième économiste et les autres à l'avenant, l'affaire causa un tohu-bohu incessant. Afin de se faire obéir, Chiang Kai-shek décida d'une tournée d'inspection. Il partit pour Xi'an en avion.

Les pages des gazettes ne cessaient d'être délectables. C'est pourquoi ils furent très surpris au Rotary, à la Chambre de Commerce, à la Compagnie des Tramways et de l'Éclairage Électrique d'apprendre que Chiang Kai-shek avait été *kidnappé* avant l'aube aussi vulgairement qu'en Amérique. « Le maréchal Chiang Kai-shek est capturé par des rebelles. — Les rebelles voudraient coopérer avec les communistes pour combattre le Japon. » Bien que sur le câble et sur le papier les informations fussent follement embrouillées, sur place et sur le moment ça ne traîna pas. Chiang Kai-shek sommait le

Jeune-Maréchal, ses fantassins, ses officiers d'exterminer les Rouges sans épargner ni une poule ni un chien. Mais le Jeune-Maréchal, les capitaines et les troupiers, las de l'exercice, ne voulaient plus en entendre parler. Chiang avait la menace à la bouche et le front écarlate. Flanqué de ses Chemises Bleues, de ses aides de camp et de ses domestiques, il avait pris pension dans l'hôtel de qualité d'une station thermale renommée au pied du mont Lishan, un palais mirifique qu'avait fait édifier pour sa favorite l'empereur Xuanzong des Tang à l'est de la ville. On dit qu'un gong retentit au plus profond de la nuit froide, que des camions se mirent en branle, que des tirs se firent entendre et que le mont Lishan était couvert de neige. Les mutins n'eurent devant eux qu'un lit vide et des draps chauds lorsqu'ils pénétrèrent dans la chambre du Généralissime. Ils ne trouvèrent que vêtements épars et, au chevet, dans un verre, un dentier. Le maréchal Chiang Kai-shek avait détalé par une ouverture dérobée, sauté un mur à peine habillé, perdu une chaussure, et gravissait ainsi le raidillon jusqu'à aviser une cavité sous un rocher, un trou masqué par un bouquet d'épineux au fond duquel il se blottit. Conduits par leur capitaine, les mutins armés fouillaient les environs. « Il y a un homme ici ! » lança l'un. « Ça doit être le Généralissime ! » « Tirons un coup de fusil ! » se répondaient les voix. « Je suis là, je suis le Généralissime ! » protesta Chiang Kai-shek. Le découvrant ainsi accroupi, en robe de chambre et chemise de nuit, privé de son dentier, ils eurent peine à le croire. « Demandez au Jeune-Maréchal de venir jusqu'ici et je descendrai », insistait Chiang Kai-shek peu rassuré. Puis il réclama un cheval parce que ses chevilles étaient endolories, ses orteils excoriés. « Je vous descendrai sur mon dos », décida le capitaine et, sans autre manière, il joignit le geste à la parole.

Chiang Kai-shek, l'ennemi de toujours, le chourineur de Shanghai et de Canton, était prisonnier, à leur main. Les Brigands Justiciers, les Redresseurs de Torts, n'étaient pas les moins déconcertés. Ce trophée s'avérait imprévu. Le Jeune-Maréchal envoya au Repaire des Rouges un message sollicitant leur conseil et leur amitié. Le Mandarin-Versatile inclinait à considérer sérieusement cette proposition. Le Jeune-Maréchal n'était plus le gandin opiomane de naguère, affirmait-il à ses compagnons, il était désormais franc et droit. Lui, Mandarin-Versatile, pouvait en jurer car il avait sondé son cœur dans la pénombre d'une église chrétienne abandonnée. Il devait être midi, à peu près, lorsque dans la grotte de Mao Zedong un soldat tendit le radiotélégramme annonçant la capture de Chiang Kai-shek. Cela les prenait au dépourvu, c'était providentiel après tant d'années, tant de batailles livrées, de montagnes escaladées et de rivières franchies, avoir Chiang Kai-shek à leur merci. Ils battaient des mains, poussaient des hourras, puis se grattèrent les oreilles et les joues, ne sachant quel parti prendre. Tout d'une pièce, Petit-Chien dit Rouge-Vertu s'exprima le premier : « Descendons ce type ! On ne peut rien en dire de bon ! » L'expérience parlait par sa bouche. Le Mandarin-Versatile pesait le pour et le contre, on aurait pu l'appeler à cette minute le Mandarin-Hésitant : « Nous ne pouvons pas décider tout seuls », tergiversait-il. Mao Zedong, excité comme une puce, riait de toutes ses dents, frétillait en tous sens. « Laissons le Jeune-Maréchal se débrouiller, suggérait-il, restons en arrière de la scène. » Alors intervint Zhang-le-Solitaire pour les ramener à la prudence et les mettre d'accord : « Essayons de connaître d'abord l'opinion de Moscou », car dans ce temps et malgré ses déconvenues il était obéissant. Tous se rangèrent à cet avis. Des conseils d'étrangers, les Brigands Justiciers n'en avaient plus reçu en vérité depuis que l'Allemand Otto, mis de côté, jouait au poker et se gavait de saucisses. Mais ils conservaient en leur for les réflexes du professeur Pavlov, disparu depuis peu, et leur loyauté initiale à l'égard du Komintern, la puissante Internationale russophone. Par des voies éprouvées, ils expédièrent à la maison mère un rapport minutieux. Puis ils adressèrent au Jeune-Maréchal félicitations et chaudes paroles d'encouragement.

Petit-Chien, dit Rouge-Vertu, élevé jadis dans la Société des Frères Aînés et la Ligue Jurée de la République, ne quittait pas son idée : « Dites donc au Jeune-Maréchal sans fioritures que la première chose à faire est d'occire Chiang Kai-shek.

— Ne soyons pas trop simplistes et rigides dans notre façon de penser, tempérait Mao, philosophe et stratège. Il n'y a pas de divergence entre ton opinion et la mienne. Seule la méthode diffère. »

Sur ce, malgré la neige tombant en abondance, le Mandarin-Versatile enfourcha un petit cheval fauve et rejoignit, à quelques lieues, l'avion biplan du Jeune-Maréchal qui l'amena d'un coup d'ailes à Xi'an, capitale flétrie des dynasties disparues, protégée par la Tour de la Cloche et le temple de Guanyin, déesse de la Miséricorde. Il ne ressemblait plus aux Redresseur de Torts des monts et des vaux, le Mandarin-Versatile, engoncé dans sa combinaison de vol fourrée, serre-tête de cuir cadrant son visage barbu aux yeux plissés. Il paraissait sorti d'un roman moderne d'aventures comme les prisaient à Paris les dames du Femina.

Le monde, pour une seconde, tournait les yeux vers Xi'an et la résidence du Jeune-Maréchal où était retenu contre son gré son aîné dans le maréchalat. Les mieux assis des vétérans du Canidrome, stimulés par les Martini secs et la bière Lion, estimaient qu'il n'y avait pas lieu de s'émouvoir outre mesure. Ils en avaient vu d'autres, en Chine, et rivalisaient d'analyses affûtées et de singulières prophéties : « Le kidnappage a pris naissance au pays du dollar, soutenaient-ils, mais les fils du Ciel n'ont pas tardé à en démêler les infinis mérites, et ils le pratiquent avec une virtuosité déroutante pour nos pauvres imaginations. Chiang Kai-shek est riche, fabuleusement ! » Ils attendaient donc sereins le dénouement, un verre à la main. Les diplomates professionnels, toutefois, les gouvernements d'Orient et d'Occident, se montraient craintifs, trahissaient des signes de nervosité. Le comte Ciano, ministre des Affaires étrangères du royaume d'Italie, adressa au Jeune-Maréchal un télégramme personnel. Son séjour chinois et sa qualité de mari de la fille de Mussolini créaient entre eux, pensait-il, une indubitable proximité. « Tu es mon ami, si tu t'allies avec les communistes tu seras mon ennemi. Sans le maréchal Chiang Kai-shek, la Chine n'est rien. » *Der Angriff*, potion matinale du Dr Goebbels à Berlin, tenait de façon documentée le Jeune-Maréchal pour un morphinomane vendu aux Soviétiques. Réuni en urgence, le gouvernement impérial nippon s'alarmait. « Tokyo s'inquiète vivement des événements de Chine et craint que ce pays, sous la pression de Moscou, ne se transforme en une autre Espagne. » La Guerre et la

Marine conféraient. Le contre-amiral Satō prenait toutes dispositions pour intervenir en Mongolie intérieure. Une dépêche de Tokyo, parvenue à Londres, annonçait avec les réserves d'usage qu'un câble de Shanghai, d'après un message de la TSF de Xi'an, alléguait l'exécution brutale de Chiang Kai-shek par le Jeune-Maréchal. Rien ne filtrait du Quai d'Orsay. Ce n'était pas que la France se désintéressât absolument de l'Extrême-Orient. Un nombre défini de Parisiens s'agglutinaient en soirée à l'Élysée 79, nouveau ciné-music-hall, pour découvrir, précédé de huit attractions, le long métrage *Moscou-Shanghai* et le visage fardé de Pola Negri, veuve ruinée du prince Serge Mdivani, divorcée du comte Eugène Dambski, amante malchanceuse de Charlie Chaplin et de Rudolph Valentino. C'était bien beau, tout ça, mais il y avait l'Espagne à la porte et, aux abords de Madrid, les phalanges du général Franco, ses avions meurtriers à croix noires. Ceux-là, par la force des choses, drainaient davantage l'attention. Madrid, Burgos, Barcelone sonnaient plus familier que Xi'an, Huaqingchi, Yan'an.

Par bonheur, d'illustres personnalités détentrices de secrets d'État, des agents d'influence instruits de la marche planétaire des affaires, se préoccupaient assidûment de la misérable existence du maréchal Chiang Kai-shek. Il n'était que temps. Déjà on apprenait la mort désagréable de son ministre de la Propagande, grièvement touché aux testicules. L'anxiété gagnait les hautes sphères, descendait dans le cœur des gens vertueux. « Les chrétiens, bouddhistes et musulmans chinois font des prières pour la libération du Généralissime. Les catholiques ont célébré une messe solennelle à Nankin », rapportaient les milieux bien informés. Un Australien de Nouvelle-Galles du Sud qui n'entendait pas un mot de chinois s'en fut à Xi'an tenter une médiation. Cet homme avait, disait-on, sevré le Jeune-Maréchal des stupéfiants et s'était hissé au statut de conseiller privé du Généralissime. Son nom était Donald. Depuis trente-deux ans, il traînait ses guêtres en Chine, inspirant successivement le Tigre-de-Mandchourie, son fils puis May-ling, l'influente moitié de Chiang Kai-shek. L'aéroplane dans lequel il avait pris place décrivit des cercles et des ronds, puis lâcha un tube scellé contenant un papier.

Lorsqu'il fut convaincu de ne pas être fusillé à l'atterrissage, il se posa. Le président de la Banque de Chine, beau-frère de Chiang Kai-shek, fils de Charlie Soong le vendeur de bibles et de cigarettes, grimpa à son tour dans un avion. Pareillement fit Soong May-ling, épouse du Généralissime, son éminence grise.

Le destin de la Chine restait suspendu au ciel de Xi'an.

Les Brigands Justiciers n'avaient plus l'esprit léger depuis qu'était parvenue au Shaanxi, à la vitesse du progrès électrique, la réponse attendue de Moscou. Comme autrefois, dans les jours de la Grande Déconfiture, ils s'entre-regardaient. Mao Zedong arpentait sa grotte, le visage sombre. Il explosa soudain en malédictions : « Tout est cul par-dessus tête ! Le Ciel et la Terre sont sens dessus dessous ! » Ils avaient peine à admettre, les Redresseurs de Torts, qu'ils étaient vecteurs inconscients de la trahison. C'était écrit noir sur blanc. « *Le maréchal révolté est un instrument du Japon.* » La dialectique leur échappait. Ils déchiffraient, traduisaient, examinaient, relisaient les phrases moscovites dans l'ordre, le désordre. « *La provocation apparaît nettement dans la façon dont a été présentée dès la première heure la révolte de Xi'an…* » Leur nez s'allongeait. « *Le Jeune-Maréchal réclame l'alliance défensive et offensive avec l'URSS pour combattre le Japon : cela suffirait à éclairer le sens véritable du coup de force du Shaanxi monté par les Nippons…* » Leurs pupilles s'arrondissaient. « *C'est ce qui explique pourquoi le Jeune-Maréchal a utilisé tout de suite des mots d'ordre radicaux comme l'alliance avec les communistes, la résistance au Japon, la création d'un gouvernement de défense nationale, l'amnistie politique*, etc. » Leurs lèvres se plissaient en mimiques baroques. « *Le 2e Bureau nippon a donc acheté facilement le traître mandchou…* » Les Redresseurs de Torts des plateaux de lœss jaune n'y comprenaient goutte. Bien sûr, là où ils vivaient dans leurs cavernes austères, loin de la civilisation, leur manquaient des éléments. Ils ignoraient qu'aussitôt la séquestration révélée, les ambassadeurs d'Amérique et d'Angleterre s'étaient précipités au Kremlin, faisant valoir que leurs gouvernements gardaient Chiang Kai-shek en grande estime, qu'ils seraient fort fâchés si un malheur lui arrivait. Derrière sa moustache épaisse, sous sa casquette sévère, Joseph Staline, ancien séminariste, était un homme sensible et compréhensif. Il avait beaucoup œuvré pour se tailler une situation et ne pouvait la risquer au bénéfice d'infortunés Chinois.

Tournant ainsi le message entre leurs doigts, les Brigands Justiciers se torturaient les méninges. « Que faire ?... Que faire ? » répétaient-ils à la manière des classiques. « Le Jeune-Maréchal ne va-t-il pas nous accuser d'inconstance si nous avançons aujourd'hui le contraire de ce que nous disions hier ? » s'interrogeait Mao perplexe devant ses lieutenants interdits. Ils déposèrent l'aporie dans les mains du Mandarin-Versatile, lui déléguant le soin d'exprimer à ses interlocuteurs le caractère spécifique et l'aspect principal de la contradiction. Vu la conjoncture, on eût pu l'appeler le Mandarin-Subtil car il se tira au mieux de cette tâche impossible. Il vit séparément, tour à tour puis ensemble, longuement, entre deux portes, dans des cabinets retirés, les salles feutrées de la résidence de Xi'an, le Jeune-Maréchal, Chiang Kai-shek, sa femme, son beau-frère et Donald.

Le Mandarin s'était affublé, prétend-on, d'un uniforme du Kuomintang, semblable à celui qu'il portait à l'Académie de Whampoa, à la photographie affichée dans les gares de Shanghai, promettant récompense pour sa tête. Voyant surgir ce fantôme et le reconnaissant malgré la barbe, les traits tirés, le Généralissime blêmit, croyant sa dernière heure arrivée. « Depuis dix ans que nous ne nous sommes vus, vous semblez avoir peu vieilli », lança le Mandarin-Versatile en exorde. Sur chaque sujet, il se montrait affable, persuasif, polissait ses arguments. Et à chaque étape, il informait du résultat ses compagnons de guerre. « Chiang Kai-shek est tombé malade. Quand je l'ai vu, il m'a dit son intention de cesser sa campagne d'extermination des communistes, de s'allier avec l'Armée Rouge pour résister au Japon, de transférer les pleins pouvoirs à son beau-frère, à son épouse, au Jeune-Maréchal afin que ceux-ci puissent le représenter dans toutes les discussions qu'ils auront avec moi pour le règlement des problèmes... À en juger d'après ce qui s'est passé, nous avons vraiment constaté un changement dans sa conduite. Il s'est montré réellement sincère. »

Mû par la vertu de bienveillance, les mânes de Confucius et l'injonction du Kremlin, le Mandarin-Versatile déploya selon l'esthétique son talent oratoire. Si bien qu'à Noël, Chiang Kai-shek s'envola libre, sain et sauf pour Nankin. C'était un jour béni pour un chrétien comme lui, une issue inespérée.

En preuve de bonne foi et garantie des engagements, le Jeune-Maréchal l'escorta jusqu'à destination. Il fut arrêté à sa descente d'avion puis traduit devant une cour martiale. « Je suis d'une nature rustre, insociable et revêche, plaida le rebelle. C'est pourquoi j'ai commis cet acte impudent et criminel. Je vous ai maintenant suivi à Nankin par pénitence afin de recevoir la peine qui convient à un tel crime. » Maître de lui et du gouvernement à nouveau, Chiang Kai-shek se rétracta. Éreinté par l'épreuve, il se mit en congé et s'alla ressourcer en son village natal, près de Ningbo et des eaux d'une rivière, assisté par son médecin particulier, le Dr James T. Cheng au solide pedigree. « Je me sens vraiment las après ces voyages aériens, gémissait le Généralissime, Je ne suis pas en mesure d'accorder d'interview à la presse. » Il déprimait. Ces jours furent assombris encore par la mort inopinée à Berlin de son vieux conseiller allemand, le général von Seeckt. Adolf Hitler, chancelier du Reich, adressa à la veuve ses condoléances : « Le général von Seeckt restera dans notre histoire comme un grand soldat. » Des nécrologies élogieuses rappelaient ses hauts faits en Chine, en Turquie, en Galicie et son action résolue contre l'ennemi intérieur. Aux notes du *Horst Wessel Lied*, le chancelier Hitler tendit le bras au-dessus du cercueil, comme il savait le faire.

Enfin Chiang Kai-shek sortit de sa léthargie, jugea qu'il était temps de couper court aux médisances, de remonter la pente. Le Généralissime ouvrit sa mémoire aux journaux sur les récents épisodes, principalement la nuit glaciale où il s'était vu encerclé, pour se couler dans une posture plus conforme à son statut de guide de la nation. « J'élevai la voix : "Je suis le Généralissime", m'écriai-je. "Ne me manquez pas de respect ! Tuez-moi, mais épargnez-moi les outrages." Les mutins s'exclamèrent alors : "Nous n'osons pas." Un des chefs du bataillon s'approcha de moi. S'agenouillant, il me pria, les larmes aux yeux, de descendre de la colline. Je m'écriai sur un ton de colère : "Taisez-vous, rebelles !" » Cela fut imprimé pour la postérité sur papier spécial en fibre de bambou fabriqué à la main, relié de soie rouge et brocart assorti, édition de luxe à cinq cents dollars, tirage limité avec signature autographe de *Madame* son épouse May-ling Soong. Chiang Kai-shek se sentit mieux. Le Jeune-Maréchal fut conservé au frais, à titre de prise personnelle. Quant aux autres, ceux qui l'avaient épaulé, ils ne perdaient rien pour attendre. Le bras de la balance revenait à sa place première. Réuni en congrès, le Kuomintang décortiqua la situation et tira ses conclusions. « Le fléau communiste doit être supprimé sans pitié... La théorie absurde de la lutte des classes ne sera jamais tolérée car elle provoquerait le chaos social... La différence entre le riche et le pauvre n'existe vraiment pas en Chine... » Les tireurs de pousse-pousse, les petites mains des fabriques de cigarettes de la British-American Tobacco n'en croyaient pas un mot.

Des Sages à ce moment, oreilles longues, regard perçant, auraient décrit l'histoire d'un sempiternel recommencement et s'en seraient détournés.

C'eût été compter sans l'esprit de suite des Japonais ou, pour toucher au plus vrai, c'eût été négliger la voracité des Nippons impériaux.

Le pont Marco Polo orné de quatre cent quatre-vingt-cinq lions de marbre, à peu de distance de Pékin par le sud-ouest, fut le théâtre au septième jour du septième mois de tristes événements qui ne furent pas sans rappeler l'Incident de Mandchourie ni pour autant le reproduire à l'identique. Les versions diffèrent quant à l'origine du trouble. Il semble qu'un soldat nippon singulier se soit égaré dans un bordel et que, partant à sa recherche, ses camarades de chambrée et ses chefs aient tiré à tort et à travers sur les Chinois alentour, provoquant des morts, des blessés, un grand baroud sanglant qui ne cessa point. Quant aux conséquences, nul ne les ignore. C'est pourquoi Mao Zedong refusa les excuses qu'un jour on lui présenta : « Non ! Si votre armée n'avait pas envahi une grande partie de la Chine, il aurait été impossible que le peuple chinois parvienne à se solidariser pour résister à votre agression. » Ses aptitudes de stratège, sinon de philosophe et de poète, s'en trouvèrent accrues.

Les Brigands Justiciers, l'âme réjouie, s'apprêtaient au combat vêtus de neuf. Le neuvième jour du septième mois, Mao Zedong, Petit-Chien dit Rouge-Vertu, l'Ours-Téméraire et le Pirate-Optimiste traçaient les caractères de leurs noms au bas d'une proclamation. Peu importe son contenu. Sur les ondes et les rotatives de Chicago, Bruxelles, Léopoldville, partout relayés, affluaient en priorité les communiqués du Haut Commandement du Mikado : « Des Chinois ont ouvert le feu sur les troupes japonaises au nord du pont Marco Polo. Cinq régiments chinois bombardent actuellement les positions japonaises avec des canons de tranchée. » Chaudières sous pression, dix trains de fantassins nippons quittaient sur l'heure la gare de Moukden, au Mandchoukouo, pour se déverser au-delà de la frontière. Le Grand Conseil de Tokyo, Armée, Marine, Finances, Intérieur, Affaires Étrangères, décida d'émettre des bons d'emprunt de l'*Incident de Chine du Nord* d'une valeur de soixante-dix millions de yens afin de couvrir ses premiers frais. Le déficit passait le milliard, les dépenses militaires de l'archipel engloutissaient quarante-sept pour cent du budget. Généraux, ministres et ministres-généraux enfilaient en perles fines les commentaires appropriés. « Le Japon n'a aucune convoitise territoriale », commença un porte-parole du Palais. « L'armée japonaise est obligée de punir les troupes chinoises dont les provocations ont menacé le prestige japonais », renchérit le commandant du corps expéditionnaire, trois rangs de décorations collés sur le cœur. Devant la Diète, le ministre des Affaires Étrangères, diplômé en droit, développa civilement son point de vue : « Nous désirons amener la Chine à rectifier ses erreurs. Le Japon, déjà, lance ses forces militaires avec détermination. Ce fait servira de moyen très efficace pour dissiper cette mauvaise compréhension des Chinois. » « Trop de méchancetés méritent le fouet », éructa enfin le général Sugiyama, ministre de la Guerre, interprète de la voie divine du Shōwa Tennō. Ainsi fut effectué en catastrophe le tour de la question. Le monde devait comprendre et le monde comprit. Du

Palazzo Chigi, à Rome, le comte Galeazzo Ciano, ministre et gendre, transmettait à Tokyo un message chaleureux : « Dans notre gouvernement et notre peuple fasciste, il existe un vif esprit de sympathie et d'amitié pour le Japon. » Londres et Washington entamaient des consultations. Le Quai d'Orsay demeurait muet mais pas inactif. Son Excellence Sugimura, ancien étudiant des facultés de Lyon, judoka d'exception, autrefois sous-directeur du Bureau impérial japonais à la Société des Nations chargé d'enquêtes sur l'opium et la traite des femmes, fut accueilli à Paris dans de nouvelles fonctions diplomatiques par M. de Fouquières, directeur du Protocole. « Mon premier devoir, expliqua poliment le nouvel ambassadeur, sera de dissiper les malentendus qui peuvent nuire à une exacte compréhension de notre politique. » M. Lépissier, consul de France à Tianjin, faisait entasser suivant les règles des sacs de sable sur le pourtour de son périmètre.

Des escadrilles japonaises en ordre parfait, des pièces de marine à rythme cadencé arrosaient les agglomérations, Tianjin, Langfang, Baodingfu. Avant que le septième mois ne s'achève, les fantassins pénétraient dans Pékin, portant par-devant eux le drapeau du Soleil Levant, prenaient possession de l'or des coffres et de tout le territoire s'étendant entre la mer Jaune et la ligne de chemin de fer Pékin-Hankou. En rangs par quatre, sous l'œil des caméras, ils défilaient bruyamment sur la Muraille de Chine. Il devint patent que les colonnes d'acier n'arrêteraient plus leur marche. Vingt jours s'étaient écoulés depuis les canonnades du pont Marco Polo. Chiang Kai-shek, président, maréchal et généralissime ouvrit la bouche, adjura les Chinois de lutter jusqu'à leur dernier souffle. Les Brigands Justiciers, Petit-Chien dit Rouge-Vertu, le Dragon-Borgne, l'Ours-Téméraire et Li l'Allemand, le conseiller Otto, remisèrent leurs casquettes octogonales, leurs étoiles, et coiffèrent le couvre-chef réglementaire de l'Armée Nationale arborant l'insigne du Soleil Blanc sur fond d'azur.

Pour admirer leurs prouesses, ainsi costumés, il ne sera pas nécessaire de patienter. Si, par contre, vous désirez connaître le sort du bracelet à deux fens de l'Américain-Venu-en-Premier, sachez d'abord que du temps passera encore.

CHAPITRE XV

Une actrice change de voie, une artiste ressuscite —
L'Ours-Téméraire se plaint de maux d'estomac ;
Petit-Chien, dit Rouge-Vertu, se réjouit d'être en vie.

Les premières bombes qui éclatèrent sur Shanghai et causèrent de sinistres dégâts le quatorzième jour du huitième mois étaient pour ainsi dire chinoises. Pour ainsi dire seulement. Les cocardes peintes sur les appareils de la *Chinese Air Force* le laissaient présumer, comme d'ailleurs les protestations subséquentes des autorités consulaires de France et d'Angleterre. Mais, forcément, ces bombes sortaient prêtes à l'emploi d'usines européennes ou américaines, dégringolaient d'avions Northrop Gamma sept cent dix chevaux moteur en étoile, de Curtiss Hawks III vrombissants, de l'un des aéroplanes, peut-être, offerts par souscription à Chiang Kai-shek en l'honneur de son cinquantième anniversaire. À grand fracas elles explosèrent au mauvais endroit. C'était le résultat d'une erreur de pilotage due au tir de barrage des bâtiments japonais ancrés dans la rade, à l'embouchure du Huangpu, du navire amiral *Izumo* et de ses escorteurs, de ses destroyers. Aucun ne fut touché, aucun ne fut coulé. Par contre des vitres de Nanking Road, pas une ne demeura intacte. Amputé de la moitié de sa couverture, le Palace Hotel se trouvait en piteux état, sans parler du Cathay, son voisin huppé aux deux cent quatorze chambres et suites avec bains. La deuxième bombe de cinq cents livres tomba vers quatre heures et demie sur l'avenue Edward-VII, au carrefour du Grand-Monde, le paradis du jeu. Les tramways sur la voie s'embrasèrent en torche, les passagers grillaient vifs, les passants volèrent en segments éparpillés, un membre ici, un membre là. Des carcasses de conduites intérieures calcinées encombraient la chaussée éventrée, les fils électriques pendaient jusqu'à terre, sous les décombres gisaient mille huit cents corps. L'universitaire Robert K. Reischauer, de Princeton, figurait parmi les morts, et Frank J. Rawlinson, missionnaire protestant père de douze enfants, et l'exquise Dodo Dynamite, serveuse de bar.

Avant que ne pleuvent en averse les obus et les bombes, Shanghai s'avérait une cité des plus attrayantes. Une foule compacte de gens intéressants s'y pressait, publicistes ambitieux, agents secrets, actrices de cinéma. La ville était un lieu de culture. Sur l'avenue Edward-VII, à guichets fermés, le Nanking présentait *Tarzan et sa compagne*. En hauteur se découpaient Johnny Weissmuller et Maureen O'Hara pliée comme un sac de fèves mûres sur son épaule. Grâce aux accroche-cœurs de Meg Lemonnier, du Théâtre des Bouffes-Parisiens, *Il est charmant* rapporta sept mille dollars chinois au cinéma Lyceum de la route Cardinal-Mercier. Le Grand de Bubbling Well Road dévoilait les jambes fines, le dos dénudé de la blonde Looloo Blake, tandis qu'à l'affiche du Cathay-Theater, avenue Joffre, s'étalait la roucoulante Norma Shearer. Miss Butterfly Wu ne se débrouillait pas mal non plus. « J'ai tourné à l'heure actuelle plus de soixante-dix films », se vantait-elle dans sa robe classique de brocart à fleurs d'or. *L'Incendie du Temple du Lotus rouge*, en dix-huit épisodes, l'avait révélée. De l'avis général, elle y maniait l'épée aussi bien qu'un rude guerrier. Son interprétation sur Pathé Gramophone des partitions haut perchées de la chanteuse Pivoine-Rouge la porta au pinacle, ses relations intimes avec le Jeune-Maréchal de Mandchourie, quand il était encore alléchant, consolidèrent sa réputation. Elle signait des autographes, brillait dans les journaux et sur l'écran. « J'aurais bien voulu travailler en Europe, mais le temps me manque, mentait la star. Nous avons chez nous de nombreuses compagnies cinématographiques. Nos salles, celles des grandes villes et surtout celles de l'intérieur du pays, sont nombreuses, beaucoup plus nombreuses que vous ne l'imaginez. » Miss Butterfly exagérait toujours. Par patriotisme. Elle semblait promise à un destin hollywoodien. « Même la Chine a sa Garbo », piaillaient ses admirateurs de Los Angeles, calés sur les valeurs sûres. La Metro-Goldwyn-Mayer, extrapolait-on, lui concoctait un rôle de premier ordre dans une superproduction inspirée d'un livre de Pearl Buck. Malheureusement, la compagnie confia le rôle à une actrice de Düsseldorf surnommée « la nouvelle Hepburn » et rafla l'Oscar. Qu'importe ! Miss Butterfly Wu attira l'attention de Dai Li, le chef cruel des Chemises Bleues qui projetait de la glisser dans son lit. Le cinéma n'était pas une activité de tout repos à Shanghai. Il y avait la censure. Du gouvernement, des édiles municipaux, des Concessions. Le regard de ces professionnels agrippait les scènes coupables, leur nez exercé reniflait la dissidence jusque dans le jeu des oies blanches. Ils surent capter au passage d'un mélo dans lequel se produisait une comédienne de dix-sept ans nommée Saule-Immaculé (« dont plus d'un prédit qu'elle sera la prochaine Garbo chinoise ») un plan fugitif où apparaissait sur le mur une carte de la Chine dans ses frontières historiques, ce qui ne pouvait manquer d'irriter les Nippons. Soucieux du bien public et de la tranquillité, les censeurs vigilants se demandaient pareillement si, sous ses dehors rustiques et animaliers, *Bain de sang sur la montagne des loups* ne masquait pas une charge vulgaire contre le Japon. Les intéressés répudièrent cette mortifiante éventualité. Ce fut la chance de Pomme-Bleue, inscrite au générique. La critique la loua et encensa le film. Pomme-Bleue figura en couverture du *Chinese Pictorial*. Elle accéda à la notoriété.

Pomme-Bleue était une pauvre fille, née dans le Shandong, non loin du fleuve Jaune et de Qingdao, d'un père propriétaire et d'une mère domestique, sa concubine. Elle avait souffert. Tout enfant, elle reçut le petit nom de Pure-et-Simple, avait les pieds bandés et son géniteur la frappait. Ce n'était pas une vie. Pomme-Bleue grandit à l'époque première de la République et regardait passer les têtes tranchées piquées sur des bambous. Ce n'était pas un spectacle. À quatorze ans, des saltimbanques la recueillirent aux fins de lui faire jouer dans leur troupe *La Princesse battue*, opéra traditionnel. Plus tard, elle se rendit à Qingdao, la cité bavaroise des bords de mer, s'entremit avec l'un, puis avec l'autre, apprit le métier. Elle joua *Posez votre fouet*, pièce en un acte.

Pomme-Bleue n'avait pas vingt ans, mais un peu d'expérience, lorsqu'elle embarqua à bord d'un caboteur naviguant vers Shanghai. Elle vomit toutes ses entrailles. Sur le quai, à l'arrivée, l'attendait un producteur qui la poussa dans un taxi automobile, l'emmena au restaurant déguster des mets étrangers. « J'ai vu beaucoup de films, gringottait la pauvre fille empruntée, avec son accent du Shandong. Il m'est souvent arrivé de ne pas manger pour garder de quoi aller au cinéma. J'admire beaucoup Greta Garbo. » Pomme-Bleue s'essaya sur les planches. Elle incarnait joliment l'héroïne de *Maison de poupée*, drame scandinave, et rencontra ainsi des gens intéressants, tels que cette ville en recelait tant. Des freluquets, artistes, chroniqueurs pragmatiques, juraient que sur son sein droit se détachait un grain de beauté gros comme un pois. Le critique littéraire de *L'Impartial* en était raide dingue. Galamment accompagnée, Pomme-Bleue se rendait le soir au Carlton-Ciné afin d'examiner de plus près Miss Butterfly Wu. « Ce n'est qu'une beauté roide », jugeait-elle, les lèvres pincées. Pomme-Bleue finit par entrer aux studios de la Diantong Film Company installés dans le quartier de la Bouche-de-l'Arc-en-Ciel et décrocha un petit rôle. C'est alors qu'elle coudoya Wang Ying, ravissante starlette qui lui disputait la vedette. Et aussi Zhao-Vermillon. Moulée à la mode dans un *qípáo* de soie fendu jusqu'à l'aine, les joues roses, la bouche dessinée en rouge, Pomme-Bleue prenait des poses. Elle ne manquait pas d'agrément, n'eût été, sur le devant, une dent jaune. Pomme-Bleue était une jeune femme de son temps.

Les milieux intellectuels, les écrivains jamais contents, ne perdaient aucune occasion de conspuer le Kuomintang, de mettre des bâtons dans les roues du gouvernement. « À bas la droite ! » « Vive la gauche ! » trompetaient-ils à tout instant. Naturellement, Pomme-Bleue manifesta avec eux lorsque débarquèrent les étrangers de qualité, accueillis avec orchestres et pétards, slogans et bannières, un lord anglais du Parti Travailliste et le Français Paul Vaillant-Couturier. « Vive la gauche ! » « À bas la droite ! » s'époumonaient les séditieux. Les policiers sikhs de l'*International Settlement* usaient sans mesure leurs solides gourdins sur ces crânes durs. Complétant la besogne, les Chemises Bleues de Dai Li le Cruel, la

Bande Verte de Du Grandes-Oreilles arrangeaient des descentes chez les suspects, cadenassaient les universités, ébarbaient les librairies, désossaient les studios. Les sbires déposaient derrière eux de sinistres semonces : « Arrêtez, sinon ça va barder… » — signé : Société Chinoise des Camarades Anticommunistes du Cinéma. La mise en scène produisait son effet, le scénario trempait les omoplates de sueurs froides. Les âmes errantes des Cinq Martyrs, qui étaient vingt-quatre, ravivaient de douloureux souvenirs chez les vivants, et personne jusqu'ici n'avait oublié la brutale disparition de la romancière Ding Ling dans l'automobile 4223.

Alors qu'elle pressait le pas, Pomme-Bleue fut arrêtée au sortir d'un parc par deux messieurs en civil, l'un habillé à la façon des boutiquiers, l'autre vêtu en ouvrier. « On m'enlève ! On m'enlève ! » hurlait-elle en vain. Derrière les barreaux, elle n'en menait pas large. Elle reçut des beignes et des claques. Évidemment, il y avait les méchants et les gentils. « Ton affaire est vraiment simple, lui débitait le geôlier cajoleur. Tourne la page et tout ira bien. » Un type nommé le Grand Chinois s'occupa de son cas, la prit en tête à tête. Elle chanta pour lui des airs de l'Opéra de Pékin et trouva moyen de le satisfaire. Puis elle signa des papiers. Ce qu'ils contenaient, seule la police le sait, et peut-être ceux qui par la suite en firent les frais. Après huit mois, ou seulement trois, Pomme-Bleue recouvra la liberté. Elle ne raconta rien ou si peu, se montra prudente, se produisit désormais avec circonspection. Les philanthropes à l'origine de la souscription « Achetons des avions — Fantaisie d'anniversaire », en l'honneur des cinquante ans du maréchal Chiang Kai-shek, sollicitèrent son talent. Elle exécuta une pièce en un acte : *En quête du mariage*. D'aucuns crurent qu'il s'agissait d'un rôle de composition bien qu'à vingt-deux ans elle se fût mariée trois fois et collectionnât un nombre appréciable de soupirants.

Le vent tournant, Pomme-Bleue s'éloigna du quartier de la Bouche-de-l'Arc-en-Ciel. Bien lui en prit. Shanghai sentait le roussi.

Pomme-Bleue abandonna les studios, plia bagage, oublia le mari épousé à la Pagode des Six Harmonies et fugua chez les Bandits Rouges.

Yan'an, au nord du Shaanxi, était devenue une cité attractive depuis que les Japonais occupaient Pékin, Tianjin, qu'ils pilonnaient Nankin, Hankou et Shanghai. Leurs Mitsubishi à double dérive volaient en formation serrée comme des canards. Leurs équipages, l'œil rivé au viseur, frappaient juste. Soixante bombes d'un seul raid écrasèrent le secteur de la gare du Nord. Un obus déchira l'hôpital du Sacré-Cœur des Sœurs de la Charité, un autre endommagea la Société Franco-Chinoise de Constructions Nautiques. Les entrepôts de l'Asiatic Petroleum flambaient. Des projectiles indéterminés ravagèrent à l'heure grouillante du déjeuner les rayons des grands magasins Sincère de Nanking Road. Le correspondant du *New York Times*, M. Hallett Abend, fine moustache et lorgnons, fut méchamment blessé. Dès lors, il était légitime, dans les légations, de s'inquiéter. La voie publique s'engorgeait des lourdes charrettes de fuyards, des rickshaws, des brouettes débordantes d'objets inutiles et de bambins étourdis. Des amas de réfugiés, hommes en Borsalino, en calottes de soie noire, femmes effarées ployant sous le poids d'énormes ballots, se piétinaient devant les chevaux de frise des concessions. Les concessions, même, se vidaient de leurs occupants coutumiers. Anglais et Américains évacuaient en catastrophe leurs ressortissants vers Hongkong, vers Manille. Sous les tirs croisés de l'artillerie, le vapeur *Rajputana* de la P&O Line embarquait femmes et enfants par la coupée. Dans les eaux du Huangpu, le croiseur *Lamotte-Picquet*, les avisos coloniaux *Dumont d'Urville* et *Savorgnan de Brazza* attendaient les consignes hypothétiques de l'ambassadeur de France. À Paris, M. Édouard Daladier recevait au ministère l'amiral Koga en visite de courtoisie. D'une politesse exquise, l'amiral rappela que c'était l'ingénieur français Émile Bertin qui avait nourri « de son génial talent » la jeune marine de guerre japonaise, qui l'avait dotée de blindages épais, de caissons étanches, de canons à tir rapide, de tubes lance-torpilles.

Les navires nippons libéraient de leurs flancs des flots de fantassins tout armés, des motocyclettes side-cars Kurogane, des camions Nissan, des automitrailleuses Vickers-Crossley, des tanks Type 89 I-Go. Appliqués et impassibles, les officiers de marine en uniforme blanc immaculé vérifiaient à travers leurs jumelles l'impact des obus tirés depuis leur bord sur les districts de Zhapei, de Pudong, de Nandao. Les blindés roulaient à vive allure dans les rues asphaltées. Les fantassins, tenant à la main leur fusil à baïonnette réglementaire, avançaient en groupes, par petits bonds, le long des murs, la gourde leur tapant le derrière. Les Chinois plièrent sous l'assaut.

Dans sa caverne austère du Territoire Interdit, Mao Zedong, maigre encore et de mise négligée, s'adonnait à la philosophie perfectionniste. « Dans le processus de leur activité pratique, notait-il avec un sens aigu de l'à-propos, les hommes ne voient, au début, que les côtés apparents des choses et des phénomènes, leurs aspects isolés et leur liaison externe. Par exemple, des gens de l'extérieur sont venus enquêter à Yan'an. Le premier jour ou les deux premiers jours, ils ont vu la ville, sa topographie, ses rues et ses maisons, ils sont entrés en contact avec beaucoup de personnes, ont assisté à des réceptions, des soirées, des meetings, entendu différentes interventions, lu divers documents ; ce sont là les côtés apparents et des aspects isolés des phénomènes, avec leur liaison externe. Ce degré du processus de la connaissance se nomme le degré de la perception sensible. » Yan'an était une cité rectangulaire, dans la vallée, dominée par une haute pagode et encerclée de collines trouées des grottes jaunes que s'étaient adjugées les Brigands Justiciers, Mao le premier.

Or, et par exemple en effet, flânait alors à Yan'an l'Américaine-Venue-en-Deuxième qui était d'un an son aînée et connaissait Upton Sinclair. Son père s'appelait Charles, sa mère Sarah. Elle était née dans une misérable cabane de pionniers mais fut élevée à Trinidad, comté de Las Animas dans le Colorado, où s'extrayait le charbon du richissime Rockefeller. À New York, plus tard, elle devint une vraie dame mêlée à de confuses embrouilles. Contre dix mille dollars cash, après huit mois à l'ombre, elle sortit libre de sa cellule de Tombs Prison à Manhattan. Ses pulsions la portèrent vers la Pologne et dans les Alpes bavaroises. Elle voyagea sous l'identité fictive d'Alice Bird parfois, parfois de Mme Petroika. Vivre sa vie, à ce moment, n'était pas dénué d'intérêt, la relater serait trop long. Ce fut en journaliste de la *Frankfurter*

Zeitung dûment estampillée qu'elle aborda la Chine. Comme la plupart des Américains ingénus, des Anglais conformistes ou des Allemands en rupture, elle s'établit à Shanghai afin de mener ses affaires. Ici, observait-elle, « il y a d'opulentes réceptions officielles, des bals, de gros groupements financiers, des spéculations au Stock Exchange, des fumeries d'opium... » Elle croisa un Allemand de l'avenue Joffre qui roulait à motocyclette et devint sans tarder son cavalier. D'après les chuchotements d'informateurs équivoques, de cancaniers hasardeux, ce compagnon, grand et brun aux yeux bleus, marqué de rides au front, était meilleur amant que bon Allemand, mais à l'époque cela valait peut-être mieux. Homme charmant aux activités multiples, l'amant se faisait appeler Mr. Johnson d'un côté de l'avenue et Dr. Sorge de l'autre. Ce n'était pas tous les jours commode. Il fallait de temps en temps tourner la tête en arrière, s'appuyer nonchalamment contre le tronc d'un platane, faire semblant de rien. Pour donner le change, il écrivait des articles fournis sur la récolte du pois soja en Mandchourie, puis il tirait les vers du nez des conseiller militaires teutons de Chiang Kai-shek et, la nuit, faisait fonctionner en continu l'émetteur-récepteur dissimulé dans un atelier de réparation de motocycles de la rue Paul-Doumer. « *Tiiiuuouoo... tuuit... crr... tuuut...* avec-la-prise-de-contrôle-de-la-Mandchourie... le-Japon-est-encouragé-à-jouer-un-rôle-très-actif-en-Asie-Orientale... *crrc... toouuit...* » Trait-trait-point, point-trait-point, point-point-trait. « Peux-tu me présenter un Japonais capable d'accroître ma compréhension de la politique nipponne vis-à-vis de la Chine ? » demanda à brûle-pourpoint Richard — son prénom était Richard — à l'Américaine du Colorado née dans une cabane de pionniers. Elle en dénicha un car partout elle était bien introduite. Il s'agissait d'un descendant de samouraï, jeune journaliste dans sa trentaine, nommé Ozaki Hotsumi. Sans doute appartient-il à d'autres, plus renseignés, de dévoiler ce que sont devenus Richard Sorge et Ozaki Hotsumi. L'Américaine-Venue-en-Deuxième les avait abandonnés à leurs occupations afin de se consacrer aux siennes.

Elle ruminait à l'auberge de Xi'an, près de la gare verte et rouge, quand le Jeune-Maréchal arrêta Chiang Kai-shek dans le dessein de lui faire avaler son dentier. Les balles sifflaient à ses oreilles de Yankee. Un projectile fracassa le miroir de sa chambre comme dans les westerns. « Mon Dieu, ils vont me tuer ! » pensa-t-elle en un éclair, enchaînant à haute voix : « Je ne suis pas japonaise ! Je suis américaine ! » Hormis des Chinois mal éclairés de Mandchourie et du nord du Shaanxi, nul n'aurait pu confondre : l'Américaine du Colorado avait une constitution sportive, les épaules carrées et le menton en galoche. De peu galants béguins, de l'espèce de Richard Sorge, dégoisaient à son sujet : « En bref, c'est une femme masculine. » Mais les soldats excités du Jeune-Maréchal ignoraient tout de son caractère et de ses humeurs. Un militaire lui enfonça dans l'estomac le canon de son revolver, tandis qu'un autre en grognant fouillait ses bagages, examinait ses lunettes, comptait l'argent de sa bourse qu'il partagea en deux parts égales. L'Américaine se tenait coite. Son âme passait par les couleurs opposées de l'arc-en-ciel selon les principes du Yin et du Yang. Elle pleurait le stylo-plume envolé avec ses dollars, mais soupirait d'aise en songeant à Chiang Kai-shek qu'elle appelait, par inclination, « ce bâtard ». Curieuse de nature et de profession, elle arpenta les rues de Xi'an équipée par précaution d'un brassard de la Croix-Rouge et d'une boîte de premiers secours. L'ayant repérée, alerte mais oisive, les insurgés hospitaliers lui suggérèrent de causer dans le poste en anglais à l'effet de propager au loin leurs doléances. Ils tenaient l'antenne XGOB dressée au dos d'un palais, d'où coulaient les ondes. L'Américaine, langue déliée, posa ses coudes devant le micro. Le *New York Times* de Manhattan eut tôt fait d'en être informé et, naturellement, d'en informer ses lecteurs en lettres grasses. Les Américains, c'est notoire, aiment fourrer partout leur long nez. « Une Américaine aide le soulèvement chinois, titrait le quotidien. — Elle occupe un poste clé alors que deux cent cinquante mille hommes mijotent un régime rouge pour les régions du Nord-Ouest. — Des drapeaux écarlates sont apparus à Xi'an… Les stations de radio répandent avec énergie le credo communiste… À l'avant-garde de cette campagne, selon des sources sûres, se démène une Américaine…

Auteur de trois livres louant le mouvement communiste chinois, elle a vécu une dizaine d'années à Shanghai. » Le récit de ces exploits offensait toute personne sensée de l'Occident civilisé, du Missouri et du Colorado. Elle n'avait de son côté qu'Upton Sinclair, héraut des causes perdues. « Je l'ai connue jeune et jolie », protestait-il. Mais cela remontait à loin. Dans un recoin de Xi'an, l'Américaine-Venue-en-Deuxième s'aboucha avec le Mandarin-Versatile qui négociait en ville. La voyageuse livrait crûment son point de vue. « Je confirme que Moscou ne fera rien en faveur de la Chine. Staline joue ici le même jeu qu'en Espagne. » Ce n'était pas faux. Puis elle résolut, afin d'affûter son savoir, de rendre visite aux Bandits Rouges en leur antre, et munie des recommandations idoines, en culotte de cheval, elle prit la route vers Yan'an.

Au détour du chemin, l'Américaine rencontra un fantôme. Son cœur émotif tressauta. Elle éclata en sanglots, le fantôme avec elle. Dans un uniforme gris, sous une casquette militaire, le fantôme larmoyant avait la petite bouille ronde de la romancière enlevée à Shanghai trois années auparavant et que le monde entier, Louis Aragon, Paul Nizan et Vaillant-Couturier, croyaient retenue au royaume des ombres. Les meilleures revues avaient imprimé sa nécrologie. « Ding Ling est morte ; elle pouvait vivre dans l'opulence… elle a renoncé à la vie facile et veule pour donner au prolétariat chinois son existence et son sang… » Quelques pages inédites, des fragments d'œuvres inachevées ajoutaient au faire-part le témoignage de son talent. « *Il se remit à chanter "Je pelote encore un coup et je touche…" Il cessa de chanter et dit : "Mais si ces diables de soldats féroces se vengent sur le peuple chinois, c'est parce qu'ils ne peuvent pas nous tuer, nous"…* » Ding Ling s'était volatilisée un jour de mai à Shanghai, et voici qu'elle se matérialisait là, devant l'Américaine, en chair et en os, dans la froidure hivernale au nord du Shaanxi.

La romancière avait eu de la chance après que les quatre malabars, pistolet au poing, l'eurent bourrée dans la voiture 4223. Mais ce qui fut dur à supporter serait fastidieux à rapporter. Elle avait été promenée sous bonne garde à Nankin et dans les montagnes. « Sais-tu qui nous sommes ? fanfaronnaient ses gardiens. Nous sommes le service secret du Kuomintang qui exécute les gens. » Cela l'effrayait grandement, lui collait la peur au ventre. Ding Ling n'était pas une inconnue, certes, depuis le succès du *Journal de Mademoiselle Sophie*, mais ils en avaient liquidé de plus célèbres, d'aussi coriaces, tel le secrétaire de la Ligue de Défense des Droits Civiques, un ennuyeux personnage diplômé de Columbia en Amérique. Le Généralissime en personne avait décidé son effacement, Dai Li le Cruel s'était chargé des formalités et les sicaires adroits lui avaient délivré dix balles dans le buffet devant la soporifique *Academia Sinica*, au beau milieu de la Concession française. *Shā yī jǐng bǎi* — en tuer un pour en terroriser cent, la consigne était la consigne. Le *Shanghai Evening Post and Mercury*, acquis aux valeurs américaines, ne goûtait pas de tels excès. « Le général Chiang Kai-shek est soupçonné d'ordonner les activités meurtrières des Chemises Bleues en vue de consolider son pouvoir personnel. » Mais Chiang Kai-shek demeurait imperméable aux bavardages. Ding Ling avait du souci à se faire. Elle s'en faisait, d'ailleurs, mais de son éducation lui restait une sorte de fatalisme. La romancière fut interrogée par le maître du Bureau d'Investigations et de Statistiques tout vêtu de blanc. « Comment allez-vous ? lui demanda-t-il aimablement en parlant d'argent. J'espère que vous voudrez bien dépenser votre talent à des fins utiles et créatrices en travaillant au profit de notre parti. » Il n'en tira rien. On présenta à la prisonnière du poulet, de la viande, du poisson. Elle fut prise en main par un renégat, roi de l'hypnose, mais sur elle la manipulation échoua. « Mon sort est identique au vôtre, se lamentait le traître. En apparence, je peux sortir dans la rue, mais en réalité, je ne suis pas libre. » C'était sans espoir. Ding Ling fut retenue dans un camp écarté de Chemises Bleues, puis placée en résidence surveillée. Les mois passant, sa santé chancelait. Une fièvre typhoïde la cloua au lit. La surveillance se relâchait. Ding Ling ouvrait les yeux, respirait, remuait les doigts, s'éloignait de quelques pas. Arriva un jour où elle s'évada en grimpant subrepticement dans un wagon de chemin de fer. Déguisée en soldat du Kuomintang, elle prit le train du Nord et, à Xi'an, la ville des Qin, des Han, des Tang, trouva refuge chez un dentiste germanique dont le chien s'appelait Hitler. Le dentiste n'était pas aussi mauvais qu'il avait l'air. Chez lui elle entrevit, à ce qu'on dit, l'Américain-Venu-en-Premier tout juste rentré du Territoire Interdit. En buvant du vin, ils entonnèrent *L'Internationale* en trois langues intriquées. *Auf, ihr Verdammte des Planeten, Auf, Hungerknechte, aus dem Sumpf!... For justice thunders condemnation, A better world's in birth... Jiù shìjiè dá gè luòhuā liúshuǐ, Núlìmen, qǐlài, qǐlài!..* Au dernier quartier de la lune, Ding Ling monta sur une mule. Peut-être chevaucha-t-elle dix jours, au onzième mois. Enfin elle les vit, Mao Zedong et les autres autour de lui, heureux et fiers de recevoir chez eux une romancière. Ils lui souhaitèrent la bienvenue dans le Repaire des Redresseurs de Torts. Après qu'elle eut parlé, qu'elle eut conté ses avanies et exposé ses déboires, les Justiciers prièrent Mao de prononcer un discours ou au moins quelques mots. « Comment se fait-il que partout où j'aille on me demande de parler ? se récria-t-il sur un ton jovial. Ne puis-je pas aller à une réception simplement m'amuser ? » Ding Ling, l'auteur de « Mon Cœur » dans le *Mensuel de la nouvelle*, ne lui était pas véritablement indifférente. Le chef suprême des Brigands Justiciers cultivait son goût pour la littérature et pour l'art. Ils avaient donc matière à converser. À en croire certains, Ding Ling et Mao Zedong ne se quittèrent pas de trois jours et de trois nuits. « Que veux-tu ? lui demanda-t-il à la fin.

— Je veux rejoindre l'Armée Rouge, répondit-elle.

— C'est facile ! admit-il. » Attrapant son pinceau, il la régala d'un poème sur le mode des *Immortels au bord de la rivière*.

Sur la muraille au soleil couchant flottent les drapeaux rouges,
Ondulant paresseux au vent d'ouest sur la cité isolée...
Qui peut se comparer à une plume si délicate ?
Trois mille soldats d'élite armés de mausers...
Hier demoiselle des lettres,
Aujourd'hui martiale comme un général...

La romancière revêtit l'uniforme et suivit sur un cheval efflanqué les soldats de Deuxième-Couteau, du Pirate-Optimiste et de l'Ours-Téméraire. Les plus instruits des Brigands Justiciers se félicitaient de lire à l'avenir des écrits enchanteurs du Territoire Interdit dont ils seraient les héros. Mais Ding Ling ne se pressait pas de composer. Elle préférait musarder avec les petits diables, les enfants orphelins, et apprendre des gens de la campagne tout juste capables de déchiffrer le caractère *dīng* à deux traits. Ding Ling était entrée dans une nouvelle vie.

Provenant de Xi'an avec des nouvelles fraîches, l'Américaine-Venue-en-Deuxième dut lui avouer qu'Hitler n'avait plus de maître, qu'une balle perdue ou trop bien ajustée avait foudroyé le dentiste germanique à l'entrée de l'auberge près de la gare. Elles échangèrent des paroles de deuil. Les couplets de naguère leur vinrent à l'esprit et aux lèvres. « C'est une étrangère de nos amis », expliquait Ding Ling aux soldats rouges en désignant sa compagne carrée du Colorado. Des soldats alors, chaudement couverts, lui demandèrent de leur parler de l'Espagne puisque étrangère elle était et que l'Espagne, au bout des Quatre Mers, leur était familière dans le Shaanxi. Devant un feu, ils partagèrent des légumes bouillis et du millet. Continuant vers le nord, les deux femmes et leur escorte parvinrent dans le village où se tenait le Pirate-Optimiste, le chef de l'Armée du IIe Front, Double Tête de Dragon dans la Société des Frères Aînés, coiffé d'un bonnet de fourrure, portant des bandes molletières et arborant sa moustache légendaire. « C'est nous ! » cria Ding Ling en guise de salut. À l'Américaine, le Pirate fit forte impression. « Voilà un cœur d'or », lui dit-on. Elle le crut volontiers car elle était bien disposée. Plus loin encore, au bas d'une montagne enneigée, les deux femmes aperçurent l'Ours-Téméraire. L'Américaine du Colorado connaissait tous ses exploits. Du moins l'assurait-elle à qui voulait l'entendre. L'Ours-Téméraire souffrait d'un ulcère et du coup de sabot d'un cheval, et il se réchauffait les pieds contre un brasero. À lui non plus, Ding Ling n'était pas antipathique. Il se délectait en sa présence. En forme de cadeau, la romancière traça les contours d'une *Saynète littéraire dédiée à l'Ours-*

Téméraire. C'était un grand honneur pour lui qui ne savait rien de la ponctuation, du style ni de la narration. La seule chose qu'il ait écrite, outre ses traités militaires, avait été une composition primaire à l'école des officiers de l'Armée du Hunan.

Saint Yu-le-Grand honore chaque morceau de temps.
Le sage Tao Kan enrichit chaque moment.
Qu'en est-il des soldats de notre ère nouvelle,
Que de grandioses tâches nationales appellent ?

Ding Ling, qui avait fréquenté le parti des anarchistes, coupait ses cheveux court et raffolait du cinéma, se contrefichait des mérites de Yu-le-Grand, descendant de l'Empereur Jaune, et de Tao Kan, commandant de huit provinces autour de l'an 330. Mais elle en savait assez du Kuomintang, des Chemises Bleues, des méfaits japonais et de la résistance. L'Ours-Téméraire lui convenait tel qu'il était. D'aucuns prétendirent qu'entre eux deux se noua une relation intime. La romancière s'en défendit. « J'admire terriblement l'Ours-Téméraire, assura-t-elle, et plus encore Mao Zedong, mais je n'ai l'intention d'épouser ni l'un ni l'autre. » Il y avait à cela d'excellents motifs. Ding Ling, à la veillée, évoquait Alexandra Kollontaï, échotière curieuse de *L'Amour des abeilles ouvrières*, féministe divaguant en Suisse, en Angleterre, au Danemark, en Suède, et dans d'autres endroits où arrivaient les bateaux et les trains, Russe extraordinaire à demi finlandaise et un peu ukrainienne dont l'Ours jusque-là n'avait ouï le nom. L'Ours s'en tenait aux Cent Huit Héros d'*Au bord de l'eau* et à Cao Cao du *Roman des Trois Royaumes*. « L'Ours-Téméraire ne croit pas au mariage, plaisanta l'un des présents, c'est la raison de ses ulcères. » L'Ours, que son estomac torturait, ne s'en laissait pas conter nonobstant : « Il y a pas mal de gens mariés qui ont des ulcères ! » ripostait-il, un peu vexé. L'Américaine-Venue-en-Deuxième, pour se faire bien voir, tirait dans son sens le fil de la conversation : « Un ulcère à l'estomac cause moins de soucis qu'une femme », décréta-t-elle. Dans le

Colorado, vers les puits de pétrole et les mines de charbon, les opinions s'accordaient mal aux théories d'Alexandra Kollontaï.

Avançant toujours, et toujours vers le nord, les deux femmes parvinrent à Yan'an entre les collines ocres et tombèrent sur Petit-Chien dit Rouge-Vertu. « *Wie geht's ?* » lançait aux nouveaux Petit-Chien qui n'avait pas oublié Göttingen — « Comment allez-vous ? » L'Américaine du Colorado l'embrassa sur les deux joues. « Laissez-moi vous regarder ! lui dit-elle. Pendant des années j'ai entendu parler de vous comme d'un bandit dont la tête valait vingt-cinq mille dollars ! » Elle sous-estimait considérablement sa valeur, mais Rouge-Vertu ne s'offusqua pas d'une insignifiante erreur. Après une pause, elle ajouta : « Il y a bandit et bandit, ceux que j'ai connus à la ville portaient des costumes européens et lisaient des romans policiers. » L'Américaine savait détendre l'atmosphère. « Vous, vous êtes le cadavre le plus vivant que j'aie vu, dit-elle encore : je vous ai amené des coupures de la presse shanghaienne dans lesquelles vous êtes mort. » Ravi de se savoir en vie, Petit-Chien offrit à l'ardente visiteuse un coursier nerveux et une selle mongole décorée. L'Américaine n'était pas arrivée les mains vides et cachait dans son bagage quelques présents.

En suivant la narration de ses péripéties vous saurez de quoi il s'agit, et vous en découvrirez davantage sur le monde et les mœurs des Redresseurs de Torts.

CHAPITRE XVI

Au fond des cavernes jaunes, les Redresseurs de Torts rencontrent de mauvais génies — Les protecteurs de Puyi l'empereur poussent leur avantage.

Depuis que les Brigands Justiciers avaient troqué l'étoile rouge contre l'insigne national du Soleil Blanc sur fond d'azur, leur Repaire avait cessé d'être un territoire interdit. Ils l'avaient baptisé, par commodité, Zone Spéciale des Frontières et y demeuraient dans des habitations troglodytes fraîches en été, chaudes en hiver. Accrochée à un mur de ce bout du monde, sous le regard de badauds analphabètes mais intéressés, frémissait au souffle du vent une bannière de soie rouge sur laquelle était écrit en lettres latines : « *¡ Salutamos les puebles bravissimos de la España !* » Des puristes hispanisants feraient remarquer qu'il y avait là plus d'une faute. C'était vrai, d'un côté. Mais d'un autre côté, ils eussent été en peine de dénicher en Espagne, à Madrid, à Barcelone où ne manquaient ni affiches ni banderoles, du PSUC, du POUM, du PSOE, de la CNT-FAI, une seule qui soit composée en caractères mandarins, fût-ce de calligraphie malhabile. Sévissait dans la Péninsule divisée par moitié le général Franco, une sorte de Chiang Kai-shek, chrétien comme lui, sauf qu'il était court et gras et que son épouse au long nez tombant ne possédait pas l'éclat de Soong May-ling, la fille du vendeur de bibles.

Franco le généralissime espagnol était plus petit qu'Hitler et que Mussolini, ce n'était pas peu dire, mais cela ne les empêchait pas d'être grands amis. Hitler et Mussolini, pour simplifier, infligeaient aux Madrilènes, aux Basques, aux Catalans ce que les Japonais faisaient endurer aux Chinois de Pékin, de Shanghai, de

Canton. Les Heinkel 111 et les Junkers 52, couverts par les chasseurs Fiat CR 32, dégorgeaient pareillement sur les gens d'en bas leurs mille bombes incendiaires d'aluminium et d'oxyde de fer. À l'annonce de si terribles malheurs, le sang des Redresseurs de Torts ne fit qu'un tour. Du Repaire, au Shaanxi du Nord, Petit-Chien dit Rouge-Vertu adressa une lettre aux Espagnols qu'il ne connaissait pas, car la région jaune des Frontières disposait de postiers, de timbres rares et de courriers particuliers. « Nous lisons chaque jour avec émotion les nouvelles de votre lutte héroïque, écrivait donc Petit-Chien, toujours brave et dévoué. Votre triomphe sera aussi le nôtre puisque nous avons un ennemi commun : le fascisme barbare. » L'Espagne était un lointain pays exotique, un royaume devenu république, baigné par deux mers. Pas un des Brigands Justiciers, parmi les plus hardis voyageurs, n'y avait mis les pieds et il n'y avait au Shaanxi, même en cherchant bien, aucun spécimen d'Andalou, de Navarrais ou d'Asturien. L'Espagne, à ce que montraient les cartes et les guides, était aussi petite et vide que la Chine était vaste et peuplée. N'empêche. S'y trouvaient quelques Chinois de hasard, cuisinier descendu d'un cargo, ouvrier échappé des chaînes de Renault, étudiant parvenu du Minnesota à force de tracas, qui tenaient leur humble rôle de brancardier ou de mitrailleur dans les Brigades Internationales des volontaires contre Franco. L'un d'eux avait étudié la science politique à Göttingen. L'ayant appris, car tout s'apprend, Petit-Chien, dit Rouge-Vertu, l'Ours-Téméraire et le Mandarin-Versatile se mirent ensemble et confectionnèrent un paquet qu'un marin anonyme porta jusqu'à un port, jusqu'à une ville, jusqu'à ceux à qui il était destiné. Dans le colis était plié un drapeau brodé. L'inscription, sur le tissu écarlate, se détachait en chinois et en anglais, parce que les expéditeurs jugeaient hésitant leur castillan : « Peuples d'Espagne et de Chine, unissez-vous ! À bas les fascistes, ennemi commun du genre humain ! » Des coutumes de l'Espagne, du chocolat chaud à la cannelle, de l'omelette aux écrevisses d'Aragon, des pralines de Guadalajara, les Brigands de Yan'an étaient fort ignorants. Mais du fascisme et des Chemises

Bleues, ils pouvaient discuter abondamment, comme de l'intervention étrangère, du chaos de la guerre et des bombardements.

Par une journée de décembre douce ou glacée, selon la latitude, la junte rebelle du généralissime Franco reconnut pour frère l'empire esseulé du Mandchoukouo. Et réciproquement. La nouvelle venait à point élargir l'horizon étriqué de l'empereur Puyi et lui procurer une mince distraction susceptible d'alléger son profond ennui. Dans sa capitale artificielle agencée par les Japonais selon les règles de l'art, Puyi se levait tard, déjeunait de même de plats végétariens strictement contrôlés. L'empereur du Mandchoukouo redoutait que les animaux découpés pour les pâtés impériaux n'abritent l'esprit réincarné des membres de sa famille, et quoiqu'il fût bien cruel envers ses serviteurs, les faisant battre à tour de bras et rouer de coups, il demeurait par tradition enclin à la piété filiale. Puyi, que personne n'appelait plus Henry, craignait les mouches. Il ne voulait pas en écraser de peur qu'elles ne contiennent une conscience semblable à la sienne. Mais il ne les supportait pas. Sa vie était un enfer. Ses hémorroïdes le démangeaient. Ni son chien Ponto, le molosse anglais, ni sa première épouse dévorée par l'opium ne lui apportaient le moindre secours. Inquiet, il interrogeait les oracles, les devins, les mages déchiffreurs des tablettes antiques et son conseiller spécial, le colonel Yoshioka de l'Armée nippone de Mandchourie. « Le Japon est pareil au père de Votre Majesté, glissait l'officier traitant à l'empereur Puyi avec force courbettes. Je suis un peu Votre parent, je me sens très honoré. » Attaché à son trône décoré de l'orchidée, Puyi ne pouvait qu'acquiescer. Mais il était morose. Aux rares visiteurs de l'extérieur, prospecteurs occidentaux de valeurs agricoles et industrielles, il répétait : « *Oh, I'm just fine !* » — « Ça va bien. » Mais il honnissait en secret les tics du conseiller, ses phrases et ses mots entrecoupés de « Uh ! » et de « Ah ! » « Uh ! Uh ! Uh ! » « Ah ! Ah ! Ah ! » Jusqu'alors, en dehors du Japon tutélaire, l'Empire mandchou des provinces orientales n'avait reçu que la considération minuscule du Saint-Siège et d'El Salvador. Il n'était pas évident, dira-t-on, de pointer le Salvador sur une mappemonde, ni le Vatican. Mais il n'était pas non plus évident pour le général Maximiliano Hernández Martínez, végétarien installé à la Présidence salvadorienne, au pied du volcan Quetzaltepec, de situer sur une carte le Mandchoukouo. C'était de sa part un effort méritoire. Des citoyens désobligeants de San Salvador surnommaient leur président « Le Sorcier » au prétexte qu'il se livrait à la magie noire et croyait aux zombies. Simplement, en tant que général, il savait où était son devoir, ayant lui-même dépecé ses communistes et haché menu les journaliers disetteux des plantations de café. C'est pourquoi, en vertu des pouvoirs qu'il s'était conféré, il célébra avant tout le monde l'âme italienne de l'Abyssinie, le pois soja du Mandchoukouo et la junte apostolique du général Franco. Les événements diplomatiques de cette envergure font l'objet nécessairement de télégrammes en bouquets qui se répercutent par le fil de capitale en métropole et donnent lieu à interprétations. Câble de Washington — *La République de San Salvador a reconnu le gouvernement du général Franco*. Londres — *Un télégramme de San Salvador annonce que le gouvernement de la République d'El Salvador a décidé de retirer son adhésion de la Société des Nations*. Rome — *L'Italie reconnaît le Mandchoukouo*. Télégramme du comte Ciano au Premier mandchou : « J'exprime à Votre Excellence le salut du gouvernement fasciste et du peuple italien, ainsi que nos vœux les plus sincères. » Radiogramme via Tokyo — *Le Mandchoukouo reconnaît le général Franco comme seul représentant légal de la nation espagnole*. Télégramme du Premier mandchou au comte Ciano : « Je suis convaincu que les relations amicales entre nos deux pays mèneront à une parfaite coopération dans notre lutte commune contre le bolchevisme et pour la paix mondiale. » Câble en provenance d'Italie — *La reconnaissance nippone du gouvernement du général Franco a été accueillie avec une vive satisfaction par le Duce ; elle est naturellement mise en relation avec la reconnaissance* de jure *du Mandchoukouo par le gouvernement fasciste*. Tokyo — Message de M. Hirota, ministre des Affaires étrangères du Japon au général Franco : « Je suis persuadé que les liens d'amitié séculaires qui unissent heureusement nos deux pays se feront plus étroits. » Dépêche de Shanghai — *Par-dessus les barbelés qui séparent de la Concession britannique le quartier de Zhabei conquis par les Japonais, des soldats anglais serrent la main des vainqueurs.* Tokyo — Le prince Konoye, Premier ministre, a souligné le rôle du Japon en tant que champion de l'intégrité territoriale de la Chine : « La Chine devrait réfléchir à l'exemple du Mandchoukouo qui a réussi, grâce au Japon, à consolider l'ordre et la paix à l'intérieur et aux frontières. » Shanghai, dernière heure — *Le général Matsui Iwane, chef du corps expéditionnaire japonais, s'entretient avec le lieutenant-colonel Perretier du Bataillon mixte d'Infanterie Coloniale, commandant les forces françaises cantonnées dans le grand port chinois. Ils boivent de l'eau minérale. Des troupes nippones traversent sous escorte la Concession française.* Télégramme de Berlin — *Dans les cercles politiques de la capitale, on attache une certaine importance aux entretiens qu'a eus le Führer avec deux ministres japonais. Le Führer a envoyé un télégramme de félicitations au général Franco qui a fêté hier son 45e anniversaire.*

Au plus profond de sa caverne de la Zone Spéciale des Frontières, Mao Zedong, assis à une table, ciselait sa philosophie. « Puisque les choses et les phénomènes sont d'une prodigieuse diversité et qu'il n'y a aucune limite à leur développement, ce qui est universel dans un tel contexte peut devenir particulier dans un autre. Inversement, ce qui est particulier dans un tel contexte peut devenir universel dans un autre. » Il garnissait ce raisonnement d'exemples probants puisés aux marges d'*Au bord de l'eau*, entre les pages du *Voyage vers l'Ouest du Singe pèlerin* ou dans les *Contes étranges du Pavillon Sans-Souci*, chez la femme-renarde aux subtiles métamorphoses. À certains mal lunés cela semblait insuffisant, ceux qui par le passé avaient prisé les mots du Vieux-Professeur évincé, du Bibliothécaire-Chef étranglé ou du Jeune-Écrivain tuberculeux, fusillé après avoir avalé une coupe d'alcool de riz. Quelques Bandits Rouges les admiraient encore. Mao Zedong en était conscient. Ses enquêtes dans le Hunan, parapluie sous le bras, ses équipées guerrières dans les vertes forêts, son odyssée de vingt-cinq mille lis ne lui avaient guère laissé le loisir d'approfondir ses bases. « Il se trouve aussi des gens pour lancer à tout propos : "Montre-nous ça dans ton livre !" », râlait-il, vexé. Mao ne disposait pas à demeure d'une bibliothèque complète. Chacun, ici, partageait ses connaissances, donnait à tous selon ses moyens, selon ses capacités. Les anciens enseignaient aux nouveaux. Petite-Bouteille, qui avait usiné à Billancourt chez Renault et chez Schneider du Creusot, exposait en termes simples les lois complexes de la valeur, valeur d'usage, valeur d'échange, valeur immanente, *quantum* de travail socialement nécessaire et saut périlleux de la marchandise. L'exercice était ardu, d'autant que l'orateur se remettait péniblement d'une crise de typhoïde. Alors, dans le dessein de faire passer et comprendre au mieux, il exécutait à capella une *Internationale* et ses auditeurs s'en montraient heureux. Tête-de-Fouine enseignait la stratégie, la science de la manœuvre et des attaques brèves. Ainsi conquit-il une jeune novice du public, portant casquette à étoile rouge. Tête-de-Fouine n'était pas tellement porté sur les femmes, pourtant ils se marièrent et on dit que de leur bélinage une fille naquit.

Au Repaire, sous la pagode octogonale à neuf étages, s'organisait le monde que chantaient les Redresseurs de Torts. Les soldats aux semelles de paille n'avaient plus le tourment du millet, de l'orge cru, du manque, de la faim. Des caravanes de chameaux chargés de belles marchandises gorgées de valeur visitaient Yan'an, et chacun devant chez lui cultivait son jardin, faisait croître des légumes, des pommes, des poires, des jujubes. Mao Zedong était mince comme un fil, dans son uniforme de coton. Mains croisées sur les genoux, tenant négligemment sa casquette du bout des doigts, il contemplait l'éther, assis sur un fauteuil de bois. Puis il reposait sur son crâne sa casquette, en arrière et de travers. Mao n'était pas un parangon d'élégance. Ses compagnons non plus. Le pied sur un muret, Petit-Chien arrangeait ses bandes molletières. Les Brigands Justiciers vivaient frugalement, s'en tenaient aux vestes et pantalons uniformes, légers en été, matelassés en hiver, cinq boutons, cousus par leurs machines Singer ou de marque japonaise, deux poches de poitrine, deux poches latérales destinées aux carnets, stylos, documents, cartes, cigarettes. Un ceinturon, parfois. Les Redresseurs de Torts se ressemblaient tous plus ou moins, alors. Par privilège, Mao le Président était le plus débraillé. Il dépassait les autres, sinon d'une tête, du moins de quelques bons centimètres. Cela lui conférait un avantage certain. Debout, la veste ouverte sur un gilet de laine et le gilet sur une chemise, il palabrait, communiquait ses directives. En pantalon trop court, Petit-Trésor, sa deuxième épouse et demie, souriait toujours, la casquette bleue enfoncée jusqu'aux yeux.

« Elle s'occupe bien de Mao Zedong, disait d'elle la compagne de Petit-Chien, mais elle n'a pas d'autre tâche et lui ne passe pas son temps au front. » Aucune trace de méchanceté ne s'insinuait dans les mots francs de la paysanne aux joues rouges. Seulement, elle ne concevait pas sa vie ainsi. Vaillante-Pureté désirait devenir tireuse d'élite et l'était déjà un tantinet. Lors d'une escarmouche avec son peloton, un troupier du Kuomintang avait hurlé de loin : « C'est la femme de Petit-Chien qui est là ! Elle est féroce ! » Elle en gardait une fierté débordante. « Rouge-Vertu ne veut pas que les femmes s'occupent du ménage, expliquait-elle. Je ne m'occupe ni de sa nourriture ni de ses vêtements. Je suis trop prise pour ça. Pendant la Longue Marche, je n'avais même pas le temps de laver mon propre linge ! » Afin de montrer l'exemple dans l'épreuve, Vaillante-Pureté portait sur les épaules trois ou quatre fusils, ou le paquetage d'un plus faible. Aussi loin qu'elle se rappelait, l'épouse de Petit-Chien avait trimé aux champs, avec les cochons, les bœufs, quand elle avait été donnée comme fille-esclave à un paysan. Cela lui avait fabriqué de bons muscles, une belle charpente au service de l'Armée Rouge. À l'âge de quatorze ans, elle avait rejoint l'Union des Femmes impulsée dans son district par les Redresseurs de Torts, elle ne voulait ni des pieds bandés ni du mariage arrangé. De fil en aiguille, elle s'était retrouvée à arpenter les monts escarpés et les vertes forêts, à traverser les rivières et les marais, le Sichuan et le Tibet. « Nous n'avons pas d'enfant, coupait résolument l'épouse de

Petit-Chien dit Rouge-Vertu, parce que cela interférerait avec mon travail. » Les femmes du Repaire se distinguaient peu des hommes. Elles avaient suivi la Longue Marche de vingt-cinq mille lis, mangé l'écorce des arbres et les herbes des paludes. Sur les terres jaunes et brunes, à l'ombre de la pagode octogonale, s'ébaucha leur nouvelle existence. Cheveux en bataille et casquette de guingois, attifée d'une manière portant à la miséricorde, l'épouse du Mandarin-Versatile respirait la joie. « C'était le bonheur, soupirait-elle, car nous étions tous ensemble. »

Les Brigands Justiciers vivaient réunis, coupés de l'univers, et s'en trouvaient bien.

Ding Ling riait aux éclats.

Cela ne dura pas.

Survinrent dans la Zone Spéciale des Frontières des événements imprévus qui méritent d'être contés. Des gens allaient, venaient, attirés comme les mouches par le miel. Un avion tournant en spirale amena sur la vallée le Serpent-Blanc à la faveur du soir. Le Serpent-Blanc était un maître de la calligraphie, qu'il avait étudiée au Shandong où il était né, et il possédait d'autres dons. Sa famille était assez argentée. Il frottait agréablement le *bǎnhú*, l'instrument à deux cordes, et avait appris à jouer du couteau en fréquentant de mauvais garçons. Son éducation fut complétée par les missionnaires allemands de Qingdao intéressés aux nourritures raffinées et au *Livre des Mutations*. Il changea de nom, entreprit d'enseigner un peu la musique. À moments perdus — l'époque n'en manquait pas —, le Serpent-Blanc se lovait dans les maisons de jeu et de plaisir, bravant la bienséance. De ce point de vue et de bien d'autres, Shanghai, à l'embouchure du fleuve Bleu, surpassait forcément le Shandong des rives de la mer Jaune. Perclus de dettes, le Serpent-Blanc se risqua à calligraphier odes et poèmes pour un millionnaire ami de Du Grandes-Oreilles, le roi de l'opium, parrain de la Bande Verte. Il changea de nom à nouveau, se mit à fumer en quantité des cigarettes Le Rat. Son patron accumulait à hauteur raisonnable les actions de la Ningpo Commercial and Savings Bank et faisait office d'intermédiaire de la Nederlandsche Handel-Maatschappij, société de commerce hollandaise dont l'influence civilisatrice s'étendait vers Batavia, Singapour, Penang ou Calcutta. « Les Chinois aiment la paix et l'amitié », avait coutume de dire le financier. C'est pourquoi entrait dans ses activités normales d'emplir les caisses sans fond de Chiang Kai-shek et de caresser la philanthropie. Contre sa protection, le calligraphe du Shandong usait les Quatre Trésors, le papier, le pinceau, l'encre et sa pierre. Mais quoiqu'il ne le parût point, le Serpent-Blanc était un bolchevik à cent pour cent.

Son crayon en main, à des heures tardives, le Président Mao perçait les mystères de l'esprit et de la matière. « Les contradictions existent dans le processus de développement de toutes les choses, de tous les phénomènes et elles pénètrent le processus de développement de chaque chose, de chaque phénomène, du commencement à la fin. » Sa pensée se mouvait à l'aise dans les circonvolutions d'une argumentation affectée. À l'appui de l'axiome primordial, Mao pouvait sans suer à grosses gouttes alluder au *Livre des monts et des mers* dans lequel Kuafu le géant poursuit vers l'ouest le Soleil afin de boire au Grand Étang, il pouvait avec légèreté effleurer le traité du *Huainanzi* où l'archer Yi mouche de ses flèches neuf sphères de feu pendant aux branches d'un mûrier, il pouvait enfin invoquer sa pratique singulière. « Par exemple, le Kuomintang, avançait-il au hasard, après 1927, il se transforma en son contraire en devenant un bloc réactionnaire… Après l'*Incident de Xi'an*, en décembre 1936, un nouveau changement commença à se produire en son sein. » Dans cette gymnastique, il n'éprouvait nul embarras. Mais s'imposaient en philosophie dans sa catégorie des règles strictes qu'aucun Redresseur de Torts n'avait licence d'esquiver. Citer Marx, Engels, Lénine, les Russes, les Allemands, au bon endroit, à bon escient, s'avérait des plus épineux dans le nord du Shaanxi et Mao en souffrait considérablement. L'Américain-Venu-en-Premier l'avait vu de ses yeux emprunter au crépuscule d'épais volumes et s'en repaître en quatre nuits : « Il me questionnait au sujet de Gandhi », s'ébaubissait le Yankee. Mao réfléchissait. Ce n'était pas une partie de plaisir d'annoter le « Résumé de la nouvelle philosophie » de la *Grande Encyclopédie Soviétique* publié en chinois à Shanghai. Ce n'était pas amusant de suivre les chapitres du *Manuel de matérialisme dialectique* de Shirokov en quatre parties, la doctrine de la Vérité, la pénétration mutuelle des contraires, la dialectique des bonds, la négation de la négation, et *tutti quanti*.

Se posant au Repaire de la Pagode après un long temps, le Serpent-Blanc avait acquis une ample expérience et mené une sérieuse carrière. Les secrets inouïs qu'il détenait ne pouvaient être révélés. Dans la même saison à peu près, quand déferlaient sur les villes les bataillons japonais, les automitrailleuses et les tanks, était parvenu jusqu'à la Zone Spéciale des Frontières le Batracien-Graphomane. De sa vie, celui-là n'avait jamais mangé ni écorce, ni herbes sauvages, ni lambeaux de cheval mort. Il était d'une famille, néanmoins, de campagnards impécunieux, et parlait avec un accent du Fujian à couper au rasoir. Grâce à la compassion d'autrui, il avait pu étudier à fond Confucius, Mencius et Lao-tseu. Il débuta secrétaire d'un seigneur de guerre, puis un jour on le vit à Pékin professeur au Collège de Chine sous un faux nom. Entre-temps, on ne sait trop comment, il avait suivi en Russie des cours captivants. En théorie, il s'était construit un capital.

Entourée de nuages, la Lune se met mieux en relief, songeait le Président Mao. Les nouveaux venus, ainsi qu'il s'en aperçut, étaient tout disposés à le parer de cent couleurs. Mao Zedong les prit sous son aile. Mao avait sa photo dans *Life* en Amérique. Le Président avait sa photo dans la *China Weekly Review* de l'avenue Edward-VII à Shanghai : « *Mao Zedong, Chinese Red Leader.* » Cela le grandissait et, par un phénomène physique élémentaire, étendait son ombre. Les trois syllabes de son nom volaient sur les lèvres, entraient dans les oreilles, les trois caractères s'imprimaient sur les rétines, s'écrivaient en vingt-huit traits : *Máo-Zé-Dōng*, Poil-Marais-Orient. *Máo gǔ sǒng rán*, avoir la chair de poule. « Défendons Pékin et Tianjin, tonnait le Président de la Zone Spéciale des Frontières, défendons la Chine du Nord, défendons toute la Nation et menons une guerre sans trêve aux impérialistes japonais ! » Les journaliers des villes, les besogneux des champs, ayant perdu jusqu'à la tranquillité, se ralliaient de loin à cet astre luisant. Les sympathisants des contrées d'Occident s'escrimaient avec rien à tracer son portrait bienveillant. « Mao Zedong a derrière lui une existence dure et amère, répétaient-ils. Mao Zedong est né dans une famille de paysans pauvres… Avec une volonté formidable, il apprend la si difficile écriture chinoise. Les figures et les notions qui se dressent devant lui dans l'ombre épaisse de l'ignorance reçoivent désormais des contours nets et une signification claire… Amaigri, épuisé, Mao Zedong erre dans les rues, s'entretient avec les ouvriers, effectue les travaux les plus difficiles, ramasse soigneusement sur les trottoirs et les chaussées des morceaux de journaux. Il lit avec avidité tout ce qui lui tombe sous la main… » Les Occidentaux gobe-mouches jugeaient ce Mao piquant, digne de leur intérêt, encore qu'un peu flou. Les Chinois lettrés étaient plus finement renseignés. Pour deux fens, en effet, se vendaient dans les échoppes de Xi'an, les librairies de Hankou, ses autobiographies imprimées en mandarin, l'une à couverture rouge, l'autre à couverture blanche. Sur la gauche de la rouge et sur la droite de la blanche se découpait en noir son profil. Quatre-vingt-dix pages et quatre chapitres suffisaient à le raconter : « Enfance d'une étoile rouge », « Grandi dans les turbulences », « Première page d'une histoire rouge » « Bravoure, loyauté et grande endurance », épaissis d'un appendice consacré à sa deuxième épouse et demie, « *Madame* Mao », comme l'exigeaient les usages depuis que Chiang Kai-shek « *et Madame* » inondaient l'édition. Les autobiographies de Mao Zedong paraissaient aussi vraies que un se divise en deux.

Chacun de son côté, un Chinois nommé Li, un Chinois nommé Wang avaient traduit pour la rouge, pour la blanche, le reportage insolite placé dans un magazine anglo-saxon par l'Américain-Venu-en-Premier à son retour du Territoire Interdit. L'autobiographie est un art difficile. Surtout si on ne l'écrit pas soi-même. L'Américain était consciencieux. « Les gens veulent savoir quelle sorte d'homme vous êtes », avait-il dit à Mao, son idée derrière la tête. « Et puis vous devriez corriger quelques-unes des fausses rumeurs en circulation. » Mao parla longtemps. Assis sur un tabouret carré dans la grotte présidentielle, la nuit, à la lueur d'une lampe à huile, l'Américain-Venu-en-Premier saisissait en anglais sur son calepin les propos hunanais de Mao Zedong que lui traduisait un Chinois nommé Wu, diplômé de Shanghai. Un Chinois nommé Huang, diplômé de Pékin, transcrivait en caractères mandarins ces notes que Mao révisait, et les rendait postérieurement en anglais à l'Américain du Missouri qui les arrangea en forme définitive afin de contenter la revue de New York distribuée aux Philippines et l'éditeur Gollancz de Covent Garden, à Londres. Tel fut donc le legs de l'Américain-Venu-en-Premier que le Chinois Wang et le Chinois Li transposèrent dans leur langue en brochures à deux fens. Une série de photographies enrichissaient l'opuscule, des clichés pris au Repaire des cavernes jaunes par un Chinois nommé Tian avec un boîtier compact AGFA de fabrication allemande. « Prends ton temps », conseillait Mao impassible tandis que le photographe opérait sa mise au point. Une poule imbécile vint à passer dans le champ, que le photographe voulut chasser. « Laisse-la, intervint le Président, cette poule apporte une touche de vie à l'image. » Et de ce fait, une poule du Repaire accéda à la notoriété dans les boutiques de Xi'an, de Hankou et la Chine entière.

Bien que Président et chef des Bandits Rouges jouissant d'une réputation avantageuse, Mao Zedong n'emballait pas l'Américaine-Venue-en-Deuxième. La dame jugeait ses mains trop fines et les traits de son visage efféminés en diable. S'il fallait aller au fond de ses sentiments initiaux, cet aspect lui répugnait. Ce n'était pas ainsi qu'elle appréciait les hommes dans le Colorado, au bord de la rivière du Purgatoire, à Trinidad, comté des Las Animas. Mao, en détail, n'était pas son genre. Dans l'ordre de ses préférences, elle plaçait d'abord le Pirate-Optimiste à qui elle prêtait la grâce d'une panthère, Petit-Chien ensuite, dit Rouge-Vertu, rustique, ridé, mais bon gars, et, juste après, l'Ours-Téméraire qu'elle découvrait puritain, laid à son goût mais pourvu d'un sourire engageant et dont elle admirait les exploits. L'Américaine-Venue-en-Deuxième émettait volontiers son opinion sur les uns et les autres, semant l'ivraie et la zizanie. L'Américaine du Colorado avait tiré de son sac un cadeau empoisonné, un gramophone et ses galettes gravées. Ce n'était pas l'unique phonographe que l'on trouvât au Repaire. Li l'Allemand, le conseiller Otto, en avait ravi un à quelque despote local ou mauvais hobereau. Mais il détenait un seul disque qu'il repassait à satiété, une voix langoureuse qui rabâchait en français à n'en jamais finir «*parlez-moi d'amour, redites-moi des choses tendres… votre beau discours, mon cœur n'est pas las de l'entendre*». Or les oreilles des Chinois du Shaanxi du Nord en avaient assez de Lucienne Boyer.

L'air, à force, manquait d'agrément. Vers l'âge de seize ans, dans les bars de Trinidad, l'Américaine-Venue-en-Deuxième avait respiré d'autres mesures, soutenu d'autres cadences, assimilé d'autres accords. Il était temps, pensait-elle, d'égayer de quelque fantaisie le quotidien atone des Bandits Rouges. Du pavillon de son appareil mécanique, devant les Chinois éberlués, sortaient des notes trépidantes : *She'll be coming'round the mountain (when she comes)*, « elle descend de la montagne à cheval, elle descend de la montagne à cheval, Ai-ya youpi, youpi yeh… » Les couplets s'enchaînaient à rythme rapide et les chaussures marquaient le tempo. *On tuera le vieux coq rouge quand elle viendra (Hee Haw)… On aura du poulet et des boulettes quand elle viendra (Hee Haw)…* L'Américaine se livra sur sa lancée à diverses expériences. Elle butinait, de grotte en grotte, jaugeant à son aune les capacités de chacun des Brigands Justiciers. Un soir elle rivalisait avec le Mandarin-Versatile pour porter en enfilade des toasts aux peuples en lutte, de l'Abyssinie jusqu'à Zanzibar. Un après-midi elle prenait à part le Pirate-Optimiste afin de lui enseigner, une main en l'air et l'autre sur l'épaule, le fox-trot *up-to-date*, pied qui avance, pied qui recule. C'était concluant. La pédagogue en fut enthousiaste et l'élève également. « Ce type a la musique dans le sang ! » jubilait-elle. L'Américaine passa à Petit-Chien, avec qui elle occupait le plus clair de son temps. Un peu raide, le commandant en chef de l'Armée Rouge des Ouvriers et des Paysans se mit au pas. « Il peut danser bien, car il a vécu à Berlin », encourageait l'Américaine. L'Ours-Téméraire, lui, pataud et brusque, voulait bien regarder depuis son banc, mais pas s'en mêler : danser à la demande n'était pas dans son tempérament. Celui-là, daubait-elle, « il est marié à la révolution ». Avec le Mandarin-Versatile c'était plus facile car il avait reçu dès l'enfance une excellente éducation. L'Américaine exultait : « Nous avons montré au monde comment danser ! » Peut-être était-ce outré. De même que le mercure sur l'échelle de Fahrenheit, son excitation ne cessait de grimper. « Je n'ai pas encore corrompu Mao, mais ça va venir bientôt, confiait-elle à un intime sur de discrets billets. Il dit que s'il devait partir à l'étranger, il étudierait le chant et la danse, et qu'il aimerait apprendre les derniers fox-trot. » L'Américaine-Venue-en-Deuxième débordait d'ambition. L'église catholique désertée, au cœur du Repaire, convenait assez à ses essais. Elle y assemblait ses ouailles le samedi soir, les invitait à des parties de *danse sociale*, concept neuf de danse en carré et de danse en rond. Le succès fut foudroyant.

Entouré d'officiers japonais raides dans leurs bottes, le prince mongol Demchugdongrub, plus au nord, proclama nettement son indépendance, après une minute de silence en mémoire de Gengis Khan dont il descendait, croyait-il, à la trentième génération. Le prince De, comme on l'appelait familièrement pour épargner la langue, avait conservé une natte d'ancien régime qui lui pendait dans le dos et un costume de tradition, *deel* de soie et gilet, chapeau conique surmonté d'un bouton. Il avait un léger embonpoint et les mains molles. Sa face aussi ronde que pouvait l'être la lune s'ornait d'une moustache mandchoue. Le Prince demeurait à son choix dans une yourte de feutre rouge et or ou dans un palais gardé par des lions de jade. « La création du Mandchoukouo a suscité l'espoir d'une renaissance aux Mongols », claironnait-il à la satisfaction des Nippons. Le prince Demchugdongrub régnait, grosso-modo, sur un fief de la taille de l'Ohio qu'il appela par imitation Mongokouo. Puyi, installé sur son trône, gratifia sa pâle copie du titre de De-le-Martial. Les Japonais, méthodiques, prenaient possession de la Chine par morceaux. L'esprit scientifique qui animait les généraux du Mikado et ses diplomates les amenait à additionner précisément chaque kilomètre avalé, chaque pouce survolé, chaque kilogramme de munition dépensé avec la dextérité des écoliers sur leur boulier à treize colonnes. Huit cent cinquante hydravions ont vomi en deux jours sur Shanghai deux mille cinq cent vingt-six bombes d'un poids total de cent soixante-quatre tonnes, égrenait le porte-parole de l'Amirauté. La police a arrêté à l'aube dans dix-huit préfectures de l'archipel nippon trois cent soixante et onze subversifs, dont deux députés et quatre professeurs d'Université, débitait l'amiral ministre de l'Intérieur. « Les autorités accusent les associations dissoutes de prétendre faussement que les classes dominantes du Japon préparent le fascisme et la guerre », soulignait gravement le service des relations publiques. La liste exhaustive des villes chinoises bombardées parut en bonne place dans le *Mainichi Shimbun* d'Osaka : Suzhou, Hankou, Nanchang *et caetera*… En deux mois comptés de jour à jour, les escadrilles de Mitsubishi effectuèrent soixante-cinq raids sur Nankin. Souvent poètes, les militaires japonais savouraient ces nouvelles délicieuses. Par touches délicates, le capitaine Hiramoto Michitaka restituait ses vols de nuit ravageurs : « C'est mieux que le magnifique feu d'artifice du pont Tyogoku à Tokyo… La mort baignait la vieille cité… Présent du Ciel aux hommes qui avaient accompli convenablement leur labeur. » Venant du sud, suivant la voie ferrée et les routes de l'intérieur des terres, les régiments nippons sacs au dos forçaient la marche pour s'adjuger sans délai la ville, siège du gouvernement. Converti à la résistance, le maréchal Chiang Kai-shek annonça d'un souffle à la Chine et au monde qu'il se battrait jusqu'à la mort.

Point n'est besoin de s'abîmer dans la lecture pour peser sa parole. Mais pour apprécier à sa valeur celle des Redresseurs de Torts, il est préférable de ne pas lâcher ici le récit.

CHAPITRE XVII

Une jolie Pékinoise pose la main où il ne faut pas — Des diables voraces mettent le pays à feu et à sang.

Les étrangers commençaient à affluer vers le Repaire de la Pagode Précieuse, après l'Américain-Venu-en-Premier et l'Américaine-Venue-en-Deuxième, au point qu'il n'était plus possible de les numéroter. Ils appréciaient les grottes austères, la poussière jaune et les Bandits Rouges que *Life* avait mis en relief. Les étrangers pensaient que cela pouvait rapporter. Celui au chapeau, visage mince, à l'arrière du camion, travaillait au bénéfice de la *United Press* et caressait le projet d'un best-seller. « Peut-être pourrais-je l'appeler *Love Under Soviet Moon*, se disait-il à part lui. En fin de compte il y a quand même des hommes et des femmes parmi les communistes chinois, et on doit bien trouver matière à quelques histoires d'amour ! » Son flair ne le trompait pas, mais il était trop pressé. En Chine ce n'est pas une qualité. L'homme au chapeau s'assit donc entre Mao Zedong et Petit-Chien, leur prodigua certains conseils relatifs à leurs vies, obtint une interview de la romancière Ding Ling et repartit illico. Son reportage était sommaire : « Les Rouges du Shaanxi travaillent dur et jouent pareillement. — Dans la capitale des Soviets on rit beaucoup, on s'amuse et on fait du sport. » Il n'eut pour support que le *North China Star* dont l'audience demeurait limitée malgré son intérêt. C'était pourtant vrai que les Brigands Justiciers, quand ils ne dansaient pas, bien sûr, le samedi soir, occupaient leurs loisirs à jouer au croquet, comme les Anglais, au basket, comme les Yankees, ou au ping-pong, à leur manière, en tenant la raquette de la même façon qu'un pinceau. Ils s'exerçaient aussi à manier la mitraillette Thompson, que l'on appelait la Tommy Gun, ou de petits canons de campagnes sans nom à roues de bois. Déçu plus que de raison, l'homme au chapeau se détourna de la Cause, remisant dans les méandres de son cerveau l'idée fantasque du best-seller. Sur ces entrefaites arriva au Repaire par on ne sait quels moyens un ancien danseur de ballets de fine extraction qui tenait en ses mains une caméra. À son actif, il avait quelques courts métrages, *Vénus et Adonis* ou *La Fiancée de Samoa*, dont il ne souffla mot. L'enfant gâté aux jambes agiles filma Mao Zedong, Petit-Chien et les autres, enferma ses bobines dans des pots de gingembre scellés et les rapporta aux USA afin d'en tirer profit. C'est comme cela que Mao devint vedette de cinéma, que sur des écrans choisis d'Amérique, il surpassa en vingt-trois minutes la notoriété de Miss Butterfly Wu.

Les visiteurs occidentaux, ayant sué sang et eau, n'accomplissaient pas leur pèlerinage en simples croyants ou, pour ainsi dire, en pure perte. Derrière les sourires perçait une dure concurrence, les éditeurs et les maisons de production, la loi d'airain de Greenwich Village, de Hollywood, de Doubleday, Doran & Co., de Random House. Les étrangers de passage au Repaire se regardaient en chiens de faïence. Sur le linteau d'une porte de la Pagode Précieuse, se détachait une maxime de quatre caractères anciens : « Penche-toi sur la société des hommes. » Ce n'était pas la matière qui manquait à leurs méditations dans le Shaanxi du Nord. De la substance, il n'y en avait que trop autour d'eux, inscrite sur les corps, refoulée dans les âmes, des souffrances à la pelle roulées dans la cendre, des fantômes en cortège, des survivants hauts en couleur prêts à toutes les expériences, jusqu'au fox-trot et au tango. Une inspiration heureuse traversa l'Américaine-Venue-en-Deuxième : conter par le menu la vie et les aventures époustouflantes de Petit-Chien dit Rouge-Vertu. Cela lui semblait un fructueux dessein. L'Américain-Venu-en-Premier ne s'était-il pas convenablement nourri de l'*Autobiographie de Mao Zedong* ? Rouge-Vertu traînait accrochée à ses bandes molletières une réputation d'invincibilité. Les paysans superstitieux l'ayant côtoyé juraient qu'il était un maître taoïste, voyait jusqu'à trente miles à la ronde, qu'il avait pouvoir de voler dans les airs et de survivre sans fin à sa propre mort. Petit-Chien n'avait peur de rien. Ses hommes d'armes affirmaient qu'ayant lu sur un mur l'affiche où l'ennemi proposait contre sa tête deux cent cinquante mille dollars d'argent, il ajouta au pinceau : « ... et celle de Chiang Kai-shek pour un dollar. » Petit-Chien aimait rire d'un bon rire franc qui découvrait ses dents. Peut-être valait-il la peine de décliner sur le papier cette existence, d'en faire œuvre utile à la Cause, par-delà les mers et les océans. Au faîte de l'enthousiasme, l'Américaine du Colorado s'en ouvrit à Mao. Ça n'était pas indispensable ni excellent s'entendit-elle répondre. « La guerre présente est plus importante que l'histoire passée », la rabroua le Président, lui conseillant d'abandonner un plan si pitoyable et d'aller quêter auprès des masses de plus justes idées.

L'Américaine-Venue-en-Deuxième circulait partout escortée d'une interprète, actrice fraîchement attirée au Repaire, remarquable par ses longs cheveux frisés, sa peau diaphane et ses lèvres ourlées, rehaussées de rouge. Instruite en anglais dans une école chrétienne de Pékin, la jeune femme se faisait appeler Lily Wu. « Elle est sans rivale, sifflait sa patronne, hormis Ding Ling qui est trop grasse maintenant. » Les Américaines élevées à Trinidad, au bord de la rivière du Purgatoire, sont vaches, parfois. Peu de mois en arrière, Lily Wu lisait Prosper Mérimée, Mark Twain et Dostoïevski pour étancher sa soif de romance et de tragédie. À Yan'an, elle se singularisait évidemment : « Je voulais casser l'idée selon laquelle une fille n'est qu'une fleur dans un vase », se gargarisait-elle, les lèvres couleur cerise. Sur nombre de choses de la vie, Lily Wu développait un point de vue pratique. « L'amour est une drogue. J'ai gâché trois ou quatre années comme ça. Je n'ai plus de temps à perdre. » L'interprète à la bouche vermeille avait appris l'art dramatique. Elle incarnait honorablement au théâtre la dame Zhao de *La Véritable histoire de Ah Q* qui désirait plus que tout un gilet de fourrure de bonne facture. Un soir où l'Américaine recevait Mao à dîner dans sa caverne, l'interprète avait préparé piments et œufs brouillés, ils avaient bu et chanté le *Stein Song* de Rudy Vallée, ce chant délicat de la côte Est des États-Unis qui faisait à coup sûr la joie des convives : « Buvons aux jours insouciants… Aux arbres, au ciel, au printemps et à son bonheur glorieux, à la jeunesse et au feu… aux lèvres et aux yeux, aux filles que nous aimerons un jour… » et glou et glou et glou. L'Américaine tirait de son gosier toutes sortes de vieux refrains. Et c'est ainsi, les heures s'écoulant et le vin aidant, que la main de Lily Wu s'égara sur le genou de Mao Zedong.

Mao eut désormais à s'occuper dans la grotte de l'Américaine. Ils échangeaient, langues déliées, des phrases poétiques et des considérations sur le parfum des roses, Byron, Shelley. Comme au théâtre moderne, à l'improviste surgit la deuxième épouse et demie. Lampe-torche à la main, elle gesticulait et criait en chinois : « Bâtard ! Enfant de cochon ! Bon à rien ! Comment oses-tu me berner et te faufiler dans le nid de ces putes petites-bourgeoises de boîtes de nuit !

— On ne fait que causer », bredouillait Mao, tétanisé sur un tabouret. Mais sa femme hurlait de plus belle, le tapait avec sa torche. Le mari éleva la voix : « Arrête ! Tu te discrédites en tant que communiste et c'est honteux ! Rentre à la maison avant que les autres membres du Parti ne l'apprennent ! » Elle dirigea son courroux contre Lily aux lèvres rouges, la griffa, lui tira les cheveux : « Pute de night-club ! Tu te tapes tous les hommes ! Tu as même embobiné le Président ! » Sa fureur redoubla lorsque l'Américaine pointa son nez et son menton. Celle-là, elle ne pouvait la sentir d'aucune façon : « Impérialiste ! Tout ça, c'est de ta faute ! Retourne chez toi dans ton bordel ! » Mais du côté de Trinidad, comté de Las Animas, on n'a pas coutume de se laisser injurier par de plus faibles que soi. D'un seul coup de poing correctement placé, l'Américaine carrée du Colorado étendit sur le sol la frêle épouse de Mao Zedong qui avait en dix-sept endroits du corps fichés des éclats d'acier. « Mais quel genre de mari fais-tu ? gémissait la femme à terre, tournée vers Mao. Es-tu un seulement un homme ? Es-tu un vrai communiste ? Tu ne dis rien alors que cette impérialiste me cogne sous tes yeux ! » De mauvais poil, Mao Zedong ouvrit la bouche pour lui dire en hunanais : « Tu l'as cherché !... C'est toi qui nous fais honte ! Tu es pareille aux rombières d'un nanar américain ! » Puis il la fit emmener, écumante et amère, par ses gardes du corps. Les voisins s'agglutinaient. Les habitants du Repaire jaspinaient à tort et à travers. L'Américaine ne désespérait pas d'apprendre les pas du fox-trot à Mao. « Je pense qu'il devrait planter ici sa femme », jugeait-elle. Mais comme l'incident prenait mauvaise allure, porté à la connaissance du conseil entier des Brigands Justiciers, elle fut priée d'aller dispenser ailleurs son enseignement, et l'interprète au rouge à lèvres également.

Ce n'était pas le tout, en effet, d'apprendre le fox-trot et de conter fleurette. Encore fallait-il braver les Japonais qui dévoraient la Chine par en bas et par en haut.

Dans l'urgence, mais de manière fort civile, contraire à ses habitudes, le maréchal Chiang Kai-shek fit délivrer aux chefs des Bandits Rouges, à Petit-Chien et à l'Ours-Téméraire, des diplômes officiels les nommant généraux des centuries qu'ils commandaient déjà. Il semblait que la nation entière se dressait face à l'envahisseur. Des commerçants en gros, des ouvriers cachectiques, des artistes, des mendiants, des truands, même, de la Bande Verte, que l'on croyait pourris jusqu'à l'os, et les membres des sociétés secrètes. Un écrivain aussi peu porté sur l'engagement que le timide Lao She se rua dans la bagarre. Poli et réservé, lunettes rondes chaussées sur son nez, Lao She s'était contenté jusque-là d'absorber tranquillement Charles Dickens et Joseph Conrad, d'enseigner le chinois ardu dans les brouillards de l'Angleterre et la moiteur de Singapour, de livrer en tranches légères « La Cité des Chats » et « Chameau le Veinard », de bien pittoresques histoires que publiaient *Les Contemporains* et *Le Vent du Cosmos*. Adolescents inexpérimentés, intellectuels dans la force de l'âge et vétérans des guerres intestines paraissaient enfin accorder leurs âmes. Certain général Yang, naguère adjoint du Jeune-Maréchal à Xi'an, offrit ses services au Généralissime qu'il avait pourtant tenu sous sa coupe en simple appareil et allégé de son dentier. Appelé à Xi'an, faute de mieux, le Tigre de la Ville, le général Yang s'était acquis, à force d'expéditions belliqueuses, une jolie fortune. « Je voudrais bien que Yang ne soit pas si riche et puissant, pour couler une vie tranquille », se plaignait sa petite femme au milieu des porcelaines ouvragées. Le mari, fâcheusement, malgré son manque d'éducation, s'embarrassait de hauts sentiments, et voilà pourquoi au retour d'un voyage il proposa ses compétences militaires au Généralissime contre les Nippons. Chiang Kai-shek l'en remercia vivement, lui fixa rendez-vous dans la villa discrète de Dai Li le Cruel où la police s'empara de sa personne, de sa femme et de son fils afin de les jeter ensemble dans un cul-de-basse-fosse. Chiang Kai-shek pardonnait parfois mais pas tout. Et chaque matin, il priait.

Tandis que les Japonais armés jusqu'aux dents progressaient de tous côtés, semant en cône expansif mort et désolation, les Brigands Justiciers du Nord analysaient froidement la situation. « Sans doute, relevait Mao Zedong, l'air pénétré, notre ennemi caresse encore de beaux rêves en se comparant aux Mongols qui avaient asservi la Chine au temps de la dynastie des Song, aux Mandchous qui avaient assujetti l'Empire des Ming, aux Anglais qui avaient pris l'Amérique du Nord et l'Inde, aux conquérants des pays latins qui avaient occupé l'Amérique centrale et l'Amérique du Sud. » Ses études de jadis à l'école de Changsha, la carte accrochée au mur, les livres qu'il avait lus, *Paroles d'avertissement pour servir une époque prospère* ou *Les Grands Héros du monde*, ses réflexions sur la manière dont Shang Yang avait établi la confiance en déplaçant le pieu, et tout le toutim, procuraient à Mao l'avantage d'une cosmogonie utile à la tactique comme à la stratégie. « La Chine est un pays grand mais faible, attaqué par un autre pays petit, mais fort », posait-il en préambule. « Le facteur décisif, c'est l'homme, et non le matériel. » Quatre cent cinquante millions d'habitants bigarrés descendant de l'Empereur Jaune, de l'empereur Yan, de l'empereur Yu, peuplant depuis la nuit des âges d'immenses superficies de plaines, de montagnes ondulantes, coupées de rivières furieuses et de lacs, ne pouvaient être domestiqués par des diables étrangers, fussent-ils superbement équipés. La raison lui rappelait que la Russie des neiges avait vaincu Napoléon « dont le nom résonnait alors dans le monde entier ». Arc-bouté à la Zone Spéciale des Frontières, Mao avait la ferme résolution, par ses propres méthodes et ses modestes moyens, d'aboutir à semblable résultat. Il conféra quatre jours avec ses lieutenants en un lieu appelé Luochuan. Tous ou presque étaient réunis comme au bon vieux temps dans leurs uniformes de coton. Petit-Chien, le Mandarin-Versatile et l'Ours-Téméraire, Tête-de-Fouine, le Dragon-Borgne et le Pirate-Optimiste, Deuxième-Couteau et même Zhang-le-Solitaire. Les Redresseurs de Torts se mirent en ordre de bataille. Pour aller à la guerre, ils baptisèrent Huitième Armée de Route leur antique Armée Rouge et remirent le commandement général à Petit-Chien, dit Rouge-Vertu, et à l'Ours-Téméraire. Ils divisèrent ensuite leurs forces en trois tronçons inégaux, désignèrent 115ᵉ Division l'ancienne Armée Rouge du Iᵉʳ Front, la placèrent aux ordres de Tête-de-Fouine et de Deuxième-Couteau. Itou, l'Armée du IIᵉ Front, conduite depuis le lac aux lotus rouges par le Pirate-Optimiste, prit l'appellation de 120ᵉ Division. Quant à l'Armée du IVᵉ Front, autrefois menée par le Solitaire dans les monts, les torrents, ils lui collèrent le titre de 129ᵉ Division et la confièrent aux soins du Dragon-Borgne, placide et généreux. Dépourvu d'occupation, Zhang-le-Solitaire défiait aux échecs le Mandarin-Versatile, jusqu'à ce que celui-ci, nommé grand plénipotentiaire, s'en aille négocier à l'extérieur des appuis et des fournitures. Mao, dans sa grotte, se vouait à la stratégie.

Une aube humide et laiteuse se levait quand Tête-de-Fouine coinça un parti japonais motorisé dans la passe de Pingxingguan, au-delà du fleuve Jaune, près de la Grande Muraille. C'était un chemin serré où, par endroits, ne pouvait avancer qu'un seul véhicule à la fois. La chance voulut qu'une colonne nippone se hasardât par là, et que cette colonne de camions pleins, de remorques regorgeant de matériel, de mules tirant des canons Type 92, relevât de la responsabilité du général Itagaki Seishirō, spécialiste reconnu des coups fourrés qui s'était illustré en Mandchourie lorsqu'il n'était que colonel. Cinq heures durant, dans une gorge de cinq kilomètres, les Chinois rouges passèrent les Japonais à la moulinette, à l'écraselégume et au presse-purée. Ils s'approprièrent l'artillerie, les obus, vingt mitrailleuses, mille fusils, cinquante chevaux, des gourdes, des montres, des médicaments, des masques à gaz, des peignes, de l'eau de Cologne, des boîtes de biscuits, des conserves d'écrevisse, et ne laissèrent sur place que les cadavres dépouillés de leurs bottes souples de cuir fauve. La nouvelle se répandit dans les provinces jusqu'à la mer en ondes aussi sonores que le fracas du gong et le roulement des tambours. Des chants, des danses, des applaudissements, célébraient partout l'événement. Alors, l'Ours-Téméraire, commandant en second de tout l'état-major, tira la leçon : « La Huitième Armée, tout comme un poisson dans l'eau, est entourée des masses populaires… Les détachements de partisans poussent comme champignons après la pluie. » Puis, ensemble avec Petit-Chien dit Rouge-Vertu, ils adressèrent une supplique aux soldats nippons : « C'est en vain que vous sacrifiez vos vies, disaient-ils. Personne ne donnera de sépulture à vos corps gisant sur la terre chinoise… Retournez au Japon où vous attendent vos parents, vos femmes et vos enfants ! Retournez au Japon et faites la révolution avec les ouvriers et les paysans ! » Hélas, hélas, ils ne furent point écoutés, ils ne furent point entendus.

Des bombardiers pilonnaient Canton, la gare ferroviaire à un quart de mile de l'île de Shameen et des Concessions. Aux alentours de Shanghai, sur la côte, les Japonais en renfort débarquaient encore. Ils montaient sac au dos selon deux lignes parallèles, l'une le long de la voie de chemin de fer, l'autre à l'intérieur des terres. Les régiments chinois de Chiang Kai-shek, dotés par le nouveau conseiller von Falkenhausen de casques allemands modèle 35 en forme de seaux à charbon, de fusils Mauser 98k et de grenades à manche farcies de cent soixante-cinq grammes de TNT, le tout pour une valeur marchande excédant cent millions de reichsmarks, se faisait glorieusement enfoncer. Honte et sacrilège, les Nippons bientôt déployèrent leur étendard rayonnant sur la Colline de Pourpre où reposait dans son tombeau de marbre à l'abri d'un toit bleu la dépouille du docteur Sun Yat-sen, fondateur de la République chinoise, héros partagé des Blancs et des Rouges. L'arme au pied, deux cent mille troupiers du Soleil Levant se trouvèrent finalement concentrés sur le pourtour de Nankin, attendant l'hallali. « Nous nous défendrons jusqu'au dernier souffle », s'époumonait le maréchal Chiang Kai-shek. Comme de juste, il monta avec son épouse dans un aéroplane en partance et s'envola, suivi de ses ministres, ses généraux, ses gouverneurs, ses financiers, ses colonels, ses policiers, ses hauts fonctionnaires et les caisses d'objets précieux, porcelaines des Song, laques cinabre des Ming, jades, bronzes des Han, dont certains avaient récemment été exposés à Londres, dans les galeries grandioses de la Royal Academy of Arts sur Piccadilly.

Quand le dernier lieutenant de Chiang Kai-shek eut décampé, la panique s'empara de la ville. À bord de vapeurs glissant sur le fleuve Bleu fuyaient les étrangers, femmes et enfants britanniques, sujets de l'Amérique, du continent européen, hommes d'affaires, diplomates, journalistes. Il n'en restait que peu dans les murs, mais fort déterminés et pleins de bonne volonté. « Nankin sera pulvérisée par l'artillerie lourde et l'aviation », tonnait devant les remparts le général Matsui, moustache en brosse. À coups de canon, les Nippons s'ouvrirent des brèches dans la ville aux dix-huit portes. Pendant huit jours, ils hantèrent les ruelles, les maisons, les arrière-cours et eurent, si l'on veut, quartier libre en récompense de leur conduite héroïque. D'abord, ils violèrent toutes les femmes qu'ils croisèrent, toutes celles sur qui ils purent mettre la main, les jeunes, les vieilles, les bonzesses vouées à Bouddha, les fillettes de onze, douze ans, et taillèrent dans leur chair au besoin. « Si une femme résistait, elle était soit tuée, soit mutilée, récitait en litanie le révérend John Magee de l'Église épiscopale américaine. J'ai des images. » Il avait ses preuves, le révérend, des films 16 mm qu'un missionnaire de la YMCA dissimula soigneusement dans son manteau en poil de chameau à l'instant de quitter Nankin. « Nankin, c'était l'Enfer sur terre », soupira-t-il, une fois en sûreté. Huit jours durant, et après encore, les Japonais firent ample orgie, large pillage et grande tuerie. Le petit nombre d'étrangers, abasourdis, consignait les faits sur ses agendas, émettait à l'intention de hauts gradés des doléances tapées à la machine. *Jeune fille violée près du ministère de la Justice, baïonnette piquée dans l'abdomen... Vu automobile japonaise roulant sur des corps... Volé, appareil Zeiss Ikon 6 × 9 appartenant à M. Kroeger... Aux nos 83-85 de Canton Road, cinq cent quarante réfugiés tassés, des soldats viennent prélever les filles les plus jeunes en camion le soir et les relâchent au matin... Ce soir, vu cinq cents civils, mains liées, encadrés par soldats japonais portant de grands sabres ; aucun retour... Beaucoup de Chinois emmenés bien qu'ils aient placé des drapeaux japonais sur leurs maisons ou leurs cahutes... Les soldats ont pris pour les exécuter mille trois cents hommes dans notre camp de réfugiés, qu'ils ont attachés avec des cordes... Aucune trace de prisonniers aux mains des Japonais, à part les groupes en route pour le peloton... Six heures du soir, automobile Ford propriété de M. Zeimssen, sujet allemand, dérobée par trois soldats japonais... Midi, abominable spectacle : homme à la tête brûlée, plus d'yeux ni d'oreilles, le nez disparu à moitié ; faisait partie d'un groupe d'une centaine, garrottés, arrosés d'essence et brûlés vifs... Hier, la résidence de M. Douglas Jenkins Jr., troisième secrétaire à l'ambassade américaine, a été pillée et l'un de ses domestiques tué... Tous les cent ou deux cents mètres, on trouve de nouveaux corps. On reste figé de dégoût à rencontrer des cadavres de femmes un bambou enfoncé dans le sexe...* Le révérend Magee, établi en Chine depuis 1912, ne se remettait pas de ce que sa rétine avait imprimé ces derniers jours, de ce que son objectif avait définitivement fixé : « Si je n'avais pas vu cela de mes propres yeux, je n'y aurais pas cru... Une semaine de meurtres et de viols, pire, j'imagine, que tout ce qui est arrivé depuis très longtemps, au moins depuis le massacre des Arméniens par les Turcs. » Un jour, deux jours, trois jours, quatre jours. Par dizaines, par centaines, par milliers, par dizaines et dizaines de milliers s'amoncelaient les morts, les macchabées, les charognes, dans les fossés, les coins, les ruisseaux, les rues, les cours, les caniveaux, à la mitrailleuse, à l'arme blanche, la baïonnette, le sabre, les bras coupés, les têtes, les jambes, le cou ouvert, le ventre, les viscères, les hommes, les femmes, les petits, en putréfaction, ensevelis vivants dans des trous, carbonisés à la gasoline, écrabouillés sous les chenilles mécaniques des chars gabarit Renault construits sous licence. À pareille échelle, ce n'était pas concevable. Les quatre reporters demeurés sur place avaient hâte d'expédier leurs récits sanguinolents. « C'était comme abattre des moutons », câblait Archibald Steele au *Chicago Daily News*. « J'ai vu des scènes de boucherie vers une porte de la cité où les cadavres d'au moins un millier de soldats chinois s'entassaient dans toutes les poses morbides imaginables... J'ai vu des mitrailleurs japonais parcourant les rues au clair de lune, tuant tout ce qui bougeait... J'ai vu une horrible abomination, où ce qui avait été deux cents hommes n'était plus qu'une bouillie fumante de chair et d'os. » Un ressortissant allemand, représentant pour Nankin de la compagnie Siemens, remuait son insigne à croix gammée du Parti National-Socialiste sous le nez des Nippons en guise de sauf-conduit. « Vous savez ce que c'est, ça ? » — heureusement, ils savaient. Échappé par la porte de l'Est, après plusieurs jours, l'un de ses compatriotes rapporta n'avoir vu âme qui vive, ni homme ni animal domestique, dans un rayon de vingt miles. Afin d'entretenir le moral des troupes impériales, fantassins, officiers, généraux, le *Nichi-Nichi Shimbun*, vénérable quotidien de Tokyo, se fit l'écho d'un concours de décapitation dont serait sorti vainqueur le sous-lieutenant Mukai, par cent six têtes contre cent cinq à son collègue Noda. Les lauréats figuraient en photo, posément appuyés sur leurs sabres de samouraï. On en était là lorsque remontant le Yangtsé, une canonnière yankee à deux cheminées, basse de flottaison, fut visée, touchée et coulée par des biplans japonais avec trois pétroliers de la Standard Oil. Or, se trouvaient à bord des cameramen, et la séquence dura assez pour que l'on vît les blessés ensanglantés et le bateau s'enfoncer dans l'eau. Ce n'était pas bon à l'aune de l'opinion. Les Américains sont comme ça : ils ont la tête près du bonnet.

Les Américains d'alors connaissaient assez la Chine et compatissaient à son triste sort. Pas tellement à cause du court métrage tourné par le danseur de ballets, où se produisaient Petit-Chien et

Mao Zedong, ni par la magie de Miss Butterfly Wu, la Greta Garbo chinoise à qui Hollywood avait fait faux bond. Mais grâce plutôt à l'aventurier Pat Ryan, au jeune Terry Lee, son pupille, à George Webster Confucius, leur boy, et à la fatale Dragon Lady qui occupaient tous les matins, et le dimanche en couleurs, la section *comics* du *New York Daily News* et de cent autres journaux. « La Chine ! Gee… C'est sûr qu'il y a là un paquet de mystères, hein Pat ?

— C'est juste, Terry !… Les Chinois sont un peuple ancien, d'avant que l'Amérique ne soit découverte… » L'opinion était émue aux larmes. Les tourments de la Chine passionnaient davantage les Américains que les convulsions européennes. La perte de la canonnière, d'hommes d'équipage, chavira les cœurs. Des dames en manteau de fourrure promenaient des pancartes vengeresses devant le consulat nippon de New York, des ouvriers en casquette brûlaient des marchandises *made in Japan* dans un bled industriel des bords de l'Ohio. Le président Roosevelt réclama des excuses au Mikado pour la perte du *Panay* et des trois tankers de la compagnie pétrolière. M. Hirota, ministre des Affaires étrangères, s'inclina bien bas. Sept jeunes filles agitant des drapeaux miniatures se rendirent devant l'ambassade américaine à Tokyo en signe d'amende honorable. Mais le mal était accompli.

Quoique à la lecture des nouvelles l'exercice semblât difficile, des voix influentes dans les contrées d'extrême Occident s'élevaient en faveur du Japon, de son Empereur et de ses œuvres. Ne comptaient pas bien sûr celles de Mussolini, du comte Ciano ou de Franco qui leur étaient naturellement acquises. Des voix fort graves ou très aiguës, portant loin. Le Vatican, plus étroit que le Salvador, plus petit que le Repaire de la Pagode Précieuse, prêchait en latin aux Chinois la nécessaire compréhension des principes nippons de la civilisation. « Certaines personnalités du monde missionnaire font valoir que le Japon amène l'ordre avec lui et que son attitude à l'égard de la propagation de la foi est favorable », soutenait un mémorandum privé transmis à l'*Associated Press*. Cette position était, soulignait-on avec onction, conforme en tous points aux bulles, encycliques et exhortations apostoliques concernant l'Espagne, ses clochers, ses chemins de croix, ses guerriers du Christ Roi. Sur le fauteuil 28 de l'Académie française trônait un barbu né à Lyon, commandeur de la Légion d'Honneur, qu'électrisait l'Orient. Chiang Kai-shek est un Rouge, aux ordres de Moscou, s'emportait-il, émergeant des lourdes fumées d'opium. Lui n'aimait ni Moscou ni les Rouges, ayant séjourné aux colonies, sillonné les mers et évalué par le détail la valeur des nations. « Sur toute la terre, il n'est qu'un seul homme qui sache coloniser, et c'est le Français », assénait-il sans fioritures. Mais les Français, malheureusement, n'essaiment pas partout. Il faut varier un peu. Sa préférence, en second choix, se portait sur les Turcs et les Japonais. « Si le Japon se bat aujourd'hui et se bat en Chine, plaidait-il en conséquence, ce n'est pas contre la Chine, et moins encore contre les Chinois. C'est contre le communisme... Oui, les Japonais sont en Chine. Mais non à titre de conquérant : à titre d'organisateur et surtout d'ordonnateur. Mettre en cette terre d'anarchie la discipline indispensable, c'est leur programme essentiel. » Ligotés debout à des trépieds de bois, des cadavres chinois servaient à l'entraînement des soldats japonais pour ficher d'estoc au bon endroit et de façon optimale la baïonnette réglementaire de trente-sept centimètres fixée au canon du fusil Arisaka.

Qui voudra savoir combien de Chinois les Nippons firent passer de vie à trépas devra patienter car les doigts véloces sur le boulier ne suffisent pas à les compter. Click-clack, click-clack. Mais pour apprendre ce qu'il advint de Chiang Kai-shek, des Brigands Justiciers et de leurs épouses, en tournant la page vous serez contentés.

CHAPITRE XVIII

Pomme-Bleue réussit une entrée remarquée au Repaire de la Pagode Précieuse — Un Brigand de premier plan fait défection.

La guerre courut huit années durant lesquelles Mao prit du poids. Survinrent forcément un nombre considérable d'événements. Des journaux parisiens annoncèrent à tort que « M. Monko Tsé-toung, président de l'ancien gouvernement soviétique chinois », avait été nommé gouverneur des provinces du Nord par décret spécial du maréchal Chiang Kai-shek. C'était bien sûr inexact. En revanche, sa réputation grandissait en proportion considérable. Mao vaquait en auto sur les chemins cahoteux du Repaire de la Pagode Précieuse, dans une ambulance Chevrolet offerte à la Cause par l'Alliance des Chinois Blanchisseurs de New York qui criaient « *Help Chinese People !* » entre deux files de policemen sur Lexington et la Cinquième Avenue, à l'angle de la 42e Rue. C'était à la ronde la seule voiture. Mao Zedong s'asseyait à l'avant, il en avait le droit en qualité de Président. D'ailleurs, il n'y avait pas de routes, au Shaanxi du Nord, pas de voies carrossables où rouler à toute vitesse sirène hurlante comme vers Canal Street, rien que la poussière jaune, les grottes et la pagode octogonale. Pomme-Bleue arriva au Repaire une fin d'été, sans recommandation particulière. À ne pas mentir, ils étaient étranges, pour elle, ces gens en uniforme de coton — pour elle et pour sa compagne de voyage, une chanteuse shanghaienne ou cantonaise qui répondait au nom de Li Lilian et avait gravé sa voix sur quelques disques noirs de phonographe. Il se trouvait que, dans l'armée aux semelles de paille, des soldats et des chefs admiratifs grappillaient les images de vedettes offertes dans les villes lointaines avec les cigarettes. Elles étaient curieuses, pour les Brigands Justiciers, ces jeunes citadines qui se précipitaient ébouriffées au Repaire de la Pagode Précieuse — curieuses, mais elles flattaient leurs sens, la vue, l'ouïe, l'odorat, et pour certains privilégiés le goût et le toucher. Li Lilian la chanteuse s'accola aussitôt à Li l'Allemand, au conseiller Otto, qui répudia la paysanne endurante avec laquelle il avait parcouru les vingt-cinq mille lis. Celle-ci lui avait donné un garçon, mais ce n'était pas une raison. Il la frappait de toutes manières, prétendait la rumeur, mais ce n'en était pas une non plus. Ils divorcèrent à la mode du Repaire et Li l'Allemand, joliment épaulé, poursuivit ses parties de poker. Pomme-Bleue, en quête d'affection, posa son regard circulaire sur Zhang-le-Solitaire. Celui-là avait belle stature, songeait-elle justement, grand, martial, elle en eût volontiers fait son affaire. Elle n'avait jusqu'alors pris langue au quartier général des Redresseurs de Torts, dans le Shaanxi du Nord, qu'avec des sous-fifres, des cadres de piètre catégorie insensibles aux choses de l'art, au cinéma, au combat brutal sur la Montagne des Loups. Pomme-Bleue visait mieux. Elle tressait des nattes, de part et d'autre de son visage ovale, et écoutait béate dans l'église transformée, celle où l'on guinchait le samedi, les conférences du Solitaire et de Mao Zedong. Il apparut assez vite que Zhang n'était pas son type. Il n'avait du pouvoir que le titre. À Mao elle fit un triomphe quand il disserta devant les jeunes gens venus de l'extérieur, elle applaudit à tout rompre et lui glissa un billet exprimant ses pensées. Elle avait beaucoup à apprendre, disait-elle, s'il voulait être son professeur.

Ayant à discuter de la guerre et de choses sérieuses, le Mandarin-Versatile monta un soir quérir le Président dans sa grotte de la Colline du Phénix, mais il la trouva vide et en était ennuyé. Sa mission s'avérait importante. Il fureta à gauche, à droite, dans le jardin planté de dattiers, quand il entendit des soupirs et distingua deux silhouettes enlacées. Obéissant aux principes essentiels de bienveillance et loyauté, il fit signe aux gardes, souffla sa chandelle, et se retira sur la pointe des pieds. Le Mandarin-Versatile laissait

Pomme-Bleue et Mao à leur idylle, considérant que cela ne regardait nullement la diplomatie des Redresseurs de Torts. Mais à nouveau, Mao essuya l'ire de sa deuxième épouse et demie. Menacé d'un couteau, le Président chercha refuge dans la caverne de Petit-Chien, dit Rouge-Vertu, commandant en chef de la Huitième Armée. La femme de Petit-Chien grogna, évidemment. Tout comme la compagne du Mandarin-Versatile et les autres anciennes des monts et des vaux, des sommets enneigés et des steppes marécageuses, elle prit le parti de la deuxième épouse et demie, au nom du passé, de la marche des vingt-cinq mille lis et des pas compliqués du fox-trot où elle n'excellait guère. L'imbroglio provoquait abondance de récriminations, de grincements de dents, soulevait maintes querelles domestiques. « Ou tu arrêtes avec ça, ou je te jure que je divorce », jeta Petit-Chien à sa femme sans y croire car elle lui convenait toujours et en tous points. « Ces huit ans écoulés, nous n'avons jamais eu d'altercation, savourait à part l'épouse de Rouge-Vertu. Des fois, je lui lance une petite pique, mais tout ce qu'il fait est généralement bien. Aucun de nous deux ne commande à l'autre, et bien sûr, quand il est malade, je prends soin de lui. » Petit-Chien était rarement patraque, autant dire jamais.

Les gens du Repaire jasaient de grotte à grotte, cancanaient au pied des pruniers, commentaient l'épisode à voix basse et parfois à voix haute, Mao et Pomme-Bleue, Pomme-Bleue et Mao. Petit-Trésor, la deuxième épouse et demie, avait en gros la faveur du public. « Elle s'est toujours montrée avec toi une bonne camarade, osaient les vieux de la vieille, les vétérans du Conseil des Brigands Justiciers à l'uniforme usé et au franc-parler. C'est une compagne fidèle et sûre qui a fait ses preuves dans la lutte et dans le travail. Pourquoi ne pourrais-tu plus vivre avec pareille femme ? » Mao contrarié les regardait de haut. « Le Président Mao est devenu débile, distillaient en douce certains calomniateurs. Il s'est mis à boire des liqueurs pendant les réunions. » S'en trouvaient, parmi les hommes même, prêts à déprécier Pomme-Bleue, la ravaler au rang d'une femme-renarde ensorceleuse. Untel, bolchevik à cent pour cent abrité derrière ses lunettes à double foyer, la jugeait leste de manières et aux accointances peu claires. Mais le Président ne voulait rien entendre. Pomme-Bleue lui entortillait le cœur, la cervelle et la peau. Il en avait la digestion embarrassée, les boyaux coincés et ne déféquait plus qu'une fois par semaine au grand dam de son entourage. « Si c'est ça, se cabrait-il, je me tire dans mon village et je me fais paysan ! » Bien que certains eurent motif de le regretter, il n'arriva pas à cette extrémité. Les choses s'arrangèrent à son avantage. Pomme-Bleue ne restait pas inactive. Elle n'avait nulle intention de suivre la ligne sévère du sacrifice de soi et n'allait pas laisser filer sa chance. Appliquant à la lettre les principes stratégiques de la guerre d'usure dispensés dans les conférences, Pomme-Bleue entreprit pour attirer le jade de se défaire de la brique, pour attraper le poisson de troubler l'eau limpide. L'actrice de Shanghai attaqua sa rivale sur un ton de commisération : « Elle n'a jamais compris l'univers politique du Président Mao », ajoutant perfide, sans hausser l'arc de son sourcil, que l'épouse et demie légitime battait l'enfant du Président, sa fille Jiaojiao âgée d'un an, l'unique rejeton rescapé des sauvages pérégrinations dans les épais fourrés d'épines, à travers les reliefs tourmentés coupés de torrents et de lacs. Le coup bas porta. De l'abondante progéniture de Mao Zedong, ne restait auprès de lui que cette petite dernière. Les autres loupiots soit étaient perdus, égrenés en route, éparpillés dans la nature, soit morts, enterrés, pourriture. Le plus jeune, sur les trois nés de sa première épouse et demie, n'avait pas atteint quatre ans, liquéfié par la dysenterie. Ses deux frères aînés, mendiants à Shanghai assis devant un temple avec un écriteau — « Pour un centime nous contons une histoire » —, furent récupérés par les sections occultes du Parti clandestin, remis à des passeurs aguerris puis exfiltrés en lieu sûr, du côté de Moscou, selon on ne sait trop quelle procédure. Quant aux mioches enfantés dans les maquis et placés chez des paysans, il n'en fut jamais plus question.

Pomme-Bleue trouva soutien et appui auprès du Serpent-Blanc, comme elle natif du Shandong. C'était un réconfort de rencontrer au Shaanxi du Nord un compatriote des bords riants de la mer Jaune, un homme cultivé sachant tracer parfaitement les caractères et aller son chemin. Elle l'avait connu adolescente, quand elle s'appelait encore Grue-dans-les-Nuages et jouait la pièce *Pose ton fouet*. À un moment ou à un autre, ils s'étaient livrés ensemble à d'intimes échanges et se voyaient liés par leur conduite et leurs intérêts. Le Serpent-Blanc, qui jouissait d'influence du fait de son savoir, se porta garant de la vie et des mœurs de Pomme-Bleue devant les Redresseurs de Torts. Le Serpent fustigea la mentalité surannée des vétérans des monts et des vaux, l'esprit étroit des anciennes des vertes forêts. Tous s'inclinèrent devant l'argument. Il était devenu patent, enfin, que la deuxième épouse et demie de Mao Zedong dépérissait. « J'ai une petite santé, murmurait-elle, je dois aller me faire soigner à Moscou. » C'est là, au pays glacé de référence, qu'elle fut en effet envoyée et qu'elle accoucha d'un garçon, sixième de sa lignée. Une pneumonie emporta sans tarder le nourrisson qu'elle enterra furtivement dans un parc. Ainsi, elle demeura seule avec sa fille Jiaojiao. Mao Anying et Mao Anqing, les deux enfants d'avant, de l'épouse précédente et décapitée, se tenaient à distance. Ils n'eurent pas de vie de famille.

Mao Zedong convola en juste troisième noce et demie avec Pomme-Bleue et personne ne s'avisa désormais de se mêler de ses affaires sentimentales. Il se fit ami du Serpent-Blanc qui lui dispensa des conseils en calligraphie et du Batracien-Graphomane formidable d'érudition. Le Batracien à l'accent du Fujian, ayant traîné en maints endroits ses oreilles et ses verres oculaires, disposait de vastes connaissances décoratives. Il avait la faculté de parer les œuvres du Président de fleurs printanières et de perles. Ce n'était pas sur la route des vingt-cinq mille lis ou dans les cavernes du nord du Shaanxi que Mao aurait pu déchiffrer le chapitre deux de la section six de *Matérialisme et empiriocriticisme*, rude ouvrage du Russe chauve Lénine, leur père à tous. Ce n'était pas à l'ombre de la Pagode Précieuse que se pouvaient dénicher les *Leçons sur la philosophie de l'Histoire* de Hegel — tome premier — dans lesquelles se discutaient les mérites de l'école éléatique de Zénon et de Parménide.

« Apprends donc toutes choses,
Autant le cœur exempt de tremblement
Propre à la vérité arrondie,
Que les opinions des mortels, où dedans
Il n'est rien qui soit vrai ni digne de crédit. »

Mao n'avait pas à sa paume la bibliothèque de Zurich, celle de Moscou ou celle de Pékin, et cela l'arrangeait de plonger les doigts dans le puits de science du Batracien-Graphomane et le sac à malice du Serpent-Blanc.

À ce moment de l'histoire, Tête-de-Fouine reçut une blessure mauvaise au cours d'un engagement, la première de sa longue carrière militaire de cadet de Whampoa, colonel de Nanchang, général finalement de l'Armée des Brigands Justiciers aux cent combats, aux mille mérites. Et c'est pourquoi, comme il était ouvert et saignant, il fut à son tour envoyé à Moscou afin d'y être réparé. Pendant un temps on n'entendit plus son nom au Repaire ni ne vit sa longue figure. Le Mandarin-Versatile s'effaça également. Il s'en fut en ambassade à Hankou où faisait retraite Chiang Kai-shek, dans l'intention de chanter ses louanges et l'amitié retrouvée. « Le Généralissime est à juste titre le seul capable de mener la Nation tout entière à la victoire », dégoisait sur ordre le Mandarin-Versatile. Il n'en croyait pas un mot. Ou seulement deux. Ou à peine trois. À cela justement se mesuraient ses compétences diplomatiques au service des Redresseurs de Torts. « La souplesse, c'est la manifestation concrète de l'initiative », approuvait le Président Mao demeuré au Repaire, échafaudant un à un ses plans de guerre. « Nous devons adapter notre pensée et nos activités à la situation, être aussi bien prêts à rester sur place qu'à repartir, avoir toujours sous la main notre besace de vivres. » Mao Zedong avait renoncé à *anéantir l'ennemi avant de déjeuner*, ainsi qu'il l'avait lu dans les annales antiques des principautés belliqueuses de la vallée du fleuve Jaune. Malgré sa modestie, il expliquait à qui tendait l'esgourde : « Les troupes japonaises qui ont pénétré en Chine du Nord sont, à l'heure actuelle, stratégiquement encerclées par la

Huitième Armée de Route. » Oyant ces mots osés, les étrangers écarquillaient des mirettes sidérées. D'aucuns ricanaient. Mais rirait bien qui rirait le dernier. Sous sa lampe, dans sa caverne, le Président Mao composait d'imaginaires et interminables parties de *wéiqí*, le jeu de go de l'empereur Yao. « Les campagnes et les combats que l'ennemi mène contre nous et que nous menons contre l'ennemi ressemblent à la prise des pions, et les points d'appui de l'ennemi et nos bases de partisans ressemblent aux *fenêtres* sur l'échiquier… Nous faisons ce que les autres n'ont pas fait : nous opérons principalement sur les flancs et à l'arrière de l'ennemi. » Chacun de ses lieutenants abondait en son sens. D'humeur égale, l'Ours-Téméraire se frottait les mains. « Nous n'avons aucun motif d'être pessimistes, glosait-il. Les impérialistes japonais ont avalé la Chine du Nord comme on avalerait une bombe qui éclatera tôt ou tard. » Petit-Chien, au quartier général de bataille, se faisait traduire les nouvelles de la presse anglo-saxonne qu'il consignait dans ses carnets épais, les protestations antijaponaises du Madison Square Garden, les discours résolus de Franklin Delano Roosevelt, l'opinion variable des parlementaires de Washington, des lords de Londres. Ce qu'il discernait par ce truchement de l'univers extérieur à la Zone Spéciale des Frontières, lui qui connaissait Marseille, la Cannebière, Berlin et les montagnes de Bavière, fortifiait ses intuitions : « La situation internationale actuelle et la situation à l'intérieur de la Chine, en déduisait-il, sont favorables pour mener une guerre défensive contre les pillards japonais… Quelles que soient la force et la cruauté de nos ennemis, la victoire sera à nous. » Qui n'avait approché un jour les Brigands Justiciers en chair et en os aurait inféré d'aussi improbables allégations que c'était vantardise, hâblerie et galéjade réunies, et que Petit-Chien dit Rouge-Vertu ne méritait nulle créance. Il avait alors à ses côtés, en visite de reconnaissance, un attaché militaire de l'ambassade des États-Unis d'Amérique, officier de renseignement fils d'un pasteur d'ascendance norvégienne, avec qui il discutait le bout de gras et épluchait allègrement les documents secrets dérobés aux Japonais. Tôt ou tard, comme disait l'Ours-Téméraire, les Nippons attaqueront les îles Aléoutiennes dans le Pacifique et mordront les États-Unis au jarret. C'était inévitable. L'officier yankee jouait déjà l'hymne des *Marines* sur son harmonica. Perché il y a peu sur un château d'eau de Shanghai, en lisière de la Concession française, il avait expérimenté la précision des tirs japonais.

Li l'Allemand, le conseiller Otto, lançait sur le *Marine* des regards soupçonneux. « C'est un espion », grommelait-il, pour s'introduire ici avec ses galons. Mais Petit-Chien, dit Rouge-Vertu, ne partageait pas ce méchant point de vue. Il octroya à l'officier une escouade de gardes du corps armés de mitraillettes et, contre une lettre déchargeant les Rouges de toute responsabilité en cas de mort violente, l'envoya gambader où se passait l'action. Le baroudeur exotique revint de son excursion vif et en bonne santé, l'esprit empli d'heureuses constatations et d'idées novatrices. « Le magazine *Time* prétend que les Japonais contrôlent la totalité du territoire dans un rayon de sept cent miles autour de Pékin, rapportait-il. Je suis arrivé à cent cinquante miles de Pékin et toujours en zone chinoise. J'ai franchi deux voies ferrées tenues par les Nippons. Mais je suis persuadé que presque tout le terrain inclus dans le quadrilatère formé par les lignes de chemin de fer est aux mains des Chinois. » L'Américain fit arranger en un tournemain sa montre défectueuse par un vieillard demi-aveugle et conclut à l'habileté définitive de la Huitième Armée de Route. Chaque responsable y allait de son petit plan, selon les instructions frapper au flanc, taper derrière. Profitant de la nuit, la 129e Division du Dragon-Borgne incendia sur un aérodrome vingt-quatre appareils nippons. Le Pirate-Optimiste et sa 120e Division coupèrent l'élan des soldats du Soleil Levant au défilé de l'Oie Sauvage et ratatinèrent leurs convois automobiles, camions, voitures, autos blindées. Les Japonais manifestaient leur mécontentement en dépêchant des troupes et des troupes, sanglées dans leurs manteaux d'hiver à plastron et capuche, qui levaient les bras avec le drapeau et poussaient leur cri : « *Banzai !* » « *Banzai !* »

Tapi dans son Repaire, le chef des Redresseurs de Torts dispensait aux unités cent conseils avisés et en premier : « Se déplacer avec la rapidité du vent et des torrents. » Les Japonais couraient après les partisans. Les partisans se coulaient en silence derrière les Japonais. Certains rapports secrets des services spéciaux du renseignement militaire portaient à ébullition les légions impériales du Grand Japon : « L'Armée Rouge, admettaient-ils sur la foi d'une documentation collectée laborieusement chez les Mongols et les Han, possède une grande force et une puissance de combat inhabituelle qui peuvent en faire une source potentielle d'aléas… » Jusqu'ici, les soldats motorisés au casque rond, usant de leurs longues baïonnettes, de leurs mitrailleuses expertes, s'étaient enfoncés dans les terres comme dans du saindoux. De la Chine, les Nippons eurent bientôt conquis un million deux cent cinquante mille kilomètres carrés, plus que le Japon entier, bien entendu, additionné à l'Italie unie au Vatican, augmentés de l'Allemagne accrue de l'Autriche, la Rhénanie et les Sudètes. Ils se débarrassèrent, dans l'accomplissement de leurs efforts, d'un demi-million de Chinois, en comptant bas, éventrés, raccourcis, déchiquetés, hachés fin, et perdirent trente-six mille six cent vingt-neuf officiers et soldats, chiffre de l'état-major. Pour ceux-ci, le Japon, debout, tête inclinée, fit une minute de silence. Pour les autres les sirènes de Kyoto, d'Osaka, de Tokyo résonnaient d'allégresse, hululaient de joie. L'empereur Hirohito se montra en uniforme sur un cheval blanc devant la porte de son palais, afin de manifester l'ineffable satisfaction que lui procurait « l'heureuse tournure qu'a prise la situation en Chine ». Trois cent quatorze villes dans dix-neuf provinces avaient subi trois mille trois cent dix-huit raids d'aviation. Les moteurs Kinsei des appareils Mistubishi ronflaient à plein régime, les hélices à deux mille tours-minute, les bombes s'abattaient à vitesse croissante de 9,81 mètres par seconde, compte non tenu de la résistance de l'air. Ping, pang, crack. De Rome, on annonçait que la marine nipponne avait envoyé par le fond quarante-trois navires de guerre adverses et que plus de mille avions chinois se trouvaient réduits à l'état de brindilles, performance d'autant plus méritoire que les ailes chinoises disposaient au mieux et toutes mouillées de chaud de cinq cents appareils, Curtiss Hawk fournis par l'Amérique, Gloster Gladiator livrés par l'Angleterre, Fiat biplans acquis à Mussolini et

Heinkel 66 achetés à l'Allemagne hitlérienne. De Berlin, on faisait savoir que les Japonais s'étaient approprié dans leur course un joli butin, deux cent soixante-quinze chars et huit trains blindés, des canons lourds par centaines, des mitrailleuses par milliers. Le marché chinois fléchissait indubitablement. Dussent en pâtir les importations de sésame, de cacahouètes, d'antimoine et de tungstène dont il faisait grand usage, le chancelier Hitler rapatria en Germanie le conseiller von Falkenhausen, laissant Chiang Kai-shek amer et dépité. C'était bien la peine d'envoyer en Allemagne, comme il l'avait fait, son fils adoptif pour apprendre le métier.

En civil, chapeau mou sur le crâne, mais raide comme un Prussien, pince-nez ajusté, cigarette fixée entre les lèvres, caressant de la main son cocker, le général-baron Alexander von Falkenhausen prit le train pour Hongkong, dans un wagon spécial sur le toit duquel s'étalait un large drapeau à croix gammée destiné à éloigner les bombardements japonais. Les Japonais perçaient au sud et dardaient au nord. Canton flambait en tous ses quartiers. L'explosion des munitions stockées en paquets aux abords de la gare de Wongsha ébranla les édifices coloniaux de Shameen protégés par des chevaux de frise. Canton rendit les armes. Après quatre jours Hankou, sur le Yangtsé, se rendait à son tour. Des contre-torpilleurs nippons accostaient, accueillis par les vivats bruyants d'un essaim de marins italiens postés devant la Concession allemande et les compliments intéressés des Russes Blancs sortis de leurs cabarets. Prises de court, les agences étrangères ne savaient trop que penser ni qu'écrire. « Contrairement aux informations reçues hier qui annonçaient que le maréchal Chiang Kai-shek avait déjà fui, ce n'est que la nuit dernière, disent les télégrammes parvenus aujourd'hui à Londres, que le Généralissime chinois a quitté en avion la ville abandonnée. Accompagné de sa femme, il se rend, croit-on, à Chongqing, capitale du Yunnan, située à quelques mille trois cent cinquante kilomètres de Hongkong, près de la frontière de l'Indochine. » Une guigne pour les reporters. Après s'être éloignée, comme le lui avait prescrit les Brigands Justiciers, de la Zone Spéciale des Frontières, des grottes jaunes de Mao Zedong, de Petit-

Chien et de l'Ours-Téméraire, l'Américaine-Venue-en-Deuxième avait fait son trou à Hankou, capitale éphémère de Chiang Kai-shek, et obtenu le gîte et le couvert dans la demeure charitable d'un aimable pasteur. Afin de se rendre utile, elle intégra la Croix-Rouge. Rôdant par les rues, elle s'aboucha avec un médecin yougoslave et un colonel de l'armée des États-Unis, untel Joseph W. Stilwell, brave garçon un peu bigleux parlant chinois. Tous séparément quittèrent la ville avant que ne sautent les ponts.

Tant bien que mal, l'Amérique des profondeurs se faisait une idée de la guerre mystérieuse du pays des Han, suivait au jour le jour, en strip noir et blanc, les aventures erratiques de Terry et de Pat Ryan, son tuteur. « Des avions ! Ils ont pris en chasse le train !... » « Cette ville est assiégée par l'envahisseur, il y a longtemps que les officiels américains et britanniques ont foutu le camp ! Toutes les communications sont coupées !... » « Ne tirez pas ! Nous sommes rescapés de tant d'avanies qu'il faudrait des heures pour le raconter !... » « Ne les croyez pas, *Chinaman*, ils empruntent juste le ton des films américains... » « *Your attention, please !* Du fait de l'état de guerre, vous êtes soupçonnés d'être des espions... » Des espions, des mouchards, des dénonciateurs, il en grouillait de partout, en vérité, il en pullulait aux points cardinaux, dans les centres vitaux et les coins écartés. Chacun entretenait les siens. Autour de Chiang Kai-shek veillaient les hommes de Dai Li le Cruel et ceux de Chen Lifu, les estafiers du Bureau d'Investigations et de Statistiques, les nervis du Club Central, du Corps de la Jeunesse des Trois-Principes, experts en enlèvements, tortures et disparitions. « Nous ferons notre travail comme si nous étions les yeux et les oreilles du Généralissime. » À cette tâche essentielle, les sections en trench-coat et Borsalino portaient grande attention et pouvaient se targuer d'avoir, en persévérant dans la manière forte, retourné seize mille bandits rouges. Ils accusaient un retard, néanmoins, sur les rōnins japonais, hommes de main de premier ordre, reniflards et rusés, pourvus en opium et en yens, saupoudrés le long des voies ferrées, des fleuves, des cités, des hameaux du Mandchoukouo et des provinces du Sud ou du Nord.

Ceux du général Doihara, de la Société du Dragon Noir, avaient une réputation d'excellence, et sans doute était-ce la raison pour laquelle les flatteurs surnommaient leur mentor le « Lawrence de l'Orient », en hommage indélicat au héros d'Arabie broyé par sa motocyclette. Grassouillet, l'œil poissonneux, Doihara était une sorte de bâtard qui avait vendu sa sœur à son supérieur afin de grimper dans la hiérarchie militaire. Cela lui avait réussi. Il arborait sur la poitrine une brochette de décorations, fumait du tabac odorant avec un fume-cigarette et touchait à tout. Sa légende voulait qu'il parlât plus de huit langues à la perfection. Il fallait le croire sur parole. Doihara, fine moustache et sourire enjôleur, avait gravi les échelons, trempé dans l'assassinat ferroviaire du Tigre-de-Mandchourie, dans les attentats explosifs de Moukden, dans l'ascension de Puyi au trône du Mandchoukouo, dans le scénario sordide du pont Marco Polo. Il avait tâté d'aventures variées et s'en trouvait bien. Son réseau de rōnins fonctionnait à merveille. Doihara agitait ses marionnettes, animait ses créatures au gré de ses desseins. À sa main, sur ses doigts, au bout de son bras droit, il tenait la princesse mandchoue Bijou-Oriental, quatorzième bourgeon du dixième prince héréditaire, surnommée la « Jeanne d'Arc de Mandchourie » en écho immoral à la vierge rôtie par les Anglais. Bijou-Oriental avait été confiée enfant à la Société du Dragon Noir et son grand-père adoptif, fier disciple du Bushidō, l'avait dépucelée avant qu'elle ait fêté ses quinze printemps. La jeune fille prit le nom japonais de Kawashima Yoshiko et, partageant avec les purs officiers le fétichisme des bottes de cuir, attachées devant, attachées derrière, pénétra d'un coup les services les plus secrets. Sa petite taille, ses oreilles décollées ne furent pas un handicap. Certaines nuits, elle ferrait dans son lit des notables chinois à la langue pendue. Le jour, elle revêtait l'uniforme du Grand Japon, la casquette, les hautes bottes, les culottes de cheval, tenant le sabre droit entre ses jambes. D'autres nuits, elle déliait proprement la langue d'officiels britanniques. D'autres jours, elle jouait le gentleman dans une quelconque garden-party. La princesse mandchoue adorait cavaler au milieu d'un peloton de gardes montés et butiner au crépuscule l'épouse hallucinée de Puyi l'empereur.

Doihara embauchait à sa guise les informateurs de haut vol et les rossards de bas étage qu'exigeaient ses activités : truands mandchous, surineurs chinois, receleurs coréens, maquereaux russes, sycophantes italiens ou comtesses polonaises. Il puisait dans la caisse selon ses besoins, distribuait à chacun selon ses capacités. Cela revenait cher, certainement, mais d'un autre côté les services japonais avaient des rentrées, ils gardaient la mainmise sur la culture du pavot, la production de l'opium, le trafic d'héroïne hydrochloride, sources de revenus rondelets. Les laboratoires équipés de Moukden transformaient la morphine base. Les Nippons encaissaient les dividendes de trois mille huit cent quarante fumeries de Mandchourie, de huit mille quatre cents boutiques de narcotiques. Le Japon apportait au commerce la haute technicité d'une civilisation rationnelle et cela présentait l'avantage de régler pour partie le problème endémique de la surpopulation indigène. En sept mois d'une année dans le fond des gargotes et sur le bas-côté des voies, la seule ville de Harbin avait ramassé les corps de mille quatre cent quatre-vingt-cinq consommateurs invétérés de substances stupéfiantes. Avec méthode, dans les régions occupées, le Japon construisait sa Sphère de Coprospérité. La clé de la réussite résidait en une parfaite organisation, le soin, l'hygiène, la rapidité d'exécution, les rapports pointilleux. « Juin : vingt-cinq communistes arrêtés ; liquidés par injection de poison. »

Les méthodes japonaises causaient grands dégâts. Au Repaire de la Pagode Précieuse, quartier général des Redresseurs de Torts, Mao Zedong s'inquiétait, tournait en rond : « Il nous faut boucher de la manière la plus complète les yeux et les oreilles de l'ennemi pour qu'il devienne aveugle et sourd. » L'opération semblait malcommode. Le Serpent-Blanc s'insinua dans le champ de la discussion, mit en avant ses qualités de sérieux et d'efficacité. Il n'était pas seulement, argumentait-il, le calligraphe hors pair, fumeur de cigarettes Le Rat, formé dans le sillage des capitalistes de la San-Peh Steam Navigation Co. de Shanghai, il avait également, en matière de prospection, surveillance et protection, un solide bagage obtenu au cours d'un long voyage, avant d'atterrir au Repaire en avion. Le Serpent-Blanc, assurément, s'était trouvé au bon endroit au bon moment. Longtemps, il avait pris pension à l'hôtel Lux de Moscou. N'ayant rien d'autre à faire, là-bas, il eut loisir de scruter les us et coutumes de la contrée. La Grande Purge qui faisait flageoler les plus costauds se déroula sous ses yeux. Esthète autant qu'observateur, le Serpent-Blanc en tira profit. Par mimétisme, à tout hasard et en cas de nécessité, il avait monté sur place, parmi les émigrés, un Bureau des Éliminations. Le Serpent-Blanc cultivait ce don d'artiste, il savait comme pas deux démasquer les espions présumés. Des Chinois de Moscou, des Mandchous, s'évaporaient sur un signe. Un, deux, trois… Pfuiit. Il s'était, en quelque sorte, fait la main dans la ligne. Ses tours confinaient à la magie. Mao, ébloui, lui confia le service qu'ils appelèrent d'un commun accord Département des Affaires Sociales, comprenant en un tout sbires et caves obscures avec anneaux scellés dans le mur.

Le Serpent-Blanc et sa suite cherchaient donc des espions et les débusquaient. Il y avait une fille, ainsi, une Pékinoise nubile trop jolie pour être honnête, drainée vers le Repaire par ses sentiments soi-disant patriotiques, qui reconnut les faits après trois jours et trois nuits de questions dans les caves sombres aux instruments de métal. Il n'était plus douteux, puisqu'elle le coucha sur le papier et le signa des deux mains, qu'elle appartînt conjointement à l'espionnage nippon et aux Chemises Bleues de Dai Li le Cruel. Il en était une autre venue de Mandchourie, jeune et belle elle aussi, qui avoua sans tarder vu qu'elle portait des sous-vêtements *de style japonais*. « Tu es très séduisante, lui siffla le Serpent près des tempes. Si toi tu n'es pas agent spécial, qui alors le serait ? » Le Serpent-Blanc abattait de la besogne. Entouré de quatre gardes du corps, il se dévouait à sa mission et ne péchait pas par excès d'indulgence. On disait de lui, selon l'adage, « il ne pleurera qu'à la vue de son propre cercueil ». Le temps passant, les gens du Repaire le regardèrent avec déférence. Les gens n'aimaient pas l'idée d'avoir des bambous pointus enfoncés sous les ongles ou d'être suspendus par les pouces.

Sûr de ce qu'il avait appris, le Serpent-Blanc expliqua dans des écrits élégamment calligraphiés qu'il serait bon à l'avenir, au Repaire de la Pagode Précieuse, d'emprunter une bonne fois la voie lumineuse de Moscou trop négligée. « Extirpons, fulminait-il, les espions japonais, les ennemis publics de la Nation, les gredins trotskystes. » Les vétérans de la marche des vingt-cinq mille lis n'étaient pas contre. Ils étaient étonnés, simplement, de découvrir en leur Repaire autant de traîtres masqués. Et puis ils se méfiaient du Serpent, ce type froid sorti du néant, capable de tout. Zhang-le-Solitaire fut le premier visé. Sa biographie plaidait contre lui. N'avait-il pas été, avec Mao, l'un des douze à fonder à Shanghai le parti des Redresseurs de Torts ? N'avait-il pas suivi tambour battant l'aventure de Nanchang ? N'avait-il pas mené seul et sur des chemins de traverse l'Armée Rouge du IVe Front ? L'un des hommes de Moscou, l'un de ceux déposés en avion, arrogant et faraud, l'apostropha en ces termes : « Toi-même, tu n'es pas un trotskyste, mais tu as été manipulé par eux !... On en causera plus tard... » Cela lui donna à réfléchir. Comme il avait jadis croisé à des congrès ce Trotsky et le gros Zinoviev, jugé en public et exécuté en secret, il se dit que, peut-être, son environnement devenait malsain. Un jour d'avril, désigné pour représenter les Bandits Rouges à une cérémonie sur la tombe hypothétique de l'Empereur Jaune d'il y a cinq mille ans dans une forêt de cyprès éloignée du Repaire, Zhang-le-Solitaire tira sans prévenir sa révérence. Il reparut dans la ville où se tenait le Mandarin-Versatile. Les deux Redresseurs de Torts conversèrent longuement du présent et du passé mais ne tombèrent point d'accord. Ils se séparèrent à jamais. Le Solitaire s'en fut quérir protection auprès des agents armés du Kuomintang, ce qui n'était pas une idée excellente. Assis devant la table, dans sa grotte, passablement secoué, le Président Mao en informa Li l'Allemand, le conseiller Otto, et les sbires sépulcraux du Département des Affaires Sociales. Ayant mal digéré l'affaire, Mao Zedong dit du Solitaire : « Il a filé, il s'est enfoncé dans le bourbier. » Plus tard le Président ajouta plein d'irritation : « Les irréductibles sont obstinés… Ils deviennent aussi répugnants que la crotte de chien. » Puis Mao se souvint de l'adage de l'époque des Royaumes Combattants : *wáng yáng bŭ láo* — « Il n'est pas trop tard pour réparer l'enclos, même après la fuite de quelques moutons » — et à cette pensée fut rasséréné.

De Zhang-le-Solitaire vous ne saurez rien de plus, sinon qu'il finit ses jours paisibles au Canada, pays des neiges immaculées et de l'ennui profond. Mais les aventures incroyables du reste des Redresseurs de Torts vous seront révélées si vous poursuivez assidûment la lecture.

CHAPITRE XIX

Les Nippons enragés découvrent cent régiments — Face-de-Lune réapparaît dans les marais ; le Mandarin-Versatile se livre au commerce.

Mus par la curiosité et le désir de gloire, les visiteurs étrangers persistaient à se présenter au Repaire de la Pagode Précieuse en dépit des bombardements japonais. Chacun voulait savoir ce qu'il en était vraiment de la fameuse Huitième Armée de Route, de Petit-Chien et de Mao Zedong. Celui-Venu-d'Espagne, après un large détour, ne fit qu'une courte halte. En Espagne, il portait au côté un petit pistolet dans son étui de cuir. En Espagne, cheveux clairs ondulés, il paradait au côté d'Hemingway. « Je vais prévenir Mao que vous arrivez », interjeta Pomme-Bleue, la nouvelle épouse, galopant à sa rencontre sur un cheval nerveux. Celui-Venu-d'Espagne tenait au poing une solide caméra Bell & Howell de Chicago dotée d'une tourelle à triple objectif. C'était un professionnel, un gars formé par les plus grands, as du cadrage et de la découpe, capable d'acrobaties en avion, en art, en politique. Il était Soviétique de passeport, né à Odessa où un long escalier descend vers le port. Il fit marcher Mao, lentement, au sortir de sa grotte, s'asseoir sur un fauteuil de rotin, ouvrir un livre en chinois. L'air absorbé, Mao Zedong jouait à déchiffrer un pensum de Joseph Staline dont le portrait à moustache ornait la couverture. L'idée du caméraman n'était pas sotte. Cette union sur pellicule tombait en abyme et ouvrait des perspectives. Mao se sentait un peu seul dans l'univers hostile, et lui vint à l'esprit une formule du *Livre des Odes* : « L'oiseau appelle et quête la réponse d'un ami. » Mao n'était pas du genre qui a du miel sur les lèvres et un poignard caché dans son giron. « Fêter Staline, jugeait-il avec raison, ce n'est pas une formalité. » Ses pensées cheminaient vers le haut, s'imbriquaient l'une dans l'autre, s'assemblaient en système. Quand il crut le moment adéquat, et parce qu'il n'était jamais sorti du pays, Mao Zedong agrippa un des bolcheviks à cent pour cent qui déambulait par là, un de ceux arrivés en avion avec le Serpent-Blanc, qui avait l'expérience de l'hiver moscovite, de l'hôtel Lux et tout le tralala, afin de lui faire part de ses cogitations. « Camarade, lui dit-il par tradition, j'aimerais bien créer le maoïsme. Qu'en pensez-vous ?

— Ah, bon !? dit l'autre, interloqué. Et pourquoi ?

— Eh bien, reprit Mao, quand un dirigeant ne tient pas son propre *isme*, de son vivant il peut être écrabouillé, et après sa mort il n'est pas prémuni contre de nouvelles attaques. Quand on est propriétaire de son *isme*, la situation se modifie... Si je ne fonde pas mon propre *isme*, je courrai le risque d'être renversé, bien que je sois élu président du Parti.

— Ça n'est pas correct, et encore moins suffisant pour ne pas être culbuté, répliqua l'autre, un couteau derrière son sourire. À quoi bon allumer un foyer à part en créant de nouveaux *ismes* ? » Mao, en veine de théorie, ne voulait pas lâcher le morceau. « Mon idée sur la question est la suivante : le maoïsme est le marxisme chinois, ou le marxisme sinisé, qui constitue l'union de la vérité universelle du marxisme avec la pratique concrète de la révolution chinoise. » Déboussolé par autant d'assurance, le Moscovite cherchait une porte de sortie. « Je vous suggère de remettre ça à plus tard, proposa-t-il. En y repensant avec plus de sérieux, vous verrez qu'il n'est pas nécessaire de créer un quelconque *maoïsme*.

— Je vous le dis franchement, conclut Mao le verbe haut, celui qui n'a pas son *isme* finit mal en général. » Ce n'est que plus tard que le Moscovite chipoteur, confié à un docteur du Département des Affaires Sociales, fut pris de terribles maux de ventre.

Le jour où un avion à destination de Russie atterrit sur la piste rugueuse du Repaire, le conseiller Otto se précipita et attendit dans la carlingue l'heure du décollage. Li l'Allemand n'emportait aucun bagage autre que le souvenir de ses six années passées auprès des Bandits Rouges, et il oubliait derrière lui sa pétulante compagne Li Lilian, la chanteuse arrivée des villes avec Pomme-Bleue. Au revoir ! Au revoir ! Le DC-3 décolla vers l'ouest, les déserts, les montagnes. L'Histoire dit qu'à Moscou, il fut longuement interrogé sur les événements curieux et mœurs étranges de Chine du Nord.

Depuis qu'il avait à son flanc le Serpent-Blanc et le Batracien-Graphomane, Mao Zedong n'était plus en manque de ressources ni d'arguments. De son pinceau inspiré, le Batracien, bègue aux grosses lunettes, traçait les contours nouveaux de la philosophie ancienne des Sages aux longues oreilles et au regard perçant. Il enchaînait souplement *La Pensée philosophique de Lao-tseu* à *La Pensée philosophique de Confucius* puis à *La Pensée philosophique de Mo-tseu*. Le Président, ce voyant, n'avait à la bouche que compliments et dithyrambes : « C'est une belle contribution de votre part que d'avoir identifié un Héraclite chinois. » Le Batracien satisfait avalait les flatteries et les rendait comme il faut. Il compila un recueil épais d'*Essais de Mao Zedong* qu'il préfaça : « Mao vient d'une famille de lettrés réputés », jurait-il sans s'en être assuré. Dans cette école inventive s'inscrivit Liu Gros-Nez, le camarade des syndicats revenu indemne de dangereuses missions à l'arrière de l'ennemi. Liu Gros-Nez aussi s'intéressait à la philosophie. Et pourquoi pas ? Ce n'était pas parce qu'il avait trimé autrefois avec les mineurs de charbon, avec les ouvriers du chemin de fer, que Liu Gros-Nez était un ignorant. « Confucius disait... », il pouvait l'énoncer sans trébucher. « Un autre penseur de l'époque féodale, Mencius disait... », il le pouvait également. C'était même fort apprécié de son auditoire. Homme instruit, il savait répéter ensuite : « Le camarade Mao Zedong a dit... le camarade Mao Zedong a maintes fois souligné... le camarade Mao Zedong a toujours recommandé... » Liu Gros-Nez respectait ses aînés. Des *Analectes* de Confucius il tirait les qualités d'un bon Redresseur de Torts, déclinant la comptine : « À quinze ans, je m'appliquais à l'étude » — Liu Gros-Nez était natif du Hunan, comme Mao, et son père, pour autant qu'on le sût, exerçait la fonction de maître d'école. À quinze ans, Liu apprenait les Classiques et à dix-sept, il rejoignit la ville de Changsha dans le but louable de se perfectionner. Sur des machines-outils, il entraînait ses mains. Ses poèmes se révélaient d'un intérêt très moyen :

Ta vie est courte, ta chance médiocre.
Tu peux difficilement espérer fortune et bons postes.
Pourquoi, comme elle vient, ne pas jouir de la vie ?
Pourquoi emporté sur deux mille lis, subir tant d'avanies ?
Les talents filent vers l'Occident…

Il partit, taciturne, étudier au loin, n'en revint pour plonger avec les mineurs au fond de la nuit qu'à l'âge de vingt-quatre ans révolus. « À trente, je prenais de l'assurance », ratiocinait Confucius — Liu Gros-Nez en faisait autant. « À quarante ans, j'avais vaincu le doute » — c'était son âge à présent. « À cinquante, je reconnaissais la volonté du Ciel » — « À soixante, rien de ce que j'entendais ne pouvait me troubler » — « À soixante-dix ans, je pouvais me conformer au désir de mon cœur sans transgresser ce qui est juste. » Cela, Liu Gros-Nez n'en pouvait avoir l'expérience, mais il admettait en tous ses postulats la théorie du perfectionnement. « Nous ne devrions pas nous croire immuables, parfaits et sacro-saints », considérait-il, ajoutant : « Nos camarades doivent suivre la méthode indiquée par le camarade Mao Zedong. » Liu Gros-Nez débordait de bonne volonté. Lui furent confiées des tâches nouvelles en matière d'éducation. Les étudiants de l'extérieur, intellectuels mal dégrossis attirés vers la Pagode octogonale par l'âpreté des temps, montraient parfois d'inquiétants signes de déception. Ils n'avaient ni vaincu le doute ni atteint l'âge de l'assurance, et c'était pitié. « Il faut apprendre la vérité dans les faits », leur assénait Liu Gros-Nez. D'un œil étonné, les externes scrutaient les faits, les gestes des Brigands Justiciers et de ce qu'ils voyaient tiraient de néfastes conclusions. « Personne en ce monde ne peut éviter tout à fait d'être mal compris », prêchait alors Liu Gros-Nez.

Malgré la guerre, le Repaire volait de progrès en progrès. Sur leurs presses efficaces, des graveurs qualifiés et minutieux imprimaient pour la Zone Spéciale des Frontières de nouveaux billets. Ce n'étaient plus ceux de tissu grossier sur lesquels se dessinaient en bleu les portraits mal tournés du barbu Karl Marx ou du chauve Lénine, mais sur du fin papier, en traits rouges ciselés, la tête ressemblante de Mao Zedong, sa verrue au menton. Recto en chinois, verso en anglais. *Fifty cents*, faucille et marteau. Le Président Mao pestait contre les économistes incapables de distinguer en valeur les jolis *biānbì* de la Zone Spéciale des Frontières des *fǎbì* fumeux émis à l'effigie du Généralissime par les quatre banques capitalistes de Chiang Kai-shek. Ses billets à lui, d'un point de vue patriotique, les surclassaient et enfonçaient à l'évidence les yuans mandchous de Puyi et les yuans mongols du prince Demchugdongrub vendus à parité au yen japonais.

Petit-Chien, dit Rouge-Vertu, et l'Ours-Téméraire n'entendaient rien aux billets neufs, à l'économie ou à la philosophie. Pas une fois, leurs écrits ne citaient le Président Mao. Petit-Chien et l'Ours-Téméraire avaient l'esprit ailleurs. Le crâne rasé, dans le hameau de montagne qui servait de quartier général, ils peaufinaient leur tactique au milieu de cartes étalées et filaient d'audacieuses métaphores. La guerre de Résistance peut être comparée à la lampe à huile posée sur la table, avançait Petit-Chien. La Huitième Armée de Route serait la mèche, les Nippons l'huile. « Ils se croient très forts mais en fin de compte l'huile se consume toujours avant la mèche. » L'Ours-Téméraire, déterminé, revenait à ses histoires de pêche : « Le peuple est la mer, nous sommes les poissons. Il ne reste plus dans le peuple un homme, une femme ou un enfant qui ne soit pas rallié à notre cause. » Sous un pommier, Petit-Chien jouait aux échecs. Les Japonais en Chine du Nord nourrissaient de vastes ambitions. Les cerveaux de leurs stratèges bouillonnaient de vénéneux projets. Le Pirate-Optimiste, Petite-Bouteille, le Dragon-Borgne, Deuxième-Couteau n'étaient pas de trop pour livrer bataille. Les Japonais tenaient les axes de circulation, fixaient au long leurs garnisons, édifiaient abondance de fortins, creusaient des milliers de fossés. « La politique ennemie se structure comme une cage, observait le Dragon-Borgne. Les voies ferrées figurent les barreaux, les routes des chaînes. » À la saison des pluies, selon un plan élaboré par l'Ours-Téméraire, les Brigands Justiciers entreprirent dans un bel ensemble de tout faire sauter, attaquant la nuit, attaquant le jour, devant, derrière, sur les côtés. « L'Ours-Téméraire a eu une splendide idée, applaudit Petite-Bouteille, de foutre en l'air le système des cages. » Mais ce n'était pas une mince affaire que de décoller des voies d'acier les Nippons armés qui s'y cramponnaient tels les vers aux feuilles des mûriers, et plus dure encore se révéla la besogne d'extraire les tire-fond, démonter les rails, les tordre au feu, brûler les traverses, disperser le ballast, arracher les fils, couper les ponts, ruiner les tabliers, démolir les piles. Se faufilant dans l'obscurité, les Brigands Justiciers surgissaient des champs de kaoliang aux hautes tiges. La passe des Dames fut enlevée une nuit, avant l'aube, le viaduc de la Mule Fatiguée détruit à l'explosif dans l'après-midi. Lors de l'assaut contre la mine de charbon de Jingxing, les hommes de Deuxième-Couteau découvrirent sur les lieux une fillette du Japon et sa sœur pouponne mal en point, enfants du contremaître occis dans la bataille. Deuxième-Couteau les prit avec lui, les nourrit de porridge à la cuillère. « Comment t'appelles-tu ? » demanda-t-il à l'aînée. Elle articula un vague son, genre *Noriko*, qu'il crut être son nom mais qui signifiait à peu près : « Maman morte. » L'enfant s'accrochait à ses basques, le suivait partout où il allait, au quartier général, sur les lignes. Garder des enfants semblait peu raisonnable pour un Redresseur de Torts en campagne. Il déposa les gamines dans les paniers d'un paysan, aux extrémités d'une palanche, avec des poires et une lettre, à charge pour celui-ci de les rendre à l'Occupant. « Lors de notre récente attaque du chemin de fer, nous avons trouvé deux petites Japonaises… Les deux orphelines, l'une de cinq ou six ans, l'autre encore bébé, n'ont personne sur qui compter et sont vraiment malheureuses. Après en avoir pris soin un moment, nous vous les rendons. Merci de les renvoyer à leur parenté pour être bien élevées, afin qu'elles ne soient pas abandonnées en un étrange pays et que leurs os ne finissent pas enfouis dans un sol étranger. » Puis les Brigands Justiciers firent les comptes de leurs offensives qu'ils baptisèrent Campagne des Cent Régiments. Depuis le Repaire où il demeurait, Mao Zedong adressa un télégramme à l'Ours-Téméraire : « Campagne Cent Régiments formidable — stop — peux-tu en susciter une ou deux de plus ? » Il eût été présomptueux d'imaginer que les Japonais allaient rester l'arme au pied devant leur cage brisée, ramasser leurs morts et plier leurs effets. Furieux et enragés, les stratèges du Mikado lancèrent la politique des Trois Tout — *tout brûler*, *tout tuer*, *tout piller*. Maisons, masures, cabanes, remises se consumèrent en gerbes d'étincelles, en flammes enveloppantes rouges, or, fauve, des colonnes de fumée noire s'élevaient des villages et des hameaux, les Chinois s'abattaient comme les plants de sorgho sous la faux. Les Nippons posaient pour des instantanés devant les têtes coupées. Leurs familles recevaient des cartes postales dessinées en couleur. « Aujourd'hui, je suis sorti à midi. Vu qu'il n'y avait pas vraiment d'endroit où s'amuser, j'ai flâné et je suis rentré à quatre heures. J'ai pris des photos. Je te les envoie bientôt. Aujourd'hui il a fait vingt-sept degrés, il n'y avait pas de vent et le temps était au beau fixe. »

D'aucuns se souviennent de Face-de-Lune, resté tapi dans les monts et les vaux originels, sa jambe blessée soignée avec le baume du tigre. Il y avait belle lurette qu'il courait à nouveau les bois et les fourrés, menant la vie dure aux despotes locaux, aux mauvais hobereaux. Naturellement, le Brigand Justicier voulut, le temps venu, prendre sa place dans la guerre légale de résistance à l'envahisseur. Des notables au chef-lieu, vêtus de robes de brocart et de gilets noirs, mains croisées dans les manches, s'exécutaient en courbettes et louanges. Ils vidèrent de concert des coupes de vin. « Je ne me sens pas trop à l'aise, remarqua Face-de-Lune devant les mandarins hypocrites. Quand j'étais dans les montagnes du Jinggang, vous offriez deux mille dollars pour ma tête. Quand j'étais dans notre République centrale de la Forêt de Jade, la récompense monta à cinquante mille dollars. Lorsque je suis venu à

Youshan initier une guérilla, alors que l'Armée Rouge avait entrepris sa Longue Marche, votre offre est tombée à trente mille dollars, et puis soudain à deux cents dollars !... Vous ne devez pas penser grand bien de moi pour acheter cette tête seulement deux cents dollars. » Chacun piqua du nez dans son bol. Face-de-Lune était un franc rieur, mais on ne pouvait en dire autant de ses interlocuteurs. Face-de-Lune rassembla tout ce qui se pouvait trouver de Redresseurs de Torts dispersés dans ces contrées et ensemble ils constituèrent la Nouvelle Quatrième Armée. Ses détachements bravaient l'ennemi dans la basse vallée du Yangtsé. Les gens des lieux où ils passaient en coup de vent les appelaient tantôt les Côtes de Fer, parfois l'Armée des Étudiants, et de temps en temps l'Armée des Mendiants. Cela, bien sûr, avait ses fondements. Mais il arrivait qu'ils fussent nommés par les paysans mutins l'Armée de Bouddha, l'Armée-qui-Sauve-les-Pauvres, l'Armée de l'Humanité et de la Justice ou encore l'Armée des Règles de Vertu, car ils ne volaient ni ne dévastaient, et ne fusillaient à bout portant que ceux qui le méritaient. La Nouvelle Quatrième Armée des Brigands Justiciers récoltait grand prestige. Elle se mit en devoir, dans les campagnes superstitieuses, d'infiltrer la Société des Grands Couteaux, issue du vénérable Lotus Blanc, et la Société des Piques à Houppes Rouges. Ses recrues brûlaient des papiers magiques et chantaient à tue-tête : « Avec nos piques à houppes rouges, pompons rouges comme le feu, lames luisantes comme l'argent, nous bouterons dehors les diables de l'Archipel, et dans le creux des vallons, et au sommet des montagnes, nous mènerons nos guerres de guérilla. » Tout était bon pour frapper au flanc et à l'arrière les pillards japonais. Face-de-Lune se liait d'amitié avec les pirates du fleuve sans loi ni foi, avec les moines bouddhistes qui lui servaient des mets végétariens et enseignaient les arts martiaux.

Cela n'était pas du goût de Chiang Kai-shek, réfugié à Chongqing, au plus haut du fleuve Bleu sur son cours navigable. Que les Bandits Rouges profitassent du chaos pour lui ôter le pain de la bouche excitait sa colère. Ses fonctionnaires s'affairaient en chaise à porteur, soucieux de préserver en Chine un gouvernement respecté. Chaque matin et le soir à nouveau, le Généralissime priait. Dans la journée, il donnait des ordres. L'âme de ses brigades opérationnelles, Dai Li le Cruel, ne répugnait pas à la tâche. L'argent de l'opium concentré dans ses caisses lui autorisait les plus beaux rêves. Dai Li le Cruel, chef des Chemises Bleues, s'acoquina avec Du Grandes-Oreilles, parrain de la Bande Verte, à l'effet de mettre sur pied tous frais payés une Armée Loyale et Patriotique prompte à le débarrasser des Bandits Rouges du bas Yangtsé. De ce genre de labeur, Grandes-Oreilles était reconnu spécialiste depuis la purge de Shanghai, click-clack, click-clack les revolvers, click-clack, click-clack les os qui craquent… Du Grande-Oreilles gardait sous sa coupe un nombre considérable de truands, arsouilles, maquereaux, tripoteurs, coupe-jarret, scélérats loyaux et patriotes. L'Armée Loyale et Patriotique reçut donc sa feuille de route : « Plus un seul communiste à l'est de la ligne Shanghai-Nankin ! » Le nettoyage s'opérait dans l'enthousiasme. Dai Li gratifia ses troupes d'un hymne composé par un de ses affidés d'après le *Horst Wessel Lied* joué en Germanie. Mais mine de rien, Face-de-Lune et les siens étaient coriaces. Ils ne se laissaient pas faire.

Mao Zedong, dans son gîte, leur adressait des mots d'encouragement. « Beaucoup de héros de la Nation ont émergé parmi les officiers et soldats de la Huitième Armée de Route et de la Nouvelle Quatrième Armée durant cette guerre de résistance. Honorer ces héros et leurs titres de gloire revêt une grande signification au regard à la fois de la propagande extérieure et de l'éducation interne. » Philosophe et stratège, Mao portait une attention poétique à l'œuvre de prosélytisme. « Napoléon a dit qu'une seule plume pouvait valoir trois mille fusils Mauser », certifiait-il. Il l'avait lu jadis dans *Les Grands Héros du monde*. C'était plutôt excessif, étant donné que les frères Mauser et leur invention n'étaient pas nés. Face-de Lune, le Mandarin-Versatile, Petite-Bouteille ou Deuxième-Couteau qui avaient vécu en France n'eurent pas le cœur à le détromper. Deuxième-Couteau, Petite-Bouteille et Face-de-Lune avaient posé leurs jeunes fesses sur les bancs de bois des collèges de Dreux, Châtillon-sur-Seine ou Montargis, déchiffré au bout de la règle d'un instituteur strict une écriture bizarre au tableau noir. Le Mandarin-Versatile, plus volage, fréquentait les cafés de Paris. Ils avaient certes ouï de Napoléon à bonne école, mais se voyaient trop occupés avec leur guerre pour distinguer *in abstracto* du mauser le fusil à silex 1777 fabriqué à Charleville, Saint-Étienne et Maubeuge. Sur le théâtre du Nord, Petite-Bouteille secondait le Dragon-Borgne, Deuxième-Couteau dirigeait une brigade, et sur le théâtre du Sud, Face-de-Lune conduisait les premiers détachements de la Nouvelle Quatrième Armée.

Loin du front comme de la Pagode Précieuse, son bras droit abîmé par une méchante chute de cheval, le Mandarin-Versatile négociait. Il habitait à Chongqing un immeuble vétuste dans une petite allée, propice pour s'activer en douce, organiser les Brigands Justiciers de la clandestinité. Les oreilles et les yeux de la Secrète de Chiang Kai-shek fouillaient le voisinage. Le Mandarin-Versatile cachait son jeu. On eût pu l'appeler le Mandarin-Astucieux. Sous le nez de l'adversaire, il monta une société d'import-export à succursales multiples, filiale à Hongkong, médecine occidentale, instruments chirurgicaux, coton, soie, satin, pièces de rechange, raffinage de pétrole, toutes opérations financières en or et dollars américains, commerce de produits spéciaux. Au cœur du dispositif d'investigations et de statistiques de Dai Li le Cruel, il plantait ses agents. « Plus nous nous enfoncerons dans les arrières de l'ennemi, plus nos forces auront l'occasion de se développer », avait-il coutume de répéter. Pour lui-même et son entourage, le Mandarin-Versatile déployait des principes ascétiques. « Plus les conditions seront rudes, mieux nous pourrons manifester nos qualités et nous aguerrir. » Multipliant les mesures *pour la limitation de l'activité des partis hérétiques*, les instructions *pour la solution du problème des partis hérétiques*, Chiang Kai-shek et Dai Li ne ménageaient pas leurs efforts afin de combler ses désirs. Survint le jour où la Nouvelle Quatrième Armée des Brigands Justiciers fut encerclée par sept divisions du Kuomintang et découpée en rondelles saignantes. « Il y a longtemps qu'ils défient mes ordres », fulmina le Généralissime. Le Mandarin-Versatile courait les ruelles de Chongqing, les bureaux des étrangers : « On se bat entre frères !

Pourquoi tant d'empressement à s'entretuer ? » s'égosillait-il, la voix cassée. Les Anglo-Saxons sentimentaux abondaient en son sens. Oui, pourquoi se mettre les tripes à l'air sous le regard narquois des Japonais ? Charmant de manières, le Mandarin-Versatile avait bonne presse auprès des Anglais, des Canadiens, des Néo-Zélandais, des Américains, d'Ernest Hemingway, numéro un des écrivains. L'auteur de *Pour qui sonne le glas ?* était venu à Chongqing en DC-3, avec sa troisième épouse, prendre la température aux frais d'un quotidien new-yorkais. L'hôtel où il descendit lui parut de qualité et la nourriture parfaite. L'écrivain moustachu, boudiné dans un veston trop juste enfilé sur un gilet mal boutonné, appréciait particulièrement le vin de serpent. Hemingway dîna avec Chiang Kai-shek qui, pour on ne sait quel motif, omit de chausser son dentier. C'était éprouvant. Pour on ne sait quel motif encore, le climat peut-être, l'humidité, la conversation dérapa : « La Chine avait déjà une grande culture quand vos ancêtres vivaient dans les arbres et se peignaient en bleu », débita une May-ling acariâtre à la femme de l'écrivain, blonde volontaire et jolie, native de Saint Louis, Missouri. Personne n'était content. La broche de jade et le chapeau conique offerts en cadeaux ne suffirent pas à rattraper le coup. « Deux fois j'ai été invitée chez les Chiang et ils m'ont semblé les deux personnes les plus obstinées que j'ai rencontrées de ma vie, rouscaillait la blonde du Missouri. Leur volonté de pouvoir est dure comme la pierre, une sorte d'objet que l'on sent exister par lui-même dans la pièce. » Avec le Mandarin-Versatile, ce fut très différent. Différent et agréable. La rencontre eut la saveur piquante du mystère. Une étrangère était venue chercher le couple Hemingway, une Allemande. Sous ses dehors débraillés, dans son antre, costume occidental, cravate de travers, mal rasé, le Mandarin était séduisant. « Il a des yeux pétillants… *C'est quelqu'un !* Le seul bon type qu'on ait rencontré en Chine. » Ils rirent ensemble de drôles de plaisanteries. Autant qu'il le pouvait, le Mandarin-Versatile soignait ses contacts.

« Tip… tiip… tiiip… Je retiens de ma conversation avec Hemingway qu'il nous reste encore de sérieuses marges de manœuvre diplomatiques, télégraphiait en tapinois le Mandarin depuis son poste illicite. Tiiip… tiip… Devrions renforcer l'équipe de Hongkong en vue de coordonner nos activités. Tiiip… tip… Objectifs et ligne de conduite dans colonie britannique doivent être calqués sur Chongqing. » À l'évidence, le front uni pour le salut de la patrie se fanait. Mao craignait un coup perfide contre le Repaire de la Pagode Précieuse. La Zone Spéciale des Frontières était soumise à dur blocus, cerclée d'ennemis au grand appétit. Les méfaits des malandrins du Kuomintang sont sans nom, songeait le Président, comparables seulement aux perfidies du magistrat Zhou Xing des Tang ou de l'eunuque Wei Zhongxian des Ming, experts en complots, massacres et faussetés. « Ils tuent les hommes comme on fauche de l'herbe. Leur cupidité ne connaît pas de limites. » Tandis que les fonctionnaires repus du Kuomintang entassaient les yuans d'argent dans leurs coffres, entretenaient leurs mignonnes concubines, le *biānbì* à l'effigie de Mao plongeait. Il ne valait plus qu'un dixième du *fǎbì* avec la tête rase de Chiang Kai-shek. Le prix du millet augmenta d'un tiers. Les denrées nécessaires se mirent à manquer, les chaussures et les chaussettes, l'huile de cuisine et les légumes, le pétrole lampant et les allumettes, les couvertures essentielles au sommeil et le papier indispensable à l'écriture. Les Brigands Justiciers paraient au plus pressé. Chacun cultivait son jardin, binait, plantait, chacun lésinait sur la marchandise. Petit-Chien, dit Rouge-Vertu, qui avait erré démuni entre les chörtens et les temples des marches tibétaines, traversé deux fois dans le froid les grandes steppes marécageuses, promené des troupes de bric et de broc au Sichuan et au Yunnan, transmettait ses expériences culinaires : « Nous produisons beaucoup de sel. Nous pouvons donc mettre de côté de grandes quantités de légumes pour les mois d'hiver. Nous salions toujours les légumes pour les mois d'hiver… Parlons maintenant du soja… Le soja peut être utilisé sous de multiples formes. On peut le consommer comme légume vert, mais aussi à l'état de pâte. On peut en outre le sécher pour l'hiver et en faire de la sauce. On peut aussi le conserver dans la saumure… » Sur la terre que leur allouaient les Redresseurs de

Torts, les paysans se brisaient le dos à faire pousser des pois, de l'arachide, élevaient des ânes et des moutons, semaient le coton. Des fibres, leurs femmes tissaient l'étoffe, des graines elles tiraient l'huile. Les artisans fabriquaient des tables, des bancs, du papier, des pinceaux. Les ânes à la queue leu leu transportaient le sel où l'on en faisait négoce. Trois simples cordonniers égalent un Zhuge Liang, disait la sagesse populaire, et cela signifiait, aux alentours du Repaire, que les gens simples des grottes jaunes possédaient discernement et ingéniosité, car Zhuge Liang, surnommé le Dragon-Accroupi, avait accompli à l'époque antique des Trois Royaumes maints exploits. Malgré leurs efforts, les cordonniers mis ensemble, les ânes chargés de sacs, les moutons tondus, les paysans et leurs femmes aux champs ne suffisaient pas à parer le blocus de la Zone Spéciale des Frontières, à faire face aux besoins de la guerre.

Les Brigands du Repaire se dirent que les traditions, parfois, avaient du bon et que les *produits spéciaux* sauveraient leur révolution. À première vue, ils avaient raison. La Compagnie des Produits Locaux qu'ils établirent transférait la récolte du pavot à l'Atelier Chimique de la Chine Nouvelle qui l'expédiait au loin après transformation dans des caisses marquées « savon ». L'argent rentra de nouveau. Mao Zedong fumait alors des cigarettes anglaises Pirate, celles qui distribuaient dans leurs paquets les chromos publicitaires du répertoire classique. Ses dents étaient devenues noires comme s'il chiquait du bétel à la mode tonkinoise. Pour son plaisir, souvent, Mao croquait des piments. « Ah, professait-il en bonne compagnie, un véritable révolutionnaire aime le piment rouge. Tenez, Alexandre le Grand adorait le piment rouge ! C'était un grand homme, un révolutionnaire dans son genre. » Pomme-Bleue, la nouvelle épouse, posait sur le gramophone grinçant un disque d'Opéra de Pékin, tel qu'il s'en pressait à Hongkong ou Calcutta sous l'étiquette Odéon ou la Voix de Son Maître. Mao ne perdait pas de temps. Pomme-Bleue donna naissance à une fille prénommée Na, la Précautionneuse-en-Paroles, d'après un passage des *Analectes* de Confucius où il est dit : « L'Honorable s'applique à être lent dans ses discours et diligent en ses actions. » Épisodiquement, Mao se souciait de ses fils résidant à Moscou et de leur éducation. « Il y a un moment, j'ai reçu une longue lettre de Anying, une autre de Anqing, un album de photos de Anying et quelques clichés épars : en un mot, plusieurs lettres et des photos. Je suis désolé de ne pas y avoir répondu. Je sais que vous avez été anxieux d'avoir de mes nouvelles. Je suis content que vous ayez fait des progrès. L'écriture d'Anying est cohérente, d'une syntaxe parfaite, le coup de pinceau n'est pas mal aussi… Comme vous êtes assez jeunes, vous devriez étudier un peu plus les sciences naturelles et vous occuper un peu moins de politique… Anying me demande de lui écrire un brin de poésie, mais je n'arrive à rien parce que je ne suis pas d'humeur lyrique. » Sa deuxième épouse et demie, en Russie, menait triste vie. Sa fille Jiaojiao, par moins trente degrés, contracta une maladie. Des infirmières d'État placèrent son petit lit dans un couloir près de la morgue, mais contre toute attente, elle survécut et se remit. La voix perçante de la deuxième épouse et demie cassait les oreilles des médecins diplômés. Elle avait besoin de repos. Dans un hôpital psychiatrique, elle fut maintenue sous sédatifs.

Si le sort de la deuxième épouse et demie vous intrigue encore, plus avant vous pourrez suivre ses tribulations car elle vécut longtemps. Pour ce qui est de la troisième femme d'Ernest Hemingway, l'écrivain numéro un, point n'est besoin d'épiloguer : ils se séparèrent bientôt. Quant au devenir des Brigands Justiciers en leur Repaire, le chapitre suivant dévoilera à coup sûr des détails importants.

CHAPITRE XX

Les Américains se prennent d'amour pour la Chine — La romancière évadée reçoit une volée de bois vert ; un fou se fait enfermer.

L'Histoire dit qu'alors la guerre ravagea l'Europe, que la Hollande se trouva submergée en cinq jours et avec elle la Belgique, le Luxembourg, puis qu'en six semaines fut envahie la France du capitaine Fiori. Fier et sémillant, le général-baron von Falkenhausen s'installa pour quatre ans à l'hôtel Plaza de Bruxelles. Le matin, il lisait le *Times*, qui lui parvenait du Portugal, buvait du thé et ensuite, à regret, promulguait en qualité de gouverneur militaire les décrets de persécution des Juifs. « Une étoile mystérieuse est apparue... Que va-t-il arriver ? Suivez à partir de demain les nouvelles aventures de Tintin et Milou ! » *Le Soir*. En cinq cases. Ou six. Chaque jour. Sur les murs du Limbourg, du Nord, du Pas-de-Calais, des affiches reproduisaient la signature du général : « La population doit s'attendre à ce que les otages arrêtés par les autorités occupantes répondent de leur vie. » Click-clack, click-clack, à Lille, à Charleroi, click-clack, une fois, deux fois, deux cent quarante fois. L'Histoire suivait ce cours. Dans la salle de réception de la Chancellerie du Reich à Berlin, le ministre von Ribbentrop, uniforme chamarré, le comte Ciano, gendre du Duce, et l'ambassadeur nippon se congratulaient. Petit à lunettes, le Japonais en costume trois pièces hochait la tête devant les plantes vertes : « En considération du fait que nos trois nations présentent certaines affinités dans leurs traditions et leur caractère populaire, et qu'en même temps chacun de nous se consacre actuellement à instaurer un ordre nouveau en Asie orientale et en Europe, une profonde compréhension et une vive sympathie se sont formées entre nous, et nous sommes unis par le lien fort de l'amitié… » Chiang Kai-shek regardait les choses de loin. Il n'était pas aisé de choisir sur quel pied danser. Par souci d'efficacité, Chiang Kai-shek avait placé à la tête de ses gardes du corps un blond aux yeux bleus modérément sympathique, de pure race germanique, capitaine allemand fondateur des Sections d'Assaut, en délicatesse avec le Führer. Un ancien de l'Armée Noire, des Corps Francs et des Chemises Brunes comme cet homme, ami de l'opulent Goering, ne pouvait manquer de flair pour peser les caractères. « Chiang Kai-shek est le plus grand homme de ma connaissance, répandait-il dans les cantines. Plus grand qu'Hitler, c'est sûr, ah oui ! » Sans doute était-ce plaisant à l'oreille du Généralissime, mais le capitaine allemand péchait souvent par ressentiment. Il pérorait tout à trac avec n'importe qui et sur n'importe quoi. « Vous les Américains, êtes de damnés idiots, lançait-il au pilote personnel de Chiang Kai-shek, un baroudeur de Glendale, Californie, tout juste marié à Hongkong avec une gentille fille de Hollywood. Vous les Américains, devriez prendre conscience que vous ne tiendrez pas les Philippines. Vous devriez vous rendre compte que le Japon veut votre sang plus encore que le sang des Anglais. Je t'adresse cet avertissement maintenant, l'ami. Causes-en aux officiers que tu vois. Dans quelques années, ce sera trop tard ! » Le monde prenait sale tournure, claquait ici, explosait là, si bien qu'on ne savait plus où donner de la tête. « Je ne suis pas en guerre avec Hitler », confia le Généralissime à son conseiller Donald qui l'avait tiré des griffes du Jeune-Maréchal.

— Moi si », laissa tomber Donald qui, sur ces mots, prit un congé définitif. Avoir débuté dans la vie à Lithgow, patelin d'Australie, affectait son jugement.

Un matin de décembre au lever, vraiment tôt pour un dimanche, mettons sept heures cinquante-trois, les avions japonais en vagues pilonnèrent simultanément l'*Arizona*, le *Maryland*, le *Nevada*, l'*Oklahoma* et le *Tennessee*, navires de l'armada des États-Unis ancrés en rade de Pearl Harbor à moins de dix miles d'Honolulu sur l'île O'ahu, 21° 28' de latitude nord, 157° 59' de longitude ouest dans l'océan Pacifique.

Cela changea tout.

Les Américains sont des gens simples qui n'aiment pas qu'on leur cherche noise.

Leur président, familièrement appelé par ses initiales «*Ef. Di. Ar.*», convoqua son Secrétaire à la Guerre qui à son tour prit à part les grands militaires. Ef. Di. Ar., après le petit déjeuner, coulait vers son fils Elliott un regard interrogateur : «Si la Chine sombre, cela laissera aux Japonais combien de divisions libres d'envahir l'Australie et l'Inde… ?» Ef. Di. Ar., à raison, se rongeait les sangs. De Carmel en Californie, le Secrétaire à la Guerre fit venir dans sa propriété de Washington D.C. Joseph Stilwell, le malvoyant colonel de Chine promu général, et lui dit : «Joe, le doigt de la destinée vous a désigné.» Au coin du feu, dans la bibliothèque, le ministre et son hôte évoquèrent les rizières, le Yangtsé, et l'avantage qu'il y aurait à placer un Américain pratique auprès de Chiang Kai-shek et de ses acolytes. «En quoi consiste le travail ? s'enquit Stilwell.

— D'une manière générale, leur secouer les puces. On ne regarde pas à la dépense», répondit avec tact le ministre. Ainsi Joseph W. Stilwell, communément affublé du sobriquet de Joe Vinaigre à cause de son aimable tempérament, s'envola pour Chongqing via Calcutta avec un grade élevé d'un cran.

Les Américains se souciaient de la Chine et de son destin. Ceux même qui, il y a peu, longeaient crâneurs les boutiques de Canal Street en gueulant «*Chink ! Chink !* Chinetoque !» s'inquiétaient désormais des événements. «Hey, Charlie ! T'as des nouvelles du pays ?» s'empressaient-ils de demander maintenant aux blanchisseurs chinois. «Ça se bat contre les Japs ?» Blanchisseurs ou pas, les Chinois avaient alors la cote. Tant et si bien qu'à Racine, dans le Wisconsin, l'éditeur de *Blanche Neige et les sept nains*, de *Dick Tracy, as des détectives*, de *Shirley Temple et l'esprit du Bois au Dragon* et d'autres histoires palpitantes, estima opportun et profitable de conter aux plus petits les exploits de *Terry et les Pirates* qui paraissait par ailleurs en bandes dessinées dans cent trente-sept quotidiens pour vingt millions de lecteurs. « Terry et ses amis sont en Chine où ils rencontrent Dragon Lady et son armée de guérilla en lutte à mort contre l'Envahisseur… » Pat Ryan, Terry Lee et leur compère George Webster Confucius étaient en Amérique les plus célèbres vagabonds de l'Empire du Milieu. Leur dessinateur jouait le modeste. « La plupart des gens pensent qu'il a passé la moitié de sa vie en Orient, écrivaient les journaux : il n'y a pas été la moitié d'un jour. Il a simplement lu tout ce qui lui tombait sous la main. » Mais il avait dans sa manche un employé chinois de la bibliothèque publique de Manhattan, 42e Rue, et un bon copain au torse velu, un fumeur de pipe aviateur en Chine, qui le tuyautaient. Le dessinateur accumulait la documentation. Les jonques, les pousse-pousse, les lampions. Les uniformes, les armes, les avions. Les étoiles au col, le couvre-nuque, les casques ronds. Les officiers japonais sournois, cigare entre les doigts, les généraux américains, francs et droits.

En Inde, Joseph W. Stilwell s'entretint avec les Rosbifs, comme il disait, Lord Mountbatten et compagnie. À Chongqing avec le Généralissime qu'il se prit bientôt à surnommer *Peanuts*, « Cacahouètes » si l'on veut, mais qui dans son esprit signifiait Peau d'Balle.

« Chongqing n'est pas si mal quand le soleil brille », se consolait le général Stilwell dans sa maison moderne au flanc de la colline. Il remarqua rapidement que Chiang Kai-shek portait de fausses dents et que son épouse tenait un rôle important. « Elle vaut dix divisions », claironnait partout le mari. Voilà une femme d'influence, observait Stilwell : « Elle va droit au but, elle est forte et énergique ; elle aime le pouvoir ; elle dévore la publicité et la flatterie ; elle ne connaît pas l'Histoire. » On voyait en public rire le trio, se donner le bras pour la photo. Dans les coulisses, ce n'étaient qu'intrigues et coups bas. Joe Stilwell trouvait face à lui forte partie, mais sa foi dans la vitalité des États-Unis ne faiblissait pas. Les Américains faisaient leurs comptes : une bouteille de Pepsi contient cent quatre-vingt-cinq calories, une côte d'agneau cent soixante-dix-huit, une pomme de terre quatre-vingt-douze, un œuf tout simple soixante-dix. Soutes emplies, les appareils Dakota bondissaient par-dessus l'Himalaya et déversaient à Chungqing des tonnes de matériel *made in USA*, des munitions, de la nourriture, des cigarettes. Aux combattants chinois, à ses *boys*, Stilwell n'avait qu'une chose à dire : « Maintenant, allez-y les gars, foncez dans le tas ! »

Ce n'était pas facile. Les Nippons enlevaient Hongkong, Singapour et les Philippines, Bornéo, Java et Sumatra, ils couraient la jungle birmane, sautaient des cours d'eau, incendiaient les huttes, coupaient des têtes, rampaient entre les herbes, se cramponnaient à la détente du FM *Kyu Kyu Keiki* 7,7 mm à cache-flamme, grimpaient des talus au pas de charge, concentraient leurs prisonniers en colonnes délabrées, défilaient à cheval dans les villes conquises en suivant les rails continus du tramway colonial. Les Japonais ne négligeaient rien. Ils débarquèrent à Guam, à Wake sur six kilomètres carrés. Et aux îles Aléoutiennes, en queue de l'Alaska. L'Empire du Japon reniflait l'Inde et l'Australie. « L'Australie blanche ! L'Australie blanche ?!… Attendez un peu qu'on la traîne dans notre Sphère de Coprospérité ! » bramait l'inspirateur de la Société du Dragon Noir. Sous les drapeaux mêlés du soleil rouge et de la croix gammée, Tōyama Mitsuru à la barbe de neige régalait la foule de ses partisans extasiés de « *Banzaï !* » exubérants.

Évidemment, s'étendre ainsi depuis la Mandchourie jusqu'à l'Australie n'était pas raisonnable pour un si petit pays. Nécessairement, ses forces se dispersaient et, en s'étalant, s'amenuisaient, perdaient en puissance comme la vapeur épuisée d'une canonnière glissant sur le Yangtsé. Pure loi de la physique et de la stratégie. Cela portait les Brigands Justiciers chinois à d'encourageantes conclusions. « Notre pays possède quatre cent cinquante millions d'habitants, soit le quart de la population mondiale et sept fois la population du Japon, énonçait Petit-Chien, habile en calcul. Voilà notre atout pour vaincre l'ennemi. » L'Ours-Téméraire, commandant en second, approuvait de sa griffe ajoutant à la mathématique élémentaire une touche légère de géographie : « Tout le territoire de la Chine constitue l'arrière de notre armée. » Et le Dragon-Borgne qui, remuant sans cesse, sabotait les voies la nuit et recrutait les paysans dans le dos de l'ennemi, se félicitait du résultat : « Les Japonais sont acculés, quand ils essayent de riposter, ils ne frappent que des ombres. » C'est ainsi que les trois tactiques nippones de conquête — *grignotage*, *ratissage* et *nettoyage* — s'étiolèrent dans les champs mûrs de kaoliang. En son gîte, avec des moyens simples, Mao Zedong décortiquait la situation : « Notre encerclement ressemble à la main de Bouddha, expliquait le Président à ses disciples. Il formera les cinq chaînes de montagnes qui dominent l'univers et clouera si bien sous elles les agresseurs fascistes que jamais ils ne se relèveront. » Chacun à son poste y mettait du sien, au front, au Repaire, par l'épée, par la plume, les soldats aux semelles de paille armés de grenades rudimentaires, les cultivateurs de soja et d'arachide pliés en deux, les fabricants de savons spéciaux de l'Atelier Chimique, les artistes prolétariens de l'Académie des Arts.

Petit-Chien, dit Rouge-Vertu, professait des goûts simples. La légende émouvante du *Petit Bai Long* mise en scène par la 386e Brigade de la 129e Division de la Huitième Armée de Route sur un air de l'Opéra de Pékin le ravissait, comme la chanson qu'il avait entendue contre les collabos, et les danses folkloriques colorées. Cela, il aimait. « Nos œuvres d'art ne sont pas destinées à une minorité, rabâchait-il. Que nos camarades ne ménagent pas leurs efforts ! » Les camarades faisaient au mieux, les néophytes, les chevronnés en uniforme gris et bleu. Ding Ling la romancière renoua avec l'écriture. Elle jetait ses caractères sur le papier. *Quand j'étais dans le village de Xia*, *Nuit*, *L'Hôpital*… Du front, elle avait rapporté tout un lot d'observations pour polir ses nouvelles. « *L'enculé de bureaucrate… Il devrait nous donner moins d'huile encore ! Ça brûlerait plus vite ! Je te la lui foutrais dans le cul de sa mère, moi, son huile !…* » Ding Ling écrivait et publiait dans le journal du Repaire. Coiffée de sa casquette militaire, Ding Ling avait parcouru des lis et des lis, sur des mulets, de peloton en compagnie, afin de distraire par ses récits, ses saynètes, les irréguliers intrépides. Jusque-là, tout allait bien. Quelle mouche la piqua soudain, elle dont les oreilles résonnaient des musiques de Liu

Gros-Nez sur le perfectionnement, d'extérioriser ses étranges *Pensées sur le 8 Mars* ? Quel insecte nuisible vint la démanger soudain ? « *Fem-me :* quand donc viendra le jour où nous n'aurons plus à porter d'attention particulière à ces deux caractères ?... Si les femmes veulent conquérir l'égalité, elles doivent d'abord se fortifier en tant qu'individu... J'aimerais seulement dire, en tant que membre du front, du front prolétaire, du front de bataille contre l'envahisseur japonais et du front des femmes : Prenez l'habitude de vous servir de votre cerveau, débarrassez-vous de votre répugnance à réfléchir et de votre intense penchant à toujours suivre la foule. » Ces propos inouïs, dans le journal du Parti, en mirent plus d'un en pétard. Ding Ling s'attira les remontrances, matin et soir, d'officiers importants, de vétérans, de combattants exemplaires. S'il était un homme, parmi les Brigands Justiciers, réputé pour son bon naturel, c'était bien le Pirate-Optimiste, venu par maints détours du lac aux lotus rouges, trempé à toutes les luttes. Eh bien, il en eut le souffle coupé. Le Pirate-Optimiste, habituellement rieur, rugit de colère. Il accusa la romancière de semer le trouble dans l'armée des Redresseurs de Torts et dans les ménages. Le sien n'allait pas fort.

L'un après l'autre, quelquefois en même temps, les critiques se levaient et trouvaient à fustiger. Ding Ling passa un mauvais quart d'heure. Ce n'était pas bon signe de voir renauder dans l'assistance l'épouse cauteleuse du Serpent-Blanc, le gestionnaire principal du Département des Affaires Sociales. Qu'avait-elle à dire pour sa défense, Ding Ling, maintenant qu'elle s'était mise à dos tout ce monde et paraissait complice de Wang-le-Fou ? Du fait de la guerre, les réfugiés des villes affluaient au Repaire. Des gens qui souvent ne comprenaient rien à rien, ni aux mœurs de la Zone Spéciale des Frontières, ni aux exigences de la lutte de résistance. Il y avait comme ça des intellectuels qui se croyaient malins. Leur arrogance ne supportait pas de borne, ils étaient là à écrire ce qui leur traversait l'esprit, à couper les cheveux en quatre, à la ramener en permanence. Le Président Mao en personne leur délivrait des messages de prudence. « Je conseille à ceux qui ont acquis des connaissances livresques, mais qui n'ont pas encore eu de contact avec la pratique ou n'ont que peu d'expérience pratique, d'être conscients de leurs insuffisances et de se montrer un peu plus modestes. » Mais les lettrés des villes ne voulaient rien entendre. Wang-le-Fou était de la catégorie des obstinés au sourcil hautain. Raconter son histoire serait superfétatoire. Mais comment ne pas discerner dans son essai *Les Lys sauvages*, paru à la suite des *Pensées sur le 8 Mars*, du dénigrement pur et simple et une perfidie sans nom. « Dans les vallons du Repaire, le lys sauvage est la plus belle des fleurs… » Il avançait de la sorte, à petits pas. « On dit que son bulbe a un goût légèrement amer et qu'à la différence des autres lys il n'est pas doux au palais… On dit qu'il a des vertus médicinales, mais je ne sais si cela est vrai… » Bien naïf et bien bête qui n'aurait décelé dans ce lys sauvage quelque allusion impudente à Lily Wu, l'actrice aux doigts agiles, et par voie de conséquence au Président.

D'ailleurs, point n'était besoin de scruter davantage son visage : Wang-le-Fou sans vergogne livrait aux masses ses pensées profondes. La vie au Repaire semblait ne pas lui convenir. « Hmmm ! Les corbeaux sont noirs où qu'ils soient », prétendait-il. Il flattait à tout-va les jeunes et leurs élans primaires, les excitait contre les vieux, contre les cadres. « Je ne suis pas un égalitaire, chicanait-il, mais diviser l'habillement en trois classes et la nourriture en cinq n'est ni nécessaire ni rationnel, surtout en ce qui concerne les vêtements… En ce moment, les malades n'ont même pas de soupe aux nouilles et les étudiants se nourrissent de deux bols de *congee* léger par jour (quand on leur demande s'ils ont eu assez, les membres du Parti dirigent le chœur : "*Oui, oui, nous sommes rassasiés !*"). À côté, les gros bonnets pétant de santé ont plus que de besoin à manger et à boire, si bien que leurs subordonnés les regardent comme une race à part. » Les gens du Repaire, au premier abord, hochaient la tête : Wang-le-Fou n'avait peut-être pas tort. Du temps, des jours et de l'étude leur furent nécessaire pour admettre que ces sornettes ne relevaient pas des idées justes. Il leur fallut parcourir assidûment *Contre le libéralisme*, l'article du Président, et le livre sur le perfectionnement de Liu Gros-Nez. Certains n'ont pas saisi, admonestait le Président, qu'en échangeant leur chambre de bonne de Shanghai contre les cavernes de la Révolution, ils sont passés « non seulement d'une région à une autre, mais aussi d'une époque historique à une autre ». Le Président les aidait pourtant à trouver la Voie. « Pour soigner une maladie idéologique ou politique, il faut se garder de toute brutalité, exhortait Mao chattemite : la seule méthode juste et efficace, c'est de "*guérir la maladie pour sauver l'homme*". » Wang-le-Fou fut amené devant une large assemblée. Ils étaient nombreux à être venus voir, entendre, assis sur des bancs, et évidemment plus d'un voulut s'exprimer, prendre la parole, dire son mot, crier du fond, s'avancer sur le devant. « Il y a pas mal de déviationnistes, parmi nous, mais le cas de Wang-le-Fou est assez singulier », risqua le premier. « Sur le plan idéologique, Wang-le-Fou est devenu un ennemi », releva un personnage à grand bruit. La discussion rapidement s'emballa. Cela fusait de tous les coins.

C'était en effet un ennemi des plus roués que Wang-le-Fou. « Pourquoi as-tu dit que les gens ignoraient les crimes de Staline dans la purge du Parti en Russie ?… Si, tu l'as dit !… » Ça et bon nombre d'autres inepties. Pas mal de questions surgissaient concernant ses faits, ses gestes et ses pensées. Mettait-il sérieusement en doute la loyauté du procès en haute trahison du gros Zinoviev à Moscou ? Rendait-il vraiment le Komintern responsable de la Grande Déconfiture de 1927 ? Confirmait-il avoir traduit en mandarin le *Testament* de Lénine le Chauve, plus ou moins accommodé à la sauce trotskyste ? Avait-il réellement converti en chinois l'autobiographie de *Tuoluociji* la Barbiche, ce fichu Trotsky ? Oui, au regard de l'enquête et des interrogatoires tout cela s'avérait exact et authentique. Il n'en pouvait disconvenir et ne pouvait exciper d'une quelconque prescription. Voilà bien ce qu'était Wang-le-Fou. Qu'il ait traduit par ailleurs Alphonse Daudet ou Thomas Hardy ne lui était qu'un maigre secours au Repaire, et ses éditions de *Salaire, prix et profit*, de *Révolution et contre-révolution en Allemagne* ne valaient en l'occurrence plus une sapèque, plus un *biānbì*. Cette affaire de trotskysme enflait à vue d'œil, prenait des proportions. Pourquoi donc, lui fut-il demandé, n'avait-il pas honnêtement mentionné ses relations coupables avec pareils empoisonneurs ? Eh bien, à peine arrivé et causant littérature, répondit-il, il s'était fait taxer par le Batracien-Graphomane d'opportuniste de la IIe Internationale : « Alors vous imaginez ce qui serait arrivé s'il m'avait collé l'étiquette de la IVe ! » Wang-le-Fou énervait les orateurs. Sur ces entrefaites intervint le Batracien-Graphomane, myope et respecté. Il portait sur le cas une parole scientifique. « Ce type n'a pas d'épine dorsale, jura-t-il. Il est comme une sangsue visqueuse, aussi minuscule qu'un moustique, du genre qui se faufile en silence afin de vous piquer ! » Le Batracien, par nature, avait des moustiques et des sangsues une solide expérience. Wang était cuit et bien cuit. « Nous avons adopté la méthode de "*soigner la maladie pour guérir le patient*", expliqua un ponte cauteleux. Wang doit avoir une dernière chance de se sortir de ses latrines contre-révolutionnaires. » Un autre exégète compléta aussitôt : « On a tout essayé pour l'extraire de son trou de chiottes, mais il voulait nous entraîner avec lui. » Ainsi Wang-le-Fou fut-il retiré de la circulation. Confié aux bons soins du Serpent-Blanc et du Département des Affaires Sociales, on ne le revit plus.

Ding Ling la romancière s'amenda. Elle avait commis beaucoup d'erreurs, avouait-elle, spécialement dans son essai sur le 8 Mars à juste titre critiqué par les camarades. « Ding Ling est différente de Wang-le-Fou », arbitra le Président Mao qui avait, en tous points, le mot de la fin. Ding Ling se sentait semblable au moine Tripitaka, oint de Guanyin déesse de la Miséricorde, lorsqu'il se posa, après un long parcours, au bord du fleuve qui coule vers le Ciel dans *Le Voyage vers l'Ouest du Singe pèlerin*. « *Dans ce rayon de mille lieues, il n'est pas un moucheron qui ne puisse bouger l'aile sans que je le voie* », soutenait le Roi des Singes brandissant son bâton d'or.

Le ménage du Pirate-Optimiste, pendant ce temps, brinquebalait. La femme qui l'avait suivi dans son odyssée de vingt-cinq mille lis, sur les marches tibétaines et à travers les steppes marécageuses, fut prise d'amour pour un jouvenceau avenant quand le Pirate courait au front combattre les Japonais. Le Pirate-Optimiste n'était pas trop content, mais avait bon fond. Il suggéra de vivre à trois, et, quand sa belle refusa, il en épousa une autre, fraîchement parvenue au Repaire. Chacun opérait à sa manière. Disons qu'à ce moment, ceux des Brigands qui souffraient de solitude trouvèrent sans peine leur complément. De jeunes pousses fuyant les villes, chassées par la guerre, s'agglutinaient au Repaire. Au cours d'un meeting, l'Ours-Téméraire croisa le doux regard d'une rebelle de vingt-cinq ans parfaitement éduquée. Petite-Bouteille emballa la fille d'un gros fabriquant de saucisses et de jambon de la province du Yunnan, boulotte de vingt-quatre ans fortiche en course à pied. Les circonstances firent que, rafistolé et gonflé à bloc, Tête-de-Fouine reparut comme il était parti. Lui, presque célibataire, épousa une amie de la fiancée du Pirate, provenant pareillement de Nankin où elle avait vécu mille aventures. Quelques cancaniers vipérins ou par trop ergoteurs demandaient où était passée son épouse antérieure. Nous n'en savons rien. À Moscou, l'histoire la dissout. Restait à Tête-de-Fouine une fille qu'il appelait Doudou, ou *Purée-de-Haricot*, un mets dont il raffolait.

Durant son séjour au pays des hivers inévitables, Tête-de-Fouine n'avait pas assimilé assez de russe pour se débrouiller bien avec la dialectique du Kremlin, mais il était resté assez longtemps pour savoir négocier une glissade. « Certains croient qu'on ne peut gagner la guerre contre le Japon sans l'assistance de la Grande-Bretagne ou des États-Unis, vibrait-il. Ceux-là sous-estiment grossièrement la force et les ressources de la Chine. » Tête-de-Fouine fut envoyé quelque temps à Chongqing épauler le Mandarin-Versatile dans ses conversations diplomatiques. Personne ne prêtait attention à sa frêle personne. La boisson, l'argent, les paroles importantes s'échangeaient dans des dîners et des bals où il se pouvait qu'un rustaud yankee tâtât le derrière d'une aristocrate anglaise. Ce n'était pas le milieu que préférait Tête-de-Fouine. L'Allemande cicérone d'Hemingway s'offrit à lui enseigner les rudiments du fox-trot mais il conservait sur la piste l'élégance d'un tireur de pousse-pousse. En revanche, le Mandarin-Versatile tournait la valse à l'égal des patineurs sur un miroir. Leur duo semblait mal assorti. Au bout de plusieurs lunes, n'ayant espoir de bénéfices, ils quittèrent la capitale provisoire de Chiang Kai-shek afin de rejoindre leur Repaire. L'épouse nouvelle de Tête-de-Fouine se faisait un sang d'encre. Non pas à cause de la santé de son mari réparé par les Russes ou de ses piètres talents de danseur, mais parce que la fiancée du Pirate savait sur elle des choses susceptibles de lui nuire. *Aya !* Fallait-il rappeler que naguère elle faisait la speakerine à la radio de Nankin ? Qu'elle avait raflé le concours de diction ? *Crrc... toouuit...* Kuomintang... *Tiiiuuouoo... crr...* Chiang Kai-shek... « Ta femme n'est pas nette, prédit le Pirate-Optimiste à Tête-de-Fouine. Ouvre les yeux ! » Tête-de-Fouine se renfrognait. C'est qu'il l'aimait sa jeunette ! La principale intéressée commença à pleurer, tempêter, taper du pied, et au prix de ces cris, ces lamentations, son secret demeura celé. Cela fut, dans le contexte, une faveur exceptionnelle.

Par bien des aspects, le Mandarin-Versatile trouva le Repaire changé, mais la politesse lui commandait de ne laisser deviner ni confusion ni discrépance. Son flair capta aussitôt les effluves insolites suspendues dans l'atmosphère. L'heure était à la vérification de la bonne conduite des gens, passée, présente et potentielle. « Camarades, je vous remercie de votre accueil, lança le Mandarin, bonhomme, au Conseil des Justiciers. Ce que j'ai accompli au cours des trois dernières années lorsque j'étais loin d'ici est bien peu de chose. » Ayant usé de courbes nombreuses, d'arrondis, de méandres, il aborda l'essentiel : « À tous ceux qui combattaient ou considéraient avec scepticisme la direction et les idées du camarade Mao Zedong, cette évolution a montré on ne peut plus nettement qu'ils avaient tort. » Le Mandarin-Versatile ne rechignait pas à *se faire vérifier*, à confesser ses faiblesses, ses tendances modérées, ses travers conciliateurs. S'améliorer lui paraissait forcément désirable. « Seuls les vaniteux et ceux qui se piquent de perfection craignent de voir dévoiler leurs erreurs. » Il s'en fallait de beaucoup que le Serpent-Blanc se montrât satisfait. Depuis qu'il tournait et retournait entre ses anneaux les suspects, le Serpent avait développé une certaine prescience. Lui prouver qu'en trois ans à l'extérieur et cerné de tel entourage, le Mandarin-Versatile ne souffrit d'aucune déviation funeste était tâche chimérique. Le Département des Affaires Sociales croissait en influence et en savoir méthodique. Coup sur coup, le Serpent-Blanc édicta des *Instructions pour éliminer les agents ennemis* et des *Consignes pour nettoyer les réactionnaires*. Ses sbires appliqués en dénichaient pléthore, de bas en haut, qu'ils fourraient dans les caves pour les triturer à fond. Un jour qu'en réunion le Serpent-Blanc s'employait à cracher son venin, à menacer les uns et les autres d'une voix criarde, Petit-Chien dit Rouge-Vertu s'avança de son pas lourd : « Voulez-vous dire que je devrais perdre foi en mes amis et compagnons d'armes, que je devrais dorénavant craindre l'arrestation pour moi-même ou mes camarades ? Comment osez-vous donc traiter ainsi les meilleurs militants du Parti, sa colonne vertébrale ? » Et de la même façon qu'il s'était manifesté, il se rassit.

Le soupçon destructif s'insinua comme ver-coquin dans les cervelles. Mao Zedong n'était pas loin de penser que le cercle de ses disciples maigrissait en valeur. Cela contrariait en lui le philosophe. Ses compagnons d'errance, le Dragon-Borgne, l'Ours-Téméraire, Deuxième-Couteau, n'étaient-ils pas au fond d'invétérés empiristes ? Il n'y avait plus, dans l'élite des Brigands Justiciers, que Liu Gros-Nez qui trouvât grâce à ses yeux. Les autres se rebiffèrent. Leurs loyaux services, semelles de paille aux pieds, leurs faits d'armes glorieux les plaçaient hors d'atteinte du vil bavardage. Au Repaire de la Pagode Précieuse accourut Face-de-Lune, le commandant chanceux de la Nouvelle Quatrième Armée sauvé par le baume du tigre. Son âme de poète ne s'accommodait pas d'embrouilles sordides.

De détail en détail nous parlons des amis,
D'étoile en étoile nous comptons nos cheveux blancs.

Mao l'écoutait et, de fil en aiguille, ils s'accordèrent sur l'échine du Serpent venimeux. Le Serpent-Blanc fit retraite dans son trou.

Chacun respirait à nouveau, Deuxième-Couteau, l'Ours-Téméraire et le Dragon-Borgne.

Cela faisait pas mal de lunes qu'ils rôdaillaient ensemble. Le Dragon-Borgne, justement, franchissait ses cinquante ans. « Cinquante ans, c'est pour nous autres Chinois un âge respectable », soulignait Petit-Chien, dit Rouge-Vertu, qui en comptait sept de plus. « Les vétérans qui, pendant trois décennies, se sont battus au péril de leur vie sur les champs de bataille ne sont pas très nombreux », soupirait-il. Le Dragon-Borgne était cité en exemple : il ne fumait ni ne buvait, et jamais ne perdait son temps en inutiles divertissements, au ballon ou aux échecs, pas plus qu'il ne pratiquait le fox-trot, la valse ou le tango. Neuf fois il avait été blessé depuis qu'au feu d'un combat s'était éteint son œil droit. On peut dire que chez les Redresseurs de Torts, la plupart l'appréciaient, fût-ce quand il remâchait ses proverbes sichuanais : « Quand un moustique pique un bouddha d'argile, il se trompe d'objectif. » Bref, les années s'égrenaient, pesantes, et les Brigands Justiciers bivouaquaient encore sous la Pagode Précieuse, dans leurs grottes jaunes, frères jurés autant qu'au début, unis mais vieillis. Petit-Chien, dit Rouge-Vertu, apprit un jour que sa mère était morte sans qu'il l'ait revue. « Hélas, se lamentait Rouge-Vertu. J'ai été tellement occupé par la guerre contre le Japon que je n'ai pas pu lui faire ce plaisir. » Depuis 1909, avant la République, il n'était pas rentré chez lui, à Ma'anchang dans le canton de Yilong. Son cœur déborda d'affliction, des larmes voilèrent ses yeux. Petit-Chien se mit à parler du passé à ses frères les Brigands Justiciers. « Ma mère a eu treize enfants. Comme nous étions trop pauvres pour tous les nourrir, mes parents ont gardé les huit premiers et ont été forcés de noyer les autres. Quel chagrin, quelle résignation pour ma mère ! » Une sombre mélancolie pénétrait son esprit, emportait ses sens, ramenait du tréfonds par volées de menus événements. « Je l'ai toujours vue se lever chaque jour avant l'aube… À quatre ou cinq ans, tout naturellement, j'ai commencé à l'aider. À huit ou neuf ans, je transportais toutes sortes de charges sur mon dos ou à la palanche, je savais aussi labourer… J'allais chercher de l'eau ou mener paître le buffle… À la pleine saison, je restais toute la journée dans les champs aux côtés de ma mère et elle m'a appris un tas de choses sur la production agricole… » Petit-Chien s'épanchait, les mots coulaient, réveillaient ses narines et sa langue. « On s'éclairait avec une lampe à l'huile d'aleurite. On mangeait du riz mélangé à des fèves, des légumes, des patates douces ou d'autres céréales, on ajoutait un peu d'huile de colza de façon à relever le goût… Les années de bonne récolte, on taillait de nouveaux habits. Un tisserand ambulant venait travailler à la maison avec le coton que ma mère avait filé, puis on teignait le tissu qui avait l'épaisseur d'une sapèque… Mon père aimait parfois fumer et boire un peu mais ma mère veilla à ce que nous ne cédions pas à ces penchants… J'ai hérité de ma mère une santé robuste, l'habitude de travailler et j'ai toujours pu surmonter la fatigue… Je ferai tout pour que les gens comme ma mère aient une vie meilleure. »

Si le vœu de Petit-Chien, dit Rouge-Vertu, se réalisa, vous l'apprendrez certainement avant la fin de l'ouvrage. Quant à découvrir de quel bois se chauffent les Américains quand on les offense, il suffira pour cela de tourner la page.

CHAPITRE XXI

L'Occident se divise en deux — Un envoyé étranger divertit les Brigands Justiciers.

Les étrangers de Shanghai auraient aimé que tout continue comme avant dans la Concession française et le *Settlement*, que les Japonais se montrassent gentils, courtois à la manière d'autrefois. Mais ce n'était plus le cas. En apparence, et jusqu'à un certain point, tout allait pour le mieux. Les messieurs conduisaient à gauche leurs Mercury 8, leurs Plymouth 41, leurs Juvaquatre 1939, leurs Viva Grand Sport quinze litres aux cent, s'arrêtaient à la station Caltex de Honan Road ou de l'avenue du Roi-Albert, les dames faisaient emplettes au Whiteaway Laidlaw, au Sun Co. doté d'escalators, elles achetaient leur pain blanc Bakerite, sésame, raisin, sur Bubble Well Road ou avenue Pétain. Avec un succès d'évidence, la société dramatique Corneille-Racine-Molière offrait *Topaze* en langue mandarine à un public conquis : « Une comédie aussi typiquement française ! » Les *moutonsse*, *yáng*, *moutonsse*, l'affaire des balayeuses municipales, ah ! ah ! ah ! Les *moutonsse*, les tramways électriques, la Compagnie Française de Tramways et d'Éclairage Électrique de Shanghai, soixante-trois motrices, trente-cinq remorques, cinquante autobus Latil à moteur diesel, vingt-huit trolleybus, les *moutonsse*, *yáng*, le Grand Garage Français, agence Renault et Berliet, la Société Franco-Chinoise de Constructions Métalliques et Mécaniques Kiou Sin au capital de un million deux cent mille taëls, constructions navales et chaudières de locomotives. Aaahhh ! Ce n'était plus, quoi qu'on prétende, tout à fait comme avant. Que l'héritier de neuf ans du directeur chinois de la Hwa Hsing Bank pût être enlevé contre rançon par des truands armés sur le territoire de la Concession, passe encore. Cela s'inscrivait dans la tradition. Mais qu'un avocat du calibre d'Auxion de Ruffé, baron du Sud-Ouest collectionneur d'antiquités, connu de tous en bien, universellement apprécié, soit truffé de plomb dans son escalier confondait l'imagination. Ping, pang et ratata. Le crime à Shanghai ne tolérait plus de bornes. Pour des motifs cachés, une charge puissante de TNT pulvérisa l'agence de la Banque Centrale de Chine voisine du Canidrome, causant sept morts et vingt et un blessés parmi les employés. Vint le tour du commissaire aux comptes de la Banque Centrale de Réserve, trucidé sans sommation sur un perron de l'avenue Edward-VII. Il arriva qu'en une semaine cent vingt-huit particuliers fussent kidnappés. Les rues n'étaient plus sûres. Les affaires se tassaient. Le moral baissait. L'essence était rationnée. Le prix des confitures doubla en trois mois. Les étrangers d'Europe et d'Amérique se trouvaient réduits à gober des pilules Pink pour les nerfs, pour l'insomnie, pour la perte d'appétit.

Les Japonais s'étalaient. Doihara Kenji, le Lawrence de l'Orient légèrement bedonnant, recrutait en ribambelle des collaborateurs chinois, argousins, épieurs, distributeurs de dragées, mouchards-cravateurs, poings cogne-dur, rois de la découpe. Il lui suffisait d'ouvrir la bourse qu'il avait profonde et garnie à ras bord. Sous l'égide d'agents nippons, le trafic de stupéfiants prospérait à l'envi. Grâce à l'opium, au pavot, cinq millions de dollars entraient chaque mois dans les caisses, sans compter l'apport des tripots que siphonnait, en échange de protection, une association caritative affiliée à la gendarmerie japonaise. Il ne faisait pas bon regarder de travers le drapeau du Soleil Levant. Les emballeurs en pardessus et chapeau mou drainaient leurs prises au n° 76 de Jessfield Road ou à Bridge House et taillaient dans les chairs. Le dollar chinois dévalué, le *fǎbì* de Chiang Kai-shek, s'échangeait contre le *yen militaire* d'occupation à quarante-trois contre dix, cours du jour. Tant qu'ils pouvaient, les étrangers buvaient du VAT 69 scotch whisky de huit ans d'âge. Parfois, mais rarement, ils lisaient des livres, les nouveautés littéraires de la Librairie Française, du French Bookshop à l'enseigne de la chimère, les enquêtes de Charlie Chan, détective d'Honolulu, débitées en bandes dessinées par la China Press, les *Dix Petits Nègres* d'Agatha Christie fauchés un à un jusqu'à ce que tous disparaissent.

Puis les étrangers de race blanche, caucasienne, europoïde, furent partagés par les Japonais en deux espèces séparées dont l'une se distinguait de l'autre par un brassard rouge obligatoire, marqué d'une lettre A, B ou N, selon les trois sous-espèces, Américaine, Britannique ou Néerlandaise, dûment enregistrées au Bureau des Allogènes Ennemis. Ceux-là virent leurs voitures confisquées et durent aller à pied. Il leur fut interdit de fréquenter dorénavant les cinémas, les théâtres, les clubs de divertissement. Leur condition ne les protégeait plus. Les récalcitrants s'effaçaient. Pffuit. Plus rien. C'est ainsi que l'on s'inquiéta pour F. J. Twogood, mandataire de la Socony-Vacuum Petroleum Company, pour J. A. MacKay, de la National City Bank, et pour le patron des machines à coudre Singer. C'est ainsi également que John B. Powell, éditeur de la *China Weekly Review*, cessa de donner de ses nouvelles. « Ils ne peuvent pas nous faire ça *à nous* », ruminait le publiciste, au fait des événements de Mandchourie et de Mongolie, des boucheries de Nankin, de Hankou, de Changsha. « Je suis encore journaliste, se rengorgeait-il tourné vers les Nippons, et j'ai décidé de rester jusqu'à la fin du spectacle. Je n'imagine pas que vous puissiez faire pire que me fusiller. » C'était mal connaître les soldats du Grand Japon au casque rond, les officiers raides à la casquette molle, au sabre pendant. Il s'en fit une idée différente lorsqu'il fut transporté au rez-de-chaussée de Bridge House où la gendarmerie impériale avait établi son centre d'interrogatoires et de distractions. Tout reporter qu'il était, J. B. Powell fut poussé dans une cellule surpeuplée en compagnie d'un frère du fondateur de la Metro-Goldwyn-Mayer. Les Japonais n'avaient pas une once de considération envers Hollywood.

Les autres de race blanche, mais d'espèce accommodante, Allemands, Italiens et Français, Hongrois, Espagnols ou Portugais, se portaient bien quoiqu'ils dussent endurer, naturellement, les rigueurs du moment.

Des Français, il n'y en avait pas profusion dans la Concession. Comptés au détail, deux mille quatre cent quatre-vingt-dix-sept. Bien peu, au regard des Russes Blancs et des Chinois. Quatorze mille Russes, prostituées comprises. Huit cent mille Chinois. Tout ça entassé entre le quai de France, l'avenue Edward-VII, le boulevard des Deux-Républiques et l'avenue Pétain. Tous ces Chinois, tous ces Slaves, plus un Argentin, onze Égyptiens, dix-neuf Turcs. Et deux mille Allemands, un millier de Japonais avec qui les Français étaient en paix. Et les deux mille Anglais qui fondaient, les six cents Américains mal en point. Tous réglementairement administrés sous l'autorité de Roland Jacquin de Margerie, consul général, et du commandant Fabre, chef de la police municipale, des brigades annamites et des escadrons tonkinois.

Lorsque les Japonais eurent d'un geste fait main basse sur les magasins Withaway Laidlaw, le Shanghai Club et l'American Club, chacun convint que le fléau penchait de leur côté. Roland de Margerie, costume croisé impeccable, rendit les clés de la Concession française au cours d'une cérémonie. Cela tomba le jour de la Saint-Abdon, alors qu'aux extrémités aléoutiennes les Américains bataillaient pour l'île Attou, appelée Atsuta-Shima par les Nippons, tandis que les Japonais s'arc-boutaient à l'île Narukami-Shima, nommée Kiska par les Yankees. Le surlendemain, jour de la Saint-Pierre-aux-Liens, le gouvernement de Chongqing rompit toute relation avec le gouvernement de Vichy, et réciproquement.

À Chongqing et en Inde, le général Stilwell se dépatouillait comme il pouvait de Chiang Kai-shek et des Rosbifs. Dans sa villa à flanc de colline, il avalait sur le pouce des saucisses en boîte, se confectionnait des *eggnogs* avec du mauvais rhum, disputait des parties de rami à cinquante *cents*, et puis il allait voir au cinéma *Tortilla Flat* de la Metro-Goldwyn-Mayer, l'histoire de Danny et ses amis, du Pilon et de sa bouteille, du Pirate et de ses chiens sous le ciel de Monterey qui lui chavirait le cœur. « Les chiens m'ont plu. J'aime les chiens, après cinquante-neuf ans de contact avec les hommes. » Joe Stilwell paraissait désabusé. Qu'il préférât les chiens à Chiang Kai-shek eût pu se concevoir dans un tout autre contexte. Mais le général Joseph W. Stilwell était le représentant officiel des États-Unis sur le Théâtre C.B.I., de la Chine, de la Birmanie, de l'Inde, et il avait un devoir de réserve qu'il respectait fort mal. « Il y a de la sympathie, ici, envers les nazis, grinçait-il entre ses dents. Même genre de gouvernement, même attitude, même gangstérisme... » Le général Stilwell était si secoué par ses découvertes qu'il attrapa la jaunisse. La jaunisse et la dysenterie. Il fêta dans l'amertume son soixantième anniversaire. « Et Peau d'Balle qui passe pour un grand homme !... Ça ne doit pas être facile de vivre avec ce salaud retors ! » hasardait l'Américain, soudain compatissant en songeant à Madame. En hommage à sa conduite exceptionnelle, le maréchal Chiang Kai-shek reçut du Mexique l'Ordre de l'Aigle Aztèque. Les États-Unis d'Amérique ne pouvaient faire moins que de le décorer à leur tour. Ils lui attribuèrent le grade de Grand Commandeur de la Légion du Mérite, une croix blanche avec cinq pattes et un cœur d'étoiles, un dard de laiton au revers. Il revint au général Stilwell de la lui épingler sur le torse. On dit qu'à cet instant le Généralissime tressaillit. Ce n'était pas agréable de risquer la piqûre d'un si proche ami.

Chiang Kai-shek savait tout, de son surnom de *Peau d'Balle*, de l'*eggnog* au tafia et du reste. Dai Li le Cruel, son intendant de police, le renseignait. Dai Li, qui savait comme personne faire gémir les murs, avait placé dans la maison du général américain un personnel hors pair, boys, cuisiniers, concierges, jardiniers, vingt-neuf agents en tout, rapporteurs de première qui écoutaient aux portes, retournaient les tiroirs, tripotaient les dossiers, farfouillaient les papiers. Stilwell prenait la chose avec philosophie et notait ses sentiments sur des carnets. « Chiang Kai-shek est le chef d'un gouvernement de parti unique, appuyé sur une Gestapo et un service secret... Dieu ! Plus je vis, plus j'apprécie George Washington et les gars de la Révolution... » Hélas, de Washington, le brave du Delaware, les Chinois avaient à peine entendu parler par le livre des *Grands Héros du monde* qui n'entrait pas dans les lectures favorites de Chiang Kai-shek, attaché à déchiffrer la Bible matin et soir, à parcourir avant les repas des rapports inutiles. Nonobstant, le magazine *Life* concédait au Généralissime de sérieuses qualités : sur la commode du salon de sa maison de dix pièces des hauteurs de Chongqing, trônait en effet un portrait de Franklin D. Roosevelt, et découvrir là Ef. Di. Ar., épousseté, mis en valeur, enchantait le photographe au moment d'appuyer sur le déclencheur. Et puis Chiang Kai-shek possédait un chien, un chien présidentiel, un setter anglais dont il flattait le col de la main. Cela aussi, c'était pain bénit pour le photographe de *Life*, pour le progrès des ventes. Les Américains adorent les chiens qui rendent les gens humains. Mais il y avait chez Chiang Kai-shek mieux encore que le portrait encadré de Ef. Di. Ar., que le setter anglais à langue baveuse, il y avait sa femme May-ling, une presque Américaine, parlant l'anglais comme vous et moi, bien qu'avec cet accent de Géorgie messéant au Massachusetts. May-ling avait grandi dans les excellents collèges religieux du sud des États-Unis, elle avait enfilé la toge et coiffé le bonnet carré des institutions de la côte Est, elle appartenait à l'estimable société Tau Zeta Epsilon. Une femme proche de la perfection. Quand elle trompa son mari, ce fut avec un Américain et discrètement, un politicien républicain de passage, envoyé spécial aux dents blanches et à la raie de côté, qu'elle rencontra vite fait à l'étage de l'hôpital des femmes et des enfants. Celui-là, évidemment, n'était pas du même tonneau que Joe « Vinaigre » Stilwell. C'était un homme avenant, cravate à pois ou à rayures, qui s'exprimait clairement devant les micros, souriait en permanence, savait faire plusieurs choses à la fois, parler aux vaches de l'Indiana et aux travailleurs de l'Ohio, lever les bras au ciel debout dans une décapotable entourée de motards, charmer les dames du comté autour d'une tasse de thé, griller cigarette sur cigarette en compagnie des magnats de l'Électricité, trinquer avec Staline à la vodka, saluer de son feutre en descendant la passerelle d'un avion. À l'élection présidentielle contre Ef. Di. Ar., il avait obtenu vingt-deux millions de voix. Son odeur malgré tout incommodait le Généralissime car, à vue de nez, l'amant américain sentait la viande de bœuf crue.

Sur le coup, Chiang Kai-shek aurait volontiers assaisonné l'invité à la Tommy Gun, mais après réflexion, il flaira le profit qu'il en pouvait tirer. « Je considère que c'est un grand honneur, articula-t-il levant son verre, d'avoir le privilège de recevoir notre hôte distingué dans cette capitale provisoire de Chongqing. Nous avons un ancien proverbe qui dit : "N'est-il pas délicieux de recevoir des amis venus de loin ?" » Les amis lointains, convenablement traités, ne se montrent jamais ingrats. Souriant sous sa moustache de poils gris, les yeux plissés, Chiang se lustrait les mains. Le public d'Amérique aimait savoir le Généralissime de la Chine friand des oranges Sunkist mûries au soleil de Californie et de la gélatine Knox, les protéines qui donnent la force. Chiang Kai-shek était chéri des magazines, de *Life*, de *Look*, de *Time*. Les journalistes en raccourci l'appelaient le *Gissimo*, en abrégé le *Gimo*, en bref le *G-mo*. Il faisait les titres des pages intérieures et parfois les couvertures. Les lecteurs se réjouissaient d'apprendre que le *Generalissimo* roulait dans une limousine de fabrication américaine et que les maux de bouche dont il souffrait avaient disparu depuis qu'un dentiste du Canada lui avait confectionné le râtelier adéquat. Mais, de l'avis général, son meilleur atout restait May-ling, son épouse, fille de Charly Soong le vendeur de bibles. Tous étaient émerveillés. May-ling s'envola donc collecter des appuis là-bas aux États-Unis. Elle s'installa d'abord au Waldorf-Astoria où un étage lui était réservé, parla au Madison Square Garden sous d'immenses oriflammes, rencontra John D. Rockefeller Jr., le gouverneur Dewey de New York, le gouverneur Edison du New Jersey, le gouverneur Blood du New Hampshire. Elle conquit le Capitole, s'adressa au Congrès sous le crépitement des bulbes de magnésium. Les parlementaires l'acclamèrent debout, se pressèrent autour d'elle pour le lunch, pamplemousse frais, consommé aux nouilles, poulet à la royale garni de petits pois, muffins et clafoutis aux cerises. Son train spécial de cinq wagons l'emmenait à Chicago, à Boston, à San Francisco. Elle éblouit Hollywood, enflamma la foule, les acteurs, les vedettes.

Bob Hope, Marlene Dietrich, James Cagney, Rita Hayworth, Gary Cooper, Tyrone Power s'inclinaient devant la *Missimo*. May-ling récolta trois cent soixante-dix mille dollars, remis à son neveu qui les gara sur un compte personnel de New York. La rumeur prétendait que May-ling avait acquis dans les boutiques quarante paires de chaussures et pour plus de quarante-cinq mille dollars de fourrures, car ces articles manquaient à Chongqing où les habits de coton valaient dix fois leur prix d'avant-guerre et de stupides grolles en caoutchouc vingt fois. Une famine emportait la province du Henan. Les chiens errants se nourrissaient des cadavres sur les chemins. On trouva chez des villageois des restes d'enfants déshérités.

Stilwell manquait de diplomatie, il commentait cela, il réclamait ceci. Il ne savait s'y prendre ni avec la dame ni avec le mari. Peut-être à cause de ses ancêtres lointains, huguenots et puritains, ou de son aversion d'enfance pour le service religieux du dimanche, ou de ses études à West Point — *Devoir*, *Honneur*, *Patrie* —, ou de son éloignement précoce en Asie, aux Philippines et en Chine, il demeurait étranger aux usages. « Je n'ai jamais connu d'assez près un sénateur pour l'appeler par son prénom », avouait-il. C'était un fait : Chiang Kai-shek attrapait moins de Japs que son épouse d'élus au Congrès et Stilwell s'en plaignait. L'affaire se termina comme elle le devait. Le Généralissime ne pouvait pas perdre la face. Il était chez lui. L'Américain fut rappelé au pays. Chiang Kai-shek, tout sourire, s'astiquait les mains. Par un intermédiaire, il suggéra que l'on offrît en cadeau d'adieu au général Stilwell une belle distinction, brillante et m'as-tu-vu. « Je lui ai dit de se la carrer dans le cul », s'emporta l'Américain malappris. Le général quatre étoiles put bientôt jouer sur la plage de Carmel en Californie avec son chien Gary, un schnauzer géant portant collier et médaille en forme de cœur. Il n'avait pas l'air abattu, Stilwell, dans sa propriété nichée entre les cyprès. La presse, prompte à chercher la petite bête, se perdait en conjectures sur les raisons de sa disgrâce : « Il aurait demandé à Chiang Kai-shek de coopérer avec les communistes chinois afin d'accélérer le cours de la guerre (ce que Chiang a probablement refusé) — Stilwell n'a rien dit pour confirmer ou infirmer cette hypothèse. »

Dans la flotte aérienne des États-Unis, on appelait le DC-3, version militaire, C-47 ou Dakota, un avion à tout faire de deux mille chevaux propulsé par deux moteurs Wright *Cyclone* ou Pratt & Whitney *Guêpes Jumelles*, d'un rayon d'action de deux mille cent vingt-cinq miles. C'était un excellent appareil. Le C-47 du capitaine Robert Champion atterrit au Repaire des Brigands Justiciers après avoir localisé sur les hauteurs jaunes la Pagode Précieuse. Champion était un pilote virtuose. Simplement, il n'aperçut pas le trou non signalé sur la piste informe et le Dakota capota plus ou moins, l'hélice gauche se brisa, et le train. Les passagers étaient indemnes, le colonel Barrett, le sergent Remeneh et les autres recrues de la Mission Dixie, gars du Renseignement, de l'OSS, de l'US Navy. Les Américains avaient baptisé Dixie leur délégation parce qu'ils se rendaient chez les *Rebs*, comme disaient jadis les Yankees pour parler des rebelles du *Dixieland*, la Confédération sudiste. Le cheminement de la pensée, chez les gens des États-Unis, suivait d'étranges méandres. Toujours est-il que ces Américains se rendaient d'un coup d'aile chez les rebelles du Territoire Interdit. Les Brigands Justiciers les attendaient en rang, le Mandarin-Versatile, Petit-Chien, dit Rouge-Vertu, et Mao Zedong, casquette octogonale, le visage rond, verrue au menton, devant son ambulance présidentielle, don des blanchisseurs new-yorkais. « Bienvenue à nos compagnons d'armes, les observateurs militaires américains ! » saluaient-ils, des fleurs entre les mains. Les maîtres des lieux invitèrent leurs hôtes à prendre place autour des tables recouvertes de tissus à carreaux, décorées de corbeilles de fruits. Mao et Petit-Chien encadraient le chef de la délégation yankee. « Nous sommes logés dans les grottes qui ne sont pas exactement des cavernes, consignait l'officier qui avait étudié les *Analectes* et le *Livre des Mutations*. Ce sont plutôt de courts tunnels d'environ quinze pieds de longs, forés dans la profondeur de la colline, fermés au bout par des blocs de pierre taillée superbement ajustés… Tout est très propre… Les latrines, incontestablement creusées avec un soin spécial pour recevoir des étrangers pointilleux, sont placées à une distance peu pratique de l'hébergement. » Le colonel ignorait que c'était là la septième des Huit Recommandations de l'Armée des Redresseurs de Torts, celle édictée jadis par Tête-de-Fouine dans la Forêt de Jade. Convenablement installés, au regard des standards locaux, les étrangers plantèrent devant leur quartier un long mât où, chaque jour, hisser leurs couleurs. La bannière étoilée flotta donc au gré des vents sur le Repaire des Brigands Justiciers. Les Américains étaient généreux. Ils distribuaient autour d'eux leurs lames de rasoir usagées, du chocolat et des cigarettes Camel pour la plus grande joie des Chinois. Aux plus veinards, ils offraient du whisky, du bon, du scotch ambré, la bouteille cylindrique marquée des deux chiens, le noir et le blanc, ou la bouteille parallélépipédique de l'homme-qui-marche-vite. En retour, les Chinois invitaient les Américains à boire du vin de tigre, à danser le samedi soir au son d'un orchestre qui leur jouait *Anchors Aweigh*, l'hymne de la Marine, un two-step ardu, et aussi *Red Wing*, polka adaptée au banjo et au piano-bar :

Il était une fois, une jeune Indienne,
Timide fleur de la prairie américaine…
La lune brille ce soir sur la jolie Aile Rouge
La bise soupire, l'oiseau de nuit bouge…

Les filles du Repaire habillées de coton bleu épuisaient leurs partenaires en tout bien tout honneur. Il n'y avait pas comme à Chongqing de *Jeep girls* ou d'épouses de diplomates à qui les soldats états-uniens malaxaient le popotin. Les Américains admis au Repaire des Brigands Justiciers étaient triés sur le volet, polis et bien élevés.

Sauf un.

Au-dessus du colonel, se pavanait malheureusement un major-général plénipotentiaire. Malgré son âge, celui-ci avait un physique avantageux, grand, portant beau, le cheveu blanc et une moustache navrante lissée à la cire. Serait-il resté bouche cousue, qu'on l'aurait volontiers tenu pour un cadre distingué de l'Armée des Indes. Mais, quoique d'ascendance irlandaise, il sortait du fond de l'Oklahoma, et avant de hanter les cabinets d'avocats, s'était engagé dans la cavalerie sur la réserve indigène des Choctaws. L'Oklahoma regorgeait de pétrole. Il fit fortune dans le pétrole. Le major-général était donc riche et avait qualité d'ambassadeur en Chine. Les lectures fastidieuses ou les discussions politiques à n'en plus finir l'ennuyaient prodigieusement, il préférait les blagues lestes de saloon ou les plaisanteries de cowboy, surtout celles qui circulent en Oklahoma, comme l'histoire du type qui s'assoit sur le fauteuil du barbier et qui sursaute en entendant pétarader un colt 45. Le major-général s'était rendu sur commande en bien des endroits, en Égypte, à Java, en Transjordanie, à Ceylan, en Nouvelle-Zélande et en Russie. Jusque-là il ignorait presque tout des Redresseurs de Torts du Shaanxi du Nord. Le peu qu'il en savait, il le tenait de hiérarques soviétiques croisés fugitivement au Kremlin. « Ce ne sont pas de véritables communistes », confiaient les Russes à l'Américain crédule sous le sceau du secret : « En fait, ils ne sont pas communistes du tout… Et l'Union Soviétique ne les soutient pas… Ce sont des communistes de *margarine.* » Les Russes pouvaient rire aussi parfois, à défaut de manger, et selon leur goût les Redresseurs de Torts du Shaanxi du Nord dont ils avaient écho par l'agence Tass n'étaient que de faux jetons à la sauce tartare, des coloquintes à la graisse végétale, au mieux des Pougatchev rustauds courant la campagne. Pougatchev n'évoquait rien au major-général gominé. Mais la margarine, oui : « *The spread on people's bread !* » — couche onctueuse sur le pain des péquenots de chez lui, un paquet bleu et jaune de la Best Focds Inc. qui permet d'économiser quatorze *cents* la livre pour trois mille quatre cents calories. Le major-général comprenait. Des *rebelles de margarine*, voilà donc l'idée qu'il avait des Brigands Justiciers. À peine sa silhouette s'encadra-t-elle dans l'ouverture du Dakota qu'il poussa le cri de guerre des Choctaws, devenu dans sa bouche une sorte de « *Yahoooo !* » chargé en décibels. En principe — telle était son analyse — ce braiment faisait de lui la vedette des réceptions chez les culs-terreux. Il alla droit au but, se dirigea vers les officiels, salua sans façon « *Mr. Moose Dung* » ou « *Mouse Tongue* », ce qui signifie dans le patois de l'Oklahoma

« Crotte d'Élan » ou « Langue de Souris », puis grimpa dans l'ambulance protocolaire afin de rejoindre le banquet offert en son honneur et porter des toasts à la santé des Alliés, de Ef. Di. Roosevelt, de Joe Staline et de Chiang Kai-shek. Enfin, le major-général lança derechef son cri de guerre, « *YYYahoooo !* », et les Redresseurs de Torts se regardèrent ébahis tandis que les Américains présents, colonel, major et sergent, rougissaient jusqu'aux oreilles. « C'est un clown ! », s'esclaffa Mao Zedong tourné vers le Mandarin-Versatile, préposé aux bonnes relations extérieures.

Les Brigands Justiciers ne s'offusquèrent pas plus que ça des frasques de l'émissaire. Dans le cerveau du Président Mao germait l'idée de voyager loin, très loin, de sortir du Shaanxi du Nord par la voie des airs pour rendre visite à Ef. Di. Ar. dans sa Maison Blanche. Mao étudiait les États-Unis. Depuis que les DC-3 de la Mission Dixie sortaient de leurs flancs à son intention des boîtes de conserve métalliques, des jeeps et des bobines de pellicule, sa perception du monde objectif s'était élargie. « Du point de vue de l'ordre du processus de la connaissance, philosophait-il, l'expérience sensible est la donnée première. » Le Président Mao découvrait des points intéressants dans les films de l'opulente Betty Grable, la joyeuse divorcée, la fille aux jambes à un million de dollars clignant de l'œil en maillot perchée sur ses talons hauts, et dans *Les Raisins de la colère* où l'on voit Henry Fonda le bouseux quitter ses terres grises et rouges d'Oklahoma, entasser sa petite famille dans une camionnette Hudson et suivre vers l'ouest la Route 66, la piste poussiéreuse des vagabonds sans avenir. Mais ce qui enchantait Mao Zedong, par-dessus tout, c'était Laurel et Hardy, le gros, le petit, là, quand ils s'élançaient à la poursuite d'un cochon, click, clack, badaboum, cela le faisait rire aux éclats. Il regrettait toutefois de ne pas saisir la subtilité des dialogues. « Ah ! soupirait Mao, j'ai bien essayé d'apprendre l'anglais, mais c'est trop dur pour moi ! »

Les Brigands Justiciers soignaient leurs hôtes, se montraient délicats. Au jour de Thanksgiving, ils partagèrent joyeux une dinde et du bon vin, afin de célébrer les premiers colons américains accueillis fraternellement, mais à tort, par les Indiens. L'Ours-

Téméraire, Deuxième-Couteau, le Pirate-Optimiste, Face-de-Lune, chacun se mettait en quatre. Le Mandarin-Versatile, parfaitement accort, réclamait les dernières plaisanteries d'Amérique. Tête-de-Fouine prodiguait des leçons de guérilla aux Yankees attablés autour de tasses à café ou vautrés sur des chiliennes. N'épargnant aucun développement, Petit-Chien, dit Rouge-Vertu, détaillait les batailles, la victoire de Pingxingguan, le raid contre l'aérodrome de Yangmingbu, la campagne des Cent Régiments, l'embuscade tendue au village de Hanlue, la guerre des souterrains et toutes espèces de hauts faits. Il était intarissable, énumérait les lieux, les dates, les chiffres. « Il faut bien se rendre compte, appuyait Petit-Chien, qu'en soutenant une guerre aussi prolongée la Huitième Armée de Route, la Nouvelle Quatrième Armée et la Colonne Antijaponaise de Chine du Sud ainsi que la population des régions libérées et les communistes ont subi toutes sortes d'épreuves et consenti à d'innombrables sacrifices… Pendant sept ans et demi, la Huitième Armée de Route, la Nouvelle Quatrième Armée et la Colonne Antijaponaise de Chine du Sud ont mené contre l'ennemi plus de cent quinze mille opérations, grandes et petites ; elles ont tué ou blessé plus de neuf cent soixante mille hommes des troupes japonaises et fantoches, fait prisonniers plus de deux cent quatre-vingt mille soldats et gagné à notre cause plus de cent mille autres… » Chiffres, lieux, dates. Les Yankees enregistraient les épisodes, les quantités, les circonstances. Mao Zedong dédicaçait des photos et présenta sans protocole sa troisième épouse et demie à la Mission Dixie : « Colonel, voici Pomme-Bleue. » — « Elle est plus jolie que les autres femmes d'ici », se chuchotaient à l'oreille les officiers américains. Pomme-Bleue dansait avec eux. La plupart des Yankees accueillis au Repaire étaient favorablement impressionnés. En jeep ou à cheval, ils partaient dans les collines ramasser des fleurs sauvages ou chasser le faisan. Ils interrogeaient les prisonniers japonais, compulsaient des liasses de documents. Les Brigands Justiciers, concluaient-ils dans leurs radiogrammes envoyés à Washington, « sont si forts entre la Grande Muraille et le fleuve Bleu qu'ils peuvent envisager de contrôler après la guerre au moins la Chine du Nord et de tenir aussi non seulement les parties de la vallée du Yangtsé qu'ils dominent déjà, mais d'autres en Chine Centrale et au Sud. Les communistes ont survécu à dix ans de guerre civile, à sept ans d'offensives japonaises… *crrr tuuit woouit tiuuut*… Ils ont survécu et ont grossi. Leur expansion s'est réalisée depuis 1937 en progression quasi géométrique d'une zone de cent mille kilomètres carrés peuplée d'un million et demi d'habitants à une étendue de huit cent cinquante mille kilomètres carrés peuplée d'environ quatre-vingt-dix millions d'âmes. Et ils continuent à croître… *crr woouit tiuuut crrr tuuit*… La raison de cette vitalité phénoménale et de cette force est simple et fondamentale : c'est le soutien des masses, la participation des masses… » Ces tirades, ce vocabulaire laissaient froid le major-général enrichi dans le pétrole. Aux yeux de cet émissaire tiré à quatre épingles, Mao et le Mandarin-Versatile n'étaient que des « *motherfuckers* », des nique-ta-mère, et le major-général parlait d'expérience, sauf le respect dû à son grade. Mais Mao Zedong ne doutait de rien et surtout pas de son étoile. Il entreprit alors de conter à l'assemblée des Brigands Justiciers la fable antique du Vieux Fou qui déplaça les montagnes.

En quelles circonstances deux génies célestes volèrent au secours du Vieux Fou, vous n'aurez pas à attendre longtemps pour le constater, et vous apprendrez du même coup ce que mijotait le général au cri perçant et aux moustaches cirées.

CHAPITRE XXII

Les Brigands Justiciers s'assemblent en conclave — Des méchants et des bons enfourchent le dragon.

Cinquante jours durant, pas un de plus, pas un de moins, les Brigands Justiciers réunirent au Repaire leur Grande Assemblée délibérative. De semblable conclave, ils n'en avaient tenu depuis trois lustres et plus, bien avant de s'installer dans le Shaanxi du Nord, la Zone Spéciale des Frontières, avant la Longue Marche de vingt-cinq mille lis à travers les steppes spongieuses, les cimes gelées, les marches tibétaines plantées de chortens, le pont suspendu de chaînes métalliques, le pays des Yi effrayants, la rivière houleuse des Sables d'Or, avant même l'épopée de la Forêt de Jade et les batailles perdues dans les monts et les vaux sous l'influence néfaste du conseiller Otto. Leur précédent cénacle, restreint par les aléas d'un sort méchant, avait eu lieu si loin, dix-sept ans auparavant, aux environs de Moscou dans un manoir secret, sous le contrôle des Russes qui jargonnaient, grondaient, distribuaient conseils ineptes et réprimandes injustes. De tous ceux qui se pressaient ici, maintenant, seul le Mandarin-Versatile en avait été témoin et il préférait ne pas s'en souvenir. On eût pu l'appeler le Mandarin-Oublieux. Le temps, simplement, avait coulé. Les ténors qu'il avait connus alors, soutenus et fréquentés, étaient morts ou s'étaient éloignés.

Cinquante jours durant, les Redresseurs de Torts convoqués au Repaire s'adressèrent les uns aux autres, discutèrent en large, en long, de fastidieux rapports. Tous avaient à dire, à raconter, l'Ours-

Téméraire, Petit-Chien et Tête-de-Fouine, le Dragon-Borgne, Face-de-Lune et Deuxième-Couteau, et le Serpent-Blanc qu'évitaient désormais les gens. Sur le mur, en fond, se détachaient les quatre caractères : « Même cœur, même vertu » et des deux côtés « Persévérer dans la vérité », « Corriger les erreurs ». Chacun se penchait sur le passé récent. Chacun dans son domaine faisait démonstration de ses qualités d'analyste. « La Chine et le monde entier sont au bout du tunnel, certifiait Petit-Chien dit Rouge-Vertu, grâce à huit ans de combats menés par le peuple chinois, grâce à l'avance victorieuse des troupes soviétiques dans l'Allemagne nazie dont les jours sont déjà comptés, grâce aux victoires remportées en Extrême-Orient par les troupes américano-anglaises — et il faut souligner l'effort considérable fourni par le peuple américain. » Petit-Chien aimait bien les Américains. Tout guilleret, il leur serrait vigoureusement la main, trinquait avec les GI's débarqués sans manière des DC-3 sur le terrain accidenté de la Pagode Précieuse, ceux qui dansaient le one-step une fois par semaine en avalant une coupe ou trois de vin de tigre. Le Mandarin-Versatile aussi prisait les Américains. Une fois, à Chongqing, il en avait invité un au restaurant, un israélite de Boston : « *Qǐng ! qǐng !* S'il vous plaît ! Mangez ! Mangez ! S'il vous plaît ! » l'apostrophait-il en désignant du bout de ses baguettes un cochon de lait grillé à la peau craquante. L'amphitryon faisait la grimace. Les Juifs de son coin, bredouillait le pauvre homme en langue mandarine, ne mangent pas de cochon, c'est interdit par la religion. Ce n'était pas qu'il fût très religieux, ce brave garçon, mais il avait gardé en lui les préjugés de la tradition. Le Mandarin-Versatile comprit aussitôt la gravité de la situation. Jamais un ami, avec lui, ne devait perdre la face. « Écoutez ! reprit le Mandarin, pointant ses baguettes, ici, c'est la Chine. Regardez mieux ! Voyez, cela vous semble être un cochon, mais en Chine, ça n'est pas un cochon, c'est un canard ! » Le Mandarin-Versatile savait s'extraire en élégantes spirales des positions les plus délicates, et c'est pourquoi sans exagération on aurait pu l'appeler le Mandarin-Diplomate. Mais pour conciliant que fût son caractère, jamais le Mandarin-Versatile ne se laissait rouler dans la farine. Si son jugement se modérait au gré des circonstances, il gardait une dent dure contre Chiang Kai-shek. « J'étais à Chongqing, contait le Mandarin aux délégués à la Grande Assemblée en y mettant le ton. Le 25 décembre, fête de Noël, le même jour où, il y a quelques années, il avait été relâché et était retourné à Nankin après l'*Incident de Xi'an*, Chiang Kai-shek m'invita soudain chez lui. Il se mit à pérorer, prétendant que lui et moi étions des amis nés dans l'adversité et me prodigua des flots de louanges. Celles-ci me paraissaient d'assez mauvais goût et me mirent en garde. Personne au monde n'est plus perfide que Chiang Kai-shek. » C'était possible, mais pas certain.

Comme les discours se relayaient, comme s'écoulaient les jours, les semaines, vint à parler Liu Gros-Nez, son tour venu. Il était agile et son jugement, progressivement, s'affûtait, ses idées se perfectionnaient. « Notre camarade Mao Zedong n'est pas seulement le plus éminent révolutionnaire et le plus grand homme d'État de l'histoire chinoise, déclara-t-il à brûle-pourpoint, mais c'est aussi le plus remarquable théoricien et le plus grand savant. » Aucun des Brigands Justiciers avant lui n'y avait songé, fût-ce les mieux exercés en philosophie. Liu Gros-Nez fit preuve de grande fantaisie. « Notre Parti, asséna-t-il, est guidé dans toutes ses activités par la *pensée-maozedong*… » Constatant que l'auditoire avalait cet axiome sans mâcher, il poursuivit : « Maintenant, ce qui concerne la *pensée-maozedong* nécessite quelques explications. » Il apparut, au fil des mots et de leur musique, que la pensée-maozedong, en cinq caractères liés, se distinguait de tout ce qui avait pu exister précédemment, des *ismes* de diverses catégories, celui de Marx ou de Lénine, ceux du communisme décrit comme conception de l'égalité parfaite ou perçu en tant que doctrine résolue du partage. L'expression n'évoquait plus à proprement parler une théorie, *lǐlùn*, idéologie vaporeuse, mais une pensée, *sīxiǎng*, intégrale et spécifique à la nation, cristallisée dans l'action. « Tout cela est fort clair », ponctua Liu Gros-Nez, si convaincant que personne ne se hasarda à prétendre le contraire.

Il était temps pour le Président, après de si écrasantes homélies, de soulager un peu son public, de lui livrer une lichette de sa pensée. Là donc, Mao narra l'histoire du Vieux Fou qui déplaçait les montagnes. Il était une fois en Chine du Nord, d'après les Anciens, un Vieux Fou que gênaient deux monts, le Taihang et le Wangwu. On y dénombrait douze cents espèces de plantes et des animaux à foison, des arbres aux mille écus âgés de deux mille ans et des macaques au visage rose, au poil d'argent. Mais le relief élevé bouchait la vue du Vieux et lui compliquait le chemin. Il s'y attaqua à coup de pioche avec ses deux fils. Un villageois sceptique, flânant alentour, ouvrit la bouche et tint ce langage : « Quelle sottise faites-vous là ! Vous n'arriverez jamais, à vous seuls, à enlever ces deux montagnes !

— À chaque coup de pioche elles diminueront d'autant, rétorqua le Vieux Fou obstiné. Pourquoi ne parviendrions-nous pas à les aplanir ? » Sur ces considérations, deux génies célestes compatissants emportèrent sur leur dos les montagnes sans souci des conséquences. « Nous aussi, nous arriverons à émouvoir le Ciel », lança Mao Zedong en conclusion de sa parabole, et ses disciples, Brigands Justiciers et Redresseurs de Torts, l'applaudirent frénétiquement.

Un seul faisait grise mine, c'était le Serpent-Blanc. De trop nombreux délégués, dans la Grande Assemblée, lui déniaient le titre de Redresseur de Tort, de Justicier, ne lui accordant que la seule étiquette de Brigand, à cause des préjudices qu'il avait engendrés par ses agissements au Département des Affaires Sociales. Néanmoins, et c'est pitié, passant à force de contorsions pour un être dénué d'importance, dissimulé derrière ses lunettes, il sauva sa situation.

Japonais et Américains réclamaient alors toute l'attention, car la partie sur l'échiquier touchait à sa fin.

Ef. Di. Ar., soudain, prit congé. Il était chez lui, là-bas, en Géorgie, à l'est de l'Alabama, assis tranquille près de la cheminée, son scottish-terrier à ses pieds, quand il grommela : « J'ai un foutu mal de tête », avant de sombrer. Ses domestiques, un Noir et un Philippin, le couchèrent sur son lit, appelèrent au secours, mais les efforts joints de trois docteurs s'avérèrent vains pour ramener à la vie le trente-deuxième président des États-Unis. Regrets éternels.

Trois fois, il s'était présenté aux suffrages, et trois fois, il avait écrabouillé son adversaire. « Les hommes remercieront Dieu à genoux pendant cent ans, d'avoir eu un tel président », vaticinait l'élite de ses admirateurs. Les cloches sonnaient et roulaient les tambours. L'horloge marquait sept heures zéro neuf, le soir du 12 avril, lorsque le vice-président Harry Truman prêta serment à Washington. Triste moment. Le vice-président était entouré d'un tas de types en costume et cravate, à la face confite, ministres et secrétaires d'État. L'éther porta partout la nouvelle. *Tiiiuuouoo… tuuit… crr… tuuut…* Roosevelt mort — Truman successeur… *crrc… toouuit…* « Nous n'imaginions pas que Roosevelt puisse décéder alors que le monde est dans un tel état de chaos », s'étonna poliment la radio crépitante du Japon. Des GI's de Louisiane, l'arme au poing, priaient pour le défunt dans la cathédrale de Cologne, dressée au milieu des immeubles éventrés.

Les événements se bousculaient.

Mussolini finit pendu par les pieds comme il le méritait (son gendre Ciano était déjà enterré, fusillé par ses soins).

Hitler se fit sauter le caisson dans son bunker à huit mètres sous terre.

Heureux et transportés d'allégresse, les Brigands Justiciers du Shaanxi du Nord convièrent leurs hôtes américains à un banquet de réjouissance, portant à l'amitié et au sort de la guerre des toasts satisfaits.

Au sixième jour du mois d'août éclata sur la ville d'Hiroshima une bombe unique qui effaça d'un éclair et d'un souffle quatre-vingt mille vivants, hommes, femmes et enfants. Au neuvième jour une seconde bombe, jaune à bandes noires, larguée d'un B-29 quadrimoteurs rasa Nagasaki. Dans l'instant, le maréchal Staline déclara la guerre au Japon. L'Armée des Russes franchit l'Amour et l'Oussouri, balaya d'un revers les troupes mandchoukouotes équipées à la niponne. Pu Yi, l'héritier des Grands Qing, songea à fuir, plantant là le trône de l'Orchidée, la Cadillac cinabre et son épouse principale rongée par l'opium et la mélancolie. C'était sans espoir. Il fut alpagué sur le tarmac de Moukden par un Soviétique haut gradé, fourré dans un avion et expédié en Sibérie.

Une course de vitesse était engagée. Russes, Américains, Kuomintang et Bandits Rouges, c'était à qui étendrait son territoire, à qui s'annexerait les monceaux de matériel japonais. Le Pirate-Optimiste, Face-de-Lune, Deuxième-Couteau, le Dragon-Borgne se précipitaient sur les soldats du Mikado, les dépouillant de leurs effets et les tenant prisonniers. Les Justiciers occupèrent d'un coup cinquante-neuf villes, des cantons, leurs chefs-lieux, des plaines, des collines, des fleuves, des voies ferrées. Petit-Chien dit Rouge-Vertu somma le général Okamūra Yasūji, chef supérieur des Nippons, de se rendre sans conditions. « Vous ordonnerez aux troupes sous votre commandement de cesser toutes opérations militaires ; toutes les troupes, sauf celles encerclées par les forces du gouvernement Kuomintang, doivent se rendre à nous, sur l'ordre de la Huitième Armée de Route, de la Nouvelle Quatrième Armée et de la Colonne Antijaponaise de Chine du Sud. » Mais il n'était pas bête, le général Okamūra, sous sa casquette molle. C'était lui qui avait consacré le principe des Trois Tout — tout tuer, tout brûler, tout piller. Se rendre aux Rouges ne l'enthousiasmait pas. Il se sentait davantage en confiance auprès de Chiang Kai-shek dont la réputation n'était plus à faire. « Chiang Kai-shek est sans conteste un réactionnaire, un seigneur de guerre, un fasciste, bouillait le Mandarin-Versatile. On peut se garder, à un certain moment, d'insister sur cet aspect de sa nature, mais on a tort de le présenter sous de belles couleurs. » « Chiang Kai-shek est un œuf de tortue », crachait Mao Zedong. La conviction du Généralissime était notoire : les Nippons s'apparentaient dans son esprit à une maladie bénigne, une affection de la peau, les Rouges à une attaque cardiaque, une maladie fatale. Les Américains craignaient que les Chinois des deux partis en viennent aux mains. Les Chinois étaient leurs partenaires, leurs frères. « *Have a Coke'* — prenez un Coca, c'est la façon de dire "nous sommes amis" à un Chinois… *La pause qui rafraîchit* est devenue symbole de bonne volonté chez les esprits bienveillants. » Forts de leurs modes d'être, de leurs industries, de leurs cigarettes, de leurs jeeps, de leurs Dubble Bubble peppermint chewing-gums, de leurs mitraillettes Thompson, les Américains entendaient régenter l'univers d'excellente manière. L'ambassadeur de l'Oklahoma, moustache cirée, vêtu en civil cette fois, costume de bonne coupe, fines rayures, arborant nœud papillon à pois et chapeau Homburg à bords retournés, se rendit donc au Repaire de la Pagode Précieuse dans un dessein précis : convaincre *Mr. Moose Dung* de rencontrer son champion *Chanker Jack*, Jack-le-Chancre, sobriquet par lequel il désignait le Généralissime dans l'entre-soi. L'ambassadeur invita le Président Mao au dialogue et à grimper dans son DC-3, à voler vers Chongqing afin de rejoindre le Président Chiang Kai-shek.

Jamais auparavant Mao Zedong n'avait vu la Chine de haut, vaste, jaune, grise, rose, verte, blanche. L'Histoire dit que dans l'avion il trompa le temps en composant un poème du genre *çi*. Son meilleur de l'avis des lettrés. *Neige*.

Mille lis de glace scellés,
Dix mille lis de neige en volée…
Par un jour de soleil,
C'est une belle en rouge enveloppée de blanc,
Enchantement sans pareil…
Pour trouver des hommes vraiment grands,
Regardons plutôt le présent.

Il s'imaginait bientôt face au Généralissime maigre, guindé. Au sortir de l'avion, Mao se montra avec une veste fripée et un casque colonial comme il s'en portait au Congo belge ou dans l'Indochine française. Une Cadillac noire l'attendait. Sur un perron, il posa devant les photographes d'outre-Pacifique auprès de son rival et de l'ambassadeur de l'Oklahoma. L'Américain se plaça une marche en dessous pour n'avoir pas l'air plus grand que les Chinois. Chiang Kai-shek offrit un banquet d'exception, sous les draperies, les lampions. De part et d'autre de la table fleurie, couverte de mets raffinés, Mao et le Gimo levaient leurs verres à la santé de la Chine et à la leur. La coutume voulait qu'ils engloutissent l'alcool de riz en s'échangeant des compliments. « Dix mille ans de vie au Président Chiang Kai-shek ! *Wànsùi ! Wànsùi !* », gloussa Mao Zedong euphorique, en avalant le maotai. Le Gimo, crispé, gardait une main derrière son dos. Après quarante-trois jours de vaines palabres dans un climat humide, de chausse-trapes, de fausse cordialité, de regards en coin, ils paraphèrent un accord. Cela eut lieu lors de la célébration du Double-Dix, le 10 octobre, fête nationale. Soixante-dix pour cent des divergences sont aplanies, proclamaient-ils sans y croire, et les trente pour cent restant ne sauraient tarder. Le traité établi, l'encre séchée, Mao Zedong s'envola à rebours vers le Shaanxi du Nord. « Mes nerfs ont été soumis à rude épreuve, dit-il en arrivant. J'éprouve souvent des palpitations, des vertiges, des insomnies. Mon sommeil est troublé : je me réveille en sueur. » Il se mit au repos.

Mao Zedong était travaillé par le doute. La situation n'était pas nette. « À qui doivent revenir les fruits de la victoire ? » Tel était le leitmotiv de ses méditations. « Prenez par exemple un pêcher, se torturait-il. L'arbre donne des pêches. Ce sont les fruits de la victoire. Qui est en droit de cueillir les pêches ? C'est demander qui a planté et arrosé l'arbre. Terré dans la montagne, Chiang Kai-shek n'a pas porté un seul seau d'eau et, maintenant, il allonge le bras pour cueillir les pêches… Tout un lot de grosses pêches telles que Shanghai, Nankin, Hangzhou et d'autres grandes villes sera enlevé par Chiang Kai-shek… » Cette probabilité le contrariait beaucoup, non sans raisons. Sa pensée, par un cheminement logique, le ramenait sans cesse au Généralissime. « Tu n'as jamais porté d'eau, tu n'as pas le droit de cueillir les pêches », s'irritait-il. Le temps semblait suspendu.

L'accord ne dura pas un mois. Transportées dans les airs par les Dakotas yankees, les troupes de Chiang Kai-shek se déversaient jusqu'en Mandchourie, prenaient la place des Japonais. Les navires de la VIIe Flotte débarquaient à Shanghai leurs hommes au teint frais. « *Wànsùi ! Wànsùi !* » criaient les gens en agitant des drapeaux. *Bravo ! Viva !* Des portraits gigantesques du Généralissime pendaient aux façades des immeubles. Plaquée sur une hauteur de trois étages du grand magasin Sun Co. de Nanking Road, son image de maréchal à tête chauve, mains gantées appuyées sur un sabre, s'offrait à la vue des passants en plan américain. Des GI's dans leurs jeeps, poussant des *Yahooo !* frénétiques, levaient des filles aux robes fendues. Les prospectus spécialement imprimés leur indiquaient les expressions de *pidgin*, l'anglais des coolies, utiles à leur bonheur : « *Chop chop !* » — « Amène-toi ! » « *Go top side ?* » — « On monte ? » « *Can do ?* » — « Tu peux me le faire ? » « *Bime bye makee pay !* » — « Je te payerai plus tard ! » « *Savvy ?* » — « Toi comprendre ? » L'amitié entre les peuples progressait. Les Américains se félicitaient de trouver chez Jimmy's une nourriture familière, des hot dogs et des sandwiches au café Ohio, des gaufres au Dollar Cafe, d'entendre Mademoiselle Chan pousser la chansonnette au Comluck Restaurant, ils étaient ravis de traîner au Mexicana-American Bar, de se payer des T-bone steacks à cinquante mille dollars shanghaiens. Des anciennes Concessions, du *Settlement*, il n'était plus question, ni des Allemands, des Italiens, ni des Français ou des Anglais, seulement des Américains. '*Melicans, good, good, hǎo !*

Les cinémas ne désemplissaient pas. Cathay, Nanking, Capitol, Broadway, Grand, Metropol. Pour un film chinois sur l'écran, trente bobines arrivaient de Hollywood. Des comédies, des drames, de la soupe, des pépites, des remakes, du stock. La Metro-Goldwyn-Mayer, la Paramount, Universal avaient du retard à rattraper. Les films de gangsters, *Scarface*, Borsalino et mitraillettes Thompson à camembert, rata-ta-ta-ta-ta, courses à travers la ville en automobiles tous phares allumés, Boris Karloff chef de bande liquidé au bowling, rata-ta-ta-ta-ta. Les films de guerre, la jungle, les espions, *Nightplane from Chungking*, la Chine en toile de fond, *Secret Agent of Japan*, *Terry et les Pirates* par épisodes, bagarres, évasions, *Vers le grand inconnu*, *La Montagne de la mort*, Sheila Darcy dans le rôle de la Dragon Lady, *Gung Ho !* avec Randolph Scott et Robert Mitchum, l'histoire presque véridique des commandos Carlson sur l'île de Makin. Et la tendre musique de *Waterloo Bridge*, la valse dans l'ombre, Vivien Leigh au bras de Robert Taylor, un Chinois d'ivoire dans le creux de la main, *Should auld acquaintance be forgot / And never brought to mind ? / Faut-il nous quitter sans espoir / De nous revoir un jour ?*

Au Shaanxi du Nord, Petit-Chien, général en chef des Brigands Justiciers, n'avait pas oublié l'Américaine-Venue-en-Deuxième qui lui avait enseigné le fox-trot. « Chère Mademoiselle, lui écrivait-il, je suis extrêmement touché d'apprendre que vous avez l'intention de consacrer une partie de votre temps à écrire ma biographie. Il me faut avouer que mon existence ne représente qu'une partie infime de la vie des paysans et des soldats chinois. Vaut-elle la peine que vous lui consacriez du temps ? J'en doute. Mais puisque vous insistez tant et que vous vous êtes mise déjà à la tâche, je ne peux qu'accéder à votre demande. Je vous envoie donc ci-joint le manuscrit *La Vie de Rouge-Vertu*, qui n'a pas encore été publié, ainsi que le recueil des récits de la Longue Marche en deux volumes et certains de mes écrits… » Il faut dire que Petit-Chien jouissait d'une popularité justifiée parmi les Redresseurs de Torts, dans le territoire qu'ils contrôlaient et au-delà. Son visage était sympathique au grand nombre, il apparaissait déjà sur les timbres de la Zone Spéciale des Frontières. Sans doute une existence agitée comme la sienne, les fumées de l'opium à l'aurore de la première révolution, les pérégrinations en Occident, à Berlin, à Göttingen, la rédemption de son âme pour un salaire mensuel de trois dollars chinois, ne manquaient-elles pas d'intérêt aux yeux des éditeurs new-yorkais. « Nous nous portons tous bien à Yan'an, annonçait-il à la demoiselle du fox-trot. Veuillez transmettre mes sincères salutations à nos amis américains, le capitaine E. Carlson, etc., et mes meilleurs vœux au général Stilwell. » Hélas, ceux-là n'avaient plus devant eux de jours radieux. Les proches de Joe Vinaigre Stilwell, général quatre étoiles, ne lui trouvaient pas bonne mine depuis son retour d'Asie. Des médecins diagnostiquèrent un cancer à l'estomac rapidement étendu au foie et, dans son sommeil, il passa de vie à trépas. « C'était aux Amériques une autorité pour tout ce qui touche à la Chine », commenta le *Times* de Londres au jugement exercé. Les magasins de Carmel, en Californie, baissèrent leur rideau. Quant au « capitaine Carlson », devenu général, héros décoré de cinq rangs des barrettes, Purple Heart, Gold Star, Navy Cross, gagnées sur les îles Gilbert, les Salomon, les Mariannes, Makin, Guadalcanal, Saipan, une crise cardiaque le terrassa en un instant. Car le destin ne ménage ni les bons ni les méchants.

Par coïncidence ou fatalité, les personnages, à ce moment, quittaient l'histoire en grappe. Ainsi, ils se suivaient ou se précédaient dans la tombe.

Trop pressé de rejoindre à Shanghai sa maîtresse exquise Butterfly Wu, l'actrice de cinéma, le chef des Chemises Bleues, de la police secrète du Kuomintang, des sbires en Borsalino, des tortionnaires en pardessus gris, Dai Li le Cruel décolla un jour d'orage, d'éclairs luisants, de pluie battante et de plafond bas. Il s'écrasa sur une colline. Des ferrailles tordues de l'appareil fut extrait un corps auquel manquaient une jambe et la main droite, mais identifiable à sa dentition et au calibre 38 américain dont Dai Li ne se séparait jamais. On prétend que ce jour Chiang Kai-shek versa des larmes amères.

Un sort funeste rattrapa Bijou-Oriental, Kawashima Yoshiko, l'espionne nipponne déguisée en homme, la princesse mandchoue syphilitique. Débusquée dans un bouge, elle fut expédiée d'un coup de sabre net et officiel. *Zhǎn !*

À Tokyo, dans les règles, furent pendus les colonels, les généraux, les criminels de Shanghai, de Nankin, de Mandchourie, Matsui Iwane, Itagaki Seishirō et Doihara Kenji. Tant qu'un souffle put transiter dans leur gorge, ils crièrent « *Banzaï !* », trois fois pour l'Empereur, trois fois pour le Grand Japon. Puis leurs corps mous au cou brisé furent transportés au crématorium et leurs âmes noires se consumèrent aux enfers.

Rendu à ses préoccupations, Chiang Kai-shek ne voyait pas pourquoi il se priverait des fruits mûrs du pêcher, des fruits de la victoire, ses troupes étant outillées à neuf, de mitraillettes Thompson, de bazookas lance-roquettes, de jeeps passe-partout, de tanks Sherman, de chasseurs Thunderbolt, de lourds bombardiers Liberator, des surplus américains laissés en Chine et sur dix-sept îles du Pacifique, pourquoi, donc, il abandonnerait un pouce de terrain aux Bandits Rouges. Et les Brigands Justiciers ne voyaient pas, à l'inverse, pourquoi ils offriraient au Généralissime le pêcher qu'ils avaient arrosé, leurs armées, leur Repaire et la Zone Spéciale des Frontières. Mao Zedong réfléchit et tira la leçon : « Quand deux *je-ne-vois-pas-pourquoi* se trouvent ensemble, on se bat… Et comme Chiang Kaishek affile maintenant ses épées, nous devons affiler les nôtres aussi. » Le Généralissime renoua avec ses idées premières, réédita son *Manuel pour l'extermination des Bandits*, promettant récompense et fortune à ses meilleurs élèves.

Un temps, face à face, les deux camps s'observèrent.

Petit-Chien, dit Rouge-Vertu, fêta son soixantième anniversaire. Il reçut deux bouteilles de vin et ses soldats dansèrent devant lui le *yānggē*, en ligne et en rond, avec les tambours et les gongs. Des gens de provinces éloignées lui adressaient des félicitations : « Honorable Aîné, l'encens brûle pour vous en nos cœurs. » Le Mandarin-Versatile lui composa un compliment : « Je me réjouis vivement de pouvoir revenir au Repaire et vous présenter mes vœux en personne… Cher commandant en chef, depuis vingt-cinq ans que nous nous connaissons, vous vous êtes toujours montré affable et d'un abord facile… Depuis la Révolution de 1911 jusqu'à la présente guerre de légitime défense, vous avez été de toutes les campagnes. Tout sexagénaire que vous êtes, vous avez une santé robuste. » Petit-Chien exhibait ses dents, ses gencives, clignait des yeux malicieux, et il inclinait la tête en joignant les mains lorsqu'on lui proposait aimablement une cigarette. Parfois, avec une larme d'incrédulité, Petit-Chien, dit Rouge-Vertu, considérait le chemin parcouru. « Le rustaud que je fus est commandant en chef aujourd'hui !… » Il attendait la suite. Les autres aussi, chacun à son poste.

C'est à ce point de tension que se montrèrent au Repaire l'Américaine curieuse des tigres et l'Anglais en quête de poèmes originaux. Au clair de la lune, dans le Jardin des Dattiers clos d'un mur de pisé, l'Anglais écoutait la voix rauque de Petit-Chien évoquer le passé. « Pendant la Révolution de 1911, j'étais commandant de compagnie. À l'époque où les habitants du Yunnan se révoltèrent contre Yuan Shikai, je commandais déjà un régiment. J'étais membre de la Ligue Jurée. Par la suite, nous n'avons cessé de guerroyer contre les Seigneurs de Guerre… Un livre sur la guerre d'indépendance américaine nous fit forte impression. » Petit-Chien portait la tasse à ses lèvres et avalait une gorgée de thé. De toute la cohorte des Redresseurs de Torts, il était le plus âgé. Il ajusta sur son nez des lunettes d'écaille afin de feuilleter les pages de son carnet. « L'Ours-Téméraire et moi étions deux anciens officiers du Kuomintang et nous nous sommes ralliés aux communistes lorsque nous nous aperçûmes que le Kuomintang n'était qu'une simple machine d'oppression. » L'Anglais et Petit-Chien parlèrent encore de choses et d'autres, du monde, de la politique, des théories de Karl Marx. La nuit était devenue froide quand ils se séparèrent. Un loup rôdait sous la lune. L'Anglais croisa l'Ours-Téméraire trois jours plus tard, vêtu de coton bleu, chaussé de semelles de paille. « Nous n'avons jamais eu le temps d'écrire l'histoire de nos guerres, dit l'Ours, en passant en revue l'insurrection de Nanchang, la lutte dans la Forêt de Jade, l'épopée des vingt-cinq mille lis, la prise du pont de Luding, les hommes accrochés aux chaînes. « Si l'on remonte très loin en arrière, on voit comment tout a commencé… Telle que je la raconte maintenant, l'histoire n'est pas très passionnante : noms de batailles, de villes, de marches. Mais elle l'était, alors, bien que la plupart des vieux révolutionnaires l'aient peu à peu oubliée. Toutes les batailles finissent pas se ressembler ! » L'Ours-Téméraire buvait du lait, car il souffrait de maux d'estomac. Au clair de la lune, l'Américaine curieuse des tigres dîna, à son tour, avec Petit-Chien et son épouse aux joues rebondies. Le repas, se souvenait-elle, était aussi excellent que la compagnie de ses hôtes. « Pendant des milliers d'années, exposait Petit-Chien songeur, le peuple chinois a été gouverné par des despotes… » Un samedi soir, l'Américaine vit danser les Brigands Justiciers : Petit-Chien lourdement, le Mandarin-Versatile tout en élégance, et Liu

Gros-Nez avec « une précision arithmétique », puis d'un coup emporté par un swing dévorant.

Pour savoir comment se termina le bal, il faudra attendre que les chandelles soient mouchées et la piste balayée. Mais d'ores et déjà, vous pouvez avancer dans le récit.

CHAPITRE XXIII

L'Amérique s'inquiète du feu dans l'Empire du Milieu — Les Brigands Justiciers quittent leurs montagnes et après mille combats gagnent la capitale.

Maîtres du Sud, des côtes, de la mer, des détroits, les troupes du Kuomintang prirent pied sur l'île grande de Taïwan que les Japonais nommaient Takasagun Koku et les Occidentaux Formosa, telle que la baptisa exactement l'équipage d'un navire portugais croisant au large en l'an 1544. L'île passait pour riche, digne d'intérêt, et le nouveau gouverneur se disait qu'après cinquante ans d'occupation japonaise, tout y était à prendre. Avec force rapines, ses sbires firent grand carnage des autochtones. Il se trouva qu'une veuve, vendant à la criée des cigarettes de contrebande près d'une maison de thé, rechignât à livrer sa marchandise aux agents du Bureau des Monopoles. S'ensuivirent un attroupement, des coups de crosse, un crâne fracassé, des tirs de revolver, des manifestations de gens en colère, des véhicules incendiés, des rafales de mitraillettes, des corps démantibulés sur la voie publique, un crescendo de pillages, de viols, d'exécutions sommaires, et cela fut appelé l'*Incident du 28 Février.* Le Généralissime, sur le Continent, était bien fâché d'une telle rébellion, lui qui avait tant à faire au nord du Yangtsé. Il télégraphia, dit-on, à son gouverneur : « Tuez-les tous et gardez cela secret. » Par milliers gisaient les morts, c'était indiscutable. Occire fut aisé, mais tenir celé le forfait s'avéra chimérique. Bientôt la déplorable nouvelle se répandit dans les rédactions de Shanghai, de New York, de Paris, et des rédactions fila sur le papier, à l'encre noire. Les plumes américaines et alliées n'étaient pas les moins sévères : « Depuis la capitulation japonaise, la police secrète du Kuomintang, conçue sur le modèle de la Gestapo d'Hitler et du Kempeitai d'Hirohito, a fait de Taïwan une île du Diable. » Pareilles accusations, à ce moment, hérissaient l'épiderme du Gimo, agaçaient ses oreilles de chrétien méthodiste. Aussi s'exprimait-il d'une voix courroucée : « Les Taïwanais ont une dette envers la Nation qui a consenti à tant de sacrifices et de luttes acharnées dans le demi-siècle écoulé afin de réintégrer l'île au sein de la collectivité. » Ayant leurs vingt mille cadavres à ramasser, les Taïwanais se le tinrent pour dit.

Après quoi Chiang Kai-shek tourna son regard vers le Repaire des Brigands Justiciers. Bien que chrétien, méditant la Bible soir et matin, il n'excellait pas en tout. De sa vie, il n'avait calligraphié qu'un seul poème et de piètre qualité :

Voyez comme la colline est couverte de bambous,
Ils peuvent produire de la fraîcheur les jours d'été.

Mais s'il ne savait trop composer des vers, le Généralissime en lisait parfois à son épouse May-ling, avant de dormir, et il fallait admettre qu'il se défendait en récitation. Assurément, Chiang Kai-shek avait assimilé les *Analectes* et le *Livre des Mutations*. D'aucuns, flagorneurs impénitents, lui prêtaient une solide connaissance de Machiavel. Il était féru des campagnes napoléoniennes, de la guerre franco-prussienne, des tranchées, des blockhaus, et avait écrit, autrefois, dans *La Voix militaire*. Son admiration à l'endroit de Zeng Guofan, vice-roi des Qing et marquis de première classe vainqueur des rebelles Taiping, demeurait intacte malgré les années, les revers, les couleuvres avalées. « Il est temps de laisser Chiang décider de sa propre politique antiguérilla », suggéraient ses appuis de l'étranger, les puissants patrons de presse de Rockefeller Plaza à New York. Et parce que tout Américain sérieux ne voit le monde qu'à travers l'Amérique, ils ajoutaient : « Ce qui était une vertu pour Abraham Lincoln ne peut pas être un vice pour Chiang

Kai-shek. » Lincoln, arguaient-ils, avait aplati les *Rebs* des deux Caroline, de Virginie, d'Alabama, de Géorgie, du Dixieland entier.

Les Brigands Justiciers, dans leur Repaire, laissaient venir. Ils couvraient alors de leurs armées, de leurs colonnes, de leurs combattants intrépides, un territoire vaste comme le tiers des États-Unis à l'est du Mississippi, ou, au choix, aussi large que l'ouest de l'Europe jusqu'à la ligne Oder-Neisse hérissée de barbelés. « Nous ne comprenons pas pourquoi l'Amérique soutient le Kuomintang contre nous », s'étonnait Petit-Chien nourri des principes de science politique appris jadis à Göttingen et de sa rencontre récente au pied d'un DC-3 avec le général Marshall, George C. Marshall constellé d'étoiles. Pourtant, l'Amérique, c'était patent, virait de bord, devenait moins sympathique aux Redresseurs de Torts. Petit-Chien dit Rouge-Vertu en discutait autour de lui. « Nous sommes des hommes sincères, insistait-il, et détestons par-dessus tout la méfiance et la duperie, notre devise étant : *rechercher la vérité dans les faits* et *écouter les paroles tout en observant les actes.* » Mais l'horloge avait tourné et, comme un se divise en deux, le globe s'était de nouveau scindé. Les Américains s'horrifiaient des cocos infiltrés chez eux dans les syndicats de l'automobile, des transports maritimes, du personnel hôtelier, des journaliers agricoles, des artistes de Hollywood, des auteurs de romans noirs. Debout derrière son pupitre, au Capitole de Washington, le président des États-Unis s'adressa aux sénateurs et aux représentants, démocrates, républicains, assis sur leurs banquettes de cuir, les bras croisés ou la main sur le menton, en costume trois pièces, cravate ou nœud papillon. « Le monde n'est pas statique et le *statu quo* n'est pas sacré », expliqua Truman, naturellement rompu à la dialectique. Il réclama en dix-neuf minutes des crédits, des paquets de dollars pour ses amis sur la planète et quand ce fut acquis, son devoir accompli, il prit des vacances sur les plages dorées de Floride. Au Shaanxi du Nord, Mao Zedong, présidant aux destinées d'un territoire élargi peuplé de cent soixante-dix millions de paysans frugaux et diligents, d'artisans ingénieux, d'ouvriers habiles au tour mécanique, à la fraiseuse japonaise, à la machine à coudre Singer, et de caravanes de chameaux alourdis de caisses, de ballots, commandant désormais à une armée d'un million et plus de Brigands Justiciers, Mao ne se laissait pas impressionner : « Vous autres, Américains, repus de pain, rassasiés de sommeil, si vous voulez blâmer les gens et soutenir Chiang Kai-shek, c'est votre affaire, et je ne m'en mêlerai pas. Maintenant, ce que nous avons, c'est du millet et des fusils. » Mao Zedong était devenu gras. Sous la casquette octogonale, ses joues, autrefois creuses, s'arrondissaient au fur et à mesure que s'affirmait son autorité de philosophe stratège.

Les Brigands Justiciers, dans ces conditions, se coupèrent en six, changèrent le nom de leurs armées et se dispersèrent aux différents horizons, chacun pourvu d'une mission. Tandis que Tête-de-Fouine se voyait chargé d'investir la Mandchourie débarrassée de l'empereur Puyi, le Pirate-Optimise prit le commandement de l'Armée de Campagne des contrées naguère dominées par le prince Demchugdongrub, descendant de Gengis Khan à la trentième génération. Deuxième-Couteau guerroyait le long du chemin de fer en Chine du Nord, Face-de-Lune conduisait l'Armée de Campagne de la Chine de l'Est, le Dragon-Borgne et Petite-Bouteille l'Armée de Campagne des Monts et des Plaines plus au sud, et l'Ours-Téméraire, demeuré au Repaire, l'Armée de Campagne appelée du Nord-Ouest. Cette architecture paraissait embrouillée et ondoyante, mais « il nous faut aussi avoir quelque complexité dans la cervelle », aimait à penser Mao. Chiang Kai-shek menaçait sa tanière. Le Généralissime concentra à portée deux cent trente mille hommes, fit battre gongs et tambours. Adoncques, prévenus par leur ouïe et leurs yeux, les Redresseurs de Tort s'enfoncèrent dans les collines, laissant les grottes vides derrière eux. L'ennemi approchait du Jardin des Jujubiers de la Famille Wu où se réunissait d'ordinaire l'assemblée dirigeante des Brigands. « Camarade Président, il est temps de foutre le camp », pressait le Mandarin-Versatile. « Que fait encore ici le Président ! s'emportait l'Ours-Téméraire. Partez maintenant ! Il n'y a plus une minute à perdre ! » Le canon tonnait au sud-est, l'aviation du Soleil-Blanc sur Ciel Bleu larguait ses bombes. Le Président Mao, les mains derrière le dos, contempla la Pagode Précieuse de neuf étages, les collines de lœss jaune creusées de trous où il avait demeuré onze années, puis il grimpa dans la jeep américaine et dit : « En voiture, camarades ! » Puis tous s'en furent en procession. Sans coup férir, Chiang Kaishek occupa Yan'an, le Repaire, et de cet exploit tira gloire et superbe. Peu s'en fallait aux yeux de ses admirateurs et aux siens propres qu'il fût l'égal de Zeng Guofan, écorcheur des Taiping paré de la plume du paon. Il se rendit sur place et jura qu'en trois mois c'en serait définitivement fini des forbans. Les Rouges se retiraient en bandes, peu encombrés de bagages et munitions. Leur état-major tint conseil au lieu-dit le Ravin de la Forêt des Jujubiers : Mao Zedong, Petit-Chien, le Mandarin-Versatile et Liu Gros-Nez. Par mesure de sûreté, ils convinrent de se séparer. Liu Gros-Nez et Petit-Chien, dit Rouge-Vertu, piqueraient vers le sud, franchiraient le fleuve Jaune, les monts Taihang, pour trouver asile au Versant des Cyprès de l'Ouest près de Deuxième-Couteau. Le Président Mao et le Mandarin-Versatile garderaient le Shaanxi du Nord, la Zone Spéciale des Frontières. Ce n'était pas de tout repos, à leur âge. De nouveau ils trottaient, dévoraient les distances sous la pluie et la neige, grimpaient, descendaient les sentiers. Le Mandarin-Versatile laissait apparaître les trous de ses semelles, Mao Zedong chevauchait son poney blanc, sa troisième épouse et demie, Pomme-Bleue, se tenait à dix pas derrière sur sa monture noire, et la fille qu'ils avaient eue ensemble, quelque part dans le convoi, suivait portée par un soldat. Mao Zedong se déplaçait la nuit, dans les villages, les hameaux, dormait dans des cavernes fétides où les paysans entreposaient leurs jarres de légumes au vinaigre. Trente-sept fois, il changea d'abri, les soudards enhardis du Généralissime courant sur ses talons.

À ce moment, il prit un pseudonyme. Il se faisait appeler Li, dans la colonne, ainsi personne parmi les villageois ignorants croisés sur le chemin ne soupçonnait son identité et il ne risquait point d'être trahi. Tandis qu'il se cachait dans le cellier d'un paysan appelé Vieux Wang, Mao Zedong usait les heures en s'obstinant à apprendre l'anglais ou en échafaudant des plans de bataille.

Dans le fond de cette retraite arrivaient les informations du monde extérieur par un poste récepteur fonctionnant sur batterie. « *Crrc… toouuit…* Ici Radio Chine Nouvelle… *tiiiuuouoo… crr…tuuit…* » Une voix aiguë de femme sortait de la boîte, vitupérait Chiang Kai-shek entre deux chuintements. « Cette fille-là, elle est terrible !… s'enthousiasmait Mao. Elle est vraiment stimulante quand elle parle de nos victoires !… On devrait avoir plus de speakerines comme elle ! » Mao tendait l'oreille vers le haut-parleur. Vieux Wang le surprit une fois dans cette posture. « *Aya !* Mais qu'est-ce que c'est ?!?!? Y'a quelqu'un là-dedans ??! » s'enquit le Vieux Wang, passablement inculte. Mao-Li, bonhomme, lui expliqua pour l'affranchir les principes de la vibration de l'air, de l'écho des montagnes, de la propagation des ondes électromagnétiques d'une fréquence inférieure à 3 000 GHz dans un milieu homogène et isotrope, sans entrer dans le détail.

Ce fut aisément que l'Ours-Téméraire tendit un piège aux poursuivants. L'Ours brassait du vent, se montrait ici, se faisait entendre là, remuait ailleurs le bout de sa queue, dans les défilés, sur les pentes, aux berges des ruisseaux. Il ordonna à sa Brigade 358 de filer avec rude tapage d'un côté, appliquant l'adage : « Faire du bruit à l'est pour attaquer à l'ouest. » Les troupes imprudentes du Gimo s'aventuraient dans l'inconnu, allongeaient le bras, saisissaient le vide, erraient sans plan, s'épuisaient jusqu'à ce que l'Ours-Téméraire leur tombât dessus par surprise, les taillât en morceaux. Cela se reproduisit trois fois en un mois et trois fois l'Ours-Téméraire remporta la victoire. L'oreille collée à l'appareil de radio, les yeux rivés sur des cartes posées sur la table rugueuse en bois de saule, crayon à la main, cercles bleus, flèches rouges, Mao Zedong étudiait les événements. « N'as-tu rien à boire ? » demanda-t-il à son garde du corps, le jour de l'affrontement décisif.

— Si, de l'eau-de-vie, et c'est importé.

— Bien, alors de l'eau-de-vie. » Lorsqu'il avalait un verre, son visage s'empourprait. La bataille au-delà de la rivière dura trois jours et deux nuits. Mao consuma cinq paquets et demi de cigarettes, mâcha des feuilles de thé, et quand tout s'apaisa, qu'enfin l'ennemi fut au tapis, il réclama à manger. L'ordinaire de la colonne consistait en une cuisson grossière de farine et de feuilles d'orme. « Essaye de me dégoter un bol de porc à l'étouffée, et bien gras, pria-t-il son commis. Ma cervelle s'est mise à bouillir ces heures passées, la viande grasse contribue à la rafraîchir. » Le garde zélé lui donna satisfaction. « Ça sent bigrement bon », sifflota Mao, portant les baguettes à sa bouche, et, en moins de temps que nécessaire pour l'écrire, il engloutit le contenu de son bol. « Je n'ai pas pu résister à la tentation, gloussa-t-il à la fin. Mais ce n'était pas trop demander comparé à la victoire obtenue, non ? » Sa conscience le titillait. Songeur et juste, il ajouta : « Nos soldats au front n'ont pas de porc à l'étouffée. Ils ne peuvent que saigner des chevaux s'ils veulent avoir de la viande. » Ensuite, il délaya l'encre, chargea son pinceau et traça douze vieux caractères rangés dans sa mémoire :

« Qui ose l'arrêter, avec l'arme de guerre ?
Nul autre que notre Ours-Téméraire. »

L'Ours, modeste selon ses habitudes, attribuait l'exploit à la clairvoyance du Président Mao, à sa tactique « user d'abord, déchirer ensuite ».

Dans les cinq directions, de la même façon, les Brigands Justiciers attiraient leurs adversaires. Les lignes de l'ennemi s'effilochaient jusqu'à le rendre vulnérable. Tête-de-Fouine le harcelait au septentrion glacé sur la rivière Soungari, Face-de-Lune à l'orient, le Dragon-Borgne sur la voie ferrée Pékin-Hankou. Deuxième-Couteau enleva la cité de Shijiazhuang ceinte d'une triple fortification. En files, sous la lune, l'armée du Dragon-Borgne et de Petite-Bouteille franchit le fleuve Jaune vers le sud sur des barques de bois. Tout cela, par le menu, serait ardu à exposer. Chiang Kai-shek ne savait plus où donner de la tête. Le Généralissime se débattait pris aux mailles du filet, tapait à tort et à travers, dans les villes, les provinces, les villages, les ports, bannissait les ligues modérées, exécutait des professeurs, fusillait des étudiants, emprisonnait des boutiquiers. Il se mit tout le monde à dos. En un mois, le Gimo perdit l'équivalent en superficie de la Californie. Ce voyant, l'Amérique puritaine des plaines, des fleuves et des lacs commençait à douter. On vit s'inquiéter jusqu'au *Register* de Des Moines dans l'État d'Iowa : « En fait, constataient les intelligences moyennes du Midwest, pas plus jobardes que d'autres, la Chine et son peuple sont largement éreintés et exténués par deux décennies de guerre civile, en plus de huit ans de batailles contre un envahisseur rapace. » Fondé par Joseph Pulitzer, champion des reporters, le *Post-Dispatch* de Saint Louis, Missouri, montrait peu d'indulgence : « L'exhortation de Chiang Kai-shek à ce que le Kuomintang se purifie est une contradiction dans les termes puisque l'aile droite dominante du Kuomintang est directement intéressée à la corruption. » Et à Detroit, Michigan, berceau des Cadillac, Oldsmobile, Ford, DeSoto, où se côtoyaient laborieusement sur les chaînes Allemands, Canadiens, Polonais, Finnois, Italiens, Français de vieille souche, Hongrois, Ukrainiens, Écossais, Noirs du Sud, Syriens ou Albanais, la *Free Press* s'irritait du nombre de billets verts dilapidés en perte pure : « L'aide américaine déversée en Chine a coulé dans le gouffre de la corruption officielle. » Car Washington abondait toujours : vingt-sept millions de dollars, quatre cents millions de dollars, cent trente millions de cartouches, millions, millions, milliards. Le gouvernement tenait un raisonnement simple, d'intuition atavique : « Sous la direction des Brigands Justiciers, la Chine menacera les intérêts des États-Unis. » Il conjurait donc l'hypothétique danger et, loin de s'amender, prêtait l'oreille davantage aux va-t-en guerre. Des gens d'influence, lobbyistes opiniâtres, frappaient aux portes, claquaient la langue, criaient au loup, Alfred Kohlberg, 37e Rue Ouest à New York, import-export, soies brodées et compte en banque ruisselant, Richard Nixon, élu récent de la Californie, activiste néophyte de la Commission de Dénonciation des Activités Non-Américaines, et le sénateur Joe McCarthy.

Mais, ainsi que l'assure la sagesse ancienne, l'injustice fait pousser la plainte. Les étudiants de Shanghai en avaient assez de voir le commandement américain, les conseillers militaires, les GI's, la Navy, occuper les suites huppées de l'hôtel Cathay, du

Palace, des Broadway Mansions sur le Bund, Soochow Creek et le Garden Bridge, se montrer arrogants, flatter sans vergogne la croupe des filles. *Catchee me one piece rickshaw, catchee me one piece washman*, « va me chercher un pousse-pousse, trouve-moi une blanchisserie ». Oublieux des vivats initiaux, des cigarettes de la Waterman's Tobacco Corp., du chocolat, des films de guerre et de sentiments, les étudiants impétueux, les gamins à trois poils déguenillés, les manœuvres miteux des usines de coton, les petits marchands ruinés par l'inflation, les entraîneuses, même, des bastringues clinquants rouspétaient : « *'Melicans, Go back your sweet home !* » Ce refrain aigre était repris en chœur à Pékin, Canton, Wuhan, Nankin et dans soixante cités d'importance. Bien sûr, les Redresseurs de Torts n'étaient pas pour rien dans ce furieux tintamarre. Les radio-émetteurs secrets du Shaanxi du Nord, les voix aiguës et volontaires adressaient aux clandestins des villes les instructions codées du Mandarin-Versatile, préposé aux relations extérieures tapi dans un temple bouddhiste de pisé. « *Crr... tiiiuuouoo... tuuit...* Poursuivre politique dresser masses contre impérialisme US et Chiang Kai-shek... *toouuit...* Ouvrir second front... *crrc...* » Le Bureau d'Investigations et de Statistiques du Kuomintang facilitait grandement la besogne. L'enlèvement par la police de l'étudiant Yu Zisan à Hangzhou, son trépas maquillé en suicide, la fermeture expéditive des librairies de Kunming, de la Compagnie des Livres du Cheval d'Or, du bazar littéraire des Chinois d'outre-mer, engendrèrent à nouveau affliction et courroux. Les Chinois, s'étonnaient les étrangers dépités, craignaient plus le Généralissime que les Bandits Rouges. Les Américains, ses seuls appuis, se rendaient compte que Chiang Kai-shek perdait la main, que ses bras moulinaient sans succès, que s'éloignait pour lui la perspective heureuse de récolter les fruits sucrés du pêcher, les fruits de la victoire. La popularité du Gimo, pestaient les cercles concentriques des businessmen, des politiciens et des militaires de haut rang, ne dépassait pas celle du président Hoover en 1933 et ce n'était pas peu dire. Une brise mauvaise s'éleva, qui devint vent de panique. Mao Zedong, dans sa caverne cachée, débordait de contentement. « Maintenant, tous nos ennemis poussent de grands soupirs, s'égosillent à parler de crise et ne montrent plus aucun signe de joie… C'est un tournant de l'Histoire… » Aussi décida-t-il de changer us et coutumes, afin qu'à l'ancien se substitue le nouveau selon les lois imprescriptibles de l'univers.

Il existait, dans le Shaanxi du Nord, un pauvre paysan du nom de Li Youyuan qui aimait la musique et composait des chansons. Celle qui le rendit célèbre dans son canton lui était venue, à ce qu'on dit, un beau matin et s'était répandue de bouche à oreille. L'air était obsédant et, de l'avis des Brigands Justiciers, les paroles profondes.

L'Orient est rouge, le Soleil se lève.
Sur le sol chinois suuurgit Maao Zedong.
Il œuvre pour le bonheur du peuple,
Du peuple il est le grand sauveur, Hourra !

Dans le Shaanxi du Nord, les gens préféraient ce couplet joyeux aux notes de *L'Internationale*, si étrangère, si incommode à chanter, et dont la traduction par surcroît était due au deuxième Numéro Un des annales du Parti, le Jeune-Écrivain intercalé entre le Vieux-Professeur érudit, déviationniste notoire, et le Trop-Parfait-Élève aux dents d'or, trucidé par trahison. Bien sûr, les péripéties surannées faisaient l'objet d'une louable réécriture car, avait indiqué Mao, il était utile et bon de « déposer le fardeau et mettre la machine en marche ». La roue tournait maintenant à grande vitesse en sa faveur. Il résolut de quitter la Zone Spéciale des Frontières sans regarder en arrière, de franchir à son tour le fleuve Jaune, les monts Taihang, et de gagner le Versant des Cyprès de l'Ouest d'où il aurait une vue générale sur ses armées, les territoires conquis et le monde au-delà. Ils se rejoignirent donc ravis, Petit-Chien dit Rouge-Vertu, Mao, Liu Gros-Nez et le Mandarin-Versatile, avec leurs épouses respectives. La femme de Rouge-Vertu et celle du Mandarin-Versatile avaient toutes deux enduré la Longue Marche de vingt-cinq mille lis, gravi les pics des neiges éternelles, franchi les marais miasmatiques, et appartenaient à la catégorie des vétérans méritants. Rouge-Vertu et le Mandarin-Versatile en tiraient félicité. Quant à Liu Gros-Nez, sa première épouse était morte, sa deuxième épouse était morte, de sa troisième et sa quatrième il avait divorcé, et il venait d'épouser en cinquièmes noces une jeune infirmière qui lui donnait déjà du tracas. Elle n'était pas facile, celle-là, et gémissait sans cesse sur son sort. « Je ne connaissais Liu Gros-Nez ni d'Ève ni d'Adam », geignait-elle. Elle avait été désignée d'office pour lui tenir compagnie : « On t'envoie comme infirmière de Liu, d'accord ou pas ?

— Si c'est le Parti qui m'y affecte, j'obéis, répondit la donzelle, vouée corps et âme à l'Armée des Redresseurs de Torts.

— S'il veut se marier avec toi, tu serais bien fière de refuser. » Ainsi cela se fit, le premier soir, après qu'elle eut un peu bu. « Tu t'es déjà coltinée trois ans aux servitudes militaires, c'est suffisant, l'entreprenait Liu Gros-Nez. Ton devoir principal, c'est de bien me choyer, de bien tenir la maison, de bien te comporter avec les gens, alors, personne n'aura rien à redire. » Mais attendu qu'elle persistait à récriminer, à pousser des hauts cris, il l'envoya se soigner en Mandchourie, aux limites de la Corée, et jeta son dévolu sur une étudiante experte en langues étrangères qui lui convenait excellemment. C'est alors que se flairèrent, mais jamais ne se sentirent, Pomme-Bleue et cette épouse dernière de Liu Gros-Nez, nommée Lumière-Radieuse, dont les riches ancêtres étaient originaires de Tianjin, le port opulent de la mer Jaune où jadis, à l'ère des traités inégaux, s'amoncelaient les ballots de fourrures russes, les denrées américaines, mousselines françaises, cotonnades britanniques et l'opium des Indes que protégeaient des escadres de navires menaçants, les frégates *Entreprenante*, *Némésis*, *Vengeance*, les canonnières *Dragonne*, *Alarme*, *Mitraille*, *Avalanche*. Pomme-Bleue était de naturel jaloux. Elle n'aimait pas non plus l'épouse de Petit-Chien, habile au tir. Pomme-Bleue n'avait que peu des qualités acquises dans les forêts vertes et, femme du Président, elle ne jouissait pas au mieux de sa situation. Mao, dans l'instant, s'intéressait à une actrice d'opéra qui rôdait par là, pour autant que lui en laissât loisir le cours des événements, l'Expression des Griefs et les Trois Vérifications.

Comme se métamorphosent les renardes en femmes fatales selon les *Contes étranges du Pavillon Sans-Souci*, comme se transforme l'œuf en poussin dans la nature bienveillante et comme s'effectue le passage de l'ignorance à la connaissance chez les philosophes poètes, êtres ou choses se transforment dans des conditions déterminées. Au sein de la Brigade 358 de l'Ours-Téméraire, un soldat retourné accueilli en frère s'était mis à pleurer des malheurs qu'avait fait subir à sa mère le Kuomintang oppresseur, et avec lui sanglotait son instructeur qui avait autant de misères à vomir. Le peloton, le détachement, bref, tout le monde, racontant chacun son histoire, versait en abondance de chaudes larmes. L'Ours-Téméraire les encouragea, observant que l'exercice décuplait leur ardeur batailleuse. « Cela, remarquait l'Ours, les aidait à prendre conscience qu'ils pouvaient conquérir leur émancipation et éliminer les exploiteurs. » De degré en échelon, l'Exposé des Griefs remonta l'Armée des Redresseurs de Torts et impulsa dans tous les corps les Trois Vérifications : l'appartenance de classe, l'accomplissement du devoir et la volonté d'en découdre, si bien que les hommes se trouvaient dispos et gaillards pour écraser telles des punaises les despotes locaux, les mauvais hobereaux, les fonctionnaires concussionnaires et les oligarques de la finance partisans de Chiang Kai-shek. Apportés par l'air vibrant, des radiogrammes réjouis parvenaient au Quartier Général du Versant des Cyprès. Sous la conduite de Tête-de-Fouine, l'Armée de Campagne du Nord-Est, « bravant un froid rigoureux de 30° au-dessous de zéro », s'empara de dix-huit villes de Mandchourie, tandis qu'ayant traversé le fleuve Jaune vers le sud, les colonnes du Dragon-Borgne, de Petite-Bouteille et de Face-de-Lune consolidaient leurs bases jusqu'aux flots ronflants du Yangtsé. L'échiquier chinois fut ainsi partagé en deux. Le Nord aux Rouges, le Sud aux Blancs.

Par-delà les Quatre Mers, sur les continents exotiques et les îles grandissait le crédit de Mao Zedong et croissait le nombre de ses admirateurs. En un point de Broadway, au milieu de Manhattan, s'imprimaient des brochures à son nom, jaunes, violettes, pimpantes. Des éditeurs du Japon mirent en vente deux traductions de son essai fameux *La Démocratie Nouvelle* et chacune fut épuisée sans délai. Puis, avec un identique succès, ils offrirent aux étals *De la guerre prolongée* et les *Causeries sur la littérature et sur l'art.* Les autorités d'occupation américaines dissimulaient mal leur embarras. Le général MacArthur n'était spécialiste ni d'art ni de littérature et ne voulait rien entreprendre qui fût contraire aux principes du libre marché. Il respectait trop le copyright et ses obligations. La censure militaire exigea par conséquent que tout éditeur produise un contrat signé en bonne et due forme de la main de Mao. À défaut, ses livres seraient interdits. Cela n'eut pas d'effet bénéfique. Sortie victorieuse de Mandchourie, l'armée de Tête-de-Fouine parvint aux abords du port de Tianjin et approcha de Pékin. Tianjin, d'abord, et puis Pékin tombèrent entre ses mains. Au Nouvel An lunaire, l'Armée de Campagne pénétra dans la capitale du Nord, vêtue de ses uniformes ouatés d'hiver, bandes molletières et casquettes fourrées à oreillettes, en suivant la ligne du tramway. Les citadins massés sur les côtés, les montreurs d'oiseaux, les adeptes de la gymnastique roborative, regardaient les soldats avancer en colonne par trois et promenaient à grandes clameurs des portraits joufflus de Mao Zedong, hâtivement peints.

« Allons voir là-bas ce qui nous attend », proposa Mao au Mandarin-Versatile alors qu'ils résidaient encore au Versant des Cyprès de l'Ouest. « Nous montrerons que nous ne sommes pas comme Li Zicheng », ce chef des cohortes paysannes qui avait subjugué Pékin trois siècles auparavant mais s'était laissé pervertir. Les qualités de Li Zicheng ne souffraient pas discussion : il avait culbuté la dynastie des Ming et proclamé l'État du Grand Shun : « Assistance aux pauvres avec l'argent confisqué aux riches, égalisation de la propriété des terres. » Cela était bon, évidemment. Mais Li Zicheng avait aussitôt enfilé les vêtements de l'Empereur, ses généraux s'amollirent dans la douceur, la chicanerie mina son autorité, ses ennemis reprirent confiance et peu après, en fuite dans les monts, il fut tué. « Allons voir ce qui nous attend », décida donc Mao. Il se rendit à Pékin par le train, jusqu'à la vieille gare que les Occidentaux avaient construite aux temps finissants des Qing. Ses yeux étaient humides, il songeait au passé, quand il habitait la ruelle du Puits-aux-Trois-Yeux et contemplait les prunus blancs. « Ça fait bien trente ans que j'ai découvert cette ville ! s'épanchait-il. Lorsque je parcourais le pays en quête de réponses pour sauver la Chine et son peuple. La vie ne me souriait guère, alors ! Mais j'ai eu la grande fortune de rencontrer un homme bon, le Bibliothécaire-Chef. Il a été mon mentor, dans le vrai sens du terme. Sans ses conseils et son aide, je ne serais pas où j'en suis aujourd'hui. » À peine arrivé, ayant ravalé ses sentiments de noble piété envers le Bibliothécaire-Chef horriblement zigouillé, il fit un tour au Palais d'Été qu'autrefois, à l'époque des Qing, les Occidentaux, Anglais et Français réunis, matelots, fantassins, officiers, sous-officiers et soldats avaient pillé des caves aux toits, raflant ce qui pouvait s'emporter, se décrocher, se désosser, se fourrer dans les havresacs, s'empiler sur des charrettes, s'arrimer en caisses à fond de cale des vaisseaux ancrés au port de Tianjin, jades verts opaques, blancs laiteux, émaux cloisonnés, fines porcelaines bleues, céladons montés en bronze doré, laques rouges de Pékin, laques noires de Canton, tête de lièvre zodiacal arrachée à une fontaine, bas-reliefs en ivoire. Tout cela dispersé chez les Longs-Nez fortunés. En barque sur le lac d'agrément, Mao méditait. « *Wànsùi ! Wànsùi !* » s'enflammaient les flâneurs qui le reconnaissaient aux portraits affichés, aux timbres orange, gris ou mauves, aux billets de banque, « dix mille ans de vie au Président Mao ! ». C'était un jour faste. L'après-midi, non loin de là sur le champ d'aviation, il passa l'Armée en revue. Son image fit le tour du monde. « Voici la première photographie de source communiste sur la guerre en Chine, annonçait avec fierté un hebdomadaire milanais sous sa réclame pour Pepsodent qui fait le sourire blanc. Elle montre le général Mao Zedong à bord d'une jeep de marque indubitablement américaine. Les communistes disent avoir capturé beaucoup de matériel américain. » Mao, emmitouflé dans un manteau à col de fourrure, s'accrochait au pare-brise de la jeep Willys 60 CV, quatre cylindres, culasse à soupapes latérales. Debout à la place du passager, il inspectait les tanks alignés, les batteries anti-aériennes mobiles pointées vers le ciel. Le spectacle était désolant, vu d'Europe et d'Amérique : tant d'années, tant d'efforts pour en arriver là. « Frayons la voie vers Nankin », la capitale du Sud, rugissaient les Brigands Justiciers galvanisés par le triomphe. « Allons écraser la dynastie de Chiang ! » Et ils se mirent en route.

Les Américains tordaient leurs longs nez. « Il semble que les jours de Chiang Kai-shek soient comptés. Ses troupes sont presque anéanties et son parti, le Kuomintang, est en ruine... Le général Douglas MacArthur a averti les chefs d'état-major qu'une Chine communiste constituerait une menace directe contre la sécurité militaire des État-Unis. » Afin de prévenir la catastrophe et d'éveiller le peuple naïf attaché aux corn flakes Kellog, à la soupe Campbell de nouilles et bœuf, aux Chesterfield en paquet blanc et aux Pall Mall en paquet rouge, les magazines de Rockefeller Plaza publièrent comme au Far West, les trombines alignées des ennemis infiltrés, des « dupes innocentes », des « idiots utiles » malfaisants acquis à la cause insinuante des Brigands : Dorothy Parker, femme de lettres, Arthur Miller, dramaturge, Albert Einstein, physicien, Leonard Bernstein, compositeur chef d'orchestre, Norman Mailer, écrivain, Charlie Chaplin, acteur de cinéma, et tant d'autres au pedigree également inquiétant. « L'Affaire des espions », « Nouvelles preuves de l'espionnage rouge ». Les ennuis ne tardèrent pas à pleuvoir sur les anciens visiteurs du Repaire, l'Américaine-Venue-en-Deuxième et l'Américain-Venu-en-Premier. Le FBI les pistait à la trace, les services secrets de l'Armée épluchaient les dossiers classifiés. L'Américaine-Venue-en-Deuxième se trouva inévitablement exposée. Il était flagrant, d'après les agents en poste à Tokyo, qu'elle avait eu des relations avec le mystérieux Allemand Richard Sorge, pendu par les Japonais, dangereux individu qu'elle avait fréquenté à Shanghai quand il se faisait appeler Mr. Johnson et fonçait sur sa motocyclette pétaradante à travers les avenues arborées de la Concession française. L'Américaine-Venue-en-Deuxième traînait derrière elle, crocs plantés dans ses mollets, un sous-chef du renseignement que le général MacArthur appelait affectueusement « mon roquet fasciste » à cause de ses accointances passées avec Mussolini l'Italien et Franco l'Espagnol. Dès lors, elle ne pouvait plus s'en sortir. Les journaux de Chicago, de Washington, de New York, le *Tribune*, le *Post*, le *Daily News*, les officines du milliardaire Alfred Kohlberg de la 37e Rue Ouest, lui tombèrent dessus sans la lâcher jamais. De guerre lasse, elle réclama un passeport pour l'exil.

Les avanies et tourments qu'eut à subir l'Américaine-Venue-en-Deuxième ne vous seront pas épargnés. Quant à l'avenir des Brigands Justiciers, il se dessinera parfaitement au chapitre suivant.

CHAPITRE XXIV

Les Brigands Justiciers décrochent le Mandat du Ciel et occupent les palais impériaux — Mao Zedong élève la voix sur la place de la Paix-Céleste.

Petite-Bouteille, commissaire de l'Armée des Monts et des Plaines, et Face-de-Lune, commandant de l'Armée de l'Est, vinrent prendre conseil auprès de Mao et de Petit-Chien sur les difficultés de la conjoncture. Chemin faisant, ils s'arrêtèrent dans le village de Confucius, au pied du mont Taishan. En cet endroit naquit le Sage, en ce lieu, sous l'abricotier, il réunit ses disciples et les entretint, là sont tracés les quatre caractères : « la Voie Domine Passé et Avenir » et les quatre autres : « la Vertu Égale Ciel et Terre ». Des Brigands Justiciers, pas un n'ignorait Confucius, le Sage au regard perçant. Liu Gros-Nez le citait à qui mieux mieux et Mao Zedong ne dédaignait pas son enseignement. « Dans mon enfance, pontifiait parfois Mao, je n'ai jamais fréquenté d'école marxiste-léniniste, mais on m'a appris des choses comme "*Le Maître a dit : Quelle joie d'apprendre et de revoir constamment ce qu'on a appris*". » Et il répétait aussi : « "*Le Sage attend tout de ses propres efforts*" — ce qui dépend des autres est de moindre importance », et puis encore : « Confucius est mort à l'âge de soixante-douze ans et je n'ai jamais entendu dire que son corps ne fût pas éclatant de santé. » C'était sa façon de vanter les bienfaits de l'exercice et de la longévité. À la suite de Confucius, donc, Petite-Bouteille et Face-de-Lune escaladèrent le mont Taishan et jouirent de ses merveilles. Revenus en leur gîte, ils firent rapport au Dragon-Borgne, et tous les trois ourdirent un plan osé dans le dessein de franchir le Yangtsé.

Au plus profond d'une nuit d'avril, ayant rassemblé par centaines et par milliers jonques, sampans, embarcations fragiles prélevées sur les lacs, les rivières, les cours d'eau, leur armée traversa le fleuve Bleu en une douzaine de points et avança en ordre parfait vers le midi. Dans la capitale du Kuomintang, à Nankin, les instructeurs américains pliaient déjà bagage, brûlaient leurs documents, ôtaient les roues des Cadillac officielles afin de les rendre inutilisables. Ils détruisirent quatorze mille disques de jazz et emportèrent avec eux trente mille caisses de bonne bière dans la soute des DC-3 de la China National Aviation Corporation. Tout cela que les Brigands n'auront pas ! Vautré dans un fauteuil à portée de son crachoir, jambes écartées par la bedaine, Ma Hongkui, le général mahométan tueur de Rouges, attendait qu'un appareil le hissât à son bord. Deux jours suffirent aux Brigands Justiciers pour investir la cité. Petite-Bouteille et Face-de-Lune pénétrèrent dans les salles du palais présidentiel désert. Le Dragon-Borgne occupa le siège du maire. Puis l'armée des Justiciers poursuivit sa progression vers Shanghai en proie à une agitation sans nom. Les citadins ahuris couraient partout avec leurs brouettes de billets dépréciés, se ruaient aux portes des banques, espérant vainement convertir leurs avoirs dérisoires en devises étrangères. Ils se bousculaient dans la rue, se tiraient par la manche, se poussaient des coudes, les policiers en noir, coiffés du casque allemand modèle 1935, laissaient faire. Avant l'aube, chaque matin, des queues s'allongeaient sur les marchés pour acheter le riz, les légumes, et à sept heures tapantes les étals étaient nettoyés. L'American Club allégea ses menus. Le *fǎbì* de Chiang Kai-shek s'échangeait à onze millions d'unités contre un unique dollar yankee. Le Généralissime prit des mesures. Il envoya son fils aîné récolter à Shanghai l'or des particuliers, et l'argent, les métaux précieux qu'il troquait d'autorité contre une nouvelle monnaie, le yuan équivalent-or. « Ceux qui peuvent s'acheter des parfums et se gaver de viande de porc sont peu nombreux », relevait le fils du Gimo en dépouillant les plus aisés avant d'aller dîner. En une seule journée le yuan équivalent-or perdit quarante pour cent de sa valeur. L'abonnement mensuel au *Shanghai Evening Post and Mercury* atteignit quatorze millions de yuans. Les rayons du Wing On de la famille Kwok demeuraient vides de marchandises, de bijoux, de cosmétiques, de savon Palmolive, de chapeaux, de stylos, de vélos, de valises. Shanghai attendait la fin.

La jeunesse de Pékin fit fête à Mao et Petit-Chien au parc des Collines Parfumées. Les adolescents, amenés en camions, chantaient à tue-tête « *L'Orient est rouge, le Soleil se lève. Sur le sol chinois suuurgit Maao Zedong… Hourra, Aya !* » Le Mandarin-Versatile qui, parvenu à l'âge de cinquante ans, avait acquis de l'expérience en toutes matières, leur adressa un long discours. Mao Zedong, reprit-il au vol, « est un géant surgi du sol chinois », mais, modulait-il, « vous ne devez pas voir en lui un dirigeant engendré par le hasard, un dirigeant né, un demi-dieu ou un dirigeant impossible à imiter ». Oui, Mao Zedong avait eu bien des défauts dans son enfance et sa jeunesse. Le Mandarin-Versatile en donnait la preuve par quelques anecdotes éloquentes. Ainsi Mao, « quand il était petit, croyait aux dieux et était même très pieux, lorsque sa mère était malade, il implorait l'aide du Bouddha. N'était-il pas plutôt superstitieux ? ». Cela lui passa, comme le reste. « Quand vous étiez enfants, n'étiez-vous pas morveux ? » insistait le Mandarin pédagogue. La conclusion coulait de source. Les jeunes partirent transportés d'enthousiasme. « *Wànsùi ! Wànsùi !* Dix mille ans de vie ! » Le Mandarin Versatile leur conseilla une lecture assidue des *Œuvres choisies* qu'avaient déjà publiées en cinq ou six volumes de vaillantes firmes de Mandchourie. Les réalisations du Président Mao dans le domaine de la stratégie, de la philosophie, de l'économie, de la politique et de la culture, « tout cela constitue un apport immense », terminait le Mandarin habile : « Je n'ai pas l'intention d'en parler davantage ici. » Qui ne connaissait Mao Zedong désormais, dans le monde entier ? Aux librairies de Paris paraissaient ses premières poésies, en sus de la série courante, cinquante-six exemplaires sur papier Alfa-Navarre numérotés de 1 à 50 et de I à VI constituant l'édition originale achevée d'imprimer par Macléval « pour le compte et le plaisir de Pierre Seghers, éditeur », faisant suite à *La Chasse au Snark* de Lewis Carroll, traduction d'Aragon, et à *La Fin du Monde filmée par l'Ange N.-D.* de Blaise Cendrars, bourlingueur mutilé.

Le Ciel est haut, les nuages voltigent,
Je regarde vers le sud les oies sauvages disparaître derrière l'horizon.
Je compte sur mes doigts…

Une, deux, trois, quatre, cinq, les provinces tombaient entre ses mains…

Le Généralissime, aux abois, s'offrit quelques têtes encore, dans les secteurs qu'il détenait, rétrécis jour après jour. Trophée accroché à un mur, celle du communiste Ding Xishan surplombait une douzaine de corps éventrés. Pang !… Pang !… Un, deux, trois, quatre, cinq, six… Policiers municipaux et nervis en Borsalino pointaient leurs automatiques sur des prisonniers entravés à terre, main droite, main gauche. Pang !… Pang !… Wang Xiaohe, chef des syndicats. Pang !… Pang !… À la manière d'autrefois, vingt-deux ans en arrière. De la plate-forme du camion, les otages étaient tirés un à un, agenouillés sur la chaussée, le canon du revolver à trente centimètres de la nuque. Pang !… Pang !… Un, deux, trois, quatre, cinq… Les journalistes occidentaux assistaient à l'exhibition, l'œil collé au viseur, le doigt sur le déclencheur de leur boîtier photographique, click-clack.

Cela ne servait de rien. Avançant sur tout le territoire avec leurs armées, les Brigands Justiciers réclamaient l'élargissement des héros, Zhang le Jeune-Maréchal et le général Yang, ceux qui pour combattre les Japonais avaient arrêté le Généralissime blotti en chemise de nuit derrière un rocher et que le Généralissime tenait captifs à son tour. Chiang Kai-shek trimballait avec lui comme un bagage le Jeune-Maréchal, fils du Tigre-de-Mandchourie, le gardant à sa main. Yang, bandit d'honneur dénué d'ancêtres notables, il l'avait interné avec sa famille dans une prison rigoureuse, une oubliette où sa femme s'éteignit telle une bougie fondue. Le Généralissime grommela des ordres. Des sbires en voiture emmenèrent nuitamment le prisonnier, sa fille, son fils et l'urne funéraire contenant les cendres de leur mère, jusqu'à une villa ayant appartenu à Dai Li le Cruel. En ce lieu tous descendirent. Le général Yang marchait devant, suivi de son fils de dix-sept ans tenant l'urne funéraire, et la bambine derrière, confiée à un secrétaire. Ils avançaient ainsi en file, du plus grand au plus petit, encadrés par les agents spéciaux. « Papa ! », gémit l'adolescent quand le poignard d'un reître lui déchira les entrailles. Le général Yang se tourna et une lame effilée s'enfonça d'un coup dans son abdomen. Saigner la fille de cinq ans fut un jeu d'enfant. Les agents du Bureau d'Investigations et de Statistiques enterrèrent les corps dans le jardin de Dai Li après avoir brûlé les visages à l'acide nitrique. À zéro heure trente la besogne était conforme à la commande. Ils touchèrent une récompense. La partie, à l'évidence, touchait à sa fin. Le Généralissime songea à déguerpir pour éviter un mauvais sort. Emportant cinq mille caisses d'objets précieux et antiques de la dynastie des Han, des Song, des Tang, des Ming, des Qing, tout l'or de la Banque Centrale, l'argent, les devises et le Jeune-Maréchal en prime, Peau d'Balle franchit le détroit de Formose. Il rendit grâce à Guanyin, déesse de la Miséricorde, et vécut là le reste de ses jours, tranquille, à l'abri. Parfois, on entendit parler de lui et de sa femme May-ling. Sur l'île, il confia à son fils le contrôle de la police.

Les soldats rouges paraissaient fort timides en entrant dans Shanghai engourdie, leur boudin de riz en bandoulière, le bol émaillé à la ceinture et la gourde au côté. Ils chantonnaient les Trois Grandes Règles de Discipline, les Huit Recommandations et remontaient l'avenue Edward-VII.

Ne prenez pas aux masses une seule aiguille, un seul bout de fil…
Parlez poliment,
Payez honnêtement ce que vous achetez,
Rendez tout ce que vous empruntez…

Les soldats aux semelles de paille n'avaient jamais vu la ville, ses avenues, ses enseignes, le Grand Monde, le Wing On, le Sun-

Sun et ses escalators, le Canidrome. Ils s'installèrent au Palace Hotel vidé de ses meubles somptueux et défilèrent acclamés sur Nanking Road. Les citadins, pour les fêter, confectionnaient des étoiles rouges en papier clignotantes de lumignons, des lanternes, des bannières, ils apprenaient vite fait le *yānggē*, la danse rustique du Shaanxi du Nord, décoraient les voitures de la Compagnie Française de Tramways et d'Éclairage Électrique des visages de Mao et de Rouge-Vertu qu'ils couvraient de fleurs. Les étrangers, dans l'expectative, ouvraient les yeux et les oreilles. « Cela tient de la conga, de la *grosse-pomme* de Caroline du Sud, du calypso », suggéraient les Yankees, en disséquant les démonstrations de *yānggē*, le mouvement des jambes, des bras, de la tête, en cadence et en groupe. Les étrangers se demandaient perplexes de quoi demain serait fait. Huit cents restaurants de premier choix fermés, trente-six hôtels de luxe vides de clients, plus de maisons closes animées, plus de *singsong girls* gazouillantes autour d'eux, plus de films de Hollywood à l'affiche des cinés et la bouteille de gin à douze billets verts l'unité. Restait heureusement à la résidence de l'ambassadeur de France abondance de champagne Mumm Cordon Rouge et de pots de caviar russe. Les étrangers se sentaient envahis d'une sombre mélancolie, désœuvrés sur les sièges d'osier du British Country Club, de l'American Club, du Cercle Sportif Français. Rien à faire, à espérer. Attendre et voir. Ils se racontaient des histoires sur le nouveau maire, Face-de-Lune, campé dans le building municipal de l'*International Settlement* : « On dit qu'il déguste près de trente plats à chaque repas, autant qu'il aurait conquis de villes… Il fréquente une étoile de l'Opéra… Il a commandé six costumes de style occidental… Il entretient dans la Concession française pas moins de sept concubines… » Face-de-Lune savait rire, mais pas de tout. Il tenait meeting avec les ouvriers et les indigents sous des portraits géants de Petit-Chien, dit Rouge-Vertu, et de Mao Zedong. Au bout d'un moment, en sueur derrière les microphones, il ôtait sa casquette et déboutonnait le col de sa vareuse fripée. Face-de-Lune ne plaisantait pas lorsqu'il s'adressait aux foules. « C'est un cauchemar de moralité », confessait un Britannique sur le départ. Valises pleines au bout des bras, des missionnaires en soutane coiffés du casque colonial accéléraient le pas pour rejoindre le bateau des adieux définitifs, un vapeur de douze mille tonneaux de l'American President Lines acquis à Robert Stanley Dollar.

Tout n'est pas perdu, objectaient quelques voix criardes écoutées à Washington dans les bureaux et les couloirs. Il existe, suggéraient-elles, des milliers de kilomètres carrés de steppes, de montagnes, de vallées enchantées qui échappent à l'emprise des Bandits Rouges, et s'il ne fut pas loisible à l'Occident de couper la Chine en deux dans le sens de la largeur, il n'est pas exclu encore de la tailler dans le sens de la hauteur. Sur l'étendue des provinces de l'Ouest, aux marches tibétaines rocailleuses, aux frontières mongoles, au Turkestan oriental où paissent les yaks et de petits chevaux endurants, aux abords du lac bleu de Kukunor hanté d'oiseaux divers, oies sauvages, mouettes pillardes à tête brune, vadrouillaient des combattants coriaces qu'un peu de matériel, les stocks des Philippines, des bases du Pacifique, aiderait à fortifier. Les augures avaient en vue le général barbu Bufang du clan des Ma, frère de Ma Buqing, cousin de Ma Hongkui et de Ma Hongbin, régnant sur une armée de deux cent mille cavaliers sabreurs coupeurs de têtes, guerriers redoutables dotés de mitraillettes tchèques, de fusils japonais, de pistolets allemands, de cartouches américaines, et qui n'avait à leurs dires jamais plié devant les Rouges. Ma Bufang possédait à Linxia un palais baigné d'eau verte, et un autre à Xining où il goûtait des brochettes d'oiseaux, des poulets à peau noire, de la viande de yak rôtie, des tendons de moutons en gelée, et le spectacle de filles tartares enveloppées de voiles légers dansant pour lui. Ma Bufang avait obtenu une confortable rançon de quatre cent mille pièces d'argent afin de laisser sortir de sa circonscription le Quatorzième Dalaï Lama, enfant séquestré par ses soins. « Un seul de mes sbires, se vantait-il, peut s'occuper de trois communistes. » Pour ne pas le faire mentir, des avions de la Civil Air Transport pilotés par des gars du Texas ou de l'Illinois lui larguaient quantité d'armes et de munitions. Ma Bufang tapait dur sur l'Ours-Téméraire. Mais à la fin, l'Ours, ayant reçu le renfort des bataillons de Deuxième-

Couteau, prit d'assaut le palais de Linxia au prix de nombreux morts, puis celui de Xining, il chassa des lieux Ma Jiyuan, fils de Ma Bufang, dispersa trois brigades de Ma Hungkui, cinq régiments de Ma Hongbin. Ma Bufang entassa ce qu'il put de ses trésors dans un aéroplane et, abandonnant ses cavaliers féroces à leur destin, chercha refuge au loin, dans un coin fermé de l'Arabie où s'adonner à ses dévotions. Ma Buqing, son frère aîné, trouva consolation sur l'île grande de Taïwan auprès du Généralissime. Leur cousin Ma Hongkui s'éclipsa en Californie où il devint éleveur de chevaux. Quant à Ma Hongbin, le frère de leur cousin, il s'entendit avec les Bandits Rouges qui lui octroyèrent un fief dans leur État neuf. Ainsi tout ne fut pas perdu.

Le jour propice, précédant d'une décade le Double-Dix, Mao Zedong proclama la République des Redresseurs de Torts. À six heures et demie le matin, après une nuit sans sommeil dans son logement de la Cité Interdite, le Président Mao dit à son ordonnance : « Je vais me coucher. » On le réveilla à une heure de l'après-midi. « Camarade Président ! Camarade Président ! Il est une heure ! » Son ordonnance lui essuya le visage avec une serviette humide, lui présenta une tasse de thé brûlant, et l'aida à passer son nouveau costume, coupé dans un lainage brun d'Amérique par un tailleur de la rue Wanfuqing qui avait fait en France son apprentissage. « Président, il est maintenant une heure et demie !... » Mao mangea quelque peu et rejoignit dans une salle d'apparat Petit-Chien, dit Rouge-Vertu, Liu Gros-Nez, le Mandarin-Versatile et d'autres pour un colloque solennel. Puis, faisant cortège, ils gagnèrent la place Tian'anmen, gravirent cent marches et se montrèrent sur la tribune parée de lanternes rondes et rouges, une foule immense à leurs pieds, bleue, blanche, verte, bruyante, agitant des drapeaux, des étoiles de papier, des portraits de Mao, des banderoles écarlates, au-delà des ponts de marbre blanc et des *huábiǎo*, totems ailés de dragons enroulés. Mao Zedong se planta au centre de l'aréopage devant quatre ou cinq micros sur pied et entama d'une voix éraillée sa lecture, tenant ferme le papier entre ses dix doigts, oscillant de gauche et de droite. Les haut-parleurs répétaient ses mots hachés en écho. Face-de-Lune, entre le Dragon-Borgne et le Pirate-Optimiste, tirait sur une cigarette qu'il serrait entre le pouce et l'index dans le creux de sa main. La foule voyait Mao tout petit, très haut, au-dessus de son portrait accroché à la galerie, quatre fois grand comme lui, le portrait des timbres, des billets, avec la casquette octogonale. Lui, de son perchoir, regardait la multitude confondue crier son nom, *Wànsùi ! Wànsùi !*, et brandir son effigie dix mille fois reproduite. Liu Gros-Nez, vêtu de blanc, se tenait à sa droite, le Mandarin-Versatile à sa gauche, en blanc également. Mao Zedong pressa un bouton électrique et le drapeau s'éleva sur un mât de la place, le drapeau écarlate frappé des étoiles d'or des Redresseurs de Torts. Vingt-huit salves de cinquante-quatre canons saluèrent le moment. « C'est grandiose ! » murmura Mao à part lui. Sur le côté, Face-de-Lune, ayant grillé sa cigarette, siffla : « C'est ce que j'appelle le sommet d'une vie. » Dans sa voiture de commandement, une Buick Eight coupé décapotable, Deuxième-Couteau, nommé maire de Pékin, dirigeait la parade des soldats à semelles de paille, des danseurs costumés de *yānggē*, des automitrailleuses japonaises, des tanks Sherman, des camions GMC, défilant impeccablement d'est en ouest, survolés par les chasseurs Thunderbolt et Mustang repeints à leurs couleurs. À dix heures le soir, la journée bien remplie, les yeux brillants, Mao et sa suite prirent congé et rentrèrent dans leurs appartements de la Cité Interdite. Mao Zedong quitta l'uniforme brun de lainage d'Amérique qu'il n'endossa jamais plus. Il en fit présent au garde du corps qui le retoucha afin de le réduire à sa taille. « Tu ne peux pas faire ça, piaillait sa femme dans tous ses états. Cet uniforme est aussi sacré que les robes-dragon portées par l'Empereur ! » Mais sourd aux conseils avisés, gonflé d'orgueil, il le fit tout de même et le regretta.

Deviner où a fini le costume cousu main en drap d'Amérique de la Grande Cérémonie n'est pas d'importance capitale. Pour apprendre ce que firent les Brigands Justiciers une fois parvenus au faîte, mieux vaut porter plus loin le regard.

CHAPITRE XXV

Mao Zedong révise sa géographie et ne manque ni d'épouses ni d'amis — L'Américaine-Venue-en-Deuxième s'en va tristement.

S'étant emparés du Mandat du Ciel, les Brigands Justiciers prirent leurs quartiers provisoires aux Collines Parfumées proches du Palais d'Eté. Mao n'avait plus auprès de lui Pomme-Bleue, sa troisième épouse et demie, envoyée soigner ses amygdales en Russie d'où était sortie, mal guérie, sa deuxième épouse et demie, Petit-Trésor. « Tout ce que je désire, demanda la revenante, c'est qu'on m'accorde le même traitement qu'à un cadre de niveau moyen. C'est tout. » Petit-Trésor gardait dans le corps ces morceaux de ferraille dont elle avait été criblée au cours de la Longue Marche des vingt-cinq mille lis, quand une bombe faillit lui ôter la vie. « Et j'ai aussi deux requêtes, ajouta-t-elle : d'abord, j'aimerais voir Mao Zedong, juste une fois, peut-être parler avec lui un peu, et éventuellement lui serrer la main. La deuxième chose que je demande est d'être libre. Je ne veux pas être prisonnière du rôle de "femme antérieure", qu'on m'empêche de me remarier ou de jouir de ma liberté. Je suis encore jeune et point vilaine. Je pourrai certainement refaire ma vie avec un ouvrier ou un paysan ordinaire. Sûrement, je pourrai obtenir cela : la liberté d'être une combattante rouge ordinaire au lieu de l'ex-femme du Leader. » Mais rien de cela ne s'avéra possible, ni voir le Président, ni lui serrer la main, ni se remarier avec quelque autre prolétaire. Sans doute, à espérer semblables choses, elle devait être folle. Petit-Trésor fut internée à Shanghai dans un hôpital afin de traiter son trouble mental. Sa fille

Jiaojiao lui fut enlevée pour vivre avec Mao et changea de nom. La gamine fut appelée *Min — Rapide*, comme la fille née de Pomme-Bleue avait été prénommée *Na — Lente*, conformément au verset vingt-trois, livre quatre, des *Analectes* de Confucius : *lent dans ses discours, diligent dans ses actions*, et parce qu'elles étaient sœurs à demi, destinées à se compléter. Le Président Mao était fort occupé. Ses discours faisaient le tour du monde et ses actions se voyaient observées à la loupe et au télescope. « On nous dit : "Vous penchez d'un côté." — Oui, c'est vrai, avouait Mao : On est nécessairement du côté de l'impérialisme ou du côté du socialisme ; il n'y a pas d'exception à cette règle… On nous dit : "Vous vous conduisez d'une façon trop provocante." — Il s'agit de l'attitude à avoir à l'égard des réactionnaires chinois ou étrangers… Nous devons prendre exemple chez Wu Song qui tua un tigre à la passe de Jingyang, dans le roman *Au bord de l'eau.* » L'histoire prétend que c'était un tigre gigantesque, aux yeux de braise, au front nivéen, qui sortait nuitamment dépecer les gens. « Wu Song estimait que le tigre de la passe de Jingyang dévorerait les hommes, qu'ils le provoquent ou non. Il faut choisir, ou tuer le tigre, ou être mangé par lui. » Mao Zedong, doué de raison, optait forcément en faveur de la première solution. « On nous dit : "Vous avez besoin de l'aide des gouvernements britannique et américain." — C'est parler comme un enfant… On nous dit : "Vous n'êtes pas bienveillants." — C'est vrai. Nous sommes résolument contre tout pouvoir bienveillant à l'égard des actes réactionnaires, des réactionnaires et des classes réactionnaires. » Ces propos philosophiques paraissaient désormais à Londres en anglais, en français à Paris, rue Le Peletier, en même temps que les réflexions du penseur Georges Politzer.

Mao, donc, avait beaucoup à faire. Il recevait des compliments de France, d'Angleterre, d'une moitié d'Allemagne et de l'Albanie, minuscule pays découpé dans des montagnes face à l'Italie. Les activistes de New Dehli, les syndicats de Jakarta, les dissidents de l'Algérie adressaient au Président de la Chine écarlate des mots aimables, des télégrammes fervents, et il répondait de trois coups de pinceau à chacun selon ses besoins. « Permettez-moi d'exprimer ma plus profonde gratitude suite au message de félicitations du camarade Larbi Buhali… Je suis sûr que le peuple algérien, sous la direction du Parti Communiste Algérien et avec l'aide du camp international de la Paix et de la Démocratie, parviendra à renverser la domination colonialiste… » « J'espère que le peuple indonésien, au terme de sa lutte longue et héroïque, parviendra pareillement à l'indépendance et à la liberté… » « Un jour une Inde libre surgira dans le monde, membre de la grande famille du socialisme et des démocraties populaires, exactement comme la Chine… » Cela ne faisait pas plaisir à tout le monde mais satisfaisait les destinataires, et c'était l'essentiel pour quiconque faisait de la politesse une vertu. L'Indonésie, les Indes, l'Iran, la Thaïlande, la Tchécoslovaquie, la Grèce, la Bulgarie, Mao Zedong révisait sa géographie, apprise autrefois à la bibliothèque de Changsha devant le planisphère. Mais tout avait changé, alliances, régimes, frontières. De l'ancien naît le nouveau : « Telle est la loi générale et imprescriptible de l'univers », méditait Mao.

Or, tout en haut de Lhassa, au palais rouge et blanc du Potala protégé par le lion des neiges, siégeait entre les fresques prophétiques un Bureau des Affaires Étrangères assez au fait des derniers développements pour écrire à son tour « à l'honorable *Mr. Mautsetung*, Président du Gouvernement Communiste Chinois à Pékin » : « Le Tibet est un pays particulier où la religion bouddhiste est florissante et qui est destiné à être dirigé par le Bouddha Vivant de la Miséricorde », héritier peu ou prou de la déesse Guanyin, sainte et révérée. Le Bureau monastique, soucieux d'appuyer ses dires, décida d'envoyer des émissaires aux cinq parties du monde tel qu'il se dessinait dans leur esprit : l'un en Angleterre, l'autre aux États-Unis, le troisième au Népal, le quatrième en Inde et le cinquième en Chine, chacun désigné grâce à son karma singulier par la Loterie Divine. Le Tibet vivait alors sous l'autorité de deux lamas très précieux âgés le premier de quatorze ans, le second de douze, réincarnations respectives du treizième Dalaï Lama et du neuvième Panchen Lama qui avaient vécu tous deux en ennemis jurés. Et comme leurs avatars étaient deux enfants innocents, le pouvoir avait été confié à des régents qui, quoique moines, s'assassinèrent mutuellement.

Les mœurs étaient rudes en altitude, un Américain trop confiant l'apprit à ses dépens. Douglas S. Mackiernan exerçait la charge de vice-consul des États-Unis à Ürümqi, dans les provinces éloignées du Couchant, quand lui revint aux oreilles le sort des guerriers endurcis du clan des Ma, de Ma Bufang, de Ma Hongkui, réduits en bouillie par l'Ours-Téméraire. Il résolut donc de détaler accompagné d'un compatriote et de trois Russes Blancs. Les fugitifs occidentaux n'emportèrent avec eux que *Guerre et Paix* de Léon Tolstoï, *Les Hauts de Hurlevent* et une mitraillette Thompson. Ils sautèrent de jeep en chevaux et de coursiers en chameaux, contraints d'atteindre Lhassa par des chemins éreintants. Dégourdis et entêtés, Mackiernan et ses compagnons franchirent sans eau le Désert de la Mort Blanche, passèrent les monts Kunlun, domaine sacré de la déesse Guanyin, battus par les vents. Enfin, ils crurent être en sûreté parce que alentour d'un agrégat de tentes en peau de yak une petite fille leur tira la langue, signe local de bienvenue familier aux marcheurs à cœur pur. Mais sur l'heure Mackiernan tomba raide mort, tiré telle une antilope par des gardes tibétains qui n'entendaient rien à son baragouin : « *Americans !!!* Dalaï Lama !!! *Don't Shoot !!!* Ne tirez pas !!! » Les Tibétains, en ayant terminé, coupèrent la tête du cadavre afin d'ajouter une décoration au bât d'un camélidé. De cette manière peu enviable périt sous le Toit du Monde le vice-consul des États-Unis à Ürümqi. Certes, il n'est jamais conseillé d'arpenter à pied ou sur le dos d'un chameau les plateaux pierreux écartés, mais il n'est pas recommandé non plus, fût-ce dans les hautes solitudes, de prendre pour gibier un Américain couvert par l'immunité diplomatique. Ses meurtriers furent bien punis : le premier, à Lhassa, se vit condamné à avoir le nez et les oreilles tranchées, le deuxième à perdre ses deux oreilles, le troisième une seulement. Les Occidentaux rescapés plaidèrent la clémence car ils jugeaient exagérée la cruauté de la contrée. La peine fut commuée en deux cents coups de fouet administrés devant les Blancs qui photographièrent les malheureux coincés dans une cangue. Ainsi fut acquitté le prix du sang versé. Des langues pointues accusaient en tibétain et en chinois le mort Douglas Mackiernan d'avoir été de son vivant un agent camouflé de la Centrale d'Intelligence Américaine en mission extraordinaire. Ce n'était pas exclu. Avant lui déjà était passé Ilya Tolstoï, petit-fils du grand romancier, baroudeur et officier chargé d'offrir aux moines éblouis des radio-émetteurs et un générateur électrique. « Le Tibet est dans une position stratégique d'importance inestimable du double point de vue idéologique et géographique, confirmait le chargé d'affaires de Washington à New Dehli. Il peut être un rempart contre l'expansion du communisme en Asie… un îlot de conservatisme dans une mer de troubles politiques. » Son point de vue se défendait. Les Américains se donnaient du mal, développaient de gros moyens. Ils abonnèrent le Dalaï Lama au magazine *Life* et c'est par ce truchement que l'adolescent apprit que dans la Chine sa voisine, les Rouges battaient les Blancs à plate couture. Le jeune Dalaï Lama feuilletait la revue, contemplait les images, une actrice de Broadway, l'automobile Plymouth indigo chaussée de pneus à flancs blancs peu adaptés aux pentes himalayennes, le jambon au miel Swift's Premium, des femmes vêtues de soutien-gorge soyeux et d'une culotte montant sur le ventre, cuisses à l'air, le Canada Dry, l'après-rasage Williams. Il avait matière à être ravi, mais autant de quoi être déçu. « Un article, bisquait-il, mentionnait que le Dalaï Lama était un lecteur régulier et que ma photo figurait dans ces pages. En réalité, c'était un portrait du Panchen Lama ! » Dans la lamaserie de Gumbum aux toits dorés, où les moines assidus roulaient leurs moulins à prières, le petit Panchen vêtu de pourpre, assis en position du lotus sur un trône safran, le regard vide, fixait l'objectif du grand reporter. « Bien que le photographe de *Life* qui a pris ces clichés admirât la magnificence du site, précisait le magazine, il y a trouvé la vie austère… Le Panchen-enfant étudie huit heures par jour, ne prend jamais de bain et pue le beurre de yak. »

Mao Zedong, le président de Pékin, marquait une attention soutenue à l'endroit du Panchen Lama dont le nom exact était Blo-bzang

Phrin-las Lhun-grub Chos-kyi Rgyal-mtshan. « Les Tibétains aiment la Patrie et sont opposés à l'agression étrangère, écrivait Mao à l'enfant prodige. Ils sont mécontents de la politique menée par le gouvernement réactionnaire du Kuomintang et souhaitent être partie prenante de la grande famille de la Nouvelle Chine, unie, forte, et dans laquelle toutes les nationalités coopèrent dans l'égalité. Le Gouvernement Central du Peuple et l'Armée de Libération combleront certainement les souhaits du peuple tibétain. » Le Panchen de douze ans paraissait heureux que l'on veuille exaucer ses vœux. Les Brigands Justiciers, avait prévenu son entourage, sont des démons grimaçants à face bleue et aux dents protubérantes. Or, il avait constaté qu'il n'en était rien. L'Ours-Téméraire lui semblait d'une couleur très seyante et ses dents normalement alignées. L'Ours avait des consignes. Avant que ne fussent écrabouillés Ma Bufang, Ma Hongkui et leurs terribles cavaliers, Mao Zedong lui avait recommandé de se montrer prévenant avec les Tibétains vaquant par là. « Quand vous attaquerez Lanzhou, prêtez une grande attention au Panchen et aux siens dans ces provinces. Protégez-les et respectez-les de façon à préparer le terrain pour résoudre le problème tibétain. » L'Ours, empli de ces bonnes intentions, avait taillé la route jusqu'au lac azur de Kukunor, au monastère doré de Gumbum où les moines tournaient sans fin les moulins à prières. « Chinois et Tibétains sont frères, prêchait l'Ours-Téméraire, d'une même grande famille qui s'est vue séparée. La cause de cette division, continuait-il d'un ton persuasif, c'est l'intervention des impérialistes, les menées anglaises et américaines. Maintenant, il faut rentrer au bercail, il ne serait pas bon que l'on en vienne à s'étriper. » Chacun en convenait. L'Ours-Téméraire déploya autant qu'il put ses talents conciliateurs. Parmi les Tibétains, certains l'appelaient *Dobdo*, le moine-soldat, et d'autres *Guri*, qui signifie « crâne rasé », car il avait le cheveu aussi court que le sourire large. « Par chance, applaudissait le petit Panchen Lama, le Nord-Ouest a été libéré sous la direction de Vos Excellences » — ainsi s'adressait-il aimablement aux Redresseurs de Torts. « Le triomphe de votre armée a apporté la joie à toute la contrée… Dorénavant, la réalisation du bonheur démocratique du peuple et le renouveau du pays ne sont plus qu'une question de temps. » Mao Zedong jubilait. Il n'était pas de ceux qui épluchaient *Life* pour y pêcher sa ligne, quoiqu'il ait eu l'honneur de ses pages en noir et en couleurs. Le public aimait à découvrir la vie des vedettes, leurs rêves, leurs souffrances. « Mao Zedong paraît aussi doux qu'un moine bouddhiste sur ces photos de 1945, annonçait le magazine. Il a épousé une jeune actrice… Il aime écrire de la poésie et des platitudes marxistes, il adore lire des romans légers tel *Au bord de l'eau*, son préféré, une histoire de paysans révoltés dans l'ancienne Chine… Homme sobre, Mao n'est pas dépourvu d'un humour primaire… Lors d'une assemblée de haut niveau dans une grotte du Repaire, un jour torride, il a calmement enlevé son pantalon et poursuivi la discussion… » Mao Zedong, à Pékin, n'avait que faire de ces commentaires. Il se fiait à son flair.

Comme, malgré tout, son savoir demeurait quelque peu superficiel et son horizon borné, Mao prépara son premier voyage à l'étranger. À vingt ans, il arpentait sa province, parapluie sous le bras, avec dans les poches une poignée de sapèques. À quarante, il parcourait les vingt-cinq mille lis héroïques, traversait la rivière des Sables d'Or, la forêt des Lolos Noirs, les cols ardus des marches tibétaines. Jamais, pourtant, de la Chine il n'avait franchi les limites. Tous ses proches compagnons connaissaient qui la tour Eiffel, qui le fort Montluc, qui la Porte de Brandebourg, la prison d'Alexanderplatz, qui la cathédrale Basile-le-Bienheureux ou le Cirque d'État de Moscou. Mais lui n'avait rien vu de ce monde. L'occasion se présenta de fêter un anniversaire entre amis et partenaires, les soixante-dix ans du maréchal Staline au Kremlin. C'était un événement de portée universelle qu'à aucun prix il ne pouvait manquer. Les préparatifs furent expédiés. Le train spécial s'ébranla en gare de Pékin, un matin de décembre. Plusieurs jours, bien sûr, étaient nécessaires pour traverser la Chine du Nord, rejoindre la frontière au point de jonction avec la Mongolie Extérieure. Le Président Mao lisait. Que faire d'autre dans un train ? Le poste des douanes avait nom Mandchouli. On y croisait autrefois les employés russes du chemin de fer et une constellation de bandits, tailleurs de bourses, coupe-jarrets et contrebandiers. C'est là qu'à l'automne 1910 s'était déclarée la peste pneumonique, au dixième jour de la neuvième lune. Mao Zedong changea de convoi à cause de l'écartement des voies, plus large chez les Russes que chez les Chinois. Le Président roulait sur le Transsibérien. Il fit halte à Sverdlovsk, dans l'Oural, où avait été exécuté le Tsar, mit le nez dehors et prit froid. Sa doctrine d'endurcissement des corps et des âmes, les « bains de vent », « bains de pluie », ne lui servaient en aucune façon. Il n'était donc pas en grande forme quand les wagons entrèrent à la gare Iaroslavski de Moscou le 16 décembre à midi pétant. Sur le quai, cependant, Mao délivra un discours satisfait : « Chers camarades et amis, c'est un événement très heureux dans ma vie que d'avoir la chance de visiter la capitale de l'Union Soviétique, premier grand pays socialiste. » Il avait devant lui Boulganine et Gromyko, engoncés dans leurs manteaux. Au pas de course, à cause du gel, le président chinois passa en revue le détachement d'honneur et s'engouffra dans une conduite intérieure pour prendre quelque repos avant son rendez-vous. À six heures moins trois, Mao Zedong piétinait dans le vestibule de Joseph Staline, à six heures il fut introduit. « Vous paraissez plus jeune et vaillant que je ne l'imaginais ! » s'étonna Staline en secouant les deux mains de Mao dans les siennes. Un pas derrière, se tenaient les personnages majeurs de son aréopage : Beria, Vychinski, Molotov, les hommes agiles des grandes purges. « Longtemps je me suis fait marcher sur les pieds et j'ai été battu, sans personne à qui me plaindre… » commença Mao. Mais rapidement, on en vint aux choses sérieuses. L'anniversaire de Staline faisait grand tintamarre. Vincent Auriol adressa au Maréchal un chaleureux message, et ainsi fit Clement Attlee, le Premier britannique. La célébration organisée au Théâtre Bolchoï avait superbe allure. « Bon anniversaire, camarade Staline ! » Mao se retrouva placé à la droite du Maréchal moustachu sur la tribune fleurie, tandis que sur la gauche se tenait l'Allemand Walter Ulbricht et, à des places moins prestigieuses, l'Italien Togliatti, le Mongol Tsedenbal et la Pasionaria espagnole. Tous les Russes du sérail, Boulganine,

Malenkov, le mince Kossyguine, Khrouchtchev rondelet, applaudissaient à s'en rendre les mains rouges. Un concert suivit, des louanges, des flatteries, l'on grignota et l'on but. « Je félicite le camarade Staline pour son soixante-dixième anniversaire et lui souhaite santé et longévité ! explosa Mao Zedong. Nous souhaitons bien-être, force et prospérité à notre grande amie l'Union Soviétique !... » Il y avait pourtant des points noirs, des manières que Mao ne goûtait guère, qui le chagrinaient, le froissaient, à vrai dire, dans son amour-propre. Le journal la *Pravda*, parlant de lui, l'appelait « *Monsieur* Mao Zedong ». Il eût préféré *tovarichtch*, comme tout le monde, « camarade », ou « Président » puisque c'était son rang. Premier point. Et puis la fête finie, on le fit lanterner. Il se tournait les pouces dans une datcha confortable des environs de la capitale sans que nul officiel ne s'occupât de lui. Personne ne lui souhaita son anniversaire qui tombait cinq jours après celui de Staline. Les caciques du Régime passaient en coup de vent, échangeaient trois paroles et les rapportaient toutes chaudes au chef du Kremlin, curieux de savoir à quoi ressemblait un *communiste de margarine* : « C'est en effet une sorte de Pougatchev chinois », confirmait Molotov, connaisseur des affaires extérieures. « Il est malin. Un meneur paysan... Bien sûr, il est loin d'être marxiste. Il m'a avoué n'avoir jamais lu le *Capital* de Marx... » Les Soviétiques le laissaient donc mariner, l'observaient, le jaugeaient, essayaient de savoir ce qu'il avait dans le ventre. « Je n'ai que trois occupations ici, maronnait Mao, oisif : manger, dormir et chier ! » Pour tuer le temps, le président chinois se faisait projeter des longs métrages, *Pierre le Grand*, *Alexandre Nevski*, et de vieux *Charlot*. Mais ni Charlie Chaplin ni Eisenstein et moins encore Vladimir Petrov, quatre fois Prix Staline de la mise en scène, ne parvenaient à le dérider. Tout autre que lui aurait été conquis par les scènes grandioses de batailles, la fuite éperdue des chevaliers teutoniques sur la glace craquante, les guerriers en armure engloutis par les flots. Mais la musique de Prokofiev n'était pas sa tasse de thé. Mao avait la nostalgie du *Roman des Trois Royaumes* et d'*Au bord de l'eau*. Mao Zedong déprimait. Il s'ennuyait au point d'en ressentir des vertiges.

« *Bù hăo !… Bù hăo !…* Pas bien ! Pas bien ! » se lamentait-il auprès de l'ordonnance soviétique chargé de son bien être.

Dans l'espoir de le divertir, on lui organisa quelques excursions. Mao prit un train de nuit à destination de Leningrad, visita le Palais d'Hiver, berceau de la Révolution, l'île de Kronstadt et ses marins intrépides hérissés de fusils, le Musée de l'Ermitage finalement (à l'exception de la salle contenant les trésors chinois raflés ici et là). De retour à Moscou, il déposa une couronne de fleurs sur le Mausolée de la place Rouge : « À Lénine, grand professeur de Révolution. Mao Zedong, 11 janvier 1950. » Ces activités simples le remettaient d'aplomb. Mao se promenait une chapka sur la tête, le cou protégé par une fourrure. Il avait amené dans sa suite le Batracien-Graphomane afin de garantir son idéologie. Le Batracien le pourvoyait abondamment en citations savantes et utiles. Depuis que les Brigands Justiciers s'étaient emparés du pouvoir à Pékin, le Batracien-Graphomane régentait les destinées de l'*Academia Sinica*, la plus haute instance scientifique. Le Batracien n'avait qu'un défaut : son terrible accent du Fujian interdisait que l'on comprît un traître mot de ce qu'il bafouillait. Son essai de cinquante pages *Staline et la révolution chinoise* encensait le nom du Maréchal quatre-vingts fois. Staline ceci, Staline cela, « Staline a dit », « Staline a indiqué », « le camarade Staline a clairement montré »… Il en venait enfin à conclure : « Le camarade Mao Zedong est un disciple de Staline et son compagnon d'arme. » Bref, l'atmosphère se réchauffait. Le Maréchal Staline invita le Président Mao à sa table pour partager le bortsch, la soupe sanguine de betterave et de choux, manger les chiches-kebabs, boire du vin. Les deux dirigeants conversaient, l'un avec son parler géorgien, l'autre dans son dialecte hunanais, donnant aux interprètes moult soucis, car tout cela se déroulait sous le lorgnon sévère du commandeur de la police secrète que Staline avait un jour gentiment présenté à Franklin D. Roosevelt : « Ah, celui-là, c'est *notre* Himmler, c'est Beria ! » Mao s'étonnait de voir Staline mélanger dans son verre vin rouge et vin blanc. « Vieille habitude, confia le Maréchal pédagogue. Voyez-vous, chaque vin a son arôme et son goût, en particulier le vin de Géorgie. En assemblant le rouge et le blanc, j'enrichis la saveur et, plus important, je crée un bouquet, comme si c'était des fleurs odorantes de la steppe. » La bonne humeur régnait, il était temps de signer un traité d'amitié. Le Mandarin-Versatile accourut de Pékin à cette fin. Mao Zedong assista encore à une représentation du *Lac des cygnes*, puis tous regagnèrent paisiblement leurs pénates alors que se tramaient de sombres événements.

À peine fut-elle installée en Angleterre, chassée des États-Unis par les traqueurs d'espions, que l'Américaine-Venue-en-Deuxième mourut d'un ulcère funeste. Elle légua tous ses biens, droits d'auteur et le reste, à Petit-Chien dit Rouge-Vertu. Telles étaient ses dernières volontés, en harmonie avec son caractère et sa vie. « N'ayant trouvé de repos nulle part sur terre, excepté en Chine, je souhaite que mes cendres demeurent aux côtés des révolutionnaires chinois morts. Sous aucun prétexte un Américain ne pourra réclamer mon corps ou quelqu'une de mes possessions… Dussé-je mourir, ce sera en maudissant le fascisme américain, représenté par le gouvernement américain, le Congrès américain, et toutes les forces armées et représentants officiels américains. Ce sont des forces vicieuses et malfaisantes, et toute personne, américaine ou autre, qui sert ou est connectée à ces forces est mauvaise. Pour cette raison, je vous prie de tenir ces personnes éloignées de moi, même après ma mort. » Ainsi s'exprima avant de rendre l'âme Agnes Smedley, l'Américaine-Venue-en-Deuxième, née dans une cabane de rondins du Missouri, grandie à Trinidad, Colorado, parmi les mineurs de charbon, trépassée sous le scalpel des chirurgiens d'un hôpital d'Oxford, au Royaume-Uni de Grande-Bretagne. Le gouvernement de Washington et les services fiscaux mirent l'embargo sur son pécule de sorte que Petit-Chien ne toucha rien de l'héritage. Il vivait de son indemnité modeste de vice-président de la République des Redresseurs de Torts.

Ce qui arriva à l'Américaine *post-mortem* vous sera conté bientôt. Quant aux leçons que tira Mao de son voyage au pays frère, vous en saurez davantage dans un moment.

CHAPITRE XXVI

Les Brigands Justiciers franchissent la frontière —
Aux extrémités du pays éclatent des conflits.

En possession du Mandat du Ciel, et ayant cessé de hanter les vertes forêts, les monts et les vaux, les anciens Brigands Justiciers se partagèrent les attributs du pouvoir. Au Mandarin-Versatile doué d'un savoir parfait échut le poste de Premier Ministre et de ministre des Affaires Extérieures. L'Ours-Téméraire, comme il était normal, s'occupa de la Défense. Le Pirate-Optimiste, qui ne savait pas faire grand-chose, sinon mener bataille, rire et fumer la pipe, fut chargé des Sports et de la Culture Physique. À Liu Gros-Nez revint la présidence de l'Assemblée du Peuple. Les autres, Face-de-Lune, Deuxième-Couteau, Petite-Bouteille et Tête-de-Fouine, obtinrent chacun une charge de premier plan dans les provinces et les organismes centraux. Le Dragon-Borgne, peut-être parce qu'il n'avait qu'un œil, se contenta d'un siège dans le domaine militaire. Ayant balayé un à un leurs ennemis, ils formaient désormais l'Assemblée des Maîtres du Jeu et prirent leurs quartiers dans la Cité Interdite qu'avaient bâtie les empereurs, se réservant derrière les hautes murailles la jouissance des pavillons des Lacs du Centre et du Sud, dits Zhongnanhai. À ce moment, Puyi, l'empereur ultime, avait été rendu par les Soviétiques et languissait quelque part, habillé de coton bleu rustique, confié à des geôliers, comme du reste son collègue Demchugdongrub, prince mongol descendant de Gengis Khan à la trentième génération. C'en était fini des féodaux de leur espèce. Puyi reprisait ses chaussettes assis en tailleur, lavait ses effets au savon noir, jardinait avec un arrosoir, coiffé d'une casquette de toile grossière. Dans sa prison soviétique, il avait potassé Staline, *Les Problèmes du léninisme*, sans être convaincu, et récité à tout-va le sûtra du Diamant et de la Parfaite Sagesse. « Vous en faites pas, lui avait-on seriné avant de le ramener sur la terre de ses ancêtres, le pouvoir communiste est le plus civilisé du monde, le Parti et le peuple chinois sont d'une grande générosité. » Ses dents faisaient des claquettes, il craignait le peloton d'exécution. Mais à sa grande surprise, on lui donna des œufs salés, des légumes au vinaigre dans un bol, et on l'envoya étudier en prison les *Œuvres* du Président Mao. S'il redoutait encore un peu d'être fusillé, Puyi avait peur surtout de périr sous un raid américain, car la guerre, à nouveau, s'était déclarée.

Ces secousses inopinées venaient du Pays du Matin Calme, péninsule coincée entre la mer Jaune et la mer du Japon, attachée par le Nord aux provinces mandchoues et que séparait de la Chine le fleuve Yalou. Les troubles advinrent par la faute d'un inconnu qu'au début on appelait « Kim Ir-Sen » car on ne savait pas très bien qui il était. On l'avait vu en costume, gilet, cravate rayée, tenir des propos enflammés devant la bannière du Yin, du Yang et des quatre trigrammes du *Livre des Mutations*. Il était aussi mince qu'une anguille, alors, encadré par deux officiers soviétiques, ses mentors. « Dans son article *Pour une Paix durable, pour une Démocratie Populaire*, écrit en mai dernier, le camarade Kim Ir-Sen, président du Parti du Travail de Corée, a montré le caractère profondément antidémocratique, antipopulaire des décisions de tous ordres prises là-bas. » Ça bardait en Corée, depuis que les Japonais en avaient été expulsés, entre les partisans des Russes entrés par le Nord et les tenants des Américains débarqués au Sud. Le Yin et le Yang ne s'accordaient plus. Les voisins chinois n'étaient pas dans leur élément. Ces Coréens n'étaient pas ceux qu'ils avaient fréquentés jadis et naguère. Il était établi, en effet, qu'un Coréen marié à une Allemande d'ascendance russe avait fondé un groupe actif de Redresseurs de Torts à Shanghai avant même que n'existât le Parti Communiste Chinois et que ce groupe avait partagé sa fortune avec les Bandits Rouges du Vieux-Professeur et du Bibliothécaire-Chef. Il était prouvé qu'un vétéran de Shanghai à l'existence aventureuse avait créé à Séoul un Parti Communiste Coréen le 11 septembre 1945, moins d'un mois après la reddition du Japon. Et il était indubitable que le président Truman des États-Unis avait fait aux Russes d'alléchantes propositions quant à l'avenir de la Corée du temps où ils étaient alliés : « Staline est O.K. pour une administration de la Corée par la Chine, le Royaume-Uni, l'Union Soviétique et l'Amérique », indiquait Truman à son ambassadeur gominé qui poussait des *Yaahoooo !* quand il était content. Ayant scruté une carte imprimée selon les règles communes de géolocalisation, repéré à gauche la mer Jaune, à droite la mer du Japon, au nord la Mandchourie et le fleuve Yalou, un général américain jugea qu'il était pratique, conforme à la logique et aux principes stratégiques de West Point, de couper en deux la Corée le long du 38e parallèle. De tout cela résultèrent embrouillaminis et désordre. « La Corée aux Coréens ! » s'époumonaient les vétérans rouges dans les rues de Séoul et ils créaient des syndicats et toutes sortes de guildes d'ouvriers, d'étudiants, de commerçants, à la mode de Shanghai au temps des Concessions. Mais les Américains payaient des hommes de main qui, comme dans la Shanghai des Concessions, cognaient à la ronde, embarquaient les gauchistes vers des prisons secrètes où ils pouvaient gentiment leur tordre le cou. « Torturer un suspect fait partie des procédures standard de la police sud-coréenne » larmoyaient les journalistes libéraux à l'affût de la petite bête. Les Américains affectés en Corée avaient à leur tête un général de l'Illinois qui ressemblait à Popeye le Marin. C'est dire qu'il ne s'en laissait pas compter. Attardés au bar du Chosen Hotel de Séoul, ses officiers d'état-major et du Renseignement cherchaient parmi les *gooks*, les niakoués, un homme capable de tenir tête aux cocos, aux *commies*. Ils le trouvèrent en la personne de Syngman Rhee, diplômé d'Amérique, M. A. à Harvard, Massachusetts, Ph. D. à Princeton, New Jersey, bientôt bombardé président du sud de la Corée bien qu'il fût natif du Nord. En face, les Russes propulsaient le nommé « Kim Ir-Sen » que personne ne connaissait. Celui-ci arrivait tout droit d'Union Soviétique. Le major Mikhaïl Kang, chef des interprètes de l'Armée Rouge, commença par lui dénicher un costume et la cravate que lui noua autour du cou le lieutenant-colonel Mefrel, chef du Septième Département de la Vingt-Cinquième Armée, puis on lui épingla au-dessus du cœur l'Ordre du Drapeau Rouge et, après lui avoir fourni un pedigree, on le plaça devant la foule pour proclamer un gouvernement démocratique du Septentrion. On dit et l'on prétend que ce général Kim Il-sung, tel qu'il apparut définitivement, prononça un discours : « Chers compatriotes, je vous remercie vivement de l'enthousiasme avez lequel vous nous accueillez aujourd'hui. Cette rencontre avec nos compatriotes dans notre patrie libérée nous réjouit fort. » Nordistes et Sudistes se regardaient en chiens de faïence de part et d'autre du 38e parallèle, jusqu'à ce que tout à coup les troupes de Kim Il-sung équipées par les Russes se ruent à l'assaut. Le Pays du Matin Calme s'embrasa à l'aube d'un dimanche de pluie. Ordinairement, le dimanche, les conseillers militaires américains, les gars du Renseignement, de l'état-major, prenaient des vacances, restaient au lit ou traînaient dans les bars. Les troupes de Syngman Rhee furent soufflées comme un brin d'herbe, Séoul tomba et il s'en fallut de peu que les Nordistes l'emportent dans toute la Péninsule. Le général Kim Il-sung se congratulait fort.

Seulement, les Américains, appuyés par les Anglais, les Français, les Canadiens, les Turcs, les Australiens, les Belges et les Luxembourgeois, abondaient en soldats depuis le Japon et renversèrent la situation. Des chars Pershing massifs sortaient des cales des navires accrochés à des grues, les avions à long rayon d'action, décorés de pin-up bien roulées, délivraient sur les collines, les villages et les villes leurs chapelets de bombes mortelles. Les pilotes étrennaient dans l'azur de Corée leurs jets Shooting Star, leurs Grumman-Panther, leurs Sabre F-86 qui grimpaient à quarante-huit mille pieds. « Où donc en Enfer se terrent ces putains de *gooks* ? » juraient les GI's mal rasés, portant à l'épaule leurs carabines M-1 calibre 30 et leurs super-bazookas en aluminium. Sans tarder, franchissant à l'envers le 38e parallèle, les Américains approchèrent du fleuve Yalou et des provinces mandchoues.

Les Brigands Justiciers au repos, devenus Maîtres du Jeu dans l'Empire du Milieu, s'en trouvèrent très contrariés. Le Président Mao convoqua ses ouailles à Zhongnanhai et un débat âpre s'ensuivit. À peine tenaient-ils entre leurs mains le pouvoir que déjà un sort maléfique les ramenait au combat. « Il semble que nous n'ayons d'autre solution que d'envoyer nos troupes de l'autre côté du Yalou », constatait Mao, soupesant avantages et inconvénients. Le Mandarin-Versatile, premier des ministres, poussait de longs soupirs. Il projetait dans sa fonction de rendre à la vie civile la moitié de l'Armée des Brigands Justiciers. « Nous avons besoin de paix, arguait-il, afin de construire notre économie. » Vétérans des vertes forêts, des monts et des vaux, tous étaient à peu près dans cet état d'esprit, renâclant, se cabrant, rouspétant selon leur tempérament. Le plus rétif de tous, celui qu'on attendait le moins, était Tête-de-Fouine. « Se battre, toujours se battre ! On s'est battus pendant des décennies dans le passé, s'insurgeait-il. Les gens désirent la paix, maintenant ! Engager de nouvelles bagarres va totalement contre la volonté du peuple. » Le flot de ses paroles amères ne tarissait pas. « On vient d'être libérés, poursuivait-il, notre économie patauge dans le yaourt, l'équipement de l'Armée est obsolète ! » Mao Zedong s'inquiétait de voir mollir celui qui avait dirigé dans le froid les armées de Mandchourie. N'était-il pas, en effet, le mieux placé pour rejeter les Américains loin des rives du Yalou ? Tête-de-Fouine râlait, objectait que sa santé n'était pas bonne, que le vent lui apportait la grippe, que l'eau lui fichait la diarrhée, que le bruit lui donnait la migraine, que la lumière le gênait et qu'il n'était bien que chez lui, rideaux tirés. « Vraiment étrange, songeait Deuxième-Couteau qui assistait à la scène. On a l'habitude de travailler ensemble et je ne l'ai jamais vu trouillard comme ça ! » Mao Zedong fit mander l'Ours-Téméraire, alors à Xi'an, au Shaanxi, où ils avaient conquis la gloire. Un avion vint le prendre qui à tire-d'aile le porta à Pékin. À quatre heures de l'après-midi, l'Ours passait le portail de Zhongnanhai. « Vous avez vos raisons et vos arguments, concédait Mao à ses opposants. Mais quoi qu'il en soit, quand un autre pays est en crise, on se sentirait mal si on restait paresseux à rien faire. » L'Ours écoutait et examinait les tenants et les aboutissants. Après la réunion, n'étant pas de ceux qui logeaient dans la Cité Interdite, l'Ours-Téméraire prit une chambre au Grand Hôtel de Pékin, autrefois géré par les Français et apprécié pour sa cuisine, ses vins fins, son chauffage central et ses salles de bains. Malgré le confort du lit, il ne parvenait pas à s'endormir, tournait, retournait ce qu'il avait entendu dans son crâne aux cheveux ras. Le sommier trop mou, à ressorts, ne lui convenait pas. Il s'allongea par terre. D'épouvantables pensées lui venaient. « Le tigre veut manger des êtres humains, ruminait-il. Le moment où il le fera dépend de son appétit… » Ce n'est que le lendemain que la décision fut prise. « Il faut dépêcher des troupes en Corée », appuya l'Ours-Téméraire devant l'Assemblée des Maîtres du Jeu réunie au Pavillon de la Grande Longévité. Chacun se rendit à l'évidence.

Tête-de-Fouine fut envoyé se soigner en Union Soviétique. Il ne décolérait pas. À Sotchi, sur la mer Noire, il rencontra le Maréchal Staline qui prenait du bon temps. Tête-de-Fouine, obstiné, refusa de partager l'eau-de-vie, de trinquer à l'amitié et à la guerre, de lamper fût-ce une gorgée symbolique, même après que Staline lui eut promis sur sa foi que l'alcool n'était pas empoisonné. Une telle conduite, contraire aux rites, aurait pu lui coûter cher. Elle ne lui coûta que de ravaler sa bile. Staline, sous ses grands airs, avait besoin des Chinois. Mao Zedong à Pékin mobilisait ses troupes. « J'ordonne aux Volontaires du Peuple chinois d'entrer immédiatement en Corée. » Le Président Mao désigna son fils Anying comme volontaire. Comme chef de l'expédition, il choisit l'Ours-Téméraire et lui confia son rejeton. « Vieil Ours est le plus fiable ! » approuvait Petit-Chien dit Rouge-Vertu. Et c'est ainsi qu'à cinquante-deux ans, l'Ours-Téméraire traversa le Yalou en direction du sud au crépuscule d'une journée d'octobre. Il établit son quartier général dans une mine d'or abandonnée et, de là, transmettait des directives aux combattants serrés dans leurs uniformes d'hiver. Les conditions étaient rudes. Les soldats avaient froid, mangeaient mal. Le riz grillé du coin leur donnait mal au ventre. Mais l'Ours-Téméraire avait un savoir consommé de l'art militaire qu'il avait acquis dans l'Armée du Hunan après avoir gardé les bœufs, extrait le charbon, charrié sur ses épaules l'eau des moulins de bambou contre trente pièces de cuivre. Il était diplômé de l'Académie locale des officiers modernes. S'il maîtrisait mal la ponctuation des rapports et les règles de la narration, il savait se servir d'un canon, mener les chevaux, lire une carte, bâtir des fortifications et, depuis deux décennies, avait suivi les Rouges dans toutes leurs tribulations. « J'étais déjà vice-commandant en chef de la Huitième Armée de Route, pendant la Résistance, quand Kim Il-sung n'était que le major fantoche d'une division dans une armée alliée contre le Japon ! » L'Ours-Téméraire connaissait par cœur les livres précieux, *Le Roman des Trois Royaumes* et *Au bord de l'eau*. En peu de jours, il battit le Huitième Régiment de Cavalerie des États-Unis. Les Américains refluaient en désordre, attaqués dans leurs véhicules par les côtés. L'état-major, les colonels, les généraux, le président Truman et l'opinion étaient effarés. « Au moins soixante mille chinois se sont déversés sur la Corée depuis la Mandchourie », s'alarmaient les commentateurs abasourdis. Ils peinaient à compter exactement. Les Chinois déboulaient toujours, en vagues successives. La question, spéculaient les spécialistes, est de savoir jusqu'où iront les Rouges équipés des carabines M-1 ramassées sur les talus, des fusils-mitrailleurs japonais Nambu de la Deuxième Guerre mondiale, des mitrailleuses légères russes Ruchnoy Pulemyot, de tanks T-34, de camions lance-roquettes, et surtout des MiG-15 à réaction surgis d'on ne sait où que l'on voyait du sol affronter les Shooting Star et les Sabre en ballets assourdissants et meurtriers. « Ici MiG 4-07-BB ! Alerte générale à la chasse !... » « Attention ! Le MiG ! le MiG est sur nous ! » Vrroaaaarrrr... takkaatakkatak... « Allô... Allô... Blue Fox, ici Red Fox... Je vais te tirer de là !... *I pressed the fire control... Rockets blazed through the sky.* » Whaaam !!! Les Rouges reprenaient le territoire conquis. Les Américains repassèrent le 38e parallèle, battirent en retraite loin au sud, repoussèrent les

Rouges à nouveau, puis le front se stabilisa finalement au 38e parallèle où tout avait commencé. Mao Anying, le fils aîné de Mao Zedong, ne vit pas grand-chose de cette guerre. Il périt au début, grillé vif par le napalm. On ne sait pas bien comment cela se produisit. Certains disent qu'il croquait une pomme, dehors, lorsque les avions vrombissant lâchèrent leur cocktail chimique inventé à l'Université de Harvard. Là où il mourut, il fut enterré. Quand son père Mao, dans la Cité Interdite, fut informé du sort du garçon, ses yeux demeurèrent secs. Mao Zedong s'assit sur un sofa et alluma des cigarettes. Nul, dans son entourage, des gardes du corps, des ordonnances, des médecins, ne l'entendit proférer un son.

Pendant qu'à l'orient extrême tonnait l'artillerie, flambaient les hameaux, les villages et les gens, dans les montagnes hautes de l'extrême occident, le Dragon-Borgne et Petite-Bouteille progressaient vers Lhassa. Les Chinois invoquaient leur bon droit. La princesse Wencheng de la dynastie des Tang, rappelaient-ils, avait épousé en justes noces le roi Srontsan Gambo du Tibet et sa douce effigie était adorée depuis dans le monastère de Johkang. Les Britanniques ne le comprenaient pas ainsi, eux qui connaissaient comme leurs poches l'Inde et les contreforts de l'Himalaya. Ils soulevèrent des contestations. Les Chinois exhibaient d'anciens textes de la dynastie des Yuan, de la dynastie des Qing, les instructions de l'empereur Guangxu spécifiant : « Notre envoyé ministériel réside dans le Palais du Potala. » Les Américains non plus ne l'admettaient pas, établissaient des schémas réprobateurs, des graphiques démonstratifs avec silhouettes de soldats rouges disséqués de pied en cap : bottes à semelles de cuir, empeigne en tissu, guêtres de feutre, pantalon épais et veste matelassée, mitaines, toque de fourrure artificielle de style soviétique, armes de toutes provenances. « L'Armée des Redresseurs de Torts, soufflait le Dragon-Borgne, va entrer au Tibet pour balayer toute influence américaine ou britannique. » Les Anglais confièrent aux Américains le soin d'acheminer des mortiers de deux et trois pouces, des obus, des fusils-mitrailleurs bipied à chargeur courbe et les cent mille cartouches correspondantes dont ils souhaitaient doter l'Armée tibétaine — soit de quoi occuper sept mille mules et un nombre indéterminé de muletiers chevronnés, Sherpas, Gurkhas, envoyés vers les sommets par des ravins périlleux, des passes et des cols. Ce n'était pas, à l'évidence, une menue entreprise. Mais les fonctionnaires éduqués du Département d'État avaient mission d'explorer toutes actions susceptibles de bloquer l'assaut sur le Tibet des *Chi Commies*, les cocos chinetoques.

Le Dragon-Borgne aussi dominait la technique en affaires militaires : il avait gagné en 1916 la bataille de Fengdu, dans la province du Sichuan, où il avait perdu son œil. Quant à Petite-Bouteille son commissaire politique, expert en tactique, champion de didactique, il avait appris à tourner la ronéo à Bayeux et à Paris. En quinze jours, l'Armée du Dragon-Borgne et de Petite-Bouteille dispersa la frêle garnison tibétaine. À la tribune des Nations Unies se démenait encore l'État microscopique du Salvador dirigé un temps par le lieutenant-colonel Óscar Osorio qui avait pris la place du général Salvador Castañeda Castro, lequel prolongeait l'œuvre du colonel Osmín Aguirre y Salinas, successeur du général Andrés Ignacio Menéndez descendant en droite ligne du général Maximiliano Hernández Martínez qui croyait à la métempsychose et à la géomancie. Le Salvador, donc, expliqua à la tribune de l'ONU avec force gestes et mots que le Tibet était effectivement « une position stratégique d'importance cruciale ». Mais les Anglais tergiversèrent, ayant fort à faire à Hongkong, Brunei, Singapour, et les Hindous plaidèrent en faveur d'une souveraineté du Tibet *à l'intérieur* de la Chine limitrophe. Subséquemment les Américains n'eurent d'autre issue que de jeter l'éponge, et avec eux le Salvador. « Le gouvernement du Salvador a fait son devoir », maugréait son représentant dépité. Le Dalaï Lama s'en remit aux esprits et commanda que la Loterie Divine décidât si oui ou non tout cela était bon. « Nous, les humains, sommes bornés et stupides », bourdonnaient les lamas implorants. Les bergers du cru, éleveurs de yaks poilus, n'étaient pas rassurés, sachant que les Chinois mangeaient de la viande d'âne ou de cheval et avaient plus d'une dent contre la religion. Mais le Dragon-Borgne prenait le vent, humait autour de lui l'air glacial : il devait ménager les pasteurs vêtus de peaux de moutons, les cultivateurs d'orge, les moines bredouillants au crâne rasé. « Il faut s'atteler d'abord à l'union des ethnies, considérait-il, et ensuite parler du problème des classes… La moindre imprudence pourrait entraîner de grandes complications. » Petite-Bouteille, son adjoint féru de politique, se creusait la cervelle : « Je ne connais pas grand-chose à tout ce qui touche les minorités nationales », confessait-il. Au cours de ses pérégrinations, il lui était arrivé de croiser des Miao, dont il existait cent variétés, des Dong qui ne voulaient à aucun prix être confondus avec les Miao, et des Tibétains du Xikang méfiants et vindicatifs. « Nos soldats, assurait-il pourtant, ont suivi scrupuleusement les Trois Règles de Discipline et les Huit Recommandations… Nos hommes ne se sont jamais imposés chez les habitants, ils ont toujours attendu d'être invités, même en cas de grosse pluie. » Après mûres cogitations, Petite-Bouteille traça sur le papier une formule charmeuse de dix principes, la multiplia pour la distribuer à ses hommes afin qu'ils en fassent leur profit. C'est pourquoi, quand ils triomphèrent des Tibétains, les officiers du Dragon-Borgne offrirent aux notables de grands banquets où était servi autre chose que la mixture de riz, de pois, d'œuf et de cacahouètes dont ils faisaient leur bouillie quotidienne. Le Dragon-Borgne et Petite-Bouteille appliquaient à la lettre des instructions de Petit-Chien dit Rouge-Vertu : « Il convient de respecter leurs mœurs, d'apprendre leur langue, d'agir avec circonspection et de nous garder de toute présomption. » Ainsi croyaient-ils conquérir les cœurs et les âmes.

De l'avis des Brigands Justiciers, le temps était venu de suivre la voie de la Grande Concorde. Mais, comme le dit l'adage, « le millet n'est pas cuit que déjà le songe s'achève ». Pour savoir comment le plat fut ingurgité, il suffit d'avaler les chapitres subséquents.

CHAPITRE XXVII

Le Mandarin-Versatile entreprend un tour de séduction — Des Longs-Nez de France saluent la République des Redresseurs de Torts.

Alors les paysans, les ouvriers, les soldats, les petits marchands, les gens des villes et les gens des champs agissaient avec diligence. Cela ne leur déplaisait pas d'œuvrer à la société de la Grande Concorde. Les écrivains n'étaient pas en reste. Lao She, le Mandchou de la *La Cité des Chats* et de *Chameau le Veinard*, revint des États-Unis où l'avait saisi le succès. Son *Chameau le Veinard*, traduit approximativement chez Reynal & Hitchcock, tenait le haut des ventes, ce qui, en Amérique, était envié et rapportait des dollars. « Écris à Lao She de rentrer », avait suggéré le Mandarin-Versatile à une connaissance commune. Il aura beaucoup de choses à raconter dans la nouvelle Chine. » Lao She le crut sans peine. Autrefois, à Chongqing, quand le Mandarin-Versatile s'occupait en douce d'import-export pour le compte des Brigands Justiciers et que Lao She, derrière ses lunettes rondes, composait des pièces antijaponaises, il leur était arrivé de dîner ensemble et de palabrer. L'écrivain rentra donc à Pékin plein de fougue, empli d'ardeur, il se mit à travailler avec enthousiasme. « Moi-même je suis né pauvre, rappelait-il, par conséquent j'ai une profonde sympathie envers ceux qui souffrent. » Lao She avait acheté, grâce à l'argent dont il disposait dorénavant, une maison grise avec cour, enluminée de plaqueminiers, dans la ruelle Fengsheng. Le matin, à sa table, il composait ses pièces, ses contes, traçait ses caractères, et l'après-midi, pour s'en reposer, bichonnait des chrysanthèmes de subtiles nuances. À l'occasion, il buvait du vin de riz avec ses amis et poussait la chansonnette aux fins de repas quand d'autres roulaient sous la table. Lao She occupa une place de choix à l'Union des Écrivains. Il en vint à imaginer que l'on pouvait entendre, simplement assis dans une maison de thé, les histoires les plus absurdes et les opinons les plus étranges. Ding Ling la romancière, sur le devant de la scène, présentait le livre qui lui avait tant coûté de peines aux frontières du Shaanxi, des territoires mongols, l'hiver, dans la neige. « *Maintenant que les diables japonais ont décampé, que la Huitième Armée de Route est là et que le Parti Communiste a pris les commandes, de tous côtés, on règle ses comptes.* » Wang-le-Fou n'était plus là. *Zhăn !* Il avait eu la tête coupée, le traducteur de Karl Marx, d'Alphonse Daudet et de Léon Trotsky, tranchée d'un coup sec et définitif par les sbires du Serpent-Blanc dans une vallée ignorée. On dit que Mao entra en colère, qu'il n'aimait pas ce sort infâme fait à un homme de plume, un baladin, que la responsabilité retombait au bout du compte sur le Pirate-Optimiste, commandant les parages, qui n'avait pas deux sous de jugeote philosophique. Mais on ne sut rien de plus. « Ce n'est pas bon, de tuer les gens, ponctuait Mao Zedong. Si Wang-le-Fou était un agent secret, rédigeait des articles contre nous et refusait de se réformer jusqu'à en mourir, pourquoi ne pas le planter là ou l'envoyer besogner ? » La société bruissait de tous côtés. Les trois grandes transformations étaient en marche. Les trois grandes transformations du pays et les cinq grands mouvements des consciences, lesquels incluaient les Trois et les Cinq Antis que chacun prenait à cœur, contre la corruption, le gaspillage et la bureaucratie, contre les forfaits, les pots-de-vin, la fraude, le détournement et l'escroquerie. « Il est défendu, stipulait Mao le Président, de recourir aux châtiments corporels pour arracher des aveux et il faut prendre des mesures strictes afin de prévenir les suicides. » La société se démenait, grattait, creusait, brouettait. Du sol sortaient le grand laminoir de l'usine de tubes en acier sans couture, la fabrique des câbles de dix mille variétés et le grand pont sur le Yangtsé de mille sept cents mètres de long, fait de neuf travées de vingt-deux mille tonnes assemblées par huit cent mille rivets.

Les rapports remontaient, les chiffres roulaient, s'accumulaient comme par la magie d'un boulier à treize tiges agité par des doigts experts. Click-clack, click-clack. Valeur globale de la production multipliée par 4,2… charbon quatre-vingt-un millions neuf cent quatre-vingt-dix mille tonnes… fonte trois millions et trente mille tonnes… ciment quatre millions sept cent trente mille tonnes… Click-clack, click-clack. Machines-outils treize mille cinq cent treize… Filés de coton quatre millions six cent mille balles… Production électrique dix milliards huit cents millions de kilowatts-heure… « Nous dirigeons de mieux en mieux l'industrie », s'échauffait le Mandarin-Versatile. On eût pu l'appeler le Mandarin-à-Tout-Faire. Les Occidentaux se divisaient en deux. Ceux qui étaient contents du spectacle et ceux qui ne l'étaient pas. Les Américains se faisaient rares. Ils ne s'aventuraient plus en terre énigmatique à la manière des pionniers accueillis au Repaire des Brigands Justiciers. Des Longs-Nez bien disposés venaient d'Europe les remplacer, se faisaient promener, s'attardaient dans les maisons de thé, courtisaient avec gourmandise les Maîtres du Jeu. L'intellectuelle coiffée d'un turban était enchantée, celle que l'on nommait le Castor, et son compagnon, le philosophe au regard divergent, ne l'était pas moins. « Si la Terreur est un mot inconnu en Chine, raisonnait le philosophe, regardant à droite quand il regardait à gauche, si le gouvernement de Mao Zedong a pu montrer l'admirable modération dont j'ai vu tant de preuves, c'est que son armée victorieuse en s'enracinant dans le peuple lui a donné ce qu'aucun gouvernement révolutionnaire n'a jamais possédé du premier coup : le calme de la toute-puissance. » Puis il reposait son stylo. Le Castor dormait la nuit au Grand Hôtel de Pékin dans un lit de cuivre couvert de soie rose et baguenaudait le jour, s'emplissait les mirettes, les esgourdes. Arriva le jour anniversaire de la République des Redresseurs de Torts où le Mandarin-Versatile offrit un banquet à tous les étrangers musardant alentour. Pour caresser leurs goûts, l'orchestre jouait Bizet, *songe en combattant qu'un œil noir te regarde et que l'amour t'attend, toréador ! L'amour, l'amour t'attend... Tout d'un coup on fait silence, on fait silence, ah, que se passe-t-il ?* Les chars, les dragons, les soldats paradaient devant la tribune de la place Tian'anmen. Au-dessus du portrait gigantesque et figé, le Castor aperçut Mao Zedong et Petit-Chien dit Rouge-Vertu, Liu Gros-Nez et d'autres en brochette qu'elle n'identifiait pas. Puis elle vit sur l'avenue dans une voiture découverte saluer l'Ours-Téméraire, ministre de la Défense. Les anciens Brigands Justiciers se montraient ainsi deux fois par an, chaque Premier Mai et Premier Octobre, sur la tribune rouge de Tian'anmen, la Porte de la Paix-Céleste. Petit-Chien, Liu Gros-Nez, le Mandarin-Versatile, l'Ours-Téméraire, le Pirate-Optimiste, Face-de-Lune, Deuxième-Couteau, en ordre protocolaire, avec leurs invités d'honneur saluant de la main, Nikita Khrouchtchev tout rond, Kim Il-sung sous un chapeau mou, le Dalaï Lama mince et droit. Seuls les spécialistes pointus de *pékinologie* remarquaient l'absence de Tête-de-Fouine. Sa santé n'allait pas fort. Il consumait son temps entre les hôpitaux de l'Union Soviétique et le Palais d'Été, centre de repos des hauts cadres de l'Armée. On lui avait collé une infirmière qui lui énervait le cerveau : Tête-de-Fouine ne supportait pas d'être tripoté par une femme autre que la sienne. « Tête-de-Fouine est en pauvre forme », déplorait Mao Zedong, le Président. Tête-de-Fouine restait atone, le regard éteint. Il avait perdu jusqu'à l'appétit du pouvoir. En proie à l'abattement qui lui tirait le visage, il s'éloigna, parcourut les provinces, divagua de ville en ville, d'une résidence l'autre, à la recherche du bien-être. Hangzhou, Canton, Qingdao sur la mer Jaune. Ses compagnons le visitaient parfois, compatissants, prenaient des nouvelles. Tête-de-Fouine restait morne, défait, silencieux. Mao Zedong fêta avec lui son soixantième anniversaire.

Installés au sommet après tant d'années, les Redresseurs de Torts jugeaient naturel de glorifier leur grande épopée, d'en entretenir avec méthode le précieux souvenir, gratifiant les vivants et honorant les morts. Lors de leur entrée à Pékin, les soldats de Tête-de-Fouine avaient découvert à la Prison N° 2 du régime déchu, l'échafaud sur lequel avait été supplicié le Bibliothécaire-Chef, et ils le mirent de côté afin de l'exposer dans un futur musée. Tandis que s'amoncelaient les reliques du passé, lampes à pétrole de la Forêt de Jade, maillons massifs des chaînes du pont de Luding, timbres xylographiés représentant Petit-Chien et la Huitième Armée, les anciens Brigands Justiciers songèrent à établir un cimetière pour les os de leurs frères. À l'ouest de la capitale, ils désignèrent l'endroit, un terrain attenant d'un temple taoïste où les eunuques âgés de la dernière dynastie prenaient un repos mérité, au lieu-dit Colline des Huit Trésors. C'est là qu'ils plantèrent cyprès et azalées, tracèrent des allées et, dorénavant, rendirent hommage à leurs défunts. Lorsqu'elles furent parvenues d'Angleterre, Petit-Chien y ensevelit les cendres de l'Américaine-Venue-en-Deuxième et rédigea l'épitaphe gravée sur la pierre : « Tombe d'Agnes Smedley, écrivain révolutionnaire d'Amérique, amie du peuple chinois. » C'est ainsi que, pour elle, le destin fut accompli. Plus tard, grâce à des admirateurs, parut au Japon puis à New York son livre inachevé sur la vie et les aventures épatantes de Petit-Chien dit Rouge-Vertu.

Braves et preux entraient dans la légende. Désirant les réjouir tous, couronner leur carrière, le Président Mao décida de nommer maréchaux les héros principaux de la cohorte des Brigands Justiciers, compagnons des vertes forêts, des monts et des vaux. C'était une juste récompense au regard des services rendus. Des couturiers exercés dessinèrent leur uniforme bleu roi à six boutons dorés, feuilles d'or cousues au col et aux manches. Sur la poitrine à droite, s'étalaient en cascade, le long du revers, des plaques rutilantes : l'Ordre du Premier Août, l'Ordre de l'Indépendance et de la Liberté et l'Ordre de la Libération, toutes de première classe et de haute valeur marchande. Le Pirate-Optimiste rayonnait dans cet accoutrement, pareil à un enfant au soir de la fête des lanternes. Deuxième-Couteau arborait un sourire facétieux. Les autres gardaient la mine grave des instants suspendus. Mao Zedong en personne remit le diplôme et les décorations dans trois boîtes ficelées par un ruban coloré. Eux se tenaient devant lui au garde-à-vous, Petit-Chien dit Rouge-Vertu, l'Ours-Téméraire, le Pirate-Optimiste, Face-de-Lune, Deuxième-Couteau… Mao, chaque fois, s'inclinait et leur serrait la main. Ne manquaient à la cérémonie que le Dragon-Borgne, allez savoir pourquoi, et Tête-de-Fouine enfoui dans sa mélancolie. On dépêcha auprès du malade des photographes chargés de lui tirer le portrait. Tête-de-Fouine, revêtu de l'uniforme chatoyant, contemplait l'objectif comme s'il était promis à l'abattoir. On le confia à des médecins, au meilleur, le Docteur Fu qui avait guéri Mao quand le Président n'était qu'un Bouddha puant des bois, abandonné de tous. Les praticiens dissimulaient mal leur perplexité et conseillèrent à Tête-de-Fouine un peu d'exercice, la marche à pied et d'arrêter la morphine.

Il en était un autre que l'on ne voyait plus, c'était le Serpent-Blanc, et celui-là, personne ne le regrettait, personne ne le visitait dans sa retraite ni ne cherchait à le faire rire. Ah, celui-là, beaucoup l'auraient aimé navré et occis, taillé en dix mille pièces par mille pointes effilées. « Je ne suis pas un agent infiltré, gémissait le Serpent-Blanc. Dites à l'organisation de ne pas me mésestimer. » Nul ne pleurait sur lui, nul ne voulait le secourir. La boulimie du pouvoir ne l'avait pas quitté, mais le pouvoir l'avait vomi. Le Serpent-Blanc gelait de peur. Il connaissait le service de sécurité de l'intérieur. Mais il n'était pas mort, cependant, il était vivant, lové dans un coin, s'adonnant à la calligraphie et à l'opium, collectionnant les œuvres d'art et les gravures pornographiques.

Les étrangers se pressaient pour applaudir à la parade, aux chars, au défilé, aux cerfs-volants, aux jeunes filles agitant leur éventail, aux grappes de ballons lâchés par les enfants joyeux, aux locomotives de carton-pâte, aux coups de cymbales, aux coups de canons, aux portraits géants du Président Mao, verrue sur le menton. Les étrangers picotaient sur les tables d'apparat les mets préparés à leur intention, les fruits, les cigarettes. Dans les colonnes du *Quotidien du Peuple* le philosophe au regard divergent fut invité à exposer ses « impressions sur la Chine nouvelle ». C'était fort courtois de la part des Chinois. « Le nom de Sartre ni le mien ne signifiaient rien pour eux », admettait le Castor mi-figue mi-raisin. Le nom de Sartre peut-être, et de Beauvoir probablement. Mais pas celui du comédien radieux qui se mêlait à un groupe d'étudiants : « *Fan-Fan !*

Fan-Fan ! », trompetaient les jeunes à son passage. Les Pékinois se régalaient de *Fanfan la Tulipe*. La Tulipe, vraiment ? Que l'on préférât un héros de cape et d'épée, les brandebourgs des soldats et le décolleté de Lollobrigida au philosophe de l'Être et du Néant ouvrait d'insondables questions.

Si les Chinois trimaient dur pour accomplir le Plan, ils s'amusaient de peu, des glaces déformantes du Grand Monde, des marionnettes, du clown exotique Boris Vyatkin, en tournée avec son chien, sa veste ridicule, des biscotos de l'hercule Vsevolod Kherts, de *La Dame aux camélias* interprétée par l'actrice Pai Yang, députée à l'Assemblée nationale. Lorsque le temps le leur permettait, ils allaient tester au zoo leurs connaissances, admirer derrière les barreaux le lynx du Xinjiang, le petit léopard du Guangdong, le grand tigre de Mandchourie, les pandas géants nourris de pousses de bambou, d'œufs frais et d'huile de foie de morue. « *Pingping ! Pingping !* » caquetaient les visiteurs à la vue du plus massif, jouissant d'une célébrité de vedette. Cloîtré entre les murs rouges de la Cité Interdite, couvé par des sbires, le Président ne bénéficiait pas même de ces loisirs. Il se dévouait tout entier à ses hautes fonctions et grillait au bout d'un fume-cigarette des State Express 555 de la British-American Tobacco, « *les meilleures en toutes occasions* ». « Il y a un filtre à l'intérieur, pour la nicotine, s'excusait-il en montrant le tube de bakélite. Je fume depuis de nombreuses années. » En toutes choses, Mao Zedong persévérait. L'idée d'apprendre l'anglais le poursuivait jusque dans ses appartements du Pavillon des Senteurs de Chrysanthèmes. Sans y parvenir tout à fait, il déchiffrait ligne à ligne *Socialisme utopique, socialisme scientifique* de Friedrich Engels : « *L'ensemble d'idées que représente le socialisme moderne n'est que le reflet dans l'intelligence, d'une part, de la lutte de classes qui règne dans la société entre possédants et dépossédés, entre les bourgeois et les salariés, et, d'autre part, de l'anarchie qui règne dans la production…* » Mao Zedong peinait, trébuchait sur les mots. Chaque semaine, par tradition, il y avait bal dans la résidence. Les donzelles pétillantes de la troupe d'action culturelle de la Sécurité faisaient frétiller sur la piste les Maîtres du

Jeu, fox-trot, tangos comme naguère au Repaire. Passé soixante ans, cela entretenait les articulations. Par exception, Mao Zedong se rendait à l'Opéra lorsque y était joué *L'Hégémon dit adieu à sa concubine* ou quelque autre pièce débordante de chauds sentiments, alors son nez reniflait bruyamment, ses yeux se mouillaient de larmes. Car il lui arrivait de pleurer en certaines circonstances.

La République des Redresseurs de Torts gagnait par ses efforts l'estime des contrées extérieures. La Mongolie, l'Union Soviétique, l'Albanie, la Pologne, cela allait de soi, puisqu'ils étaient frères et sœurs. Mais d'autres, plus éloignés par le cœur, lui payaient tribut diplomatique. Sans tarder, les trois royaumes de Suède, du Danemark et de Norvège dépêchèrent leurs ambassades. La Suisse des coffres-forts emboîta le pas. Le Mandarin-Versatile débarqua à Genève-Cointrin pour régler à sa façon les troubles de l'Indochine et de la Corée. Avec sa suite de négociateurs, il occupait une confortable villa des bords du lac Léman où l'on dégustait un agréable vin blanc. Vingt et une chambres, cinq salles de bains, des salons de réception à colonnes égayés de ficus, de cyclamens, d'hortensias bleu azur, de philodendrons en pots achetés chez Fleuriot et payés comptant, le Mandarin travaillait d'arrache-pied. Aux portes, des touristes, des reporters-photographes, des communistes helvétiques cherchaient à l'apercevoir. Il dîna un soir avec Charlot, Charlie Chaplin chassé d'Amérique par le FBI. Le Mandarin-Versatile accueillit le vagabond sur son perron et lui tapa familièrement sur l'épaule. Chacun conta à l'autre ses malheurs et ses réussites en dégustant un canard laqué arrosé, paraît-il, au champagne chinois : « Pas mauvais ! » remarqua l'acteur, habitué des cocktails hollywoodiens. Charlot porta un toast à l'avenir de la Chine, au bonheur de l'humanité, à la vie meilleure. Le Mandarin était ravi. Tous les Anglo-Saxons ne manifestaient pas à son égard semblable considération. Mal renseignés, les Américains croyaient que le Mandarin-Versatile avait jadis exercé en France le sale métier de mineur de charbon. Le représentant des États-Unis à Genève, avocat d'affaires issu d'une double lignée de ministres et d'ecclésiastiques, refusait obstinément de lui serrer la main, l'accablait d'injures, le traitait d'« intrigant endurci », de « menteur invétéré », d'« assassin aux crocs acérés ». Cela vexait le Chinois, mais n'affectait en rien son moral. Sous l'œil des gardes suisses, le Mandarin glissait le long du lac dans sa Zis blindée encadrée de Citroën noires traction avant. Le Mandarin-Versatile visait loin. « À l'heure actuelle, notre pays est entré en contact avec l'Afghanistan et Israël pour l'établissement de relations normales et se prépare aussi à établir des liens ordinaires avec le Népal… » Flanqué du Pirate-Optimiste dans son bel uniforme bleu roi à dorures, il entreprit un périple au Cambodge, en Birmanie, aux Indes et dans d'autres lieux indiqués sur les cartes. Zaher Shah, roi des tribus afghanes, le reçut en sa demeure, comme le fit à Katmandou le Maharajadhiraja Mahendra, souverain himalayen, les yeux cachés par des lunettes noires. Petit-Chien, dit Rouge-vertu, prospectait de même le bloc fraternel à Budapest, Prague, Varsovie. Les Hongrois lui offrirent un sabre courbe étincelant qu'il brandissait vers le ciel. Les Tchèques l'acclamaient quand il se pavanait en décapotable dans les rues de leur capitale. Petit-Chien revit la moitié de Berlin, dont il avait éprouvé la prison dans sa jeunesse, et leva son verre aux amitiés éternelles.

Bien que nombre des Brigands Justiciers, à commencer par le Mandarin-Versatile, aient séjourné à Paris, fréquenté les cafés, goûté aux croissants du matin, chanté *La Marseillaise* et appris là *L'Internationale*, la France les battait froid. « Un Français n'a-t-il pas suffisamment de soucis sans se préoccuper en outre de la Chine ? » braillaient les éditorialistes véhéments. L'Indochine, l'Algérie, les poèmes de Minou Drouet, n'était-ce pas assez à leurs préoccupations ? Il s'en trouvait pour penser que non et ceux-là prenaient l'avion, volaient par-dessus la Sibérie, la Mandchourie, les steppes, les déserts et les fleuves, dégringolaient sur Shanghai, Pékin, la Grande Muraille, le Palais d'Été. À la queue leu leu, ils recueillaient méticuleusement leurs *impressions* comme l'exigeait une coutume solide. Vercors, Claude Roy, Michel Leiris, le Castor et son philosophe, Edgar Faure et sa femme Lucie. Tous appartenaient à la catégorie des lettrés, dans le tableau défini des classes sociales. L'un d'eux dédiait son talent au genre policier, tel autre à la poésie, le troisième à l'ethnographie. Ils n'étaient pas nés de la dernière pluie. Ces voyageurs ravis suivaient leur guide dans les magasins, restaurants, chantiers, monuments, ils exploraient le pays largement. Étant écrivains, ils rencontrèrent aussi des écrivains. « Lao She nous raconte ses aventures à Hollywood et la stupeur de producteurs américains quand il annonça son intention de rentrer en Chine, après la libération de Pékin. » L'atmosphère était bon enfant, on se distrayait fort de ces échanges. « Vous êtes bien Ding Ling, la romancière ?

— Mais oui.

— C'est qu'on a annoncé autrefois en France que vous étiez morte…

— Vous voyez, ils m'ont ratée ! » Ding Ling partit d'un franc rire. Elle avait la face ronde, des yeux malicieux, une bonne humeur communicative. Les invités admiratifs s'entretenaient des ventes de son dernier roman de deux cent mille caractères sur la réforme agraire. « C'est un grand succès de librairie ! » Ding Ling avait appris dans les campagnes du Nord à polir son écriture. Ses personnages étaient criants de vérité : « *"Assassin ! Tu as ravagé notre village et tu as fait tuer les gens pour leur argent sans même te salir les mains. Mais aujourd'hui voilà venu le jour où on règle avec toi tous nos comptes ! Et on va te mettre à mort... Et puis t'as pas le droit de te tenir debout sur une estrade. À genoux, à genoux !... Mettons-lui le bonnet ! Mettons-lui le bonnet !... Mettez-y le bonnet ! Mettez-y le bonnet !"... La coiffe de papier lui donne un air de clown : la taille courbée avec humilité, les genoux pliés, il a perdu toute sa morgue. Le voici prisonnier du peuple, captif de ces hommes… "À bas les despotes locaux ! À bas les mauvais hobereaux !"… "Soutenons le Président Mao ! Suivons jusqu'au bout le Président Mao !"…* » Sans doute s'était-elle perfectionnée depuis la gestation du *Journal de Mademoiselle Sophie*, depuis son enlèvement dans la voiture immatriculée 4223, depuis les interrogatoires des Chemises Bleues, l'escapade intrépide vers le Repaire de la Pagode Précieuse. Elle avait engrangé une certaine expérience. On lui avait, paraît-il, conseillé la lecture du *Don paisible* d'un Russe en vogue. Évidemment, Ding Ling gardait celées les *Pensées sur le*

8 Mars qui lui avaient valu de si douloureuses déconvenues. À coup sûr, l'épisode eût intéressé le Castor que passionnaient le sort et les avanies du deuxième sexe. Mais leur rencontre fut éphémère et le dialogue par trop surréaliste. Dressés dans un pot sur la table de la romancière, les pinceaux intriguaient le Castor : « Je lui ai demandé si elle peignait : elle a souri sans répondre. » Les Français étonnaient toujours par leur fraîcheur d'âme. Leurs découvertes les plongeaient dans un état extatique qui comblait traducteurs et officiels. Tout ou presque les charmait : le bateau en marbre de l'impératrice Cixi, l'usine de camions de Harbin, le canard laqué craquant de la rue Qianmen, les houillères de Fushun, les mûriers à soie. Ils s'intéressaient de très près à la politique. « De ses six cents millions de Chinois Mao Zedong n'est pas le chef, assurait l'épouse d'Edgar Faure qui savait à la perfection inspecter les allées du pouvoir. Il est l'incarnation même de la Chine. Un parmi les autres mais le meilleur parmi eux. C'est le sage, le poète, le soldat, mais aussi le penseur... Ses vues sont souvent prophétiques. » Le Président Mao sortait des mains du coiffeur, le cheveu lissé en arrière sur le crâne, découvrant son grand front de théoricien, et bien dégagé sur les oreilles, lorsqu'il salua l'épouse d'Edgar. Étole de vison sur sa robe à fleurs, cinq rangs de perles autour du cou, l'élégante Parisienne frétillait comme devant la Reine d'Angleterre. Jamais les visiteurs n'étaient déçus ou ils ne laissaient point paraître.

Le Président Mao, lui, ne se satisfaisait guère des progrès accomplis et le faisait savoir. « Nous devons nous garder d'exagérer en matière de propagande extérieure, suggérait-il. Il nous faut être, à tout moment, modestes et prudents, veiller à ne pas nous rengorger. » Le *Petit dictionnaire philosophique* élaboré en Union Soviétique ne le comblait pas d'agrément, pas plus que *La Bassine noire* ou *Le Châtiment céleste par la foudre*, des pièces de théâtre aussi hideuses que réactionnaires, farcies de revenants, de génies malfaisants, de croyances imbéciles, ou encore les films *La Vie de Wu Xun* et *L'Histoire secrète de la cour des Qing* réalisé dans les studios dernier cri de Hongkong. Tout cela était mauvais, ne valait pas un clou. Mao n'était pas secondé comme il l'escomptait. « Petit-Chien est un ignorant ! On ne peut se fier à lui ! » disait-il de son vice-président. Petit-Chien dit Rouge-Vertu n'avait plus l'âme belliqueuse, il ne songeait qu'à cultiver tranquille son jardin d'orchidées, ses lunettes sur le nez. *L'Histoire secrète de la cour des Qing* ne le stimulait pas outre mesure. Il avait acquis, à sa place, le privilège de voir *Le train sifflera trois fois*. Gary Cooper. « *Je ne quitterai pas cette ville pour tout le thé de la Chine…* » Lee Van Cleef prince des salauds, Grace Kelly et Katy Jurado, fusillade dans la rue principale, Madison & Co. General Supplies, Gary Cooper rechargeait lentement son revolver, une balle, deux balles… *Si toi aussi tu m'abandonnes… Il ne me restera plus rien… Plus rien au monde et plus personne… Qui me comprenne… Qui me soutienne… Ou qui me donne simplement la main…* Du cinéma, Mao tirait, lui au moins, quelques enseignements philosophiques. « Quand on regarde un film, les personnages sur l'écran bougent tout le temps, relevait-il. Mais si vous prenez la pellicule et l'examinez de près, vous verrez que pas une des images ne bouge… Tout dans le monde est dialectique, comme cela : ça bouge et ça ne bouge pas. Il n'y a rien qui soit pure inertie et rien qui soit pur mouvement. » Telles étaient les leçons primordiales que lui avaient transmises Eisenstein, Charlot et Laurel et Hardy.

Mao Zedong paraissait soucieux. À tous les postes gouvernementaux c'était le même tableau, on le négligeait, on le trompait, on lui faisait des enfants dans le dos. Le Président Mao s'emportait contre Liu Gros-Nez, le président de l'Assemblée : « Tous les documents et télégrammes à envoyer au nom du Comité Central doivent être soumis à mon examen avant d'être expédiés. Dans le cas contraire, ils seront nuls et non avenus. Veuillez en prendre note. » Liu Gros-Nez s'ébrouait à l'aise. Il s'était hissé au rang de Numéro Deux des Maîtres du Jeu, devant le Mandarin-Versatile et Petit-Chien dit Rouge-Vertu. Depuis qu'au Repaire de la Pagode Précieuse s'était tenu leur conclave, les Brigands Justiciers pouvaient faire sur les doigts de la main calcul de leur valeur relative et de leur utilité. *Un*, l'index levé, *deux*, l'index et le majeur en V, *trois*, index majeur, annulaire, *quatre* en ajoutant le petit doigt, *cinq* le pouce en plus, *six*, pouce et auriculaire tendus les trois autres doigts repliés sur la paume. *Yī*, *èr*, *sān*, *sì*, *wǔ*, *liù*... De chacun selon ses capacités, à chacun selon ses mérites, c'était ainsi que se déclinait le premier stade de la société de la Grande Concorde. Les Brigands Justiciers tinrent conclave à nouveau. Mérites et capacités plaçaient l'Ours-Téméraire, le Dragon-Borgne et le Pirate-Optimise à la traîne. Contre toute attente, se faufilait devant eux Petite-Bouteille qui jusque-là ne s'était pas fait remarquer parmi les nombres premiers. Ce n'était pas qu'il ait été insignifiant, bien au contraire, mais il ne vaquait pas dans la cour principale. Petite-Bouteille n'était pas haut de taille, pas lourd de poids, pas avancé en âge, et il jouait au bridge. À Boulogne-Billancourt, dans sa jeunesse, rue Traversière, ou au 39, rue de la Pointe à La Garenne-Colombes, Petite-Bouteille avait contracté l'amour des pommes de terre frites, du fromage et du vin. Il avait donc des qualités. « J'ai traversé des moments difficiles, prétendait-il, mais, depuis une vingtaine d'années j'ai plutôt le vent en poupe. » Il était ami avec pas mal de monde, Face-de-Lune, Deuxième-Couteau, le Mandarin-Versatile qu'il avait coudoyés en France, le Dragon-Borgne qui le dépassait d'une tête et Liu Gros-Nez. « Il m'arrive souvent de me tromper, confessait humblement Petite-Bouteille. Le Président Mao en a dit autant de lui-même ; nous savons tous, bien sûr, qu'il commet moins d'erreurs que nous. » Le jour du Premier Mai et le jour du Premier Octobre, Petite-Bouteille assistait au défilé de Tian'anmen depuis la terrasse qui surplombait le portrait officiel de Mao Zedong. Il avait rejoint, donc, pour y vivre, l'une des cours des Lacs du Centre et du Sud abritée derrière les murs vermillon. Deuxième-Couteau demeurait tout à côté, ils n'étaient séparés que par un jardin, c'est pourquoi ils partageaient goulûment des plats de tofu cuisiné à l'emporte langue car tous deux étaient originaires du Sichuan. Petite-Bouteille se mêlait de tout chez les Maîtres du Jeu, des finances, des promotions, des statuts, de la manière de conduire les réunions. Il forait son trou. « J'approuve sans réserve le rapport du camarade Liu Gros-Nez, avançait-il à voix forte. J'approuve aussi le projet de résolution présenté au cours de cette session sur proposition du camarade Mao

Zedong. » Ainsi devint-il indispensable au travail quotidien. Somme toute, chacun l'appréciait. « Petite-Bouteille est comme moi, jugeait Mao. Cela ne veut pas dire qu'il n'a pas de défauts, mais il est également loyal et juste, pareillement capable et bon gestionnaire. » Mao Zedong ne s'endormait plus que grâce au Véronal, sur le petit matin. C'était un homme de la nuit. En peignoir, les pieds fourrés dans des mules, il compulsait ses dossiers, les livres de sa bibliothèque auxquels personne n'avait le droit de toucher. Et il réfléchissait à mille choses. « En Chine, le tofu, les germes de soja, les œufs de cent ans, le canard laqué sont des spécialités et aucun pays étranger ne peut rivaliser dans cette production ; cela peut être exporté... Les Chinois mangent avec des baguettes alors que les Occidentaux utilisent des couteaux et des fourchettes. Il ne serait pas raisonnable d'affirmer qu'il est plus sage et plus scientifique d'utiliser fourchettes et couteaux, et rétrograde de se servir des baguettes... La composition de l'eau, le fait que l'homme descend du singe, cela est valable pour tout le monde... Il est mauvais de s'opposer aux diables étrangers à la façon de l'impératrice douairière Cixi. Nous devons apprendre de l'extérieur et utiliser ces connaissances en vue de créer chinois... » Ces idées lui trottaient dans la tête. De temps à autre, Mao s'adressait aux grands du monde dont il était désormais l'égal afin de leur prodiguer des paroles bienfaisantes. « Puisse le bonheur descendre sur le peuple norvégien », écrivait-il au roi Haakon VII, seigneur des Norois et des Sames, fils de Frédéric VIII, roi du Danemark, petit-fils de Christian IX, arrière-petit-fils de Frédéric Guillaume de Schleswig-Holstein-Sonderbourg-Glücksbourg, et époux de Maud de Saxe-Cobourg-Gotha, princesse de Grande-Bretagne et d'Irlande, petite-fille de la funeste reine Victoria qui envoya contre la Chine ses marins et ses troupiers. « Puisse la Confédération Helvétique croître en prospérité », écrivait encore Mao à son homologue du canton de Berne. Et puis aussi : « Je vous adresse mes chaleureuses félicitations à vous et au peuple de votre pays », au Roi des Rois élu de Dieu, Ras Täfäri Mäkonnen empereur d'Éthiopie, puissance de la Trinité, grand prêtre selon l'ordre de Melchisédech.

Connaître le destin du Roi des Rois élu de Dieu, découvrir comment il fut renversé et périt étranglé ou étouffé semble de peu d'importance ici. Mais la manière dont les grands du monde traitèrent le Président Mao vous sera narrée sans faute.

CHAPITRE XXVIII

Mao Zedong fait le compte de ses œuvres —
Des intellectuels se font taper sur les doigts.

Du plus petit au plus vieux, sous la houlette des nouveaux Maîtres du Jeu, les Chinois des provinces et de la capitale apprenaient à lire et à écrire, à tracer des caractères dans des carrés, les huit traits fondamentaux, l'horizontal, le vertical, la courbe à gauche, la courbe à droite. C'était obligatoire. Et quand ils avaient acquis la faculté de débrouiller les caractères, ils pouvaient tenir entre leurs mains les journaux du Parti, les romans de Ding Ling, les contes de Lao She, les bandes dessinées de petit format rectangulaire vendues sur les trottoirs, les œuvres de Dickens, de Balzac, de Mark Twain, les poèmes de Dante, les pièces de Shakespeare ou d'Ibsen, pour les plus instruits, et les trois tomes des *Œuvres choisies* du Président Mao distribuées à neuf millions d'exemplaires. Mao Zedong ouvrit un compte à la banque où remiser ses droits d'auteur. Évidemment, le Président étant fort absorbé, il n'avait guère le temps d'écrire. « Maintenant, chaque fois que je rédige un texte, confessait-il, c'est un secrétaire qui le met par écrit. Moi, personnellement, je ne remue pas le petit doigt. » Disons que, d'après les calculs des hommes de science, mathématiciens habiles au boulier et linguistes émérites, Mao Zedong n'avait produit que sept à huit pour cent des contributions publiées sous son nom. Certains fielleux chuchotaient que ses essais *De la pratique* et *De la contradiction* avaient été mis au point par le Mandarin-Versatile et le Batracien-Graphomane avec le concours du Serpent-Blanc. Des méchancetés filandreuses répandues par les génies malveillants, les mauvais éléments, les propriétaires fonciers lecteurs de *La Gazette littéraire*, il y en aurait toujours. Mao ne s'en offusquait pas trop. « Là où il y a des hommes, considérait-il impavide, soit partout sauf dans les déserts, on distingue toujours une gauche, un centre et une droite, il en sera encore ainsi dans dix mille ans. » Mieux que quiconque jusqu'à présent, le Batracien-Graphomane résumait les qualités du Président : « Comme on le sait, le premier et le plus éminent des hommes de progrès en Chine n'est autre que le camarade Mao Zedong. » Les travaux académiques du Batracien faisaient autorité. Il était l'auteur reconnu de *Yuan Shikai le Grand Usurpateur* et de *Chiang Kai-shek l'Ennemi Public du peuple*. Il ne quittait pas le Président d'une semelle.

C'est à ce moment que Li Rui, fieffé baratineur, s'en mêla et parvint au faîte de son ascension. Qui lui jetterait la pierre ? Il n'était pas grand-chose auparavant et s'occupait au Ministère de l'Eau et de l'Électricité. Quoi qu'il en soit, il devint du jour au lendemain secrétaire du Président Mao et il coucha sur le papier sa grande étude *Les Activités révolutionnaires précoces du camarade Mao Zedong*. « Le camarade Mao Zedong, y soutenait-il, a toujours aimé lire la littérature chinoise, l'histoire et la géographie, et ensuite a été particulièrement passionné de philosophie… Il avait la haute ambition de transformer la société et de changer la Nation. » Li Rui ne manquait pas des aptitudes nécessaires à l'accomplissement de sa tâche. D'autant qu'il avait tâté autrefois au Repaire, pour un oui ou un non mal placé, des cachots froids du Serpent-Blanc. Dans la vaste chambre d'où il sortait peu, tentures de velours masquant l'extérieur, le Président Mao avalait son porc aux piments. Mao pesait alors dans les quatre-vingt-cinq kilos. Ses dents étaient verdâtres, car il ne les lavait qu'au thé. Ce n'est pas qu'il se laissât aller. Une section de cuisiniers, de gardes, d'infirmières veillaient sur lui et sur sa santé. L'empereur Qianlong des Qing, coureur de gueuses, avait de sa main auguste agrémenté l'entrée du palais des caractères *Jardin de l'Abondante Bienfaisance*, et il y poussait cyprès, pins et mûriers. Malgré la sollicitude dont il se voyait bercé, Mao Zedong n'avait pour compagnons véritables que les livres empilés autour de lui et, sur un rayon, la collection complète et illisible de l'*Encyclopædia Britannica.* Sa troisième épouse et demie vivait loin de lui. Pomme-Bleue, après ses amygdales, soignait à Moscou un cancer de l'utérus. On lui infligea un traitement au cobalt 60. Pomme-Bleue se montrait de méchante humeur. Elle guérit, mais avec son époux le cœur n'y était plus. Elle le bassinait, grognait-il, avec ses histoires, ses criailleries, sa façon de se mettre à dos le personnel et les camarades. Ils faisaient donc chambre à part et les deux filles Li Na et Li Min étaient élevées à l'écart par une tante. Anqing, le fils restant de sa première épouse et demie, frère au cerveau fragile de Anying et de Anlong, fréquentait les institutions spécialisées. Mao Zedong n'avait donc pas de famille auprès de lui et il était libre de ses pulsions. L'envie lui prit d'apprendre à nager. « Auparavant, je ne savais pas nager correctement », avouait-il penaud. Peut-être avait-il barboté ou flotté quelque peu, à Shaoshan, son village natal, dans les mares en contrebas de sa maison, ou dans la Rivière des Sables d'Or qu'il avait fallu traverser avec l'Armée des Brigands Justiciers, les chevaux, les mules chargées de fusils rectifiés, de caisses de billets fraîchement imprimés et de machines à coudre japonaises. Mais nager, il ne le savait pas vraiment. Il s'entraîna dans la piscine de l'université la plus proche. « J'y suis allé tous les soirs, vêtu d'un déguisement, avec un bandeau sur la bouche, pendant trois mois sans interruption, et alors j'ai compris la nature de l'eau. » Mao Zedong abordait la natation du point de vue dialectique et matérialiste. « L'eau ne noie pas l'homme ! C'est l'eau qui craint l'homme, et non le contraire. Bien entendu, ajoutait-il, il y a des exceptions. Mais en général on peut nager dans toutes les eaux. » Beaucoup, dans son entourage, profitaient de la leçon. Sitôt qu'il eut assimilé les mouvements, le Président se précipita dans les flots opaques du Yangtsé et de ses affluents, nagea sur le ventre, sur le dos, gigota des jambes et des bras, souffla l'air de ses poumons au ras des eaux. Après quoi, pieds et mollets maculés de la boue du rivage, Mao endossa son peignoir rayé, s'assit sur un tabouret, tira sur son fume-cigarette, interrogeant les gens du coin : « Ça va, ici ?

— *Mămă hūhū*, couci-couça », répondaient-ils plus ou moins. Parce qu'il était poète également et ne l'oubliait pas, il délaya l'encre, trempa le pinceau et traça des vers de genre *ci* d'après le motif du *Prélude à la mélodie de l'eau* :

Je traverse à la nage un grand fleuve infini…
Sans souci du vent ni des vagues,
Mieux que dans ma cour en promenade,
Aujourd'hui je me trouve au large,
Au bord d'un fleuve, le Maître dit :
"C'est comme cette eau tout ce qui passe"…
De grands desseins sont conçus…

Le Pirate-Optimiste, Tête de Dragon parmi les Têtes de Dragon dans la Société des Frères Aînés, n'était pas adroit en poésie vu qu'il avait appris à lire autour de ses quarante ans, quand il conduisait vers l'ouest depuis le Lac des Lotus Rouges l'Armée du IIe Front des Ouvriers et des Paysans. Le Pirate-Optimiste manquait d'éducation. Mais il était expert en base-ball, ce jeu américain que nul individu normalement constitué ne comprend. Pour lui, c'était aussi simple qu'une formule de courtoisie : un sport où l'on lance quelque chose de la taille d'une grenade. Il riait toujours, sous sa moustache, lorsque ses gars de la Brigade des Sports Combattants gagnaient. « Le base-ball et les sports sont les piliers de la Défense et du Développement », avait-il coutume de répéter à ses subordonnés. Ce n'était pas sans motifs qu'il était devenu maréchal. À part ça, il jouait aux cartes et dansait dans les parties du samedi soir derrière les murs vermillon avec les filles accortes de la garnison. Un seul faisait grise mine, l'Ours-Téméraire, peut-être à cause de la Corée, des gelures, du 38e parallèle, des vagues humaines gorgées d'alcool de riz grimpant les collines à l'assaut des positions américaines, de ses soldats navrés, flambés au napalm à raison de deux cent cinquante mille livres par jour délivrées en bombes fabriquées au Japon par les avions Corsair et les B-26 Invader, et à cause de ses crampes d'estomac. L'Ours-Téméraire entreprit d'apaiser son esprit, visita à son tour Berlin, Varsovie, et accueillit dans Pékin toutes sortes d'étrangers de haut rang, Pakistanais, Suédois, Yéménites, Birmans parés de titres flatteurs. Il se tenait auprès de Mao Zedong quand le Président reçut la Grand-Croix du Royaume du Cambodge des mains de Son Altesse Norodom Sihanouk. L'Ours-Téméraire, à tort, ne s'embarrassait pas de protocole. Il continuait souvent à appeler le Président « Vieux Mao », comme on le fait dans les campagnes du Hunan, au prétexte qu'ils étaient originaires du même canton et qu'ils se côtoyaient depuis longtemps. L'Ours-Téméraire était sans manières, mais il parlait trop. Il crachait les mots avec la rapidité d'une mitrailleuse légère sans souci de leur portée, et, bien qu'il ne songeât pas à mal, ses paroles plombaient l'atmosphère. « Qu'est-ce que c'est que ce slogan *Dix mille ans de vie au Président Mao* !? lui prenait-il de s'exclamer devant témoins. Peut-il vraiment vivre dix mille ans ? Il n'atteindra même pas cent ans ! » C'était, quoi qu'on en juge, désobligeant. Avait-il toute sa tête lorsque, au conclave régulier des Brigands Justiciers, il vit une objection à intégrer en place première la *pensée-maozedong* ? Ses connaissances laissaient à désirer. L'Ours-Téméraire en restait aux aventures guerrières des Cent Huit Héros du roman *Au bord de l'eau* et au compendium de philosophie prolétaire qu'on lui avait donné à lire avant de prêter serment.

À la tête du gouvernement, le Mandarin-Versatile bourdonnait en tous sens, sériait les questions primordiales et secondaires, synthétisait au sommet les rapports intermédiaires d'exposés de base. « L'ardeur au travail et l'économie sont de bonnes qualités traditionnelles de notre peuple » : voilà ce qu'il disait en additionnant les neuf cent quatre-vingt-douze mille coopératives agricoles nouvellement créées aux cent soixante-quinze millions de tonnes de céréales récoltées, les cinq millions cinq cent mille tonnes d'acier fondu aux vingt-quatre millions de mètres cubes de bois débités, les cinq millions six cent mille balles de filés de coton produites en un temps donné aux trente mille machines-outils pour la coupe des métaux assemblées en temps égal et les cent vingt millions de tonnes de charbon extraites des profondeurs aux dix-huit milliards de kilowatts-heure surgis des ouvrages hydroélectriques et des centrales. « Quand on envisage le fond du problème, concluait-il satisfait, tous nos travaux d'édification ont en vue le bien-être de notre peuple. » Mao Zedong, le Président, demeurait sur sa réserve. Ses travers de philosophe l'amenaient à considérer sous des angles inédits les contradictions saillantes ou cachées. « Les bonnes choses et les hommes bons, assurait-il, naissent de la comparaison et de la lutte avec les choses mauvaises et les hommes mauvais... Beaucoup détestent Chiang Kai-shek, mais personne ne sait quel fils de pute est ce Chiang Kai-shek ! » Il encourageait donc les camarades du haut et du bas à se défaire de la métaphysique des mœurs et des lois, à puiser chez Kant, Hegel et Confucius les exemples négatifs afin de découvrir la juste Voie comme lui l'avait trouvée. Bien que tout parût aller pour le mieux, que prévisions et indices fussent présentés sous leur meilleure face, Mao Zedong décelait les périls de la situation et soupçonnait les calamités à venir. « Dès qu'on lâche la bride, les diables à cornes et les esprits serpents bondissent. On ne les voyait plus, mais peu importe qu'ils nous tombent sous les yeux maintenant ; il ne faut pas se mettre immédiatement à hurler, ils ne seront pas d'un grand effet sur l'accroissement de la production des céréales et de coton, ni sur les finances nationales. » Mao avait élaboré une tactique en huit caractères destinée à trier le bon et le mauvais, distinguer le beau du laid, séparer les fleurs odorantes des herbes vénéneuses.

Cela surprit Ding Ling, la romancière, de se voir poussée en ligne de front parmi les ennemis à débusquer. Elle ne s'y attendait pas. Ding Ling s'occupait de *La Gazette littéraire*, de l'écriture et de son siège de députée à la Grande Assemblée des Redresseurs de Tort. On la manda abruptement à des réunions impromptues, des meetings de lutte et de critique où elle tenait le rôle d'accusée principale. Ne s'était-elle pas subrepticement taillé un fief dans les milieux de la culture, un royaume indépendant ? N'ourdissait-elle pas de noirs desseins en compagnie d'éléments douteux ? Au mois d'août *Le Quotidien du Peuple* imprima en page huit ses vieilles « Pensées sur le 8 Mars » accompagnées d'un commentaire sévère.

« À cette époque déjà, Ding Ling décochait ses flèches empoisonnées contre le Parti. Aujourd'hui, quinze ans après, alors que la clique Ding Ling antiparti a été démasquée, on peut percer l'âme de cette ambitieuse rusée. » Le fils qu'elle avait eu autrefois à Shanghai du martyr Hu Yepin, l'un des Vingt-Quatre qui tombèrent enchaînés en chantant *L'Internationale*, ce fils, donc, fut convoqué à son tour dans un bureau de la rue Wangfujing, au numéro 64, où les murs, les escaliers, les couloirs s'ornaient d'affiches en grands caractères dénonçant sa mère. On le fit asseoir. Il avait exactement l'âge de son père au moment de sa disparition. En cette heure ou à une autre plus tard, le fonctionnaire l'interpella : « Toi, personnellement, ton père était le martyr Hu Yeping que nous respectons… Ce dont je voudrais causer avec toi aujourd'hui, c'est du temps où ta mère séjournait à Nankin. Non seulement elle a commis des erreurs contre le Parti, mais il y a aussi un relent de trahison dans son passé… » N'aurait-elle pas en 1933 capitulé devant l'ennemi, fricoté légèrement avec le chef du Renseignement du Kuomintang et le Prestidigitateur retourné par les Chemises Bleues ? N'aurait-elle pas bénéficié d'un traitement de faveur ? « Nous souhaitons approfondir un peu ces questions, espérant que tu verras les choses de la même manière que le Parti. » Les jours suivants, le fils du martyr et de la romancière ne parvint pas à avaler ses nouilles. Sa gorge était nouée. « Je m'en vais, Mère, prends bien soin de toi », lâcha-t-il enfin, tenant ses mains dans les siennes. Ils sanglotaient tous deux, l'un contre l'autre, elle affalée sur un canapé, lui à genoux. Elle ne savait que dire : « Mon fils… Mon fils… » Puis il quitta la maison.

Sur la scène de l'auditorium neuf du nouveau théâtre de la capitale, le type du Ministère parlait haut et clair pour se faire entendre de la foule des artistes rassemblés à ses pieds. Ils étaient au-delà du millier venus l'écouter et participer, plus nombreux apparemment que le théâtre ne contenait de sièges. « Des camarades ont fait mention du *Journal de Mademoiselle Sophie*, s'époumonait l'orateur. Si vous voulez comprendre le caractère de Ding Ling et sa façon de penser, lisez ce fameux roman écrit il y a trente ans et vous verrez ! Son héroïne est une individualiste, une nihiliste. Elle ment, trompe, joue avec les hommes, jouit de voir les autres souffrir et regarde sa propre vie comme un jeu ! » Les autres dans la salle hurlaient à qui mieux mieux : « Sophie est une traînée ! » « Ding Ling est une mauvaise femme ! » Ding Ling était sujette à la déviation de droite. On lui colla l'étiquette de « droitière ». « *Yòupài ! Yòupài !* », criaient les artistes, « Droitière ! Droitière ! » « Écrasez la clique Ding Ling ! » Ding Ling entraîna dans sa chute le poète Ai Qing et quelques autres de son espèce. Derrière les murs vermillon du Jardin de l'Abondante Bienfaisance, Mao, le Président, applaudissait des deux mains. « Il faut avoir une confiance inébranlable dans la grande majorité des masses, sermonnait-il. Nous avons maintenant trouvé une forme de rectification du style de travail qui consiste en ceci : libre expression d'opinions, large exposé d'idées, grand débat et *dàzìbào* — affiches en grands caractères… Ding Ling ne peut se tirer d'affaire… » Sur les droitiers, Mao Zedong avait beaucoup à dire. Cela faisait longtemps qu'il les observait du coin de l'œil, les écoutait d'une oreille, qu'il les voyait pérorer sottement, tenir des propos bizarres, distiller leur venin, pervertir son œuvre et, finalement, courir à leur perte. « Monde étrange que le nôtre, réfléchissait-il. Tout comme on doit balayer sa maison et se laver la figure tous les jours, je pense que nous devons faire la rectification, généralement au moins une fois par an, et pendant un mois environ chaque fois. » Ding Ling demeurait chez elle, dans la ruelle de la Prospérité, sans un être à qui parler. Elle ne voyait plus personne et personne ne l'ennuyait. Elle ciselait son prochain roman : *Dans les jours froids et amers* dont elle avait écrit quatre-vingt mille caractères. Un jour, Ding Ling fut informée par un collègue de l'Union des Écrivains qu'elle était cataloguée « droitière de niveau 6 ». Puis on lui annonça qu'elle n'aurait plus ni facilités ni honoraires et qu'elle ferait bien de se régénérer l'esprit et le corps dans le Grand Nord, la province mandchoue du Dragon Noir. Ding Ling grimpa dans un train après avoir payé son billet.

Accablé de lourdes tâches, le Président Mao Zedong cessa de s'occuper de son cas. « Concernant les gens comme Ding Ling, admettait-il, il n'est pas approprié de les tuer ou de les mettre en prison ou de les placer sous surveillance. » En ce temps-là, un rhume carabiné torturait le Président et son nez. Mao ne quittait plus la chambre ni le lit large pour deux personnes et demie, relevé sur un côté afin d'y prendre appui. La campagne contre les droitiers se poursuivait à bon rythme. « Des camarades des échelons locaux et moi-même, nous avons fait une estimation : environ dix pour cent de la population totale n'approuvent pas le socialisme, voire s'y opposent… Combien font dix pour cent d'une population de six cents millions ? Soixante millions. C'est un chiffre important, ne le sous-estimons pas. » Il y avait pas mal de gens, en effet, emportés par le tourbillon. La jeune fille que le Mandarin-Versatile aima à Paris d'une flamme dévorante avait pris des ans. Elle s'était assagie après avoir soutenu à Lyon une thèse sur André Gide — essai d'analyse psychologique. Elle avait mari, enfant et franchi la cinquantaine. Quand lui fut attaché le bonnet de droitière, que son fils dut subir la rectification, elle se noya dans les eaux profondes d'une rivière. « *Yòupài ! Yòupài !* » Le Mandarin-Versatile en fut fort attristé, les ombres du passé se réveillaient en lui mais il n'en dit rien qu'en privé. Comme il était dépourvu de descendance, il murmura à l'oreille de sa nièce : « Savais-tu que j'avais eu une petite amie à Paris ?… Elle venait, croyait-on, d'un milieu familial peu convenable et prit part à certaines activités politiques qui attirèrent le courroux de la police française… Nous avons rompu. Mais bien que nous ne fussions plus amants, nous sommes restés amis. » Les devoirs de sa charge le conviaient à la retenue. « Toutes les activités de tendance droitière doivent être combattues, reprenait-il, si l'on veut maintenir la ligne générale et sauvegarder les grands succès obtenus. » On eût pu l'appeler le Mandarin-Discipliné.

Des nuées de fillettes en jupe à pois ou à carreaux agitaient au bout de leurs bras graciles de grosses fleurs en papier jaunes et rouges. De fiers jeunes gens déguisés faisaient tournoyer des ombrelles multicolores, des éventails géants, des drapeaux de soie céladon, safran, outremer, coquelicot. La fanfare en ordre parfait accompagnait ces mouvements au clairon, à la clarinette, au trombone à coulisse. Mao Zedong se sentait revivre. Pour la deuxième fois, il se rendit à Moscou. Le Président volait à bord d'un Tupolev, picorait le caviar noir de la Caspienne. « Ça n'est pas à mon goût », chipotait-il. Rien de ce qu'il vit là-bas n'était à son goût, pas même *Le Lac des Cygnes* au Bolchoï. « Pourquoi sautent-ils comme ça sur la pointe des pieds, s'enquit Mao. Ne peuvent-ils pas danser normalement ? » Staline était mort. Son corps embaumé, ciré, épousseté, gisait raide dans un cercueil de verre du Mausolée. Au-dessus, sur la galerie, Khrouchtchev son successeur, et Mao, coiffé d'un large chapeau, regardaient défiler les fusées pointues tractées par des camions kaki. Les Russes se montraient prévenants. Ils logèrent le Président chinois dans les appartements de la Grande Catherine décorés d'ors et de lustres cristallins. Mao n'appréciait pas la salle de bains ni les toilettes. Il préférait faire dans son pot. Les Chinois d'alors couvaient tous, ou à peu près, l'Union Soviétique d'un regard admiratif et n'étaient pas chiches en compliments. « *Aya !* s'épanchait l'Ours-Téméraire, ébaubi par les démonstrations militaires, la performance réalisée avec le développement des missiles balistiques intercontinentaux est un témoignage éloquent de l'indiscutable supériorité technologique et scientifique de l'Armée Rouge ! » Petit-Chien, dit Rouge-Vertu, qui ne se mêlait plus de grand-chose en raison de son âge et de ses dispositions, ne conservait pas moins d'époustouflants souvenirs de ce qu'on lui avait montré : « Des machines merveilleuses ! Des turbines gigantesques ! Des ateliers flambant neufs de haute efficacité ! Et des spécialistes supérieurement qualifiés, ingénieux, novateurs ! » De tous sans doute, Liu Gros-Nez était celui qui les connaissait le mieux, les Russes. Il avait traîné sur leurs bancs quand il avait juste vingt ans, à l'époque de la Grande Disette. « Il n'y a pas encore un seul pays socialiste qui ait une expérience aussi complète que celle de l'URSS », prédiquait-il autour de lui. Évidemment, il n'était pas dans l'erreur. Mao Zedong quant à lui s'en tenait aux rites. Il parlait entre les gerbes, les draperies écarlates, en termes choisis, des missiles balistiques tournés vers les États-Unis d'Amérique et des deux premiers satellites artificiels, une sphère brillante de quatre-vingt-trois kilos qui ne savait émettre qu'un pauvre bip-bip, et Laïka, la chienne errante aux oreilles dressées dont le grand cœur battait à deux cent quarante pulsations par minute. Cela, oui, lui donnait à penser. Pour le reste, Mao ne s'enthousiasmait guère. « Je n'ai pas demandé que l'on apprenne à chier et à pisser comme les Russes », lâchait-il à grand bruit. Et il précisait parfois : « On ne doit pas croire que tous les pets soviétiques sentent bon. »

Pour ce qui est de la qualité des pets mieux vaut oublier ce sujet. Mais il est permis de verser des larmes amères sur la petite chienne Laïka, envoyée sans espoir de retour divaguer autour de la Terre.

CHAPITRE XXIX

Des parasites payent le prix du progrès — L'Ours-Téméraire compose un poème mélancolique.

Le Président rentra chez lui enfin, heureux de retrouver ses pénates, ses coutumes, le Jardin de l'Abondante Bienfaisance et son lit à deux places et demie. Quelques idées lui étaient venues, tandis que se débattaient les droitiers, pour améliorer la situation générale. « Il faut tenir la maison avec diligence et économie, ruminait-il, et envisager les choses à long terme. » Les chiffres, les nombres, les faits dont se gargarisaient à tout bout de champ Liu Gros-Nez et le Mandarin-Versatile lui paraissaient peu probants, le grand magasin de Wangfuqing, six étages, dix-neuf mille sept cents mètres carrés, les tissus imprimés avec des poissons rouges, des canards sauvages, les nouvelles chaussures à talons, un petit nœud sur le dessus, les bicyclettes nickelées, sonnette au guidon, les camions « Libération » sortis de l'Usine N° 1, cinq étoiles sur le capot, la locomotive à vapeur « La Paix », quarante kilomètres à l'heure, le turbo-générateur avec stator et rotor à refroidissement hydraulique, tout cela était sans doute bel et bon, mais négligeait l'aspect principal des contradictions. « La politique et l'activité professionnelle, rappelait opportunément le Président, constituent une unité des contraires. » En cette matière, Mao Zedong s'affirmait virtuose. Son regard sur toutes choses saisissait manques et besoins. « La production des couteaux et des ciseaux des marques Wang Mazi et Zhang Xiaoquan, déclarait-il avec justesse, ne devra pas être arrêtée, même dans dix mille ans. » Et il aimait pareillement à ces fabrications traditionnelles les raisins en verre soufflé, et les émaux cloisonnés de cuivre, et le canard laqué. Il veillait au dépassement dialectique des objectifs du Plan, à l'application scrupuleuse des Quarante Points de l'agriculture, aux labours plus profonds, aux semis plus serrés. Lui-même, en personne, examinait les charrues bisoc à avant-train. De ses observations ressortaient la possibilité et l'impératif d'élever la production de céréales à deux cent cinquante kilos par *mu* de terre au nord du fleuve Jaune et quatre cents kilos au sud de la rivière Huai, de multiplier les bovins, chevaux, mulets, ânes, porcs, chèvres et moutons, poules, canards et dindons, d'accroître les récoltes de coton, soie, thé, soja, jute, canne à sucre et fruits de toutes sortes, d'éradiquer la filariose, la peste bubonique, le choléra du porc et la schistosomiase due aux escargots. « Je tiens beaucoup à l'anéantissement de ces fléaux, insistait Mao, à savoir rats, moineaux, mouches et moustiques… J'estime qu'il est nécessaire d'exterminer toutes ces bestioles et de veiller particulièrement à l'hygiène dans tout le pays. Cela concerne notre civilisation dont il importe d'élever sensiblement le niveau. » Les paysans, les ouvriers, les gens des champs et les gens des villes répondant à son appel se mirent en chasse afin d'égruger la vermine en bloc dans un délai record. « Quant aux corbeaux, on discutera s'ils sont à anéantir », spécifia Mao alors. Déployant drapeaux et banderoles, frappant gongs et tambours, les brigades alignées s'employèrent à extirper les nuisibles de leurs trous et de leurs nids. Jeunes et anciens rivalisaient d'ardeur, masque sur le visage, insecticide 666 au poing. Pschttt ! Pschttt ! les moustiques, les mouches. Click-clack, click-clack, les rats pris au piège. Les brigades de choc dansaient autour des arbres, des poteaux électriques, armés de balais, de cloches, de casseroles, de tambourins, soulevant si gros tintamarre que les passereaux ne trouvaient plus où poser leurs pattes et voletaient jusqu'à épuisement. Le vieux Zhang à lui seul, « passé maître dans l'art d'attraper les moineaux » à quatre-vingt-cinq ans, revendiqua trente mille victoires. Il fut établi par le Département des Chiffres et de la Propagande qu'en huit mois dix-neuf milliards six cents millions de passereaux pilleurs de grain, fauteurs de faim, avaient été occis dans tout le pays, au nord du fleuve Jaune, au sud de la rivière Huai, au Sichuan et en Mandchourie. C'était dur à croire mais c'était ainsi.

Quelques lettrés rétifs, adeptes du Vieux Sage aux longues oreilles, serinaient en cachette l'adage : « Même un petit moineau possède les cinq organes vitaux », le cœur, la rate, les reins, les poumons et le foie, comme vous, comme moi. Cette vérité n'empêchait pas l'inexorable : le médecin Hua To guérit le général Guan Yu d'un coup d'aiguille dans *Le Roman des Trois Royaumes* et fut persécuté à mort par le tyran Cao Cao. Mao Zedong délaya son encre sur la pierre et chargea son pinceau pour tracer les caractères de deux poèmes de genre *shi* à forme régulière :

Que servaient tout l'azur, tant de flots, tant de monts,
Quand Hua To ne put rien contre la bestiole ?
Mille hameaux herbus où l'homme s'étiole ;
Dix mille toits vidés où chantent les démons.

« Plein de joie, j'écrivis ces vers », exultait Mao devant la défaite des moineaux, des rats et des escargots.

La suite fut assez pénible, lorsque les chenilles et les insectes, proliférant faute d'oiseaux, dévorèrent feuilles et plantes, ne laissant que les tiges et ruinant les récoltes. Le grain vint à manquer. À quoi bon, ergotait le Président, convoiter cinq plats à chaque repas ? « Nous devons encourager le style de vie simple et de lutte ardue », fredonnait-il. Les Brigands Justiciers en avaient bavé autrement en franchissant les steppes marécageuses, quand ils dormaient au gel sous le ciel étoilé et grignotaient du bout des dents l'écorce rare des arbrisseaux. Petit-Chien, rappelait le Président, était resté quarante jours et quarante nuits dans la fange inhospitalière : « Et après tout, nous nous en sommes tous tirés ! » Pour l'heure, Petit-Chien dit Rouge-Vertu soignait méticuleusement ses orchidées et conservait sa bonne humeur. Il y était bien forcé car il avait un rang à tenir. Il recevait tout sourire l'acteur Omar Sharif venu du pays des Pyramides et du colonel Nasser. C'est alors que le

Président lança son exhortation : « Remonter le courant. Rattraper l'Angleterre en quinze ans ! » Les ouvriers enthousiastes du Four Électrique N° 3 de l'Usine Sidérurgique établirent de nouveaux records. La production bondit aux houillères de Fushun, au combinat d'Anchan. Les ouvriers enfiévrés de l'Usine de Machines-Outils N° 2 pulvérisaient les objectifs du Plan. Un million cent trente mille charrues bisoc labouraient les champs. Des chaînes de Mandchourie sortaient les tracteurs Diesel « Fleuve Yalou N° 1 », des usines de Kunming le tracteur jaune « Premier Mai », de l'Atelier Mécanique de Luoyang le tracteur rouge « Grand Bond ». Chacun exécutait sa besogne. Les Maîtres du Jeu également. Le Mandarin-Versatile quitta son ministère, Petit-Chien ses orchidées, pour se rendre au réservoir du Tombeau des Ming, un matin de grand soleil, afin d'en bâtir la digue. Le Mandarin-Versatile tassait la terre de sa pelle. Petit-Chien dit Rouge-Vertu portait la palanche sur son épaule comme jadis dans les Hauts Monts brumeux. Ils burent à la gourde des prolétaires, coiffés de chapeaux de bambou, puis déposèrent une épigraphe en souvenir de ce jour. « Déployer tous ses efforts, aller toujours de l'avant ! » traça le Mandarin-Versatile ; « Déplacer les montagnes, ouvrir les océans ! » écrivit en continuation Petit-Chien dit Rouge-Vertu.

Le Président entreprit une tournée des provinces dans le but de « recueillir des impressions de première main et voir comment vont les choses ». Son train spécial de dix wagons accrochés à une locomotive rugissante le transportait sur les vingt-six mille kilomètres de voies anciennes et nouvelles avec ses gardes du corps, son médecin, ses cuisiniers, ses infirmières, du centre vers le nord, vers l'est, vers le sud, vers l'ouest. *Tchou-tchou-tchou-tchou-tchou*... Le train traversait des gares désertes, veillées par l'Armée, fendait la nuit, coupait le jour. *Tuu-tuut... Tchou-tchou-tchou-tchou-tchou*... Quand le Président travaillait, le train avançait. Quand le Président dormait, le train s'immobilisait. À cause du bruit néfaste au sommeil, des trépidations incessantes. Et puis, il voyait des gens. « Dites d'arrêter le train ! ordonnait-il après un coup d'œil à la fenêtre. Je veux aller dans ce village, là-bas, voir comment vivent les habitants. J'aimerais bien me faire offrir un bol de porc à l'étouffée, s'ils en ont. » Les gardes partaient en avant et à son arrivée, le Président se retrouvait devant un cochon entier. C'était bon. Mao Zedong assista à la première coulée du Haut-Fourneau N° 1 du Combinat Métallurgique de Wuhan. C'était bien. Les mains dans les poches de son pantalon gris, Mao posait autour d'apprentis de l'Usine de Machines-Outils de Tianjin. Le Président découvrait en hochant la tête le Four Martin N° 4 de la Société Sidérurgique de Chongqing : « *Hǎo, hǎo, hǎo !* » approuvait-il. « Bien, bien, bien ! » Des fabriques à l'embouchure du fleuve Jaune dégorgeaient l'incomparable tonique « Panax » aux extraits de ginseng contre la neurasthénie et la perte d'appétit. Le train roulait, roulait toujours, avec ses soldats, ses cuisiniers, ses infirmières. Bien, bien ! Le Président fêta ses soixante-cinq ans à Canton. Son absence au banquet officiel du soir fit plus d'un déçu. « Maintenant, s'excusait-il, chaque anniversaire me rappelle que j'ai un an de plus et une année de moins. » À soixante-cinq ans, le Président songeait à sa retraite. Mao garda la chambre avec sa jeune infirmière.

Lorsque le dernier ouvrier du chantier débarrassa les lieux, fut inauguré à Pékin sur la place de la Paix-Céleste le Monument aux Héros du Peuple, promesse du Président le jour où le Ciel lui avait remis son mandat. Un bloc de granit de soixante tonnes, taillé, gravé en caractères d'or sur la face nord des mots du Président Mao : « Les Héros du Peuple sont immortels » et sur la face sud de paroles intangibles du Mandarin-Versatile. Dix bas-reliefs sculptés dans le marbre blanc du socle retraçaient l'histoire véridique des Redresseurs de Torts depuis la Guerre de l'Opium contre les Anglais et la Grande Révolte des Taiping contre la Dynastie des Qing. On y voyait la Révolution de 1911 à laquelle s'associèrent Petit-Chien et le Dragon-Borgne, le soulèvement de Nanchang où se distinguèrent le Pirate-Optimiste, Tête-de-Fouine et Face-de-Lune, les exploits de la Huitième Armée de Route auxquels contribuèrent l'Ours-Téméraire, Petite-Bouteille, Deuxième-Couteau et tous les autres. À l'écart du commun, Deuxième-Couteau accomplissait des tâches spéciales dans le plus grand secret. Du fait qu'il avait étudié au collège de Dreux, département d'Eure-et-Loir, les mathématiques, la physique, les sciences naturelles, et éprouvé ses connaissances au Creusot chez Schneider avant de se parfaire à Charleroi, en Belgique, Deuxième-Couteau fut promu chef du Comité de la Science et des Techniques. « Saluons joyeusement la première planète artificielle ! » lançait-il en songeant au Spoutnik d'aluminium et à la petite chienne Laïka étouffée dans sa capsule. Ce ne devait pas être trop sorcier d'égaler les Soviétiques quand on avait inventé la poudre. Deuxième-Couteau avait derrière lui dix siècles d'alchimie, des traités, des savants, les dragons de feu des Song et des Ming, le siège volant qui transforma en fumée Wan Hu et le porta aux nues. Et il avait avec lui Qian Xueshen, un gars formé au Massachusetts Institute of Technology. « Travaillons à la bombe atomique, suggéra Mao. Dix ans, je pense, et ce sera bon. » Taillant avec les meilleurs ciseaux le ruban, Deuxième-Couteau inaugurait un Cyclotron et le réacteur nucléaire à eau lourde destiné à la production d'isotopes. Il paradait en compagnie de Face-de-Lune qui venait d'hériter du Ministère des Affaires Extérieures. Les Maîtres du Jeu, pris ensemble et séparément, dégoulinaient d'allégresse, se répandaient en discours flamboyants. « *Un seul jour dans une société vraiment communiste vaut vingt ans dans une société capitaliste* a dit le Batracien-Graphomane, notre camarade », confirmait le Mandarin-Versatile, levant son verre d'alcool de riz. Le Mandarin-Versatile savait boire lorsqu'il le fallait, non sans modération.

De même qu'il déchiffrait l'anglais, Mao, le Président, décida de se confronter à la science économique. Rien ne l'effrayait. Un crayon à la main, il annotait livres et rapports. Ce n'était pas d'aujourd'hui qu'il pratiquait ainsi les études frugales. Li Rui, le bonimenteur, rappelait de bonne grâce qu'à l'école de Changsha, Mao Zedong « infatigable apprenti, fort d'opinions indépendantes et d'analyse critique », usait un cahier à neuf colonnes de quarante-sept feuilles (quatre-vingt-quatorze côtés), débordant les dix mille caractères. Mao Zedong prenait donc des notes, mais il demeurait sceptique. « Dans les livres, remarquait-il, le roi Zhou de la dynastie des Yin est dépeint comme un grand lettré et un grand soldat, tandis que l'empereur Shihuangdi des Qin et Cao Cao sont présentés comme de vilains personnages, ce qui est faux. Si l'on fait entièrement confiance aux livres, mieux vaut n'en avoir aucun. » Mao Zedong ne leur faisait pas confiance du tout, c'est pourquoi il en accumulait des centaines et des milliers, maintenant, reliés à la ficelle, serrés entre des plaques de bois, ou pliés en accordéon, qu'il empilait sur les étagères du Pavillon des Senteurs de Chrysanthèmes ou dans le wagon du train spécial prévu à cet effet. Mao Zedong ne se laissait intimider ni par le papier ni par les racontars. Le roi Zhou qui avait régné, peut-être, sur le fleuve Jaune vers 1100 ou vers l'An Mil avant notre ère, n'était à son avis qu'un pantin flasque obéissant aux doigts pervers d'une femme-renarde. Il estimait par contre les exploits martiaux de Cao Cao dans *Le Roman des Trois Royaumes* et savait que l'empereur Shihuangdi des Qin n'avait rien d'un mou : « Il s'est contenté d'enterrer vivants quatre cent soixante lettrés confucéens, et nous, nous en avons enterré quarante-six mille, se vantait Mao. Nous avons surpassé le Premier Empereur des Qin, Shihuangdi, de cent coudées ! » C'est dire s'il avait du cœur au ventre. Or, les mollassons, les timorés grouillaient dans l'appareil de l'État. Il fallait sans cesse les asticoter. N'était-il pas naturel, enfin, et raisonnable, avec les ressources immenses d'un si vaste pays, d'escompter un petit, un modeste, un grand bond en avant ? La réussite reposait sur quatre principes : « Quantité, rapidité, qualité, sobriété. » Mao Zedong déversait les arguments puisés dans son ample bagage. Voyez l'inventeur de la pilule du sommeil, expliquait le Président accoutumé aux somnifères, ce n'était au début qu'un petit pharmacien français ignoré. « J'ai lu quelque chose là-dessus, dans une brochure… Quand il a réussi, les Allemands l'ont invité chez eux et couvert d'honneurs. » Regardez le découvreur de la pénicilline, poursuivait-il, un pauvre teinturier. « Il a ramassé dans une cuve une poignée de saletés, l'a mélangée avec quelque chose pour guérir sa sœur malade avec la mixture. » Considérez les microbes, insistait Mao, ils sont tout petits et n'ont peur de rien. « Même si vous pesez quatre-vingts kilos, ils vous détruisent… Leur esprit audacieux n'est-il pas plus puissant que celui de bien des gens ? » Mao Zedong possédait en vertu un appréciable pouvoir de conviction.

Alors, le petit peuple des villes et des campagnes redoubla d'énergie. « Quantité, rapidité, qualité, sobriété » — *duō kuài hǎo shěng*. Dans la Mandchourie froide, à l'endroit exact où les Japonais concoctaient autrefois leurs armes bactériennes, le bacille de la peste, les spores de l'anthrax, les germes du choléra, ingénieurs, techniciens et ouvriers assemblèrent leur première voiture, la « Vent d'Est » rouge à toit blanc qui filait à cent vingt-huit kilomètres heure sur les routes expérimentales. Le chantier naval de Dalian ouvert sur le Golfe de Corée propulsait dans l'eau bleue le cargo *Grand Bond* de dix mille tonnes, sa proue ornée d'un dragon d'or. Les Maîtres du Jeu indiquèrent aux gens attentifs la voie des Trois Commandants en Chef : acier, mécanique, céréales, et des Deux Avant-Gardes : électricité, transports. Le long du chemin de fer, au pourtour des hameaux, des communes populaires de tout le pays, les villageois en bandes suivaient la consigne, fondaient leurs casseroles et leurs gobelets dans des hauts-fourneaux miniatures bâtis de leurs mains en terre crue. Les lettrés du journalisme rapportaient fidèlement le fruit d'enquêtes approfondies : « Des milliers de paysans et de paysannes ont appris en une quinzaine de jours à construire des hauts-fourneaux qui ne coûtent pas cher ! » Il ressortit bien vite de ces investigations que neuf provinces au bas mot pouvaient se targuer du titre de *Province aux dix mille tonnes de fonte*, et soixante-treize districts de celui de *District aux mille tonnes de fonte*. Les ouvrières de la Fonderie 8 Mars, toutes âgées de moins de trente-cinq ans, « en bonne santé et célibataires », battaient le fer à tour de bras. Ici ou là, les cultivateurs fournissaient aux photographes des potirons de cinquante et un kilos, des pieds de colza démesurés, des choux de vingt-six kilos. « La production du froment a déjà dépassé celle des États-Unis réputés royaume du blé », certifiaient les reporters. Dans leurs boîtes cylindriques de fer-blanc, les Conserves Ma Ling enfermaient mandarines hâtives, loquats au sirop, ananas, récoltés, tranchés, emballés, qualité supérieure. Le peuple à aucun degré ne ménageait sa peine.

La Société des Médicaments et Produits Pharmaceutiques conditionnait son vin d'os de tigre pour le traitement des rhumatismes. De l'avis général, tout cela était dû aux directives du Président. Alors, Liu Gros-Nez se leva en réunion et déclara à l'assemblée son enchantement : « Depuis des années j'ai constaté la supériorité du Président Mao, dit-il. Je suis bien incapable de rivaliser avec sa Pensée. Le Président Mao a de remarquables connaissances, surtout en histoire chinoise, que nul dans le Parti ne peut atteindre… La supériorité du Président Mao est quelque chose d'admirable dont on doit tirer leçon, à l'instar des disciples de Confucius qui décrivaient le Sage comme quelqu'un de si supérieur que ses élèves ne pouvaient l'égaler mais devaient s'efforcer de l'imiter. » Liu Gros-Nez prononça ces phrases devant un parterre trié sur le volet, et ceux qui se trouvaient là l'entendirent de leurs oreilles, l'Ours-Téméraire et le Mandarin-Versatile, Petite-Bouteille, le Batracien-Graphomane et Li Rui le trouvère. Mao Zedong comprit qu'il était bien entouré et, soulagé, songea à se retirer.

L'Histoire dit qu'à ce moment, l'Ours-Téméraire alla à son tour fouiller les provinces. Curieux de tempérament, il rencontrait des vétérans de la Huitième Armée de Route, des anciens engagés au Pays du Matin Calme, s'asseyait au milieu d'eux sur un tabouret et les interpellait sur le cours des choses. « Commandant, lui disaient-ils (ils l'appelaient ainsi, bien qu'il fût maréchal, parce que l'Ours les avait menés au combat contre les Japonais en Chine du Nord-Ouest et contre les Américains en Corée, au sud du fleuve Yalou), Commandant, vous semblez douter de tout. Que doit-on vous dire ? » Il écoutait, observait, prenait le vent. L'Ours-Téméraire fit halte dans le canton de Xiangtan où il était né, dans la province du Hunan, et où sa famille plantait du coton et des patates douces avant la mort de sa mère, quand il avait huit ans, là où son plus jeune frère avait succombé à la faim. L'Ours se souvenait qu'il courait en haillons mendier son riz chez les voisins au Nouvel An du calendrier lunaire et qu'il n'avait jamais eu l'estomac plein. Après avoir écouté, après avoir entendu, l'Ours-Téméraire reprit son chemin en direction du nord et dirigea ses pas vers le canton de Pingjiang, dans la province du Jiangxi, où il avait conduit l'insurrection du Comité Sauvons les Pauvres contre les despotes locaux et les troupes assassines de Chiang Kai-shek le tyran. Il se souvenait avoir lu, par ici, l'*ABC du communisme* de Boukharine et le roman *Au bord de l'eau*, et que sa préférence allait au héros Li Kui, le Tourbillon-Noir habile de ses armes et de ses poings. Après avoir regardé, après avoir vu, il se remit en route. L'Ours se rendit dans la ville de Zhuzhou, sur la ligne du chemin de fer Pékin-Canton, pour y rejoindre des camarades et rendre compte de son opinion. À un moment, désirant soulager son âme rendue chagrine, il trempa son pinceau dans l'encre et traça les contours d'un poème :

Le grain gît sur le sol,
Les feuilles des patates flétrissent.
Les jeunes costauds partent couler l'acier.
Seuls femmes et enfants demeurent pour la moisson,
Comment vont-ils passer l'année prochaine ?

Un jour d'avril, Mao Zedong quitta la présidence de la République des Redresseurs de Torts et Liu Gros-Nez lui succéda naturellement. Le Premier Mai, les Maîtres du Jeu se montrèrent, comme d'habitude, sur la tribune surplombant la place de la Paix-Céleste. Ils étaient alignés derrière la balustrade, le Président Liu Gros-Nez, Petit-Chien dit Rouge-Vertu, le Mandarin-Versatile et Petite-Bouteille, Face-de-Lune coiffé d'un chapeau mou et le Pirate-Optimiste les yeux masqués par des lunettes noires. Ils encadraient Mao Zedong, bien sûr, appelé désormais « Grand Guide du Peuple Chinois ». En bas, sur l'avenue, défilaient selon les rites un demi-million d'ouvriers endimanchés, de paysans costumés, de soldats, et les enfants. Sous les bannières, les étendards, la foule scandait en marchant : « La commune populaire, c'est bien ! » — « Trois cent quatre-vingts millions de tonnes de charbon ! » Les plus avisés des observateurs remarquèrent le retour sur la tribune de Tête-de-Fouine, guéri de ses soucis. Un autre était rétabli, tout comme lui : le Serpent-Blanc, sorti de son trou. Mao Zedong l'avait mandé pour préparer scientifiquement le quatrième tome de ses *Œuvres choisies*.

Retiré des affaires courantes, Mao, le Grand Guide, couchait par écrit ses sentiments et prodiguait force conseils à la ronde. « Libérez votre pensée, prescrivait-il à ses compagnons, n'ayez pas peur des démons, ne soyez pas timides ou pusillanimes… Que pouvez-vous craindre ? Rien d'autre que l'une de ces six choses : rétrogradation, révocation, exclusion du Parti, divorce d'avec votre femme, emprisonnement et décapitation. » Venus d'un guide sage, ces propos pouvaient heurter, provoquer flatulences et tremblements. Afin de dissiper tout malentendu, Mao ajoutait : « Nous sommes tous bons camarades. La critique entre camarades est faite pour obtenir un bon travail, rechercher la voie de l'efficacité. » À ce point de sa réflexion et de son existence, Mao Zedong éprouva le désir et le besoin d'effectuer un pèlerinage sur les lieux de son enfance, à Shaoshan, son village natal du Hunan qu'il avait quitté trente-deux ans auparavant. Accompagné du chef de la Sécurité et d'une suite nombreuse de lettrés et de gardes, Mao Zedong arriva en automobile. Le temps était clément, car c'était le début de l'été. Mao portait une fine chemise blanche, un pantalon gris à revers et des chaussures de cuir noir lustrées. Les habitants jubilaient à le voir ainsi revenir au pays, après tant de temps, griller une cigarette en leur compagnie, se faire photographier au milieu des enfants, prendre un bain dans le grand réservoir et visiter son logis. La maison basse de briques et de torchis, couverte de tuiles grises et de chaume, où il avait vécu sa prime jeunesse, se trouvait au flanc d'une colline plantée de pins et de bambous. C'était une grande maison de huit pièces, car le père de Mao détenait assez de terre pour produire du riz en excédent et prendre des hypothèques sur la terre de ses voisins. Vers dix-treize ans, Mao tenait les comptes de la maisonnée, touchait du boulier à contrecœur. Son père le battait. La nuit, rideaux tirés, il lisait à la bougie les romans anciens. De sa mère étaient nés sept enfants, deux fils qui moururent, puis lui, Zedong, et deux filles qui moururent, et deux frères encore qui vécurent mais furent tués plus tard de vilaine façon, l'un par le Kuomintang de Chiang Kai-shek, l'autre par un seigneur du Xinjiang. Il restait donc seul. Des photographies de ses parents étaient accrochées au mur de leur chambre, une autre de lui, avec sa mère et ses frères, trônait à côté de son lit de bois rouge.

Depuis que Mao Zedong était devenu président, les villageois avaient bien fait les choses. « Était-ce vraiment semblable auparavant ? » demandait l'entourage. « C'était !!! » acquiesçait Mao. Derrière la maison, entre les concombres amers et les perillas pourpres aux vertus laxatives, poussait un néflier sur lequel un panonceau indiquait : « Planté par le camarade Mao. » — « Je ne m'en souviens pas, remarqua Mao, mais c'est vrai que j'aimais planter des arbres. » Sa mère, qu'il chérissait, était morte d'une lymphadénite. Son père, qu'il vomissait, de la fièvre typhoïde. Mao Zedong gravit la colline en quête de leur tombe. Elle était là. On prétendait qu'autrefois les gendarmes du Kuomintang l'avaient cherchée pour la détruire afin de jeter un sort au fils. Mao n'avait aucune offrande dans ses mains, pas même une fleur de papier. Un des gardes du corps ramassa en bouquet des branches de pin et des fleurs sauvages que Mao posa sur la sépulture. Puis il s'inclina gravement comme le lui commandait la piété filiale. Et les gardes, les lettrés, le chef de la Sécurité s'inclinèrent également. Alors il dit : « Nous autres communistes, nous sommes matérialistes jusqu'à l'os et pas superstitieux pour deux sous. Mais mes parents m'ont donné la vie… Si je reviens, je retournerai à nouveau sur leur tombe. » Puis il s'en fut. L'émotion l'étreignait. Il fit frémir son pinceau et calligraphia des vers réguliers en sept pieds :

Maudits les jours enfuis, le passé flou comme un rêve,
Trente-deux ans loin de mon sol natal…
Oser faire luire soleil et lune en un nouveau ciel.
Bonheur de voir vague sur vague de riz et de pois,
Et partout des héros au bercail dans la brume du soir.

Or, les gens n'étaient pas tous contents dans son canton quand il les questionnait sur les petits hauts-fourneaux et les Grandes Marmites, les cantines collectives obligées. Ils plissaient les lèvres car ils n'avaient plus en propre ni casseroles ni couteaux. Mao les comprenait. Perdre un vieux stylo, par exemple, le désolait chaque fois, ou changer sa couverture militaire usée, ou dire adieu à la monture qui l'avait loyalement servi pendant la Longue Marche des vingt-cinq mille lis, son vieux cheval tacheté du Sichuan au pelage devenu blanc, confié aux bons soins d'un palefrenier Yi et qui coulait des jours paisibles avec le mulet roux de Petit-Chien dit Rouge-Vertu.

La destinée du palefrenier Yi, il est peu probable que vous la connaissiez un jour. Quant au cheval de Mao, vous ne tarderez pas à être fixé sur son sort. Mais lisez le chapitre suivant d'abord.

CHAPITRE XXX

Une réunion tourne à l'aigre ;
les Brigands Justiciers lâchent un de leurs pairs —
Le canon tonne, les soucis s'accumulent ;
l'Américain-Venu-en-Premier apparaît de nouveau.

Après dix ans, les Maîtres du Jeu commencèrent à se bouffer le nez. À cause de la famine. Les chiffres, les nombres se télescopaient de telle sorte que leur sens se perdait. Mao Zedong subodorait quelque embrouille. « Camarades », disait-il (il appelait toujours les gens « camarade » et eux s'obstinaient à l'appeler « Président »), « camarades », disait-il donc descendant d'échelon en échelon, « camarades de la province, du district, du canton, de la commune, de la brigade, de l'équipe de production… il ne faut pas planter trop serré… camarades de la province, du district, du canton, de la commune, de la brigade, de l'équipe de production… on devrait manger plus en période d'activité, une nourriture solide, qui tienne au ventre, et durant la saison creuse, on devrait manger des rations moins roboratives, avec des patates douces, des légumes verts, des melons, du soja et des tubercules de taro… camarades de haut en bas, les objectifs de production doivent êtres fixés sur la base des réalités… camarades, lorsque vous avez déployé tous vos efforts mais failli à obtenir un résultat, ne vous forcez pas à faire de grandes proclamations de réussite. Déclarez exactement ce que vous avez récolté et abstenez-vous de faux bilans, contraires aux faits. » Mais c'était trop tard. Trop tard pour les melons, les tubercules, le soja, les légumes verts et les patates douces. Il n'y avait plus rien. Le nombre des morts, de morts de faim, excédait de loin les chiffres du plan, des récoltes, du froment, de l'acier, du charbon, des hauts-fourneaux miniatures. Mao Zedong convoqua une Assemblée plénière des Maîtres du Jeu, des anciens Brigands Justiciers et choisit de les réunir au mont Lushan, une station d'altitude où jadis Chiang Kai-shek avait ses habitudes.

La villa de Chiang Kai-shek avait été construite par un Anglais vers 1903, Lord Lannoze, lequel l'avait transmise à une Mrs. Bali, Britannique comme lui, qui l'avait offerte en présent à May-ling, la fille de Charlie Soong le vendeur de bibles, l'épouse du Généralissime. Ce dernier s'y plaisait. L'Histoire dit qu'en cet endroit précisément il établit pour ses Chemises Bleues, ses sbires en Borsalino, la liste des cinquante-cinq personnalités à assassiner dont se fit écho en son temps le *Shanghai Evening News and Mercury*. Dans cette propriété meublée à l'européenne, donc, May-ling jouait du piano. Et c'est là que Mao Zedong résida. À peine arrivé, il chargea d'encre son pinceau :

Le Mont majestueux domine le Grand Fleuve ;
J'ai négocié quatre cents virages pour atteindre sa crête émeraude.
D'un œil froid, je contemple le monde au-delà des mers ;
Un vent chaud rabat la pluie sur les eaux maussades…

Les Maîtres du Jeu, anciens Brigands Justiciers, se joignirent les uns aux autres, remontant en bateau le Yangtsé, puis suivant dans des automobiles la route en lacets vers les nuages du Lushan. Ils étaient venus tous, à l'exception de Tête-de-Fouine, tourmenté par sa santé précaire, de Face-de-Lune, retenu par les Affaires Extérieures, et de Petite-Bouteille qui s'était cassé une jambe au cours d'une partie de billard ou de ping-pong. L'Ours-Téméraire se fit un peu tirer l'oreille. Il ne tenait pas trop à gravir le mont Lushan. Il éprouvait le besoin de digérer ce que dans les provinces, les districts, les cantons, il avait entendu et observé. « C'est comme battre le gong avec un concombre », disait-il du plan destiné à dépasser l'Angleterre en quinze ans. Enfin, il se déplaça car Mao Zedong en personne le gratifia d'un coup de téléphone. Quand ils furent rassemblés devant lui, les anciens du Repaire de la Pagode Précieuse,

Mao s'adressa à eux en ces termes : « C'est le chaos à grande échelle, j'en prends la responsabilité. Camarades, vous devez analyser la vôtre. Si vous devez chier, chiez ! Si vous devez péter, pétez ! Vous vous sentirez beaucoup mieux. » Ils hésitaient à le faire, toutefois, respectueux du précepte confucéen de bienséance. Un seul faisait grand tapage : l'Ours-Téméraire. L'Ours, et un peu Petit-Chien dit Rouge-Vertu. Petit-Chien en avait contre les Grandes Marmites dans lesquelles tous devaient manger, mais l'Ours trouvait à redire sur tout. « Les Grandes Marmites doivent être démantelées, concédait Mao à Rouge-Vertu. Tu n'aimes pas ces cuisines collectives, mais je crains que nous ne soyons d'opinions différentes sur ce sujet. » Petit-Chien n'insistait guère. Quant à l'Ours-Téméraire, au contraire, il s'enhardissait. L'Ours circulait des uns aux autres, grognait, recueillait les doléances, décochait une flèche par ci, frappait d'estoc par là. Sa tête était rasée à la manière des moines bouddhistes en signe de deuil ou de mécontentement. Le jour, il assistait aux conciliabules. Le soir, il se plongeait dans les chiffres, les nombres, les notes, l'état des finances, de la production anémique. Sa religion était faite. Muni de statistiques, l'Ours-Téméraire s'en fut demander audience à Mao Zedong dans la villa de Chiang Kai-shek. Le Président dort, firent savoir les gardes à la porte. Une nuit, après avoir soupé, l'Ours-Téméraire transféra sur le papier ce qu'il avait sur le cœur. Sa *lettre d'opinion* fit jaser. « Président », commençait-il (il n'appelait plus le Président « Vieux Mao »), « Président, le symposium de Lushan est important… Peut-être suis-je aussi direct que Zhang Fei, héros des *Trois Royaumes*, mais je n'ai que sa rudesse et ne possède pas son tact… » L'Ours détaillait ses griefs en deux parties et une grosse quantité de caractères. C'était long à écrire et mieux vaut résumer en quatre phrases. « Il y a eu des gains, constatait l'Ours, mais il y a eu des pertes… La tendance à l'exagération est devenue si banale dans de nombreux secteurs et départements que la relation d'incroyables miracles a empli journaux et magazines, entamant le prestige de notre Parti. Si l'on croit ce qui est raconté, il semble que le communisme soit au coin de la rue, et cela tourne la tête à plus d'un camarade.

L'extravagance et le gaspillage se sont multipliés dans le sillage de ces rapports de super-récoltes de céréales et de coton, de doublement du fer et de l'acier. » Sous des dehors polis, l'Ours-Téméraire se livrait au dénigrement. Mao Zedong en fut fâché. « Le Maréchal Téméraire n'est pas ici ? » s'inquiéta-t-il du haut de la tribune en posant sur la salle un regard circulaire. L'Ours ne s'était pas placé au premier rang, comme les autres vétérans, mais au fond, et il fallait repérer de loin son crâne lisse. On rapporte que Mao fit la grimace, se mordit la lèvre de dépit. « Si l'Armée ne veut plus de moi, attaqua-t-il, alors je foutrai le camp dans les campagnes reprendre la guérilla. » Dans ces conditions, le ton monta plus qu'il ne fallut.

Deuxième-Couteau, d'agréable composition, tenta de raisonner l'Ours-Téméraire, de le convier à la prudence. Rien n'y fit. L'Ours tonitruait. Son raffut résonnait aux quatre coins, s'amplifiait en tonnerre. « Maintenant que vous avez beaucoup parlé, embraya Mao Zedong, laissez-moi dire quelque chose, si vous voulez bien. J'ai pris trois fois des comprimés de somnifère, mais je ne parviens pas à dormir. » Les soucis, soudain, lui galopaient dans la tête, l'inquiétude grippait ses entrailles. Des mots, expliquait-il, il en existe de trois sortes : les bons, les à-peu-près corrects ou pas-trop mauvais, et les totalement fallacieux, mais tous, il faut les ouïr. « Messieurs », poursuivit-il (c'était une entrée en matière de mauvais augure), « messieurs, vous avez des oreilles pour entendre. Certains prétendent que nous sommes dans la panade. Même si c'est dur à souffrir, on doit le prendre avec philosophie… Song Jiang, dans le livre *Au bord de l'eau*, gouvernait depuis la Salle de la Loyauté à la Justice. Il volait le riche pour aider le pauvre et pouvait prendre ce qu'il voulait puisque la justice était de son côté. Ce qu'il prenait appartenait aux despotes locaux et aux mauvais hobereaux, son code de conduite était donc acceptable. Son action était similaire à nos propres batailles contre les despotes locaux… Ça fait un bail qu'on a attaqué les despotes locaux… Mais cela montre que notre Parti est grand, juste et correct. Si vous ne le croyez pas, j'ai tout un tas de matériau historique qui le prouve. » Liu Gros-Nez gardait la bouche fermée. Le Dragon-Borgne également. Et le Mandarin-Versatile aussi. Le Pirate-Optimiste, pour tuer le temps, avait amené quelques romans. Si bien qu'aucun ne livrait son sentiment. Mao n'aimait pas cette situation. Cela prenait méchante allure. En un instant, en effet, l'Ours-Téméraire s'emporta, la colère le gagna tout entier, du crâne au tréfonds. Lui revint qu'autrefois au Repaire, il avait subi sans broncher le feu de la critique et de la rectification. Des mots incandescents sortirent alors de sa bouche : « À Yan'an, tu as baisé ma mère pendant quarante jours. Maintenant, c'est moi qui nique ta mère depuis dix-huit jours. Tu voudrais m'arrêter, mais tu n'y parviendras pas. » Ensuite, il se tut.

Tous demeuraient pétrifiés.

D'aucun prétendent qu'à un moment quelconque, Mao et l'Ours tombèrent nez à nez sur le sentier zigzagant du jardin. « Maréchal, si nous causions un peu ?!

— De quoi encore discuter ? Il n'y a rien à ajouter ! » Le visage du Maréchal Téméraire virait au rouge profond. Son bras moulinait l'air. « Calme-toi ! fit Mao. Peu importe que nous ne partagions pas le même point de vue. Nous pourrions nous asseoir et parler sereinement.

— Mais de quoi discuter encore ? Il n'y a rien à ajouter ! » Mao, derechef, se mordit la lèvre. L'Ours lui tourna le dos et partit en agitant la manche. Chemin faisant, il croisa des camarades bien intentionnés qui le mirent en garde : « *Aya !* Vieil Ours ! As-tu réfléchi aux remarques du Président ? » D'autres, qui sympathisaient, l'avertirent : « Commandant, nous sommes à deux doigts d'être taxés de droitiers ! » Bien qu'il fût éreinté, l'Ours ne dormit pas. Ses pensées refluaient vers Mao. « Je le connais depuis plus de trente ans ! » ruminait-il.

Mao Zedong dégusta une soupe à la tortue puis rameuta son clan, ceux sur qui par définition il pouvait compter. Il avait ainsi dans le creux de la main le Serpent-Blanc et le Batracien-Graphomane. Un, deux, *yī*, *èr*… c'était faible. Mao Zedong envoya quérir à Pékin d'autres soutiens. Pomme-Bleue et Tête-de-Fouine accoururent, l'une le pas et le verbe allègres, l'autre rechignant quelque peu.

Trois, quatre, *sān*, *sì*... Ils se concertèrent. « Comment va la santé ? » demanda Mao à Tête-de-Fouine. Évidemment pas au mieux. Le climat de Lushan ne lui convenait guère. Pomme-Bleue, en revanche, était à son affaire. Elle se dépensait, courait voir les uns, convaincre les autres. Les Soviétiques l'avaient guérie de son cancer dans un hôpital où elle mangeait des œufs et du poisson. Pomme-Bleue ne partageait plus depuis belle lurette le lit de Mao son mari, mais cela n'empêchait pas l'attachement. De sa longue expérience au Shandong, à Shanghai, à Yan'an, Moscou, Pékin, elle tirait un principe : « Le sexe, c'est bien au début, mais ce qui garde un intérêt, à long terme, c'est le pouvoir. » Elle avait atteint les quarante-cinq ans et se sentait d'attaque. Mao Zedong fulmina en séance plénière, devant les camarades installés sur des fauteuils de rotin : « L'Ours-Téméraire est asocial et excentrique !... Il est à trente pour cent coopératif et à soixante-dix pour cent réfractaire. » Tête-de-Fouine opinait à peine. Il prit la parole à contrecœur. « Le Président assure que les maréchaux sont apathiques. J'ai ce défaut... Je suis apathique. Je n'ai ni l'ambition ni assez de confiance en moi pour créer de grandes situations. Le Président Mao est le seul grand héros. Toi, Ours-Téméraire, et moi, nous en sommes loin ! » Il se rassit. Ce n'est pas chose aisée de démolir autrui quand on s'éveille d'une longue période de neurasthénie. Tête-de-Fouine ne désirait rien, pas même le malheur des gens. Il craignait le froid et la pluie, la lumière et le bruit. Tête-de-Fouine trifouillait sa cervelle, sortait ce qui lui traversait l'esprit : « L'Ours-Téméraire est moralement respectable et fidèle à un mode de vie simple. C'est sa force ! » Parfois, lorsque Mao Zedong piquait l'Ours d'une date, d'un fait ramassés loin dans le passé, il rectifiait : non, non, c'était à lui Tête-de-Fouine qu'incombait l'erreur. Ça n'allait pas. Mao Zedong chercha l'appui du Mandarin-Versatile : « Premier Ministre, il y a peu tu t'opposais à la "*progression aventureuse*". Mais maintenant, tu dois tenir ferme. » Le Premier Ministre se figeait d'embarras. D'un côté, il ne contestait pas les constatations empiriques de l'Ours-Téméraire, de l'autre il ne pouvait cautionner l'insubordination. Au bon moment, le Serpent-

Blanc s'insinua dans le débat et répandit un venin puissant. Il coinçait les gens entre le noir et le rouge, et apostrophait l'Ours : « Vous manœuvrez un club militaire de conspirateurs, mais nous, nous organisons un club de révolutionnaires. » Ses qualités notoires de calligraphe et de lettré permirent au Serpent de certifier que les caractères du prénom de l'Ours-Téméraire signifiaient non pas « Dévoué à la Vertu » comme on l'avait toujours cru, mais « Main-Basse sur la Chine ». Le cours de la discussion évoluait favorablement.

Les finesses d'argousin ébranlaient Liu Gros-Nez et le Mandarin-Versatile, inscrits dans la logique des événements. Le Pirate-Optimiste laissa tomber ses romans. Personne ne comprit Li Rui, le babillard, lorsqu'il éleva la voix pour soutenir l'Ours-Téméraire. Cela ne ressemblait nullement au style de sa grande œuvre *Les Activités révolutionnaires précoces du camarade Mao Zedong*. Le Mandarin-Versatile, jusqu'alors muet, le coupa sans diplomatie : « Ceci est un plénum du Comité Central du Parti. Vous n'en êtes ni membre ni suppléant, vous n'avez pas droit à la parole. » Quand Mao Zedong eut ajouté son codicille, c'en était fini : « Li Rui n'est pas un lettré du Parti. » Sa carrière s'arrêta ici. Li Rui passa à la trappe et personne ne se préoccupa de son sort.

Le Premier Octobre, l'Ours-Téméraire n'apparut pas sur la tribune de la place de la Paix-Céleste, pas plus qu'il n'inspecta les troupes debout dans une automobile décapotable. Les gens évitaient de l'aborder ou d'être vus en sa compagnie. Seul Face-de-Lune vint le trouver pour causer à l'abri d'oreilles indiscrètes du bon vieux temps, de la Huitième Armée de Route et de la Nouvelle Quatrième Armée, des Japonais infâmes et de Chiang Kai-shek le tueur de Rouges. Mais quelle que fût la manière dont on décortiquât l'affaire, l'Ours-Téméraire s'était mis dans un mauvais cas. Des comités spéciaux examinaient sa conduite, étudiaient ses actes au microscope. « Allez ! Confesse-toi ! Cesse de nous décevoir ! » L'Ours-Téméraire ne contrôlait plus sa fureur. « Vous pouvez m'expulser et me fusiller si vous voulez ! » grondait-il. Avec les Soviétiques, déjà, il se comportait pareillement. Un jour, il avait demandé à Mikoyan, l'Arménien diplomate, pourquoi leur Politburo n'avait jamais dénoncé Staline si mauvais. « Nous n'osions pas. Nous risquions la mort ! » avouait le diplomate. « Un communiste ne craint pas la mort ! » rétorqua l'Ours-Téméraire qui n'avait en tête qu'un brin de théorie. Sur de telles idées on ne fait pas de vieux os. Pour lui la question était réglée. À sa femme, il dit : « Maintenant que je suis sans emploi, je me sens libre ! » L'Ours quitta bientôt la résidence des Lacs du Centre et du Sud, où les Maîtres du Jeu vivaient confits derrière les murs vermillon. Il rendit au Ministère de la Défense son uniforme de maréchal, bleu à boutons dorés, galons sur les manches et au col, ses plaques de l'Ordre du Premier Août de première classe, l'Ordre de la Libération, l'Ordre de l'Indépendance et de la Liberté. « Oh !... marmonnait-il, l'épouvantable misère que j'ai endurée durant mon enfance et ma jeunesse ont trempé mon caractère. J'ai suffisamment repensé à la triste situation de mes débuts pour ne pas devenir corrompu et oublier la dure condition des pauvres. » C'était pourquoi au Repaire et sur les chemins, il tendait toujours la main aux *petits diables* de la Huitième Armée de Route, couvrait leurs épaules frêles de sa capote militaire quand ils s'assemblaient au crépuscule, gamins, soldats, officiers, devant le théâtre rouge. Mao Zedong décida de l'épilogue. « On doit aider un vieux camarade qui nous a suivis pendant trente et un ans. Il peut redevenir un Bouddha, voire un marxiste. Critiquons sévèrement ses erreurs et saluons les progrès qu'il peut faire. La suggestion d'expédier l'Ours-Téméraire au travail dans la période à venir est fondamentalement correcte. Néanmoins, un homme de son âge n'est plus apte au travail de force. Il peut aller enquêter dans les usines et les champs. » L'Ours-Téméraire célébrait son soixante et unième anniversaire. L'Ours quitta Pékin pour les faubourgs de l'Ouest, au lieu-dit Jardin de la Famille Wu. Là, il planta du millet, cultiva des légumes et cueillit des pêches. Bien malin celui qui devinait où il était passé.

La nouvelle crépitait sur les téléscripteurs. A-6667/2 IMPORTANT REMANIEMENT MINISTÉRIEL EN CHINE — « Le maréchal Tête-de-Fouine, qui vient de succéder à son collègue l'Ours-Téméraire, jouit dans le monde communiste d'une solide réputation de stratège. Diplômé de l'Académie militaire de Whampoa, il s'est illustré par de retentissantes victoires aussi bien lors de la guerre sino-japonaise que pendant les années de la guerre civile. » — 180959/MA/KEYSTONE — 25, RUE ROYALE, 25 PARIS (8). Au début, Tête-de-Fouine se faisait prier. Ça ne l'enthousiasmait pas de devenir ministre de la Défense. Que le poste vacant revienne au Pirate-Optimiste, plein d'allant, coupe en brosse, lui eût tout à fait convenu. Mais son épouse avait de l'ambition pour deux et, aiguillonné ainsi, il s'anima. Par la pratique, il prenait conscience petit à petit des défauts d'autrui et de la satisfaction que pouvait procurer la critique acerbe. Sa mine triste s'évanouit. Les mots lui venaient comme l'eau à la bouche. « Toi, Petit-Chien, se prit-il à dire soudain, tu es bouffi d'ambition personnelle ! Tes autocritiques ne valent pas tripette ! Tu n'es pas impressionné par le Président Mao ! Tu voudrais être président à sa place ! Jamais, tu n'as été un véritable commandant en chef ! Pendant l'insurrection de Nanchang, en 1927, tu t'es égaré tel un anarchiste ! C'est Face-de-Lune qui a conduit les soldats à semelles de paille vers les monts de Mao ! Et jusqu'à la conférence de Zunyi, c'était Li l'Allemand, le conseiller Otto, qui tenait les manettes !… » Petit-Chien restait coi. Il avait peine à répliquer quoi que ce soit. Il souffrait de trachéite chronique. D'après sa femme, la fille du pêcheur qui tirait juste au fusil et ne manquait pas d'intuition, il était à moins une d'être taxé de droitier. Petit-Chien, dit Rouge-Vertu, souriait.

Puisque le ciel était éclairci, les nuages dissipés, les Maîtres du Jeu parlèrent tous à la fois, telles sept bouches et huit langues de concert. Chacun trouvait des choses à dire, tirait à sa façon les leçons de l'expérience. Préposé à l'Académie des Pinceaux, le Batracien-Graphomane retrouva son goût pour la dialectique. Il écumait, lunettes sur le nez, les chapitres du *Capital* de Karl Marx, volume 1, page 354, Éditions du Peuple, Pékin, 1953, les œuvres de Lénine le Russe barbichu enfermé dans son tombeau, tome 28, page 234, tome 29, page 328, tome 30, page 96, et terminait crescendo par la *Juste solution des contradictions au sein du peuple* de Mao (édition originale de 1957). « Certains opportunistes droitiers montrent un considérable intérêt pour le slogan *liberté, égalité, fraternité*, martelait le Batracien sentencieux. Bien que vivant dans la Chine du XXe siècle, ils se croient dans la France du XVIIIe ! » Seulement, la Chine avait franchi d'un saut les décennies et les lustres. Elle avait renversé les Mandchous, conquis la République, estourbi les mauvais hobereaux, traduit Rousseau sous le nom de Lusuo et chanté *La Marseillaise*. L'Histoire dit que l'impératrice douairière Cixi, ignorante et cruelle, entendit dans ses oreilles cet hymne joué en gare de Tianjin sans comprendre une traître note. L'Histoire dit en outre que Face-de-Lune dans les vertes forêts chantait *La Marseillaise* en français pour galvaniser ses soldats de la Nouvelle Quatrième Armée dressés face aux Japonais. Il en avait appris les couplets et le refrain, jadis, entre Montargis et les cachots du fort Montluc à Lyon où le retenaient les gendarmes. Maintenant qu'il était maréchal, ministre des Affaires Extérieures, Face-de-Lune ne chantait plus que l'hymne officiel. « Sous la clairvoyante direction du camarade Mao Zedong, claironnait-il, le peuple chinois a remporté de brillantes victoires sur les différents fronts de l'activité nationale. » Le Serpent-Blanc scrutait les physionomies, fixait les uns, les autres de ses yeux glacés, murmurant : « Nul ne peut échapper à l'épreuve, ni masquer son vrai visage. » Ces prophéties tranchantes ravivaient la foi. « Moi, déclara Liu Gros-Nez, j'ai soutenu le Président Mao bien avant la Grande Assemblée de Yan'an et je continuerai à le faire maintenant. Mais ce n'est pas tout. Je veux aussi promouvoir les personnalités de Tête-de-Fouine et de Petite-Bouteille. » Petite-Bouteille, sa patte réparée, travaillait à l'exacte exécution des rites. Il avait bénéficié des soins intenses d'une aimable infirmière et s'en trouvait revigoré. « La commune populaire a une vitalité extraordinaire », s'extasiait-il. Son expression, parfois, se raidissait : « La poignée d'opportunistes droitiers, à l'intérieur de notre Parti, ne voit pas les grandes réalisations accomplies. » Or, les bureaux des Chiffres et de la Propagande enregistraient des progrès prodigieux et ininterrompus. Trente et un mille kilomètres de voies ferrées, cent soixante millions de porcs, quatre-vingt-cinq millions de bêtes de somme, six mille variétés d'acier laminé, six cent soixante mille étudiants, vingt-cinq millions six cent mille ouvriers, cinq cents millions de paysans et vingt-quatre mille communes populaires où l'on récolte le riz, le chou, la pomme de terre, le ver à soie, le sorgho, le pois soja. « Labour profond et plantation serrée se sont avérés extrêmement efficaces pour accroître la production agricole, soulignait Deuxième-Couteau, immergé dans les sciences et la technologie. Nous devons en formuler encore davantage les lois sur la base d'un grand nombre de résultats pratiques. Le coefficient d'utilisation des hauts-fourneaux est très élevé ; nous devons développer la théorie concernant la technique sidérurgique. L'efficacité de l'acupuncture et du moxa de la médecine chinoise est confirmée de manière éclatante. » Etc. Pas un secteur, mines, sylviculture, météorologie, n'échappait aux retombées bénéfiques de la Ligne Générale.

Peu enclin aux bavardages, le Pirate-Optimiste allait droit au but : « Défendre fermement et appliquer à fond la Ligne Générale est une tâche glorieuse de notre armée », roucoulait-il dans son uniforme de maréchal. L'Armée regorgeait de tireurs d'élite, de tankistes, de canonniers employés selon le principe d'une « spécialisation associée à l'aptitude à tout faire ». Ces braves devaient mener de front les « offensives de grand style contre les forbans », moines tibétains récalcitrants et affidés de Chiang Kai-shek. Des obus tombaient en pluie sur l'île de Quemoy qu'occupaient des résidus du Kuomintang protégés par les bâtiments de la Septième Flotte américaine dans le détroit de Formose, à deux kilomètres des côtes. Ping ! Pang ! Le Kuomintang ripostait au canon de 105. Pang ! Ping ! Heure par heure, à la Maison Blanche, le secrétaire d'État John Foster Dulles et le président Eisenhower se tenaient informés, comptaient les obus, calculaient les risques. Sur les plateaux élevés de l'Himalaya, les Chinois rouges se mesuraient au Corps de Protection de la Religion des Quatre Rivières et des Six Montagnes, que les autochtones nommaient *Quxigangzhol*. Les rebelles coupaient les routes, attaquaient des convois. Le Mandarin-Versatile, Premier Ministre, brandissait les lettres manuscrites du Dalaï Lama écrites à l'encre bleue et au crayon noir, promettant fidélité. Mais, après avoir consulté les oracles, le Quatorzième Dalaï Lama s'était éclipsé dans la neige sur un cheval poilu, courant les sommets du Sikkim, du Bhoutan, escorté par les gardes armés du Corps de Protection de la Religion des Quatre Rivières et des Six Montagnes. Les fugitifs se nourrissaient d'eau chaude et de lait condensé. Parvenu aux Indes, le Dalaï Lama remercia ses protecteurs et, un bouquet de marguerites jaunes et d'arums blancs à la main, tira la langue aux Chinois. De fervents partisans soufflaient dans les trompes traditionnelles de bois et de cuivre, s'essuyaient les yeux de bonheur. « À bas l'impérialisme rouge ! » s'époumonaient-ils en anglais, et en ourdou du Brahmapoutre ils criaient : « Vive le Dalaï Lama ! »

La Centrale d'Intelligence Américaine choisit un endroit appelé Mustang, haut et froid, que le roi du Népal lui alloua pour y entraîner des groupes à la guérilla montagnarde, les alimenter en carabines M-1 semi-automatiques, en mortiers de 55 mm et en caisses de grenades à main. Afin de distinguer les Tibétains hâlés les uns des autres, leurs instructeurs les affublaient d'un surnom commode, Ken, Tim, Walt, Luke ou Colin, puis ils leur collaient une capsule de cyanure entre les dents, au cas où, et les catapultaient de l'autre côté de la frontière face aux *Chi Commies*, aux cocos chinetoques. Ce fut sans effet, car comme le prédit l'adage états-unien : *grasp all, lose all* — qui trop embrasse mal étreint. Bien que convenablement dotée de crédits, de dollars, de roupies, la Centrale d'Intelligence Américaine avait trop d'ouvrage sur la planète, au Laos, au Vietnam, en Birmanie, au Liban, en Iran, en Syrie, au Guatemala, à Cuba, en Bolivie, en Grèce, à Berlin, en Italie. Fût-ce à son âge, Mao Zedong n'était pas homme à se laisser abattre. Nulle trace de découragement n'assombrissait son visage lisse. L'adversité l'entraînait en spirale vers les hauteurs iréniques de la philosophie. « Il y a une différence, observait-il, entre la situation générale et une circonstance locale, entre le général et le particulier, entre le courant principal et des questions secondaires. Nous devons être attentifs à capter le courant principal. Si nous saisissions le mauvais côté, alors très certainement, nous nous affalerions la tête sur les genoux… Si Chiang Kai-shek mourait, spéculait-il encore, nous applaudirions des deux mains, et si John Foster Dulles mourait, nous ne verserions pas une larme… La vie, la mort, la guerre, la paix constituent des contradictions antagonistes. Néanmoins, elles sont interconnectées. Dès lors ces contraires peuvent faire unité. Dans notre approche des choses, nous devons réaliser un effort d'analyse de manière à appréhender leur essence. » Sur ces entrefaites, John Foster Dulles, Secrétaire d'État tiré à quatre épingles, mourut. Clack. Un certain nombre de gens le pleurèrent, sa veuve en noir, son frère, directeur de la puissante Centrale d'Intelligence Américaine, le président Eisenhower et le vice-président Nixon au nez sans fin, l'ineffable May-ling, épouse de Chiang Kai-shek, et Andreï Gromyko, homologue russe du défunt. Tassées à l'intérieur de deux cent trente Cadillac roulant à petite vitesse sur les grandes avenues, les personnalités suivaient le mort jusqu'à sa dernière demeure. Au cimetière, le cercueil fut transféré sur une prolonge d'artillerie tirée par six chevaux gris encadrés de militaires. Remarquable par son tarin fureteur, Richard Nixon tressait en couronnes l'éloge du trépassé : « Au mois de novembre dernier, devant le Conseil des Églises du Christ, Mr. Dulles disait : “Le communisme est opiniâtre dans l'erreur ; nous, soyons fermes dans le juste”… » Selon les enquêtes d'opinion, une moitié des Américains hésitaient à croire Nixon, joueur de poker, chasseur de sorcières, instigateur de mauvais coups. C'est pourquoi on lui avait attribué le surnom de « *Tricky Dick* », qui signifie Richard-le-Fourbe ou Richard-le-Rusé.

Adoncques, l'Américain-Venu-en-Premier refit surface à Pékin. Il y avait si longtemps, vingt et un ans, qu'il était parti et on lui avait fait des misères aux États-Unis. John Foster Dulles avait ordonné que ses livres disparussent des bibliothèques diplomatiques. Ses articles ne trouvaient plus preneur, sauf par exception dans le *New Yorker*. Même Kansas City, dans le Missouri, où il avait fait ses classes, ne voulait plus de lui. « Il a tourné coco, à ce qu'on raconte », coupaient ses anciens copains d'école. Le FBI venait le cuisiner à son domicile. Avec femme et enfants, il finit par boucler ses valises et obtint asile en Suisse, au bord du lac Léman. C'est de là qu'il prit l'avion pour rejoindre ses vieux camarades, ceux du Repaire, le Mandarin-Versatile et l'Ours-Téméraire, Tête-de-Fouine et Petit-Chien, et Mao Zedong, surtout, qu'il avait coiffé de son propre couvre-chef pour une mise en scène. Au Musée de la Révolution, l'Américain-Venu-en-Premier fit don du négatif de la photographie de Mao portant la casquette étoilée parue dans *Life*. En souvenir de l'Américaine-Venue-en-Deuxième, il offrit à Petit-Chien, dit Rouge-Vertu, une montre en or achetée avec l'argent laissé par testament. Mao Zedong reçut dans sa résidence des Lacs du Centre et du Sud le revenant qui, naturellement, s'enquit de sa santé. « Bonne, mais pas excellente », répondit Mao. Ses tracas intestinaux, les rhumes, l'insomnie lui pourrissaient la vie. Mais Mao n'en souffla mot. L'Américain l'avait laissé les joues creuses au Repaire de la Pagode Précieuse, il le retrouvait rebondi. Il l'avait connu Bandit Rouge et le découvrait Maître du Jeu. Le visiteur, brassant passé et présent, s'inquiéta du sort de Ding Ling la romancière, de l'Ours-Téméraire également, parce qu'il les avait jadis côtoyés et qu'ils étaient liés d'amitié. Ding Ling ? Mao Zedong ne savait pas exactement ce qui avait pu lui arriver. Elle ne publiait plus, c'était un fait. Et on ne l'avait plus vue. Quant à l'Ours-Téméraire, l'Américain n'insista pas plus que nécessaire. Sur la terrasse de la Porte de la Paix-Céleste, l'Américain-Venu-en-Premier assista à la parade du Premier Octobre. Ce n'était pas courant de voir un Yankee aux places d'honneur. Le magazine *Look* proposa quinze mille dollars au visiteur pour un reportage. Affaire conclue.

Que l'affaire fût bonne reste à vérifier, et cela sera fait sans tarder. Le chapitre qui vient vous en apprendra plus sur certains personnages.

CHAPITRE XXXI

Un ancien empereur soigne des fleurs — Au tennis de table, les Rouges sont imbattables.

Lorsqu'il eut appris, en prison, à confectionner convenablement des boîtes en carton, qu'il eut assimilé les *Œuvres choisies* du Président Mao, Henry Puyi, ci-devant empereur de la dynastie des Qing, fut rendu à la liberté. Il reçut son pardon officiel courbé devant un officier, conformément aux rites d'amnistie des Redresseurs de Torts. Debout, fixant ses chaussures, il écoutait la voix lire le document. « Le criminel de guerre d'obédience mandchoukouote Puyi, âgé de cinquante-quatre ans, mâle de nationalité mandchoue, originaire de Pékin, ayant purgé dix ans de détention, a démontré qu'il a véritablement été remodelé durant sa captivité grâce à la réforme par le travail et la rééducation idéologique. » Puyi éclata en sanglots. Le directeur de la prison lui remit une montre en or de fabrication française, pas une toquante aléatoire reçue de l'héritage d'une Américaine originale, mais une jolie montre achetée à Pékin en 1924 dans le quartier des Légations et dont Puyi avait été dépouillé au moment de son arrestation. Comme il avait changé en profondeur et médité sur sa destinée, Puyi fit mine de refuser. Mais le directeur insista. C'était à travers lui le peuple chinois tout entier qui faisait offrande de la montre au repenti. Alors il la glissa dans sa poche et prit un train pour Pékin. La ville et les choses s'étaient transformées. Ah, oui, depuis son départ inopiné sous escorte nipponne. Il ne reconnaissait plus rien. Sur le quai de la gare, il sortit la montre de sa poche et regarda l'horloge : elles marquaient la même heure. Puyi trouva du travail. Mais étant anciennement empereur de Chine et exemple vivant de la rédemption, il se voyait invité de temps à autre dans des réceptions. L'Américain-Venu-en-Premier croyait bien avoir déjà vu cette tête-là quand il repéra entre les tables la silhouette bleue de l'homme grêle, mal peigné, lunettes rondes sur le nez, un petit verre à demi plein dans une main, tenant de l'autre entre trois doigts une cigarette. « Et vous, vous faites quoi ? demanda l'Américain pour lier conversation.

— Je suis jardinier. Je travaille au Jardin Botanique de l'*Academia Sinica* et je suis spécialiste des plantes tropicales, répondit le Chinois poliment en anglais correct.

— Horticulteur, en quelque sorte ? » L'interprète s'en mêla : « Votre interlocuteur est l'empereur déchu des Qing » — celui qui se faisait appeler Henry et battait dru serviteurs et concubines. Sa régulière, celle qu'il nommait Elizabeth, était morte du manque d'opium aux mains des Rouges. Sa plus jeune épouse avait obtenu le divorce et s'adonnait à la boisson. Puyi était donc seul et libre. Il entra dans la milice populaire et amadoua, non sans arrière-pensées, une infirmière permanentée fidèle au Parti. Citoyen modèle, Puyi manifesta sur la place de la Paix-Céleste sa colère contre les Japonais revanchards et les Yankees agressifs. « Dix mille ans de vie à la République des Redresseurs de Torts ! *Wànsùi ! Wànsùi !* » Le reste du temps, il arrosait ses fleurs et les taillait au sécateur.

L'Américain-Venu-en-Premier tenait un état précis de ses rencontres et de ses visites. Usine Automobile N° 1, Institut des Maladies Vénériennes et des Affections de la Peau, Compagnie du Fer et de l'Acier, prison de Pékin, studios de cinéma… Sa documentation enflait, cahiers, carnets, pellicules, nul autre mieux que lui, aux États-Unis, n'aurait pu décrire la Chine Rouge. Sauf les espions. Mais l'Amérique ne voulait rien savoir des Chinois qui ne fût en faveur de Chiang Kai-shek, claquemuré dans son île, ou de May-ling, son épouse éduquée en Géorgie. *Look Magazine* laissa choir l'Américain-Venu-en-Premier. Ses analyses moisissaient au fond d'un tiroir. Les gens de Kansas City, de Little Rock, de Coronado préféraient voir sur l'écran vingt-trois pouces de leurs téléviseurs, entendre via leurs transistors de plastique et lire dans leurs journaux le détail des bienfaits dont ils jouissaient et des périls qui les menaçaient : Castro le barbu face à la Floride, Sukarno à Jakarta, coiffé de sa toque de velours noir, Nkrumah au cœur de l'Afrique, Togliatti à Rome, la bombe H, les missiles intercontinentaux, Khrouchtchev et Mao. Les Américains s'imaginaient déjà en squelettes radioactifs, les os bouffés au strontium 90. Cette façon claire d'expliquer l'univers éveillait la louange. « Trois fois merci pour votre reportage en couleurs sur les locomotives à vapeur », s'emballait un quidam de Jersey City. « Merci encore pour votre portrait d'Elizabeth Taylor, merveilleuse beauté en Cléopâtre », complimentait un deuxième à Dallas. « Bravo pour votre superbe article sur Chiang Kai-shek qui est sans aucun doute l'un des plus grands hommes de notre époque, s'échauffait un citoyen de la baie de San Diego. Si on avait écouté Chiang et profité de ses longues années de lutte contre le communisme, nous n'aurions pas une Corée coupée en deux, un Vietnam divisé, des massacres au Tibet, un dictateur pro-Rouges en Indonésie, la perspective d'un chambardement au Laos, et les millions d'êtres soumis à l'esclavage de Mao et de ses gangsters. » Chiang Kai-shek s'appuyait sur une canne, le visage fermé, le pas moins alerte qu'autrefois au bras de sa femme légèrement empâtée. Il musardait sur son île protégée par des destroyers, des jets ultramodernes, entre les bougainvillées, les hibiscus, les soucis orangés. Dix mille Américains de la Navy, de l'Air Force, du Renseignement veillaient à sa tranquillité. Chiang jouait au *xiàngqí*, un échiquier, deux généraux, deux territoires séparés par un détroit, pions rouges et pions noirs, mandarins posés aux intersections, éléphants, chevaux, canons. Son épouse peignait des paysages traditionnels qu'elle suspendait aux cloisons. Son fils aîné emplissait de Taïwanais les centres de redressement dits « de la Vie Nouvelle ». « Tu ne seras jamais bonne en peinture à ton âge ! » lançait gentiment Chiang Kai-shek à son épouse après avoir vu *Le Temple dans les nuages* ou *Le Paysan et son buffle* dont elle l'avait gratifié pour son anniversaire. À son fils, il ne faisait pas grief de jongler avec ses polices ni d'apprendre l'anglais auprès de la femme du chef local de la Centrale d'Intelligence Américaine. Chaque soir et chaque matin, le Gimo priait. Le reste du temps, il gouvernait ses administrés sans bienveillance et entretenait aux États-Unis de puissants agents d'influence. Cinq cents radios, une myriade de journaux diffusaient ses publicités payées rubis sur l'ongle. Un million trente-sept mille Américains de bonne et mauvaise foi signèrent une pétition contre l'entrée de la Chine Rouge à l'ONU. Sous la bannière du Kuomintang, du Soleil Blanc sur fond bleu, un assortiment de sénateurs réputés, d'industriels de Pittsburgh, de professeurs à l'Université de Yale, d'éditorialistes prêts à mordre faisaient bloc, déchaînaient la foudre et le vent.

Pour la onzième fois, la Chine de Mao tentait de gagner son siège aux Nations Unies. Négociations, promesses. Peine perdue. Les trois royaumes scandinaves soutenaient la Chine par principe. Le Soudan l'appuyait contre cinq bourses d'étudiants. L'Éthiopie du Négus lui était favorable. Le Libéria des anciens esclaves s'y opposait. Le Portugal de Salazar s'abstenait par prudence, à cause de Macao, son or, ses casinos prospères, les coffres pleins de la Tai Fung Bank. Les Arabes se divisaient parce que la Russie soutenait la Mauritanie contre le Maroc en échange d'un soutien à la Mongolie. La France, très occupée en Algérie et à Bizerte, votait non. L'Australie, la Colombie et le Salvador, l'isthme de Panama, les Philippines et le Pakistan s'alignaient aussi sur les États-Unis. Leur pression était forte. Les Nippons, autrefois gourmands et sans scrupules, n'osaient plus lorgner vers Pékin. Le Japon avait changé. L'Empereur en costume de ville se confondait en courbettes, les criminels de guerre faisaient carrière à la Faculté ou dans l'industrie. Le Japon fabriquait à la chaîne des automobiles, des motocyclettes, des jouets à friction, des crayons de couleur, des appareils photo, des téléviseurs, de petites radios. Trois millions cinq cent soixante dix-huit mille postes de télévision à l'année, douze millions huit cent cinquante et un mille transistors *made in Japan* envahissaient les salons occidentaux. Les États-

Unis étaient leurs clients principaux. « Le fait est que nous n'avons aucun intérêt à commercer avec la Chine, en déduisait un gros bonnet de l'archipel, né d'un samouraï et d'une geisha. Le peuple là-bas est au bord de l'inanition. La Chine Rouge importe du blé du Canada et d'Australie et n'est même pas capable de le payer cash. Quel profit peut-on tirer d'un pays aussi pingre ? » La question était posée.

Les Chinois, ulcérés, contestaient vigoureusement cette façon de voir. Ils criaient au mensonge, à l'assassin. Prolixe à son habitude, le Mandarin-Versatile truffait ses discours de chiffres truqués, de pourcentages, de kilométrages, de production en millions de tonnes, vilipendait les noms honnis de forbans étrangers, George C. Marshall, Harry Truman, États-Unis, Grande-Bretagne… Il disait aussi des choses sensées. « C'est un fait bien connu que la Chine était extrêmement arriérée du point de vue économique il y a une décennie… Et on sait parfaitement quelle misérable position elle occupait voilà dix ans sur la scène internationale… Les Puissances considéraient notre pays comme un morceau de viande bien gras dont chacun venait arracher un morceau… La vieille Chine coloniale et semi-coloniale est à présent disparue à jamais. » C'était exact, expérimentalement vérifiable. Cependant, la famine rôdait toujours. L'air de ne pas y toucher, le Mandarin-Versatile infléchissait autant qu'il le pouvait la Ligne Générale : « Quantité, rapidité, qualité, sobriété » — *duō kuài hǎo shěng*, cela était bien beau, mais les gens n'avaient rien à mâcher. À chacun des caractères sacrés, le Premier Ministre en opposa une paire nouvelle : *tiáo-zhěng*, *gǒng-gù*, *chōng-shí*, *tí-gāo* — « ajustement, consolidation, renforcement, élévation ». Aussi vrai qu'un se divise en deux, la consigne initiale s'en trouvait refondue. Quantité ? Ajustement ! Rapidité ? Consolidation !! Qualité ? Renforcement !!! Sobriété ? Élévation !!!! Bien sûr, l'ampleur de l'acrobatie dialectique échappait à nombre de camarades faibles en doctrine. Mais pas à tous. Petite-Bouteille, qui jusque-là s'était peu singularisé, commença à tenir des propos inconvenants. « Le principal problème actuellement, râlait-il, c'est qu'on utilise pour un oui ou pour un non l'expression *pensée-*

maozedong, qui en arrive à recouvrir un peu n'importe quoi. Si, par exemple, un magasin augmente ses bénéfices ou une équipe gagne un tournoi de ping-pong, on dit que c'est grâce à la *pensée-maozedong* ! » Sans doute était-ce outrancier. Le tennis de table chinois avait gravi d'un bond les marches de la célébrité. Un jeune homme guéri de la tuberculose battit les Japonais 2 à 0. Rong, de son nom. Il excellait au service, à la poussette, au revers, aux exercices stratégiques, feindre à gauche pour attaquer à droite. Son père avait pratiqué la grève générale à Hongkong contre les Anglais, en 1925. Le héros Rong, fluet et bondissant, triompha d'un gros Hongrois, neuf fois gagnant, aux 25e Rencontres mondiales de Dortmund en Germanie. Ping et pong et pong et ping… Le champion Rong ne tenait pas sa raquette à pleine main, à la manière du gros Hongrois de cent kilos, mais comme un porte-plume ou un pinceau entre les doigts. Champion Rong reçut les félicitations du Président Mao, de Liu Gros-Nez, du Mandarin-Versatile. Le tennis de table chinois s'était ajusté, consolidé, renforcé et élevé jusqu'au sommet. Un champion, puis deux. À grandes volées, jambes écartées, le champion Zhuang décrocha le titre des 26e Rencontres mondiales et des 27e et des 28e. « Mon fils, lui dit sa mère, tu ne dois pas céder à la vanité. » Champion Zhuang serrait contre lui sa coupe argentée et le bouquet gracieux d'œillets et de lys. Ce jeunot révolutionnait la gestuelle, assuraient les managers autorisés, baronnets britanniques introduits dans la Finance. Son succès retombait en mille feux sur le pays. L'industrie légère de Shanghai produisait des balles de celluloïd Double Bonheur Rouge et des bonbons Grand Lapin Blanc.

Petite-Bouteille n'était pas mauvais au ping-pong. Mais Mao Zedong n'avait eu besoin d'aucun conseil pour apprendre à manier une raquette, au Repaire, dans la neige, sa casquette octogonale sur la tête. Ping-pong ou pas, Mao Zedong n'était guère satisfait des récriminations. Ce n'était pas qu'il fût incapable d'autocritique. Au contraire. « Tenez, moi, par exemple, confessait-il, je ne suis pas spécialement compétent dans moult questions de l'édification économique. Je ne me débrouille pas trop bien en matière d'industrie et de commerce. Je ne m'y connais un peu qu'en agriculture, et encore à un degré limité, autrement dit, je n'y connais pas grand-chose. » Il développait ces propos devant une vaste assemblée de représentants des provinces, des districts, des cantons, et les délégués l'applaudissaient car c'était un langage de vérité. Mao les enjôlait en entrelardant son discours de fables antiques, contant les mésaventures de Xiang Yu, le tyran qui n'écoutait personne, et de Liu Bang, fondateur de la dynastie des Han, un vaurien insurgé amateur de bon vin. Ces histoires ravissaient l'auditoire. Leur morale empreinte de poésie donnait à réfléchir. Xiang Yu périt de mort violente, sa concubine se trancha la gorge. Liu Bang, le vainqueur, pissait dans le chapeau des lettrés. « Il faut diriger le peuple par l'instruction », répétait son premier conseiller. Alors, il se bonifia. Mais Liu Bang était mal marié et quand il mourut d'une flèche venimeuse, l'impératrice Lü, son épouse, instaura une dictature. Tout le monde avait entendu parler de Liu Bang et de la légendaire impératrice Lü. Cette femme mauvaise décapitait ses ennemis et présentait leur chair hachée aux tièdes afin de les rendre obéissants. Mao Zedong cultivait la parabole, filait les métaphores pour se faire bien comprendre. Il suscitait le respect.

Arrivé à ce point de son existence, Mao Zedong éprouva le désir de revoir Petit-Trésor, sa deuxième épouse et demie qui végétait quelque part, la tête dans les nuages, en proie à l'épouvante. Ses cheveux avaient viré au gris, sa peau s'était flétrie, elle peinait à construire des phrases. Mao lui offrit quelques cigarettes State Express 555. « Prends bien soin de toi, dit-il après peu de temps, nous aurons d'autres occasions de nous croiser. » Jamais plus ils ne se rencontrèrent. « Elle est vieille et malade, remarqua Mao à part lui, son esprit s'est enfui. » Or les sensations, les images, les couleurs remontaient du fond et la deuxième épouse et demie se souvint qu'elle avait été grosse dix fois, qu'elle avait mis bas six enfants vivants, qu'un seul subsistait, sa fille Jiaojiao renommée Li Min, soustraite à son affection pour être élevée dans la résidence des Lacs du Centre et du Sud. Quant aux autres, ceux qu'elle avait dû égrener en route durant les rudes tribulations des débuts, elle ne savait ce qu'ils étaient devenus ni s'ils étaient morts.

Mao Zedong se délivrait de ses contrariétés dans les livres. Il conservait à son chevet la *Fleur en fiole d'or* qu'un lettré avait composé sous la dynastie des Ming, roman en cent chapitres du mandarin concupiscent et de ses six femmes, de ses servantes attentionnées, de Lotus-d'Or et de Fleur-de-Prunier habiles dans l'art de la chambre à coucher. Deux fois par semaine, Mao Zedong participait aux soirées dansantes des Maîtres du Jeu dans un hall des Lacs du Centre et du Sud ou au Palais de l'Assemblée du Peuple de la place de la Paix-Céleste dans lequel une pièce confortable lui était réservée, la salle 118. Lorsqu'il avait fini de danser le fox-trot, Mao s'enfermait avec sa partenaire de l'heure pour se reposer. Pomme-Bleue, sa troisième épouse et demie, lui menait dure vie. Ses criailleries permanentes lui vrillaient les oreilles. « Arrêtez la musique ! beuglait l'épouse sur la piste. C'est mauvais !... Changez de disque !... C'est trop fort ! À vous rendre sourd !... » Ces interruptions rendaient Mao d'humeur massacrante. « Elle gâte tout ! maugréait-il. Quelle rabat-joie ! Elle casse l'ambiance partout où elle passe ! Je ne veux plus la voir ! » Entre eux, ça n'allait plus.

Pomme-Bleue l'agaçait, d'un côté, mais de l'autre elle se montrait prudente, se gardait d'aller trop loin. Chaque jour, pendant quelques minutes, elle s'exerçait à rechercher l'équilibre de son Yin et de son Yang, elle pratiquait le *tàijí quán* qui apaise les gens nerveux. Pomme-Bleue écumait, elle n'avait pas de rôle à sa mesure. Elle voyait Liu Gros-Nez parader avec sa femme élégamment vêtue dans les réceptions diplomatiques, et Petit-Chien toujours amène avec sa combattante des forêts, responsable en titre de la Fédération des Femmes. Or, elle, n'avait pas la moindre activité où se distraire. Parfois il lui arrivait de chantonner un vers ou deux du répertoire classique : « Ah ! Si seulement j'avais en main un couteau de boucher ! » Pomme-Bleue s'intéressait à l'opéra et aux factions, au pongiste Zhuang, le champion. Dans ses appartements de la Cité Interdite, elle dévorait des films étrangers, *Autant en emporte le vent* de la Metro-Goldwyn-Mayer, le Sud, le Nord en

Technicolor, la guerre, les grands sentiments, Clark Gable cravate à pois nouée autour du cou, Vivien Leigh et ses robes à frou-frou. Plusieurs fois, dans la pièce obscure de projection, elle se repassa *Camille*, une machine à larmes usinée à Hollywood par les meilleurs ouvriers. Greta Garbo, les épaules nues, y aimait Robert Taylor sous l'œil de Lionel Barrymore, que dire de mieux ? Pomme-Bleue conservait à sa main la plupart des longs métrages de Garbo, *La Reine Christine* et les autres. Ne lui manquait qu'une copie d'*Anna Karénine* — le parlant de 1935 avec Fredric March pour interpréter sous les flocons de neige l'impétueux colonel Vronski, son amant, et Basil Rathbone, le vieux mari. Les Maîtres du Jeu, toutefois, y prêtaient peu d'attention. Des avanies leur tombaient dessus en pluie.

De ces ennuis sauront-ils triompher ? La suite sans doute le dira.

CHAPITRE XXXII

Une amitié éternelle se casse en deux — Les Brigands Justiciers déchaînent le feu du Ciel.

Il était plausible que Hollywood comprenne davantage l'âme russe que les Chinois. Les Soviétiques se comportaient comme le dernier des capitalistes. Ces salauds venaient de retirer d'un coup leurs mille trois cent quatre-vingt-dix conseillers et l'économie tombait en capilotade, le complexe métallurgique d'Anchan boitillait, le traité fraternel de coopération atomique battait de l'aile. Mao Zedong n'avait jamais apprécié les Russes, du temps déjà qu'ils se mêlaient de tout, aux origines, avant la Longue Marche des vingt-cinq mille lis, et puis quand il avait dû poireauter dans une datcha de Moscou en se tapant *Alexandre Nevski*, la bataille sur la glace, l'histoire douteuse de la renarde dépucelée par un lièvre entre deux bouleaux, et enfin quand il les avait revus, Anastase Mikoyan, Khrouchtchev et toute la clique. Ah ! Khrouchtchev le Chauve se moquait bien de la Chine et de l'internationalisme prolétarien ! Il pétait d'exigences, se permettait de tout critiquer, les communes populaires, les hauts-fourneaux « du genre samovar », selon son expression méprisante. Le Premier Soviétique ne se montrait pas des plus subtils. « Impossible avec ces Chinois de savoir sur quel pied danser », bougonnait-il. C'était un rondouillard au ventre proéminent qui posait sur son crâne son chapeau de travers. Il possédait les dents de la chance. Ses ancêtres venaient d'un village de la province de Koursk, aux bornes de l'Ukraine, dont il avait gardé les manières. Se hisser à la cime n'avait pas été une partie de plaisir.

Il avait trimé dur, commencé par faire paître des vaches et des moutons, travaillé en usine pour des Allemands, des Belges, et, à ce qu'il disait, dans une mine pour des Français. Dans sa vie, il avait peu lu. Les vertes forêts, la Longue Marche des vingt-cinq mille lis, le Repaire de la Pagode Précieuse, il s'en battait l'œil. Au fond, il n'en avait rien à fiche des Brigands Justiciers qui, comme il le disait crûment, « ont passé entre vingt et vingt-cinq ans à faire les guignols dans l'arrière-pays avec des couteaux et des baïonnettes ». Khrouchtchev ne manifestait que son ignorance de la poésie. Lorsque Mao Zedong le questionnait sur les Cent Fleurs ou les tigres en papier, il ouvrait des yeux ronds et faisait la moue. Nikita Khrouchtchev avait toujours été bien accueilli, en ami, avec la plus extrême courtoisie. Au pied de la passerelle, à l'aéroport, il embrassait Mao avec fougue, lui riait sous le nez. Ensemble, ils flemmardaient de longues heures en maillot de bain au bord d'une piscine, causaient du beau temps, de la pluie, de l'arme atomique, de terrains d'aviation, de bases de sous-marins, et ils mangeaient à profusion des plats exquis. Cependant Khrouchtchev ronchonnait : « Tout était beaucoup trop suave, au point d'en être écœurant, de retourner l'estomac. » Quelle ingratitude ! C'est ainsi que, de fil en aiguille, l'amitié se détériora. Le Premier Soviétique se sentait en meilleure compagnie avec le président des États-Unis, son vice-président *Tricky Dick* Nixon, l'aréopage des businessmen de New York City, de la Fondation Ford, de la Chase Manhattan Bank, de la Fondation Rockefeller qui lui faisaient la cour. « Nous voudrions tant qu'un peu de compréhension réchauffe nos relations », minaudait Khrouchtchev, assis entre un Picasso et le buste de Benjamin Franklin. Il ne lui déplaisait pas de rouler en Cadillac, encadré de motards à casques blancs et lunettes noires, de déjeuner à l'hôtel Commodore de vingt-deux étages, de soupeser une dinde du Maryland et de reluquer la blonde Shirley MacLaine dans une démonstration de french cancan à l'ancienne. Mais aux Chinois, ces turlupinades ne plaisaient pas. Ils restaient figés face au Russe dans leurs vestes bleues, véritablement fâchés, mais tenant leur bouche trois fois cousue. Des sentiments acrimonieux, longtemps contenus, leur montaient à la gorge du fond de leurs entrailles. Alors, d'un coup, ils se mirent à dégoiser plus que n'en pouvaient cracher les imprimeries. Tout en accolant aux Russes le vocable bienveillant de « camarades », les Chinois leur jetaient à la face les épithètes malignes de « révisionnistes modernes » et de renégats. Qu'entendent-ils donc par là ? s'interrogeaient les partis frères ébaubis, les nations sœurs éberluées. Il n'était pas judicieux de poser la question, car les Chinois s'ingéniaient à répandre les plus infâmes imputations à l'encontre de dignitaires au-dessus de tout soupçon. Ils vouaient aux gémonies non seulement le Yougoslave Tito mais le camarade Togliatti d'Italie, le camarade Walter Ulbricht de l'Allemagne rétrécie.

La querelle s'envenima lorsque des détachements indiens en bonnets de laine ou en turbans, des Sikhs semblables à ceux qui sévissaient autrefois à Shanghai et des Gurkhas titillèrent l'armée chinoise sur les sommets himalayens, à l'ouest du Népal et à l'est du Bhoutan. Les faibles en philosophie ne voyaient pas le rapport, ignorants qu'ils étaient du cheminement tortueux des contradictions antagonistes. Khrouchtchev regardait ostensiblement ailleurs. « Savoir où court la ligne frontière n'est pas un problème important pour nous… Ce ne sont que quelques kilomètres carrés… » Or, la zone âprement disputée couvrait un territoire quatre fois supérieur au Royaume de Belgique, Flandre et Wallonie réunies. Ses habitants y faisaient paître leurs yaks et leurs moutons laineux, nommaient *chu* les torrents, *la* les cols, car ils parlaient entre eux un patois tibétain et des mots ouïgours. Les Maîtres du Jeu, à Pékin, se trouvaient fort préoccupés. Quarante-sept gardes chinois étaient passés de vie à trépas au cours des derniers mois. « Les Indiens veulent nous planter un couteau dans le cœur », s'indignait Face-de-Lune, chargé des affaires extérieures. Mao Zedong fit mander ses maréchaux et les membres du Grand Conseil afin d'examiner de concert les aspects principaux comme les questions secondaires. Il n'y avait plus eu de guerre avec l'Inde depuis l'an 648, sous l'empereur Taizong de la dynastie des Tang, spécifia Mao qui avait lu quelque chose à ce propos — à moins de retenir le sac de Delhi par Tamerlan en 1398, mais Tamerlan était un Mongol féroce dépourvu d'intérêt. « On a combattu le Vieux Chiang, les Japonais et l'Amérique, poursuivit Mao, aucun ne nous a effrayés et chaque fois nous avons gagné… Les Indiens cherchent la bagarre. Ce serait manquer à la courtoisie que de ne pas répliquer. » D'ordinaire effacé, le Dragon-Borgne éleva la voix, il avait quelques idées sur la manière de traiter les Indiens menaçant la frontière : « Il faut les désosser, déclara-t-il, détacher la chair de leurs os. » Ainsi parla le Dragon-Borgne, frère de sang des Lolos Noirs. Les Maîtres du Jeu lui confièrent la stratégie à mettre en œuvre car c'était lui qui avait jadis traduit du russe des manuels d'infanterie, lui qui avait franchi le Yangtsé une nuit et enlevé Nankin le surlendemain. « Concentrer une supériorité ponctuelle pour emporter une décision rapide dans une guerre éclair », telle était sa proposition qu'entérinèrent les compagnons des jours anciens, Petite-Bouteille, le Pirate-Optimiste et Petit-Chien dit Rouge-Vertu. De cette façon exactement s'enchaînèrent les événements. Les Chinois emmitouflés tombèrent à bras raccourcis sur les Gurkhas, les Sikhs embusqués derrière les rochers, et les envoyèrent bouler du côté du Brahmapoutre.

Mais en raison du négoce et de l'étiquette, ces prouesses guerrières incommodaient les Russes. Khrouchtchev si rieur, si rond, si aimable face aux caméras de WRC-TV, Channel 4, à Washington, écumait comme un verrat devant ses pairs du Soviet Suprême de Moscou. L'action intempestive de la République des Redresseurs de Torts, entreprise « sans même en avertir préalablement l'URSS », ruinait ses projets. Le marché des MiG-21 avec les Indes lui échappait. Khrouchtchev ne décolérait pas : « Des années d'efforts consacrées à gagner l'amitié et la neutralité hindoues se voient réduits à néant ! » tambourinait-il à son pupitre. Ses paroles faisant loi au-delà des frontières, les camarades d'avant-hier se détournaient des Chinois. Les Allemands de l'Est, derrière leur mur, les battaient froid. Les mines s'allongeaient à leur vue. Finie la sollicitude empressée des Bulgares, des Polonais, des Tchèques, des Hongrois. Terminées les congratulations affables de la Mongolie extérieure. Les Chinois se voyaient montrés du doigt. De par le monde, des factions satellites isomorphes traduisaient du russe dans leur langue anathèmes et malédictions. Chacune, l'une après l'autre ou en concomitance, formulait des blâmes, proférait des jurons : le Parti Communiste du Luxembourg, celui du Canada ou du Chili, le Parti de Finlande, de Turquie, de Porto Rico, le Parti du Lesotho, celui de San Marin, et du Salvador. Diligenté à Moscou en mission d'apaisement, le Pirate-Optimiste fut apostrophé par un homologue, maréchal, qui se gaussa grossièrement de l'uniforme dont le Pirate était si fier. « Uniforme de carnaval ! » ricana, entre deux jurons, le Russe arborant au moins douze médailles et six plaques sur le poitrail. On frôla l'incident. Soit qu'il fût saoul, soit qu'il dédaignât les convenances, le Soviétique héla ensuite le Mandarin-Versatile. « Mais vous, lança-t-il, pourquoi gardez-vous ce vieux gâteux de Mao ? » Le prestige de Mao Zedong fondait partout. Ceux-là mêmes qui à Paris éditaient ses *Œuvres choisies* l'accablaient désormais de sarcasmes.

Les Maîtres du Jeu, à Pékin, concevaient grande amertume de ces offenses. Ils trituraient, disséquaient entre eux les motifs de la chicane et commençaient, il faut l'avouer, à désespérer de voir triompher leur point de vue. « Si vous refusez de nous écouter et vous obstinez à prendre le chemin de l'irréparable, eh bien, à votre aise ! » braillaient-ils, mécontents. Par deux vers vengeurs, ils pourfendaient leurs détracteurs :

La fleur s'est flétrie, on n'y peut rien,
Et l'hirondelle familière toujours revient.

Ce n'était guère de nature à émouvoir les Russes altiers, ni leurs alliés habitués de l'hôtel Lux. L'enjeu comme l'adversaire requéraient de plus furieux moyens. Appel fut fait aux lumières de praticiens capables d'élever la polémique au niveau éthéré des principes. Le Serpent-Blanc et le Batracien-Graphomane s'imposèrent aisément. Chacun jouissait des facultés assorties à la besogne, le premier parce qu'il baragouinait le russe en roulant les r, qu'il avait étudié la manœuvre auprès de Iejov le Nain, chef de la police secrète, le second parce que ses fonctions à l'*Academia Sinica* le prédisposaient aux exercices scolastiques, sans compter qu'il avait aussi séjourné en URSS et en appréciait les mœurs. Le Batracien-Graphomane gérait une revue ornementale intitulée *Le Drapeau Rouge* que le Serpent-Blanc, assisté d'une batterie de scribes, gonflait de thèses coupantes. « Le révisionnisme est un opium qui anesthésie le peuple, une musique consolatrice pour esclaves… Aux yeux des révisionnistes modernes, dans les conditions qui voient exister arme nucléaire et engins militaires similaires, toute révolution et tout acte soutenant la révolution sont contraires à la "logique de vie". Ce qu'ils entendent par "logique de vie", c'est, en fait, une logique d'esclave qui vise à émousser la volonté révolutionnaire de tous les peuples… Les révisionnistes modernes estiment que dans les conditions historiques actuelles, il faut s'estimer heureux de pouvoir vivre, serait-ce dans l'abrutissement et l'hébétude. » Les nations d'Occident jubilaient de cette soudaine détestation, soufflant le froid, soufflant le chaud dans leurs journaux. « Le monde fasciné regarde empirer la querelle sino-soviétique ! » savouraient, photos à l'appui, les publicistes du Rockefeller Center. Peu de voix étrangères se manifestaient en faveur des Brigands Justiciers, une poignée de Brésiliens, des Malais, des Birmans errant armés dans la jungle humide, le Parti des îles Maori en mer de Tasman, et la cellule communiste de Saint-Savournin dans les Bouches-du-Rhône.

Mao se retrouvait au plus bas dans l'opinion internationale. D'un certain côté, il inspirait la crainte, de l'autre, la raillerie. Plusieurs dignitaires, parmi les Brigands Justiciers, s'attelèrent à lustrer son blason. Liu Gros-Nez dépoussiéra le livre sur le perfectionnement des communistes qu'il avait composé autrefois au Repaire, y ajouta par-ci par-là des phrases constructives, des « *le camarade Mao Zedong a dit…* », et des « *guidés par notre chef, le camarade Mao Zedong…* » Ils se creusaient donc la cervelle, dépensaient sueur et salive pour soigner leur réputation. Tête-de-Fouine au Ministère de la Défense se révéla le meilleur. L'idée lui fut soumise par on ne sait qui d'extraire des quatre tomes des *Œuvres choisies* de Mao les morceaux congrus, de les placer chaque jour en oreille du *Quotidien de l'Armée* et de les relier ensuite en un volume pratique. Quelqu'un suggéra de protéger la fragile couverture en papier blanc d'un plastique écarlate imprimé en creux : « *Citations du Président Mao Zedong* ». Tête-de-Fouine n'était pas peu fier de ce petit livre en trente-trois chapitres distribué à chaque soldat des pelotons de l'ensemble des compagnies de tous les régiments et qui se glissait commodément dans la poche de poitrine de l'uniforme vert. L'Armée, plaidait-il, doit devenir « une grande école de la pensée-maozedong ». En ouverture du petit livre, Tête-de-Fouine inséra une calligraphie sommaire tracée de sa main au pinceau : « Étudier les œuvres du Président Mao, suivre ses enseignements et agir selon ses directives. » Étant sorti tout droit de l'Académie militaire des cadets de Whampoa, en 1927, Tête-de-Fouine n'avait pas eu l'heur d'assimiler les classiques de la littérature, c'est pourquoi il fit une faute dans sa composition, un trait de trop sur le deuxième caractère de la deuxième colonne. C'était égal. S'il ne pouvait écrire sans faute, Tête-de-Fouine savait compter sur ses doigts. Successivement il lança au sein de l'Armée le mouvement du Style Trois Plus Huit, celui des Quatre Relations et celui des Cinq Bons. Mao était satisfait. « C'est bien ! roucoulait-il. On n'a jamais pensé à ça avant ! C'est une vraie création ! » Ainsi Tête-de-Fouine, qui souriait rarement et souffrait de migraines, fut pris lui aussi de contentement.

Rétabli dans son statut, Mao Zedong remplaça le portrait géant qui décorait l'entrée de la Cité Interdite depuis une décennie par un nouveau, d'après une peinture originale d'artiste : le portrait définitif. La verrue sur le menton n'était pas moins visible, au contraire. Mais sa figure lisse était plus avenante que dans le précédent. L'angle sous lequel l'avait saisi le peintre effaçait la sévérité du visage antérieur. Il n'était plus tout à fait de face, le portrait ne présentait que l'oreille gauche. La légère plissure des yeux ôtait son caractère inquisiteur au regard d'avant. Le poil du cheveu, brillant et noir, se détachait avec une netteté accrue. Sur la veste gris-bleu, non plus kaki, n'apparaissait qu'un seul bouton au lieu de deux et le col caractéristique laissait voir le liseré propre d'une chemise blanche. Somme toute, il était devenu plus civil. Mao Zedong modifia de même sa signature. Ce n'était plus les vingt-huit traits des débuts, la dédicace dont il agrémentait les photos sépia offertes aux membres de la Mission Dixie, ni celle bien nette qui accompagnait le hors-texte de *La Démocratie nouvelle* aux Éditions en langues étrangères. Non, c'était une signature cursive et désinvolte. À soixante-dix ans, Mao Zedong se conformait aux désirs de son cœur.

Face-de-Lune et le Mandarin-Versatile, voués à la diplomatie, déployaient de considérables efforts afin d'attirer la sympathie d'autrui. Des avions long-courriers les déposaient à Ceylan, en Birmanie, sous le soleil de Tunisie, du Maroc, au Mali, au Ghana, en Guinée. Ils serraient des mains, inclinaient la tête devant les chefs d'État : Sékou Touré, Kwame Nkrumah, Modibo Keita, Hassan II, Bourguiba… Face-de-Lune avait troqué son uniforme de maréchal contre un costume élégant, gilet et cravate lavande. Le Mandarin-Versatile, à l'avant-scène, échangeait des cigarettes Cléopâtre King Size avec le colonel Gamal Abdel Nasser. Il fut déclaré citoyen d'honneur de la ville émancipée d'Alger ouverte sur la Méditerranée. Au côté du colonel Boumediene, les Chinois visitèrent l'usine Berliet de Rouïba inaugurée un peu avant par le général Massu. Face-de-Lune allait coiffé d'un béret basque et, derrière ses larges lunettes noires, on ne distinguait pas son regard. Sur le livre d'or, dans le hall décoré de drapeaux, le Mandarin-Versatile inscrivit trois lignes de caractères aimables. Le Roi des Rois, élu de Dieu, empereur d'Éthiopie en cravate rayée le reçut dans son palais à colonnades pour d'interminables salamalecs. Au milieu de leur périple les Chinois s'autorisèrent un saut de puce au flanc de l'Europe. Face à l'Italie, à l'est du Monténégro et à l'ouest de la Macédoine, les Chinois enfin dénichèrent un ami véritable. Celui-là avait tenu un bureau de tabac, autrefois, mais maintenant, il était souverain de l'endroit. C'était lui qui avait succédé au roi Zog Ier d'Albanie. Il accueillit en sa capitale, avec la pompe prolétarienne, le Mandarin-Versatile et Face-de-Lune en visite officielle, puis nota sur ses cahiers, assis à son bureau, le bilan de la journée. « Voiture découverte, nous avons traversé Tirana, dont les rues étaient bordées d'une foule nombreuse, enthousiaste, arborant des drapeaux et brandissant des bouquets de fleurs. » Ensemble, ils fêtèrent le réveillon. Parfois, assez souvent même, sinon toujours, le Souverain de Tirana s'emballait. Ses paroles s'accrochaient les unes aux autres, se dévidaient en torrent, les idées s'entrechoquaient et son entourage se garait. « Lorsque la Chine disposera de la bombe atomique et de fusées on verra bien alors quel sera le langage de l'impérialisme américain, éructait-il, on verra bien si l'on continuera à dénier à la Chine ses droits dans l'arène internationale, on verra bien si les impérialistes américains oseront brandir leurs armes comme ils le font aujourd'hui. » Les Américains s'activaient aux quatre horizons, Liban, Congo, Indonésie, Panamá, ils ne s'en cachaient pas. Ils envoyaient sans retenue des troupes au Vietnam. Leurs GI's arpentaient les rizières, col ouvert, la mine sombre, appuyés par des hélicoptères d'assaut qui tiraient d'en haut. Ra-ta-ta-ta-ta... Les Américains se souvenaient de la Corée, du fleuve Yalou. Les Chinois pareillement. « Voilà seize ans que nous attendons que les impérialistes américains viennent chez nous pour nous attaquer ! rappelait Face-de-Lune. Et j'ai des cheveux blancs à force d'attendre. » Rien n'était faux de ce qu'il disait.

Les bureaux des Chiffres et de la Propagande firent savoir qu'au 1er juillet 1964, zéro heure, la population de la République des Redresseurs de Torts atteignait sept cent vingt-trois millions et soixante-dix mille deux cent soixante-neuf habitants. À quinze heures le 16 octobre, jour propice selon les augures, la bombe chinoise à l'uranium 235 éclata dans un désert, le champignon s'éleva dans l'air. L'unité de protection du site, hommes et chevaux, était équipée de masques à gaz. Devant leur pupitre, les ingénieurs scrutaient les cadrans, les voyants rouges, verts. Revêtus de combinaisons blanches des cavaliers se lançaient au galop sur la zone en tirant des rafales de Kalachnikov AK-47. Au téléphone, le Mandarin-Versatile suivait le processus dans tous ses états. L'assemblage des composants, l'arrimage du container cylindrique renfermant la bombe au faîte d'une tour de cent vingt mètres, les réactions du centre de contrôle à vingt-trois kilomètres de là. « Je mettrais en gage mon pantalon pour faire la bombe ! » s'impatientait Face-de-Lune. Le Pirate-Optimiste écoutait les rapports. Deuxième-Couteau supervisait l'Académie des Missiles Guidés, le Second Ministère de Construction des Machines. C'était leur œuvre, cette boule de feu, ce champignon. Maintenant ils étaient forts. Au Palais du Peuple de Pékin, sur la place de la Paix-Céleste, l'orchestre entama *L'Orient rouge*.

L'Orient est rouge, le Soleil se lève.
Sur le sol chinois suuurgit Maao Zedong.
Il œuvre pour le bonheur du peuple,
Du peuple il est le grand sauveur, Hourra !

Et tous se réjouirent.

Dans ces environs, Mao Zedong se tourna vers le Serpent-Blanc et lui dit : « Il faut entretenir de bons contacts avec l'empereur Xuantong » — Puyi de son nom de citoyen. « Les empereurs Guangxu et Xuantong sont mes deux prédécesseurs directs, ajouta Mao. Le traitement d'à peu près cent yuans accordé à Puyi est trop faible. Il ne faut tout de même pas oublier que cet homme est un empereur. » Puyi, vivant de peu, se promenait dans les parcs au bras de son épouse, il portait une casquette, comme tout le monde. Sa femme disait de lui qu'il était incapable de laver un mouchoir, ce qui est le lot du commun des maris.

Mais en poursuivant simplement la lecture, vous saurez comment Mao commença la grande lessive.

CHAPITRE XXXIII

Entendant ses compagnons deviser, Mao Zedong se montre contrarié — Les masques d'opéra révèlent une lutte entre deux voies.

À l'instar du Président Mao, Face-de-Lune, le ministre des Affaires Extérieures, caressait la poésie. Il lui était arrivé, dans ses fonctions, de louer en vers les pics blancs du Népal et le croissant suspendu au ciel obscur du Soudan. Étant maire de Shanghai aux premiers temps de la République des Redresseurs de Torts, Face-de-Lune se plaisait à fréquenter le lettré Shen Yinmo, qui lui-même avait approché le Vieux-Professeur, premier dans l'ordre des Brigands Justiciers, maintenant mort, enterré et vilipendé. Mais quels que fussent ses défauts, Shen Yinmo restait le plus éminent et le plus respecté des calligraphes vivants. Ses admirateurs prétendaient qu'à chaque lever du jour, il traçait cinq cents caractères anciens pour se faire la main. De son savoir, Face-de-Lune se gorgea tant qu'il put et, en échange, offrit quelques présents. Certains amateurs sagaces prêtaient à Face-de-Lune la haute ambition d'imiter par son pinceau le poète Su Dongpo de la dynastie des Song. Il est de fait qu'au nombre de ses pièces de calligraphie, *Le Mont Mogan* et *Le Pin vert* sont agréables à l'œil et peut-être à l'esprit.

Sous sa lourde charge de neige
Le pin vert reste droit et fier
Mais que bientôt fonde la neige,
Alors vous verrez du pin vert
La pureté et la noblesse.

Le Président Mao en personne flattait son compagnon à l'encolure. « Je n'ai jamais étudié le *lüshi* pentasyllabique, ni publié un seul poème de ce genre. Les tiens sont d'un souffle puissant. J'ai seulement l'impression que, du point de vue de la métrique, ils présentent de légères discordances avec le *lüshi.* » En réalité, Mao Zedong s'y connaissait bigrement nonobstant sa modestie proverbiale. « En effet, le *lüshi* doit observer des règles très strictes quant à l'utilisation des tons plats et des tons obliques, sinon ce n'est pas du *lüshi*, enchaînait Mao. Il semble que toi, comme moi, tu n'es pas encore un initié. » Mao aimait bien Face-de-Lune qui se présentait à lui sans façons. « Face-de-Lune au rapport ! » aboyait le Brigand en claquant des talons. C'était entre eux une plaisanterie récurrente. Rattrapé par l'inspiration lorsque la marche de l'État lui laissait quelque répit, Mao Zedong chargea derechef son pinceau d'encre noire et composa. Son propos était sérieux, comme à l'accoutumée, et relevait à fond du matérialisme historique, d'après le motif de *la mariée* tel que le couchait à la régulière Su Dongpo au temps des Song.

L'homme tira sa révérence au singe.
Il ne fit que polir des pierres,
Et ce fut son enfance.

Mao extrayait sa substance de lectures ardues, de la *Dialectique de la nature* et du prodigieux essai d'Engels Longue-Barbe « Le Rôle du travail dans la transformation du singe en homme ». Fichtre ! c'était ensorcelant, Darwin et tout ça, les anthropoïdes velus aux oreilles pointues accrochés aux branches des arbres tropicaux.

Ce chapitre lu, mes cheveux ont blanchi.

Pour parler franc, c'était faux. À plus de soixante-dix ans, Mao conservait ses cheveux corbeau, du moins sur les photos. Son garde du corps principal le coiffait fréquemment car les dents aiguës du peigne, passé d'avant en arrière, lui procuraient une intense félicité et, croyait-il, stimulaient ses méninges. « Vas-y mollo, Yinqiao ! » (le garde du corps se prénommait Yinqiao, autrement dit Pont d'Argent, parfois le Président l'appelait Jinqiao, qui signifie Pont d'Or). « *Aya !* Camarade Président, vous avez un cheveu blanc, remarqua un jour le garde à sa besogne... Je l'ôte ?

— Allez, arrache-le ! » ordonna Mao Zedong, renversé dans son fauteuil. Ceci fait, il examina le cheveu. « Ça valait la peine », énonça-t-il, énigmatique. Sur un autre ton, en manière de plaisanterie, Mao ajouta : « Comment oses-tu toucher à un cheveu du Président ? » Ils étaient ensemble depuis longtemps, mais ce n'était pas avec son garde que Mao discutait poésie.

De retour, donc, à ses préoccupations, Mao Zedong remarqua : « La plupart des lettrés Song ne comprenaient pas que la poésie doit s'exprimer par images. Ils ont transgressé les lois de la poésie des Tang, ce qui a donné quelque chose de très fade. Pour faire de la poésie moderne, il faut représenter par le biais des images la lutte de classe. » Car aussi loin que l'on puisse remonter, aux Printemps, aux Automnes, aux Royaumes Combattants effacés, l'Histoire prodiguait ses exemples, dispensait ses leçons.

Combien peut-on compter d'hommes vraiment grands ?
Zhi-le-Brigand et Zhuang-le-Preux nous ont laissé leurs noms.
Puis le roi Chen a surgi en brandissant sa pique de bronze.
Ce chant n'est pas fini
Que déjà l'Orient blanchit.

Tout était clair, à l'exception du dernier vers.

Il paraissait établi, en effet, par la bouche des anciens les plus savants que Zhuang-le-Preux et Zhi-le-Brigand avaient monté contre les riches les paysans, et que Chen-le-Conscrit deviendrait roi parce que ainsi l'exigeait la prophétie inscrite en vermillon sur un lambeau de soie découvert dans le ventre d'un poisson. C'était indiscutable. Les exégètes cependant, habiles à triturer les faits, ne parvenaient pas à trouver un sens au blanchissement de l'Orient dont tous présumaient qu'au contraire il rougissait. Cela sema grand trouble et chacun arrêta son opinion au hasard de ses penchants.

Bien que d'un naturel falot, Tête-de-Fouine se sentait concerné et s'embringua à son tour dans les méandres de la controverse artistique. En vérité, son destin le portait plus volontiers vers la chose militaire et davantage encore vers la mélancolie. C'était comme ça depuis toujours, sauf bien sûr en ses primes années. Son père faisait le batelier sur le Yangtsé, alors il n'était entré à l'école qu'à l'âge de neuf ans. Mais il connaissait les Quatre Livres et les Cinq Classiques de Confucius et sa boutique. Et l'on disait aussi qu'il savait un peu d'anglais, des bribes que lui avait apprises le missionnaire Robert Morris, franciscain irlandais de Californie. « Il doit y avoir deux critères pour juger d'une œuvre littéraire ou artistique, assurait Tête-de-Fouine, après mûre réflexion. Le critère esthétique et le critère politique. On ne doit pas reposer sur un seul, nous avons besoin des deux. Les deux doivent être chimiquement combinés, et non simplement juxtaposés. » Sans doute Tête-de-Fouine n'était-il pas universellement apprécié, car il était souffreteux. Les plus jaloux de ses contempteurs avançaient qu'il ne lisait jamais ni livres ni journaux, mais se laissait aller et tirait les rideaux. Tête-de-Fouine avait épousé au Repaire, en secondes noces, une jeune femme retorse dont il demeurait, après des années, fort toqué. Tête-de-Fouine alangui lui agençait des poèmes de son cru.

Quoique par la couleur nos chevelures ne soient pas semblables,
Nos cœurs brûlent à températures comparables.
Quoique nous ne soyons pas du même jour,
Nous somme parés à mourir ensemble, mon amour.

S'agissant des cheveux, la tournure était heureuse, vu que Tête-de-Fouine n'avait depuis trois lustres plus un poil sur le caillou. Des portraits de lui se vendaient autrefois dans les échoppes, tête nue, encadré à côté d'un Mao infiniment dupliqué, du Mandarin-Versatile, de Petit-Chien en Grand Maréchal et de Liu Gros-Nez.

Depuis qu'il était ministre de la Défense, Tête-de-Fouine avait supprimé les grades dans l'Armée, les fioritures, les colifichets, les dorures, les accessoires de carnaval. Afin de dissimuler sa calvitie, il maintenait sur son crâne une casquette verte à l'étoile rouge de simple soldat. Et jamais il ne souriait. Ses yeux craignaient la lumière, ses oreilles le bruit, sa peau le vent. « J'ai été assez malade, se plaignait-il de façon insistante. Je me sens faible maintenant. Ne m'ennuyez pas. J'ai besoin de me remettre. » Il se retirait dans l'une des résidences mises à sa disposition et ne décrochait plus le téléphone. Feuille-d'Automne, l'épouse, commençait à regretter ce mariage. En secret, elle pestait contre son conjoint. « Ce type est impuissant, j'ai gâché ma jeunesse avec lui ! » Ils avaient eu ensemble, pourtant, deux enfants, une fille et un garçon. Ce n'était pas une réussite. Sa fille, Feuille-d'Automne n'en voulait pas, par deux fois au Repaire elle avait essayé d'avorter, par deux fois après la naissance elle avait souhaité l'abandonner, chez des paysans, dans la campagne perdue et les vertes forêts. La fille était appelée Doudou parce que Tête-de-Fouine, son père, aimait à mâcher les graines de haricots *dòudòu*. Le fils, son cadet et préféré, se nommait Liguo mais répondait au surnom de « Tigre ». La vie de famille n'était pas drôle entre une fille qui tentait périodiquement de mettre fin à ses jours et un mari neurasthénique. C'était bon, néanmoins, d'être l'épouse d'un ministre, maréchal de l'Armée des Brigands Justiciers. Et à en croire les langues perfides, Feuille-d'Automne se consolait des inconvénients auprès du chef d'état-major, un général nommé Huang.

Mao Zedong en avait plein le dos de ce qu'il voyait, de ce qu'il entendait autour de lui. Il se remémorait *L'Histoire secrète de la Cour des Qing*. Une heure et demie durant, ce long métrage en noir et blanc narrait les intrigues de la dernière dynastie, de l'impératrice douairière Cixi aux ongles courbes, les faiblesses de l'empereur Guangxu et la fin regrettable d'une concubine vaillante. Ça ne lui plaisait pas, la concubine au fond du puits, une actrice à succès dont le commun vantait la voix d'or et les trémolos. « Certaines personnes prétendent que *L'Histoire secrète de la Cour des Qing* est un film patriotique, mais je crois que c'est un film de trahison, fulminait Mao, de trahison à tout crin. » Du particulier au général, il glissait des Qing vers la philosophie. Le temps s'écoulant, les ans pesant lourd sur ses épaules, Mao arrivait à la conviction que la mécanique ne tournait plus rond. Cela lui rendait l'humeur amère. Chaque fois qu'il le pouvait, le Président faisait part de son scepticisme à ses compères, à ses disciples saisis d'admiration et de peur, et en profitait pour délivrer de piquantes anecdotes à ses interlocuteurs. « Moi, je suis diplômé de l'Université des Vertes-Forêts. J'ai pas mal engrangé de ce côté... » Les gens l'écoutaient sans broncher d'un cil. « Avant, j'avais étudié Confucius et consacré six ans aux Quatre Livres et aux Cinq Classiques que je pouvais réciter par cœur sans rien y comprendre... Après, je suis allé sept ans à l'école bourgeoise. Six et sept : treize. » Mao comptait le temps perdu, additionnait les contradictions, soustrayait les échecs, divisait un en deux. « J'ai étudié tout le bazar bourgeois, les sciences naturelles et sociales. On nous dispensait aussi un peu de pédagogie. En vrac, cinq ans d'école normale, deux ans de cours moyen, sans compter les heures passées à la bibliothèque. Je croyais alors au dualisme kantien et particulièrement à son idéalisme... J'ai joué plusieurs années l'instituteur en primaire, j'ai également enseigné l'histoire et le chinois... Rien de ce que j'ai appris en treize ans ne m'a servi à faire la révolution ! » Le Président pouvait prêcher sans fin, captiver son auditoire, sauter du coq à l'âne, dégager des poèmes d'amours illicites du *Livre des Odes*, relater comment il avait perdu deux yuans aux dominos face à un miséreux ou comment son père avait subi les assauts mérités de la Société des Frères Aînés, la redoutable *Gēlǎohuì*.

Où qu'il fût, réfléchissant la nuit, pinceau à la main, dans le Pavillon des Senteurs de Chrysanthème de la résidence fermée des Lacs du Centre et du Sud, assis à son bureau éclairé par la lampe Adnet de cristal blanc et bleu, installé sur la banquette molle du wagon-salon de son train spécial filant à toute vapeur sur les rails vers le couchant, vers le levant, vautré en maillot, tétons à l'air, dans un fauteuil de plage de Beidaihe, la station balnéaire du littoral où se délassaient les dignitaires de la République des Redresseurs de

Torts, Mao Zedong se rendait compte que, malgré la considération dont tous l'entouraient, les blabla, les simagrées, sa prédication restait pour l'essentiel lettre morte. À peu d'exceptions près, la plupart de deuxième rang, les Maîtres du Jeu n'en faisaient qu'à leur tête, exploraient leurs propres voies. Petite-Bouteille, agile et entreprenant, tentait une arabesque puis un entrechat. « Nous nous sommes écartés de la réalité dans nos façons de penser et d'agir », flûtait-il à ceux qui croisaient son chemin. Puis, plus loin, il clabaudait à nouveau : « La direction et le travail du Parti ont, depuis quelques années, accusé de sérieuses déficiences. » Selon lui, il fallait sans délai obliquer, pirouetter sur soi en appliquant ses trois Ne Pas : « Ne pas exploiter les défauts d'autrui, ne pas coller d'étiquettes, ne pas brandir le gourdin. » Charmeurs et avenants, le Mandarin-Versatile et Face-de-Lune régalaient de thé chaud artistes ou écrivains, attablés trois par trois à des guéridons. Ils s'amusaient beaucoup à leurs conversations. « Les intellectuels ne devraient plus porter le bonnet d'infamie », déclamait enfin Face-de-Lune. Les romanciers ravis, les peintres, les poètes, les comédiens enjoués des studios, les chanteurs d'opéra battaient des mains, certains pleuraient de joie. Liu Gros-Nez soutenait en public qu'il était néfaste d'opposer le Grand Tout à l'individu : « Ne soyez pas adeptes de la double pensée, professait-il coiffé d'un panama. Seulement ainsi vous pourrez maîtriser votre destinée. » Bienveillant, Petit-Chien dit Rouge-Vertu cultivait son jardin, soignait ses orchidées. Le Dragon-Borgne, dans son coin, perdait doucement la vue.

Les détails seraient longs à raconter mais l'ensemble se ramassait en une phrase : au faîte du pouvoir, Mao Zedong sentait le mandat lui échapper. Il sillonnait le pays dans son train, se baignait dans les flots bleus de la mer Jaune, nageait dans la piscine couverte de sa résidence principale ceinte de murs vermillon. De jeunes infirmières auprès de lui, des gardes du corps étaient aux petits soins. Rien n'y faisait. Mao devenait si irrité que ses cheveux se hérissaient sur son crâne. La pensée et le désir lui venaient de gigantesques chamboulements. « Tout le monde connaît la pièce *L'Hégémon dit adieu à sa concubine*, ruminait-il. Eh bien si ces camarades ne se réforment pas, un jour viendra où ils devront dire adieu à leur concubine ! Pourquoi dis-je cela crûment ?... Parce que j'essaye de faire en sorte que certains camarades se sentent mal afin de penser juste. Ce ne serait pas mauvais qu'ils ne dorment pas une nuit ou deux. » Le moyen scientifique de résoudre les contradictions résidait à son sens dans le processus roboratif de critique et d'autocritique. Les autres n'en disconvenaient pas. Mais, pour l'instant, ils sommeillaient tranquilles sur leurs deux oreilles. « On pourrait demander aux membres d'un comité du Parti de se réunir une fois par mois en vue de pratiquer la critique et l'autocritique, suggérait Liu Gros-Nez.

— Une fois par mois, c'est peut-être trop, rectifiait Petite-Bouteille. Une fois tous les trois mois, ce serait assez bien.

— Oui, oui, acquiesçait Liu Gros-Nez, une fois par trimestre, ce qui ferait quatre fois pas an. Qu'en pensez-vous ? » Mao constatait que derrière des dehors polis on se foutait de lui. Ça n'allait pas. « On est aux commandes depuis plus de quinze ans et on contrôle à peine les deux tiers du Royaume ! À présent, vous pouvez acheter un secrétaire de section contre quelques paquets de cigarettes ! Sans parler de lui coller une fille en mariage ! » Ces bilans calamiteux lui brouillaient la digestion. De ses entrailles montait une sourde colère. Mao Zedong se raclait la gorge à en perdre la voix. Il se fâcha avec la favorite de ses nuits, une Mandchoue peut-être engendrée par un dentiste japonais pendant la guerre.

Bien des choses contrariaient le Président, par exemple planter des fleurs en pots. « Ça doit changer ! grondait-il. Je n'aime pas que l'on place des fleurs dans les pièces. Le jour cela semble bon. Mais la nuit c'est mauvais. » Il avait entendu parler du gaz carbonique, nocif pour les poumons, et du principe de la photosynthèse. Mieux valait songer à agrémenter les jardins et les cours d'arbres fruitiers et d'oléagineux, pratiques, bénéfiques et avantageux. Les fleurs étaient un passe-temps futile hérité d'un régime révolu, comme promener des oiseaux en cage, merles ou canaris, et écouter sottement leurs vocalises accroupi sur le trottoir. Ou encore l'opéra. Là aussi il y avait à redire et à reprendre, dégager le nouveau de l'ancien, ne plus chanter simplement les empereurs, les rois, les généraux, les ministres, les damoiseaux précieux, les gentes damoiselles, leurs servantes et concubines. Dans l'Histoire, pas mal de rois, d'empereurs, pour éduqués qu'ils fussent, étaient des propres à rien. Mao Zedong en pouvait citer une ribambelle, à commencer par l'empereur Yang de la dynastie des Sui, noceur calé en poésie qui perdit la guerre de Corée de l'an 614 et périt étranglé. Ressassées, ses observations pointues portaient sur le moral du Président. Son chagrin s'atténuait parfois à la lecture d'essais tels que *Comment jouer au ping-pong*. « Je n'ai rien lu d'aussi bon depuis des années, s'extasiait Mao devant les seize pages imprimées. Ce laïus déborde de dialectique matérialiste et s'avère de part en part opposé à l'idéalisme et à la métaphysique. » Légitimement, le Pirate-Optimiste, ministre des Sports et donc sponsor de la publication, tirait fierté du commentaire, lui qui n'était jamais allé à l'école. Ping, pong, champion Rong simple messieurs 1959, pong, ping, champion Zhuang simple messieurs 1961, 1963... Lift, smash, les pongistes guidés par la pensée-maozedong bondissaient devant la table, coupaient les balles. Chop, drive, demi-volée. Hormis la natation, Mao Zedong ne pratiquait plus guère d'exercice. Le temps était loin, du début de sa carrière, où il parcourait le Hunan avec son parapluie, exposait son corps aux intempéries. Le temps n'était plus où il peaufinait sa méthode pour remuer convenablement la chair et les os, inciter le sang à circuler à travers veines et artères. Plier le corps en avant puis en arrière. Étendre le torse vers la gauche puis la droite en levant les bras. Déplacer les mains horizontalement en effectuant une rotation des reins. À droite, à gauche. Plier une jambe, étendre l'autre. Avant, arrière. Et gauche, et droite. Il en avait fini avec ça depuis bien des années. Son corps désormais suivait ses envies. Mao Zedong grillait cigarette sur cigarette, les State Express 555 ou d'autres qu'il tenait de la main droite ou de la gauche, selon. C'était, disait-il, son « exercice de respiration ». Mao ne se brossait pas les dents mais goûtait aux vertus taoïstes du jeu des nuages et de la pluie en compagnie de jeunettes des troupes d'action culturelle et du génie ferroviaire. « Je m'astique dans le corps des femmes », confiait-il aimablement. Car les anciens déjà juraient qu'à l'effet de prolonger les ans, l'homme d'un certain âge doit pomper la force des sécrétions du Yin, élixir de longue vie.

Pomme-Bleue, la troisième épouse et demie, ne s'en trouvait pas réjouie. Elle compensait cependant la désaffection de son mari par un attrait renouvelé envers les arts. Pomme-Bleue était comédienne, d'abord. C'était triste de la voir se morfondre. Elle aussi avait droit à une seconde chance, malgré sa peau flétrie, son bouton sur le nez, les couleuvres et les avanies. À son jugement de professionnelle, aucune pièce d'excellence n'avait vu le jour dans la récente période sur la scène pékinoise ni sous les décors shanghaiens. La plupart ne valaient pas une sapèque, *Le Village du tigre féroce* ou *L'Empereur badine dans une maison de vin*, tout cela était bon à jeter. Pis, des réactionnaires fieffés usaient des tréteaux pour corrompre les esprits par de sombres complots. Ainsi en allait-il de *La Destitution de Hai Rui*, pièce vénéneuse et moisie que certains docteurs déclaraient fraîche et parfumée. On y contait l'histoire d'un mandarin récalcitrant de l'époque Ming en qui les spectateurs identifiaient sans peine l'Ours-Téméraire, démis de ses fonctions. Pomme-Bleue voyait tout autrement les ressorts du spectacle vivant. « La question clé, soulignait-elle, est celle du livret. » Elle se penchait sur des morceaux de choix, *Les Sœurs héroïques de la steppe*, *La Montagne du Tigre prise d'assaut*, jaugeait, retouchait, distribuait son expertise. Les personnages, le Vautour, Nez-Plat, devaient évoluer comme ceci ou comme cela. Le passage du « banquet des cent poulets » n'était pas des meilleurs, celui intitulé « dans le repaire des bandits » laissait à désirer. Trop de tambours, trop de cymbales. Beaucoup à retrancher, un peu à ajouter. Une scène de visite à une famille pauvre et les notes de *L'Orient rouge* apporteraient vigueur et émotion. Ta-ta-taa-dzin, ti-ta-di-da-da (*moderato*, *maestoso*). « Ça n'a pas plus de saveur que de l'eau bouillie ! » pouffaient ses ennemis. Ils étaient bien effrontés de rire à gorge déployée, les pontes des gazettes littéraires. Ignoraient-ils que Pomme-Bleue avait sur son curriculum les productions des studios Lianhua et de la Diantong Film Company, qu'elle brillait dans *Bain de sang sur la montagne des loups* et *Wang le vieux garçon* ? Ne savaient-ils donc rien de ses joues roses d'autrefois, de ses lèvres purpurines et des accroche-cœurs sur son front ?

Un seul semblait faire droit à ses préoccupations : le Serpent-Blanc qu'elle avait rencontré au Shandong, sa région natale, avant même de se donner en spectacle. Le Serpent-Blanc, relégué au second rang, demeurait un ami précieux. Lorsqu'il ne s'occupait pas de surveiller les gens, d'amasser des fiches, des confessions, il collectionnait les tableaux rares, jouait de la musique sur les instruments traditionnels, tournait son pinceau de belle manière. Certains soirs, il convoquait en sa demeure de la ruelle du Petit-Pont-de-Pierre des acteurs confirmés et les priait de réciter à son intention des poèmes croustilleux, des textes longs où étaient décrites toutes les positions. Les prudes, passé l'effarement, se laissaient convaincre car le Serpent-Blanc ne manquait pas d'arguments percutants. Dans des fonds occultes, par des intermédiaires, il s'était procuré les éditions antiques et rares de *Fleur en fiole d'or* et de *La Tortue à neuf queues*. Au théâtre, ses préférences allaient vers les pièces « du lit qui grince » telles qu'elles se jouaient allègrement dans les maisons closes des quartiers écartés du Shanghai où il avait vécu quand il fumait des cigarettes Le Rat. Bref, il en savait assez sur tout et sur tout le monde pour être d'utile attache. Pomme-Bleue et le Serpent-Blanc se rendirent ensemble à l'Opéra si souvent qu'on les supposa inséparables. Ils s'offrirent *La Passe de l'Arc-en-ciel*, ballet de vengeance et de trahison que des interprètes célèbres avaient avant-guerre enregistré sur disque Pathé et Odéon.

Enhardie, Pomme-Bleue se mit à parcourir les provinces et les villes, à coudoyer les acteurs fardés, les chanteurs à voix de fausset, les clowns rusés, de façon à s'en faire des amis. « Le théâtre est un moyen d'éduquer le peuple, leur sifflotait-elle, mais à l'heure actuelle, nos scènes sont encombrées d'empereurs, de rois, de généraux, de ministres, de damoiseaux et de damoiselles, d'un fatras d'idées féodales et bourgeoises. » Car elle n'omettait jamais de disperser partout la parole et les mots du Président Mao, son époux. Par enchantement, ceux-là mêmes qui voici peu adulaient *Les Deux sœurs échangent leurs fiancés* et autres fariboles, se pâmaient devant *Le Fanal rouge*. Et c'était tant mieux pour eux. Riches de cette évolution, ils se confondaient en remerciements, se pliaient en courbettes, leurs fronts frappaient le sol de gratitude. « La part d'efforts déployée par la camarade Pomme-Bleue dans *Le Fanal rouge* est inestimable… La camarade Pomme-Bleue, avec une gentillesse familière, venait souvent parmi nous, écoutait modestement les opinions, et prodiguait cordialement ses apostilles. » Pomme-Bleue, au cours de sa mission, dénicha de nouveaux partenaires, des camarades obligeants. À Shanghai végétait un duo de touche-à-tout, Gros-Yao et Zhang-le-Mince. Le Mince, originaire comme Pomme-Bleue du Shandong, avait à peu près son âge et souffert de semblables peines. Son histoire n'avait rien de compliqué. Parti avant-guerre quérir la gloire à Shanghai, il n'avait récolté que de pauvres émoluments en échange d'articulets acidulés signés « Dick » dans les feuilles imprimées. Ses accointances d'alors avec le Kuomintang, les sbires du Bureau d'Investigations et de Statistiques, ne l'avaient point comblé, c'est pourquoi en somme il avait rejoint le Repaire des Brigands Justiciers et s'était affilié au Département des Affaires Sociales du Serpent-Blanc. Depuis, il avait fait carrière à l'échelon intermédiaire. Gros-Yao, nettement plus jeune, naviguait dans sa trentaine et se montrait valeureux. En plusieurs circonstances, il avait désarçonné des sommités de la littérature. Sa plume était alerte. Un jour il s'attaquait au fantôme de Wang-le-Fou, défunt auteur des *Lys sauvages*, une autre fois aux romans pernicieux de la renarde Ding Ling, expédiée dans le Nord gelé. Gros-Yao canardait en enfilade les thèses délétères, la théorie de l'*opposition au rôle décisif du sujet*, la théorie des *personnages moyens* sceptiques et irrésolus, la théorie d'*écrire la vérité* pour fouiner dans les coins, la théorie de la *large voie du réalisme* qui détournait les ouvriers, les paysans des sentiers tracés par le Président. À sa manière, Gros-Yao régla l'affaire de la pièce historique *La Destitution de Hai Rui*, fameuse fable du mandarin défiant l'Empereur que d'aucuns prétendaient fort actuelle. « *Empereur ! Tout est vide, les maisons sont si pauvres qu'elles en sont nettoyées, il n'y a plus la moindre piécette, la moindre plume, le moindre fēn !* » Voilà ce qu'embouchait le personnage de Hai Rui. N'était-il pas question de politique sous couvert de prestation artistique ? N'était-il pas question du présent derrière des racontars vieux de cinq cents ans ? De la disette, des Grandes Marmites dégarnies, de l'acier factice des fourneaux samovars, de l'Ours-Téméraire rugissant ? Disons qu'il fallait mettre un terme à des insinuations scélérates, à l'œuvre de génies malfaisants, aux forces néfastes du dehors et du dedans. Retiré avec ses auxiliaires dans une vaste villa coloniale de l'ancienne Concession française, jadis propriété du vice-roi des Qing, Gros-Yao composa la contre-attaque. Il s'y reprit à neuf fois. Son brouillon passait à Pomme-Bleue, revenait vers Zhang-le-Mince, repartait dans l'autre sens. Cela dura huit mois.

À l'automne enfin, parut dans la *Gazette littéraire* la réfutation du fatras bourgeois visant à casser le verdict prononcé contre l'Ours-Téméraire. Mao Zedong opinait du chef : « L'article de Gros-Yao est aussi très bon : il a eu grand effet sur les milieux théâtraux, historiques et philosophiques. » Les artistes, les têtes pensantes tremblaient de coiffer à nouveau le bonnet d'infamie. En ville, dans les campagnes, on ne parlait plus que de cela, les empereurs, les mandarins droits, les fonctionnaires fourbes, *Hai Rui* par-ci, *Hai Rui* par-là. Pour les ouvriers, les paysans qui n'assistaient pas d'ordinaire à l'opéra, le cas n'était pas clair. Malgré l'aide de documentalistes, l'article de Gros-Yao n'atteignait pas la perfection. Gros-Yao ne connaissait rien au XVIe siècle, à la dynastie des Ming, mais cela, on ne pouvait le lui reprocher. « Son défaut, pointait Mao, est de ne pas révéler le nœud du problème. L'essence de *La Destitution de Hai Rui*, est la *destitution*. L'empereur Jiajing avait révoqué Hai Rui. En 1959, nous avons démis l'Ours-Téméraire de ses fonctions et l'Ours-Téméraire *est* un Hai Rui également. » Dans les coulisses se jouait une partie trop raffinée pour l'entendement du commun.

Mao Zedong jugeait les intellectuels nourris à l'excès, outrageusement vêtus, logés plus qu'à l'aise, et de surcroît manquant d'exercice. Le Serpent-Blanc partageait cet avis. Renseigné comme il faut, le Serpent trouvait toujours quelqu'un à piquer au moment opportun. Tantôt c'étaient les gratte-papier du Département de Philosophie et Sciences Sociales de l'Académie « prêts à métamorphoser la maison en musée des antiquités, en un univers de fées saturé d'odeurs d'encens », tantôt les rêveurs de l'Institut de Littérature sensibles à la théorie renversée de *deux fusionnent en un*. Mao, à ouïr pareils contresens, étouffait d'exaspération. La philosophie était son domaine. « *Tout est un se divise en deux*, martelait-il. Moi aussi, personnellement, je suis un divisé en deux ! » C'était une question de principe sur laquelle il ne voulait à aucun prix transiger. Ainsi, chaque fois que se présentait l'occasion, il dévidait son axiome : « L'histoire moderne est un processus continu de *un se divise en deux* et une lutte ininterrompue. » Mais, malgré les salves d'applaudissements, les hourras, les soupirs forcés de béatitude, cela demeurait sans conséquences ou à peu près. La déception s'inscrivait alors sur son visage. « Les philosophes d'aujourd'hui ne réussissent plus à élaborer de philosophie, déplorait le Président, les écrivains n'arrivent plus à écrire de romans et les historiens ne parviennent nulle part à produire de l'histoire. Tout ce qu'ils veulent, c'est causer des empereurs, des généraux et des ministres du passé. » Les livres ne servaient à rien, les professeurs à pas grand-chose. S'il avait un conseil à fournir, et il en avait, c'était d'écrire la philosophie dans le style des masses laborieuses. « Nous déblatérons tous comme des étudiants ! » se rebellait-il. — « Pas le Président ! » interjetait à bon escient le Batracien-Graphomane qui sautait alentour. Mao Zedong savait apprécier cette juste précision. « Oui, confirmait-il modestement, j'ai été impliqué dans le mouvement paysan, le mouvement ouvrier, le mouvement étudiant et le Kuomintang des débuts, j'ai pratiqué vingt ans l'art militaire, c'est pourquoi je suis un peu meilleur. » Était-ce donc pour des prunes que s'était accumulée l'expérience des Brigands Justiciers ? Qu'ils avaient tant divagué, franchi les lacs, les ravins, les ponts de chaînes, escaladé des monts, bravé le vent, le givre, les marais et reçu sur la tête les bombes des biplans Curtiss Hawk ? Mao Zedong dressait l'inventaire. Il entrait dans cet âge où l'on aime parler d'abord de soi, surtout si on a fait la guerre. « Parmi nos propres maréchaux et généraux, bien peu sont allés à l'Université, radotait-il. Moi-même je n'ai jamais étudié de manuels militaires. J'ai lu le *Commentaire de Zuo* sur les *Annales des Printemps et Automnes*, le *Miroir complet pour aider à gouverner* de l'époque Song et *Le Roman des Trois Royaumes*. Ces ouvrages décrivent des batailles, mais lorsque je suis allé à la bagarre, j'ai tout oublié de cela. Quand nous avons combattu nous n'avions pas un seul livre de stratégie avec nous. Nous avons seulement analysé notre situation et celle de l'ennemi, analysé la situation concrète. » Le Président Mao s'estimait de taille à terrasser tigres et dragons.

Comment il s'y prit et fut loué au-delà des Quatre Mers, vous en serez bientôt instruit, lecteur. Mais auparavant vous aurez à croiser un revenant.

CHAPITRE XXXIV

Les Brigands Justiciers perdent des frères à l'Est et gagnent des amis à l'Ouest — Mao Zedong reçoit le Prix Goncourt.

Mao Zedong s'intéressait au monde presque autant que le monde s'intéressait à lui. Ses relations avec les Mongols Extérieurs, les Bulgares, les Polonais, les Allemands Orientaux et les dirigeants de Moscou devenaient plus froides. « Avant même la dissolution de la IIIe Internationale, nous ne leur obéissions pas ! » jurait Mao, prenant à témoin les vétérans de la Longue Marche de vingt-cinq mille lis. Il revendiquait son originalité. Les Russes n'en voulaient pas. La symphonie de naguère tourna au charivari et le camp tout entier à la pétaudière. De part et d'autre du fleuve Amour, de l'Oussouri, Chinois et Soviétiques se jetaient à la tête des noms d'oiseau. Leurs voix courroucées s'élevaient en tumulte, emplissaient l'azur. « Révisionnistes ! » piaillaient les uns, « Apostats ! », croassaient les autres. Les ténors, les barytons jouaient chacun leur partition, Jivkov le Bulgare, Kádar le Hongrois, Ulbricht à Berlin. Les plus microscopiques des satellites se joignaient au concert. « La position chinoise doit être condamnée », exigeait le Parti du minuscule Salvador, au centre des Amériques. « Nous condamnons résolument la politique néfaste des dirigeants maoïstes », obtempérait son homologue du Grand-Duché de Luxembourg. De tous côtés, les anciens Brigands Justiciers se voyaient bombarder d'âpres reproches, d'amères mercuriales. « Le groupe dirigeant chinois poursuit délibérément son action scissionniste », tonnait au sud de l'Europe le Parti des neuf seigneuries de

Saint-Marin, dominant les Marches italiennes. « Nous ripostons à toutes tentatives de diffuser l'idéologie maoïste », tempêtaient au nord les Finnois glaciaux. Tsedenbal, le Mongol, en tant que proche voisin, faisait entendre une plainte suraiguë. « Ils ne pourront ébranler d'un iota notre amitié avec l'Union Soviétique », disait-il des Chinois qu'il accusait de chauvinisme prédateur : « On peut en juger par l'oppression et les humiliations que subissent les Mongols de l'autre bord, les Kazakhs, les Tibétains, les Ouïgours ! » Rien de tel pour échauffer les oreilles des Chinois. Quoi ?! Que blatérait ce joufflu à lunettes des steppes pelées, cet ingrat honoré à Pékin, petits plats dans les grands, au jour anniversaire du Président Mao ? Que nasillait ce renégat qui avait troqué l'écriture mongole contre l'alphabet cyrillique des Russes ? Alors que les Tartares du Couchant et les Mandchous du Septentrion, les Zhuang du Midi à coiffe rose, les Yi et les Dong, les Miao et les Lahu, les Shui et les Dai, les Oroqen et les Jinuo, les Mamba, les Drung, les Bouyei du Guizhou, les Mulao du Guangxi, les six cents Russes des écarts occidentaux et les trois millions de Tibétains chantaient en chœur les louanges de Mao Zedong chacun dans son parler !? Les Brigands Justiciers en avaient-ils fait des efforts afin de se concilier ces bonnes grâces ! Le Dragon-Borgne avait bu le sang du coq au bord d'un ruisseau avec le chef des Lolos Noirs et le Mandarin-Versatile mouillait sa veste à la Fête de l'Eau des Dai. « La Chine est une grande famille composée de nombreuses nationalités, jargonnait le Mandarin souriant, coiffé d'un turban, elle cherche le bonheur pour tout le monde !... » Au centre de Lhassa, des habitants hâlés, feutre sur la tête, faisaient la queue devant la librairie Chine Nouvelle, attendant d'acquérir les volumes lourds des *Œuvres choisies* du Président Mao traduites en tibétain, et comme un seul homme ils levaient la main pour approuver les décisions prises en leur nom devant des banderoles sous-titrées dans leur langue.

Le tintamarre aux frontières, les échanges de mots crus avec les Soviétiques, les Polonais, les Berlinois de l'Alexanderplatz faisaient naître d'obscurs espoirs en Extrême Occident. Dans sa résidence plate, Mao Zedong reçut le maréchal Montgomery, premier vicomte d'Alamein, commandant adjoint de l'OTAN, chevalier de l'Ordre de la Jarretière et du Bain. Le vieux militaire, moustache en bataille, sortit ébahi. « Je crois que Mao est un sacré grand homme ! racontait-il partout. Quand vous le regardez, vous éprouvez l'impression d'une profonde sincérité, d'une belle forte tête. Le genre de type avec qui je pourrais me promener dans la jungle. » Mao attirait la sympathie. La reine Élisabeth de Belgique, fille du duc de Bavière, nièce de Sissi impératrice, lui souriait de toutes ses dents. « Mao est le de Gaulle du monde communiste », grimaçaient les Américains qui avaient maille à partir avec ce général français peu facile. Sous les lustres de cristal de la grande salle de bal de l'Élysée, à Paris, rue du Faubourg-Saint-Honoré, de Gaulle, vêtu de son costume bleu, fit savoir au monde qu'il reconnaissait de plein droit la Chine Rouge et Mao Zedong. « La Chine, un grand peuple, le plus nombreux de la terre, blablabla... Une race, où la capacité patiente, laborieuse, industrieuse des individus a, depuis des millénaires, blablabla... Un État, plus ancien que l'histoire, blablabla... L'entrée en contact de ce pays-là avec les nations modernes lui a été très dure et très coûteuse... Les multiples sommations, interventions, expéditions, invasions, européennes, américaines, japonaises, lui ont été autant d'humiliations et de démembrements... » De Gaulle, depuis son estrade, s'adressait à la foule des journalistes, aux mille présents tassés sous les dorures pour recueillir sa parole, ce qu'ils savaient déjà, avertis par le service de presse, ayant en poche leur carton d'invitation, mais dans un style qui titillait leur cervelle, l'ouïe et la vue. « Pékin et Paris sont donc convenus d'échanger des ambassadeurs... Mais, concluait de Gaulle, élevant la main droite au niveau de son nez, allongeant la voix, il se peut aussi que dans l'immense évolution actuelle du monde, en multipliant les contacts directs de peuple à peuple, on serve la cause des hommes, c'est-à-dire celle de la sagesse, du progrès et de la paix. Il se peut que ces contacts contribuent à l'atténuation, déjà commencée, des contrastes et des oppositions dramatiques entre les camps qui divisent le globe. Il se peut qu'ainsi les âmes, partout où elles sont sur la Terre, se retrouvent un peu moins tard au rendez-vous que la France a donné à l'univers voici cent soixante-quinze ans, celui de la liberté, de l'égalité et de la fraternité... Mesdames, messieurs, je vous remercie... » Ayant dit et clos sur une plaisanterie, il se levait, étirait sa haute silhouette, mettait ses lunettes et, tournant le dos, passait derrière le rideau. Mao Zedong avait entendu parler de ce général, il connaissait la France aux six côtés par les cartes de géographie et par les récits qu'en faisaient ses compagnons d'armes, les Brigands Justiciers de la première heure qui y avaient parfois séjourné. Il existait à Paris, la capitale, un métro de seize lignes et, presque au sommet de la tour Eiffel, un bureau qui certifiait les cartes postales de son tampon rond, et, au pied des platanes, des grilles de métal que les travailleurs jetaient sur la police les jours de Premier Mai, et à la station Grenelle, on voyait le métro sortir de son tunnel, faire un saut dans le ciel comme le singe Sun Wukong du *Pèlerinage vers l'Ouest.* Deuxième-Couteau se souvenait parfaitement du principal Chapeau, du collège de Montargis, Face-de-Lune de la gare lyonnaise des Brotteaux à minuit, bouclée par la gendarmerie. Petite-Bouteille frémissait à la pensée des petits noirs et des croissants avalés devant le zinc d'un certain café du XIIIe arrondissement, avant de monter au premier faire cracher la ronéo. Le Mandarin-Versatile avait beaucoup à dire sur les chambres de l'hôtel Godefroy, rue Godefroy, numéro 17. Mais aux Invalides, non loin du tombeau de quartzite rouge de Napoléon, la France exhibait l'habit de guerre en soie jaune de l'empereur Qianlong des Qing, et les Chinois en étaient meurtris.

De Gaulle, le Général, envoya à Mao Zedong et au Mandarin-Versatile son meilleur représentant, le Prix Goncourt 1933 devenu son ministre, son conseiller bourré de tics, André Malraux qui devait à la Chine sa renommée et bénéficiait de ce fait d'une réputation de spécialiste. Mao Zedong n'avait pas lu le Goncourt 1933 bien que l'on ait prétendu ici ou là que l'un des héros, non pas le jeune homme ardent qui tenta d'un jet de grenade d'envoyer *ad patres* le tyran Chiang Kai-shek, mais le chef raisonneur de la rébellion ouvrière, avait été inspiré du Mandarin-Versatile à l'époque où sa tête était mise à prix et cher. Mao Zedong ne l'avait point lu bien que le roman, même en Chine, ne fût pas resté inaperçu. Des exemplaires arrivés de New York ou de Londres circulaient plus ou moins alors entre les mains d'intellectuels excentriques des Concessions, doublement traduits, *Man's Fate* ou *Storm in Shanghai*, par Haakon M. Chevalier, d'un côté, de l'autre par Alastair Macdonald, à la Modern Library ou chez Methuen Publishing Ltd. L'Américain-Venu-en-Premier, lui, l'avait lu et en avait fait l'éloge dans le *Shanghai Evening Post and Mercury*. Mais il n'avait pu l'emporter au Repaire de la Pagode Précieuse quand il était parti vers le Shaanxi du Nord en train, en camion puis à cheval, chargé de carnets, de crayons, d'appareils et de pellicules. C'était dommage pour Mao qui étudiait l'anglais, pour le Mandarin-Versatile qui le déchiffrait. De rares chanceux imprudents gardaient chez eux le précédent roman de Malraux, paru en chinois à la Librairie de l'Étoile d'Or sous le titre curieux *L'Ouverture de la Grande Révolution chinoise*, un livre qu'ailleurs on appelait *Les Conquérants*. Comble de déveine, il avait été traduit, à ce qu'on savait, par un trotskyste de la pire espèce, frère juré, croyait-on, de ce Wang-le-Fou que les Brigands Justiciers avaient décapité. *Zhăn !*

André Malraux arriva donc en Chine privé de l'excellente réputation d'orientaliste dont il jouissait en France. Qu'importe ! Il présenta à ses interlocuteurs le visage d'un partisan ayant commandé par monts et par vaux des groupes de paysans armés contre l'Occupant allemand. En premier, il vit Face-de-Lune, rieur, secouant son éventail au Ministère des Affaires Extérieures. « Je salue le soldat et le poète, commença Malraux, correctement informé sur ces points.

— Le soldat, c'est dépassé, répondit Face-de-Lune, poliment. Quant au poète, je n'ai pas le temps.

— C'est comme moi, approuva un Malraux nostalgique. On ne signe plus que des autographes ! » Son dernier ouvrage important datait de l'avant-guerre. Depuis, il écrivait des bribes, ingurgitait force whisky, dissertait sur l'art, traitait de politique. Les deux ministres échangèrent banalités et compliments. « Comment va le général de Gaulle ? s'enquit Face-de-Lune, au courant de l'opération récente de la prostate gaulliste.

— Tout à fait rétabli, je vous remercie, et le Président Mao ?

— Très bien. » Ce n'était pas vrai. Mao Zedong souffrait de bronchite, de toux récurrente, de maux de gorge carabinés, d'infection génitale, d'insomnies incessantes, se gavait de barbituriques, d'infusions, ses dents étaient cariées et noires. Malraux monta d'un cran vers le centre du pouvoir. Il fut introduit auprès du Premier Ministre. « Il a peu changé, songeait l'écrivain familier des photographies de presse, c'est manifestement un intellectuel. Parfaitement distingué, expertisait-il encore, et réservé comme un chat. » Ils s'assirent côte à côte sur des fauteuils de rotin, séparés par une petite table carrée servant au thé, afin de bavarder protocolairement. Malraux enlevait et remettait ses lunettes rectangulaires de la main droite en agitant la gauche de mouvements amples, rapides et souples. De hautes pensées littéraires l'assaillaient tandis que sa bouche parlait diplomatie. « Il sait comme moi qu'aux États-Unis on le tient pour l'original d'un des personnages de *La Condition humaine*. » Rien n'était moins évident, mais le Mandarin-Versatile plaçait devant toute autre vertu la courtoisie et le respect des rites. « Nous n'avons pas oublié que vous connaissez bien le marxisme et la Chine », concédait-il à Malraux sans en croire un quart de mot. Son pantalon trop court laissait voir des socquettes blanches.

Malraux n'était pas emballé. L'envoyé du général de Gaulle attendait que Mao Zedong en personne l'accueillît en son boudoir. Mais Mao n'était pas accessible sur un claquement de doigts. Le Prix Goncourt 1933 fit un peu de tourisme, il aimait les vieilles pierres depuis que, jadis, il en avait dérobé quelques-unes à Angkor, convoyées sur le Mékong dans des caisses en bois de camphrier. Un avion l'emporta vers le Shaanxi du Nord, au Repaire de la Pagode Précieuse où il prit la mesure de l'Histoire, pénétra dans les grottes jaunes des Bandits Rouges, parcourut les salles du musée édifié à leur gloire, tomba en arrêt devant le vieux cheval de Mao Zedong. Empaillé. Le cheval était mort à une date indéterminée malgré les soins prodigués par le petit palefrenier Yi. Piques à pompon rouge, mitrailleuses japonaises, planche à billets de banque, rien ne manquait. Les objets exposés plongeaient l'écrivain dans un océan philosophique. « Voilà donc Sparte, ruminait-il. La vérité, la légende, et la force obscure qui rejoint en épopée les combats passés… » Enfin Mao Zedong le convia au grandiose Palais de l'Assemblée du Peuple. Vers quinze heures, au bout d'un long couloir l'attendaient en grappe les Maîtres du Jeu. Un détail le chiffonnait. À qui remettre la lettre officielle du général de Gaulle ? Au Président Mao ou à Liu Gros-Nez, président en titre de la République des Redresseurs de Torts ? Malraux opta pour Liu Gros-Nez, hiératique et crispé. Puis tous s'assirent sur les fauteuils de rotin séparés par les tables à thé et la conversation s'engagea au plus haut niveau. « Alors comme ça, vous êtes allé au Repaire ? demanda Mao Zedong, à l'initiative.

— Maintenant, je suis considérablement mieux informé qu'avant, osa l'écrivain. Je suis profondément ému de pouvoir m'asseoir aujourd'hui à côté de celui qui, après Lénine, est le plus grand révolutionnaire de notre époque.

— Voilà qui est vraiment très bien formulé », se rengorgea Mao qui ignorait tout de Molière, de La Fontaine, du corbeau et du renard. Mais le Français ne savait pas garder l'avantage tant il était submergé par le besoin irrépressible de parler de lui. « Moi aussi j'ai naguère organisé le combat de guérilla ; mais il n'y a pas de comparaison entre la situation d'alors et la vôtre. » En effet : il n'y en avait pas. Mao filait sa pensée. « À la fin du XVIIIe siècle, la Révolution Française a renversé la tutelle féodale…

— Oui, cela est vraiment remarquable », ponctuait Malraux. La stratégie comparative les occupa quelques minutes. L'écrivain glissait dans les interstices ses anecdotes. « Je suis allé jadis en Russie et me suis entretenu de cette question avec Gorki. Nous avons parlé de Mao Zedong… » Un mensonge véniel et raisonnable ne le rebutait pas. Ils colloquèrent ainsi pour leur plaisir réciproque, sautillant d'un point à un autre. André Malraux, placé à gauche du Président, penchait la tête, se tenait le menton. Mao croisait les jambes. « Nous avons besoin d'amis — prenez donc, par exemple, les contacts avec vous… Nous avons toutes sortes d'amis, vous en êtes, vous. Aidit, le président du *Partai Komunis Indonesia* qui est maintenant en visite à Pékin, est aussi notre ami. Nous ne l'avons pas encore vu. Nous avons bien des choses en commun avec Aidit, nous en avons également avec vous… » Ce rapprochement n'enthousiasmait pas Malraux, l'ancienne colonie des Hollandais, les cocos qui y pullulaient. *PKI ! PKI !* Trois millions de membres, vingt millions de sympathisants remuants, agitant des pancartes. *Revolusi Komunis !* Le prochain domino. L'écrivain risqua une intrusion dans le domaine de la théorie. « En politique intérieure, quel sera votre prochain objectif dans la lutte contre le révisionnisme ?

— La lutte contre le révisionnisme est la lutte contre le révisionnisme, s'étonna Mao Zedong. Elle ne comporte pas d'autre objectif. » La curiosité de Malraux ne menait nulle part. « Quel est l'objectif de la prochaine démarche ? insistait-il. Si, par exemple, on organise un congrès du Parti, il faut définir un objectif… » Il aurait aimé qu'on lui confiât quelque chose d'original. Mais sa question sonnait mal. Ce n'était pas faute de savoir, pourtant, qu'en France le parti du Président n'avait d'autre objectif ni d'autre essence que sa reconduction. La conversation s'enfonçait dans les sables mouvants. Mao Zedong coupa court. « Mais nous n'allons pas continuer à parler de cela aujourd'hui ! À votre retour saluez de ma part votre Président, s'il vous plaît. » Puis, raccompagnant vers la sortie le Prix Goncourt, il crut bon d'ajouter : « J'ai reçu des parlementaires français…

— Je n'ai pas la moindre confiance dans les paroles des députés », rebondit Malraux, sirupeux. C'est de cette façon que prit fin l'entretien. Puis l'envoyé du général de Gaulle plia bagages.

À vingt heures zéro quatre, heure de Paris, un vendredi, le gros Léon, lunettes, diction parfaite, costume croisé, pochette sur le cœur, dévoilait l'information : « Affaires françaises encore, mais cette fois-ci sur le plan international, M. Malraux vient de passer plusieurs jours en Chine… » Il tournait le regard vers l'écran témoin du studio — reportage — musique style péplum — images — voix off : « *Atmosphère amicale. Pas de décision sinon de principe à propos d'une grande exposition d'art chinois en France, mais une meilleure compréhension mutuelle des positions de chacun à propos des grandes affaires internationales, Vietnam compris, évidemment. Depuis de nombreuses années, M. Mao Zedong n'avait accordé d'aussi long entretien à aucun envoyé de l'Occident.* » Avant le Prix Goncourt, bien sûr, Mao avait fait asseoir dans les fauteuils en demi-cercle un certain nombre de députés, de sénateurs de genres variés et de moindre qualité, centristes démocrates, radicaux, républicains indépendants, UNR-UDT, UDSR, SFIO, tous étrangers à sa foi, venus en éclaireurs. Et si leur parole ne valait pas grand-chose, comme l'affirmait Malraux, cet état de fait affectait peu Mao Zedong qui ne leur laissait pas placer un mot. « J'ai lu Diderot, les épatait-il, et, en fait, tous vos Encyclopédistes !... » Le Président exagérait quelque peu, pour voir. « J'ai même lu un auteur français du XVIIIe siècle qui a écrit le remarquable livre *L'Homme-Machine*. J'ai lu Fourier. Mais par-dessus tout, je suis un grand admirateur de Napoléon, je connais tous ses travaux. » Il plaisait assurément aux parlementaires de la République hexagonale de découvrir en face d'eux un amateur de l'Empire. Au fond, ils n'étaient pas si différents ! Quant à La Mettrie et à Fourier, il était peu probable qu'un UNR-UDT, un républicain indépendant, un centriste démocrate y ait jamais fourré son nez.

Sur l'écran noir et blanc de leurs téléviseurs, les Français apprenaient à distinguer les dirigeants de la Chine, Mao, Président aux cheveux noirs, Liu Gros-Nez, président aux cheveux blancs, « deuxième personnage de l'État, successeur probable de Mao Zedong », et le Mandarin-Versatile, sourcils épais pointés vers les tempes grisonnantes. Tous habillés pareil d'un costume strict de drap, veste à col droit, cinq boutons, deux poches latérales et deux poches de poitrine où glisser un stylo. En bleu, en gris, en brun, en vert. Et la casquette, étoilée ou non.

Le Premier Octobre 1965 au matin, ils se tenaient alignés sur la tribune de la Porte de la Paix-Céleste, Mao, Liu Gros-Nez, Petit-Chien dit Rouge-Vertu, le Mandarin-Versatile, Face-de-Lune, Petite-Bouteille, Deuxième-Couteau et leurs hôtes étrangers,

Sihanouk le prince cambodgien, des Japonais, des Indonésiens, regardant rouler sur l'avenue la gigantesque statue blanche du Président Mao, le bras levé, encadrée d'une représentation des quatre volumes de ses *Œuvres*, précédée et suivie de jeunes filles multicolores tenant des bouquets de fleurs vives. C'est le jour que choisirent les généraux d'Indonésie pour égorger leurs communistes, les tailler en lamelles, les réduire en poussière. Et parce que étaient nombreux les gens du PKI, cela fit de nombreux morts. Aidit, leur chef, fut perforé d'une rafale. Les généraux, en règle générale, n'aiment guère les communistes, les gueulards, les partageux, les ligues paysannes, les coalitions d'ouvriers rétifs au travail, les associations bruyantes de villageoises insoumises. Les corps tombaient en tas, comme dans la Chine d'autrefois, les têtes coupées faisaient de beaux trophées. La Centrale d'Intelligence Américaine pourvut en armes et en conseils des milices musulmanes acharnées à la besogne, en sus des militaires formés par les Hollandais du temps de la colonie et entraînés par les Japonais durant l'occupation. Java, Bali, Sumatra, furent le théâtre de grandes tueries. Le sang ruisselait. On dénombrait en gros cinq cent mille cadavres, peut-être un million. C'en était fait des Rouges à Java, des Rouges à Bali et à Sumatra, fini du PKI, des alliances, des bons amis. Les Chinois prenaient mal la chose. Face-de-Lune et le Mandarin-Versatile s'étaient rendus pimpants en Indonésie peu de mois auparavant, Liu Gros-Nez et son épouse superbement parée avaient traversé Jakarta avec colliers de fleurs, flonflons, tapis et décorum, Mao Zedong était traduit en soundanais, en javanais, vendu à trois roupies et demie. Et voici que tout cela s'achevait brutalement. Aidit assassiné, sa dépouille fut ensevelie en un lieu secret, jamais localisé. Mao Zedong mouilla son pinceau d'encre et honora le disparu d'un poème de genre *ci*.

Les fleurs fanées alternent avec les bourgeons en juste saison,
Et pour l'année qui vient, elles retiennent leur fragrance.

Ces larmes de deuil réjouissaient le Foreign Office, la Maison Blanche et le Kremlin. Les chancelleries murmuraient que Pékin avait perdu la face.

Pour savoir de quelle manière Mao la retrouva, voyez un peu plus loin. Vous apprendrez en outre ce qu'il advint de la parure portée par l'épouse de Liu Gros-Nez en Indonésie. Quant à Malraux, la suite vous dira comment son voyage à Pékin fit de lui un conseiller américain.

CHAPITRE XXXV

Tête-de-Fouine s'éveille d'un long sommeil et défend sa réputation — Mao Zedong ouvre la chasse aux monstres et aux démons.

Le maréchal Tête-de-Fouine manquait d'allant au Ministère de la Défense. Il demeurait prostré, lymphatique, assistait rarement aux exercices militaires, dédaignait les assemblées plénières des Maîtres du Jeu. Des subordonnés lui mâchaient le travail. Son compendium de stratégie et de tactique, *Vive la victorieuse guerre du peuple*, dissertation en neuf parties, ne devait en réalité que fort peu à sa sagacité. Extraire une phrase pertinente du volumineux *Capital* de Karl Marx, repérer le paragraphe adéquat dans les tomes 26 ou 27 de Lénine le Chauve, dénicher l'article « Possibilités et perspectives d'une guerre de la Sainte-Alliance contre la France en 1852 » d'Engels Longue-Barbe n'entraient pas dans ses compétences. Des ateliers d'écriture œuvraient au projet. Le Serpent-Blanc, en sa qualité de théoricien calligraphe, s'y était collé, le Mandarin-Versatile et Petite-Bouteille l'aidaient de leurs justes conseils. À l'interminable verbiage des dissertations confucéennes, Tête-de-Fouine substituait ses maximes, des préceptes qu'il énumérait avec ses doigts, les *Quatre Primautés*, les *Quatre Grandes Relations*, les *Trois Fois Huit*, les *Quatre Mérites* des compagnies, etc. C'était comme un jeu, comme une comptine à réciter, des mantras qui occupaient l'esprit. *Yī*, *èr*, *sān*, *sì*, un, deux, trois, quatre… « Primauté du facteur humain, primauté du politique, primauté de l'idéologie, primauté de la pratique. » Tralala-lali, tralala-lalère. Agréablement surpris par ces trouvailles, Mao Zedong approuvait du chef, l'encourageait par la parole : « Les Quatre Primautés, c'est bon ! On n'avait jamais pensé à ça avant ! C'est vraiment de la création ! » Toutefois Tête-de-Fouine n'était pas heureux. Son menton tombait en pointe. Feuille-d'Automne, son épouse, le couvait, pourtant, le secouait parfois. Elle avait de l'ambition pour deux, et grâce à ses accointances avec le général de l'état-major, Feuille-d'Automne entra au Bureau Central des Affaires Militaires gratifiée du poste de chef de cabinet.

Qui donc en eut l'idée ? L'Histoire ne le précise pas exactement. Toujours est-il qu'inspiré par cette innovation Tête-de-Fouine proposa à l'épouse de Mao Zedong une mission importante et secrète. « Ces seize dernières années, disait-il dans la lettre de recommandation, ont vu une lutte de classe aiguë sur le front littéraire et artistique. La question de qui l'emportera n'est pas encore résolue. » Pomme-Bleue se rendit à Shanghai, cité tentaculaire dont elle connaissait la topographie et les circonvolutions, l'ancienne Concession française, l'ancien *Settlement*, le vieux secteur japonais des hôtels borgnes, le Bund ruisselant de lumière, le pont métallique du Jardin, le Grand Monde. C'était là le bastion de Gros-Yao et Zhang-le-Mince. « Pomme-Bleue a un grand nombre d'opinions de valeur », ajoutait Tête-de-Fouine. Pomme-Bleue s'adressa à des petits comités de gens en uniforme vert de l'armée, sans insignes distinctifs. Elle jouait la modeste. « J'ai quelques idées qui ne sont pas toutes nécessairement justes, minaudait-elle, mon étude des *Œuvres* du Président Mao laisse encore à désirer. » Pomme-Bleue était maigrichonne. Les auditeurs ne savaient quoi penser. Que faisaient-ils là ? Ils l'écoutèrent débiter ses leçons. Après quoi, obligés, le soir et aux heures de bureau, ils se projetèrent des films jusqu'à en avoir une indigestion, des films en noir et blanc, des courts, des longs, des mauvais, des bons, « et d'autres ayant des insuffisances et des défauts à des degrés divers ». Cela dura dix-neuf jours semblant ne jamais finir. Pomme-Bleue, intarissable, avertissait l'assemblée que l'*Histoire du développement du cinéma chinois* et l'*Étude préliminaire du répertoire de l'Opéra de Pékin* n'étaient que des tentatives malignes de falsifier la réalité telle qu'elle l'appréhendait de l'intérieur. Il traînait trop, dans les salles de cinéma, les théâtres, les bibliothèques, de camelote bourgeoise et révisionniste. « Nous devons surmonter toute la vénération aveugle pour ce qu'on appelle la littérature et l'art des années trente. » Elle entretenait son public des Russes, de Vissarion Belinski qui avait fréquenté l'anarchiste Bakounine en son jardin, de Tchernychevski l'auteur de *Que faire ?*, et de Cholokhov le khrouchtchévien. Les auditeurs, plus ou moins intéressés, gardaient en mémoire la circulaire de Tête-de-Fouine : « Elle s'est entretenue avec moi… Vous devez en faire grand cas… » Dans l'armée on est à cheval sur la discipline. Les participants l'observaient donc pleins d'attention et appréciaient ses qualités. « En dépit de son état de santé, elle cause avec nous avec modestie, chaleur et sincérité. » Pomme-Bleue leur infligea le spectacle de *La Montagne du Tigre prise d'assaut*, avec la scène de la famille pauvre, la musique de *L'Orient rouge*, le banquet des cent poulets. « *Que maîtres et disciples ensemble se réjouissent ! Que chacun mange et boive à satiété !... Vous devez boire à votre longévité, à vos succès futurs !...* » Voilà donc le théâtre qu'elle chérissait, une de ces pièces modèles à thème contemporain.

Boire, manger, surtout à satiété, aurait satisfait les spectateurs, assurément, mais leurs temps morts, ils les utilisaient à déguster ensemble les *Œuvres* du Président Mao. Pomme-Bleue les abreuvait de sentences, de prescriptions, elle se dressait au milieu d'eux dans son uniforme neuf. Sa voix s'élevait, ses sourcils dansaient. « Nous devons faire de la critique littéraire et artistique une arme, semblable à un poignard ou une grenade, et apprendre à la manier efficacement en combat rapproché. » Personne n'imaginait une seconde qu'elle ait jadis, au Repaire, serré dans sa paume la crosse de bois d'un pistolet Mauser 7.63 ou tenu entre ses bras une mitraillette Thompson, ni jeté au loin une grenade artisanale usinée sur les tours de fabrication japonaise. Mais aucun de ses auditeurs n'avait pratiqué la critique littéraire et n'était familier des figures de rhétorique, allégories, comparaisons et autres métaphores. Pomme-Bleue avait la langue rapide et tranchante. « Nous avons été dominés par une ligne noire antiparti, antisocialiste qui s'oppose à la pensée du Président Mao, caquetait-elle. Tant que nous ne prendrons pas en main cette question, la ligne noire aura le champ libre pour occuper de nombreuses positions. » Elle fit venir Zhang-le-Mince afin de le confirmer. Celui-ci prenait des notes. Les notes sommaires passèrent ensuite aux mains du Batracien-Graphomane et, corrigées par ses soins, parvinrent sur le bureau du Président Mao pour amendements et ratification. Enfin le propos, par trois fois revu, suivit son cheminement, semant trouble et suspicion, provoquant l'inquiétude.

L'atmosphère s'alourdissait, chez les Maîtres du Jeu. Des libelles médisants, des lettres de ragots circulaient en douce dans les cercles du pouvoir et les organes de sécurité. Petite-Bouteille, chargé de la bonne marche des bureaux, n'appréciait qu'à demi. « Des camarades n'osent actuellement écrire que des lettres anonymes. » Ce n'était, disait-il, que « moitié de courage » de pratiquer ainsi la critique. « Les lettres que nous avons récemment reçues sont très intéressantes. Mais pourquoi cet anonymat ? » En apparence, les consignes étaient respectées, le plan appliqué, la société fonctionnait au quart de poil. L'orge et le colza poussaient dru sur les hauts plateaux du Tibet, les Mongols des Bannières de Silingol tondaient la laine sur le dos des moutons, le Mandarin-Versatile et Petite-Bouteille, l'air concentré, visitaient l'exposition nationale agricole. Liu Gros-Nez, président de la République des Redresseurs de Torts, s'en fut à l'étranger rencontrer selon le protocole quelques-uns de ses homologues. Dans une limousine américaine, il parcourait les avenues de Lahore décorées de guirlandes frétillantes. À Kaboul, sous la pluie, il serrait la main du roi Zaher Shah, chauve moustachu en costume anglais trois pièces. Liu Gros-Nez, coiffé d'un panama, saluait à Rangoon le général présidant aux destinées birmanes. Or, son escapade tout juste terminée, les Maîtres du Jeu s'assemblèrent en colloque élargi. De sérieuses affaires de sinistre teneur menaçaient leur quiétude. Le « Cas spécial n° 502 » des lettres anonymes dégradant le ministre de la Défense n'était pas des moindres. Les membres du Cercle des Premiers avaient sous les yeux la défense du ministre, une note manuscrite que Tête-de-Fouine en personne leur distribua : « J'atteste : 1) lorsque nous nous sommes mariés, Feuille-d'Automne était une pure vierge et que depuis, elle m'est restée toujours fidèle. 2) Elle et Wang-le-Fou n'ont jamais été amants. 3) Doudou et le Tigre sont de notre chair et de notre sang à Feuille-d'Automne et à moi. 4) Les lettres contre-révolutionnaires ne contiennent que de méchantes rumeurs. » Il était fort désagréable au ministre de la Défense, le maréchal Tête-de-Fouine, ancien stratège des campagnes de Mandchourie, théoricien de la tactique dite « Ne pas permettre qu'on vienne casser la vaisselle chez nous — Halte à l'ennemi devant les grilles », d'être dépeint en œuf de tortue. Les missives vénéneuses de l'auteur mystérieux donnaient Feuille-d'Automne, son épouse et chef de cabinet, pour une femme de petite vertu et lui-même pour une sorte de cerf à chapeau vert. Démasquer le sycophante fut ardu. La Sécurité fit son travail d'investigation et de statistique et mit naturellement la main dessus. C'est triste à avouer, car il s'agissait, ni moins ni plus, de la légitime d'un haut personnage, directeur de la Propagande, ministre de la Culture. Elle fut arrêtée et lui convoqué devant le Cercle des Premiers, sommé de s'expliquer, mis au ban des Brigands Justiciers dont il avait partagé l'aventure et la Longue Marche des vingt-cinq mille lis. Ah ! S'il avait su ! Mais il n'était au courant de rien, soutenait-il, ne s'occupait que de culture et de propagande. Mensonge ! lui rétorquait-on. Il s'occupait aussi de ce qui ne le regardait pas. N'était-ce pas lui qui avait apostrophé en termes déplacés les champions du ping-pong : « Vous prétendez que c'est la pensée de Mao qui vous a fait gagner, mais alors qu'allez-vous raconter si vous perdez ? » Il n'avait pas l'esprit droit. Confronté aux méfaits de sa femme, dérangée du bonnet, il se défendit bec et ongles : « N'y a-t-il pas ici quelques maris qui ne savent pas vraiment ce que fabriquent leurs femmes ?!? » À ces mots impudents, Tête-de-Fouine redoubla de colère, son teint s'anima, ses yeux clignotèrent, ses oreilles sous l'effet de la rage s'empourprèrent : « Je voudrais te buter ! », lança-t-il, cessant d'être poli et effacé.

Dans ce climat se prolongeait le conclave. D'abord, afin de

régler leur compte aux mauvais éléments, le Serpent-Blanc dévida huit heures durant ses mots et ses phrases. Ensuite, s'exprima Zhang-le-Mince, venu de Shanghai. Puis le Batracien-Graphomane aux verres épais entama une oraison qu'aucun ne pénétrait à cause de son terrible accent du Fujian. Enfin, le maréchal Tête-de-Fouine prit la parole : « Puisqu'on m'a demandé de parler, je vais dire quelque chose… De drôles d'affaires et d'étranges phénomènes se sont déroulés récemment. Nous devons y prêter attention. Il peut se produire un coup d'État contre-révolutionnaire, des tueries, une prise de pouvoir, la restauration capitaliste… » N'y allait-il pas un peu fort ? Il avait peu l'expérience des discours construits, redoutait la transpiration, craignait le bruit. Tête-de-Fouine berçait l'auditoire de la litanie bourdonnante des coups d'État à travers les siècles, depuis l'époque des Printemps et Automnes, des Royaumes Combattants. Cela s'éternisait, sa voix montait, descendait. « … Le roi Chen adorait manger des pattes d'ours et demanda à goûter de son plat favori avant de mourir pour gagner un peu de temps… Sa requête fut rejetée, car les pattes d'ours sont difficiles à cuisiner… Shihuangdi des Qin mourut après onze ans de règne. Zhao Gao choisit le Second Empereur qui tua vingt-six de ses frères et sœurs… Kubilay Khan, de la dynastie des Yuan, dirigea la Chine pendant trente-quatre ans et son fils Timour treize ans. Survint une guerre de succession entre la reine et son petit-fils qui a provoqué grands troubles et massacres… Au début de la dynastie des Qing, l'empereur Kangxi mourut après avoir avalé une soupe au gingembre préparée par Yongzheng qui, une fois intronisé, tua tous ses frères… » Jusqu'alors, on ne connaissait pas à Tête-de-Fouine pareille éloquence ni semblable érudition. On ne le supposait pas friand des histoires secrètes de la Cour. Mais il en savait plus qu'il ne le laissait paraître. Il lui prit tout à coup de citer le *Guwen guanzhi*, une anthologie compilée sous les Qing de la prose des dynasties Ming, et Song, et Tang, et Han, et même d'avant. « Un article du *Guwen guanzhi* intitulé *Comment distinguer les traîtres* dit : "Des plus petits signes, naît la clarté". » Or, des signes alarmants, il n'en discernait que trop autour de lui. Le type de la

Propagande, sa femme-corbeau, le chef d'état-major, le maire de Pékin, les plumitifs railleurs de *Pékin-Soir*, les théâtreux sournois. « Des représentants de la classe capitaliste sont infiltrés dans nos rangs, dans les organes dirigeants... Frères, il y a des traîtres parmi nous !!! » Sa voix se faisait incisive. « Il y a pas mal de conspirateurs ambitieux, bramait-il, une collection d'enfants de putain qui veulent courir leur chance et attendent le bon moment. Ils veulent nous liquider et nous devons les supprimer. » Cela faisait longtemps qu'il parlait, parlait, parlait. Jamais Tête-de-Fouine n'avait dégoisé autant. Il rôdait jusqu'aux marges de la philosophie, cernant les contradictions inhérentes à l'univers dans le temps et dans l'espace, depuis cent millions d'années jusqu'à la présente seconde, de l'immense Voie lactée à la plus minuscule des particules. Ne sachant comment terminer, lui prit l'envie de dire le bien qu'il pensait du Président Mao. En premier lieu, il se félicita de sa bonne forme. Peut-être pourrait-il vivre cent ans ? Et ce serait bon d'exister dans l'ombre d'une si vigoureuse nature. Mais il pouvait aussi mourir. Mao ne s'était plus montré en public depuis six mois. Évidemment, les chancelleries étrangères spéculaient sur sa santé, les éditorialistes new-yorkais du Rockefeller Center manifestaient une excitation suspecte. Les experts de Harvard, les spécialistes de la George-Washington University débattaient des meilleures façons de brider la Chine. Mais Mao était-il vif encore ou était-il à l'article de la mort ? Ni les uns ni les autres n'en pouvaient jurer. Mao Zedong avait pris froid, le soir de son soixante-douzième anniversaire, en se promenant avec sa Mandchoue au bord de la rivière. Il toussait, reniflait, prenait des antibiotiques, se goinfrait de barbituriques.

« Le Président Mao est un génie », poursuivait Tête-de-Fouine sur sa lancée. Ce n'était pas que Mao fût le plus vieux parmi les Maîtres du Jeu — certains le dépassaient en âge. Ce n'était pas qu'il ait accumulé davantage d'expérience — les Brigands Justiciers avaient vécu les mêmes tourments, arpenté les mêmes chemins tortueux. Ce n'était pas dans l'ordre de la quantité que résidait sa supériorité mais dans la sphère ultime de la qualité. « Nous aussi, nous lisons des livres, relevait Tête-de-Fouine, mais nous n'y comprenons rien ou pas grand-chose. Lui, si. » Il ne suffisait pas d'ouvrir les volumes, de couvrir les pages de marques et de petits cercles pour les passages importants, encore fallait-il assimiler leur sens et dégager leur utilité. Par exemple, soulignait le maréchal, ministre de la Défense, « vous pouvez connaître les règles du ping-pong, mais vous ne pouvez pas battre champion Zhuang… » Ses idées s'entrechoquaient sur un mode aléatoire, faisant éclater les concepts. Les phrases s'enchaînaient les unes aux autres du coq à l'âne et les mots de l'âne au coq. Génie… pensée… dialectique… la Terre tourne, chaque chose se développe… Le Président Mao a dit : « *D'où viennent les idées justes ? Tombent-elles du ciel ? Non ! Sont-elles innées ? Non ! Elles ne peuvent venir que de la pratique sociale !* » Le ton allait crescendo, le débit s'accélérait. « Nous soutenons le Président Mao et le soutiendrons même après sa mort ! La pensée-maozedong se transmettra de génération en génération, c'est le phare de l'Humanité, l'arme acérée de la révolution mondiale, la vérité universelle, le guide éternel de nos actions ! » Les camarades retenaient leur souffle. La voix elliptique voletait vers son sommet. « Chaque phrase des *Œuvres* du Président Mao est une vérité, chacune de ses paroles vaut dix mille des nôtres ! » Puis, la tension retomba, Tête-de-Fouine s'apaisa. L'épilogue approchait. « Je n'ai pas lu assez l'œuvre du Président Mao, fit-il en manière de conclusion, mais à partir de maintenant, je vais l'étudier ardemment. » Il bredouilla encore deux trois formules et s'arrêta.

Alors, épuisé par l'exercice, vidé de toute énergie, Tête-de-Fouine s'en alla se reposer en Mandchourie. Mao Zedong se frottait les mains. « Je n'ai jamais lu encore un exposé comme le sien ! disait-il du discours de Tête-de-Fouine. J'ai éprouvé quelques doutes à l'égard de certains de ses commentaires. Je n'aurais jamais cru que ces quelques petits livres écrits par moi contenaient un tel pouvoir magique. Maintenant qu'il les a portés aux nues, le pays tout entier ne tardera pas à faire pareil. » Le jeu se modifiait tout à coup, les pièces bougeaient sur l'échiquier. Le maire de Pékin se vit débarqué. La place du ministre disgracié de la Culture fut prise par un général, commissaire politique de la région militaire de Nankin, avec pour l'épauler un général, commissaire politique de la région militaire de Wuhan, ancien de Corée, et un lot de trois cents officiers. Les écrivains, les acteurs d'opéra, faisaient profil bas. Au centre de la scène se tenaient impérieux et arrogants le Serpent-Blanc, le Batracien-Graphomane, Zhang-le-Mince et Pomme-Bleue, la troisième épouse et demie. Ils se jurèrent de rester ensemble et se baptisèrent Groupe Central de la Révolution Culturelle. Le Batracien-Graphomane mit la main sur la presse. « Balayons tous les génies malfaisants ! » écrivait-il à la une du plus influent quotidien. Les plus chevronnés des Brigands Justiciers, les vétérans, Liu Gros-Nez, le Mandarin-Versatile, Petite-Bouteille et leurs compagnons, ne saisissaient pas bien le sens ni la portée de l'événement.

Par la radio, les gens des villes et des campagnes, des monts et des vaux, apprirent soudain qu'à l'Université de Pékin, une enseignante en philosophie de deuxième classe avait apposé sur le mur de la cantine une affiche en grands caractères appelée par là *dàzìbào* : « Défendons le Parti ! clamait-elle. Défendons la Pensée de Mao ! Défendons la dictature du prolétariat ! » Les étudiants curieux s'agglutinaient pour la lire. L'épisode créa grand charivari.

En vérité, le Serpent-Blanc n'y était pas étranger. Lui et la publiciste se connaissaient l'un l'autre depuis la guerre. L'apprentie philosophe, à seize ans, avait adhéré à la cause des Brigands Justiciers, à la Ligue du Sacrifice de Soi et du Salut de la Nation, et c'est peu après qu'elle avait rencontré le Serpent de vingt-deux ans son aîné. « L'affiche en grands caractères de l'apprentie philosophe est une déclaration dans le style de la Commune de Paris, proclamait le Serpent, c'est la déclaration de la Commune de Pékin des années soixante ! » L'apprentie philosophe gonflait de fierté. Mao Zedong, en villégiature, suivait de loin l'incident. « Tous les jours, je compulse mes dossiers. C'est vraiment très, très intéressant… Les diables à cornes et les esprits-serpents sortiront bientôt d'eux-mêmes. » Appuyé par son escouade diligente de prosateurs, de scribes féconds, le Batracien-Graphomane faisait rugir les rotatives, *Le Quotidien du Peuple*, *Le Quotidien de l'Armée*, la revue *Drapeau*

Rouge… « … Nous critiquons le vieux monde !… » « … Les sept cents millions de Chinois se dressent de toute leur taille !… » « … La lutte qui se livre à l'Université de Pékin est une lutte entre révolutionnaires prolétariens et monarchistes bourgeois !… » « … Vous autres, les *messieurs* infiltrés dans le parti, protecteurs et soutiens des savants despotes bourgeois, vous employez vos forces à opprimer les autres !… La Gauche Prolétarienne n'a rien de commun avec les savants despotes !… Nous entendons lancer une grande expédition contre vous !… » « … Nous réduirons le vieux monde en miettes !… » « … Nous vous abattrons, vous, la poignée de grands despotes du Parti ! Nous détruirons vos palais de l'Enfer !… » Cela crépitait de toutes parts. Devant un rassemblement bruyant sur le campus, l'apprentie philosophe fit comparaître les mandarins de l'Université, coiffés du bonnet pointu de l'infamie. Ah ! ils faisaient moins les fiers, c'est sûr, exposés au vent d'été sur l'estrade du meeting de lutte, bousculés, chahutés, maculés à l'encre noire. Click-clack, click-clack, un, deux, trois quatre. Au 26 juin, deux cent trente professeurs étaient étiquetés « ennemis de classe », cent quatre-vingt-douze avaient défilé sur l'estrade des génies malfaisants, cent sept avaient traversé le campus en procession ornés du chapeau pointu, quatre-vingt-quatorze, houspillés cruellement, avaient dû faire l'avion à réaction, le corps penché en avant, les bras écartés tendus vers l'arrière, ou s'agenouiller pour demander pardon. Les étudiants de Qinghua, l'université voisine des sciences et des techniques, étaient jaloux. Eux aussi possédaient leur propre Bande Noire. Le doyen, ministre de l'Éducation Supérieure, ne fit pas long feu et cent soixante-deux de ses pairs arborèrent autour du cou un écriteau discourtois. Les murs, les palissades se couvraient d'affiches en gros caractères, dénonçant les uns, soutenant les autres. Pendant cinquante jours, l'Université fut le théâtre de la lutte. Les vétérans du gouvernement, Liu Gros-Nez, le Mandarin-Versatile, Petite-Bouteille et leurs compagnons n'y comprenaient goutte, tout chevronnés qu'ils étaient.

Maintenant, si vous ignorez à quoi les étudiants occupèrent leurs vacances, poursuivez votre lecture.

CHAPITRE XXXVI

Mao Zedong, en grande forme, démontre l'utilité de la natation — Un écrivain se noie dans un lac.

Mao Zedong regardait, flânait, gâchait son temps au Hunan. Il partit faire un tour dans son village natal de Shaoshan. Ne sachant trop comment prendre le vent, le Mandarin-Versatile s'envola vers l'ouest en tournée diplomatique afin de visiter les amis éloignés, on eût pu l'appeler sans doute le Mandarin-Prudent. Le Mandarin s'arrêta chez les Roumains, étreignit les deux mains de Ceauşescu, petit homme aux cheveux ondulés, au regard par en dessous, puis il explora Craiova et poursuivit son chemin. Dans sa capitale Tirana, l'attendait Enver Hoxha. C'était la troisième fois qu'ils se voyaient. Enver Hoxha était un type de haute taille qui avait vécu en France et en Belgique, au temps du roi Zog Ier, avant d'ouvrir son bureau de tabac. Ils avaient donc des choses à se raconter. Sur la place de Durrës, deuxième ville du pays, baignée par la mer bleue, une multitude compacte acclamait les Chinois en albanais. « *Rroftë shoku Mao Ce Dun !* » — « Vive le camarade Mao Zedong ! » Mais sous ses dehors affables, sa figure riante du jour, Enver Hoxha était un grand hypocrite. Le soir venu, il inscrivait dans son journal des réflexions désobligeantes. « *Mao sait tout, Mao a tout fait*... La question se pose : pourquoi cette propagande effrénée ?... Les camarades chinois semblent plutôt vexés de notre remarque amicale. » À Pékin, à Shanghai, à Wuhan, les séides du Batracien-Graphomane et du Serpent-Blanc sifflaient de plus belle. « Le Président Mao Zedong est le soleil rouge qui brille dans notre cœur, sa pensée est notre vie même… » *Crrc… toouuit…* « Aucun génie malfaisant ne pourra en fin de compte échapper à la lumière de la pensée-maozedong !… » *Tiiiuuouoo… tuuit… crr…* Les garçons et les filles, après l'école, écoutaient la radio, les consignes, balayer les diables cornus, les esprits-serpents. Les mignonnettes aux cheveux tressés en avaient assez d'apprendre le crochet ou le violon, les chérubins de jouer au basket-ball ou de fabriquer avec trois morceaux de bois des avions, et de se tenir à carreau. Des factions surgissaient dans les collèges. Les gamins des lycées, pétris d'ennui, se disaient qu'à leur tour ils pouvaient saisir par le col leurs professeurs exécrables et *les lutter* d'importance, comme on disait. Click-clack, sur l'estrade les fantômes et monstres coiffés du chapeau pointu.

Un jour radieux, « bravant l'onde et le vent », le Président Mao Zedong plongea dans le fleuve Bleu. Le 16 juillet 1966 au matin. On voyait sa tête émerger du flot, et celles de ses gardes du corps. Les haut-parleurs, sur les rives, diffusaient *fortissimo* la musique de *L'Orient Rouge*. Il y avait foule. « Vive le Président Mao !!! » criaient les hommes, les femmes et les enfants de tous leurs poumons. Mao suivait le sens du courant. Parfois il gigotait, le corps sur le côté, parfois il faisait la planche, se laissant porter. Il nagea, dit-on, sur une distance de quinze kilomètres entre la grande digue en amont et le complexe métallurgique de Wuhan, en aval. Enfin, il monta à bord d'un canot, endossa un peignoir en éponge, et salua. *Wànsùi ! Wànsùi !* Ce jour-là passaient à Wuhan une collection d'étrangers conviés à une conférence d'écrivains, des Congolais de Léopoldville, des Nigérians, des Cambodgiens, des Tanzaniens en djellaba, des Syriens, des Camerounais, des Ceylanais qui portaient sous le bras les quatre tomes des *Œuvres* de Mao en anglais, des Somaliens de Djibouti, confetti français. Et tous ceux-là n'en revenaient pas. Ensuite, sec et propre, le Président Mao mit fin à son séjour provincial et rentra à Pékin pour prendre les choses en main.

Personne ne savait trop à quoi s'en tenir, concernant les événements survenus récemment dans la capitale. Chacun répétait plus ou moins ce qu'il lisait dans les gazettes. Face-de-Lune, en qualité de ministre des Affaires Extérieures, recourait à une tautologie didactique face aux écrivains afro-asiatiques, népalais, laotiens, yéménites, congolais de Brazzaville, attablés devant la vaisselle précieuse chargée de mets délectables, les verres emplis de maotai et de vin jaune : « La Grande Révolution Culturelle que mène actuellement notre peuple est une application grandiose de la pensée-maozedong. La pensée-maozedong est la boussole qui guide cette Grande Révolution Culturelle. » Il ne développait guère plus. Que dire d'autre, quel avenir se dessinait ? « Je n'en ai pas la moindre idée », soupirait Liu Gros-Nez. À ce que racontaient les gens, les élèves de l'école secondaire dépendant de l'Université Qinghua s'adjugèrent avant les autres le nom en trois caractères *hóng wèi bīng*, « Garde Rouge ». On les distinguait à leurs brassards. Mais il en vint tellement, derrière eux, qu'il était hasardeux de vouloir les ordonner. Néanmoins, il est sûr que ceux-là adressèrent une lettre à Mao, et deux *dàzìbào* exprimant leurs credo : 1.- « On a raison de se révolter ! » 2.- « Plus il y a de chaos, mieux c'est ! » Mao leur répondit que oui, ils avaient raison sur toute la ligne. Il ajouta à ces professions de foi sa propre déclaration, griffonnée à la hâte sur un vieux journal : « Feu sur le Quartier Général ! »

Mao Zedong envoya un avion cueillir Tête-de-Fouine dans sa retraite, car il avait besoin de lui. Tête-de-Fouine se faisait tirer l'oreille, il se sentait bien où il était. Mais il vint. La situation opaque rendait nécessaire un tour de table. Cent quarante et un des plus hauts responsables se retrouvèrent pour conférer. Mao Zedong dit : « Camarades, il y a des diables à cornes et des esprits-serpents parmi nous ! » Les présents, interloqués, n'en menaient pas large, piquaient du nez. Douze jours durant, ils se tortillèrent sur leurs chaises, écoutèrent ce qu'ils avaient à entendre et admirent que la tâche présente était de débusquer les monstres et les fantômes, d'écraser ceux qui, ayant autorité, empruntaient la voie du capitalisme. Mao Zedong leur suggéra de culbuter quelque peu la hiérarchie des Maîtres du Jeu. Au Cercle des Premiers, le Batracien-Graphomane et le Serpent-Blanc faisaient leur entrée, s'installaient devant Liu Gros-Nez et Petit-Chien, dit Rouge-Vertu, rétrogradés aux huitième et neuvième rangs. Le maréchal Tête-de-Fouine grimpa à la place de Numéro Deux, vice-président. Tête-de-Fouine barguignait. Il prit la parole, mais ça ne dura pas longtemps. « Il y a des gens qui dénigrent les *Œuvres* de Mao comme le jambon de Xuanwei, arguant qu'en manger tous les jours rend malade et fatigue… Il y a des responsables qui doivent être démis, et d'autres qui doivent être promus… Ces temps derniers, j'avais le cœur bien gros… Je ne suis pas à la hauteur de ma tâche… Je suis un être sans talent, je m'en remets à la sagesse des masses et exécute toute chose selon les directives du Président Mao. Je ne le dérange pas pour des vétilles et n'interfère pas dans les questions majeures… On me confie une tâche, je sais que je ne suis pas à la hauteur. J'y pense souvent. Mais je ne peux que me plier à la décision, j'essaierai de faire de mon mieux. Par ailleurs, je suis prêt à céder la place à un camarade plus qualifié. » Mais dans la salle, aucun ne se manifesta. Les Maîtres du Jeu se séparèrent sur un communiqué de victoire et annoncèrent des festivités. Dans toutes les écoles, tous les lycées, les collèges, les universités apparurent du jour au lendemain les petits livres à couverture de plastique rouge qui tenaient dans la poche. « *Étudier les œuvres du Président Mao, suivre ses enseignements et agir selon ses directives* » (au verso figurait le fac-similé de l'épigraphe, « calligraphie de Tête-de-Fouine lui-même »). Les imprimeries fonctionnaient à plein régime. C'était bon pour l'industrie et les droits d'auteur.

Munis de leur précieux livret, de banderoles, de pancartes soignées arborant le portrait définitif et hiératique du Président, les Gardes Rouges de toute la capitale convergeaient vers la place de la Paix-Céleste. Mille, dix mille, cent mille, un million. Autour de cinq heures du matin, si tôt, le Président Mao et son vice-président se montrèrent à la tribune. À l'est, le soleil d'août dardait ses premiers rayons. Le Batracien-Graphomane, au micro, ouvrit la cérémonie : « Notre Grand Leader, notre Grand Éducateur et notre Grand Timonier, le Président Mao est venu vous saluer ! » Du fait de son accent, bien peu, forcément, comprirent ce qu'il baragouinait du haut de la terrasse, mais l'ambiance y était, cela hurlait de tous côtés : *Wànsùi ! Wànsùi !* Les gamins, les gamines sautillaient, secouaient le Livre Rouge au bout du bras. *Wànsùi ! Wànsùi ! Wànsùi !* Comme une onde, comme une houle. *Wànsùi ! Wànsùi ! Wànwànsùi !* Le Président Mao paraissait boudiné dans un uniforme vert de l'Armée, à son côté, ne le lâchant pas d'une semelle, s'avançait Tête-de-Fouine, frêle, petit et maigre. *Tari-tati, tari-tita*, ils ressemblaient à Laurel et Hardy, *c'est moi Laurel, c'est toi Hardy, c'est toi le gros et moi le petit, et nous sommes de bons amis*. Mao Zedong descendit à la rencontre de la vague, sur le pont de marbre blanc qui enjambe le Ruisseau des Eaux d'Or, devant l'entrée de la Cité Interdite. Là, une adolescente à lunettes et à couettes de l'école secondaire lui attacha au bras gauche le brassard des Gardes Rouges à trois caractères jaunes qu'ils avaient tous adopté, dans les écoles et les lycées. *Hóng wèi bīng*. Le caractère *hóng* désigne un rouge soutenu, celui du drapeau, du vin, du poivron, des feux de circulation, il se distingue du vermillon *dān* ou de *zhū* auquel il peut s'associer toutefois pour offrir un virulent écarlate. Le caractère *wèi* implique la défense. Le caractère *bīng* entre dans la composition de toutes sortes d'expressions militaires : infanterie, avant-garde, art de la guerre, artillerie, embuscade, mercenaires. Les trois étaient donc judicieusement choisis.

Les photographes mitraillaient la scène, dévoraient de la pellicule. « Dans son uniforme vert olive, décoré du brassard des Gardes Rouges, le Président Mao, notre commandant suprême, apparaît ici plein de modestie et de solennité. » Mao Zedong, cigarillo entre les doigts, était à son affaire, la face épanouie, les yeux ravis. Parfois, il jetait un coup d'œil à sa montre. Une autre écolière, casquette rejetée en arrière sur ses cheveux noirs, lui noua un foulard rouge autour du cou. Tout le monde applaudissait, Pomme-Bleue, le Batracien-Graphomane, propulsés au premier plan, et le Mandarin-Versatile, en chemisette blanche. Tête-de-Fouine était métamorphosé. Il montrait une figure allègre. Tête-de-Fouine le taciturne avait disparu. L'ambiance était contagieuse. Tête-de-Fouine souriait, il s'esclaffait, tapait des mains. Le bruit enflait et pourtant il le supportait, et le soleil, et la lumière. La foule reprenait en chœur *L'Orient Rouge* diffusé par les haut-parleurs, puis les hurlements reprenaient le dessus, engloutissaient l'air, des notes aiguës, les filles pleuraient, extatiques, secouant leurs tresses, le visage douloureux d'une joie intense, des filles à lunettes et sans, des garçons à casquette et tête nue se hissaient sur la pointe des pieds pour mieux voir, jouaient des coudes et des épaules. Leur clameur emplissait tout l'espace, absorbait le grésillement des haut-parleurs dans un vacarme indistinct. Un Occidental se serait cru, en fermant les yeux, au concert des Beatles à Shea Stadium. Mais on en était loin.

À travers des jumelles, des participants prévoyants scrutaient la tribune, Mao et Tête-de-Fouine échangeaient quelques mots, Tête-de-Fouine riait et approuvait : « *Shì ! shì !*... Oui ! Oui !... » C'était à lui. Il approcha lentement des micros, sortit de sa poche des feuillets pliés en quatre, chaussa ses lunettes et commença à articuler. « Camaraaades lycéens et étudiants, permettez-moi d'abord de vous saluer au nom du Président Mao, notre Grand Dirigeant !... Nous soutenons fermement votre esprit révolutionnaire prolétarien, les Cinq Oser : oser penser, oser agir, oser frayer la voie, oser faire la révolution, oser se révolter !... Nous devons abattre ceux qui détiennent des postes de direction et qui s'engagent dans la voie capitaliste, nous devons abattre les sommités académiques réactionnaires de la bourgeoisie et tous les monarchistes bourgeois !... Nous devons liquider tous les génies malfaisants !... Nous devons extirper énergiquement les Quatre Vieilleries : vieille idéologie, vieille culture, vieilles mœurs, vieilles coutumes !... Nous devons purger la terre de toute la vermine, balayer tous les obstacles !... » Et le soir les Gardes Rouges rentrèrent chez eux les yeux brillants. La ville, les jours suivants, résonna de gongs, de tambours.

Dans l'après-midi du 23 août, une compagnie de Gardes Rouges investit le siège de la Fédération des Artistes et des Écrivains dans l'intention d'y débusquer monstres et démons. Ils en surprirent une vingtaine, attablés à ne rien faire, plus ou moins vieux. Ils s'en saisirent et dressèrent dans la cour de l'Académie Impériale une estrade à fantômes sur laquelle ils les alignèrent, les coiffèrent du bonnet d'infamie, leur collèrent des écriteaux, les maculèrent d'encre noire et les frappèrent à grands coups. Ping, pang, salauds de neuvième catégorie ! Pang, ping ! Celui-là n'était-il pas Lao She, l'auteur de *La Cité des Chats* publiée en 1933 ? Oui, c'était bien lui, lunettes sur le nez, les tempes grisonnantes. « Il suffit de jeter un coup d'œil à son roman pour percer à jour son hideux visage réactionnaire », glapissaient ses tourmenteurs. N'était-ce pas dans ces pages qu'il raillait l'Armée du Cordon Rouge de la planète Mars ? À deux heures du matin, le corps et le visage ensanglantés, l'écrivain Lao She rentra chez lui, dans la cour aux plaqueminiers et aux chrysanthèmes de la ruelle Fengfu. Son épouse nettoya ses plaies avec un coton imbibé d'eau chaude. Le lendemain, Lao She sortit appuyé sur sa canne. Le soir venu, la nuit tombée, sa femme s'inquiétait de ne pas le voir arriver. Vers neuf heures, sur le fil du téléphone, une voix bizarre lui conseilla de se rendre au bord du lac Taiping. Il pleuvait. C'est là, sur la rive ouest, qu'elle retrouva le cadavre noyé. Le mort avait dans la poche un cahier sur lequel il avait copié des poèmes du Président Mao. Elle rapporta chez elle la paire de lunettes et deux stylos. Ainsi mourut dans sa soixante-septième année l'écrivain Lao She, auteur de *La Cité des Chats*, de *La Maison de thé* et de *Chameau le Veinard*. Son âme s'enfuit sans cérémonie, son corps n'eut pas de sépulture. Dans un tiroir, sa femme cacha ses manuscrits et ses vers :

Né dans un pays ravagé, je garde toujours
Le souvenir de ma longue détresse :
Enfant, j'ai connu le froid et la faim,
Adulte, j'ai bu le calice jusqu'à la lie.

Il s'écoula moins d'une semaine avant que les Gardes Rouges ne fassent retour en fanfare sur la place de la Paix-Céleste, devant les totems de marbre aux dragons enroulés et le pont sur le Ruisseau des Eaux d'Or, afin d'y admirer à nouveau le Président Mao et Tête-de-Fouine, « son plus proche compagnon d'armes », comme disaient désormais les journaux. À dix-sept heures quarante, un cortège de voitures découvertes déboucha à allure lente sur l'avenue et fit le tour de la place. Dans la première voiture, Mao Zedong saluait debout, Tête-de-Fouine à ses côtés, et le Pirate-Optimiste, vieux baroudeur moustachu du Lac des Lotus Rouges et de l'Armée du IIe Front, promoteur des pongistes champions du monde, des haltérophiles poids coq et des sauteurs en hauteur. Dans la deuxième voiture avaient pris place Pomme-Bleue, le Mandarin-Versatile et Deuxième-Couteau ; dans la troisième se tassaient le Serpent-Blanc, Face-de-Lune, Petite-Bouteille et Liu Gros-Nez. Petit-Chien, dit Rouge-Vertu, se trouvait dans la quatrième automobile, manifestement il reculait. Des haut-parleurs coulait un hymne neuf aux accents joyeux, au rythme entraînant, aux paroles convaincantes : *Pour naviguer en haute mer, il faut un timonier, tralalala, pour la croissance des êtres, il faut le soleil, tatitatsoin, pour faire la ré-vo-lu-tion, il faut la pensée-maozedong*. Ce fut au tour de Pomme-Bleue, à la tribune, d'ouvrir la manifestation : « Nous vous souhaitons chaleureusement la bienvenue ! » Puis Tête-de-Fouine remit ça, comme la première fois. « Camaraaades lycéens et étudiants, cooombattants de la Garde Rouge, au nom de notre Grand Leader, de notre Grand Éducateur, de notre Grand Commandant Suprême, de notre Grand Timonier, le Président Mao, je vous adresse mes salutations. » Les « Quatre Grand », c'était une idée à lui, une invention astucieuse qu'il avait rôdée en inaugurant une statue de Mao à l'Université Qinghua, il n'en était pas mécontent. On pouvait les chantonner en comptant sur ses doigts. « Vous êtes descendus dans la rue pour balayer les Quatre Vieilleries, continua-t-il. Le mouvement de *lutte-critique-réforme* s'est étendu des établissements scolaires à l'ensemble de la société… Vous avez accompli un bon travail et beaucoup de choses… Nous vous acclamons, nous vous rendons grâce ! » Soudain, au détour d'une phrase, il ajouta : « Il ne faut pas frapper les gens. » Mais c'était trop tard, la machine était lancée.

En quinze jours, les chasseurs de diables cornus, d'esprits-serpents ravagèrent à Pékin trente-trois mille six cent quatre-vingt-quinze maisons, et à Shanghai quatre-vingt-quatre mille domiciles.

Pomme-Bleue, chef adjointe du Groupe Central de la Révolution Culturelle, se souvint qu'autrefois dans cette ville, elle avait croisé nombre de génies malfaisants derrière la caméra ou devant. Qui sait ce qui pouvait traîner par là comme cochonneries ? Elle manda Zhang-le-Mince pour lui demander un service. Zhang-le-Mince à son tour convoqua les anciennes vedettes de la Diantong Film Company et des studios Lianhua afin de savoir s'ils n'avaient pas rangé dans leurs placards certaines vieilleries osées relatives aux mœurs et coutumes révolues. « La situation de Pomme-Bleue est différente, maintenant, expliqua patiemment Zhang-le-Mince à un vieil acteur. Certaines lettres et autres documents ne devraient pas demeurer chez toi. Tu ferais mieux de les lui rendre… » L'acteur avait les tripes nouées. Il trempa son pinceau dans l'encre et rassura Pomme-Bleue : « Je ne me rappelle pas avoir gardé de courrier, nous n'avons jamais conservé les lettres que tu nous avais adressées, ni celles que tu as écrites à Zhao-Vermillon et à sa femme. Je n'ai que quelques vieilles photos des années trente. Tu peux les récupérer quand tu voudras… » Mais comment faire confiance à un comédien, au réalisateur de *Corbeaux et moineaux* ? Pomme-Bleue se rongeait les sangs. Cela affectait ses viscères. Elle fit appel à l'épouse de Tête-de-Fouine, qui se tourna vers le commandant en chef de l'Aviation, un obèse obséquieux, lequel délégua la mission très secrète au commissaire politique de la base aérienne de Nankin qui recruta à Shanghai ses hommes de main. Quarante voleurs adroits déguisés en Gardes Rouges forcèrent la porte de cinq artistes, mirent leurs doigts et leur nez dans tous les recoins, fourrèrent carnets, journaux intimes, papiers et photographies dans des sacs profonds transportés sur l'heure à Pékin et remis à qui de droit. « La patronne est fort satisfaite ! » commenta Feuille-d'Automne, l'épouse de Tête-de-Fouine. Les documents, tirés des sacs, s'envolèrent un à un en fumée dans la cuisine de Pomme-Bleue.

Feuille-d'Automne connaissait des soucis similaires. Elle non plus n'avait pas oublié ses angoisses du Repaire de la Pagode Précieuse, lors de son mariage avec Tête-de-Fouine. Elle n'avait pas oublié les ragots propagés par d'intimes camarades, ces cancans sur son passé de speakerine à la radio gouvernementale. « *Tiiiuuouoo… crr…tuuit…* Il n'y a qu'un seul parti en Chine — le Kuomintang ; qu'un seul chef — Chiang Kai-shek !… *Crrc… toouuit…* » C'était sa voix, c'est vrai, mais c'était si loin ! Elle n'avait pas oublié les clabaudages du Pirate-Optimiste et de sa femme, la rapporteuse. Il n'eût pas été bon pour elle, pour son mari, pour son fils le Tigre, pour le service du pays, que cette boue remonte à la surface. Le Pirate-Optimiste et sa femme moucharde constituaient une menace. Par chance, Pomme-Bleue fréquentait le champion Zhuang, beau jeune homme trois fois couronné au ping-pong avec qui, murmurait-on, elle s'exerçait parfois au jeu des nuages et de la pluie, bien qu'il fût fiancé à une pianiste de renom. Champion Zhuang, n'étant pas un lettré, traça sur le papier, avec l'aide de sa fiancée, les grands caractères : « Je me suis révolté ! » afin d'expliquer comment le ministre des Sports l'avait durement opprimé, contraint à pratiquer le révisionnisme devant la table de ping-pong, et à quel point ses congénères champions s'en étaient faits les complices. Champion Zhuang était écouté et choyé, mais sa seule parole ne suffisait pas à renverser une sommité du calibre du Pirate-Optimiste, Double Tête de Dragon dans la Société des Frères Aînés, commandant de l'Armée Rouge du IIe Front. Le Serpent-Blanc vint prêter son concours. Il se demandait si n'existaient pas quelque part quelques preuves de l'implication du Pirate-Optimiste dans la préparation d'un coup d'État. Elles existaient assurément. L'obèse obséquieux, chef de l'Aviation, adressa au Président Mao un rapport de dénonciation. À son avis et selon ses observations, le Pirate-Optimiste pratiquait le révisionnisme dans l'Armée. Tel était l'avis également du chef de la Marine, un proche de Feuille-d'Automne et de Tête-de-Fouine. Ayant lu, Mao Zedong convoqua le Pirate-Optimiste en sa résidence et, sur le bord de la piscine, lui montra les lettres. Le maréchal moustachu blêmit. « Tu n'as pas à t'en faire, lui dit Mao. Je te comprends ! Je ne peux que répéter ce que j'ai dit déjà dans le passé : être loyal au Parti, être loyal au peuple, farouche au combat contre l'ennemi. » Et puis, comme le Pirate-Optimiste voulait prendre ses détracteurs entre quatre yeux, le Président ajouta : « À quoi ça sert ? Laisse-les ! Tu ne peux pas admettre les allégations contenues dans cette lettre ! Je serai ton protecteur. » Le Pirate-Optimiste, maréchal et vétéran, débordait de gratitude, son cœur s'allégeait. Cela se produisit quinze jours après le deuxième rassemblement des Gardes Rouges sur la grand-place, quand il roulait en voiture découverte avec Mao Zedong et Tête-de-Fouine.

Au troisième rassemblement, le Serpent-Blanc prit la parole devant un million de personnes. Sa voix était rauque, il lançait des slogans en tendant son poing droit vers le ciel. « Vive la pensée-maozedong ! Dix mille ans au Président Mao ! Qu'il vive longtemps, très longtemps ! » Les Gardes Rouges brandissaient leur petit livre. *Wànsùi ! Wànsùi !* Mao arpentait lentement la tribune, derrière la balustrade, agitant sa casquette. Tête-de-Fouine lut son discours, tenant à deux mains le papier : « Notre attaque principale est dirigée contre les responsables du Parti engagés dans la voie capitaliste… Nous devons briser les complots et les machinations de ces génies malfaisants ! » Tous les Maîtres du Jeu, tous les Brigands Justiciers de jadis qui se tenaient alignés, un pas derrière, l'entendirent de leurs oreilles, Petite-Bouteille et Liu Gros-Nez, Deuxième-Couteau et Face-de-Lune, le Mandarin-Versatile et Petit-Chien dit Rouge-Vertu, vieux et fatigué, et même le Dragon-Borgne qui ne distinguait que les ombres.

Mao Zedong ne composait plus de poésie, ne pratiquait plus la philosophie. Il se laissait porter par le flot. Parfois, il se retirait dans la salle 118 du Palais de l'Assemblée du Peuple avec sa Mandchoue ou des actrices des troupes d'action culturelle. De temps à autre, il lâchait une phrase, pieusement recueillie à l'intention des jeunes. « Je vous soutiens à fond ! »… « Plus vous étudiez, plus vous devenez stupides ! »… « Que la philosophie soit libérée de la salle de conférence et des livres des philosophes ! »… « Joie immense de lutter contre le Ciel, joie immense de lutter contre la Terre, joie immense de lutter contre l'ennemi ! » Comme le dit l'adage, en étendant la main, il rassemblait les nuages, en la retournant, il déchaînait l'orage. Pomme-Bleue, revêtue d'une capote militaire à col de fourrure, courait les préaux. Elle s'adressa aux Gardes Rouges de l'Université Qinghua : « Il y a un problème avec le Pirate-Optimiste. Vous devez le *lutter* ! Vous devez le dégager ! » Elle s'adressa aux activistes de la faction Drapeau Rouge de l'École d'Aéronautique et à ceux du comité Orient Rouge de l'Institut de Géologie : « *Hai Rui*, l'Ours-Téméraire n'a pas encore été *lutté* !

— Mais nous ne savons pas où il gîte !?! objectaient les Gardes Rouges.

— Il est à Chengdu !!! brailla Pomme-Bleue, justement renseignée. Envoyez des gens les chercher là-bas ! » Depuis un an à peu près, l'Ours-Téméraire demeurait dans une maison du Sichuan, agrémentée d'un jardin, et vaquait à ses affaires, s'instruisait de la situation du pays, causait avec les anciens de la Longue Marche des vingt-cinq mille lis.

Il ne faut pas être grand clerc pour imaginer la suite. Mais si le détail de l'affaire vous intrigue, alors ne faites pas l'économie du chapitre suivant.

CHAPITRE XXXVII

À son corps défendant, l'Ours-Téméraire revient sur le devant de la scène — Des étudiants inconscients attaquent le Quartier Général.

Il fallut un grand courage aux activistes de Chengdu, dans la province du Sichuan, pour affronter l'Ours-Téméraire qui avait étrillé les Japonais au Shaanxi du Nord, conduit la bataille des Cent Régiments, et tenu en Corée la dragée haute aux Américains, aux Anglais et aux Français. Ils s'y prirent en plusieurs fois. D'abord, par groupes, ils s'aventurèrent dans le jardin de la maison, au numéro 7 de l'allée Yongxing, beuglèrent des obscénités, proférèrent des menaces, dirent son fait à l'Ours-Téméraire. Cela prit un certain temps. Leurs chefs manifestaient de l'impatience. « Trouvez l'Ours ! Emparez-vous de lui et amenez-le à Pékin qu'on le *lutte* jusqu'à ce qu'il pue ! Oui, c'est un ordre de la plus haute importance du Groupe Central de la Révolution Culturelle ! Laissez tomber tout le reste ! » Les Gardes Rouges fougueux, jeunes et entreprenants, n'avaient pas coutume de discuter les consignes du Groupe Central, de Pomme-Bleue, du Batracien-Graphomane, du Serpent-Blanc. Ils montraient au contraire un zèle méritoire à dénicher les monstres cornus, les génies malfaisants qu'on leur indiquait. Les affidés du Drapeau Rouge de l'École d'Aéronautique devancèrent ceux rattachés à l'Orient Rouge de l'Institut de Géologie et capturèrent l'Ours-Téméraire dans sa tanière à quatre heures du matin, le jour de Noël, peut-être, ou peu avant. Ne restait aux membres de l'Orient Rouge arrivés sur le tard qu'un modeste logis à saccager, des meubles à briser, barboter les livres, déchirer des photos. Or, alors qu'ils perdaient leur temps, se disputant leur proie, la nouvelle de la séquestration de l'Ours parvint à Pékin jusqu'au bureau du Mandarin-Versatile.

C'était sans plaisir que le Premier Ministre voyait maltraiter un vieux compagnon, un camarade qu'il avait connu dans la guérilla des vaux et des monts, avant la Longue Marche des vingt-cinq mille lis, un maréchal de l'Armée des Ouvriers et des Paysans âgé maintenant de soixante-huit ans. Le Mandarin-Versatile télégraphia sur-le-champ à la garnison de Chengdu afin que l'Ours-Téméraire soit escorté dans le train, que sa sécurité soit assurée, qu'il ne soit victime d'aucune voie de fait et remis en gare de Pékin à un détachement militaire. Mais cela ne se passa pas ainsi. Les gardes de l'Orient Rouge de l'Institut de Géologie, instruits par l'expérience, furent cette fois plus rapides. Ils se saisirent de l'Ours-Téméraire et l'emmenèrent enchaîné aux mains et aux pieds jusqu'à leur antre, dans l'intention de lui faire subir un examen minutieux. Pendant qu'ils le menaient entravé, des jeunes gens sortaient du rang, en attaque brève, décochant qui un coup de poing, qui un coup de pied. L'Ours, au bout d'un moment, pressé de questions et de horions, coiffé du bonnet d'infamie, un écriteau autour du cou, finit par admettre ses fautes : « *Aya !* confessa-t-il, je n'ai pas assez étudié ni compris la pensée-maozedong, je n'ai pas tenu assez haut le drapeau de la pensée de Mao ! Cependant, je ne suis pas à blâmer : Toute chose n'est-elle pas un processus en développement ? » Cela était couché par écrit. À l'évidence son cas s'aggravait. « C'est moi qui ai proposé de supprimer de la Constitution toute référence à la pensée-maozedong, concédait l'Ours-Téméraire. Liu Gros-Nez m'a approuvé : "*Ça paraît mieux de le barrer*", a-t-il dit. Parce que j'étais contre le culte de la personnalité… Pendant le Grand Bond en Avant, j'avais des doutes… J'ai supputé qu'il n'y avait pas seulement accroissement de la production, mais aussi une chute… Comme je n'étais pas bon, que d'autres étaient meilleurs, je devais être démis, et depuis, à l'égal de Hai Rui, je suis fini. » Il refusa d'en dire davantage. Ses geôliers en conclurent qu'ils tenaient dans leurs rets un grand seigneur de guerre, grand ambitieux, grand conspirateur. On ne sait par quelle ruse, par quel stratagème l'Ours parvint à tracer quelques lignes sur un papier et à les faire parvenir à Mao Zedong : « Président : Je suis actuellement détenu par les Gardes Rouges et la police. Je vous envoie mon dernier salut ! Puissiez-vous jouir de la longévité ! » Le temps passant, l'Ours fut transféré à l'extérieur de Pékin dans un camp militaire. Enfermé dans un cachot sans lumière, surveillé en permanence, il lui était interdit de se mouvoir, de se retourner la nuit du côté du mur, interdit d'user des latrines. Bientôt, une maladie de la peau l'affecta, car il n'avait pu changer de vêtements depuis son arrestation. Les jours s'écoulaient, et les semaines. Des spécialistes le soumettaient à des questionnements de longue durée. Et ping, et pang. L'Ours-Téméraire eut les côtes fracassées, ses poumons furent atteints. Cent trente fois, il subit l'interrogatoire. Mais ça ne donnait rien car il était coriace et obstiné.

Alors, les sbires s'en furent quérir son épouse demeurée à Pékin, celle qu'il avait épousée en 1938 au Repaire de la Pagode Précieuse quand il commandait la Huitième Armée de Route contre les Japonais. Une patrouille l'alpagua chez elle afin de lui tirer les vers du nez. « L'Ours et sa femme puante sont d'un seul nid, juraient les béquillards furibonds. Jusqu'à présent, ce démon femelle refuse de révéler les secrets de l'Ours-Téméraire, elle fait tout ce qu'elle peut pour le blanchir ! » L'épouse bredouillait, cherchait des échappatoires, fouillait sa mémoire de manière à satisfaire les procureurs. « Des fois, racontait-elle sur son mari, quand il aurait pu aller faire un tour dans une résidence du Président Mao, il me disait : "Vas-y si tu veux. Moi non, c'est trop somptueux…" » Elle remontait à l'époque où il était ministre, exhumait des exemples patents de trahison. « En 1958, il est parti enquêter dans la province du Hunan et, en revenant, il a dit que les gens là-bas n'avaient pas même une casserole et que c'était malcommode pour faire la cuisine. Il grognait et soupirait… Et lorsqu'il a été démis, il a dit : "Maintenant que je n'ai plus de fonctions, je me sens libre !" Et après, il a ajouté que tout ce qu'il désirait, c'était rentrer chez lui bêcher son potager… Petit-Chien dit Rouge-Vertu et le Pirate-Optimiste venaient souvent chez nous lui tenir compagnie. » Tout ça figurait dans le dossier. Mais c'était trop peu.

Mécontents de l'endurance de l'Ours-Téméraire, le Serpent-Blanc, le Batracien-Graphomane et leurs proches lieutenants admonestèrent les sbires principaux de l'École d'Aéronautique et leur tinrent en cercle fermé ce langage : « Vous devez lui faire avouer ses crimes. Allez-y franco, foin de la courtoisie ! » L'un d'eux s'emporta : « Ce reptile venimeux paraît inerte mais il n'est pas encore mort ! C'est une feinte ! L'instinct de conservation ! Même les insectes sont guidés par l'instinct de conservation, pour ne rien dire des bêtes féroces ! *Luttez-le*, clouez-le au sol ! » Les gardes de l'École d'Aéronautique ne demandaient pas mieux. Ils entraînèrent l'Ours dans une salle de cours et, à quarante, lui tombèrent sur le râble sans retenue. Et pang, et ping. La tête de l'Ours saignait d'abondance. Il ne voulait rien entendre, refusait de signer le procès-verbal de « reddition inconditionnelle aux Révolutionnaires Prolétariens » : « Coupable ?!? gémissait-il, ah, oui ! d'avoir triomphé de dix mille Nippons ! » Et les coups redoublaient. Click-clack, les os qui craquent. L'Ours respirait avec difficulté, il ne parvenait plus à se relever. Un médecin l'ausculta. Les médecins militaires, sous toutes les latitudes, au nord comme au sud, ont l'habitude de déterminer jusqu'où et jusqu'à quand un corps humain peut être tourmenté. Dans le cas d'espèce, la cinquième et la dixième côte étaient brisées des deux côtés, la pression sanguine tombait dangereusement.

Ignorant la condition de son collègue, le Pirate-Optimiste se faisait du souci dans son coin. Des Gardes Rouges rôdaient autour de son domicile, dans l'ancien quartier des Légations, dégoisant un tas d'insanités auxquelles était associé son nom. Il ne comprenait pas pourquoi on lui en voulait tant, tout ce qu'il aimait, c'était tirer sur sa pipe ou fumer un cigare, jouer tranquillement aux cartes ou suivre un match de base-ball et, à l'occasion, revêtir son bel uniforme de maréchal décoré des trois plaques de première classe. Malgré son bon rire, sa moustache peu commune, il avait des ennemis. Tête-de-Fouine se répandait en méchancetés à son égard, sans considération des services passés, l'insurrection de Nanchang, les soviets du Lac des Lotus Rouges, il ne mentionnait que les débuts du Pirate dans le monde des sociétés secrètes, des redoutés Frères Aînés. « Le Pirate-Optimiste vient du banditisme, avec des mœurs de filou sous ses airs cordiaux, par exemple laisser sa femme fourrager partout. Il ne fait rien d'autre que rester chez lui à bavasser sur le monde. Pendant quarante ans, au fond de son âme, il n'a été qu'un carriériste entré au Parti pour suivre la voie capitaliste. C'est un grand bandit, un hobereau féodal. Et il n'a pas encore été bombardé !!! » Dès lors, les vociférations de bandes organisées s'amplifièrent dans sa proximité. « À bas le Pirate-Optimiste ! » entendait-on brailler nuit et jour. Le Pirate, inquiet, s'en ouvrit au Mandarin-Versatile qui lui prodigua conseils et réconfort. « Ta santé n'est pas excellente, lui susurra le Premier Ministre, mieux vaudrait que tu n'aies plus à voir ces gens. Je prendrai soin de ta maison. » Il envoya le Pirate en banlieue sous protection. « Repose-toi. Je viendrai te chercher lorsque ce sera fini. » Le Pirate-Optimiste avait donc toutes ses journées à lui. Ne sachant que faire, il lavait son linge, ruminait ses actes anciens, méditait les leçons de l'Histoire et s'essayait à la calligraphie, lui qui autrefois ne savait pas même écrire son nom. Mais, loin de s'atténuer, les attaques empiraient. Le Pirate était seul au milieu du vacarme. À un moment, il jugea opportun de rencontrer à nouveau le Premier Ministre. Les uns prétendent qu'il fit le pied de grue sous sa fenêtre sans jamais obtenir audience. D'autres assurent qu'en effet ils se parlèrent mais que le Mandarin-Versatile avait changé de conviction. « Le vice-président Tête-de-Fouine m'a dit que tu le débinais salement quand il avait le dos tourné. Il est vice-président ! Tu ne devrais pas faire de remarques malicieuses à son encontre. Il m'a dit que tu fourrais ton nez où il ne fallait pas. » Devant le Pirate ahuri, il insista : « Pas mal de gens, dont le vice-président, émettent une opinion négative à ton endroit. » Le Pirate-Optimiste en était si offusqué, si surpris, c'était si dur à entendre dans la bouche d'un ami, qu'à ce qu'on raconte, il fut secoué de lourds sanglots.

Tandis que se déroulaient ces événements, Mao Zedong économisait sa parole. Le Président sortait peu, point fixe au centre d'un gigantesque tourbillon. Par exception, il lui arrivait de s'adresser à des groupes informels. « Mon opinion est qu'on doit laisser le chaos s'installer quelques mois... De mon point de vue, Pékin n'est pas si chamboulée que ça... Pékin est une ville trop gentille. Il y a très peu de hooligans... Laissez les étudiants descendre dans la rue. Qu'y a-t-il de mal à apposer des placards en grands caractères et à manifester ? Les étrangers prennent des photos ? Et alors ?! » Les étudiants et leurs cadets, lycéens, écoliers insouciants, investissaient les voies, les avenues, les ruelles en chantant à tue-tête, collaient leurs affiches, conspuaient les Quatre Vieilleries, débusquaient comme on le leur avait enseigné les monstres cornus et les esprits-serpent. Depuis les grands rassemblements de la place de la Paix-Céleste, la plupart épinglaient sur leur poitrine un macaron rouge au centre duquel se dessinait le profil doré du Président Mao. Ces insignes, il en existait de toutes sortes, de dimensions variées, deux, trois, quatre, cinq, six centimètres de diamètre. Généralement ils présentaient le profil officiel, celui qui figurait sur la jaquette des *Œuvres* en quatre volumes ou les tirés à part. Mais bien vite, ils se diversifièrent, Mao âgé, Mao jeune avec la casquette étoilée de la photo prise au Repaire par l'Américain-Venu-en-Premier, Mao de face, de trois quarts, Mao sur fond de soleil rayonnant, d'azur léger, de drapeau, de faucille et marteau, de roue industrielle, d'épi de blé, de navire conquérant, de locomotive à vapeur, de missile, de champignon atomique. Il s'en fabriqua en plastique, en métal émaillé, en porcelaine, en bambou, des ronds, des rectangulaires, des en forme de cœur. Cela stimulait le troc et la collection. Les Gardes Rouges s'échangeaient leurs badges. Un de Canton valait trois de Pékin. De longues queues se formaient devant la librairie Xinhua de la rue Wangfujing pour acquérir les insignes à vil prix. L'art s'en portait bien. Et le commerce. Et l'industrie. Une usine spécialisée de Pékin, une autre à Shanghai, crachaient chacune leurs millions de badges afin de satisfaire la demande, les petites pièces de métal moulées tombaient en vrac, ting-ling, ting-ling, couche de plastique rouge translucide sur le dessus, épingle au dos. Le vice-président Tête-de-Fouine en accrocha un en forme d'étoile sur son uniforme vert luisant, le Mandarin-Versatile, Premier Ministre, en piqua un autre sur son costume gris-bleu, petit quadrilatère où figuraient les caractères « Servir le Peuple ». Pomme-Bleue, épouse délaissée, le portait sur son sein, et pareillement le Serpent-Blanc et le Batracien grimaçant, membres du Groupe Central de la Révolution Culturelle.

Assis le cul par terre, fusil entre les jambes, baïonnette au canon, les soldats de la Deuxième Compagnie Rouge d'Acier récitaient sans se tromper des passages entiers du livre des *Citations*. Dans les ateliers de l'Usine d'Automobiles N° 1, les ouvriers en bleu formulaient sur le tableau noir leurs réflexions, ceux de l'entreprise de grues de Pékin criaient : « Appuyons les justes décisions ! Dehors tous les monstres ! » Autour d'une table, les tâcherons de la fabrique de matériel lourd de Wuhan commentaient poings levés les dernières informations. À Shanghai, un Mao découpé se détachait sur la façade de l'ancien Grand Monde, comme autrefois, Tarzan et Jane aux frontons des cinémas. Les artistes travaillaient dur, usaient des crayons, des pinceaux, de la peinture. Mao Zedong s'intéressait naturellement à leur production. « La morale du personnage ressemble bien à la mienne », relevait-il en contemplant le tableau *Le Camarade Mao Zedong en route vers Anyuan*, représentant un jeune homme décidé, marchant au sommet des monts sur fond de nuées, vêtu de la robe traditionnelle, son parapluie sous le bras. Mais Mao gardait l'œil acéré du critique d'art, aucun détail ne lui échappait : « Mais à cette époque-là, comment aurais-je pu porter de si bonnes chaussures en toile ? Je n'étais chaussé que de semelles de paille ! Par ailleurs, je ne portais pas de longue robe mais une veste de style chinois. » À Canton, de fragiles jeunes femmes promenaient un profil hiératique du Président souligné de fleurs fraîches. Les métropoles, les chefs-lieux, les provinces, les districts se mettaient à remuer au gré des injonctions. À l'École Normale N° 1 du Hunan où Mao avait suivi ses études et perfectionné sa calligraphie, les nouveaux élèves appliqués traçaient au pinceau les grands caractères de leurs journaux muraux. Frappant gongs et tambours, les gens du Shandong faisaient craqueter des chapelets de pétards. Les habitants de Harbin, où coule la rivière Soungari, arpentaient les rues avec leurs bannières malgré le froid. Jusque dans les contrées de l'Ouest écarté, sur les plateaux pierreux, les montagnes aiguës, parvenaient ces nouvelles. Les Ouïgours d'Ürümqi, au centre du Xinjiang, et les Tibétains de Lhassa applaudissaient des deux mains et psalmodiaient le nom du Président sous ses portraits anciens, ceux où l'on voyait ses deux oreilles, car ici le progrès mettait plus de temps pour arriver.

Les factions partout se multipliaient, s'inventaient des noms de guerre éclatants qu'ils peignaient en caractères d'or sur leurs brassards. Le Drapeau Rouge de la Faculté de Médecine, le Quartier Général des Rebelles Révolutionnaires du Collège d'Éducation Physique, les Gardes Rouges de la Pensée-Maozedong de l'École N° 9, le Corps d'Armée du 16 Mai, le Groupe du 16 Juin des Langues Étrangères, les Combattants de la Fleur de Prunier, et d'autres encore par myriades. Les cours avaient cessé dans les écoles, les lycées, les universités, les enseignants s'étaient tus. Mais des faisceaux denses de voix, de sons, bourdonnaient. Il y avait dans le pays, les cités, les bourgs, cent soixante millions d'élèves et d'étudiants affranchis des contraintes. Cela faisait des Gardes Rouges à foison. De toute la Chine, ne sachant que faire, ils marchaient sur Pékin, envahissaient les trains, et de Pékin, ils se répandaient sur la Chine à l'assaut des Quatre Vieilleries, à la chasse aux monstres et aux mauvais génies. Alors, ils écoutaient ceux qui leur parlaient du haut de la tribune et en tiraient des conclusions. Pomme-Bleue se présentait à eux dans son uniforme militaire, coiffée de la casquette. « Politiquement, elle est très forte, s'extasiait Tête-de-Fouine, et experte en matière d'art ! » Emballé par ses prestations lyriques, le Batracien-Graphomane la compara à Dante, rien moins. Pomme-Bleue paradait sur les tréteaux, au micro. C'était son plus beau rôle depuis *Bain de sang sur la montagne des loups*. « Camarades compagnons d'armes, enflammait-elle les adolescents, le Président Mao se soucie beaucoup de vous ! » Ils criaient à en épuiser leurs cordes vocales *Wànsùi ! Wànsùi ! Dix mille ans de vie !* « Je suis un être sans talent, vous avez le droit de me critiquer ! » continuait Pomme-Bleue, mais eux, à ces mots, l'acclamaient de plus belle : « *Soutenons la juste direction du Groupe Central de la Révolution Culturelle !!!* » Après les préambules, elle se coulait dans l'intrigue comme ses maîtres lui avaient appris à le faire sur la scène ou devant une caméra. « … Cette poignée de dirigeants au pouvoir qui persistent dans la voie capitaliste, il nous faut les anéantir !… » À cet instant, l'auditoire ne retenait plus sa joie, car il était venu pour ça. *Renversons-les ! Écrasons-les ! Traînons-les dans la boue !*

Il se trouvait cependant de mauvais éléments qui n'avaient assimilé ni les rites ni la Voie. Ceux-là, surgis d'on ne sait où on ne sait comment au milieu de la multitude, récusaient en doute ce qui venait du haut et se mettaient à vociférer d'insoutenables propos. Untel jugeait, après avoir tendu ses oreilles attentives sur la place de la Paix-Céleste, que le vice-président Tête-de-Fouine n'égrenait qu'une suite de paroles insensées dépourvue de logique. Comment, en effet, Tête-de-Fouine pouvait-il, dans deux phrases contiguës, appeler d'une part à « faire feu sur le Quartier Général » et prétendre d'autre part que « le pouvoir est chez nous, entre les mains du prolétariat » ? N'était-ce pas absurde au dernier degré ? D'autres impertinents, à l'Université Qinghua, à l'École des Forêts, à l'Institut de l'Acier se gargarisaient du mot d'ordre : « Faisons la révolution nous-mêmes ! Foutons en l'air le Groupe Central ! » Sans mesure, ils dénigraient les écrits du Batracien-Graphomane, les qualifiaient d'abominables salmigondis, de plantes vénéneuses qui atrophient l'esprit, et ils outrageaient le Serpent-Blanc par de violentes diatribes apposées sur les murs et que mille paires d'yeux venaient reluquer, que dix mille bouches répétaient : « Le Serpent-Blanc est un grand ambitieux, un grand conspirateur et un grand boucher ! C'est un élément à double face, un fonctionnaire cruel dont les mains dégoulinent de sang frais ! Le jour c'est un homme, la nuit, un démon ! » Le Serpent-Blanc restait froid et méthodique. Ses agents dans la capitale collectaient les noms, repéraient les gestes des étudiants qui propageaient l'hérésie. Dans ses quartiers il convoqua des sbires et leur dit :

« Ceux-là doivent être écroués sans délai par le Bureau de la Sécurité, et leurs organisations doivent être dissoutes. » Pomme-Bleue, qui rôdait dans ces parages, ajouta : « N'oubliez pas que nous sommes la dictature du prolétariat ! » Ainsi les trublions furent-ils attrapés au collet et conduits dans des lieux appropriés pour y être soumis aux examens de lutte-critique-réforme. Des séides du Serpent-Blanc et de Pomme-Bleue criaient à leur adresse : « À celui qui ose attaquer le Groupe Central nous trancherons ses pattes de chien ! À ceux qui s'opposent au Président Mao nous éclaterons les reins ! Qu'ils endurent mille morts ! » Mais voici que fouillant les collections prodigieuses de la Bibliothèque publique de Shanghai, compulsant à tour de bras les papiers jaunis et les liasses, des rebelles méticuleux dans la traque des Quatre Vieilleries exhumèrent en grand nombre les articles signés « Dick » de la presse d'avant-guerre, et ils découvrirent par sorcellerie que l'auteur véritable en était Zhang-le-Mince dont l'influence croissait chaque jour à l'ombre de Pomme-Bleue, et ils dévoilèrent aussi par magie des photos montrant Pomme-Bleue vêtue d'un uniforme du Kuomintang pour l'anniversaire de Chiang Kai-shek. Zhang-le-Mince fut fort affligé par les trouvailles des fouineurs. « Arrêtez-les sur l'heure ! » ordonna-t-il à ses argousins diligents. Et d'une voix tranchante il précisait : « Il y a tout un lot de sales individus dans cette bibliothèque », afin que le groupe entier soit promis aux oubliettes. Zhang-le-Mince eut un regard circulaire : « Si quiconque évoque encore cette affaire, je cesserai d'être poli ! » Ayant écarté le danger immédiat et réglé à leur avantage le cas des fouineurs et des trublions, les membres du Groupe Central purent se consacrer paisiblement à leurs desseins.

Quant au contenu des articles signés Dick ou à la qualité des clichés de Pomme-Bleue vous n'obtiendrez rien de plus. Mais s'agissant du sort des anciens Brigands Justiciers, nul doute qu'il vous soit exposé.

CHAPITRE XXXVIII

Liu Gros-Nez voit son tour arriver — Une femme se hisse au sommet ; une autre dégringole de son piédestal.

Somnolent, écrasé dans un large fauteuil de velours, le Président Mao regardait yeux mi-clos le maréchal Tête-de-Fouine préparer son discours avec l'aide du Mandarin-Versatile. Tête-de-Fouine, stylo en arrêt, cherchait sur son papier un paragraphe à corriger que le Mandarin lui indiquait du doigt. Tous trois portaient l'uniforme vert luisant du combat. Tête-de-Fouine et le Mandarin arboraient le brassard aux trois caractères *hóng wèi bīng* — « Garde Rouge », quoiqu'ils aient l'un comme l'autre passé l'âge des enfantillages : Tête-de-Fouine allait atteindre ses soixante ans et le Mandarin les soixante-neuf. Quand tout sembla au point, le trio accompagné d'autres hiérarques et d'invités de marque rejoignit la terrasse de la Paix-Céleste pour le cérémonial. Huit fois, Mao Zedong salua la masse mouvante des Gardes Rouges en agitant sa casquette. Huit fois, toujours plus nombreux, ils l'acclamaient d'en bas le *Petit Livre Rouge* au bout du bras. « *Wànsùi ! Wànsùi !* Qu'il vive longtemps, très longtemps ! » L'Histoire dit qu'ils furent douze millions, en tout, à l'acclamer. Mao Zedong ne parlait pas, sinon trois mots jetés en l'air : « Vivent les camarades !!! » Il fixait Tête-de-Fouine lisant au micro ses harangues hachées. Après quoi, d'un même pas lent, les deux longeaient la balustrade afin que tous, de tous les points, puissent les apercevoir, le grand, le petit, Mao devant, à sa suite Tête-de-Fouine le sourire jusqu'aux oreilles, les pupilles dilatées, et tenant dans la main droite le livre rouge dont il était, sinon l'inventeur, du moins l'ardent promoteur. Bien vite le tirage mirifique fut épuisé, malgré la vitesse des rotatives, et une deuxième édition s'imposait. Elle comportait deux minuscules modifications : le chapitre XXIV « L'auto-éducation idéologique » devenait « L'élimination des conceptions erronées », et le nom de Liu Gros-Nez, en page 262, fut effacé. Dix jours avant l'anniversaire de Mao Zedong, Tête-de-Fouine signa une préface à la nouvelle parution. « Le mieux, suggérait-il, serait d'apprendre par cœur certaines phrases capitales, pour une étude et une application constante. Dans les journaux, il convient de reproduire régulièrement des citations du Président Mao, en liaison avec les problèmes du moment, pour que tout le monde puisse les étudier et les appliquer. » Ni les journaux ni les gens communs n'avaient attendu pour passer à la pratique. En rond, les pieds nus, des paysans burinés ânonnaient des citations prises au hasard. « *Les luttes de classe de la paysannerie, les insurrections et les guerres paysannes ont seules été les véritables forces motrices dans le développement de l'Histoire...* » Debout alignés, les soldats faisaient pareil dans leurs unités : « *Sans armée populaire le peuple n'aurait rien...* » Et tous étaient heureux de se savoir utiles et importants. Sur des tabourets de bois grossier, à l'heure de la pose, les prolétaires de l'Usine des Machines pour Verrerie discutaient ferme des moyens et façons de servir le peuple en se gardant de toute présomption. Dans les véhicules de la Compagnie des Autobus de Shanghai, les usagers secoués lisaient à voix haute les citations adéquates. Tout en blanc, avec le brassard rouge, les employés des wagons-restaurants débitaient des morceaux choisis au rythme des bielles de la locomotive à vapeur, *tchou-tchou-tchou-tchou-tchou... tuu-tuut... tuu-tuuut...* Un aveugle de Mandchourie, badge agrafé à la poitrine, le regard vide, expliquait à quatre micros l'effet prodigieux que produisaient sur lui les *Œuvres* du Président Mao. Ainsi, dans toute la Chine, jusqu'aux hameaux les plus isolés des provinces les plus reculées, les vieux, les jeunes, les enfants manifestaient à grand bruit leur gratitude infinie.

En petit comité, Mao Zedong se laissait aller à des confidences. « C'est moi qui ai allumé le feu de la Grande Révolution Culturelle, glissait-il aux vétérans tétanisés. Vous ne vous attendiez pas à ce qui est arrivé ! Laissons venir ! Je pense que c'est une bonne chose que ce raz de marée. Sous son impact, les cerveaux qui n'ont pas pensé depuis des années vont pouvoir s'y mettre. Qui veut vous envoyer au tapis ? Pas moi ! Et les Gardes Rouges non plus, je ne crois pas. » Alors, il paraissait détendu et content. Le tumulte lui réussissait. Il n'y avait plus de gouvernement, plus de lois, les ministres, les fonctionnaires devenaient insignifiants. Autour d'eux le monde éclatait dans une folle pétarade. Les édifices officiels se voyaient assaillis, décorés d'affiches en grands caractères jusqu'au toit. Le Président Mao ne donnait plus de consignes, ne traçait plus la ligne, comme autrefois ses longs discours bourrés de références. Il se contentait d'exprimer en traits lapidaires ses doutes et ses humeurs. « Petite-Bouteille est sourd. Il s'assoit loin de moi. Pendant six ans, il ne m'a pas fait un seul rapport. Deuxième-Couteau a dit de lui : "Ce gars est paresseux". » Et puis il lâchait : « Petite-Bouteille et Liu Gros-Nez ne doivent pas être exonérés de leurs fautes. Ils doivent être blâmés. » Liu Gros-Nez et Petite-Bouteille ne comprenaient rien à leur infortune. Jusqu'alors, ils se montraient en haut de la tribune pour saluer avec leurs vieux compagnons les jeunes Gardes Rouges en bas, et tout à coup, le jeu leur échappait. Pfuiit ! Subitement, ils durent procéder à leur examen de conscience, être soumis à la critique sévère de leurs pairs. Bon gré, mal gré, ils se pliaient à l'exercice. Liu Gros-Nez semblait doué d'une mémoire exceptionnelle. Le 1er février 1946, il avait fait ceci, en juillet 1951 commis cela, le 18 mars 1962 telle autre chose erronée et néfaste, et il avait trop écouté sa femme qui l'accompagnait dans ses déplacements à l'étranger. Exact, relevait Mao : « De mon point de vue, Liu n'est pas aussi intelligent qu'on l'aurait cru. Il a beaucoup loué sa propre épouse et l'a placée très haut. Quant à Petite-Bouteille, il se croit un génie. Il pense pouvoir se charger de tout et ne commet que des gaffes ! » Penauds, la face crispée, Petite-Bouteille et Liu Gros-Nez encaissaient. Le Mandarin-Versatile vint à leur secours. « Tout ça peut se réformer ! Peut-être direz-vous que je suis trop conciliant, mais je suis avant tout un optimiste. » Tête-de-Fouine, au contraire, avait pris goût aux joutes et devenait teigneux. Ce duo, jurait-il, encourage la voie capitaliste.

Avant l'aube du premier janvier, Jour de l'An des Occidentaux que les Brigands Justiciers avaient adopté, apparurent dans l'enceinte de la Cité Interdite, du côté de la résidence privée de Liu Gros-Nez, deux slogans gras tracés sur le sol à la peinture : « Quiconque s'oppose à la pensée-maozedong finira mal ! » « À bas Liu Gros-Nez, le Khrouchtchev chinois ! » Le surlendemain, la fille de Liu Gros-Nez née d'un mariage antérieur et son frère de même mère apposèrent à la cantine du personnel des Lacs du Centre et du Sud une affiche de leur cru en grands caractères : « Nous sommes témoins de l'âme méprisable de Liu Gros-Nez ! » Cette fille Taotao et ce fils Yongzhen étaient les enfants de sa quatrième épouse. Avant, il avait eu trois rejetons de sa deuxième épouse, et quatre encore avec sa sixième femme, trois filles prénommées Pingping, Tingting et Xiaoxiao, plus un garçon appelé Yuanyuan. Cela faisait donc neuf en tout. Les plus petits, Liu Gros-Nez s'en occupait encore. Avec la dernière, il jouait, faisait des simagrées en se frottant nez à nez. Les autres, dans l'âge de raison et d'adolescence, il leur prodiguait des leçons, leur déconseillait de participer à la chasse aux monstres et aux esprits-serpents. « Je ne m'oppose pas à ce que vous dégommiez les Quatre Vieilleries, leur murmurait-il doucement, mais vous ne devriez pas comme vos camarades fouiller les domiciles et battre les gens. Je suis Chef de l'État et dois faire respecter la Constitution. Maintenant, vu ma situation, je ne peux vous en empêcher, de même qu'il vous est impossible de retenir vos condisciples. Mais il me faut vous indiquer clairement que je suis responsable de vous. » Quant aux plus grands de ses enfants, on aurait pu les croire tirés d'affaire, ils avaient suivi des études auprès d'instituts sérieux de l'URSS et étaient rentrés au pays diplômés. L'aîné exerçait dans les régions mongoles le dur métier de savant atomiste, spécialiste de la radioactivité. Cela tombait pile, car la Chine venait de lancer dans un désert un engin téléguidé porteur d'une ogive nucléaire. « Grande victoire de la pensée-maozedong ! »

titrait *Le Quotidien du Peuple*, et les citadins dûment informés dansaient sur la place de la Paix-Céleste pour exprimer leur enthousiasme. Mais s'agissant de ses enfants du milieu, étudiants à l'Université Qinghua, Liu Gros-Nez manquait de chance ou de doigté. Envers leur père, ils se montraient bilieux, persuadés qu'ils étaient que Liu Gros-Nez empruntait la voie capitaliste. Comme si cela ne suffisait pas, voici que sa cinquième épouse, dont il n'avait aucune progéniture, cette infirmière qu'il avait envoyée se soigner afin d'épouser la suivante, ressortait du néant la bouche pleine d'imputations méchantes. « *Aya !* bramait-elle, j'accuse Liu Gros-Nez et ses noirs larbins de sévices abominables sur ma personne ! » Et elle répandait sur la tête de son ancien mari tout ce qu'elle puisait en elle de colère, d'âcreté, de rancune. Ce furent des moments peu agréables. Les Gardes Rouges, un soir, parvenus sans tracas aux portes de sa maison, intimèrent l'ordre à Liu Gros-Nez de réciter sans faute des versets du livre à couverture de plastique rouge, mais il n'y arrivait pas, s'emmêlait dans les mots.

Liu Gros-Nez songea qu'il était temps de se retirer, de laisser à d'autres les postes qu'il occupait depuis une décennie, la présidence de la République et celle du comité pour l'édition des *Œuvres choisies* de Mao Zedong. Il manda audience à Mao. Une automobile vint le chercher à la nuit. Mao Zedong se montrait aimable, demanda des nouvelles de la famille, et comment allaient les enfants. Tandis que Mao fumait, Liu Gros-Nez lui fit part de son souhait de partir au loin, de s'établir peut-être au Repaire de la Pagode Précieuse où s'étaient écoulées leurs meilleures années de Brigands Justiciers, ou dans son village natal, proche de celui de Mao car tous deux étaient Hunanais et voisins. Mais Mao lui dit seulement : « Garde la forme, étudie bien », puis il lui recommanda la lecture de La Mettrie, philosophe français spécialiste de la mécanique humaine, et de l'Allemand Ernst Haeckel, auteur de l'ouvrage *Les Énigmes de l'Univers* dont Lénine le Chauve avait une fois fait ses choux gras. Sur ces paroles et observations, ils se séparèrent pour ne se revoir jamais. La porte se referma derrière Liu-Gros-Nez et, de ce jour, il fut confiné dans la résidence des Lacs du Centre et du Sud, maintenu aux arrêts domiciliaires. Le téléphone lui fut coupé.

Les Occidentaux s'accordaient à constater que quelque chose d'étrange se déroulait en Chine. Mao Zedong faisait la une des magazines de Paris, de Milan, de New York. Dans les pages intérieures étaient reproduites les caricatures bouffonnes de Liu Gros-Nez que les Gardes Rouges collaient aux murs. « Les camarades tombent comme des mouches ! » constataient les reporters faisant l'addition des Maîtres du Jeu désarçonnés : Liu Gros-Nez, Petite-Bouteille, le maire de Pékin, le chef du Département de la Propagande, etc. En contrepoint, paraissait la photographie de Pomme-Bleue. « Après vingt-cinq ans de relative obscurité, la femme de Mao — une petite actrice du Shanghai des années trente — a émergé en tant que leader de la Révolution Culturelle. — On la voit ici lors d'une manifestation de Gardes Rouges lisant un passage des *Pensées de Maozedong.* » La presse recherchait à bon prix les instantanés en couleurs que des étrangers égarés dans les villes et les campagnes pouvaient capturer. On y voyait des taxis dont le tableau de bord s'ornait du médaillon du Président Mao « comme un saint Christophe », et des portraits géants plantés au cœur de foules déchaînées. Files de gamins en bleu, un masque d'hygiène sur le nez, militaires en vert, à casquette étoilée, tous brandissant le *Petit Livre Rouge*. Mais les images étaient muettes et les Occidentaux ne savaient les interpréter. « On parle de suicides, de batailles rangées, d'arrêts de travail généralisés, d'intrigues politiques… » Les envoyés spéciaux des agences de Hongkong et de Macao donnaient leur maximum. Les personnels qualifiés des ambassades, formés aux radiogrammes, tentaient des analyses. C'était pour eux d'autant plus ardu que des Chinois irrités les montraient du doigt, appliquaient sur les demeures consulaires leurs affiches en grands caractères et leurs peintures contraires aux usages et aux bonnes manières. « À bas les atrocités fascistes du gouvernement britannique ! » « Détruisons la clique révisionniste soviétique ! » « Écraser la tête de cochons des voyous français ! » La Chine se fâchait avec beaucoup de monde. Une soixantaine d'étudiants fourvoyés à

Moscou s'en allèrent lire à voix haute le *Petit Livre Rouge* au pied du Mausolée de Lénine enfoui sous la neige. La milice les embarqua sans traîner. Ils criaient à l'assassin, au meurtrier. « Les courageux fils de la Chine versent leur sang devant le Mausolée du grand Lénine ! » Pareillement à Paris, des Chinois manifestant rue de Grenelle à proximité de l'ambassade russe et d'une palissade « Défense d'afficher — loi du 29 juillet 1881 » furent interpellés par des agents en pèlerine secouant leur bidule, et poussés sans ménagement vers les paniers à salade noir et blanc. Des incidents graves et sanglants se produisirent à Rangoon et à New Dehli où l'on rigolait moins.

Dans le centre de Pékin, les grilles des ambassades, des missions diplomatiques, disparaissaient sous les libelles vengeurs, les pancartes. « À bas Ne Win, le Chiang Kai-shek birman ! » « À bas les réactionnaires indiens ! » « Kossyguine assassin ! » « *No good end to those who oppose China !* » « Ripostons à la provocation furieuse des salauds impérialistes français ! » L'ambassadeur de France peinait à expliquer dans ses télégrammes les scènes curieuses et instructives auxquelles il assistait depuis son balcon, la rangée de Mao Zedong identiques fixant les fenêtres de la chancellerie, portraits géants aux yeux inexpressifs portés par des adultes et des enfants, le camion haut-parleur immatriculé 01-01-887 crachotant ses slogans, les automobiles de l'ambassade barbouillées de graffitis, le carreau cassé par un projectile adroitement lancé, les affiches, les banderoles en mandarin… Le diplomate peinait d'autant plus que les traducteurs et le petit personnel chinois s'étaient mis en grève. Pourtant, ils n'avaient pas l'air méchant, juste étonné, les enfants de neuf-dix ans, avec le badge de Mao piqué sur leur veste molletonnée, qui venaient découvrir et scruter les Longs-Nez, les diables étrangers, ni les adultes, derrière, qui tendaient vers le ciel le livre rouge. C'était moins amusant pour l'attaché commercial et sa femme arrivés sur ces entrefaites, extraits de leur voiture et retenus parmi les manifestants. L'ambassadeur, comme c'était son devoir, allait à l'essentiel. « … Et l'on a entendu, reprise en chœur, la phrase : “À bas la tête de chien de De

Gaulle". » — Reçu Quai d'Orsay : neuf heures vingt-cinq. On rapporte qu'à Paris, ayant pris connaissance de ces invectives ingrates, le Général ne s'en froissa pas outre mesure : « C'est bien la première fois que je me fais traiter de tête de chien par des Pékinois ! » Malgré l'information cliquetant sur les téléscripteurs, les gouvernants français, russes, anglais, américains demeuraient perplexes. À chaque fois qu'ils se rencontraient, et ils se voyaient souvent, ils discutaient stupéfiés des événements chinois. « C'est même un sujet de migraines », déplorait le Premier britannique, petit homme rond, fumeur de pipe, songeant à ses colonies.

Par maints aspects, en effet, la situation pouvait provoquer une surchauffe des méninges, le bouillonnement des neurones. À Shanghai, les masses galvanisées par Zhang-le-Mince s'emparèrent de la Municipalité. Un galapiat à sa botte, un pas-grand-chose, ancien de Corée et chef de sécurité d'une usine textile, mena l'assaut contre ses rivaux, laissant sur l'asphalte quatre-vingt-onze blessés. « À bas les rois de l'Enfer ! » rugissaient les assaillants, « Zhang-le-Mince à la Mairie ! » tandis que leurs opposants trompetaient : « Zhang-le-Mince est un archi-criminel ! » La bataille tourna en faveur des premiers. Juchés à l'arrière de camions, les soldats de la garnison sortis en renfort saluaient poings levés les badauds sur les trottoirs. Des haut-parleurs groupés relayaient des discours sur Nanking Road où circulaient les trolleybus. Du ciel, des avions d'entraînement éparpillaient des chapelets de tracts. Devant les immeubles majestueux du Bund, les escouades hâtivement constituées distribuaient des journaux fraîchement imprimés, *La Gazette littéraire* et le quotidien *Libération* sur lesquels les hommes de Zhang-le-Mince avaient fait main basse. Tout ce méli-mélo fut appelé « Tempête de Janvier ». À Pékin, les Brigands Justiciers de la première heure, les vétérans de la Longue Marche des vingt-cinq mille lis, les maréchaux, les ministres formés au Repaire, mécontents et inquiets de la tournure du présent, des purges, du fracas, ne cachaient plus leur colère ni leur désarroi. Ils pensaient que, comme le dit l'adage, *celui qui boit de l'eau doit se souvenir de qui a creusé le puits*. Ils se réunirent alors aux fins d'exprimer leur contrariété. Ce branle-bas fut appelé le « Courant Contraire de Février ». Dans la Salle de la Bienveillance des Lacs du Centre et du Sud, les vétérans s'assirent face aux promus du Groupe Central. Il y avait là Face-de-Lune et Deuxième-Couteau, tous deux maréchaux, et d'autres de la même génération au glorieux passé. De l'autre côté de la table se trouvaient Zhang-le-Mince, le Batracien-Graphomane, Gros-Yao, le Serpent-Blanc, et Pomme-Bleue pour une partie du temps. À égale distance des deux camps, le Mandarin-Versatile présidait le débat. L'Histoire dit que l'un des vétérans s'emporta d'abord et que cognant la table de son poing, il se brisa une phalange. « Vous avez mis le Parti dans la merde, hurlait-il au visage du Batracien, et le gouvernement dans la mouise ! Vous avez foutu le bordel dans les usines, le boxon à la campagne ! Vous êtes satisfaits !?! » Un autre explosa à son tour : « Mais où voulez-vous en venir ?!? » Sur ce ton acrimonieux un troisième stridula : « Vous comptez jeter tous les vieux cadres, les abattre un par un jusqu'à ce que plus un seul ne tienne debout ! » Il plaignait à grands cris les anciens coiffés du bonnet d'infamie, les briscards cloués au pilori, *avionnés* par des moins-que-rien sur un tréteau, buste penché, bras tirés en arrière. Il était tant en fureur, celui-là, contre le Groupe Central, que lui traversa l'esprit de comparer Pomme-Bleue à l'impératrice Wu Zetian, épouse cruelle d'un empereur Tang, qui par l'assassinat, la ruse, et une férocité sans nom ni limites s'appropria le trône et fonda sa propre dynastie. Bien qu'elle fût morte depuis plus de mille deux cents ans, son souvenir restait honni.

De l'autre côté, les promus du Groupe Central se tenaient cois, pensant sans doute et à raison qu'ils ne faisaient pas le poids. Mais à peine furent-ils dehors, rendus à leurs seuls penchants, qu'ils tombèrent d'accord pour avertir Mao Zedong des récriminations et reproches dont ils faisaient les frais. Ils avaient compris qu'en politique comme à la guerre, qui frappe le premier coup prend l'avantage et souvent le garde. Informé des éclats de voix et des injures échangées dans la Salle de la Bienveillance, le Président Mao s'écria : « Les vieux maréchaux m'ont lâché ! » Il convoqua dans sa résidence quelques hiérarques pour fulminer : « Quiconque s'oppose au Groupe Central, je me dresserai contre lui ! » L'heure était tardive, minuit avait sonné déjà. Son courroux s'étalait sans bornes. Mao se lança dans une tirade éprouvante. Si besoin était, il retournerait par les monts et les vaux en compagnie de Tête-de-Fouine pratiquer la guérilla contre le reste du monde. À soixante-treize ans, le pari semblait osé, mais ceux qui l'écoutaient le crurent ou firent semblant. Quoi qu'il en soit, enhardis par ces propos, les promus du Groupe Central crurent venue l'heure de leur triomphe.

Ils furent saisis d'une activité fébrile. Par commodité, ils s'installèrent à part dans les villas d'un complexe récent bâti sur un site ancien de la dynastie des Jin appelé Diaoyutai où l'on trouvait encore des pins de huit cents ans au tronc tortueux. Derrière le rideau de leurs cabinets secrets ils discouraient, conféraient, chuchotaient, inspiraient, ordonnaient. Et les gens autour d'eux, les Gardes Rouges crédules des écoles, les fonctionnaires subalternes, les agents stipendiés appliquaient à la lettre les consignes reçues dans l'oreille. Zhang-le-Mince répétait partout, et Pomme-Bleue avec lui, que le temps et la position des astres au firmament étaient propices à un changement de dynastie. « Maintenant, Liu Gros-Nez est président de la République, mais il faut voir quelle sorte de président il est, hululait Pomme-Bleue. Sa femme est une grande capitaliste. C'est elle qui a inspiré tout le système ! » Pomme-Bleue était si convaincante et disposait maintenant de tant de pouvoir que sans tarder les Gardes Rouges dits « du Régiment des Sommets aux Puits » entreprirent de la combler. Avant l'aube, un matin, ils encerclèrent le domicile de Liu Gros-Nez pour lui souffler sa dame, Lumière-Radieuse, avec qui il se pavanait à l'étranger lors des voyages officiels. Ils prirent donc l'épouse de force, l'entraînèrent sur l'estrade aux monstres de l'Université Qinghua et, face à la foule, son interrogatoire débuta. Par on ne sait quel subterfuge, les Gardes Rouges s'étaient procuré la robe de cérémonie qu'elle portait sur des photographies. Les Gardes Rouges lui commandèrent de l'enfiler pour la produire en exemple négatif telle qu'elle avait été. Mais elle ne voulait rien savoir. « Tu dois mettre cette robe, gueulait le plus proche des ses gardiens.

— Je ne vais pas la mettre, elle n'est pas présentable.

— Pourquoi alors l'as-tu portée à Jakarta ?

— Parce que c'était l'été.

— Laisse-moi te dire qu'aujourd'hui, *on te lutte*. Tu ferais mieux de faire attention si tu n'es pas honnête avec nous... » Et bien qu'elle eût peur, qu'elle fût terrorisée au plus haut point par les visages grimaçant, les yeux furieux et les cris, elle se rebiffait toujours. « En aucune façon vous ne pouvez empiéter sur ma liberté personnelle ! » De telles réponses provoquaient assurément le rire et la rage. « Tu es la femme d'un Trois-Anti, antiparti, anti-socialiste, anti-pensée-maozedong, un élément bourgeois réactionnaire, un ennemi de classe. On ne va pas te laisser un brin de petite démocratie. Aujourd'hui, on exerce sur toi la dictature, tu n'es plus libre !

— Qui a dit que je suis la femme d'un Trois-Anti ?

— Nous ! » L'interrogatoire se prolongeait sur ce mode et durait. Évidemment, cela paraît long à entendre, mais pour elle, l'épouse du président de la République des Redresseurs de Torts, c'était plus long à supporter encore. « Je ne mettrai pas cette robe, s'obstinait-elle, advienne que pourra !

— Tu es coupable de crimes, *on te lutte et on te luttera encore*. Mets-la ! » Alors, quand elle en eut assez, elle voulut transiger, trouver un moyen terme, et montrant le manteau dont elle était couverte, elle dit : « Ça, un cadeau reçu en Afghanistan, c'est déjà assez bien pour recevoir des invités. C'est ce qu'ils pensaient en disant que j'étais à la mode.

— On veut que tu mettes la robe que tu portais en Indonésie... On n'a rien à foutre de ces trucs bourgeois, ce qui est bon pour l'été, pour le printemps, pour l'hiver, pour recevoir des invités ou voyager !... Bien. On te donne dix minutes. Attends ce qui va t'arriver à sept heures moins le quart. Essaye de nous défier par ton refus... On va voir à quoi tu ressembleras quand les dix minutes seront écoulées.

— Mais cette robe est en soie ! Il fait trop froid ! » Alors ceux qui l'entouraient se mirent à chanter un vers de Mao Zedong tiré du poème *Nuages d'hiver* qu'ils connaissaient par cœur : *Les petites mouches fantastiques gèlent et meurent. Les petites mouches…* « Mets-la, reprenait l'interrogateur et mets par-dessus ton manteau de fourrure ! » Comme les minutes s'écoulaient en un temps ralenti, Lumière-Radieuse, femme de Liu Gro-Nez, commença à fléchir. « Plus que sept minutes…

— Et si je mettais ces escarpins ?!? avança-t-elle en montrant des chaussures élégantes qu'ils avaient amenées.

— C'est pas assez, on veut que tu mettes tout !

— Vous n'avez pas le droit !

— Nous avons tous les droits, parce qu'*on te lutte comme on veut.* Tu devrais oublier l'infâme théorie "*tous sont égaux devant la vérité*", nous sommes les masses révolutionnaires et tu es une vieille sorcière. » Bien qu'elle ne cessât de regimber en se tortillant, en s'asseyant par terre, ils lui passèrent la robe. « Vous avez violé la directive du Président Mao de ne pas user de la force contre les gens !

— Conneries ! C'est toi qui as fait perdre la face au peuple chinois en draguant Sukarno avec cette robe ! » Et pendant que plusieurs finissaient de l'accoutrer pour la parade, les autres récitaient les alinéas idoines du *Petit Livre Rouge.* « *La révolution n'est pas un dîner de gala…* » « *Tout ce qui est réactionnaire est pareil, tant qu'on ne le frappe pas, impossible de le faire tomber…* » Après avoir obligé leur prisonnière à chausser les talons hauts, ils l'affublèrent d'un collier de balles de ping-pong, parce que sur ses photos à l'étranger, elle portait un collier dans ses dîners de gala. C'est dans cet équipage que fut présentée à la foule et houspillée Lumière-Radieuse, l'épouse du président de la République des Redresseurs de Torts. Au terme de la journée de lutte-critique-réforme, lorsque tout fut acté, de leurs questions et de ses réponses, elle fut ramenée chez elle, et son mari, au fond du chagrin, ne pipa mot. Plus tard seulement, Liu Gros-Nez pria sa famille : « Quand je serai mort, dispersez mes cendres dans la mer, comme cela fut fait pour Engels Longue-Barbe. La mer se joint aux cinq océans et ainsi je verrai le monde devenir communiste. » Son moral l'avait quitté. Liu Gros-Nez dépérissait. Chaque jour, il était soumis à des avanies, et jamais plus ne connut le repos.

Quand l'hiver fut enterré, que pointèrent les bourgeons et s'ouvrirent les fleurs, les scribes du Batracien-Graphomane dénoncèrent en une volée de bois vert le vieux grimoire de Liu Gros-Nez sur le *perfectionnement individuel*, publié originellement en juillet 1939 au Repaire, dix fois imprimé depuis, trois fois revu et corrigé, amélioré, refondu, poli, traduit en France, aux États-Unis, et partout copieusement loué. Cet ouvrage, écrivaient les folliculaires, « est l'œuvre représentative du plus haut des responsables qui, bien que du Parti, se sont engagés dans la voie capitaliste. Ce livre est une grande herbe vénéneuse ». Liu Gros-Nez ne savait que répondre. Son livre révisé, truffé de bouts de Mao, références, renvois, déclinait les vertus requises pour faire un bon Brigand Justicier : loyauté, bravoure et franchise, sincérité et respect de soi. Mais tout ça, c'était idéalisme et compagnie, prières et vœux pieux. La production de Liu Gros-Nez ne valait pas mieux au fond que la Grande Concorde du *Livre des Rites* ou la *Promenade dans le Jardin des Pêchers* des dynasties antiques. En cinquante mille caractères, lui reprochait-on, il « ne parle nullement de la nécessité d'être *un digne élève* du Président Mao ni ne mentionne la *pensée-maozedong* ». C'était pure vérité. Ça n'y figurait pas. On commençait à colporter que Liu Gros-Nez était un exécrable Khrouchtchev chinois, un révisionniste dont les écrits et les dires étaient ceux d'un vampire, révélant une âme bourgeoise « vile et répugnante ». Autour de son domicile, les affiches en gros caractères tapissaient les murs en couches épaisses, des haut-parleurs déversaient à toute heure leurs tombereaux d'outrages et d'anathèmes. Alors Liu Gros-Nez réunit ses enfants, ceux qu'il avait eus avec sa dernière épouse, et les adjura de n'en rien croire. « Jamais votre mère ni votre père ne vous ont trompés », leur dit-il, car il sentait venir sa fin.

Lecteur, vous vous en doutez, le sort de Liu Gros-Nez était scellé. Mais ce qu'il eut à subir glace les sangs et vous en prendrez la mesure prochainement.

CHAPITRE XXXIX

Les Gardes Rouges recrutent outre-mer — Mao Zedong ose une incursion à Neuilly-sur-Seine.

De l'autre côté des mers et des océans, les Occidentaux interdits regardaient l'Orient rougeoyer. Les clichés insolites que rapportaient leurs compatriotes en excursion suscitaient chez eux une intense curiosité. « Armes, brassards, affiches… Tous les signes montrent qu'il se passe quelque chose d'étonnant du côté de Pékin, de Canton… Des amateurs témoignent… PHOTOS SORTIES DE CHINE… Un touriste français à Pékin en chemin de fer : voilà ce qu'il voit par la portière… » Par la portière, de haut, il voyait les casquettes des Gardes Rouges et le fusil d'assaut AK-47 porté en bandoulière, chargeur de trente coups, calibre 7,62. Il apercevait les défilés de jeunes au brassard à trois caractères *hóng wèi bīng*. Il découvrait le tableau impressionniste des visages joyeux, les forêts de bras levés avec au bout le petit livre à couverture plastique rouge tenu ouvert à la page de frontispice, la page du portrait sépia définitif. « La "Bible rouge" est leur drapeau » prévenaient en grosses lettres les journaux portés sur le baroque. Cela titillait le quidam de savoir de quoi il retournait. Un éditeur de Saint-Germain-des-Prés aux sympathies catholiques traduisit donc ce « document exceptionnel : lu et commenté en de multiples circonstances de la vie quotidienne ». Curieusement, une coquille freudienne s'incrusta dans l'épigraphe attribuée à Tête-de-Fouine : « Étudier les *vœux* du Président Mao, suivre ses enseignements et agir selon ses directives. » Dans les points de vente de Paris et de province, les gares, les

Monoprix, à Issoire, Tournon voire Bourg-en-Bresse, le livre se vendait en piles. Sans conteste, ce fut un succès de librairie comme l'éditeur n'en avait pas engrangé depuis la série des *Don Camillo* de Giovanni Guareschi. Mais les plus *in*, les plus sophistiqués, se procuraient l'original à couverture de plastique au Quartier Latin, chez Maspero, à la librairie La Joie de Lire du 19 rue Saint-Séverin, ou à la librairie Gît-le-Cœur de la rue Gît-le-Cœur, dépositaire des éditions de Pékin, où se dégotait aussi pour un franc le journal *Garde Rouge* que confectionnaient amoureusement des étudiants normaliens. Cette catégorie réfléchissait beaucoup et se piquait de dominer bien son sujet, attendu qu'elle recevait des lettres timbrées de Chine. « Tout d'abord nous vous disons le bon jour, saluaient poliment les Chinois du Lycée N° 25 de Shenyang en Mandchourie s'adressant aux Normaliens de Paris. Nous sommes vos plus intimes frères de classe… Permettez-nous tout d'abord de chanter avec vous sur nos territoires respectifs *L'Internationale*. Debout, les damnés de la terre ! etc. » Après cette entrée en matière conforme au savoir-vivre, à la vertu et aux rites, les jeunes exotiques annonçaient à leurs correspondants français l'envoi en cadeau de deux tomes des *Œuvres* de Mao et de cinq exemplaires des *Trois articles les plus lus*, un concentré spécial concocté par le maréchal Tête-de-Fouine. « Nous sommes certains que vous trouverez dans ces écrits précieux les vérités pour vaincre l'impérialisme et le révisionnisme moderne », poursuivaient les Chinois. En effet, les Normaliens, transportés d'enthousiasme, y trouvaient leur compte. De cette manière, ils étaient devenus connaisseurs pointus. À l'analyse, concluaient-ils, « le Livre Rouge est la fusion du marxisme et des masses elles-mêmes ». Malgré ses qualités, la démonstration restait peu comprise, car il fallait bien admettre que leur organe ne séduisait pas autant que *Paris-Match*.

Les Gardes Rouges ne cessaient d'intriguer les gens des bureaux, du métro, du Quartier Latin et de Nanterre. Mao Zedong atteignait là le sommet de sa notoriété. Les clients du Drugstore Saint-Germain l'achetaient en poster roulé dans un papier cellophane protecteur, à côté de Gérard Philipe, de Jimi Hendrix, de Marlon

Brando. Son visage occupait de pleines pages des magazines. « Il est malade, très fatigué, disent ses adversaires, et une infirmière doit veiller sur lui à chaque instant. Mais sur les dernières photos, le regard de Mao, souriant et poétique, semble encore contempler la scène du monde d'un œil aux aguets. » Applaudissant à ce spectacle, Mao Zedong rayonnait, les yeux plissés. Son costume inspirait la haute couture et le prêt-à-porter. Le « col Mao » emportait tous les suffrages. Nombre de chanteurs yéyés, d'actrices de Saint-Tropez, d'épouses fardées de banquiers replets fréquentaient la boutique Mayfair, et Sammy Davis Junior cachait dans sa garde-robe quinze « Mao » orange ou vert pomme. Bref, Mao faisait recette. Un digest de son œuvre tout rond, une invention brevetée, s'offrait à l'amateur pendu à des crochets par un anneau de laiton. Ce gadget déposé au registre du commerce et au bureau des inventions s'appelait plaisamment *Les Mots de Mao*, premier d'une collection (précédant *Les Jurons et les gros mots*, *Les Secrets d'amour* et *Les Fêtes à souhaiter*). Sur les écrans des cinémas, *La Comtesse de Hongkong*, avec Sophia Loren dans le rôle de la comtesse en tailleur rose, s'effaçait devant *La Chinoise*, un film présenté à Avignon au Palais des Papes. Résumé : « *Quatre jeunes Français vivent dans un appartement parisien. Ils sont étudiants et parlent politique au milieu de centaines de petits livres rouges. Ce débat d'idées pourrait être ennuyeux mais il a le charme et les couleurs d'une comédie musicale. Encore un coup de poing au cinéma de papa !* » L'acteur principal n'avait rien de drolatique, non, il possédait le caractère acariâtre du chieur, mais les spectateurs, surtout les garçons, en pinçaient pour ses deux compagnes, Anne et Juliet. Cela suffisait au succès. Et puis il y avait la chanson, le 45 tours Fontana syncopé, *tchak-poum*, *tchak-poum, Mao-Mao* :

C'est le Petit Livre Rouge,
Qui fait que tout enfin bouge,
tchak-poum, *tchak-poum…*
Le vrai pouvoir est au bout du fusil,
Les monstres seront tous anéantis,

L'ennemi ne périt pas de lui-même.
Tralala lala laala — MAO-MAO.

Mao Zedong ravigoté se reposait de son dur labeur en allant voir avec ses plus proches compagnons *La Montagne du Tigre prise d'assaut*, pièce modèle, à l'Opéra de Pékin. Cuivres, gongs, tambours, cymbales, cliquettes de bois, gestes emphatiques, maquillage. «*Le Vautour a son anniversaire le dernier jour du mois de l'année lunaire, à cette occasion, il offre un banquet dont chaque poulet a été soutiré à une famille différente…*» Cymbales, tambours, cliquettes de bois. Tête-de-Fouine, la casquette en arrière comme un fêtard au bout de la soirée, lorgnait la poitrine d'une petite actrice exaltée. À la droite de Mao, le Mandarin-Versatile arborait un sourire crispé et las. Sur sa veste se détachait le badge «Servir le Peuple». Cela faisait partie des obligations que d'assister à ces représentations. Évidemment, Mao préférait de beaucoup *L'Hégémon dit adieu à sa concubine* chanté par le célèbre Mei Lanfang, mais ce genre était révolu, Mei Lanfang était mort, la révolution avait gagné l'Opéra. Pomme-Bleue tentait toutes sortes d'expériences dans le domaine de l'art. Sur sa poche, elle exhibait trois badges du Président. Précédés du portrait de Mao et d'oriflammes écarlates, des légions d'artistes jouant de l'accordéon, de la guitare de lune, de l'erhu à peau de serpent, se rendaient dans les usines, et des brigades d'ouvriers, délaissant leurs outils, applaudissaient à ces danses charmantes et répétitives. Les promus du Groupe Central de la Révolution Culturelle célébraient leur triomphe dans l'immense salle du Palais de l'Assemblée du Peuple débordante d'un public acquis. Maître de cérémonie et chef en titre du Groupe Central, le Batracien-Graphomane postillonnait dans les micros avec son accent du Fujian que personne ne déchiffrait: «Camarades, le monde entre aujourd'hui dans une époque historique entièrement neuve, l'époque de la pensée-maozedong où les ouvriers, les paysans et les soldats sont les patrons!» Tonnerre d'applaudissements au parterre et sur les balcons. «La camarade Pomme-Bleue a toujours soutenu la ligne révolutionnaire du Président Mao en matière d'art et de littérature ! » Pomme-Bleue jubilait à la tribune, le Batracien flatteur prononçait des paroles portant à la béatitude. « Notre génial penseur prolétarien, le camarade Mao Zedong, grâce à l'arme invincible de la dialectique matérialiste… » Malheureusement, l'accent outré désagréable aux tympans gâchait son discours.

Au fur et à mesure que les semaines succédaient aux jours et les mois aux semaines, l'incertitude croissait dans le pays, les provinces, la capitale, nul ne savait plus qui était qui ni qui était avec qui. Mao, parfois, lançait en l'air une sentence, pour voir. « Qui sont nos amis, qui sont nos ennemis ? C'est la première et plus importante question de la révolution et c'est aussi la première et plus importante question de la Grande Révolution Culturelle. » De fait, les jeunes Gardes Rouges ingénus cherchaient la réponse aux quatre vents. Ils croissaient, se multipliaient, gagnaient en nombre et en force, soufflaient sur les villes et sur les champs, puis, comme un se divise en deux nécessairement, ils s'opposèrent les uns aux autres. La faction du Ciel, née du Drapeau Rouge de l'École d'Aéronautique, vouait une haine mortelle à la faction de la Terre, issue de l'Orient Rouge de l'Institut de Géologie. À la faction du Ciel firent allégeance la Tempête de Janvier de l'Institut de Chimie, les Trois Bannières Écarlates de l'Université Populaire et le Noyau Dur du Conservatoire de la Finance. À la faction de la Terre s'arrimèrent le Corps de Combat du 1er Août du Collège du Bâtiment, le Quartier Général du 18 Août de la Faculté de Médecine et les Rebelles du Drapeau Rouge de l'Institut des Langues Étrangères. Cela à Pékin. Mais la Chine entière était prise dans le tourbillon. Au Midi, l'Étendard Vermeil bravait les Insurgés du Vent d'Est. Dans la province du Dragon Noir, au Septentrion, les adeptes du Quartier Général de Commandement défiaient les dissidents de Feu sur le Quartier Général. Et au Couchant tibétain, la faction Gyenlok voulait la peau de la faction Nyamdrel, en langue vernaculaire. Pour dire les choses clairement, par là-bas sur les cimes, à quatre mille mètres d'altitude, les Gyenlok s'appelaient entre eux *dMar po'i gyen log shog kha* et les Nyamdrel *gSar brje'i mnyam sbrel chen po*, mais aux Chinois, c'était dur à prononcer. Enfin, en gros, cela signifiait qu'il était raisonnable de se révolter et de foutre en l'air les despotes locaux. Mais si les Gardes Rouges ne savaient trop comment s'y prendre ni où cela allait finir, les promus du Groupe Central avaient leur idée.

Partout les gens s'alignaient en colonnes par trois ou par six pour marcher avec les portraits du Président, s'asseyaient en rond pour lire ses *Citations*, se dressaient pour frapper les tambours joufflus, se coagulaient en foules compactes sur les places, dans les stades. Devant les micros, on apercevait, selon les circonstances, Tête-de-Fouine et Pomme-Bleue, le Mandarin-Versatile et le Serpent-Blanc, correctement vêtu, Zhang-le-Mince et le Batracien aux grosses lunettes. Ils se suivaient en ordre plus ou moins protocolaire, tenant en l'air le *Petit Livre Rouge* à l'égal d'un talisman. Tête-de-Fouine souriait, gardait sa main gauche dans le dos, comme s'il avait mal aux reins, le Mandarin-Versatile montrait grise mine, les traits fatigués. Pomme-Bleue faisait semblant de s'intéresser à ses interlocuteurs, heureuse que l'on s'intéressât à elle. Les autres, les anciens Brigands Justiciers, les Maîtres du Jeu d'il y a peu, on ne les voyait plus, mais personne ne s'en étonnait et si quelqu'un les regrettait, il gardait ce sentiment *in petto*. Devant ses partisans, ses sbires rameutés, Zhang-le-Mince exultait : « Cette révolution culturelle est précisément conçue pour culbuter tous ces vieux compères, sans en épargner aucun. Il n'y a dans ce panier pas un seul œuf bon à conserver — tous se sont opposés au Président Mao : Petit-Chien, le Pirate-Optimiste, Face-de-Lune ! Mais regardez donc ! Petit-Chien : un grand seigneur de guerre ! Face-de-Lune : un vieux carriériste tire-au-flanc qui invente des histoires pour se mettre en avant ! Le Pirate : un bandit ! De pareils produits, lequel vaut la peine d'être gardé ? Pas un seul ! » Alors de nouveaux placards apparurent sur les murs : « À bas Petit-Chien le commandant noir ! » « À bas le Pirate-Optimiste ! » « À bas Face-de-Lune le carriériste ! » Petit-Chien dit Rouge-Vertu demeurait dans son jardin avec ses fleurs, à son âge, quatre-vingt-un ans, il pensait l'avoir mérité. Le Pirate, oreille basse, cœur écorché, s'était retiré au fond de sa songerie. Quant à Face-de-Lune, abrité derrière des lunettes noires, il exerçait ses compétences au Ministère des Affaires Extérieures et vaquait dans les bureaux des bâtiments officiels conformément à sa fonction. Il se fit coincer un jour au Palais de l'Assemblée du Peuple par des essaims bruyants mécontents de sa conduite et qui huaient son nom. Face-de-Lune ne paraissait guère impressionné. Lorsqu'on était passé entre les mains des pandores du fort Montluc, qu'on avait glissé entre les doigts des sbires du Kuomintang, qu'on avait damé le pion aux Japonais en zone occupée, on était assez malin. Face-de-Lune, levant haut le Livre Rouge, apostropha ses contradicteurs : « Voyez donc là-dedans à la page 348, le Président Mao dit : "Face-de-Lune est un bon camarade" ! » Le temps que les assaillants feuillettent assidûment, qu'ils s'aperçoivent que le livre ne comprenait que trois cent quarante-sept pages et qu'ils se ressaisissent, Face-de-Lune s'était éclipsé. Mais ce n'était que partie remise. Les Gardes Rouges des factions du Ciel et de la Terre compilèrent une *Sélection des dires noirs* de Face-de-Lune, récoltés ici et là abondamment. Ça chauffait fort dans son Ministère depuis qu'en Indonésie des jeunes d'ascendance chinoise avaient eu maille à partir avec les militaires, et depuis qu'à Hongkong et Macao une guerre mouchetée se livrait contre les Britanniques et les Portugais. Dans la ville des tripots salazaristes, des autochtones colériques récitaient les Pensées de Mao devant le Palais du Gouverneur, et le gouverneur José Manuel de Sousa e Faro Nobre de Carvalho, peu enclin à les écouter, fit tirer sur les perturbateurs comme il l'aurait fait à Porto ou à Coimbra, causant onze morts. Dans la colonie britannique, le gouverneur David Trench craignait de voir sa ville *macaoïsée*, car, ancien de Cambridge, il aimait allier fantaisie et fermeté. Des Chinois querelleurs expédiaient vers les territoires de Sa Majesté des missives libellées « Ville-de-l'Impérialisme-à-Expulser », obligeant la Royal Mail à les distribuer malgré sa loyauté envers la Couronne. Une fabrique de fleurs artificielles détenue par la Hutchinson Whampoa Ltd. cessa le travail. Les ouvriers bloquaient la production, la police bloquait les ouvriers, des comités contre les persécutions bloquaient à leur tour le siège du Gouvernorat sur Upper Albert Road et apposaient à l'entrée des citations de Mao Zedong en psalmodiant « *Pour naviguer en haute mer, il faut un timonier* ». La police riposta d'abord en diffusant de la musique pop chargée de lourds décibels. Les Rosbifs en shorts, moustache impeccable, n'avaient aucunement l'intention de lâcher une perle acquise un siècle et cinq lustres auparavant grâce à la guerre de l'Opium, une colonie que l'on assurait plus riche que le Portugal et plus peuplée que l'Irlande, une possession juteuse où l'on comptait quatre-vingt sept banques d'affaires, un port accueillant huit mille cargos, dix mille jonques et trois mille sampans. Il plaisait aux expatriés de fréquenter le champ de courses de Happy Valley, le Gaslight Night Club, le Miramar doré dégoulinant de lumière, d'user à leur guise des billets orange, bruns, verts à l'effigie de la reine d'Angleterre, de mater Ching Li et Lily Ho, les stars en minirobes des studios de Run Run Shaw, de s'offrir au Royal, au State ou au Queen's un film en cinémascope, les actualités de la Gaumont-British News et de terminer la séance en écoutant raidis le *God Save the Queen*. Afin de jouir paisiblement de ces privilèges, les Britanniques disposaient de dix mille sept cent trente-huit policiers casqués au savoir-faire avéré. Les Rouges s'agitaient au-delà du convenable. Le Gouverneur fit recouvrir les affiches « Pendez Trench haut et court ! ». Évidemment, au bout d'un moment, cela finit avec matraques et balles de caoutchouc comme on l'aurait fait contre des Irlandais. Il y eut des morts parmi les Chinois car la police anglaise et les Gurkhas frappaient fort quand ils ne plaisantaient pas.

Ces incidents, ces troubles impétueux chagrinaient le Mandarin-Versatile au sommet de l'État. « Hongkong et Kowloon ont toujours été territoire chinois, rappelait-il, et le peuple ne peut accepter que nos compatriotes y soient persécutés ! » Mais d'un autre point de vue, ces troubles, ces incidents étaient une aubaine. Les promus du Groupe Central y puisaient des munitions. Aussi réunirent-ils en catimini leurs ouailles du Ministère des Affaires Extérieures de façon à les exciter un peu : « Croyez-vous donc que les Gardes

Rouges ne seraient pas capables de s'occuper des affaires extérieures ? Vos affaires extérieures, en fait, est-ce si difficile que ça ? » Peut-être que non, que c'était un jeu d'enfants, mais il n'était pas à leur portée cependant de s'emparer du ministre Face-de-Lune pour le critiquer à fond, le *lutter* jusqu'à ce qu'il tombe, jusqu'à ce qu'il pue. Face-de-Lune ne se laissait pas démonter, il répondait du tac au tac. « Il y a des gens, derrière le paravent, feulait-il, qui tirent les ficelles et font écrire aux enfants des slogans, des affiches en grands caractères ! » Les Gardes Rouges, les insurgés du Ministère, songèrent à s'emparer de sa femme et reproduire ce que d'autres avaient fait avec l'épouse de Liu Gros-Nez et avec celle de l'Ours-Téméraire. Face-de-Lune réagit comme un fauve dérangé dans son antre : « Je préfère mourir que de vous laisser la traîner dans les rues ! Quel crime a-t-elle commis ? » Or, tous connaissaient par ouï-dire la bravoure de Face-de-Lune, ses hauts faits devant Shanghai à la tête de la Troisième Armée de Campagne et ses *Trois strophes pour le mont des Pruniers* habilement calligraphiées :

Maintenant que j'ai la tête tranchée, que vais-je faire ?
Tant de batailles acharnées pour fonder une nouvelle société !
Je m'en vais aux Enfers rassembler mes hommes.
Je conduirai cent mille drapeaux et nous tuerons le Roi des Morts !

Ce n'était pas rassurant. Des équipes de liaison antirévisionnistes tentèrent de le coincer, de le pousser hors de ses retranchements, mais Face-de-Lune résistait toujours et à son côté s'élevait la voix éraillée du Mandarin-Versatile que le Président considérait toujours utile. « Quiconque voudra empoigner le camarade Face-de-Lune devra me passer sur le corps ! » Alors, les chasseurs renoncèrent. Mais l'Histoire ajoute qu'à ce moment, le Mandarin-Versatile sentit pour la première fois son cœur faillir.

Heureusement, si un seul échappait à l'expiation, d'autres mauvais génies, d'autres esprits-serpents pouvaient être balayés aisément. Les factions contraires du Ciel et de la Terre se souvinrent que dans un cachot pas loin était détenu l'Ours-Téméraire et que celui-là, aucune voix ne le défendrait. Surmontant leurs divergences, leurs lignes antagonistes, les factions s'entendirent pour amener l'Ours à l'École d'Aéronautique et lui faire subir une séance de lutte-critique-réforme. Obligé d'avancer entre deux files de spectateurs, il recevait les crachats et les coups. « C'est un chien tombé dans l'eau qu'il faut frapper ! » On le promena sur un camion à travers les rues de Pékin, un écriteau ballottant sur la poitrine. Ayant déjà beaucoup enduré, il supportait moins bien son sort. Quand il fut ramené à l'endroit où on l'avait pris, l'Ours se coucha et quelqu'un l'entendit murmurer : « Comment peut-on tolérer cela ? Aujourd'hui, ils m'ont tellement battu ! » À longueur de colonne, les journaux du Groupe Central, du Batracien-Graphomane, du Serpent-Blanc le vilipendaient, usant de toutes les épithètes dont ils avaient l'usage : grand conspirateur, grand intrigant, carriériste, ambitieux, hypocrite à tout crin… Jamais, de toute sa vie, on n'avait autant parlé de l'Ours-Téméraire, sauf peut-être lorsqu'il conduisait la Huitième Armée de Route contre les Japonais au Shaanxi du Nord et que la propagande de l'Internationale reproduisait ses propos en vingt langues. Trente ans s'étaient écoulés et le vent soufflait sur lui en sens contraire. L'agence de presse Chine Nouvelle rapportait qu'à Harbin, chef-lieu de la province du Dragon Noir, à Wuhan sur le fleuve Bleu, des milliers de gens s'assemblaient pour le conspuer. Une fois encore, on l'exhiba enchaîné, agenouillé, devant une assemblée de soldats dans un stade où fut exposée la somme de ses méfaits : « L'Ours-Téméraire n'a jamais été un marxiste… C'était un ambitieux déjà il y a très longtemps. À l'âge de dix-sept ans il s'est engagé dans l'armée des seigneurs de guerre du Kuomintang. Il y a passé douze ans… » Le procès traînait en longueur parce que les bateleurs remontaient assez loin, à 1920 quand il menait la vie dissolue d'un parasite, à 1928 quand il s'insinua dans le Parti des Brigands Justiciers, à 1930, 1935, 36, 37 et ainsi de suite, janvier, août, décembre… Scribes et orateurs rappelaient qui un épisode, qui une anecdote. « Je suis gras comme un cochon élevé au Repaire », aurait-il dit un jour de manière à offenser le Président, et il refusait que l'on chante *L'Orient Rouge,* que l'on crie « Dix mille ans de vie au Président Mao ! » et lui élève des statues de bronze. L'Ours-Téméraire propageait en réalité le concept bourgeois Liberté-Égalité-Fraternité. Son dossier contenait tant de forfaits tortueux qu'à les énumérer le temps manquait. L'Histoire dit que Tête-de-Fouine prit la parole et harangua la foule : « L'Ours s'est toujours acoquiné avec untel ou untel pour satisfaire son ambition dévorante !... Il faut le *lutter* jusqu'au bout, jusqu'à ce qu'il pue ! Rien n'est meilleur ! » Tous, militaires et civils, ayant entendu, vu et assimilé, le silence retomba sur l'Ours-Téméraire, sa silhouette s'estompa, son nom disparut des colonnes des journaux.

Une vague emportait l'autre, sans fin. La houle des drapeaux portés par des millions de bras ondulait sur les places. Les types de la faction de la Terre se dirent que l'heure était venue d'en finir avec Liu Gros-Nez, de le réduire en chair à pâté. Les slogans, les bannières, le bruit, l'atmosphère, tout concourait à enrayer leurs cerveaux. « Ce jaune de Liu Gros-Nez est notre ennemi juré ! Nos têtes peuvent tomber, notre sang couler à flots, nous ne nous arrêterons pas tant que cet escroc ne sera pas expulsé de la résidence des Lacs du Centre et du Sud afin d'être *lutté* par les peuples du monde entier ! » Devant la porte ouest de la Cité Interdite des galaxies de groupes rivaux se donnaient rendez-vous, chacun plantant son étendard, délimitant son territoire, étalant sa cuisine en plein air, accrochant à la ronde des batteries de haut-parleurs. « Attrapons Liu Gros-Nez ! » « Prenons-le au collet ! » Chaque jour, les sbires de second rang venaient prendre les ordres auprès du Groupe Central derrière le paravent. Agissaient-ils bien de façon adéquate au milieu de la multitude ? Pomme-Bleue et le Serpent-Blanc approuvèrent de leur sceau, mais le Batracien-Graphomane marquait son insatisfaction. Ce n'était pas assez de traquer Liu Gros-Nez, il y en avait d'autres à prendre au cou, aux oreilles, aux cheveux, et il suggéra les noms de l'épouse Lumière-Radieuse et de Petite-Bouteille. Les sbires, encouragés, se débrouillèrent pour mettre sens dessus dessous l'appartement de Liu Gros-Nez, fouiller son bureau, fouiner dans ses tiroirs à la recherche de documents profitables. Leur butin fut mis de côté : le journal de sa fille Tingting, âgée de quinze ans, les notes de son épouse, l'agenda de sa secrétaire et soixante et un carnets sur lesquels Liu Gros-Nez griffonnait tout et rien. Enfin, après des jours d'attente et de siège, de hurlements et de criailleries, ils le sortirent de son trou. Liu Gros-Nez avançait maigre comme un hareng, les traits décomposés, hagard, les épaules basses, sa chemise flottant sur lui, on eût dit qu'il n'avait pas mangé depuis des semaines et peut-être était-ce la vérité. Mais on le reconnaissait à ses cheveux blancs et à son tarin piqué au milieu de sa triste figure. Quand il passait devant eux ou qu'il ouvrait la bouche, les jeunes gens autour le frappaient avec le Livre Rouge. Cela tombait au moment de l'anniversaire du commandement de Mao Zedong : « Feu sur le Quartier Général ! » L'Histoire dit qu'au début, Liu Gros-Nez protestait : « Je suis le président de la République des Redresseurs de Torts ! Vous pouvez disposer de ma personne comme vous voudrez, mais je dois défendre la dignité du président de ce pays… Je suis un citoyen, pourquoi n'aurais-je pas le droit de m'exprimer ? La Constitution garantit les droits personnels de tout individu. » Il tenait dans son giron un exemplaire de la Constitution que lui-même avait rédigée. Mais ceux qui l'avaient saisi l'obligèrent à s'agenouiller, lui tiraient les cheveux, et les bras en arrière dans la position de l'avion. Il recevait leurs questions en faisceaux serrés et renvoyait des bribes de réponses : « Pourquoi en 1962 as-tu réédité ton livre sur le Perfectionnement ?

— On m'a proposé cette réédition…

— Qui ?

— Le Serpent-Blanc…

— Es-tu opposé à la pensée-maozedong ?

— Jamais je ne me suis opposé à la pensée-maozedong…

— Alors à quoi t'es tu opposé ?

— Je ne me suis opposé à rien du tout…

— Crois-tu au Président Mao ?

— Oui, je crois en lui. Si je n'y croyais pas, je n'aurais pas vécu jusqu'à aujourd'hui... » Liu Gros-Nez avait reçu force horions quand il fut reconduit chez lui et sa jambe le faisait souffrir. Mais il était en vivant, en effet. C'est alors qu'il adressa à Mao Zedong sa lettre de démission de la Présidence de la République des Redresseurs de Torts.

Quant à sa femme Lumière-Radieuse, son sort n'était guère enviable. Les sbires du Groupe Central travaillaient à sa perte, fourrageaient à gauche à droite dans le passé et alentour dans le présent. Un soir vers minuit, ils cravatèrent un cuisinier pékinois, un gars nommé Hao Miao qui préparait les repas des tourtereaux présidentiels depuis leur entrée dans la Cité Interdite, ils le poussèrent dans une automobile et le jetèrent au mitard, l'accusant d'avoir corrompu Liu Gros-Nez par l'estomac, de l'avoir fait tourner révisionniste par ses petits plats. Il n'était pas d'accord, le cuisinier, mais il voulait bien signer tout ce qu'on lui demandait, dresser la liste précise des convives du Palais, car ses geôliers le tourmentaient, le privaient de nourriture. « Dis-nous ce que tu sais et on te renvoie chez toi ! » Ce refrain commun à toutes les polices sous tous les cieux produisait son effet. Ping ! Pang ! « Savais-tu que Lumière-Radieuse est un agent camouflé de l'ennemi ? » Vu qu'il ne répondait pas correctement, ils le gardèrent au frais. Puis ils s'occupèrent d'un professeur à l'Université du Peuple, l'université catholique américaine d'avant guerre où Lumière-Radieuse avait étudié la physique et les langues. Celui-là devait connaître des détails par son métier. « Approuvé », notait Pomme-Bleue. « Pressez-le comme un citron avant qu'il ne claque. » L'enseignant était en moins bonne condition que le cuisinier, c'était dommage. Il souffrait d'artériosclérose, de diabète et d'hypotension. Un autre encore tomba entre leurs mains, enseignant lui aussi, atteint d'une cirrhose du foie. Ils l'interrogèrent donc vingt et une fois crescendo pour lui faire cracher le morceau, en tirèrent quatre-vingts bandes magnétiques. « Dis ce que tu sais et tu seras soigné !

— *Aaaya !* Laissez-moi y penser... C'est une sorcière... C'est certainement un agent secret acharné, un agent ennemi manifeste...

— À quelles activités d'espionnage Lumière-Radieuse se livrait-elle ?

— J'espère éclaircir cette question…

— C'est l'occasion. Tu veux emporter la réponse avec toi dans le cercueil ?

— Nooon ! Mais je ne suis pas mûr ! Je ne peux tout de même pas inventer une histoire !

— Tu te nuis ! Tu es récalcitrant au dernier degré !

— Mais je n'ai jamais songé à ces choses-là !

— Pourquoi ne te confesses-tu pas ? Tu veux t'opposer au peuple jusqu'à la fin ? Qui est vraiment Lumière-Radieuse ? » Après quinze heures de ce régime, la vingt et unième fois, il mourut. Des médecins assistaient à la séance, mais leur dévouement, les intraveineuses de glucose, ne suffirent pas à le prolonger. Les sbires en étaient donc sensiblement au point de départ et soumirent au Groupe Central leur rapport. « Nous pouvons conclure *grosso modo* que Lumière-Radieuse est un agent de la Centrale d'Intelligence Américaine. » Pomme-Bleue biffa le document. « Nul ! À refaire ! » Le Serpent-Blanc, alors, intervint : « Ne vous emmerdez pas avec ce rapport. Je vais m'en occuper moi-même ! » Par ses méthodes, il arriva à établir que Lumière-Radieuse était une triple espionne américaine, nippone et de Chiang Kai-shek. Il apposa sa marque sur le rapport et Pomme-Bleue, satisfaite, l'imita.

Lumière-Radieuse fut raflée avant l'aube par un peloton armé du Bureau de la Sécurité et enfermée dans la prison de Qincheng au nord-ouest de Pékin sous le matricule 67-130. Elle n'avait plus à manger que des pains à la vapeur et du gruau, et était tenue dans l'ignorance des affaires du monde. Ses enfants furent dispersés aux quatre horizons. Une nourrice récupéra la plus petite, âgée de sept ans. De ces faits personne n'informa Liu Gros-Nez. Il demeurait seul, dans un coin de sa résidence, et l'état de sa jambe blessée empirait au point qu'il ne pouvait se déplacer sans souffrir à l'extrême. Las de l'hostilité de ses collègues, des peignées, des pochons, son fils aîné, le savant atomiste, se jeta sous le train de neuf heures du soir.

Les Occidentaux s'interrogeaient toujours. Que diantre se passait-il en Chine ? On supposait Mao Zedong en villégiature du côté de Canton, atteint de Parkinson, soigné par des spécialistes appelés d'Europe ou d'Amérique « transités ultra-secrètement par Hongkong et nantis d'honoraires fabuleux pour prix de leur discrétion ». On rapportait que dans la Colonie britannique, sous le manteau, se diffusait une Anti-Bible sous couverture de plastique rouge : les *Pensées* de Liu Gros-Nez. On supputait la prochaine réapparition du séquestré dont le nom n'était plus cité. Rien ne venait. On examinait de près les photos. Petite-Bouteille, le Pirate-Optimiste, l'Ours-Téméraire… Qui était où et dans quelle situation ? Plus le mystère se faisait épais, plus le prestige de Mao Zedong croissait. À Karachi, capitale du Pakistan, une exposition lui était consacrée. On l'étudiait au Bengale dans les plantations de thé de Darjeeling, on le méditait au bord de la rivière Araguaïa dans l'État brésilien du Parà. Des Congolaises de Brazzaville drapées dans leur boubou feuilletaient ses *Écrits militaires* en français. Les lecteurs les plus sérieux des bibliothèques de Zanzibar le déchiffraient en anglais. Au fond d'une jungle indochinoise, les combattants du Pathet Lao assis sur le sol mou espéraient à la pause tirer quelque chose de son *Enquête sur le mouvement paysan dans le Hunan* de 1927. Des gens un peu partout émettaient force jugements. « Mao Zedong est un héros », soliloquait un Noir du Kenya. « Mao Zedong est le plus grand génie de notre époque », renchérissait un brun d'Italie. « Mao Zedong est un grand guide, confirmait un Blanc suédois, c'est même reconnu par ses opposants. » Aux rivages des mers lointaines et des océans, on attendait ses oracles. Les Sardes de Nuoro les recueillaient Via San Martino, les amoureux de Vérone à la Librairie Meffei Scipione. On le lisait en Irlande, à Limerick, sur Castle Parade au pied du château du Roi Jean. On le lisait à Cleveland, dans l'État d'Ohio, et on le lisait à Hollywood. Sur l'intérieur de la couverture plastique du Livre Rouge, deuxième édition préfacée par Tête-de-Fouine, Marlon Brando colla son ex-libris, un B verdâtre tarabiscoté. Quand il eut assez lu, ou qu'il fut lassé simplement, l'acteur refila son exemplaire à une petite amie qui le vendit. À bien regarder, il n'y avait peut-être que chez les Esquimaux que l'on ne discutait pas des préceptes de Mao. Encore n'était-ce pas certain, puisque du côté du Québec et de Toronto ou des vastes étendues du Manitoba se trouvaient des citoyens d'apparence quelconque pour crier en chœur : « Vive le Président Mao notre Grand Leader ! Longue vie à lui ! » Il eût été peu charitable de s'en gausser. De jeunes femmes en Courrèges, au bras d'hommes grisonnants tirés à quatre épingles, présentaient à l'entrée d'une maison ancienne de Neuilly, cœur bourgeois de la France, leur élégant carton imprimé dans une police scripturale de type English : « Aux accents triomphants de la Grande Révolution Culturelle Prolétarienne déclenchée et dirigée par le Président Mao Zedong en personne, le Chargé d'Affaires et tous les membres de l'ambassade prient Monsieur et Madame XXX de venir fêter avec eux le XVIIIe anniversaire de la République des Redresseurs de Torts, à la réception qui aura lieu le vendredi 29 septembre 1967, de dix-sept à dix-neuf heures — 35, boulevard du Château. » Sur la façade, au niveau du toit d'ardoises grises, était tendue une banderole en mandarin et en français : « VIVE NOTRE GRAND DIRIGEANT LE PRÉSIDENT MAO ». Les invités emplissaient la cour, accueillis par des Chinois à qui ils montraient patte blanche sous des lanternes rouge et or. À gauche de l'invitation figurait une citation de Mao Zedong : « Les monstres seront tous anéantis. »

Ce que devinrent ensuite les femmes habillées par Courrèges, si elles se sont converties aux jupes-bermudas à carreaux beiges, ou ce qu'elles firent du *Petit Livre Rouge* offert à Neuilly entre cinq et sept, personne sans mentir ne saurait le dire. En revanche, le récit vous dévoilera bientôt comment tourna la chasse aux monstres.

CHAPITRE XL

De hauts personnages entament une collection — Cinq petits généraux reçoivent une leçon du Président Mao.

Henry Puyi, l'ancien empereur, menait une vie tranquille à Pékin avec son épouse infirmière. Comme tout un chacun, il était vêtu du costume bleu à col Mao et jouissait des droits d'un citoyen ordinaire, c'est-à-dire, d'abord, celui de bien penser. Mais, en qualité de ci-devant souverain de la Maison des Grands Qing, il bénéficiait de nombreux privilèges. Le Mandarin-Versatile lui accordait bienveillance et protection, et l'invitait parfois à ses réceptions. Il le présentait aux étrangers de passage, hôtes de marque qui s'en trouvaient invariablement flattés : « Voici l'empereur Xuantong de la dynastie des Qing ! » Puyi faisait le modeste, comme il l'avait appris en rééducation : « Oh ! Maintenant, je suis un simple citoyen de la République des Redresseurs de Torts… » Et il engloutissait son verre de maotai ou de vin jaune. Dans sa poche de poitrine, Puyi glissait un stylo et, au-dessus, épinglait deux badges rouge et or du Président Mao. Sur son nez il calait des lunettes rondes, les mêmes ou à peu près que lorsqu'il portait l'uniforme des Japonais et guidait le Mandchoukouo sous le nom de Kangde. « Tu es un bon à rien ! le grondait sa femme dans ses moments d'irritation. À peine peux-tu faire un pas sans lunettes ! » En dehors de ses activités de jardinier, on lui avait déniché un poste de Commissaire au Récit Historique des Événements Passés. Puyi se montrait de bonne composition, riait souvent. « Pas de soucis ! Pas de soucis ! » aimait-il à répéter en découvrant ses gencives et ses dents. L'ancien empereur collectionnait les montres, montres-bracelets, montres de gousset, et à ses moments de loisirs, il arpentait les grands magasins et se plantait ébaubi devant le rayon des jouets. Rentré chez lui, Puyi étudiait assidûment les *Œuvres* du Président, un crayon à la main. Il habitait une maison basse ouverte sur une cour où poussaient des arbres fleuris au printemps. Fourrageant dans ces parages en quête d'aventures et de distractions, un groupe de Gardes Rouges vint jeter un œil dans la cour et le salon. « Pourquoi te vautres-tu ainsi dans le luxe ? apostrophèrent-ils Puyi. Tu te gaves de riz cuit à la vapeur et tu roupilles sur un lit mou ! On va t'ôter tes meubles ! » Puyi fut transpercé de frayeur. Il errait dans cet état quand, sortie de nulle part, sa quatrième femme ou troisième concubine, épousée au Mandchoukouo alors qu'elle était un joli brin de fille de quinze ans, rappliqua sans s'annoncer un brassard rouge attaché à sa manche. « Tu as ruiné ma vie, lui aboyait-elle au nez. Tu m'as eue comme concubine par tromperie, et après le mariage tu as bridé ma liberté par vingt et une interdictions ! Et maintenant je suis étiquetée "ennemie du peuple" ! Tout ça parce que j'ai été ta concubine !… Tu as même écrit un livre sur ta vie en mentionnant mon nom, et ça m'a causé moult ennuis ! Tu en as tiré combien de pognon ? » Puyi s'excusait, penaud. « C'est vrai que dans la première moitié de ma vie j'ai commis beaucoup de crimes… » pleurnichait le ci-devant empereur. Mais la concubine n'en démordait pas. Elle revenait aux droits d'auteur. « Je veux ma part ! » Avant d'avoir pu payer sa dette, Puyi fut rattrapé par le cancer. On lui avait déjà enlevé le rein gauche. Le droit partait en capilotade. Après avoir mangé encore une fois du riz cuit à la vapeur et bu du vin jaune, Puyi entra à l'hôpital où, traité sans aménité, il vécut des heures pénibles. Il ne parvenait plus à uriner. Lui qui était si maigre, son ventre se mit à gonfler. Un matin d'automne, avant l'aube, il mourut. On dit qu'il murmura : « Je ne devrais pas mourir, j'aimerais faire plus pour mon pays. » Mais nombre de gens jugeaient, en songeant à l'empereur Xuantong de la dynastie des Grands Qing, à l'empereur Kangde du Mandchoukouo, qu'il en avait fait bien assez, peut-être trop. Mort, on le coiffa de la casquette de toile bleue des ouvriers avant de l'incinérer.

Dans toutes les régions la chasse aux mauvais génies battait son plein et l'anéantissement des Quatre Vieilleries paraissait en bonne voie. Cherchant dans le passé quelque objet de ressentiment, les Gardes Rouges découvrirent la tombe du Vieux-Professeur, le premier dans l'ordre des Brigands Justiciers, et ils la renversèrent. Puis ils localisèrent la tombe du Jeune-Écrivain placé après lui au sommet du Parti. Celui-là était mort fusillé par le Kuomintang en chantant l'hymne dont il avait traduit les paroles, *L'Internationale* d'Eugène Pottier. Sa tombe fut profanée également, son nom honni. Les Gardes Rouges suivaient quatre principes ramassés d'une manière poétique : « Écraser, brûler, frire et roussir. » Les mauvais génies, les Quatre Vieilleries, ils s'en occupaient jours et nuits. C'était une activité à plein temps. De vieilles idées, la vieille culture, les vieilles coutumes et habitudes, ils en repéraient à chaque coin de rue. Les Gardes Rouges de mille écoles se répandaient par petits détachements dans les villes et sur les champs en battant le tambour. « La pensée-maozedong doit occuper toutes les positions ! Écartons tous les obstacles ! » Mais ils rencontraient de furieuses résistances. Des combats se déroulèrent autour du temple de Confucius, à Qufu dans le Shandong. Le Comité de Liaison pour Foutre en l'Air la Boutique à Confucius, venu de Pékin avec à sa tête une fougueuse pasionaria, affronta durement les Rebelles locaux favorables à la tradition. Armés de barres, de pelles, de pioches, les Gardes Rouges de la capitale entreprirent de détruire les sépultures du Sage au regard perçant et de ses descendants sur trois générations, de renverser sa statue, de briser les stèles. En passant, ils exhumèrent aussi des corps d'un temps plus récent pour voir si les cercueils contenaient or et bijoux. Afin de protéger de la frénésie iconoclaste les trésors de l'Empire, le Premier Ministre fit déployer des troupes sûres devant les monuments sacrés, devant les bâtiments du temple de Confucius, le Palais des Traces du Sage, le Palais de la Grande Réussite couvert de tuiles jaunes et porté par vingt-huit colonnes de marbre sculpté, devant le Potala rouge et blanc du Tibet, la Cité Interdite et l'Observatoire antique de Pékin aux instruments de bronze, sphère armillaire reposant sur des dragons et globe céleste soutenu par des démons. Le Mandarin-Versatile fit venir à lui les chefs des Gardes Rouges tibétains et d'une voix mielleuse leur serina : « Saccager les monastères et les temples, tout cela est bel et bon. Mais ne vaudrait-il pas mieux les transformer en écoles ou les utiliser comme entrepôts ? Pareillement, pour les idoles bouddhistes : si les masses réclament leur destruction, c'est bien d'en démolir quelques-unes, mais vous devez songer à en préserver. Sinon les aînés nous en feront grief ! » Ainsi il parvenait à ses fins et sacrifiait sa part au feu. On eût pu l'appeler le Mandarin-Rusé. Quant au reste, il laissait faire car son pouvoir s'amenuisait.

Parmi tous les Maîtres du Jeu, le Serpent-Blanc semblait le meilleur connaisseur d'art ancien. Les uns avaient guerroyé trop longtemps pour être experts, Petit-Chien, le Dragon-Borgne, le Pirate-Optimiste avaient erré à la tête d'armées déguenillées depuis le renversement de la dynastie des Qing. D'autres, plus jeunes, Face-de-Lune, Deuxième-Couteau ou Petite-Bouteille consacrèrent leurs belles années à la révolution. Ce n'est pas dans les cafés de Paris ou les prisons de Lyon qu'on apprend la calligraphie et le bon goût. Sans doute le Mandarin-Versatile eût-il pu cultiver les Lettres et les Arts, puisqu'il venait de respectable famille. Sa mère lui enseigna les caractères dès l'âge de trois ans et il avait tôt déchiffré *Le Voyage vers l'Ouest du Singe pèlerin*. Si ses débuts dans la vie avaient été âpres, frappés de deuils, si sa marmite n'était emplie que de sorgho et de la fine poussière apportée par le vent, la bienveillance d'un oncle lui permit d'aller à l'école, de découvrir *Le Contrat social* et *L'Esprit des lois* traduits par le lettré Yan Fu en chinois. Au plus loin que l'on se souvienne, le Mandarin-Versatile avait tracé des vers d'un pinceau gras :

Laissant derrière moi un chant, je pars vers l'Orient
Chercher dans les sciences un remède aux malheurs.
Je consacrerai dix ans à percer le mur qui nous emprisonne,
Et que l'Océan m'engloutisse si je n'y parviens pas.

Il n'y était pas parvenu, c'est vrai. Le Mandarin-Versatile n'était pas arrivé à conjurer le malheur. Mais il avait fait son possible, d'abord au Japon, puis en France, à Londres, à Berlin, et par la suite au cours de ses tribulations. La mer ne l'avait pas englouti ni la terre enseveli. À plusieurs reprises, il s'en fallut de peu. Pourchassé par le Kuomintang et toutes les polices des Concessions, le loisir lui manqua donc de parfaire ses connaissances artistiques. Devenu Premier Ministre, il eut d'autres chats à fouetter. Miraculeusement, il échappa à un attentat, une bombe à retardement placée dans un avion d'Air India qu'il aurait dû emprunter, *tic-tac tic-tac*, le Constellation *Princess of Kashmir*, *tic-tac tic-tac*, vol 300 pour Jakarta, *tic-tac tic-tac*, explosion à dix-huit mille pieds, *tic-tac tic-tac*, crash au large de Sarawak. Le Constellation gisait au fond des eaux grises, mais le Mandarin-Versatile n'était pas à bord. Les services secrets de Chiang Kai-shek laissaient à désirer. Certainement, le Mandarin-Versatile occupait le haut des tribunes, les places en vue, mais il n'égalait pas le Serpent-Blanc en érudition. C'était au Serpent que la revue *Patrimoine culturel* avait demandé de calligraphier les deux caractères de son titre et il s'acquitta avec grâce de cette tâche.

Les yeux plissés derrière ses lunettes d'écaille, le Serpent-Blanc s'appliquait en toutes choses, il peignait des fleurs délicates, taillait des sceaux à l'ancienne dans le jade ou l'ivoire, jugeait d'un coup d'œil de la valeur d'une œuvre, jaugeait la solidité des gens, envoyait en prison des innocents. « Petit-Chien ne devrait plus écrire ses poésies de chiottes », risqua-t-il un jour. Jamais, dans le passé, lui ni aucun autre n'aurait osé traiter si grossièrement le commandant en chef de l'Armée des Ouvriers et des Paysans, homme aimable et brave de treize ans son aîné. Mais, promu au Groupe Central de la Révolution Culturelle, le Serpent s'était enhardi. On pouvait penser ce qu'on voulait des poèmes de Petit-Chien, dit Rouge-Vertu.

La fleur magnifique de notre cœur,
Dans sa métamorphose d'une seule année
Répand son parfum pour l'éternité.

Ne valaient-ils pas les vers de Mao (sur l'air des *Mélodies de l'eau* dans le style de Su Dongpo) ?

Grondement des vents et tonnerres,
Élans des drapeaux, des bannières,
C'est là le monde des humains…

Nul n'osait le supposer. Le Serpent-Blanc piquait à son gré les gens que pour différentes raisons il tenait en détestation. Au temps ancien où il servait de factotum à l'armateur de la San Peh Steam Navigation Co., patron de la Chambre de Commerce de Shanghai, le Serpent-Blanc avait eu toute latitude de peaufiner sa calligraphie, d'admirer les beautés et le sens véritable de la propriété. Le Serpent ne voyait qu'avantages à la chasse aux Quatre Vieilleries corruptrices du commun, car c'était pitié de laisser se consumer en tas sur la chaussée livres précieux et précieuses peintures. Le Serpent-Blanc, à qui les Gardes Rouges devaient allégeance, fit mettre à part pour son usage averti douze mille ouvrages et un millier d'œuvres d'art. Ces trésors étaient stockés dans un entrepôt auquel il rendait visite lorsque lui prenait l'envie. La bimbeloterie, les joyaux, or, onyx, il les laissait à d'autres. Tête-de-Fouine, forcément, n'entravait pas grand-chose à l'art, puisqu'il était sorti directement d'une école militaire. Mais cela l'intéressait d'enrichir son bagage, de décorer sa résidence, de gâter son épouse Feuille-d'Automne, si active sur son flanc. Quant à Pomme-Bleue, artiste dans l'âme, chargée de la renaissance du théâtre, de la musique et de l'opéra, de la réforme des ballets, des symphonies et des concertos pour piano, de la révolution du cinéma, des films en couleurs, des spectacles de marionnettes et du cirque, elle bénéficiait des conseils du Serpent pour affiner ses goûts et sa collection. L'Histoire rapporte que le Serpent-Blanc et le Batracien-Graphomane se disputèrent la possession d'un écrit licencieux de la dynastie des Ming et que le Batracien l'emporta car il était chef attitré du Groupe Central de la Révolution Culturelle. « La connaissance commence avec la pratique », enseignait le Président Mao dans le recueil des *Citations*. Ses disciples agitaient le Livre Rouge lors de leurs apparitions rituelles, avançant à pas lents, rangés l'un derrière l'autre, Tête-de-Fouine devant, suivi du Mandarin-Versatile, le regard vague, comme perdu dans ses songes, puis le Batracien-Graphomane et le Serpent, vêtu de blanc par sophistication, un profil doré de Mao épinglé sur sa veste immaculée. Radieuse, Pomme-Bleue fermait la marche. Le Serpent-Blanc était seul à brandir son livre de la main gauche car il était ambidextre et pouvait calligraphier aussi bien d'un côté que de l'autre. Pour tenir convenablement son rang et rattraper son retard, Tête-de-Fouine s'exerçait, prenant appui sur le bord de la table, le poignet souple, pinceau vertical, il traçait sur le papier ses caractères, si possible sans faute : « Lever haut le grand drapeau de la pensée-maozedong, contribuer dignement à la Grande Révolution Culturelle Prolétarienne. »

Les Gardes Rouges d'une certaine faction retrouvèrent Ding Ling dans la ferme perdue de la province froide du Dragon Noir où elle était reléguée. La romancière élevait des volailles et des cochons. Elle écrivait en cachette. Les paysans l'aimaient bien parce qu'elle leur apprenait à lire et leur contait des histoires comme elle le faisait autrefois dans la Huitième Armée de Route quand elle marchait contre les Japonais avec Petit-Chien, dit Rouge-Vertu, et l'Ours-Téméraire. Sa situation se dégrada. Des rumeurs circulaient dans le voisinage selon lesquelles elle empruntait la voie capitaliste, puis des vociférations se firent entendre sur son passage et devant la chaumière de sept mètres carrés où elle demeurait : « À bas Ding Ling !… *Yòupài !…* Droitière !… » Enfin, des jeunes portant brassards la traînèrent dans la rue le visage maculé de noir, coiffée du bonnet pointu de l'infamie, de la manière précisément décrite dans l'*Enquête sur le mouvement paysan dans le Hunan* du Président. Son mari la vit avancer ainsi, tirée, poussée, battue : « C'est comme si on m'avait enfoncé un couteau dans le cœur ! » gémissait-il. Ding Ling était solide, bien qu'elle ait passé la soixantaine. « Ne les blâme pas ! murmurait-elle doucement. Ce sont aussi des victimes. Un jour, ils comprendront ! » Mais ce jour était loin. À plusieurs reprises, les escouades de Gardes Rouges investirent sa chaumière, mettant sens dessus dessous son peu d'affaires. Sept mètres carrés à sonder, pas plus. Ding Ling suppliait qu'on lui laissât ses papiers. Puis l'idée lui vint de s'adresser au Bureau de la Sécurité : « Tenez, leur dit-elle, voilà la preuve de mes crimes ! Vous aurez sans doute besoin de ce matériau dans le futur, aussi prenez-en soin. » De cette façon, elle pensait avoir mis ses trésors à l'abri plus sûrement que dans un coffre des banques de Hongkong.

Un matin, après bien des vicissitudes, ceux d'une faction vinrent la prendre, la Faction des Paysans Pauvres et Moyens-Pauvres, et ils l'emmenèrent avec d'autres dans un endroit qu'ils appelaient l'Étable aux Monstres. Là, ils la gardèrent plusieurs mois. Ils ne savaient pas trop pourquoi, sinon qu'elle portait sur le front depuis pas mal de temps l'étiquette de grande droitière. Alors, des fois, ils la battaient. Ding Ling n'avait rien à faire que marcher en long et en travers, et ressasser sans fin ses pensées mélancoliques. « Le souvenir de notre ancienne chaumière de sept mètres carrés, fouillée à plusieurs reprises, devient pour moi un paradis que je regrette infiniment, ruminait-elle. Au moins, nous étions deux, là, les mains fortement serrées, nos cœurs battant à l'unisson, nous ramassions ensemble notre pauvre énergie pour faire face aux intrusions nocturnes… » Son mari était détenu, pareillement, mais plus loin. Le jour, il balayait la cour. C'est comme cela qu'il réussit à transmettre de doux messages en boulettes, écrits finement sur le papier des paquets de cigarettes, une feuille de maïs ou une boîte d'allumettes. « Tu peux librement vivre de tes souvenirs… Tu ressuscites tes héros… N'assimile pas les hommes aux chacals et ne désespère pas de les voir revenir au sein du genre humain… » Ding Ling lisait ses messages, les cachait sur son cœur, les dépliait, les relisait, les récitait. Jusqu'au moment où ils vinrent la chercher à nouveau et, en la tâtant, mirent la main sur les mots griffonnés. Assignée à travailler au milieu des champs, à porter de l'eau, à épandre des excréments, Ding Ling la romancière ne récriminait pas, elle souhaitait passer inaperçue. Sa santé vacillait, elle faiblissait et pliait sous la charge, sa vue se troublait. Un médecin lui donna de l'huile de foie de morue. Une nuit d'avril, des soldats venus d'ailleurs entourèrent son lit. « Ton nom ?

— Ding Ling !

— Mets ta veste, ton manteau… » Elle se vit, comme jadis, poussée dans une auto. Puis dans un train. Jusqu'à Pékin. Là dans une automobile encore, jusqu'à une prison massive dont elle ignorait l'existence. Elle n'avait le droit de dormir que le visage tourné vers la porte, ne parlait à personne, ne voyait personne, à l'exception des matons qui jamais ne l'appelaient par son nom et rarement émettaient un son. Telle était la règle. Avec du papier hygiénique et des lambeaux de journaux, elle confectionna un ballon qu'elle envoyait rebondir contre le mur, et elle se remémorait des poèmes qu'elle articulait afin de ne pas oublier sa voix. Connaissait-elle cette nouvelle de Lao She, *Le Croissant de lune* qui se terminait joliment ? « La prison est un endroit bien. Elle ancre en vous l'idée que le genre humain ne progresse pas. » Mais Lao She était mort noyé. Elle, demeurait vivante, exfiltrée du monde mais vivante. Et de Lao She, nul ne soupçonnait le sort. Ding Ling, seule, se répétait des commandements : « Je dois me frayer une voie lumineuse dans cette situation ténébreuse. Je dois… »

On ne peut pas dire que Mao Zedong allait mal, nonobstant sa bronchite chronique et une sorte d'herpès génital contracté avec je ne sais qui. Mais il se montrait peu, écrivait moins encore. Son pinceau n'avait produit ni poème neuf ni écrit philosophique saillant. Mao exprimait son opinion par de brèves formules énigmatiques, sa façon désormais de dispenser des leçons, tel le sage parvenu au bel âge. « L'homme a des artères et des veines qui, par l'intermédiaire du cœur, permettent la circulation du sang, prêchait-il, et il respire par les poumons, expirant le gaz carbonique et inhalant l'oxygène frais. C'est rejeter ce qui est altéré et absorber le nouveau. De même un parti prolétarien doit rejeter ce qui est altéré et absorber le nouveau pour être plein de vitalité. Sans rejet des déchets et absorption de sang frais, le Parti est privé de vigueur. » Le Président accueillit autour de lui les chefs des Gardes Rouges pékinois, garçons et filles qui avaient pris de l'ascendant et que, par conséquent, on appelait les Cinq Grands Généraux étudiants. « Rien que des jeunes gens ! » s'exclamait Mao réjoui (l'une d'entre eux, l'assistante de philosophie auteur du premier *dàzìbào*, approchait la cinquantaine, les autres étaient dans leurs vingt ou trente ans). « J'ai lu toutes vos affiches ! Je vous comprends parfaitement ! » Mao interpellait l'un ou l'autre, donnait son avis sur les discordes de l'Université qui viraient à la bagarre généralisée. « Toi, là, viens ici, assieds-toi près de moi. » Le représentant de la Faction de la Terre, comblé de se voir ainsi honoré, restait gauche. « Allez, viens donc ! » interjetait Tête-de-Fouine, présent à l'entretien. « Assieds-toi, assieds-toi », insistait Mao, et il poursuivait son propos décousu. Tête-de-Fouine, à l'occasion, ajoutait son grain de sel. « Toi, on t'appelle Vieux Bouddha ! » disait-il à l'assistante de philo, et pareillement il gourmandait la Normalienne qui avait dirigé l'assaut contre le Temple de Confucius à Qufu : « Et toi, avec tes deux nattes, tu veux être renvoyée à la base ?... Il faut raccrocher les armes aux râteliers, les fusils, les couteaux. » Car Mao et son proche compagnon craignaient de voir maintenant la situation leur échapper. « Alors tu es philosophe ? demanda Mao à l'assistante de philosophie.

— Non, répondit-elle.

— C'est un Vieux Bouddha ! » coupa Pomme-Bleue, la troisième épouse et demie, naturellement jalouse. Mao fit semblant de ne pas entendre. Il suivait son idée : « À quoi ça sert, la philosophie ? Est-ce qu'on peut l'apprendre à l'Université ? Si on n'a jamais été ouvrier ou paysan, quelle sorte de philosophie est-ce donc ? » Bien qu'il n'ait été ni prolétaire ni bouseux, sauf dans sa prime enfance quand il nourrissait les cochons de son père, binait ses champs ou lisait *Au bord de l'eau* à l'ombre d'une pierre tombale, le Président en vint à son cas après un détour par Engels Longue-Barbe qui avait tôt quitté l'Université, et par le Russe Gorki, écrivain d'excellente cuvée, adepte de l'école buissonnière. « Il a été en classe moins que Pomme-Bleue ! rappela Mao, peu galant. Pomme-Bleue n'a fait que six ans d'école primaire ! » D'un coin à cet instant monta la voix de

Feuille-d'Automne, épouse de Tête-de-Fouine : « Oui, mais la camarade Pomme-Bleue a beaucoup étudié en autodidacte.

— Ne la flatte pas ! rétorqua Mao deux fois délicat. Ce n'est pas à l'école que l'on acquiert des connaissances. Moi, quand j'étais à l'école, je n'obéissais pas au règlement. J'avais pour principe d'éviter de me faire mettre à la porte. Aux examens, mes notes oscillaient entre cinq et huit sur dix. Ma moyenne était de sept. J'ai abandonné plusieurs matières… Parfois, j'ai rendu copie blanche. En géométrie, j'ai dessiné un œuf. N'est-ce-pas une forme géométrique ? J'ai été le premier à rendre mon travail parce qu'il ne fallait qu'un coup de pinceau… » Tête-de-Fouine, tenant à faire valoir son expérience, entra dans la discussion : « Moi, j'ai étudié quatre ans à l'école secondaire ! Mais j'ai arrêté avant le diplôme. Volontairement ! Et sans diplôme, j'ai travaillé comme instituteur primaire. J'aime bien apprendre par moi-même…

— Vous savez combien de temps ça prenait de suivre l'Académie des cadets de Whampoa ?!? l'interrompit le Président, mi-figue mi-raisin. Trois à six mois !!!

— Trois mois pour les trois premiers cours, précisa Tête-de-Fouine qui en était sorti lieutenant. Pour le quatrième, c'était plus long !

— Oh ! Tout ce qu'il fallait, c'était un peu d'entraînement, reprit Mao. Quant aux connaissances, ce n'était pas grand-chose, un peu d'exercice militaire… » Les Cinq Grands Généraux des Gardes Rouges écoutaient tout ouïe, yeux écarquillés, bouche bée, ce dialogue du Président et de son plus proche compagnon d'armes. « Le problème c'est : dès que tu apprends quelque chose à l'école, tu l'oublies », continuait Tête-de-Fouine. Et Mao d'enchaîner : « Moi, je n'ai suivi aucune école militaire, je n'ai lu aucun livre de stratégie. Les gens croient que je me suis servi du *Roman des Trois Royaumes* et de *L'Art de la guerre* de Sunzi pour mener mes campagnes. Le *Sunzi*, je ne l'ai jamais lu ! Quant au *Roman des Trois Royaumes*, c'est exact, je l'ai lu.

— Oui, intervint encore Tête-de-Fouine, une fois vous m'avez demandé le *Sunzi*, et j'ai été incapable de vous le fournir ! » C'était ainsi que discutaient devant les jeunes et les moins jeunes le Président et son vice-président. Mao Zedong était intarissable, il avait tant d'anecdotes à dérouler ! Le temps où il croquait les belles histoires de Napoléon et Washington, l'époque où il besognait à la bibliothèque de Pékin, la période où il étudiait le capitalisme et mangeait un seul gâteau en guise de repas… « Je n'ai vraiment suivi qu'un cours : celui de journalisme ! On peut donc considérer que j'appartiens à la catégorie des journalistes. » Les Gardes Rouges écoutaient, gravaient chaque mot dans leur cerveau. Et tout d'un coup, Mao sauta sur une question qui le tarabustait depuis l'école normale de Changsha : « Qui connaît l'anglais ? C'est bien de savoir l'anglais ! J'ai étudié tard les langues étrangères. J'ai souffert !!! Il faut étudier les langues étrangères quand on est jeune. Toi (il visait la pasionaria aux tresses) quelle langue étudies-tu ? » Mao posa à chacune, à chacun cette question et soupira. « Ah ! c'est bon d'apprendre l'anglais ! On devrait apprendre une langue étrangère dès le primaire ! » Mais le temps coulait, l'heure tournait et virevoltaient nécessairement les sujets. « Il paraît que maintenant, on a inventé une nouvelle forme de punition : la *posture de l'avion à réaction* ? Ah ! C'est moi le grand coupable ! Dans mon rapport d'enquête sur le mouvement paysan du Hunan de 1927, j'ai parlé de promener les gens dans les rues avec les bonnets d'âne en papier. Mais je n'ai pas mentionné d'avion à réaction ! Je suis un archicriminel avec des responsabilités que je ne peux éluder ! » Il débita cela d'un ton badin. L'idée le ramena à son père, qui le battait dur, le privait d'œufs et de viande et exploitait ses journaliers. « Mon père était méchant, lâcha-t-il. S'il vivait aujourd'hui, il faudrait lui imposer l'*avion à réaction* ! » L'heure tournait encore et Mao discourait toujours. « Il paraît que les enfants collectent les affiches en grands caractères pour les vendre au poids, à combien ?

— À sept centimes, annonça quelqu'un.

— J'y crois pas !!! » soufflait le Président épaté ou déçu. Quand la discussion toucha à sa fin, il dit : « J'ai su que Liu Gros-Nez se remettait d'une grave maladie. Vous êtes au courant ? » Personne ne répondit. Debout, assis, outre Pomme-Bleue et la femme de Tête-de-Fouine, participaient à ce colloque, le Serpent-Blanc et Gros-Yao, le Batracien-Graphomane et le Premier Ministre, c'est-à-dire tout ceux qui comptaient sur le moment, les autres ayant été rétrogradés ou fourrés en prison. Aucun des présents, évidemment, ne pouvait assister à la réunion sans émettre au moins un jugement pour prouver son utilité et justifier son existence. L'un des Cinq Grands Généraux étudiants, le type de la Faction du Ciel qui avait soumis l'Ours-Téméraire à rude interrogatoire, demanda ce qui pourrait arriver dans dix ou cent ans si une coterie se réclame de l'héritage du Président et une autre totalement opposée s'en réclame également, oui, qu'adviendrait-il ? Tous étaient un peu gênés de voir évoqué crûment un univers vide du Président. « Nous avons la pensée-maozedong », rétorqua Tête-de-Fouine. Alors, le Batracien-Graphomane compléta : « Avec pour successeur du Président Mao le camarade Tête-de-Fouine armé de la pensée-maozedong, il n'y a pas de risque de révisionnisme. » Le Mandarin-Versatile ne voulut pas être en reste : « Le camarade Tête-de-Fouine a bien étudié les écrits du Président Mao. Le vice-président maîtrise on ne peut mieux les affaires soviétiques et les œuvres de Marx et Lénine. » Conclure dans ces conditions était épineux. La tâche incomba à Gros-Yao qui s'était taillé une réputation d'analyste finaud : « Le développement historique est toujours en progrès, il a des hauts et des bas, mais le futur est lumineux. Nous croyons à la pensée-maozedong, nous croyons aux masses. Le camarade Garde Rouge est un pessimiste invétéré ! » Ensuite, ils se séparèrent, chacun retournant à ses occupations, les Gardes Rouges à la traque des mauvais génies, les promus du Groupe Central à leur stratégie, le Premier Ministre à son louvoiement et Mao Zedong à ses méditations.

La jambe de Liu Gros-Nez ne guérissait pas. Liu Gros-Nez demeurait isolé dans sa résidence, ignorant tout du sort de son épouse et de ses enfants, ne pouvant se mouvoir, gardé en permanence. Des affiches en grands caractères dénonçaient sur les murs ses innombrables friponneries. Personne n'aurait voulu manifester à son égard le quart d'une once de bienveillance, de peur d'être incriminé à son tour. Les médecins, les infirmières affectés à sa surveillance le houspillaient : « Alors, Khrouchtchev chinois ! » Certains le frappaient avec leur stéthoscope. Ils le privèrent de somnifères, des médicaments pour son diabète et lui ôtèrent sa ceinture afin qu'il ne puisse se suicider. Au début, Liu Gros-Nez se plaignait. Puis il cessa de dire quoi que ce soit. Pomme-Bleue se vit confier la présidence d'une commission spéciale chargée de dresser une liste exhaustive de ses crimes, forfaits, félonies et malfaisances. Il n'était pas impossible qu'il ait trahi la Cause en 1925 lorsqu'il fut arrêté à Changsha dans le Hunan, qu'il ait trahi en 1929 lorsqu'il fut arrêté à Moukden en Mandchourie, qu'il ait trahi en 1936 quand il s'occupait à Pékin de l'organisation clandestine. Soumis à la question, des camarades de l'époque vinrent le confirmer et signèrent des aveux. Pomme-Bleue livra ses trouvailles et son verdict à la troupe de l'Opéra de Pékin en montant aussi haut qu'elle pouvait dans les aigus et en descendant bas dans les graves : « Liu Gros-Nez est un grand contre-révolutionnaire, un grand traître caché, grand renégat et grand agent secret plein de vilenie. C'est un démon ! Je crois qu'il mérite la mort lente par mille coupures, dix mille coupures ! » Le verbe débridé, Pomme-Bleue évoquait un châtiment des dynasties déchues propre à stimuler l'imagination. Les Occidentaux en étaient fort friands autrefois dans leurs relations des coutumes du Céleste Empire. On le trouvait en bonne place dans divers romans aguicheurs, repris de récits exotiques. Le *Dictionnaire français-latin-chinois de la langue mandarine parlée*, publié chez Firmin-Didot en 1869 et dédié « à Sa Majesté l'Empereur des Français » (voulant désigner par là Napoléon III), distinguait vingt-quatre sortes de supplices en Chine, jusqu'au fameux supplice de la mort lente. Ce cruel châtiment avait été scrupuleusement dépeint par Achille Poussielgue en 1866 d'après les souvenirs de voyage de M. de Bourboulon, ministre de France à Pékin, et de sa femme née Kate Fanny MacLeod, originaire d'Écosse, émigrée aux États-Unis à Baltimore où elle convola en justes noces avec ce Bourboulon, alors secrétaire de la Légation de France à Washington, bientôt muté à Pékin. Bref,

Mme de Bourboulon fut, dit-on, la première Européenne à effectuer en Chine un périple de trois mille lieues, et, pas plus que son mari, elle n'avait les yeux dans sa poche. Bien sûr, les Bourboulon ne laissèrent pas en Chine d'excellents souvenirs étant donné le rôle que le mari joua dans la guerre de pillage de 1860, mais les souvenirs qu'ils emportèrent avec eux, notés dans leurs carnets, furent jugés assez intéressants pour être traduits à Milan dans la collection « Le Tour du Monde » de la Bibliothèque Utile et figurer au sommaire des bibliographies géographico-statistiques allemandes de Göttingen. À leur époque, donc, les supplices chinois se réduisaient à trois (une fois abolis le bain d'huile bouillante et l'écorchement vif réservés à l'adultère) à savoir la strangulation, équivalent du garrot pratiqué en Espagne, la décapitation, telle qu'elle était à l'honneur en France, et enfin le supplice des dix mille coupures, des cent morceaux ou des huit couteaux, selon la manière de compter, qu'on ne trouvait nulle part ailleurs dans le code des peines et des lois. On ne sait si les Bourboulon assistèrent en personne à cette opération ou s'ils n'en avaient, pour ainsi dire, qu'une connaissance de seconde main. Il est certain qu'une bonne centaine de rebelles furent raccourcis au sabre à Canton sous le regard des interprètes de la Légation française à peu près au moment où l'amiral Rigault de Genouilly faisait découvrir la ville aux Bourboulon, accompagnés d'une escorte de soldats et de marins du corps expéditionnaire débarqué de la *Mitraille*, de la *Fusée*, de la *Dragonne*, de l'*Avalanche* et autres fringants bâtiments. Le décollement au grand sabre devant une foule impavide était chose courante, maintes fois photographié par des Occidentaux ravis et publié dans les journaux. Mais le supplice des huit couteaux, des dix mille coupures ou de la mort lente, le découpage soigneux d'un condamné, muscle après tendon, lamellisé jusqu'à l'os, était un spectacle beaucoup plus rare. C'était donc cela que souhaitait Pomme-Bleue pour Liu Gros-Nez lorsqu'elle s'adressa à la troupe de l'Opéra de Pékin.

Peut-être resterez-vous à jamais ignorants de la vie des Bourboulon à leur retour de Chine et de la façon dont le mari fut élevé au grade de Commandeur de la Légion d'Honneur. Mais rassurez-vous, vous ne passerez pas à côté des tourments infligés à Liu Gros-Nez et aux autres Brigands Justiciers de la première heure.

CHAPITRE XLI

Un médecin à l'ancienne perd sa dignité —
Des Brigands Justiciers souffrent mille maux.

Il y avait belle lurette que Mao Zedong avait fermé sa chambre à Pomme-Bleue, la troisième épouse et demie. Comme le dernier venu dans le cercle des hauts personnages, elle devait, pour le voir, passer par le truchement de son majordome, chef de la Sécurité, et frapper avant d'entrer (cela depuis qu'elle l'avait surpris au lit avec une infirmière). Mao se consacrait à sa Mandchoue rencontrée dans un train, à qui il avait donné déjà deux filles dont on ne savait rien. Il suivait naturellement les affaires et exerçait son anglais avec un Américain employé à Radio Pékin au service des émissions en langues étrangères, un gars de Caroline du Sud parvenu jusqu'à lui un jour de célébration afin d'obtenir une dédicace sur son *Petit Livre Rouge.* « J'ai étudié l'anglais très longtemps, dit aimablement le Président en chinois, mais je n'ai jamais pu le comprendre…

— Votre prononciation de mon nom était excellente, Président », répondit l'Américain en tendant le recueil à couverture plastique et son stylo. Serrer la main de Mao lui conféra un prestige élevé. Il acquit le droit d'haranguer sur la place de la Paix-Céleste les rebelles écarlates du Corps de la Pensée-maozedong, leur adressa de lourdes mises en garde contre Liu Gros-Nez et ses laquais. L'Américain portait le brassard des Gardes Rouges et animait sa propre tendance à la Radio. Sa voix nasillarde volait sur les ondes courtes, atteignait Katmandou, Colombo, Salisbury,

Monrovia, l'Europe à vingt heures trente GMT, l'Amérique à dix-neuf heures PST sur 25 mégahertz. « *Crrr tuuit woouit tiuuut…* Ici Radio Pékin, camarades et amis… » Jusqu'au jour où, lié à un groupe tombé en disgrâce, il fut évidemment arrêté à son tour, de même que le Britannique David Crook, professeur d'anglais londonien, ancien des Brigades d'Espagne et agent russe, ou le publiciste Israël Epstein, né en Pologne de parents lituaniens émigrés en Chine. Le premier soutenait la Faction de la Terre, le deuxième la Faction du Ciel, le troisième ce qu'on lui demandait. Tous trois goûtèrent aux cellules étroites de la prison de Qincheng où on leur servait la nourriture par un guichet en bas de la porte, si bien qu'ils devaient l'attraper à quatre pattes comme des chiens ou des chats. On leur dit : « Ce n'est pas facile d'entrer ici, c'est plus difficile d'en sortir. » Dans les réunions, Pomme-Bleue se démenait : « Il y a des espions étrangers ! Des espions étrangers arrivés en Chine dès avant la Libération, des espions étrangers qui prétendent être nos amis et travailler pour nous en qualité d'experts ! » Nul n'était à l'abri du soupçon, du dérapage, de la chute, fût-il en possession d'une dédicace du Président Mao, lui eût-il serré la main.

Si le Docteur Fu récolta tant d'ennuis à ce moment, ce n'était pas parce qu'il avait été formé à la médecine occidentale par les Anglais dans leur Hôpital Évangélique du Fujian, ni parce que ceux-ci l'avaient affublé du prénom ridicule de Nelson pour lui rappeler chaque jour la bataille de Trafalgar. Non, ce n'était pas pour cette raison. D'autres que lui, étrangers véritables venus se faire oublier en Chine, à l'instar de ce Docteur Müller qui sevrait les opiomanes en Mandchourie, passèrent sans se mouiller entre les gouttes. Ce n'était pas non plus à une défaillance de ses services que le Docteur Fu, vice-ministre de la Santé, devait ses soucis. Au contraire, disait-on, « les travailleurs médicaux mettent l'étude des *Œuvres* du Président Mao au premier plan dans tout travail ». Les médecins scrupuleux en blouse blanche, masque sur le nez, lisaient quelques extraits du *Petit Livre Rouge* avant d'opérer au bloc chirurgical. Les infirmiers dans les campagnes faisaient de même devant leur boîte à pharmacie de cuir brun. La médecine chinoise accomplissait d'utiles progrès, de grands bonds. Grâce aux mesures prophylactiques adéquates, variole, peste et choléra, schistosomiase, kala-azar et maladie de Kashin-Beck avaient été éradiqués. À ce qu'on présumait, l'acuponcture, la cueillette des plantes accomplissaient des miracles. On avait vu marcher des paralytiques, des sourds écouter le Président Mao à la radio, des aveugles écrire son nom, des muets crier : « À bas Liu Gros-Nez ! » On avait vu revenir à la vie un ouvrier dont le cœur avait cessé de battre trente-neuf minutes. Non seulement on l'avait vu, mais photographié pour les hommes de peu de foi et publié dans des revues en langues variées. Le Docteur Fu disposait d'un remarquable pedigree. Premier parmi les précurseurs, il avait été médecin-aux-pieds-nus. Antérieurement à la Longue Marche des vingt-cinq mille lis, il avait soigné la malaria de Mao et accouché sa deuxième épouse et demie du fils appelé Mao-Mao laissé en arrière. Il avait accompagné Petit-Chien aux marches tibétaines, escaladé les hautes montagnes neigeuses et traversé trois fois les marécages puants, soignant le trachome, la dysenterie, la grippe, la syphilis. Le Docteur Fu savait le secret des plantes et des hommes. Mais devenu vice-ministre, il n'aurait jamais dû suggérer à Tête-de-Fouine, en examinant son œil, de réduire ses doses de morphine. Dans l'entourage du ministre de la Défense, on commença à ragoter que le docteur n'avait pas l'esprit de parti. « Président, écrivit le Docteur Fu, dérouté, je vous ai suivi pendant plusieurs décennies et, de tous, vous êtes celui qui me connaît le mieux. Si j'ai commis des fautes, dans ces dernières décennies, personne ne m'en a affranchi. Maintenant, on m'accuse d'être un Trois-Anti et un révisionniste ! Que se passe-t-il donc ? Ça n'a ni queue ni tête !!! » Bien sûr, cela désolait Mao Zedong de voir son médecin des temps difficiles en situation délicate. Mais Tête-de-Fouine et ses acolytes ne voulaient rien lâcher. Le Docteur Fu dut subir l'interrogatoire de lutte-critique-réforme. Et ping, et pang, une côte cassée, et pang, et ping, traumatisme crânien. « Renversons les mandarins du Ministère de la Santé ! » — « Ce Docteur Fu est un sacré sale type, s'énervait Pomme-Bleue ! On doit l'arrêter ! » Sitôt dit, sitôt fait, le Docteur Fu, menottes aux poignets, perdit la considération de ses confrères et de ses patients. « Laissons-le crever de faim un moment ! s'amusaient les gardiens en mal de distractions. Il a besoin d'en baver un peu. » Coups de pied, coups de poing. Au matin du 29 mars 1968, les matons le trouvèrent raide et froid. Ainsi mourut le Docteur Nelson Fu, organisateur du Corps de Santé de l'Armée Rouge des Ouvriers et des Paysans chinois. Sa perte passa inaperçue.

La République des Redresseurs de Torts jouissait d'une heureuse réputation en matière de médecine générale. Le côté *médecins-aux-pieds-nus* séduisait beaucoup au-delà des monts, des mers et des océans. Bien entendu, il s'agissait d'une image, une métaphore. En réalité les soignants avaient des chaussures. Des chaussures de toile ou des sandales. C'était mieux, d'ailleurs, pour arpenter les sentiers caillouteux à la recherche des plantes médicinales et ausculter les villageois des hameaux écartés. On ne se privait donc pas d'affirmer que le front sanitaire s'épanouissait pleinement suivant le principe de Mao Zedong calligraphié sur deux colonnes : « Sauver les mourants, soigner les blessés, faire preuve d'humanité révolutionnaire. » Les citoyens d'aplomb se calaient sur les directives du Président, tel que cela était prescrit par l'épigraphe de Tête-de-Fouine figurant en ouverture du livre rouge plastifié qu'ils feuilletaient à toute heure. Quand Mao disait : « Nager, c'est lutter contre la nature. Allez vous aguerrir dans les fleuves et dans la mer », les gens, petits et grands, allaient flotter en groupes, en cohortes disciplinées. Ceux qui habitaient le long du fleuve Bleu appréciaient leur privilège, car Mao avait dit : « Le fleuve Bleu est profond, c'est un bon endroit pour nager. » En vérité, ça dépendait où, puisque le Yangtsé traverse huit provinces sur plus de six mille kilomètres, des hauteurs du Tibet aux rivages de Shanghai, avec un débit moyen de 31 055 mètres cubes par seconde. À cette époque, barbotaient encore dans son cours moyen d'aimables dauphins *Lipotes vexillifer* à long museau. Les gens se précipitaient donc dans les eaux, exécutant leurs mouvements des pieds et des mains, poussant sur des chambres à air de camion des portraits géants du Président. À défaut du fleuve Bleu, d'autres plongeaient dans la Soungari glacée ou le lac de Kunming que surplombe le Pavillon des Fragrances Bouddhiques au toit jaune. « Développer les sports, fortifier la condition physique du peuple », stipulait Mao Zedong. Les gens se mettaient à pratiquer les sports, le *tàijí quán* des Boxers, la course, les haltères, le jeu de go pour les cérébraux, et le ping-pong. Mais ce n'était plus comme avant, car on avait extirpé la vieille coutume des médailles et des trophées. Bien que l'écriture ne fût pas sa marotte, champion Zhuang, trois fois médaillé d'or aux Championnats du Monde, avait donc tracé son affiche en grands caractères dans laquelle il dénonçait les mauvaises manières et les vieilles idées du Pirate-Optimiste, ministre des Sports, et des champions qui avant lui s'étaient adjugé les médailles du ping-pong international. « À bas Liu Gros-Nez ! écrivait champion Zhuang. À bas le Pirate-Optimiste ! Vive la pensée-maozedong ! » Ils étaient trois, les pongistes mis au ban suite à ces dénonciations : Rong Guotuan, Jiang Yongning et l'entraîneur Fu Qifang, tous trois venus de Hongkong dans l'intention de servir le peuple en sautillant devant la table verte coupée par un filet, tous trois soumis à la lutte-critique-réforme. Et ping, et pong. Fu Qifang l'entraîneur se pendit le 16 avril 1968. Jiang Yongning, son camarade, se pendit le 16 mai 1968. Le champion Rong Guotuan se pendit le 20 juin 1968 à quatre heures du matin. On trouva dans sa poche un billet : « Je ne suis pas un espion. Laissez ces soupçons ! Je vous demande à tous pardon. J'attache plus de prix à mon honneur qu'à ma vie. » Ainsi mourut Rong Guotuan, premier champion du monde chinois de tennis de table.

De l'avis général, la situation du Pirate-Optimiste s'avérait compromise.

Pas tant à cause des banquets plantureux avec ses hôtes étrangers, des toasts en l'honneur des volleyeurs albanais ou des alpinistes vainqueurs des cimes du Qomolangma tibétain à 8 848 mètres, que pour cette vieille querelle au Repaire entre lui, Tête-de-Fouine et leurs épouses respectives. Investis des pouvoirs de basse police et de haute justice, les promus du Groupe Central de la Révolution Culturelle estimèrent que son cas ne pouvait être plus longtemps laissé en suspens, qu'il convenait de procéder à des vérifications approfondies.

« Le problème du passé politique du Pirate-Optimiste doit faire l'objet d'une commission spéciale », suggérait le Serpent-Blanc en se proposant de mener personnellement l'enquête avec l'aide de Feuille-d'Automne, épouse de Tête-de-Fouine. « Approuvé », nota Mao sur le papier. Menées avec diligence, les investigations aboutirent à des conclusions accablantes dépassant de beaucoup la négligence de l'éducation physique des populations laborieuses et un goût excessif pour les honneurs. Mao Zedong endossa les résultats : « Concernant le Pirate-Optimiste, on disait premièrement qu'il devait être critiqué, deuxièmement qu'il devait être protégé en raison de son rôle dans l'Armée Rouge du IIe Front. Maintenant, il semble qu'on ne puisse plus le couvrir à cause des choses qu'il a faites et que j'ignorais. Derrière notre dos, il a essayé d'usurper le pouvoir militaire et de s'opposer au Parti. » La vie se compliqua soudain pour le maître d'œuvre de l'insurrection de Nanchang et des soviets du Lac des Lotus Rouges. Les gardes, dans la retraite où il se trouvait confiné, lui ôtèrent sa literie, afin qu'il dorme à la dure, et obscurcirent les fenêtres de façon à ce qu'il ne vît plus la lumière du jour. Ils réduisirent ses rations et lui accordaient si peu à boire que le Pirate-Optimiste, maréchal de l'Armée des Brigands Justiciers, en était réduit à récolter l'eau de pluie pour étancher sa soif. Ainsi, dans la douleur, réfléchissant le jour et la nuit au passé et au présent, il attendait son heure.

La logique voulait qu'il n'en ait plus pour longtemps. « Étant donné la reddition et la trahison auxquelles s'est livré le Pirate-Optimiste naguère, vaticinait le Serpent-Blanc, il est inconcevable qu'aujourd'hui il ne s'exerce pas à quelque activité contre-révolutionnaire. On peut affirmer que le passé dévoile le présent. » Les promus du Groupe Central s'employaient donc à noyer le Pirate, tel un chien tombé à l'eau, et avec lui les autres, vieux maréchaux, vétérans épuisés de la Longue Marche des vingt-cinq mille lis, cadres branlants de l'État, fonctionnaires assoupis des ministères, artistes installés sur de mauvaises bases. « Je t'envoie la liste dont tu as besoin », griffonna le Serpent sur un billet qu'il glissa dans une enveloppe et scella. « Document important à remettre sans retard et en mains propres à la camarade Pomme-Bleue. » Le Serpent-Blanc avait établi dans le secret que, selon ses calculs, quatre-vingt-huit des cent quatre-vingt-treize membres et suppléants du Conseil des Maîtres du Jeu, astres célestes de premier plan et astres terrestres de second rang, pouvaient être affublés de l'étiquette « agent secret » ou « renégat » ou « élément antiparti », c'est-à-dire pas loin de la moitié, sans compter ceux dont le parcours méritait vérification. Cela ouvrait des perspectives à son action. Le Batracien-Graphomane était bien d'accord, mais, ajoutait-il, mieux vaudrait débusquer « les patrons qui sont dans la coulisse ». Le Batracien avait son idée. La Sécurité d'État rapportait qu'à Tianjin, ville portuaire, ses limiers avaient découvert des feuillets offensants déposés dans des boîtes aux lettres par un individu bientôt mis à l'ombre, un ouvrier, prétendait-on, assurément désaxé. « Les patrons sont dans la coulisse, supputait le Batracien. Ce ne sont pas des gens ordinaires, car des gens ordinaires ne seraient pas capables de tels actes. Ce n'est pas le fait d'un seul énergumène. Ça pourrait être celui d'une organisation. » L'affaire lui rappelait une vieille histoire d'avant-guerre, un incident survenu à Tianjin en 1931, car il avait de la mémoire. « Je ne dis pas des choses à la légère, moi. » À Tianjin, en ce temps-là, les ouvriers ne manquaient pas, vu qu'il y avait les docks, l'import-export, des tanks à pétrole, des fabriques de cigarettes, d'allumettes, de savon, des distilleries, des filatures de coton, appartenant aux Chinois compradores et aux capitalistes des Concessions, Français, Britanniques, Américains, Belges, Japonais, à la Banque Franco-Chinoise ou à la Hong Kong & Shanghai Banking Corporation. Les entrepôts, les ateliers employaient par nature beaucoup de coolies, de portefaix, et dans le tas, forcément, des désaxés distributeurs de tracts. Le Batracien-Graphomane savait ces choses, plus ou moins, puisqu'à l'époque il exerçait le métier de professeur d'Université. Jonglant avec la présomption, les conjectures, du passé au présent, il déduisit que les libelles découverts à Tianjin en quatre-vingt-neuf exemplaires émanaient d'une secte conspirative intitulée Parti Communiste Chinois (marxiste-léniniste), qu'à sa tête, en ses organes centraux, cerveau, cœur, moelle épinière, se trouvaient Petit-Chien, dit Rouge-Vertu, Face-de-Lune, le Pirate-Optimiste, le Dragon-Borgne, Deuxième-Couteau et une brochette de leurs compagnons engagés dans la préparation occulte d'une rébellion majeure. Aussitôt, sur des affiches en grands caractères et par des cris perçants, se déchaînèrent les sbires et les Gardes Rouges des deux universités et des huit principaux instituts : « Petit-Chien est un sinistre commandant noir, fulminaient-ils, un vieil opportuniste, un grand ambitieux ! » « Face-de-Lune a travaillé avec zèle pour restaurer le capitalisme ! » Dans l'entourage même des accusés, des particuliers malintentionnés proféraient force méchancetés. « Deuxième-Couteau n'a rien fait de bon de toute sa vie », prétendit le chef d'état-major général, amant de la femme de Tête-de-Fouine. Tête-de-Fouine soufflait sur les braises. « Il faut en emprisonner certains, coiffer les autres de grands bonnets de papier, perquisitionner leur domicile. » Ce qui fut fait pour partie.

Comment le Dragon-Borgne échappa à la persécution n'est pas clair. Sa cécité croissante ne l'empêchait pas de humer le vent. Ayant appris ce qui se tramait, il rendit visite à Deuxième-Couteau, étendu sur un lit d'hôpital du fait d'une vilaine pneumonie, et lui dit, l'air désolé : « Ben mon poteau, te voilà dans de beaux draps ! » Le Dragon songeait surtout à cette fumisterie de PCC (m-l) fortement incommodante. Des étudiants pékinois imprimèrent un recueil de biographies succinctes des génies malfaisants et des esprits-serpents. Sur la couverture s'étalaient les caricatures de Liu Gros-Nez et de son épouse, de l'Ours-Téméraire, du Pirate-Optimiste et de Petite-Bouteille pendus au bout d'une corde, le cou serré par le collier de chanvre. On leur promettait les gémonies et, déjà, quatre d'entre eux croupissaient en cage. Celui qui s'en tirait le mieux était Petite-Bouteille, partout désigné « Khrouchtchev chinois N° 2 ». Le récit circonstancié de sa vie, retracé par les Gardes Rouges, n'inclinait pourtant pas à la clémence : « 1919 : Cette crapule de quinze ou seize ans se montre désireux d'aller en Occident voir un peu comment c'est. 1921 : Le bandit Petite-Bouteille habite

Montargis, en France… Il est tellement dévoré par l'ambition que certains de ses camarades ne peuvent pas le voir… » Le chapelet de ses coquineries s'égrenait année après année jusqu'aux mois récents et au verdict : « Le critiquer jusqu'à ce qu'il vacille, jusqu'à ce qu'il tombe, jusqu'à ce qu'il pue. » Petite-Bouteille, comme les autres, fut traîné sur l'estrade aux monstres, contraint à faire l'avion à réaction, à plier le buste en avant, bras tendus en arrière pendant que volaient dans sa direction quolibets et noms d'oiseaux. Mais peut-être était-il plus malin, bien qu'on le dise dur d'oreille. Petite-Bouteille rédigea une autocritique de vingt-six mille caractères, exprimant en termes clairs tout le mal qu'il pensait de lui : « J'accepte sans réserve toutes les accusations… Je ne voudrais pas mourir en partisan non repenti de la voie capitaliste… » Il transpirait, car c'était long à développer. « C'est avec de profonds regrets que je regarde mon passé. Dans le temps qui me reste, je désire m'amender, prendre un nouveau départ, devenir un homme neuf, et essayer de transformer ma vision bourgeoise du monde à l'aide de la pensée-maozedong. » Cette douce musique chavirait le cœur de Mao. Le Président n'était pas insensible, ni inaccessible au repentir. Alors, il déclara à son tour : « Vous voulez expulser Petite-Bouteille, mais j'émets des réserves. Sans doute mes pensées sont-elles vaguement conservatrices, et dire des mots aimables à son sujet n'est-il pas à votre goût… » Mao Zedong n'eut guère besoin d'épiloguer. Petite-Bouteille fut envoyé à la campagne se refaire une santé dans un atelier de réparation des tracteurs, ce qui, à tout prendre, valait mieux que l'estrade aux monstres. Son fils aîné, étudiant à l'Université de Pékin, fut moins bien loti. Afin d'échapper à ses tourmenteurs, il se jeta de la fenêtre du troisième étage et demeura paralysé.

Ces disparitions, ces coupes, ces purges au sommet de l'État, laissaient dans l'organigramme des trous que les promus par défaut s'employaient à combler. Tandis que le Serpent-Blanc, servant ses desseins et ses penchants, œuvrait à perdre celui-ci ou celui-là parmi les Brigands Justiciers de l'ancien temps, le Batracien-Graphomane, chef du Groupe Central de la Révolution Culturelle, cherchait comment souligner la fonction éminente qui lui était dévolue. Soustraction faite des hiérarques passés à la trappe ou tombés en défaveur, le Batracien occupait désormais la quatrième position dans l'ordre des Maîtres du Jeu, derrière Mao lui-même, Tête-de-Fouine, le vice-président, et le Mandarin-Versatile, Premier Ministre d'un gouvernement évaporé. Le protocole plaçait assurément le Batracien-Graphomane devant le Serpent-Blanc, Pomme-Bleue et ses acolytes Zhang-le-Mince et Gros-Yao. Sa face plate et ses épaisses lunettes paraissaient régulièrement sur les photos officielles, ses pauvres écrits étaient traduits en différentes langues. On lui prêtait des talents de théoricien, à défaut d'orateur, puisque son accent le desservait considérablement. Les Maîtres du Jeu, auparavant, venaient soit du Hunan comme Mao, Liu Gros-Nez, le Pirate-Optimiste ou l'Ours-Téméraire, soit du Sichuan comme Petit-Chien, le Dragon-Borgne, Face-de-Lune, Petite-Bouteille et Deuxième-Couteau. Mais du Fujian, comme lui, au sommet de la hiérarchie, il n'y en avait pas d'autre. Sa province pourtant avait donné à l'Empire d'importantes personnalités, des écrivains, des traducteurs du gabarit de Lin Shu qui ne parlant aucune langue étrangère publia en chinois *La Dame aux camélias* d'après ce qu'on lui racontait. Suivant cet exemple, le Batracien-Graphomane s'était retrouvé directeur du Département des Traductions du Repaire, autrefois, alors qu'il ne maîtrisait d'autre langage que celui de sa province. Sa calligraphie ne péchait pas par excès d'élégance mais semblait appliquée. « Mots et actes inconséquents au regard de la théorie et de la pratique, malgré leur bruit, sont finalement condamnés à disparaître » : telle était la sentence qu'il plaça en exergue de ses morceaux choisis que les Rebelles Rouges de l'Université de Wuhan compilèrent en un volume de cinq cent soixante pages. Il se pouvait que le Batracien et ses éditeurs aient manqué singulièrement de tact en calant leur maquette sur le *Petit Livre Rouge* du Président : page de titre entourée d'un double filet vert avec au centre une étoile rouge, portrait de l'auteur, épigraphe calligraphiée, cela confinait au plagiat. Ils n'avaient pas eu l'audace toutefois de revêtir l'ouvrage d'une protection de plastique rouge, coquetterie que s'autorisa Tête-de-Fouine en tant que compagnon le plus proche de Mao Zedong. Ses *Citations* à lui copiaient à l'identique le livre fétiche du Président : liseré vert, étoile rouge, portrait, et la devise d'ouverture : « Prolétaires de tous les pays unissez-vous ! » Second reconnu, ayant gravi tous les degrés, Tête-de-Fouine fut consacré Successeur Désigné. Cela fut inscrit en caractères nets dans un document où l'on faisait éloge de ses hautes qualités. Le Batracien, le Serpent-Blanc, Pomme-Bleue, tous le félicitaient chaudement. « Le camarade Tête-de-Fouine est trop modeste, remarqua le Serpent-Blanc. Il voudrait que nous supprimions ce passage. Mais notre opinion est de le maintenir. » Pomme-Bleue le flagornait à l'envie : « Le passage doit rester ou nous n'approuverons pas le document. » Devant tant d'amabilités, tant de dévouement, Tête-de-Fouine s'inclina : « Finalement, j'aimerais dire… pour être franc, en ce qui me concerne, je n'ai pas fait grand-chose. »

Le moment était venu pour ce qui restait des Maîtres du Jeu de procéder à un complet état des lieux, de réunir leur Grande Assemblée réglementaire, car il apparaissait que soixante et onze pour cent des anciens Brigands Justiciers membres du Conseil s'étaient vu coller au front l'étiquette de renégat, agent ennemi ou Trois-Anti. Qu'ils fussent morts, en prison ou exilés au loin, ceux-là manquaient par force et il fallait les remplacer. Mao Zedong portait son regard sur les visages tournés vers lui, certains familiers, d'autres inconnus et il émit quelques jugements et suggestions : « Face-de-Lune prétend qu'il n'est plus digne de participer à la Grande Assemblée. Moi, j'affirme que si. » Par la magie du verbe, Face-de-Lune quittait d'un coup le purgatoire. Car, comme on dit dans les romans anciens : « Le Singe d'Or brandit son bâton fabuleux et voilà le Palais de Jade purgé de poussière. » Mao s'arrêta sur un poupon dans sa trentaine, avenant autant que serviable, assez mignard pour faire du cinéma, et il dit encore : « Le nom de cet homme est Wang-le-Jeune. Lève-toi, qu'on te voie. Dommage qu'il n'y ait pas plus de jeunes camarades qui assistent à cette réunion ! » Mao distinguait pour la première fois l'ancien de Corée dont Zhang-le-Mince à Shanghai avait fait son bras droit, un gars capable d'envoyer des cohortes armées contre les ouvriers de l'usine de moteurs diesel, de les mettre à genoux, de faire le coup de poing, d'interroger allègrement ses prisonniers et de laisser sur le carreau dix-huit morts et neuf cent soixante-cinq blessés. Par le sortilège d'une phrase, Wang-le-Jeune se trouva catapulté vers le haut. « C'est un leader de la classe ouvrière shanghaienne et notre officier commandeur ! » glapissait Zhang-le-Mince afin d'appuyer son protégé. Comme Mao Zedong recherchait du sang frais pour les veines et les artères, Wang-le-Jeune entra dans le Groupe Central des promus, et avec Pomme-Bleue, Gros-Yao, Zhang-le-Mince, ils constituèrent un quatuor d'inséparables, pendant que jouaient en duo le Batracien-Graphomane et Tête-de-Fouine, que le Serpent-Blanc glissait entre les un et les autres et que le Mandarin-Versatile observait la scène nouvelle d'un air maussade.

Enfin s'ouvrit dans l'immense salle du Palais du Peuple de Pékin la Grande Assemblée des mille cinq cent douze délégués venus de toute la Chine, sous la présidence de Mao Zedong, à l'aplomb de son portrait définitif encadré d'or. Le public excité se pressait au parterre, attendait en transes le début des festivités, hurlant en cadence des slogans répétés. Les Maîtres du Jeu firent leur entrée à la queue leu leu par les coulisses, le Président, suivi de Tête-de-Fouine secouant le Livre Rouge, suivi du Mandarin-Versatile répétant le même geste, puis du Batracien-Graphomane, du Serpent-Blanc, de Pomme-Bleue, de Zhang-le-Mince et de Gros-Yao. Tête-de-Fouine avait un truc pour faire bouger le *Petit Livre Rouge* sans fatiguer son bras, un mouvement rapide du pouce sur la couverture plastique. Une jeune infirmière à tresses se tenait en permanence derrière le Président. La salle vibrait. « *Wànsùi ! Wànsùi ! Wànwànsùi !* Longue vie ! Longue-longue vie ! Dix mille ans de vie ! » Résonnaient ces cris et le roulement des applaudissements infinis. L'œil hagard, le Premier Ministre donnait l'image d'un animal traqué. Du centre de la tribune, Mao Zedong ne voyait que la foule des délégués scander son nom en agitant le livre de ses pensées, un badge à son profil accroché sur le cœur. « *Wànsùi !*

Wànsùi ! Wànwànsùi ! Longue vie ! Longue-longue vie ! Dix mille ans de vie ! » Lorsque la salle s'apaisa, que les paumes rougies se reposèrent sur les pupitres, que les gorges enflammées se turent, Tête-de-Fouine, lunettes sur le nez, les mains posées à plat sur la table, ânonna un fastidieux rapport. « … Notre congrès se tient à un moment où la Grande Révolution Culturelle Prolétarienne, déclenchée et dirigée par le Président Mao en personne, a remporté de grandes victoires… » Blablabla. « … Cette grande tempête révolutionnaire a détruit le quartier général de la bourgeoisie ayant à sa tête Liu Gros-Nez, ce renégat, agent de l'ennemi traître à la clase ouvrière… » Mao à sa droite, détaché de l'instant, se plongeait dans une lecture quelconque. De temps en temps, il tirait sur son cigarillo. Un peu plus loin sur sa gauche, pour se donner un genre, Pomme-Bleue gardait sur ses épaules la capote à col de fourrure. Le Serpent-Blanc jouait avec son paquet de cigarettes. Assise à la tribune à dix places de Mao se trouvait Feuille-d'Automne, l'épouse de Tête-de-Fouine, séparée de son amant, le chef d'état-major, par l'adipeux général commandant l'Aviation.

Quand Tête-de-Fouine eut épuisé son propos, quand les délégués eurent digéré, le Mandarin-Versatile prit la parole, son badge « Servir le Peuple » épinglé au-dessus de la poche de poitrine. « Le camarade Tête-de-Fouine, asséna-t-il, est un glorieux représentant de ceux qui après la déconfiture de l'insurrection de Nanchang ont rejoint les monts et les vaux sous la direction du Président Mao. Depuis lors, le camarade Tête-de-Fouine a toujours marché du même pas que le Président… En suite du complot avorté de l'Ours-Téméraire dans l'Armée, le camarade Tête-de-Fouine a institué les Quatre Primautés, le style de travail des Trois Fois Huit, les Compagnies aux Quatre Mérites, les Cinq Bons Combattants, il a revu les Trois Règles de Discipline et les Huit Recommandations… » À l'énoncé de ces réussites, la modestie de Tête-de-Fouine en prenait un coup. Il ne savait plus où se mettre, frêle sous sa casquette, dans son uniforme vert luisant. Mais le Mandarin continuait au micro : « Nous ressentons une joie sans limites non seulement parce que nous avons pour Grand Leader le

Président Mao, mais nous exultons aussi parce que nous avons le vice-président Tête-de-Fouine comme successeur désigné à l'unanimité. » Devant tant d'empressement, de sollicitude, d'amitié déclarée, le maréchal Tête-de-Fouine ne pouvait se dérober. Il monta au micro dire à son tour quelques mots, un peu dans la façon des cérémonies de remise des prix en Occident. « Euh… Je n'ai rien préparé… mais… je voudrais dire quelque chose après avoir entendu le discours du Premier Ministre… Euh… Je n'étais pas au courant du contenu du discours auparavant… Son appréciation du Président Mao est très juste… En ce qui me concerne, je suis vraiment confus… C'est vrai que très jeune j'ai rejoint le Président Mao dans les monts et les vaux… J'ai comparé tous les chefs et j'ai senti que le Président Mao était celui que je devais soutenir… » Tête-de-Fouine commença à raconter sa vie en phrases hachées avec des accents de vérité. « Pour être tout à fait honnête, mon niveau idéologique était très, très, très bas… Je dois remercier pour tout le Président Mao. » Tête-de-Fouine remontait les années aussi loin que le lui permettait sa loyauté, jusqu'à l'époque où se joignirent en des lieux inhospitaliers les Armées Rouges des IIe et IVe Fronts harcelées par les troupes de Chiang Kai-shek, bombardées par les biplans Curtiss Hawk, et conduites par leurs chefs respectifs qui n'étaient pas le Président Mao. « Si j'avais été sous les ordres du Pirate-Optimiste ou de Zhang-le-Solitaire, je serais mort depuis longtemps, moi, Tête-de-Fouine. Ma tête aurait roulé depuis belle lurette. Je n'aurais certainement plus de tête. C'est sûr ! Il n'y a aucun doute. J'aurais perdu la tête. » L'Assemblée approuva sans réserve tout ce qui était dit. « Et ce rapport du camarade Tête-de-Fouine, êtes-vous tous d'accord ? Levez la main si vous l'adoptez ! » demanda Mao en soulevant mollement le bras droit sous un tonnerre d'applaudissements. À sa gauche et à sa droite, Tête-de-Fouine et le Mandarin-Versatile remuèrent leur *Petit Livre Rouge* en tortillant la nuque pour contempler la salle flamboyante, les participants radieux.

Au terme de la cérémonie fut distribuée à chacun une grande feuille imprimée sur laquelle les délégués, éminents ou obscurs, devaient cocher dans l'ordre préférentiel les noms des élus. Et tous défilèrent devant l'urne pour placer leur bulletin, plié en deux, en quatre, en six. Ouvrant le scrutin, Mao Zedong suspendit son geste afin qu'on le vît bien, avant de laisser choir la feuille dans la fente. Pomme-Bleue tenait son bulletin à deux mains, Feuille-d'Automne également. Après que ceux-là eurent voté, on vit arriver les vieux, Petit-Chien dit Rouge-Vertu, puis le Dragon-Borgne dont la vue se brouillait et que quelqu'un menait par le bras. Son guide l'aida à insérer le papier dans l'urne. Des délégués exaltés s'approchaient de Mao, lui soufflaient au nez des « *Wànsùi !* », secouaient sa main comme une branche de prunier, ne voulaient plus la lâcher. Il y en avait qui se trémoussaient, pleuraient, perdaient leur casquette. Tête-de Fouine affichait son sourire, le Mandarin-Versatile sa mine triste. Le foule acclamait debout, lorsqu'ils sortirent, en file, Mao suivi de Tête-de-Fouine, etc. Le brouhaha des vivats couvrait la musique de *L'Orient Rouge* et de *Pour naviguer en haute mer il faut un timonier.* Puis le silence se fit et l'orchestre, hautbois, clarinettes, trombones, trompettes, entama une solennelle *Internationale.* Ainsi, la tête bien solide sur ses épaules étroites, Tête-de-Fouine fut intronisé Successeur à la place de Liu Gros-Nez.

Où finit le livre licencieux de la dynastie des Ming accaparé par le Batracien-Graphomane, vous en serez instruit sous peu. Quant au destin de Tête-de-Fouine, vous le découvrirez assurément dans les chapitres suivants.

CHAPITRE XLII

Le Président se mesure au ping-pong avec Hollywood —
Des Brigands Justiciers enfourchent le dragon ;
une petite musique se fait entendre aux cieux.

La fameuse partie de ping-pong entre le Président Mao et Gregory Peck eut lieu peu après ces événements, dans un temple de la région de Chengdu, province du Sichuan. Mao Zedong tenait sa raquette rouge selon le style du champion Rong ou du champion Zhuang, à la façon dite de la « prise porte-plume », pour mener ses attaques rapides, ses ripostes cinglantes. Coups droits, revers. Ping et pong. En face, Gregory Peck serrait le manche de manière classique. Tout en se renvoyant la balle de celluloïd, les deux hommes devisaient. « C'est gentil à vous de venir me voir, l'accueillit le Président. Prendrez-vous du thé ? » L'acteur, en costume beige, cravate sombre, une petite mèche rebelle lui tombant sur le front, se concentrait sur l'étonnante conversation. « Dites-moi ce que vous pensez de la Chine, cela m'aiderait beaucoup, s'épancha Mao. Il faut toujours se fier à la première impression. » Gregory Peck n'était pas un timide, ni un couard. « Eh bien, c'est par ce livre que je commencerai, hasarda l'acteur, ce *Petit Livre Rouge*. Je me procurerais tous les exemplaires et ne les utiliserais plus que pour envelopper du poisson. » Loin de se fâcher, de prendre ombrage de cette remarque somme toute désobligeante, le Président argumentait calmement. « Dans mon esprit, ce manuel n'est pas plus qu'un exercice mental de tous les jours. Il doit aider les gens à penser, à raisonner, et donc, faire évoluer leur vie vers le meilleur. » Gregory Peck n'était pas tombé de la dernière pluie, il avait passé la cinquantaine, connaissait Audrey Hepbrun, Ava Gardner, avait joué le capitaine Achab dans *Moby Dick* et eu quelques démêlés avec la clique de McCarthy. « Oui, défiait-il le Président, mais ils ne le lisent pas ! Ils le récitent. Il pourrait être en grec, ils s'en servent comme d'une formule magique ! » Mao ne se démontait pas. Revers, coup droit. Et pong, et ping. « Les paysans travaillent de leurs mains, expliqua-t-il, ils ont besoin de s'accrocher à quelque chose pour s'élever. En une seule génération, il va falloir qu'ils sautent du xe au XXIe siècle ! Ça ne peut pas se faire sans verser de sang, sans bruit, sans confusion. Alors ils ont besoin d'une certaine magie ! » Coupé, lifté. Et ping, et pong. Le thé était prêt. Le Président posa sa raquette et la balle de celluloïd, invita son hôte à s'asseoir, lui offrit des gâteaux ronds et servit le thé. « Regardez ce qu'est la race humaine, philosopha-t-il, une vie ne représente rien, rien que les larmes versées par ceux qui restent. » Gregory Peck n'était pas de cet avis, peut-être parce qu'il était d'ascendance irlandaise, par sa grand-mère, et arménienne, par son grand-père, et aussi parce qu'il avait joué dans *Les Clés du Royaume*. « Eh bien moi, je pense au contraire qu'une vie doit représenter plus que tout et que les larmes versées pour la mort d'un être doivent se compter une par une…

— Vous êtes désespérant ! » soupira le Président. Finalement, après moult politesses et faux-fuyants, ils en vinrent au sujet brûlant, motif du déplacement à grands risques de l'acteur : la découverte extraordinaire d'un savant chinois qui permettait de faire pousser des ananas au Tibet, à sept mille cinq cent cinquante mètres d'altitude. « Oui, acquiesça le Président, nous avons découvert un enzyme, c'est exact, mais nous ne l'avons qu'en très petite quantité. Il en a été de même pour l'insuline, le remède indispensable aux diabétiques. Autrefois, il fallait sacrifier des milliers d'animaux pour en extraire une dose minime. Mais maintenant, l'insuline peut être fabriquée par voie de synthèse. C'est pourquoi l'insuline n'est plus un produit coûteux. » Sûrement, ces digressions sur le pancréas des bœufs et des porcs pouvaient impressionner Gregory Peck qui avait été à ses débuts apprenti cuisinier. Mais il était de fait que les

Chinois détenaient la synthèse de l'insuline. La suite de l'aventure de Gregory Peck, si passionnante qu'elle fût, course-poursuite à travers la Mongolie Intérieure, explosions, suspense, tout ça avec le *Petit Livre Rouge* dans sa poche gauche, ne devait pas faire oublier de plus terribles réalités.

Le Pirate-Optimiste, atteint de diabète, dépérissait. Il n'était plus le Bandit Rouge superbe qu'avait rencontré l'Américaine-Venue-en-Deuxième sur le front de la lutte antijaponaise, le fort gaillard à moustaches au pantalon noir et aux chaussures de toile couvertes de guêtres vertes. Ce n'était qu'un prisonnier malade de soixante-treize ans à qui tout manquait et d'abord les soins. On ne lui donnait plus à manger que des légumes bouillis, sans sel ni corps gras. Bientôt, le Pirate-Optimiste ne put se mouvoir qu'avec difficulté. L'Histoire conte qu'on l'entendait marmonner : « C'est injuste… C'est injuste… » Dans le lieu où il était gardé avec son épouse, il se traînait vers la fenêtre et répétait le nom de ses enfants. Sa situation s'aggrava d'un coup. Il se prit à vomir. Avant de sombrer, il murmura « Ma fille… Ma fille… », puis à sa femme, demeurée à son chevet : « Sois prudente, ils veulent me supprimer… » Les médecins appelés par les geôliers constatèrent le coma diabétique, injectèrent dans les veines du Pirate deux mille milligrammes de glucose, et le firent admettre en urgence à l'Hôpital Militaire 301 de Pékin. Voilà. C'était le bout de son chemin. Le Pirate-Optimiste quitta le monde sensible à quinze heures zéro neuf, le 9 juin 1969. Ainsi mourut, le maréchal He Long, de l'Armée Rouge des Ouvriers et des Paysans, Double Tête de Dragon dans la Société des Frères Aînés. Il n'eut pas d'obsèques.

Le film de la 20th Century Fox avec Gregory Peck manqua le rendez-vous du succès. Il fut projeté d'abord au Penthouse Theater de Broadway, à New York, et au cinéma Loew's de la Troisième Avenue, vers la 86e Rue. La production prévoyante distribuait toutes sortes de publicités, les photographies, bien sûr, punaisées dans les vitrines, Gregory Peck au milieu des Gardes Rouges, Gregory Peck escaladant une clôture, rampant sous des barbelés, et des encarts pour les journaux : « Gregory Peck doit assister à l'étrange performance d'une stripteaseuse avant de rencontrer le Président Mao. » Variante : « Gregory Peck témoin de la vente aux enchères d'une beauté exotique avant de rencontrer le Président Mao. » « Le Président est Mao Zedong — Le Président est l'homme le plus craint du monde… exception faite de celui qui va le détruire. » Ces manchettes ne suffisaient pas à drainer les spectateurs. Le film traversait le Danemark, la Suède, la Norvège, la Finlande, passait à Berlin, secteur américain, voyageait au Japon. Pan ! Pan ! Sur l'affiche Gregory Peck canardait les Chinois. Le film se projetait dans la Grèce des Colonels, passait en Espagne sur les écrans de Franco avec pour titre *L'Ombre du Tsar Jaune*. Crochet par la Turquie, l'Italie. Le film arrivait en France, *L'Homme le plus dangereux du monde*. Mais il avait affaire à lourde concurrence : *Une poignée de plomb*, Richard Widmark, Bang ! Bang ! *If*.., Palme d'Or à Cannes, Godard, *One plus one*, *Z* de Costa-Gavras. Et *Hibernatus*, Louis de Funès, cinq cent mille entrées : « Ma biiiiche !… Pfffuuuiiiiit… Paf ! Les hommes deviennent fous !!! » Un triomphe. Gregory Peck et le Président Mao trottinaient loin derrière. La concurrence, bien sûr. Mais aussi les extravagances du scénario, cette histoire absurde d'ananas au Tibet quand on avait tant de mal déjà à y faire pousser l'orge *qīngkē* et à y faire régner la paix !

La chasse aux Quatre Vieilleries, la traque des mauvais génies, se pratiquaient largement autour des chörtens, des drapeaux à prières. Au Tibet les factions se déchiraient, se déchiquetaient à l'arme lourde, se hachaient à l'arme blanche, Nyardel des villes contre Gyenlok des champs, *gSar brje'i mnyam sbrel chen po* de la Grande Alliance Révolutionnaire contre Rebelles Rouges du *dMar po'i gyen log shog kha*. Au Tibet, pays des grands mystères, survenaient des phénomènes étranges. Un être bizarre, assurait-on, hantait la haute montagne du Qomolangma, grand, fort, dépassant en taille les autochtones et couvert de poils jaunes, ses pieds possédaient cinq orteils comme tout un chacun mais il pouvait broyer le cou d'un mouton bleu ou même d'un yak entre ses membres antérieurs. Les gens alentour l'appelaient le *migdred* et en avaient peur.

Il se disait également qu'une bonzesse vêtue selon la tradition mais arborant le brassard rouge de la faction Gyenlok rendait des oracles et entrait en transes, qu'elle apostrophait les villageois et se prétendait tantôt « la main droite du Président Mao », tantôt l'incarnation de la déesse Any Gongmei Gyemo. Battant la campagne coiffée d'une toque de renard, la bonzesse ameutait les gens, les incitait à rejoindre l'Armée Rebelle des Dieux. « Chassez les chiens jaunes et les cochons bleus, glatissait-elle, je me transformerai en aigle des cimes pour vous protéger. » Certains, dans les villages, l'appelaient la Sainte et d'autres l'appelaient la Folle. Mais tous la craignaient, car des guerriers nourris de ses paroles, enivrés de bière *qīngkē*, tranchaient d'un coup d'épée effilée ou de hache émoussée les mains et les pieds des habitants fidèles aux autorités. Tchak ! sur un billot de bois, la main gauche, la main droite. Il se passait donc ce genre de choses au Tibet. Mais y cultiver des ananas, non ça ne tenait pas.

D'après les rapports régulièrement transmis du bas vers le haut, la pensée-maozedong accomplissait pourtant des miracles. De l'orge et du colza doré poussaient à quatre mille trois cents mètres à une température moyenne de 0,1°. C'est ce qu'affirmait la propagande, il y avait lieu de s'en féliciter. Dans toute la Chine, au sud, au nord, la production grimpait, contait-on. Telle commune au bord d'un lac riant, adossée à des collines, récoltait deux mille huit cents tonnes de mandarines joufflues et deux tonnes et demie de thé vert *Bìluóchūn*, ainsi appelé par l'empereur Kangxi des Qing dans la trente-huitième année de son règne. Telle brigade de production d'un canton ingrat, inspirée par la fable du Vieux Fou qui déplaçait les montagnes, entreprit d'aplanir neuf collines, d'édifier pierre à pierre des murs de soutènement, malgré la grêle, les crues, la pluie sept jours et sept nuits, et les théories délétères de Liu Gros-Nez et consorts. Les photos de ces héros illustraient les journaux.

Liu Gros-Nez, captif dans sa carrée, ne parvenait plus à quitter le bat-flanc sur lequel il était étendu. Ses forces l'abandonnaient, ses muscles mollissaient. Les gardiens lui apportaient son repas ou ne le lui apportaient pas, selon leur humeur. Des fois, ils crachaient dans sa soupe. « Renégat ! Agent de l'ennemi ! » Par décision de l'Assemblée restreinte des Maîtres du Jeu, Liu Gros-Nez avait été expulsé « à perpétuité » du Parti des Brigands Justiciers et démis définitivement de toutes ses fonctions passées. Son diabète le tourmentait. Bientôt, il eut du mal à déglutir. Liu Gros-Nez n'avait plus que sept dents. Il était sale, se faisait dessus. Jamais ses vêtements n'étaient lavés, ni ses cheveux ou ses ongles coupés. Son corps se couvrit d'ulcères. On lui enleva son pantalon et il demeura enroulé dans une couverture. Il était seul, nourri par un tube nasal, des taches de vieillesse et de maladie marquaient son visage. Une nuit d'octobre, on l'entendit hurler à la mort et sangloter. L'Histoire suggère que le Mandarin-Versatile voulut envoyer à son chevet des infirmières. Mais ce souhait ne put se réaliser. À la place, des sbires vinrent le prendre. On coucha Liu Gros-Nez sur une civière et un avion le transporta dans une sorte de caserne de la ville de Kaifeng, ancienne capitale de la dynastie Song. Il contracta une pneumonie. Son visage vira violet. Le 12 novembre 1969 avant sept heures du matin Liu Gros-Nez expira. Alors on l'habilla et arrangea ses cheveux blancs. Puis on cala le cadavre dans une jeep. Les pieds dépassaient. Flanqué de vigiles ténébreux, il fut emmené au crématorium et brûlé à minuit sous le nom de Liu *Weihuang*, qui signifie « défenseur de l'Empereur » ou quelque chose d'approchant. Ses cendres furent recueillies dans une boîte numérotée 123 qui coûta trente yuans à l'État. Ainsi finit Liu Shaoqi, président de la République Populaire de Chine, dans sa soixante et onzième année. Sa femme, emprisonnée, et ses enfants n'en furent pas informés. Le monde, au-delà des mers, des montagnes et des océans, n'en sut rien.

On continuait à parler de lui néanmoins, comme s'il était vivant. Tête-de-Fouine adjurait ses compagnons, les militaires et la population de ne jamais renoncer aux exigences et aux bienfaits de la critique. « Nous devons, disait-il, liquider ce qui reste de l'influence néfaste de la ligne révisionniste contre-révolutionnaire de Liu Gros-Nez, ce renégat, agent de l'ennemi, traître à la classe ouvrière. » Le processus de lutte-critique-réforme se développait dans tous les domaines et n'épargnait personne. Il ressortait du travail des organes de sûreté que de sérieuses accusations pesaient sur sept cent vingt-neuf mille cinq cent onze individus des neuf catégories de salauds : propriétaires fonciers, despotes locaux, mauvais éléments, droitiers, renégats, etc. *Aya !* Cinq ans de mitard pour une remarque réactionnaire sur la maigreur supposée du vice-président Tête-de-Fouine, d'aucuns parmi les juges estimaient la peine légère, mais pas l'ouvrier de Nankin à qui arriva cette mésaventure. Un vidangeur de Pékin, nettoyeur des fosses d'aisance, travailleur modèle récompensé par le Parti et cité en exemple, se trouva embringué pareillement dans un mauvais cas. Pomme-Bleue, avec ses raisons, déclara : « Ce vidangeur est un traître à la classe ouvrière ! » Il avait beau raconter que le Président Mao lui avait un jour serré la main, que le Premier Ministre lui avait servi du vin, le Bureau de la Sécurité s'occupa de lui. Les sentences imparables tombaient sur l'un ou sur l'autre. Un ouvrier épousseteur, son chiffon à la main, serra le cou d'un buste du Président Mao devant témoins, le Bureau de la Sécurité le jeta en prison. Un fonctionnaire privilégié froissa dans la corbeille à papiers un journal sur lequel figurait le portrait du Président, le Bureau de la Sécurité accourut. Et ainsi de suite. Des salauds des neuf catégories, il en sortait de partout. On citait le cas de ce garçonnet de cinq ans qui accrocha au cou de son chat le badge du Président Mao. D'ordinaire, pourtant, les enfants se comportaient bien. Ils dansaient, défilaient conformément aux consignes. Au pas, en cadence, autour du col un foulard écarlate, autour du bras un brassard rouge et or, sur l'épaule une pique de bois à pompon cramoisi ou un vrai fusil, lourd, plus grand qu'eux, avec sa culasse et sa baïonnette d'acier luisant. Alignés sur trois rangs, des plus petits aux plus grands, badge épinglé sur la poitrine, le Livre Rouge serré contre leur vareuse, ils chantaient en chorale, *moderato accelerando*, les paroles chères à Tête-de-Fouine :

Pour naviguer en haute mer, il faut un timonier,
Pour la croissance des êtres, il faut le soleil,

Pour faire la révo-lu-tion, il faut la pensée-maozedong.
Trala-lala-la, lala, lala, lalère.

C'était agréable de s'époumoner au grand air, de crier tout son soûl et d'être applaudi. En certaines circonstances, les petits venaient devant le micro débiter à haute voix des citations apprises par cœur du Président Mao, car il est entendu et admis que la vérité sort de la bouche des enfants. « Que les enfants s'unissent et apprennent à devenir les futurs maîtres de la Chine nouvelle ! »... « Les écoles primaires, secondaires et supérieures doivent reprendre les cours tout en poursuivant la révolution ! » Bien sûr, retourner en classe était moins rigolo que de se promener dans les rues en vagissant, de coller sur les murs des affiches en grands caractères, de chasser les monstres et les Quatre Vieilleries. Mais le Président l'avait exigé quand, à son jugement, le temps de la récréation était passé. Les récalcitrants furent envoyés à la campagne s'éduquer auprès des paysans. Les autres, obéissants aujourd'hui comme hier, retrouvèrent le tableau noir et les manuels scolaires.

ENGLISH — Leçon Un — *Chairman Mao* — Le Président Mao — Lettres : C c... H h... A a... I i... — Leçon Deux — *Long live Chairman Mao* — Vive le Président Mao — Lettres : L l... G g... ... Leçon Neuf — Calligraphie du vice-président Tête-de-Fouine — *Sailing the seas depends on the helmsman* — Pour naviguer en haute mer, il faut un timonier... — Leçon Dix-Neuf — *Down with Big-Nose Liu !* — À bas Liu Gros-Nez ! — Liu Gros-Nez est un renégat, un agent de l'ennemi, un traître à la classe ouvrière, un laquais des impérialistes, des révisionnistes modernes et des réactionnaires du Kuomintang ! — Prononciation : *renegade* ['renigeid] ; *lackey* ['læki] — *FRANÇAIS* — Vocabulaire : Un drapeau rouge [œ̃draporu:ʒ] ; un cheminot [œʃmino] — Parlons en français : « Est-ce un drapeau rouge ? Oui, c'est un drapeau rouge. Est-ce un cheminot ? Non, ce n'est pas un cheminot, c'est un métallo. » « Y a-t-il un marteau dans le panier ? Non, il n'y a pas de marteau, mais il y a une faucille. » « Y a-t-il des enfants sur la place ? Oui, il y en a. Ce sont des Petits Soldats Rouges. »

Exercice (tous ensemble) :

Je suis un Petit Garde Rouge,
Tu es un Petit Garde Rouge,
Nous sommes les Petits Gardes Rouges du Président Mao.
Président Mao, Président Mao,
Vous êtes le soleil rouge de notre cœur.
Tous les Chinois vous aiment,
Les peuples du monde entier vous aiment.

C'était un peu vrai.

Tout le monde aimait le Président Mao.

Son Livre Rouge était traduit en grec, à la satisfaction de Gregory Peck. Son livre rouge était traduit en italien, en haoussa, en coréen, en hongrois, en ourdou, en népalais, en pachtou, en portugais, en turc, en birman, en russe, en allemand. Et en espéranto. Neuf centimètres par treize, couverture de plastique, tous identiques. Tournaient les rotatives à grande vitesse. En danois, en islandais, en finnois, en polonais. Les Hindous le possédaient en sept langues distinctes. Les Suédois le réimprimèrent en un an quatre fois. Dans le froid de Stockholm s'ouvrit l'exposition « Saluons la victoire de la Grande Révolution Culturelle Prolétarienne ». Les citadins piétinaient pour voir la peinture à l'huile *Le camarade Mao Zedong en route vers Anyuan* et récupérer à la sortie un exemplaire du précieux livre des citations ou un badge à l'effigie du Président. Où que l'on aille sur la planète, où que l'on se trouve, le Président Mao faisait recette. On le rencontrait à Bagdad, dans la boutique Mozart, près du cinéma Khayam, et à Kingston, Jamaïque, chez K. Hugh & Co., sur Princess Street.

Le Musée Guimet de Paris offrait au regard de son public une collection rare de porcelaines contemporaines. Cela ravissait les pupilles, déliait les langues. Un visiteur signala qu'il avait mieux compris ce jour le sens de la formule : « Le pouvoir est au bout du fusil. » Mao Zedong gagnait les cœurs, les kiosques des boulevards. Devant la bouche du métro Bonne-Nouvelle, le philosophe au regard divergent et le Castor coiffée de son turban se mirent à distribuer des journaux nourris de l'enseignement du Président Mao. « Demandez *La Cause du Peuple*, journal communiste révolutionnaire prolétarien ! Demandez *La Cause du Peuple* ! » Les policiers en képi de la ville de Paris poussaient précautionneusement Jean-Paul Sartre et Simone de Beauvoir vers le panier à salade blanc et noir. Mais le cinéaste Jean-Luc Godard reprenait après eux en chuintant : « Demandez *La Cause du Peuple* ! Demandez *La Cause du Peuple* ! » Journal à un franc, de parution aléatoire. Ah, *La Cause du Peuple* ! Saboter les vacances des riches, casser les hochets dont ils s'amusent, les Rolls-Royce, les Bentley, leurs hôtels de luxe, « porcheries à rupins ». Cocktail molotov contre le Plaza Athénée, excréments puants sur les tapis d'Orient, ordures devant le Negresco. « Bourgeois, la faucille et le marteau vous préparent une rentrée brûlante ! » — Signé Jean-Paul Sartre. « Défions tous les seigneurs ! » — Signé Simone de Beauvoir. À droite du titre, se profilait un Mao joufflu avec au menton sa verrue.

Le Français qui se rendit alors à Pékin pour l'admirer et s'enrichir d'une expérience singulière était grand et maigre. Rien à voir avec Jean-Paul Sartre, Jean-Luc Godard ou *La Cause du Peuple*. Déjà riche, très riche, d'une richesse écœurante, ministre de profession, héritier par mariage d'une marque de shampoings, de colorants, de parfums, de crèmes solaires, il appartenait à ce parti situé à droite de l'échiquier qu'en France on appelait Indépendants et Paysans — bien que lui-même fût industriel — et plus tard Républicains Indépendants — quoique personnellement il fût modérément républicain. Ce Français cousu d'or avançait très protocolairement un pas derrière Mao Zedong, et son épouse Liliane, laquée, parfumée, carré de soie noué autour du cou, trois pas de plus en arrière, discrète et bien élevée comme l'étaient les épouses riches des beaux quartiers. Au moment de prendre la photo souvenir, au côté de Mao, on remarqua qu'elle dépassait en taille le Président. Près d'elle se tenait le Mandarin-Versatile, et près du mari le vice-président Tête-de-Fouine. Cela créait une symétrie parfaite pour l'encadrement, plus tard, dans leur hôtel particulier de Neuilly. Le ministre fortuné conféra gravement avec Mao Zedong. Assis dans les fauteuils du cabinet de travail, l'un et l'autre redoublaient de compliments, faisaient assaut de modestie. « Si les États-Unis existent, c'est parce que la France a aidé autrefois Washington durant la Guerre d'Indépendance », énonça le Président Mao, sûr de son fait. Plus avant, il se prit à évoquer le rôle considérable de l'académicien Laplace, féru de mécanique céleste, que Napoléon nomma ministre de l'Intérieur. « Laplace a été le professeur de Napoléon, souligna Mao. Il conviendrait de traduire ses œuvres en chinois. » Bien entendu, le Français, épaté par tant d'érudition, ne tarissait pas d'éloges. Au retour de sa mission d'information, le journal télévisé recueillit ses confidences : « Monsieur le Ministre, vous avez rencooontré les plus hautes personnaaalités chinoooises qu'il est rare de pouvoir rencooontrer : le Président Mao Zedong, le vice-président Tête-de-Fouine, le Mandarin-Versatile, Premier Ministre, quelles impressions vous ont laissé ces personnes ?

— D'abord c'était très intéressant pour moi de revoir le Président Mao Zedong, avec un certain nombre d'années d'intervalle… » répondit le riche ministre (il était déjà venu prospecter en Chine, voir Mao et l'entendre parler de La Mettrie et de Rousseau). « … C'est à la fois un grand homme d'État, c'est incontestable, c'est aussi un philosophe, euhhh, on pourrait même dire que c'est un sage…

— Le Président Mao Zedong vous a-t-il semblé en bonne santé ?

— Eh bien le Président Mao Zedong m'a semblé en bonne santé.

— Son âge ne l'a pas atteint ?

— Écoutez, il est à un âge… il est à un âge où quand on prend une année de plus, ça paraît peut-être davantage que quand on est plus jeune, bien sûr, mais en réalité c'est un homme en bonne santé, et c'est un homme qui a un esprit qui reste extraordinairement alerte et rapide, et qui a beaucoup d'humour. » Le ministre ne voulait pas s'arrêter là. Accomplir un si long voyage et s'abstenir d'exposer ses analyses sur l'écran du poste noir et blanc eût été idiot autant que désolant. « Le vice-président Tête-de-Fouine, s'enferra-t-il donc, est un homme volontairement discret, euh, par tempérament, peut-être en raison de ses fonctions, qui sont très hautes. M. Tête-de-Fouine semble davantage à la fois un homme de réflexion et un homme d'autorité, mais d'autorité qui n'a presque pas besoin de s'exprimer, d'une autorité qui est sûre. » Il lui restait à évoquer le Premier Ministre et ciseler une conclusion générale. « En ce qui concerne le Prés..., euh le Premier Ministre, M. le Mandarin-Versatile, euh, c'est un homme d'une intelligence extrêmement rapide, euh, séduisante, euh, qui sait rire. Ce qui est intéressant quand on voit les principales personnalités de la République Populaire, c'est que précisément, on peut avoir avec elles une véritable conversation, en ce sens que ce sont des gens qui pensent par eux-mêmes, qui disent ce qu'ils ont envie de dire, qui rient s'ils ont envie de rire, qui font une remarque à l'emporte-pièce s'ils ont envie de la faire, et c'est tout à fait ainsi que réagit quelqu'un comme le Mandarin-Versatile. »

Il est possible que les Chinois aient eu envie de rire à chaudes larmes. Mais ils ne regardaient pas la télévision française, ni les ministres du gouvernement. Leur allégresse venait d'ailleurs, de loin, très haut, de haut, très loin. Du ciel, à quatre cent trente-neuf kilomètres de périgée, deux mille trois cent quatre-vingt-quatre kilomètres d'apogée, descendait une musique, tiiip-tip.. tip-tip, émise par un satellite scintillant, tiiip-tip... tip-tip, envoyé par une fusée, tiiip-tip... tip-tip, une fusée à trois étages, trente mètres hors tout, une fusée baptisée Longue Marche, cinq... quatre... trois... deux... un... *wǔ... sì... sān... èr... yī...* Feu ! Les techniciens en blouse blanche, casquette militaire, étoile rouge, s'affairaient, le visage tendu, devant les cadrans, les boutons, les voyants clignotants. Il y eut un grand bruit, assourdissant, des flammes orangées, la fusée Longue Marche éleva sa masse dans l'air léger de Mongolie Intérieure, la fusée blanche à carrés noirs, portant le satellite argent de cent soixante-treize kilos. Du ciel parvint la musique, sur une trajectoire orbitale de 68,5 degrés par rapport au plan équatorial, les notes nettes de *L'Orient Rouge*, tiiip-tip... tip-tip, fréquence de 20,009 mégacycles, tiiip-tip... tip-tip. « Bonne nouvelle ! Le grand appel lancé par le Président Mao : “ *Nous devons aussi fabriquer des satellites artificiels*" a été réalisé ! » Ça n'avait pas été sans anicroches, sans obstacles inattendus. Les artisans de chacun des composants, de chacune des parties de la fusée et du satellite, avaient tant bourré leur réalisation de portraits du Président, de talismans à son image, que l'assemblage en un tout divisible s'avérait délicat, peut-être impossible. Formés dans les sobres instituts soviétiques ou aux États-Unis, à l'Université du Michigan, au MIT de Boston, les ingénieurs en chef s'arrachaient les cheveux, se torturaient les méninges. Il n'était pas question pour eux, évidemment, de taillader un portrait, de soustraire un médaillon. Après avoir examiné sous tous les angles ce casse-tête, les ingénieurs vaincus s'en ouvrirent au Premier Ministre. Le Mandarin-Versatile leur glissa dans l'oreille : « Nous aimons tous le Président Mao, aussi devons-nous le respecter. Nous accrochons son portrait dans le grand hall de l'Assemblée du Peuple, mais pas partout ! Nous respectons le Président Mao, c'est donc un problème sérieux que nous devons traiter de façon appropriée. » Dès lors, les ingénieurs se sentirent autorisés à agir selon les principes que leur dictait la pratique. La fusée s'éleva dans les airs. Les gens, en bas, trépignaient de joie, cognaient les tambours, allumaient des chapelets de pétards, levaient les yeux vers le cosmos infini. Là, dans le noir, passait le point lumineux, et sa musique électronique. Tiiip-tip… tip-tip… *L'Orient est rouge… Sur le sol chinois… Suuurgit Maao Zedong tralalala…* Toutes les cent quatorze minutes, le point lumineux repassait au même endroit du firmament. Les vieux édentés des campagnes levaient la tête et criaient au prodige. Jusqu'à ce que la pile s'épuise.

Étant donné les caractéristiques des cinq batteries zinc-argent (Zn/Ag) et la taille des quatre antennes, deviner à quelle date précise cessa d'émettre le satellite n'est qu'un simple problème de mathématiques fondé sur des processus de chimie élémentaire et de physique appliquée. Prévoir la trajectoire des sommets du pouvoir est autrement complexe. Il suffit pour s'en rendre compte de plonger dans ce qui suit.

CHAPITRE XLIII

Le Batracien-Graphomane nage en eau trouble — Des visiteurs américains tapent dans leurs mains.

Souriant aux anges, Tête-de-Fouine s'habituait à son état nouveau de Successeur Désigné. Sa position ne variait plus, derrière le Président, bras en l'air, faisant d'un mouvement du pouce vibrer le livre rouge. Comme ça tout le temps, à chaque fois qu'il sortait. « *Aya !* » manifestaient les admirateurs sur son passage, surtout les militaires : « À l'instar de l'exemple du vice-président Tête-de-Fouine, nous demeurerons infiniment fidèles au Président Mao, à sa pensée, à sa ligne révolutionnaire prolétarienne. » Dans l'intention méritoire de satisfaire leurs désirs et leurs aspirations, Tête-de-Fouine s'appliquait à calligraphier des dictons. Pour l'anniversaire de la Locomotive Mao-Zedong qui avait parcouru, noire de suie, ses deux millions de kilomètres, il traça trois lignes sur le papier : « La révolution populaire sous la direction de la pensée-maozedong est la locomotive de l'Histoire. » Mao Zedong commençait à flotter dans ses pantalons. Il gardait sa bedaine, mais les membres maigrissaient. Mao serrait la main des gens qu'il recevait, les paysans d'exception, les ouvrières modèles, mais ne les détaillait pas. Son regard était perdu au loin. Dans ces circonstances, bien sûr, on le découvrait vêtu tantôt d'un uniforme brun à parements rouges au col, tantôt de son costume léger gris-bleu. Mais la plupart de ses jours, il les passait chez lui en peignoir, des mules aux pieds, et s'allongeait au bord de sa piscine. Là, il réfléchissait, formulait les directives suprêmes que d'autres rapportaient. « Je suis pour le mot d'ordre : "*Ne craindre ni les épreuves ni la mort*". »... « Les insectes venimeux produisent leurs propres fossoyeurs. Le jour n'est plus très loin de leurs funérailles. »

Tête-de-Fouine casa son fils dans l'Armée de l'Air, celui qu'en famille on appelait le Tigre. N'était-ce pas normal, à son âge, dans les vingt-quatre ans, de lui offrir une situation ? Le maréchal Tête-de-Fouine confia son rejeton à l'adipeux général commandant les avions à réaction et à hélices. Soucieux de plaire à son supérieur, le général gras et flasque confirma la justesse de ce choix : « Ah, oui ! Maintenant qu'il est avec nous dans l'Armée de l'Air, c'est un vrai tigre ! » Tête-de-Fouine exultait : « Tu entends Tigre ? disait-il à son fils. Ton chef pense que tu peux devenir un vrai tigre ! » Jusque-là, le garçon ne montrait d'ardeur à l'étude que pour les revues achetées à Hongkong, *Penthouse* et *Playboy*. Il apprenait par là les langues étrangères et, ayant atteint rapidement des postes élevés de commandement, il examina sous toutes les coutures les auxiliaires féminines de l'Armée de l'Air. Le fils de Tête-de-Fouine n'avait pas le caractère de son père. Certaines de ses conquêtes se plaignaient qu'il leur mordait les seins, ou qu'il les frappait au comble de l'excitation. Médisances que tout cela ! L'adipeux général, chef de tous les avions, le tenait sous sa protection. Le Tigre fut nommé adjoint du Département des Opérations de Recherche et d'Investigation. Ainsi, en fourrageant par-ci par-là, en écoutant les gens avec des appareils spéciaux, il apprit que sa mère s'amusait au jeu des nuages et de la pluie avec le chef d'état-major. Cela lui causa grand émoi, grand tumulte intérieur, et il fit reproche à sa génitrice de son inconduite. Mais sa mère Feuille-d'Automne, droit dans les yeux, lui rétorqua qu'il n'était qu'un nigaud. Que croyait-il ? Que l'on avançait autrement dans les allées du pouvoir ? C'était pour lui qu'elle se dévouait, et personne d'autre. Son mari désigné Successeur, il fallait sérieusement préparer l'héritage. Feuille-d'Automne réussissait assez bien à frayer son chemin. Depuis la dernière Grande Assemblée, elle appartenait au Cercle des Premiers. On la voyait parfois à quelques mètres de Mao Zedong, assister à une soirée artistique, écouter *Le Fanal rouge* au piano ou les airs rafraîchis de l'Opéra de Pékin. Le protocole la plaçait en douzième position parmi les Maîtres du Jeu, loin devant Petit-Chien, dit Rouge-Vertu, le Dragon-Borgne, Face-de-Lune et tous les vieux maréchaux. C'était un progrès appréciable, presque un exploit, vu qu'elle avait peu d'éléments de son passé dont elle pouvait se prévaloir, certainement pas ses performances à la radio du Kuomintang et à peine son mariage avec Tête-de-Fouine au Repaire.

Mais il en était un que les événements favorisaient plus encore et qui se frottait les mains. L'air de rien, à petits pas, derrière Mao Zedong, Tête-de-Fouine et le Mandarin-Versatile, le Batracien-Graphomane se faufilait vers le haut. Occupant déjà la place numéro quatre dans l'ordre des préséances, il précédait ainsi le Serpent-Blanc, Pomme-Bleue, Zhang-le-Mince et Gros-Yao, les promus nouveaux. Lors des cérémonies officielles, il se tenait à la droite du Premier Ministre. D'un certain côté, c'était logique. Le Batracien avait beaucoup dépensé l'encre de son stylo pour le Président Mao. Le projet de « balayer tous les génies malfaisants » était de lui. Ses travaux majeurs figuraient au catalogue de bibliothèques prestigieuses à Paris, Leipzig, Washington, Londres, Canberra, Wellington, en français, en allemand, en anglais et même en russe. Son essai *La Nature humaine, le Parti et l'individu*, moins connu, se dénichait à Hongkong sans trop de peine. Parfois, une publication mentionnait ses titres à l'*Academia Sinica*. Il avait bien du mérite. Sauf pour son accent que nul ne supportait, hormis Feuille-d'Automne originaire du même coin. L'expérience récente fournissait au Batracien une variété de concepts à explorer, de points de doctrine à approfondir. S'agençaient en son cerveau les éléments d'une théorie du Génie Inné, à l'opposé des mauvais génies pernicieux, monstres cornus et esprits-serpent. Elle résultait de son observation, derrière ses verres épais, de la réalité sensible. Il était établi que la pensée-maozedong réalisait des prodiges. On avait vu un certain Wang, soldat d'élite, couvrir son uniforme de badges du Président pour déclarer sa foi, cent soixante-dix comptés, sur la poitrine, les épaules, le dos, les manches, la casquette, des ronds, des rectangulaires, des en forme d'étoiles et les cinq caractères

« Servir le Peuple ». On avait entendu un certain Nian, soldat d'exception, déclamer au sortir d'un coma profond : « Plus j'étudie les *Œuvres* du président Mao, plus je l'aime ; plus j'aime le Président Mao, plus j'ai envie d'étudier ses *Œuvres.* » Nombre de soldats, d'ouvriers, de paysans se livraient désormais à la philosophie. Les résultats probants de leurs cogitations étaient compilés dans les revues scientifiques : « La dialectique appliquée à la construction d'un cargo de dix mille tonnes », « Dialectique et art de conduite sans accident », « Nous travaillons la terre en nous guidant sur la pensée philosophique du président Mao ». Le Tigre, enfin, fils de Tête-de-Fouine, avait ébloui ses auditeurs, tous officiers supérieurs, en se livrant à un exposé sur les effets curatifs, mentalement parlant, des écrits du Président. « Quel virtuose ! » s'étaient écriés les présents : « Voilà résolue la succession pour la troisième génération ! »

Chacun se payant de mots, le Batracien-Graphomane ne voulut pas être en reste. « Mao Zedong est un Génie ! » coassait-il, exprimant son souhait de voir Mao à nouveau présider la République des Redresseurs de Torts, puisque le poste était vacant. Tête-de-Fouine, le Successeur, appuyait cette opinion. Tête-de-Fouine était un curieux homme, il n'aimait pas la pompe, juste un peu les ors, et encore, par simple esprit d'imitation. C'est comme cela qu'il était devenu collectionneur de peintures et c'est pour cela qu'il calligraphiait des maximes anciennes sur des rouleaux qu'il accrochait aux murs de sa chambre ou de son bureau : « *Le manque de patience dans les petites affaires troublera les grands plans* »... « *De tous temps et en toutes choses, ce qui seul importe, c'est se modérer et en revenir aux rites* »... « *Aucun monarque n'a pu dépasser le roi Wen de la dynastie des Zhou* ». Sans doute, par l'épée et par les lois, le roi Wen du fleuve Jaune, et son fils, le roi Wu, avaient considérablement agrandi leurs possessions, disons mille ans avant l'an zéro d'Occident. De vieux grimoires narraient le fait en détail. Ces rois n'étaient pas les souverains préférés de Mao Zedong, loin de là, pour toutes sortes de raisons longues à énumérer. Mais Tête-de-Fouine tenait les rites en faveur et jugeait la fonction de chef d'État indispensable à la Chine. « La Chine est un si grand pays, ratiocinait Tête-de-Fouine, il ne serait pas adéquat qu'elle ne dispose pas d'une figure symbolique digne de la représenter. » Ses conceptions de la loyauté, de la bienveillance et autres vertus annexes le portaient naturellement à avancer pour ce rôle le nom de Mao Zedong. « Bien sûr, remarquait Tête-de-Fouine, prévenant toute objection, Mao est dans son grand âge et pourrait éprouver de la difficulté à pérégriner dans les pays étrangers. Mais on pourrait avoir plusieurs vice-présidents susceptibles de visiter le monde extérieur à sa place. Quant à moi, le poste ne me sied pas, à cause de ma santé fragile. Je ne serais pas même capable d'assister à des activités publiques ou de me rendre en excursion hors des frontières. » Songer seulement au soleil chaud, au vent, à la pluie, aux intempéries emplissait Tête-de-Fouine d'appréhension. Tête-de-Fouine détestait recevoir des invités, serrer des mains, parler à la foule, donner l'accolade aux Albanais entreprenants. Paraître en public le faisait transpirer d'abondance. Depuis que les circonstances l'avaient propulsé sous la lumière crue, il avalait avant chaque cérémonie des pilules occidentales destinées à soutenir son moral. « En un mot, résumait Tête-de-Fouine, Mao doit être le chef de l'État. » La plupart applaudissaient naturellement, à commencer par le Mandarin-Versatile, Premier Ministre. Mais Mao Zedong ne montrait aucun enthousiasme, la présidence de l'État ne lui convenait guère, il y avait déjà goûté. Chacun croyait que son attitude était due à quelque excès d'humilité. Le Batracien-Graphomane insistait : « Il y a des gens qui prennent prétexte de la grande modestie du Président pour rabaisser Mao et la pensée-maozedong. » Loin d'attirer des compliments, son insistance le faisait regarder de travers. Mao soupçonnait les flatteurs de calculs malicieux. Son épouse Pomme-Bleue, Zhang-le-Mince, Gros-Yao l'encourageaient dans cette croyance, car chacun jouait son jeu.

Alors, les Maîtres du Jeu se réunirent sur les hauteurs de Lushan, à l'endroit même où l'Ours-Téméraire avait mordu la poussière. Tête-de-Fouine, du miel sur les lèvres, parla le premier, louant Mao Zedong pour le présent et le passé. L'Histoire dit que son discours dura plus d'une heure et, comme son savoir était superficiel et maigre son talent d'orateur, les gens s'ennuyaient, simulant le bonheur et feignant la joie. Après lui, intervint le Batracien-Graphomane avec son accent prononcé, et si les auditeurs ne comprenaient pas tout, ils en décryptaient assez pour saisir l'importance de la théorie du Génie Inné, appliquée à Mao Zedong, et du statut de chef d'État. Seuls de fieffés réactionnaires, prévenait le Batracien, auraient le front de s'opposer à la théorie du Génie, aux titres de Grand Leader, Grand Éducateur, Grand Timonier, ou à l'attribution à Mao Zedong du poste de chef de l'État. Mais dans son coin, Mao songeait qu'excès de flagornerie cachait sombres desseins. Ayant lu du début à la fin, relu et digéré *Le Roman des Trois Royaumes*, il savait qu'au chapitre soixante-dix-huit, Sun Quan, roi de Wu, offre à Cao Cao, roi de Wei, le titre d'empereur dans le but de le gruger et l'anéantir — « *Ce bâtard veut me rôtir dans les flammes.* » Mao, piqué soudain, éleva la voix et s'adressa à l'assistance : « *Aya !* Je vous prie de ne pas me traiter de même que Cao Cao et de ne pas agir à la manière de Sun Quan. » Les présents, médusés, suspendirent leurs discussions. Tête-de-Fouine et le Batracien-Graphomane demeurèrent muets, comme pétrifiés, frappés par l'éclair et la foudre. « J'ai déjà dit six fois qu'il ne faut pas instituer de poste de président de la République et que je ne veux pas de ce poste !... gronda Mao. Mais ils ne m'écoutent pas ! Mes paroles ne valent pas une demi-parole, elles ne valent rien ! » Mao Zedong se mettait fort en rogne. « J'ai les mains froides, se plaignait-il, et vous voudriez que je sois chef de l'État ? Laissez-moi un peu vivre ma vie !... Si vous continuez avec ça, je repars par monts et par vaux et vous laisse ici faire les zouaves. Et quand vous en aurez fini avec votre bordel, je resterai dans les montagnes pour de bon. » Tête-de-Fouine et le Batracien en étaient fort marris. Les gens ne les voyaient plus pareil, évitaient leur regard. « Je ne suis pas un génie ! protestait Mao en pétard. J'ai lu Confucius pendant six ans et les livres des capitalistes pendant sept. Avant 1918, je n'avais pas lu un seul ouvrage marxiste-léniniste, comment pourrais-je être un génie ? N'ai-je pas déjà biffé ce genre d'épithètes plusieurs fois ? » Les rapporteurs ne s'en souvenaient guère, mais ils ne mouftaient pas, n'osaient aucune remarque.

D'un coup, ceux qui applaudissaient unanimes Tête-de-Fouine, qui congratulaient gravement le Batracien-Graphomane, modifièrent leur opinion. Mao menait grand tapage : « J'ai travaillé avec le "théoricien du Génie" pendant plus de trente ans. Jamais nous n'avons été d'accord, et coopéré moins encore sur les points essentiels !... Ce sire attise le feu sinistre en soufflant un vent néfaste afin de provoquer le chaos. Il agit comme s'il pouvait aplatir le mont Lushan et arrêter la rotation de la Terre. Je dis tout ça pour montrer la largeur d'esprit du "théoricien du Génie" — ce qu'il a au fond de l'âme, je l'ignore. J'espère qu'il s'agit de conscience et non d'ambition. » Ainsi prit fin sans préavis la carrière du Batracien-Graphomane, Numéro Quatre dans la hiérarchie. Sur l'instant tous se détournèrent de lui, en premier lieu son patron Tête-de-Fouine. Le Batracien abasourdi fut sommé de faire repentance. « Ne crains pas de paraître repoussant », lui siffla le Serpent-Blanc. Dans la minute, le Batracien-Graphomane passa à la trappe, de la façon et au même endroit que jadis son collègue Li Rui, le bonimenteur. Disgracié, le Batracien rentra chez lui à Pékin. Démis de toute fonction, privé de toute utilité, il se promenait le jour dans la ville et se terrait la nuit. Le Bureau de la Sécurité l'avertit que, dans sa situation, laid et puant, il ne serait pas sain qu'on l'aperçût. Alors, le Batracien ne sortit plus et attendit. Au bout d'un certain temps, le Bureau de la Sécurité vint le ramasser pour lui faire goûter la prison de Qinsheng où il avait envoyé pas mal de gens. Et nul ne le vit plus ni ne demanda ce qu'il était devenu. C'est ainsi que sombra Chen Boda, le Batracien-Graphomane, secrétaire particulier de Mao Zedong et exégète de sa pensée. Le Serpent-Blanc accéda mathématiquement à la quatrième place de la hiérarchie, car la politique a horreur du vide. Au passage, il récupéra l'ouvrage licencieux de la dynastie des Ming et l'intégra dans sa collection.

À ce moment, pour la dernière fois, se présenta à Pékin en voyage d'amitié l'Américain-Venu-en-Premier. Il parut à la droite de Mao sur la tribune de la Paix-Céleste afin d'assister au défilé du Premier

Octobre, fête de la République des Redresseurs de Torts. Lors de son dernier séjour, Liu Gros-Nez, Petite-Bouteille, le Pirate-Optimiste, le Batracien-Graphomane, tous ceux-là occupaient les meilleures places. Et pfuiit, ils n'étaient plus là, ni en chair, ni en ombre, ni au premier rang, ni au second. L'Américain avait de l'éducation. Aussi ne s'enquit-il pas de leur santé. Il regardait marcher en bas les colonnes au cordeau de soldats, d'ouvriers, de paysans, de citadins, de campagnards, en bleu, en vert, qui lançaient vers le ciel des « *Wànsùi ! Wànsùi ! Wànwànsùi !* Longue vie ! Dix mille ans de vie ! » Peut-être en raison de l'ambiance légère, peut-être à cause de leur familiarité d'autrefois, quand ils habitaient les grottes creusées dans le lœss jaune du Shaanxi du Nord, l'Américain-Venu-en-Premier s'adressa à Mao : « Quel effet ça vous fait ? Que ressentez-vous ? » Mao Zedong, fumant un cigarillo, ne s'épancha pas. L'Américain était en joyeuse compagnie : le prince Sihanouk, ci-devant roi du Cambodge, son épouse, sa progéniture, des Albanais, des Vietnamiens, des généraux pakistanais, des Laotiens, des colonels de Tanzanie, des communistes de Birmanie. Et Pomme-Bleue, Gros-Yao, Feuille-d'Automne, Zhang-le-Mince, ces Maîtres du Nouveau Jeu qu'il ne connaissait pas et remplaçaient les Brigands Justiciers initiaux. L'Américain voyait monter vers l'azur dix mille ballons rouges gonflés à l'hélium. Sur l'avenue ondulaient les banderoles écarlates peintes de slogans jaunes. Passaient tirés par des tracteurs des statues de Mao et des choux de trois mètres de haut évoquant les bonnes récoltes. Un char en forme de drapeau gigantesque, fabriqué par l'Usine d'Articles de Bonneterie, affichait l'épigraphe du vice-président Tête-de-Fouine : « Pour naviguer en haute mer, il faut un timonier — Pour faire la révolution, la pensée-maozedong. » Posté devant une batterie de quatre microphones, lunettes sur le nez, Tête-de-Fouine dans son uniforme vert luisant commença à balbutier son discours. « Camarades et amis, au nom de notre grand dirigeant le Président Mao… je tiens à saluer la classe ouvrière, les paysans pauvres, moyens-pauvres, les Gardes Rouges… à saluer le peuple de toutes nos nationalités… la milice populaire… les Chinois d'outre-mer… nos hôtes distingués et camarades venus de différents pays du monde… Sur le plan international, un nouvel essor s'affirme dans la lutte contre l'impérialisme américain… » L'Américain écoutait. Trente-quatre ans s'étaient écoulés depuis que barbu, monté sur un cheval, le Mandarin-Versatile lui avait lancé en anglais : « Hello ! Vous cherchez quelqu'un ? » Trente-quatre ans s'étaient écoulés depuis qu'il avait recueilli au Repaire l'autobiographie de Mao Zedong. Le Premier Ministre vieillissait. Le Président vieillissait. Et lui-même avait les cheveux blancs. Un matin aux aurores, le Président Mao l'envoya chercher pour converser et se sustenter à sa résidence des Lacs du Centre et du Sud. Le Président était enrhumé, son nez, sa gorge le tourmentaient. L'Américain entra dans le bureau-bibliothèque débordant de livres empilés et s'assit. « Voilà le cabinet de travail d'un écrivain ! » se disait le visiteur. Ils avaient pour interprète une jeune femme experte, Miss Nancy Tang, née à Brooklyn d'un père salarié de l'Alliance Chinoise des Blanchisseurs. La conversation roula sur les problèmes du monde, de la Chine, sur la destinée, le chaos et les dieux.

L'Américain désirait vivement savoir ce que pensait le Président des galaxies d'hyperboles autour de sa personne. Mao appréhendait la chose avec philosophie. Au fond, cette débauche l'ennuyait. Les Quatre Grands lui donnaient mal à la tête : Grand Leader, Grand Éducateur, Grand Commandant Suprême, Grand Timonier. Soit qu'il voulût briller par ses qualités de dialecticien, soit qu'il fût traversé de quelque prémonition, l'Américain osa une remarque iconoclaste : « Je me suis souvent demandé si ceux qui crient le plus fort Mao-Mao et agitent des drapeaux ne sont pas ceux qui, comme on dit, brandissent le drapeau rouge pour abattre le drapeau rouge. » Mao approuvait du chef. Il y a trois sortes de gens, retenait-il de sa parfaite connaissance de la nature humaine : les sincères, ceux qui suivent le courant et les hypocrites. Mais il y avait du bon, tout de même, dans l'admiration qui lui était portée. « Et vous, vous seriez content, si personne ne lisait vos livres ou vos articles ? » glissa-t-il à l'Américain, avant de changer de sujet. Bien qu'il fût tôt dans la matinée, ils burent du maotai, l'alcool de sorgho à 53°. La liqueur déliait les langues et ouvrait les cœurs. Si ça continuait à se gâter avec l'Union Soviétique, confiait Mao, il ferait volontiers ami-ami avec les États-Unis. D'ailleurs, si lui en prenait le désir, le nouveau président pouvait venir. Des présidents des États-Unis, Mao Zedong en avait enterré un certain nombre depuis qu'à l'école du Hunan, dans le livre des *Grands Héros du monde*, il étudiait Washington et Lincoln. Il y en avait eu un tas, semble-t-il, dont personne ne retenait les noms, et puis Ef. Di. Ar. pour qui il avait mis en berne les drapeaux du Repaire, et puis les salopards Truman et Eisenhower, et Kennedy sur qui portaient ses espoirs, Johnson ensuite qui bombardait le Vietnam, et maintenant ce Nixon au long nez qui avait traîné avec McCarthy. Enfin, de droite ou pas, il pouvait venir quand il voulait. C'était là le message principal que le Président Mao souhaitait transmettre à l'Américain-Venu-en-Premier, la raison pour laquelle il l'avait invité à voir la parade, à partager son petit déjeuner et siffler des verres de maotai tôt le matin. La Chine recevait bien des Français qui ne valaient guère mieux que ce Nixon : André Bettencourt, Couve de Murville, ne penchaient pas à gauche. Mao Zedong aurait bien reçu de Gaulle en personne. Mais le Général était mort, tard le soir, chez lui en jouant aux cartes. Mao avait envoyé des condoléances, et des fleurs, une couronne de glaïeuls rouges, ou de dahlias, avec des lys, des chrysanthèmes, une couronne amenée en fourgon spécial de Paris et déposée contre le mur de pierres grises de l'église Notre-Dame en son Assomption du village de Colombey, Haute-Marne. La couronne de Mao Zedong fut aussi remarquée que la présence à ces obsèques du Roi des Rois Haïlé Sélassié, du Shah d'Iran, des souverains de Belgique et des Pays-Bas, du grand-duc de Luxembourg en grande tenue, des princes nordiques de Danemark, Suède et Norvège, de « *Tricky Dick* » Nixon, enfin, président des États-Unis d'Amérique. Car un simple signe de Mao, aux yeux du *Figaro*, de *Point de vue-Images du monde*, aux yeux de l'univers, valait autant que tout ce gratin réuni en chair et en os. Telle était l'exacte réalité, objectivement observable et descriptible.

Lorsque la discussion fut épuisée, que leurs montres marquèrent treize heures, Mao Zedong, d'excellente humeur, raccompagna l'Américain-Venu-en-Premier à la porte et le gratifia d'une plaisanterie. En vérité, badina le Président au moment de l'adieu, il n'était pas de nature compliquée, mais un être simple, juste un moine solitaire parcourant le monde muni d'un parapluie mité. L'Américain s'empressa de répandre cette nouvelle dans les magazines d'Europe et d'Amérique friands de poésie exotique. Le monde en fut suffoqué d'enthousiasme. Quelques lettrés, cependant, les meilleurs connaisseurs de la Chine, y décelèrent l'ironie de ces proverbes en deux parties dont il suffit d'énoncer le début pour dérider son interlocuteur ou l'inquiéter parfois. *Tel le moine errant solitaire sous un parapluie percé — sans cheveux ni toit, je suis sans foi ni loi.*

Tête-de-Fouine, le vice-président, évita de s'entretenir en particulier avec l'Américain-Venu-en-Premier. Non qu'il fût jaloux ou dédaigneux. Au contraire, il lui devait d'avoir eu sa photographie dans le magazine *Life* du 1er février 1937 : « Le directeur du West Point des Rouges, 28 ans — sa tête est mise à prix cent mille dollars par Chiang Kai-shek. On dit qu'il est le plus brillant théoricien militaire de la Chine. » Cela restait un bon souvenir. Tête-de-Fouine tenait donc l'Américain en haute estime et, de fait, des scrupules l'étouffaient. Si un ami des jours enfuis venait à poser des questions aiguës sur la couleur du présent, du passé, sur les gens effacés, lui Tête-de-Fouine ne saurait trop quoi dire, et il ne voulait pas lui mentir. Les Américains se mettaient à aimer la Chine de nouveau, à la regarder d'un autre œil. Un moine sous un parapluie troué n'était pas de nature à les effrayer, eux qui vouaient par principe un culte à toutes les religions.

Les Américains déversaient des tonnes de bombes sur Hanoi depuis leurs B-52. Les Américains larguaient en quantité infinie du napalm sur Danang et Quangtri, sur les plaines, les hauts plateaux. Les Américains avaient beaucoup à se faire pardonner, ils se cherchaient des amis, ils se cherchaient des alliés. La Chine ? Pourquoi pas ! Par suite de circonstances adroitement arrangées, une équipe de pongistes se rendit à Pékin. Ping et pong, visitez la Grande Muraille. Pong et ping, découvrez le bateau de pierre du Palais d'Été. Ping et pong, voyez *La Montagne du Tigre prise d'assaut* à l'Opéra. Aaaah ! Le Premier Ministre accueillit l'équipe de ping-pong américaine avec chaleur et bonne humeur. Il y avait dans le groupe une fille sympathique aux longs cheveux et un garçon sympathique aux cheveux longs. On les aurait dits tout droit sortis d'un concert du Grateful Dead, du Jefferson Airplane, de Grace Slick. Lui, surtout, Glenn Cowan, avec son chapeau de donzelle, sa dégaine molle, ses pantalons pattes d'eph marbrés et les badges colorés sur sa veste longue,

When the truth is found to be lies,
And all the joy within you dies,
Don't you want somebody to love ?
Don't you need somebody to love ?
Wouldn't you love somebody to love ?
You better find somebody to loooove, yeeah…

Les Chinois de la rue le dévisageaient interloqués. Ouvert au dialogue, le jeune homme sollicita le point de vue du Premier Ministre sur le mouvement hippie, ces jeunes gens des deux sexes qui se décoraient de fleurs, chaussaient de grosses lunettes bleues, se roulaient dans la mousse, grattaient des guitares. À l'âge de vingt ans, le Mandarin-Versatile voguait sur les mers en troisième classe. Singapour, Colombo, l'océan Indien, Aden en Arabie. Il trouva à répondre quelque chose de vague et de gentil. « La jeunesse veut toujours chercher la vérité. De cette quête naissent différentes formes de changement » : voilà ce qu'à peu près dit le vieux Mandarin au jeune pongiste de Santa Barbara. On eût pu l'appeler le Mandarin-Nostalgique. Lorsqu'il eut vent de ces échanges, par ses services d'écoutes et de rapports, le président des États-Unis Richard Nixon se laissa aller à une confidence : « Moi aussi je jouais au ping-pong quand j'étudiais le droit. Je peux même dire que j'étais assez bon. » Les relations se réchauffaient et, hormis Chiang Kai-shek dans son île, tout le monde paraissait satisfait.

Des volées d'étudiants formés par les universités prestigieuses d'Amérique accoururent, de Stanford, de l'UCLA, de Berkeley sur la côte Ouest, de Columbia, du MIT sur la côte Est, de l'Université du Wisconsin à Madison, dans la région des Grands Lacs, pour examiner la Chine Rouge de près, vérifier si ses habitants possédaient deux oreilles, deux yeux et une bouche, écouter le Mandarin-Versatile et, surtout, l'abreuver de conseils. Le Mandarin les accueillait avec le sourire, leur présentait Zhang-le-Mince et Gros-Yao, les nouveaux promus du dernier congrès. « On me dit que vous auriez aimé rencontrer la camarade Pomme-Bleue. Elle m'a prié de l'excuser, car elle ne se sent pas bien ces jours-ci. Elle vous transmet ses salutations. Si vous désirez prendre des photos, allez-y. Soyez tous les bienvenus… » Le Mandarin-Versatile parlait à bâtons rompus de tout, de rien. « Dans l'ancienne société, j'avais une natte… Ma mère avait les pieds bandés… » À la fin, ils étaient presque amis, semblait-il. Alors, un Américain déballa des cadeaux prisés du côté de Haight-Ashbury à San Francisco : un badge de la Paix pour le Premier Ministre et un autre pour le Président Mao.

Ce que fit du badge hippie le Président Mao, comment le deviner ? Quant aux étranges rumeurs qui circulèrent, vous en lirez davantage en tournant la page.

CHAPITRE XLIV

Tête-de-Fouine rencontre son destin dans les nuages — L'ONU étudie un poème de Mao Zedong ; un hôte de marque découvre la Grande Muraille.

De différents côtés de l'Europe et de l'Amérique, les rédacteurs obscurs de gazettes en vue, les présentateurs vedettes du journal télévisé, s'empressaient de claironner que des faits anormaux survenaient en Chine à nouveau. Certains augures accréditaient cette hypothèse. Selon une dépêche digne de foi, les cérémonies du Premier Octobre place de la Paix-Céleste, le défilé ordonné, les discours, les ballons rouges filant vers l'azur, les invités triés sur le volet, tout cela serait annulé, les rites, en somme, tombant en désuétude. Les stations ABC, NBC, CBS, la BBC, l'ORTF trouvaient là matière à feuilleton. Ces assertions choquaient grandement les auditeurs français de Radio Pékin sur 45 mètres ondes courtes qui n'entendaient rien de semblable dans leur poste, le soir, à vingt heures trente. « Fabricants de mystères, taisez-vous ! » jetaient-ils à la face des pisse-copie, des roquets du petit écran. « Le 9e Congrès du Parti Communiste Chinois a désigné le Successeur du Président Mao en la personne du vice-président Tête-de-Fouine ! Messieurs de l'ORTF et de la presse, vous devriez plus souvent lire les journaux ! » Mais lorsque au début d'octobre la revue *La Chine* en français, en anglais, en allemand, en mongol, tibétain, arabe et suédois, présenta à sa une, sous des couleurs chatoyantes, la photographie du Président Mao dans son costume gris-bleu repassé avec à sa gauche le maréchal Tête-de-Fouine en uniforme vert luisant, tous deux tapant dans leurs mains, tous deux souriants et heureux, Tête-de-Fouine était mort. Click-clack.

Chacun, au vent des rumeurs, se perdait en conjectures sur la manière dont avait pu survenir un aussi grave événement, et si même il était vrai. Comme un se divise en deux, des versions antagoniques se heurtèrent. Il devenait difficile, voire impossible, de cerner les aspects principaux de la contradiction. Aux dernières nouvelles, peu fraîches, on aurait aperçu Tête-de-Fouine la nuit du Premier Mai, assis à côté de la princesse Monique, épouse du prince Sihanouk, lors du gala annuel des travailleurs. Ça n'allait pas trop. Tête-de-Fouine s'était fait attendre et n'avait pas adressé un seul mot à Mao qui lui tournait ostensiblement le dos. Chiffonné, Tête-de-Fouine avait quitté la table, pris le large, offensant la politesse et les bonnes mœurs. On aurait remarqué Tête-de-Fouine en juin, serrant mollement la main du potentat roumain qui se faisait appeler chez lui Génie des Carpates et passait par ici en visite de courtoisie. Tête-de-Fouine semblait rabougri, tassé, sépulcral, affichait un visage de six pieds de long. Ça n'allait plus. On allégua que Pomme-Bleue, la femme du Président, prit Tête-de-Fouine en photo sans sa casquette, chauve comme un œuf, absorbé par un ouvrage de Mao, et qu'elle offrit le cliché au magazine de l'Armée souligné de la légende : « Un étudiant infatigable ».

Rien pourtant dans ces incidents ne suffisait à expliquer l'évaporation soudaine de Tête-de-Fouine. En vérité, depuis des mois, le Président et son Successeur s'observaient d'un œil mauvais. Hochant de gauche à droite son crâne dégarni, Tête-de-Fouine confia à ses proches, sa femme, son fils, son carré de généraux fidèles : « Liu Gros-Nez et Petite-Bouteille ont vécu ce genre de situation. Le Vieux était rentré à sa résidence des Lacs du Centre et du Sud. Quand Liu Gros-Nez a sollicité audience, Mao a fait répondre qu'il dormait. Et qu'est-ce qu'il faisait en réalité ? Il tenait conciliabule avec sept ou huit personnes, nouant des intrigues contre Liu Gros-Nez. J'y étais ! Le Premier Ministre également. Et Pomme-Bleue, le Serpent-Blanc, Zhang-le-Mince et le chef des sbires. Mais le type qui a inspiré tout ça, le véritable fouteur de merde, c'est Mao. Maintenant, s'il n'est pas en train de dormir, c'est qu'il prépare un coup. J'ai le sentiment qu'il ourdit une machination derrière les portes closes. » Nerveux et épuisé, Tête-de-Fouine se laissa choir sur un canapé. Pour la suite, les spéculations allaient bon train. Mao aurait voulu supprimer Tête-de-Fouine. Tête-de-Fouine aurait souhaité trucider Mao, de quatorze ans son aîné. « Le Président veut me voir partir avant lui au cimetière de la Colline des Huit Trésors », geignait Tête-de-Fouine envahi d'une sourde déprime. Il ne faisait aucun doute, dans son cerveau aguerri, qu'un sort fâcheux le guettait depuis qu'avait trébuché le Batracien-Graphomane avec ses idées de génie.

Certains colportèrent qu'un soir Mao Zedong invita Tête-de-Fouine et sa moitié à dîner, que le Président ouvrit à leur intention une fiasque de vin de quatre cent quatre-vingt-deux ans d'âge, qu'il fit brûler de l'encens et les entretint de la longévité. On dit que des plats succulents furent servis, des holothuries et des tendons de tigre de Mandchourie. Et qu'à onze heures ils se quittèrent bons amis, peu avant l'explosion de la voiture. Deux roquettes tirées à seize mètres par les forces spéciales de la Sécurité mirent un terme à la carrière du vice-président et aux ambitions de son épouse. On prétend aussi que le Premier Ministre vint en personne vérifier la propreté du travail. « Vous avez accompli une action méritoire au service du Président Mao. Vous êtes des héros ! » Le chauffeur et les deux individus dans l'automobile Drapeau Rouge étaient méconnaissables. Quelqu'un murmura : « Savez-vous qui sont ceux-là ? Il s'agit de Tête-de-Fouine, traître au Président, et de sa femme puante Feuille-d'Automne. » Voilà donc ce qu'affirmaient les uns que d'autres contredisaient. Tout cela n'était que grotesques affabulations selon les tenants de la deuxième version. Les uns les autres ne s'accordaient que sur un point : Tête-de-Fouine était mort.

Ces derniers mois, sa santé se détériorait, les soucis le minaient, il était pâle et chétif plus qu'à l'accoutumée. Il se rendit à Beidaihe, aimable station balnéaire du golfe de Pétchili, pour y prendre du repos. Son épouse se trempait dans l'eau et lisait une traduction du

Père Goriot d'Honoré de Balzac, les débuts de Vautrin et de Rastignac. « *Madame Vauquer, née de Conflans, est une vieille femme qui, depuis quarante ans, tient à Paris une pension bourgeoise établie rue Neuve-Sainte-Geneviève…* » N'eussent été les disputes bruyantes du fils et de la fille, les choses auraient tourné autrement. Peut-être. Doudou, la fille ainsi nommée parce que Tête-de-Fouine aimait pendant la guerre mâcher des haricots, Doudou et son frère le Tigre ne s'entendaient pas. La fille préférait une vie rangée aux batailles incertaines et cruelles de la politique, au linceul blanc et au trou dans le sol. Elle songeait à ses fiançailles prochaines, tandis que le Tigre, sentant s'éloigner les délices du pouvoir, envisageait de régler son compte au Président. L'idée de perdre l'héritage échauffait la cervelle du fils impétueux. « Tigre, tu m'as un jour demandé si la parole du Président Mao était fiable. Je t'ai alors simplement répondu : “Vois par toi-même.” » C'était le genre de recommandation que Tête-de-Fouine prodiguait à son fils. Le fils en tirait profit. « Sous des oripeaux marxistes-léninistes, Mao n'est qu'un avatar de l'empereur Shihuangdi des Qin ! » conclut le rejeton de Tête-de-Fouine, désormais haut gradé de l'Armée de l'Air. À ce qu'on suppose, le Tigre coucha sur le papier le plan du Projet 5-7-1 visant à faire sauter le train de Mao lancé à toute vapeur, comme l'avaient pratiqué avec succès les Japonais en Mandchourie. Il donna à sa cible, Mao Zedong, le nom de code « B-52 », celui des bombardiers américains qui arrosaient le Vietnam, le Cambodge, le Laos, de bombes à billes Honeywell, de napalm, de défoliants, car le Président était redoutable et imposant.

Le Tigre n'eut le temps de rien, ni sa mère Feuille-d'Automne, ni Tête-de-Fouine, enveloppé dans ses couvertures. La fille, Doudou, quand elle sut que se cuisinaient des bizarreries au bord de la mer, joignit le Mandarin-Versatile afin de l'en avertir. Ne restait plus aux conspirateurs qu'une issue : la fuite. Le Premier Ministre fit boucler les aéroports, interdire l'espace aérien. L'Histoire conte que le Tigre et sa mère entraînèrent leur père et mari jusqu'à une limousine blindée, qu'ils foncèrent, poursuivis par des gardes en jeep, vers la piste où les attendait un Trident britannique dont le plein n'était pas fait. Le Tigre hurla en montrant un pistolet ou une mitraillette : « Si quelqu'un refuse d'obéir aux ordres, il tâtera de ça. » L'avion décolla. Mao Zedong, informé dans son antre, eut ce commentaire : « Laissons-les partir. Nul ne peut empêcher la pluie de tomber, ni les veuves de se remarier. » Le Trident volant en direction de l'Union Soviétique, à bout de carburant ou victime d'une quelconque avarie, s'écrasa dans la nuit de Mongolie aux environs d'un endroit appelé Undur Khan, le 13 septembre 1971. Les autorités mongoles protestèrent contre cette violation de frontière. Deux jours plus tard, ou trois, l'ambassadeur chinois à Oulan-Bator fut autorisé à inspecter la scène de la catastrophe, à examiner les débris et les corps. Un rapport stipula que le cadavre numéro cinq au crâne chauve éclaté, à la face partiellement brûlée, deux trous noirs en place des yeux, était celui de Tête-de-Fouine.

Ainsi, dans ces circonstances entourées de brumes et de mystère s'effaça le maréchal Lin Biao, vainqueur des Japonais à la passe de Pingxingguan, artisan des batailles de Mandchourie, qui investit Pékin pour le compte de Mao Zedong et que le Président distingua afin de lui succéder. Bien sûr, des esprits chagrins émirent les plus grands doutes sur les raisons, les moyens et les causes de son élimination. Un colonel mongol répondant au nom de Damsansap Nyambayar annonça que rien ne prouvait que Tête-de-Fouine figurât au nombre des dépouilles ramassées dans l'appareil. Même le meilleur des amis, le chef de la petite Albanie, ne croyait pas un mot de ce qu'on lui servit. En public, il donnait le change. En privé, il faisait la fine bouche : « Non, vraiment, cela ne s'avale pas. Les Chinois disent maintenant que Tête-de-Fouine est parti si rapidement qu'il a oublié d'emporter sa casquette, qu'il n'a pas eu le temps de faire placer l'escalier mobile pour monter dans l'avion, mais qu'il a dû s'y faire hisser de l'intérieur !!!... Comment est-il possible que le vice-président du Parti et ministre de la Défense d'un aussi grand pays que la Chine, un *comploteur aussi dangereux*, perde la tête au point d'oublier sa casquette ? » Le chef de l'Albanie montrait peu de compassion à l'égard de Tête-de-Fouine qu'il n'avait jamais vu qu'en photo, la tête couverte, agiter le *Petit Livre*

Rouge dans les publications de propagande. « Il se peut que Tête-de-Fouine n'ait pas valu grand-chose, estimait-il, mais d'autres l'ont gonflé comme une baudruche. » Et sa femme, désormais qualifiée d'« espionne de l'étranger » ! Et ce fils commandant-adjoint de l'Armée de l'Air à vingt-quatre ans ! Tout cela est proprement *rocambolesque*, jugeait l'Albanais lettré, car il avait étudié à Montpellier. L'affaire lui rappelait les aventures de James Bond dont il se délectait, l'attaché-case de cuir noir livrée avec poignard, l'Aston Martin DB5 à siège éjectable et écran de fumée, le gyrocoptère jaune tireur de missiles, la cigarette explosive. Mais peut-être y avait-il des motifs inavouables à ce sombre règlement de comptes. Le Serpent-Blanc, les yeux plissés, tint à l'ambassadeur du pays frère des propos sibyllins qui cachaient quelque chose : « N'allez pas vous étonner si nous réservons un accueil grandiose à quelque prince, ne soyez pas surpris si nous recevons des délégations du gouvernement français, ne vous étonnez pas que nous recevions quelque envoyé soviétique ; mais avec vous Albanais, c'est différent, nous sommes compagnons d'armes ! » À ouïr ces exposés, le chef de l'Albanie se méfiait, lui qui en avait à peu près contre le monde entier, les Yougoslaves, les Roumains, les Russes, les Américains. Certainement, cela ne présageait rien de bon.

Treize jours après les événements, pas un de moins, Mao Zedong et le Premier Ministre informèrent les vieux maréchaux de la disparition de leur pair. Assis autour d'une table, Petit-Chien dit Rouge-Vertu, le Dragon-Borgne, Face-de-Lune, Deuxième-Couteau, les Brigands Justiciers de la première heure se répandirent en réflexions désagréables pour le mort, puisque tous à des degrés divers en avaient pâti et souffert. Deuxième-Couteau, stratège avec Tête-de-Fouine de la bataille de Pingxingguan contre les Nippons, n'en revenait pas : « Jamais je n'aurais cru cet individu aussi sinistre, haineux envers le Président Mao au point de comploter son assassinat !

— Tête-de-Fouine disait une chose par-devant mais le contraire par-derrière, souffla le Dragon-Borgne. Depuis plusieurs décennies que je le côtoie, il n'a jamais dit la vérité. » Ils discutèrent longtemps entre eux et trouvèrent au défunt toutes sortes de défauts. En suite de quoi une commission particulière se chargea de coller sur son ectoplasme des étiquettes : grand despote, grand seigneur de guerre, arriviste bourgeois, conspirateur, renégat, chef de file du révisionnisme, escroc politique, contre-révolutionnaire à double face et traître à la Nation. On lui prêta de noirs desseins à profusion.

Quels que fussent les démentis, les faux-semblants, Mao Zedong sortit affaibli de l'épreuve. Il ne quittait plus le lit, une violente toux l'avait saisi, sa tension artérielle grimpait. Pour se consoler des déceptions de la vie, Mao Zedong gardait auprès de lui sa Mandchoue de vingt-sept ans. Ces vicissitudes, si elles troublaient la santé du Président, n'affectaient guère son prestige à l'étranger. Au contraire. Davantage de gens par le monde, au-delà des montagnes, des mers, des océans, bruissaient d'admiration. Au terme de longs efforts, la République des Redresseurs de Torts rejoignit enfin les Nations Unies, à New York, dans l'immeuble de verre des bords de l'East River. La Bolivie des généraux, la Haute-Volta, El Salvador s'y opposaient encore, avec l'Amérique et le Japon. Mais c'était peine perdue. L'Albanie, l'Algérie et vingt et un autres pays s'entendirent pour parrainer sa candidature. L'Espagne de Franco, le Luxembourg, la Jamaïque attendaient, indécis, de voir de quel côté la balance allait pencher. Elle pencha. Pékin remplaça Taïwan dans l'Assemblée et au Conseil de Sécurité. « Voici que l'injuste et l'absurde ont pris fin, s'exclama le délégué français. La Chine est là, parmi nous, au siège qui lui appartenait. » Il paraît qu'après le vote, des diplomates, des fonctionnaires réputés dansèrent dans les couloirs. Les représentants des nations se pressaient au micro afin de saluer les envoyés du Président Mao, chacun voulait parler, dire son mot. Défilaient les délégués du Togo, de Cuba, de Birmanie, et la princesse iranienne Ashraf Pahlavi, sœur jumelle du Shah. Les Hindous, même, félicitèrent la Chine et l'assurèrent de leur grande amitié. L'ambassadeur italien évoqua les voyages merveilleux de Marco Polo, le Vénitien « honoré par les Chinois comme l'un de leurs sages ». Deux fois hypocrite, le délégué de Chypre, qui s'était abstenu, abondait en flatteries : « J'aurais bien aimé savoir parler aussi chinois. C'est un langage si expressif et si concis qu'il rendrait ma déclaration beaucoup plus courte, mais malheureusement, je ne suis pas assez savant pour cela. » Il s'exprima longtemps. Son prénom était Zénon. Avocat de formation, il traita de philosophie. « … C'est dans l'ancienne Chine que s'est développée la notion selon laquelle les philosophes et les poètes devaient se voir attribuer des fonctions éminentes dans l'administration de l'État par l'emploi approprié de leur talent et de leur sagesse spirituelle… » Les auditeurs, vautrés sur leurs pupitres, attendaient qu'il termine. D'autres orateurs, par politesse, ne dirent que trois paroles. Le Malien cita Lincoln. Le Roumain, Ceauşescu. Le représentant du Chili, fier de son gouvernement socialiste, cita Pablo Neruda et Mao Zedong. De Neruda, il retint onze vers anciens. De Mao, un poème composé à l'époque des monts et des vaux sur le motif abrégé des *Fleurs de magnolia* :

Tout l'univers est blanc,
Marchant sous la neige on presse encore le pas.
De hautes montagnes sur nos têtes,
Le drapeau rouge au vent,
On passe le défilé.

Les délégués réunis de cent trente et un pays écoutèrent donc à New York la poésie de Mao Zedong. La plupart applaudirent. Sauf le représentant des États-Unis, George Bush, un millionnaire texan qui tentait de conserver bonne figure malgré son humeur massacrante. Les Chinois vers qui convergeaient les regards l'accablaient de leçons : « … Les peuples veulent la révolution, assénaient-ils pour leur première prestation. C'est précisément grâce à la victorieuse guerre révolutionnaire de 1776, menée sous la direction de George Washington, que le peuple américain a conquis l'indépendance… » Entendre ça de la bouche des Rouges sur la Première Avenue, tandis que les représentants désappointés de Chiang Kaishek s'en retournaient vaincus sur leur île, hérissait le poil de plus d'un officiel yankee.

Face-de-Lune, le ministre des Affaires Extérieures célèbre pour ses rires et ses lunettes noires, ne pouvait se réjouir de ce succès diplomatique. Il agonisait à l'hôpital d'un cancer colorectal. Ses années de disgrâce ne l'avaient pas arrangé, ni sa rééducation auprès des masses provinciales. Bref, Face-de-Lune mourut de son cancer le 6 janvier 1972, à soixante et onze ans. Face-de-Lune aurait été inhumé en toute discrétion si Mao Zedong, sur un coup de tête, n'avait décidé de lui rendre un hommage posthume. Alors qu'il s'éveillait au début de l'après-midi, Mao se couvrit d'un manteau par-dessus son peignoir, glissa ses pieds dans des pantoufles, coiffa un chapeau, et se fit conduire sans délai au cimetière de la Colline des Huit Trésors où se déroulait la cérémonie. Trois fois, devant le cercueil, Mao Zedong s'inclina. Certains prétendent qu'il sanglotait. Le Président saisit les mains de la veuve et déclara : « Face-de-Lune était un bon camarade. » Petit-Chien, dit Rouge-Vertu, et le Mandarin-Versatile assistaient à la scène. Ainsi quitta le monde le maréchal Chen Yi qui avait goûté aux cachots exotiques du fort Montluc, défendu l'arrière-garde des Bases Rouges et rivalisé avec Mao en poésie.

Une feuille pourpre insérée dans mon livre,
J'admire sa belle couleur.
Je vous prie de venir la voir l'an prochain.
Il s'agit d'un pourpre qui ne s'altère pas.

Au retour des obsèques, Mao Zedong tomba malade. Sa pneumonie se réveilla. Il toussait, crachait. Ce n'était pas bon pour les affaires de l'État car se profilaient d'importants rendez-vous. Sa carrière était à un tournant. On le satura d'antibiotiques. « Vous m'avez fait tant de piqûres, maugréait-il, que j'ai le cul qui me fait mal et me démange. » Lorsqu'il fut à peu près guéri, qu'il se sentit mieux, il mangea de bon cœur de l'agneau en tranches fines.

L'avion *Spirit of '76*, Boeing quadriréacteur C-137C baptisé « Esprit de 76 » en souvenir de la guerre révolutionnaire conduite par George Washington en 1776, toucha le sol de la capitale chinoise le 21 février à onze heures trente-deux, heure locale. En sortirent le président des États-Unis d'Amérique et sa femme Pat en manteau rouge. Au pied de la passerelle les attendait le Mandarin-Versatile, vieilli. La température excédait à peine le zéro. Nixon descendit les dernières marches la main droite tendue en avant, pour se faire pardonner la grossièreté de John Foster Dulles, autrefois, à Genève. Le Mandarin prit cette main et la secoua longuement. La fanfare de l'Armée des Redresseurs de Torts, en uniforme d'hiver, manteau de laine à col fourré et chapka étoilée, entama le *Star-Spangled Banner* soufflant dans ses trompettes, ses trombones, ses tubas. Une sorte de tambour-major battait la mesure avec sa lance à pompon rouge. Le Mandarin-Versatile se tenait droit, le poing crispé sur son manteau à cause du froid et de l'accident d'autrefois. Richard Nixon, que dans son pays on appelait « *Tricky Dick* », autrement dit Ric-le-Rusé, était le premier président américain à venir en Chine et, évidemment, il avait préparé ce voyage avec soin, contacté des experts, pris conseil auprès de personnalités. Avant son départ, Nixon avait mandé, reçu et écouté dans le bureau ovale de la Maison Blanche le Prix Goncourt 1933, André Malraux. Quelqu'un lui en avait parlé. « Malraux a connu Mao et le Mandarin-Versatile en Chine dans les années trente », s'était laissé dire le président américain. Charmé que l'on s'intéressât à lui en Amérique, malgré son passé sulfureux et ses tics, l'écrivain se rendit prestement à l'invitation. « Que la Chine reçoive le sultan de Zanzibar ou le président des États-Unis, c'est égal », remarquait-il. Malraux lustra le poil de Richard Nixon qui n'en méritait pas tant. « Vous me faites songer aux navigateurs du XVIe siècle, lui susurra l'écrivain, un brin solennel, avec force gestes et mimiques. Vous avez le destin du monde entre vos mains, vous êtes sur le point de tenter l'un des plus importants exercices de notre temps : négocier avec un Colosse. Vous allez rencontrer un homme à la trajectoire fantastique, qui imagine poser l'acte ultime de sa vie. Peut-être croirez-vous qu'il s'adresse à vous. Mais en fait, il s'adresse à la Mort. Il y a en lui quelque chose d'un sorcier. C'est un homme habité par une vision… » Nixon buvait ces paroles. Bien vite, le locataire de la Maison Blanche appela « André » l'auteur de *La Condition humaine*, et pour autant qu'on sache, Malraux en fut remué.

Dans l'avion qui le menait de Washington à Honolulu, puis à Guam, puis en Chine, le président américain méditait les mots de l'écrivain français : il entreprenait son premier voyage philosophique, une exploration aussi périlleuse que les Grandes Découvertes. Nixon relut *ad libitum* un poème de Mao.

Par le sacrifice amer de tant de peurs,
Nous osons exiger du Soleil et de la Lune
Qu'ils nous offrent un ciel neuf.

Le cortège des voitures Drapeau Rouge transporta Ric-le-Rusé et ses collaborateurs les plus proches jusqu'à la résidence de Mao Zedong. Nixon saisit la main pendante de Mao, un grand sourire sous son long nez. Mao regardait ailleurs, d'un air dégoûté, puis il s'anima, montra du doigt son interlocuteur aux caméras. Alors, assis dans les fauteuils profonds du bureau-bibliothèque, Nixon à gauche de Mao, ils entamèrent une longue conversation, éclairés par la lumière vert-bleu des lampadaires placés derrière eux. La bouche mollement ouverte de Mao offrait à la vue un vide noir contrastant avec les dents blanches du président américain. Ils essayaient de se dire des choses mémorables. La jeune Nancy Tang, de Brooklyn, lunettes strictes, cheveux coupés au carré, traduisait. L'adjoint de Nixon, le Dr. Kissinger, lança une remarque : « Je fais étudier vos œuvres à mes étudiants de Harvard !

— Oh, mes écrits ont peu de signification... soupira Mao Zedong.

— Tout de même, ils ont changé un pays ! confirma le président des États-Unis.

— J'aurais voté pour vous aux élections, reprit Mao au bond.

— Le moindre mal ! (Nixon se mettait dans la peau du personnage.)

— J'aime bien les gens de droite, appuya Mao Zedong. Les gens disent que vous êtes de droite, que le Parti Républicain est de droite. Je suis plutôt content quand les gens de droite arrivent aux affaires... » Nixon et Kissinger ne savaient trop comment prendre ces confessions entre lard et cochon. Le président des États-Unis n'aurait pas aimé qu'on le traitât en innocent. « Votre vie nous est bien connue, annonça-t-il à Mao. Vous êtes issu d'une famille misérable et êtes parvenu au sommet de la plus peuplée des nations… Moi on me connaît moins. Je viens aussi d'une famille très pauvre et me suis hissé au sommet d'une grande puissance. L'Histoire nous a rapprochés. » Peut-être qu'il forçait un peu le trait, Ric-le-Rusé. Son père avait exercé divers métiers au bas de l'échelle, c'est vrai, avant d'amasser un petit pécule. Mais il avait bénéficié d'une bonne éducation et sa mère lui inculquait les principes sacrés de la religion. Nixon grandit en Californie, région bénie du Dieu Unique. Il mit pas mal de temps et d'énergie à devenir président des États-Unis. Quelles que fussent leurs différences d'ascendance et de destinée, Nixon et Mao étaient tous deux nés une année en 3 sous le signe du Capricorne, selon l'astrologie occidentale, et si vingt ans exactement les séparaient, cela créait probablement des liens sous les étoiles.

Richard Nixon visita au pas de charge la Cité Interdite, la Grande Muraille et l'allée des Tombeaux Ming. On le vit tirer la barbiche d'un chameau de pierre agenouillé, manger avec des baguettes et ingurgiter un nombre considérable de verres de maotai. « *Mister President*, lui demandèrent les reporters de sa suite, qu'avez-vous pensé de la Grande Muraille ?

— C'est une grande muraille ! répondit le président des États-Unis, favorablement impressionné. Ça a dû être construit par un grand peuple. » On l'entraîna dans un gymnase voir une formidable partie de ping-pong en double. Nixon fut présenté à Pomme-Bleue, l'épouse officielle du Président, et, côte à côte, ils assistèrent un soir à une représentation du *Détachement féminin rouge*. Les jeunes filles de l'Armée des Ouvriers et des Paysans en short, jolies et maquillées, virevoltaient gracieuses et martiales sur leurs pointes en brandissant des sabres courbes. Assise entre Richard et Pat, un jus d'orange posé sur sa tablette, Pomme-Bleue discutaillait avec le couple présidentiel des qualités de l'art neuf qu'elle administrait à haute dose. Nancy Tang traduisait. Pomme-Bleue, les cheveux tirés en arrière, était vêtue d'un costume de style masculin qui lui donnait l'air sévère d'une tenancière. Elle portait sur la poitrine son badge de Mao, et Nixon son drapeau à la boutonnière, comme le font par dévotion les présidents américains. Bien qu'il affichât un sourire permanent, Nixon s'ennuyait. Les jambes agiles des danseuses, même, ne retenaient pas son attention. Pomme-Bleue le soûlait de son babillage. Le plus clair de son temps, cependant, Nixon le passa en compagnie du Mandarin-Versatile, bienveillant et courtois. Ils se suivaient partout, débattaient tous les sujets au cours d'entretiens secrets. Au détour d'une phrase, le Mandarin évoqua « feu son collègue » Face-de-Lune. Nixon connaissait le ministre des Affaires Extérieures par les dossiers pointus de ses services, et aussi parce que, insigne honneur, Face-de-Lune avait fait un jour la couverture du magazine *Time*. « Quand donc est mort Face-de-Lune ? s'étonna Nixon.

— Très récemment, répondit le Premier Ministre. Le Président Mao a assisté aux funérailles. Face-de-Lune avait un cancer. Vous avez un moyen de guérir le cancer ?

— C'est un sérieux problème, admit le président des États-Unis. Nous avons le projet cette année d'ouvrir un vaste programme de recherche sur la question.

— Nous pourrions coopérer sur ce point, suggéra le Premier Ministre avant de développer son raisonnement en larges circonvolutions. Vous savez, il y a un poème du Président Mao intitulé *Ode à la fleur de prunier*... J'aurais aimé vous montrer ces fleurs à Hangzhou. Mais elles sont déjà passées. La saison est en avance, cette année. Je ne sais pas pourquoi... Dans ce poème, le Président Mao dit en substance que celui qui lance une initiative n'est pas forcément celui qui en récoltera les fruits... Au moment où les fleurs sont pleinement épanouies, elles sont sur le point de faner...

— C'est très beau, remarqua Nixon, la larme au bord des cils.

— Oh, je voulais simplement illustrer la façon de penser des Chinois ! Par exemple, s'il m'arrivait de mourir d'une soudaine crise cardiaque, il vous faudrait trouver un autre interlocuteur... »

Pour détendre l'atmosphère, le Mandarin-Versatile ajouta : « Au moins, nos interprètes ont une espérance de vie plus longue que celle du Premier Ministre. » Ric-le-Rusé en avait soupé des allusions abstruses, des digressions sans fin du Mandarin-Versatile, de la politesse, des rites. Cela lui portait sur les nerfs. D'aucuns soutiennent qu'à un moment, alors que le Mandarin commentait encore des peintures accrochées à un mur, Nixon explosa : « Mais putain, de quoi y m'cause ?! » En public, cependant, le président américain assurait que le Mandarin et lui étaient les meilleurs amis du monde et que d'ailleurs, ils avaient fumé ensemble des cigares « Grande Muraille ». Les Chinois et les Américains tombèrent d'accord enfin pour constater que leurs discussions avaient été « amples, sérieuses et franches ». Cela acquis, Richard Nixon s'envola vers l'Amérique du Nord.

Les péripéties ultérieures de sa carrière, sombres et attristantes, ne vous seront pas contées ici. Des sujets plus riants méritent l'attention : les suites artistiques de ce voyage, par exemple. Un peu de patience, votre curiosité sera assouvie.

CHAPITRE XLV

Un artiste new-yorkais prend Mao pour modèle — L'Américain-Venu-en-Premier se divise en deux ; Pomme-Bleue lui cherche un héritier à son profit.

Le résultat du voyage du président américain fut inespéré. Sa portée énorme. Nixon, reconnaissant, fit don à la Chine d'un séquoia rouge de Californie, bientôt planté au jardin botanique de Hangzhou. La popularité de Mao Zedong aux États-Unis atteignit des sommets, tant et si bien qu'il se retrouva dans *Playboy.* Pas dans les pages centrales, occupées par une blonde de Saint Paul, Minnesota, une croqueuse de pommes âgée de vingt-trois ans (son nom était Vicky et elle voulait accéder à la notoriété). Non, Mao Zedong venait après une autre blonde, actrice de série B prénommée Tiffany, et après les pin-up de Mel Ramos qui peignait en forme hyperréaliste des femmes nues à califourchon sur un rhinocéros ou vautrées dans les bras d'un panda géant. Après ces hors-d'œuvre, donc, *Playboy* offrait à ses lecteurs sept œuvres de Mao Zedong décodées en anglais par un littérateur renommé et son épouse chinoise. « Les poèmes de Mao Zedong constituent une autobiographie politico-personnelle, expliquait le petit lapin. Seul parmi les leaders nationaux du XXe siècle, Mao a combiné une puissante imagination poétique avec un rude esprit militaire. » Il devenait fascinant pour les citoyens adultes de Grand Rapids au Michigan ou de Nashville dans le Tennessee, pour les sympathisants du Parti Féministe de Buffalo, les recrues de la Société Pro-Marijuana de Stony Brook, les adeptes de l'Église Néo-Américaine de San Cristobal au Nouveau-Mexique, pour les sept millions d'amateurs de *Playboy* des cinquante États de l'Union, de découvrir les vers de Mao Zedong. Son portrait de deux mètres s'affichait à New York dans une galerie d'art en couleur rose orangée et jaune, sur fond bleu avec des lèvres mauves, acrylique sur toile sérigraphiée, conçue dans un atelier appelé « l'Usine » surveillé par des caméras et fermé par des portes blindées. L'artiste à perruque argentée, qui avait vendu auparavant des boîtes de soupe à la tomate, au poulet, aux nouilles, aux haricots, et des portraits de Jackie Kennedy bleue, des Liz Taylor rose, des Marylin Monroe orange, jeta son dévolu sur Mao Zedong. « Puisque maintenant la mode est de l'art et que la Chine est à la mode, je vais me faire un paquet de fric », raisonnait justement l'artiste. Il s'empara du portrait définitif, le portrait peint d'après photographie dans les années cinquante par Zhang Zhenshi, de l'Académie Centrale des Beaux-Arts, le portrait en couleur suspendu sous la tribune de la Paix-Céleste et qui figurait en sépia à l'intérieur du *Petit Livre Rouge*. Ce portrait s'imposait partout, en effet, sur les bâtiments, au tableau noir des écoles, à l'arrière des magasins, au milieu des foules, fixé à l'avant des locomotives à vapeur, poussé sur les eaux par de solides nageurs, piqué en lisière des champs, suspendu aux poutres des temples tibétains, mis en abyme dans l'allégorie paysanne « Toute la famille étudie les *Œuvres* du Président Mao » du canton de Huxian. L'artiste new-yorkais feuilletait des magazines, des livres, stupéfait : « Ces Chinois sont complètement cinglés ! Ils ne croient pas à la créativité ! La seule image qu'ils ont est Mao Zedong ! C'est énorme ! On dirait une sérigraphie ! » Lui-même avait de la créativité une conception personnelle et agnostique. D'une reproduction découpée, l'artiste new-yorkais fit un cliché qu'il projeta sur la soie tendue, recouverte d'un produit, insolée, gommée, encrée, séchée, une toile barbouillée savamment à la brosse de couleurs acryliques. Il avait déjà peint Nelson Rockefeller, mais cela lui rapporta moins d'argent. L'artiste déclina le visage immuable de Mao en vert, en rouge, en bleu, lèvres vertes, lèvres rouges, à la manière des personnages anciens de l'Opéra de Pékin.

Dans ce contexte et cette atmosphère, la mort de l'Américain-Venu-en-Premier, son décès d'un cancer, passa au second plan. À son chevet dépêchés, en Suisse, au village d'Eysins, canton de Vaud, se tenaient le Chinois qui l'avait aidé à formaliser l'autobiographie de Mao Zedong et un autre vieil ami du Repaire, médecin libanais naturalisé mandarin, un docteur qui l'avait vacciné contre le choléra, la petite vérole, la typhoïde à l'époque où tous deux cheminaient à dos de mulet vers le Shaanxi du Nord. « Ah ! murmura l'Américain-Venu-en-Premier à l'approche de sa fin, nous voici réunis, nous les trois Bandits Rouges ! » C'est ainsi que se considérait Edgar Snow, l'homme qui le premier interviewa Mao, et c'est ainsi qu'il mourut, loin de chez lui, du Missouri, car les affidés de McCarthy l'avaient chassé des États-Unis. Ses proches trouvèrent parmi ses affaires, suite au décès, une feuille de papier exprimant ses dernières volontés : « J'aime la Chine. Je voudrais qu'une part de moi y demeure après ma mort, comme cela a été le cas durant ma vie. L'Amérique m'a élevé et nourri. J'aimerais qu'une autre part de moi soit placée près de l'endroit où l'Hudson rejoint l'Atlantique, et donc l'Europe, et tous les rivages de l'Humanité dont je me sens solidaire, puisque j'ai appris qu'il y a des hommes bons dans presque tous les pays. » C'est pourquoi ses cendres furent pour moitié enfouies en un point des rives de l'Hudson appelé jadis Sneden's Landing parce qu'une famille Sneden y exploitait un ferry vers 1698, et afin de marquer l'endroit, fut planté là un cornouiller du Missouri. Quant à l'autre moitié de ses cendres, elles furent enterrées à Pékin, dans les jardins de l'Université. Plus tard, son épouse ramena en Chine dans une caissette d'acajou capitonnée de velours la casquette octogonale à l'étoile rouge que l'Américain-Venu-en-Premier avait posée sur la tête de Mao avant de le prendre en photo. Quant au bracelet fabriqué avec des piécettes de cuivre frappées de la faucille et du marteau, il fut remis pareillement à un musée.

Depuis que Liu Gros-Nez avait trépassé, qu'était mort Tête-de-Fouine, Mao n'avait plus de successeur putatif. Le Batracien-Graphomane méditait en prison et personne ne se risquait à des prévisions. Les plus vieux des Brigands Justiciers vaquaient à des occupations compatibles avec leur longévité. Petit-Chien dit Rouge-Vertu taillait ses orchidées, le Dragon-Borgne ressassait des proverbes sichuanais : « Quand un moustique pique un bouddha d'argile, il se trompe d'objectif ! » Pomme-Bleue, en revanche, entourée de Gros-Yao et de Zhang-le-Mince, croyait le temps venu d'asseoir son autorité. La soixantaine approchant, elle se voyait prête à exercer davantage de responsabilités. Elle songea qu'il serait utile de charger un talent exotique d'établir son autobiographie, comme l'Américain-Venu-en-Premier l'avait fait pour Mao Zedong, comme l'Américaine-Venue-en-Deuxième l'avait tenté pour Petit-Chien dit Rouge-Vertu. Pomme-Bleue contacta à cette fin une Américaine, diplômée de Stanford et de Berkeley, du genre féministe des campus. C'était une femme d'assez haute taille, culottée ce qu'il faut pour entreprendre de grandes choses. On l'avait vue, dans un hôtel new-yorkais, se précipiter sur la délégation chinoise à l'ONU, posant des questions relatives à la nourriture dans un mandarin correct, tel qu'elle l'avait pratiqué à Taïwan chez Chiang Kai-shek. Elle était l'auteur d'un article documenté sur l'idée du suicide dans les œuvres de jeunesse du Président Mao. Elle retint donc l'attention des Chinois. C'est pourquoi, tous frais payés, l'Américaine de Berkeley se transporta à Pékin, quelques mois après la visite de Ric-le-Rusé. D'abord, elle atterrit à Hongkong, comme Gregory Peck dans son film, pénétra en Chine Rouge par Shenzhen en franchissant un pont. Pomme-Bleue l'accueillit les bras ouverts : « Vous êtes plus jeune que je ne pensais ! » lui dit-elle avant de l'inviter à dîner. Elles partagèrent avec Gros-Yao un canard laqué, servi par des jeunes filles gracieuses. À la fin du repas, Pomme-Bleue offrit à l'étrangère des fleurs de jasmin et prétendit qu'elle cultivait elle-même un jardin. Elle la traîna ensuite au théâtre, voir *Le Fanal rouge* accompagné au piano, et lui asséna d'un ton péremptoire : « J'espère que vous serez capable de suivre la voie de l'Américain-Venu-en-Premier. » Il s'en fallait de beaucoup, car c'était annoncé en quatre accords de guitare, *ré*, *sol*, *do*, *ré*, sur les pelouses de Berkeley et dans les cafés du Village de Greenwich : le monde et les temps changent.

Pomme-Bleue convia son Américaine à un voyage d'étude et mit à sa disposition un avion qui d'un coup d'aile l'emmena à Canton. Là, dans une vaste villa égayée d'hibiscus, de bougainvillées, d'orchidées, de fleurs de lotus, Pomme-Bleue s'épancha durant six jours et six nuits, hormis le temps du sommeil et des promenades. Jusqu'à l'aurore, assise dans un fauteuil d'osier, elle déroulait le récit arrangé de sa propre vie, suspendant, pour souper à une heure avancée, le cours de l'exposé. Alors, des domestiques impeccables leur apportaient les plats appétissants dans de la vaisselle de porcelaine, grives craquantes, crabes d'eau douce, poulet au gingembre, et en dessert des yeux de phénix, *Sterculia nobilis*, bénéfiques aux intestins et à la digestion. Pomme-Bleue reprenait ensuite où elle l'avait coupé le fil de son histoire, son enfance malheureuse, ses débuts dans la politique, le cinéma, les arts, son arrivée au Repaire en n'omettant pas de souligner combien l'épouse précédente du Président lui était peu assortie. Parfois, elle s'arrêtait pour une partie de billard ou pour voir un film rare amené de Pékin par la voie des airs. Les deux femmes regardèrent ensemble *La Reine Christine* de la Metro-Goldwyn-Mayer, la fatale Garbo déguisée en homme. « J'admire beaucoup Greta Garbo », avoua Pomme-Bleue à l'Américaine. De toutes les gloires du celluloïd, les héroïnes sur pellicule, c'était sans conteste sa préférée. « Est-ce qu'elle vit encore ? » s'inquiéta soudain l'épouse de Mao, ajoutant à tout hasard : « Si vous la rencontrez, dites-lui ma profonde estime. » Garbo vivait, à New York, dans un appartement de la 52ᵉ Rue Est aux rideaux roses, meublé à la française, constellé de tableaux totalisant les trente millions de dollars, Vlaminck, Modigliani, Renoir. L'actrice ne s'occupait plus de cinéma, pratiquait la méditation et le yoga. Quotidiennement, elle trottinait ses quatre *miles*, malgré son arthrite et ses maux d'estomac. « La Metro-Goldwyn-Mayer devrait ressortir ses films, piaula Pomme-Bleue, et la récompenser d'un Oscar. Ce serait juste. » Des larmes montaient aux yeux de Pomme-Bleue chaque fois qu'elle se repassait *La Reine Christine*, et forcément, comme elle se le projetait souvent, la copie était usée, le son grésillant. L'invitée savourait la conversation, prenait forces notes sur ses blocs, posait d'aimables questions. Pomme-Bleue l'entretint de ses pièces modèles à thèmes révolutionnaires contemporains, *La Montagne du Tigre prise d'assaut*, *Le Raid sur le Régiment du Tigre blanc*, et livra son exégèse singulière du *Rêve dans le Pavillon rouge*, le célèbre roman du XVIIIe siècle dont elle se disait « à demi-spécialiste ». Quand furent moulinés tous les sujets importants, les deux femmes se séparèrent, chacune rejoignant son milieu et son environnement. Pomme-Bleue, en cadeau d'adieu, fit don à son Américaine d'une collection précieuse des *Vingt-Quatre Histoires* des dynasties, de quarante millions de caractères, dans une édition de 1884, dixième année du règne de l'empereur Guangxu. Elle payait ce trésor, lui dit-elle, avec les droits d'auteurs encaissés sur ses brochures diaphanes *À propos de la Révolution dans l'Opéra de Pékin* et *Procès-verbal des causeries sur le travail littéraire et artistique dans les forces armées*, et grâce au compte plus substantiel du Président Mao.

Lors d'une auscultation de routine, les médecins du Premier Cercle décelèrent la présence de cellules cancéreuses dans les urines du Mandarin-Versatile, un cancer de la vessie à son stade initial. Comme il était normal, Mao Zedong en fut informé avant l'intéressé. Selon les praticiens le Premier Ministre avait neuf chances sur dix d'en guérir. Ce n'est pas trop grave, trancha le Président. Ayant lu le rapport médical, il ordonna de le garder secret et proscrivit tout examen complémentaire. « Moi-même, si j'avais un cancer, pour sûr, je ne le soignerais pas ! » s'exclama Mao. Le Premier Ministre demeura à son poste, sans rien changer. Cela dura ainsi jusqu'à ce qu'il pisse le sang, jusqu'à ce qu'il n'en puisse plus. Alors, les médecins lui révélèrent son état aux fins d'entreprendre une thérapie. Une coïncidence voulut que dans le même temps, ou à peu près, le Serpent-Blanc se découvrît pareillement un cancer à la vessie. « Ne l'opérez pas », décida Mao. Le Serpent-Blanc pleura. Il avait échafaudé à son bénéfice de grands projets, tenant les fils du renseignement et de la police. Tête-de-Fouine disparu, il aurait volontiers pris la place si le destin capricieux, d'un coup, ne la lui soufflait. Alors, il commença à changer. La peur le fit se tordre. Des cauchemars sordides hantaient ses nuits.

Mao Zedong trônait seul au faîte du pouvoir et il allait sur ses quatre-vingts ans. Sa santé n'était pas fameuse, bien qu'il n'eût ni cancer ni affection irrémédiable. Sa vue baissait, sa respiration s'essoufflait. Il cessa de fumer. Le Président ne communiquait plus qu'avec difficulté. Sa Mandchoue rencontrée dans un train lisait plus ou moins sur les lèvres et interprétait en mandarin les lambeaux de dialecte hunanais. Afin de combler ses manques, Mao Zedong s'entoura de jeunes femmes issues du Ministère des Affaires Extérieures qu'il appelait ses Fleurs d'Or. Deux parlaient l'anglais, dont Nancy Tang, la native de Brooklyn, deux le français, et cela satisfaisait sa passion pour les langues. À cette époque, un parent persévérant retrouva trace de la fille de Mao confiée à des paysans quand le Président combattait par monts et par vaux. Elle avait dans les quarante-cinq ans et gagnait sa vie comme ouvreuse de cinéma. Son père refusa de la voir, ayant d'autres soucis. Le Président se cherchait un héritier politique. On ne sait trop comment ni pourquoi son choix se porta sur Wang-le-Jeune, le type de Shanghai, l'ancien de Corée qui nettoyait les usines à la barre de fer et à l'AK-47 pour le compte de Zhang-le-Mince. C'était un assez beau gosse de trente-six ans, de bonne stature, le genre à figurer au générique des films de kung-fu réalisés à Hongkong que regardait le soir Mao Zedong. Mao le manda à Pékin, lui conseilla des lectures, et le propulsa dans le Cercle des Premiers.

Il fallait repartir à zéro. Les pensionnaires de la prison de Qinsheng se virent retirer leur exemplaire des *Citations du Président Mao Zedong* à couverture de plastique rouge, en raison de la préface de Tête-de-Fouine et de l'épigraphe calligraphiée de sa main : « *Étudier les œuvres du Président Mao, suivre ses enseignements et agir selon ses directives.* » Les détenus de Qinsheng se virent enlever leurs piles de journaux, à cause des photos de Tête-de-Fouine agitant le *Petit Livre Rouge*, sa casquette vissée sur le crâne, son sourire aux oreilles. Et ils se virent privés du recueil des

Cinq articles les plus lus, du fait de la deuxième calligraphie de Tête-de-Fouine : « *Pour naviguer en haute mer, il faut un timonier. Pour faire la révolution, la pensée-maozedong.* » Une nouvelle mouture des *Citations* parut sans préface ni introduction, dans un format plus petit encore, plus facile à glisser dans la poche, de 7,5 × 10,5 cm, avec un titre en lettres d'or et le portrait définitif en couleurs. Sur la page de garde était inscrit : « Première édition ». Les manuels scolaires durent être révisés du début à la fin. Fini la leçon d'anglais n° 8 : « L'épigraphe du vice-président Tête-de-Fouine » — *vice-chairman*, prononciation : ['vais'tʃɛəmən]. Fini tout ça. Parlons en français. Leçon dix : « Où allez-vous ? [ualevu] — Je vais au travail [ʒveotrava : j]. » Lorsqu'il eut musardé trois années dans l'atelier de réparation des tracteurs du canton de Xinjian, près de Nanchang où le sort l'avait relégué, et qu'il apprit par bribes la chute et fin de Tête-de-Fouine, Petite-Bouteille proposa ses services à Mao Zedong. « Comme le sait le Président, lui écrivit-il, Tête-de-Fouine et le Batracien-Graphomane me haïssaient et m'auraient gaiement étripé... J'ai soixante-huit ans et une santé correcte, je peux encore travailler sept ou huit ans au service du Parti et du peuple, de manière à racheter mes bévues antérieures. » Son stage fugace chez Renault, à Billancourt, n'avait pas été vain. Petite-Bouteille usait de la lime avec l'habileté d'un professionnel. Tous les matins, il se levait à six heures trente, passait trois heures et demie à l'usine, puis rentrait pour le déjeuner et la sieste. Le soir, il écoutait la radio, lisait des livres, *Au bord de l'eau*, *Le Voyage vers l'Ouest du Singe pèlerin*, *Le Rêve dans le Pavillon rouge*, des nouvelles de Lao She, et Balzac, Hugo, Hemingway. Cette vie lui convenait parfaitement, sauf qu'il ne pouvait pas jouer au bridge.

Mao Zedong se laissa fléchir. Par les temps qui couraient avoir un gars sur qui compter pour faire tourner les machines, les ateliers, les usines, mettre un peu d'huile dans les rouages, ce n'était pas à négliger. « Qu'importe qu'un chat soit noir ou gris pourvu qu'il attrape des souris », se disait-il en son for intérieur, bien que jamais il n'en eût fait l'aveu. C'est ainsi que le « Khrouchtchev chinois numéro deux, vieux routier du capitalisme » rentra en grâce. Petite-

Bouteille prit donc le train, arriva à la gare de Pékin sur le quai N° 1 avec sa femme et sa belle-mère, rejoignit ses appartements et réintégra ses fonctions de vice-premier ministre afin de soulager le Mandarin-Versatile au repos dans l'établissement hospitalier de la Colline de la Fontaine de Jade. Cela faisait contrepoids à l'autre, ce Wang-le-Jeune qui ne connaissait rien à rien, ni à l'économie, ni à la poésie, ni au marxisme-léninisme en général, mais qui savait organiser des bandes et briser les os des ouvriers récalcitrants. Certains diront avec raison : ce n'était pas sa faute, à Wang-le-Jeune, s'il était né au Mandchoukouo sous le règne des Japonais et de l'empereur Puyi, ce n'était pas sa faute s'il jouait du cor en Corée dans la fanfare de l'Armée, ce n'était pas sa faute s'il n'était pas cultivé. On ne lui attribuait aucun écrit théorique, politique, philosophique. Pourquoi le lui reprocher ? Ce qu'il aimait, lui, c'était jouer au badminton et rouler dans de grosses voitures, des Drapeau Rouge, des Zim soviétiques, des conduites intérieures noires qui posaient là son bonhomme. À trente-sept ans quoi de plus normal ? Mais pour en arriver à ce point, il avait beaucoup travaillé. Wang-le-Jeune avait pris les choses en main à Shanghai, organisé une milice en tous points exemplaire. Compagnies, bataillons, régiments, divisions, armes lourdes, armes légères. Verbe léger, main lourde. Sa conduite l'avait fait remarquer.

Désireux d'améliorer le dispositif, l'économie, la politique, les préséances, Mao Zedong convoqua la Grande Assemblée des anciens Brigands Justiciers et des nouveaux promus. Comme il était fort fatigué, Mao, flottant dans sa veste et son pantalon, n'y fit qu'une brève apparition. Assis où se trouvait Tête-de-Fouine lors de la précédente assemblée, siégeait le Mandarin-Versatile. Et où se trouvait le Mandarin antérieurement se tenait Wang-le-Jeune. Derrière eux, accroché aux tentures cramoisies de la salle, le portrait définitif de Mao Zedong, légèrement de trois quarts, celui que l'on voyait en frontispice du *Petit Livre Rouge* et que l'artiste new-yorkais exposait sous ses couleurs vives au musée des Beaux-Arts de Bâle, en Suisse, avait fait place à un autre, presque semblable, mais où apparaissaient les deux oreilles car il ne fallait pas croire que le

Président n'écoutait que d'un côté. Le visage, ombré à droite sur le portrait définitif, était cette fois ombré à gauche. Cette rectification ne surprenait que les naïfs et les ignorants. Consacré Numéro Deux, le Mandarin-Versatile prit la parole. Il lut un rapport bref dénonçant Tête-de-Fouine, « cet arriviste bourgeois, ce conspirateur, cet individu à double face, ce renégat et traître qui agitait toujours le *Petit Livre Rouge*, n'avait en bouche que des vivats, et vous prodiguait par-devant des paroles élogieuses pour vous poignarder dans le dos ». Mao Zedong approuva de deux mot : « *Aya !* C'est juste ! » Le vote des mille deux cent quarante-neuf délégués à la Grande Assemblée fut unanime. Wang-le-Jeune glissa lui-même dans l'urne le bulletin de Mao, puisque le Président n'était pas en état. Il fut désigné Numéro Trois. Derrière lui le Serpent-Blanc, Pomme-Bleue, Zhang-le-Mince et Gros-Yao piaffaient d'impatience.

Mao avait tout son temps. La poésie occupait de nouveau son esprit. Il invita chez lui Wang-le-Jeune et Zhang-le-Mince et évoqua ses dernières recherches littéraires. Il se rappelait le poète des Tang nommé Li Bai, né à l'époque où l'impératrice Wu Zetian régnait par la terreur, dépeçant ses adversaires, tranchant leurs membres, enfermant les restes dans une jarre. Concernant Li Bai et ses odes, Mao Zedong émettait des réserves. Le fond n'allait pas. C'est pourquoi il ajouta quatre vers pour modifier la fin et plonger les héros de pacotille dans un chaudron bouillant. Et puis il dicta une strophe de son cru au Jeune et au Mince dans l'intention qu'ils la retiennent et la répètent :

Vous ne discutez pas des événements majeurs ;
Mais chaque jour sifflez des bagatelles.
Sans changement de mélodie,
Le révisionnisme va faire son nid.

Quand le DC-8 de Gros-Sourcils atterrit à Pékin, le Mandarin-Versatile se tenait au pied de la passerelle en compagnie de Wang-le-Jeune. Gros-Sourcils venait de France, là-bas il avait succédé à de Gaulle, le général décédé. Les cent vingt-deux voitures du cortège officiel suivirent l'avenue de l'Éternité menant à la place de la Paix-Céleste. À leur passage, la foule des piétons agitait des fleurs multicolores. D'une voix claire, au dîner, le Mandarin-Versatile invoqua les mannes du général de Gaulle, « combattant inflexible contre l'agression fasciste et pour la sauvegarde de l'indépendance de la France ». Sur son papier, le Français lut en écho quelques banalités. Gros-Sourcils eut bientôt le privilège de rencontrer Mao Zedong, de lui serrer la main, de s'asseoir sur les fauteuils orange recouverts d'une housse verte à carreaux, de regarder un livre ou deux de sa bibliothèque, avant de remonter dans la Drapeau Rouge immatriculée 01-04762, rideaux tirés à l'arrière. Le Français restait sept jours. Il visita la Cité Interdite, le Temple du Ciel, jeta du pain aux poissons d'un étang depuis un pont. Se tournant vers ses accompagnateurs, Gros-Sourcils déclara : « Vous gardez des vestiges d'un passé magnifique, et puis vous avez des tas de petits enfants, c'est très bien ! Au revoir !... » Un journaliste hexagonal demanda au Mandarin-Versatile si lui-même et son hôte s'étaient découvert des points communs. Écartant les mains comme un pêcheur chanceux décrit une grosse prise, il répondit en français : « Oui, tout ça de p'oints c'ommuns ! » Le soir, Gros-Sourcils fut convié au spectacle de ballet *Le Détachement féminin rouge*. Le Mandarin-Versatile s'ennuyait. Gros-Sourcils, peut-être pas. Il regardait virevolter les jeunes filles en short brandissant leurs sabres courbes. « Nouvelle marque d'honneur, Mme Mao Zedong accompagnait le président français... » Passablement excités, les reporters hexagonaux, en direct de Pékin, tenaient leur information pour le journal télévisé : « ... Remarquez qu'elle est vêtue d'une longue robe grise, une tenue que les Chinois ne lui connaissent pas... » Pomme-Bleue, en effet, cheveux tirés, verrue au bout du nez, sac à main blanc, portait une robe dont elle avait elle-même imaginé la coupe.

Le président français jouit pleinement de son séjour. Il parcourut les provinces dans le train spécial de Mao Zedong. Sur le quai, une fanfare militaire jouait en son honneur *Pour naviguer en haute mer, il faut un timonier*, tralali lali lali lalère, tralala lala lali lala. Gros-

Sourcils fila à l'ouest admirer des bouddhas géants taillés dans le roc, descendit au sud voir Hangzhou et Shanghai. Par esprit cocardier, jalousie et ingénuité, les vedettes du journal télévisé certifiaient que Gros-Sourcils bénéficiait d'un accueil supérieur en chaleur et qualité à celui du Yankee Nixon-le-Rusé. On demanda, bien sûr, au président français comment s'était déroulée sa rencontre avec Mao Zedong. « Eh bien, répondit-il prenant son temps, pesant ses mots, j'étais assis à sa gauche dans des fauteuils très confortables, euh…, nous avons parlé beaucoup, et de tout, même de poésie, euh… même d'histoire, et aussi de politique… Je me trouvais en présence d'un homme d'une stature exceptionnelle, où la sagesse des années s'ajoute à la vivacité de l'intelligence. Nous avons regardé un peu le bureau, les idéogrammes, nous avons parlé avec beaucoup de sympathie et d'amitié. » Sous la pluie, de jolies jeunes filles effectuaient pour lui une danse de l'éventail et de solides garçons la danse du lion. Gros-Sourcils gravit ensuite la passerelle de son DC-8 et s'envola vers la France.

Si vous titille, lecteur, l'envie de savoir ce que se sont dit vraiment Mao et le Français, et pourquoi, après ses échecs au cinéma et sa réussite à l'opéra, Pomme-Bleue se lança dans la mode, vous n'aurez qu'à tourner la page.

CHAPITRE XLVI

Des amis lointains franchissent océans et montagnes pour recevoir une poignée de main — Un ennemi juré se montre une dernière fois.

Introduit auprès du Président Mao dans le bureau-bibliothèque de la résidence des Lacs du Centre et du Sud, Gros-Sourcils lui attrapa la main et déclara : « Je suis très honoré de rencontrer l'un des hommes qui ont changé la face du monde. » À quoi Mao Zedong répondit : « Eh bien, moi, je suis complètement foutu, perclus de maladies ! » Gros-Sourcils fit semblant de ne pas entendre et poursuivit : « Je dois vous dire, ayant été le collaborateur du général de Gaulle, que celui-ci aurait été très heureux de vous rencontrer… » Sans doute était-ce vrai, car de Gaulle, retiré des affaires après avoir perdu sottement une élection, prenait le temps de voyager. Il visita l'Irlande, belle et verte, et Saint-Jacques-de-Compostelle en Espagne. Il rencontra Franco. La Chine était loin, mais il y songeait. Seulement, il mourut. Gros-Sourcils se retrouvait donc là, en lieu et place, mais il n'avait ni la carrure ni le charisme. Gros-Sourcils était un lettré égaré dans la banque et la politique, il avait en face de lui un orfèvre en stratégie et en poésie. « Je suis un homme peu instruit, l'avertit Mao Zedong avec modestie. Par exemple, je ne connais pas les langues étrangères… » Gros-Sourcils n'était pas un spécialiste des langues, en dehors de la sienne. Il corrigeait les fautes d'orthographe de ses ministres. « Vous connaissez le peuple chinois ! reprit Gros-Sourcils, patelin et flatteur.

— Un peu, acquiesça Mao. Mais je ne le comprends pas tout à

fait. Je suis vieux. Je me suis parfois laissé aller à pratiquer le bureaucratisme.

— Vous avez beaucoup agi également ! rebondissait Gros-Sourcils soucieux de voir ses compliments entendus et appréciés.

— Oui, vingt ans durant j'ai guerroyé et c'est ainsi que j'ai dépensé toute mon énergie. J'étais au début instituteur dans une école primaire…

— Moi aussi ! » sursauta Gros-Sourcils que ravissait l'idée d'un point commun avec Mao Zedong. En réalité, le Français avait suivi des études poussées au lycée Louis-le-Grand puis à l'École Normale Supérieure de la rue d'Ulm, obtenu l'agrégation avant d'enseigner à Henri-IV et de devenir, par le jeu habituel des relations et des ascenseurs, directeur général de la Banque Rothschild. Mao, mieux informé qu'il ne paraissait, rectifia : « Non ! Vous avez été professeur ! » Revenant à sa propre trajectoire, il compléta en matérialiste chevronné : « C'est la situation qui m'a poussé vers la bagarre puisqu'il fallait faire la guerre. » Or, à la différence du général de Gaulle, la guerre, Gros-Sourcils ne l'avait pas faite et n'en avait qu'une expérience passive. De façon à reprendre contenance, il lança : « Je crois que vous avez écrit : “ *Pour chasser les fusils, il faut prendre le fusil* ”. » La citation était approximative, sa familiarité avec le *Petit Livre Rouge* s'avérait trop récente, superficielle, et médiatisée par son ministre de l'Intérieur. Mao ne répondit pas et passa à autre chose : « J'ai souvent rencontré des amis français, Edgar Faure, deux délégations parlementaires dont faisait partie M. Bettencourt, et André Malraux. Comment va-t-il ?…

— M. Malraux a beaucoup écrit sur votre rencontre… » Une chance. Gros-Sourcils était familier de Malraux. Il avait jadis préfacé et annoté ses *Pages choisies* dans les Classiques illustrés Vaubourdolle imprimés pour les écoles. Au creux des fauteuils orange recouverts de leurs housses à carreaux verts, les mains au repos sur les accoudoirs, le Président chinois et celui des Français conversaient affablement devant les Fleurs d'Or de Mao, les jeunes femmes polyglottes promues aux plus hauts postes du Ministère des Affaires Extérieures, Nancy Tang la New-yorkaise et ses amies souriantes, sagement assises, tenant leur crayon et leur carnet de notes. Au cours de la discussion, le Président Mao présenta au Français Wang-le-Jeune « qui fait l'objet de commentaires dans tous les pays », étant virtuel successeur. Inévitablement, Mao Zedong et Gros-Sourcils en vinrent à parler des sujets qui les concernaient de près. « Je ne comprends pas pourquoi de Gaulle a voulu faire un référendum qui portait au fond sur des problèmes mineurs, remarqua Mao.

— Vous avez tout à fait raison ! » approuva le président français qui devait son élection au faux pas du Général. « Quant à Nixon, sa situation n'est pas facile à cause du Watergate, continua Mao. Nous ne pouvons d'ailleurs pas comprendre pourquoi on fait tant de tapage à propos de cette affaire.

— Je ne le comprends pas non plus », convint Gros-Sourcils qui disposait chez lui, pour les missions délicates, de la DST, des RG, du SAC, du SDECE et de Francis Coplan FX-18. Ce tour d'horizon ramenait aux questions essentielles du pouvoir, comment le conquérir, comment le garder. « Ce sont les méthodes de Napoléon qui sont les meilleures, trancha Mao Zedong. Il dissolvait toutes les assemblées et c'est lui qui désignait ceux qui devaient gouverner à son côté.

— Aujourd'hui, appliquer une pareille méthode serait difficile », objecta timidement Gros-Sourcils. Ils continuèrent donc à évoquer Napoléon puisque Mao était féru du personnage depuis sa lecture à l'école des *Grands Héros du monde* — détail qu'ignorait le président français. « Il y a plus de vingt ans, quand j'étais encore au Repaire, j'ai rencontré un Russe et je lui ai demandé ce qu'il pensait de Napoléon. Il a manifesté son respect envers l'Empereur ! D'ailleurs même Marx et Engels ont porté sur lui une appréciation favorable !

— Oui, je le sais », confirma Gros-Sourcils menteur comme un arracheur de dents. Karl Marx le barbu et toute sa famille, ses proches, ses descendants, n'éprouvaient qu'animosité envers les Napoléon, Premier ou Troisième, grands despotes, mauvais hobereaux, grands seigneurs de guerre. Mais Mao Zedong défendait sa propre opinion. « Napoléon n'aurait pas dû engager la flotte française contre la flotte britannique. S'il avait conservé sa flotte, il aurait pu fuir aux États-Unis…

— Il n'avait pas un très bon amiral, bredouilla Gros-Sourcils.

— Nelson-le-Borgne n'était pas un bon amiral non plus !

— Oui, mais il connaissait les batailles. Les seuls bons généraux ou amiraux sont ceux qui gagnent des batailles.

— Pas forcément », répliqua Mao qui avait en matière de dialectique et de tactique au moins une longueur d'avance. Ce dialogue franco-chinois s'étala sur deux heures environ. Mao Zedong ne comptait pas s'arrêter à mi-chemin : « L'expédition d'Égypte où Napoléon a entraîné trente mille hommes a été une erreur ! » Ce n'était pas facile pour Gros-Sourcils, habitué aux conseils d'administration des sociétés anonymes et à celui des ministres, de trouver la juste repartie à de si pertinentes réflexions. « Napoléon a cédé à l'attrait de l'Orient, essaya-t-il. C'était aussi le rêve d'Alexandre… » Gros-Sourcil avait potassé les Grecs anciens, les Latins, les poètes symbolistes et *La Princesse de Clèves*, il avait lu Jules Verne, *Les Tribulations d'un Chinois en Chine*, et bien entendu *La Condition humaine* de Malraux, mais cela ne suffisait pas à maîtriser la pensée-maozedong. « Alexandre n'était pas un grand personnage, asséna Mao. Il voulait aller jusqu'en Perse mais il est mort avant. Il est mort jeune.

— Oui, il avait trente-trois ans, précisa Gros-Sourcils, fort érudit.

— Napoléon est mort plus vieux.

— Il avait cinquante-deux ans.

— Est-il mort d'un cancer ou d'un ulcère ? s'inquiéta soudain le Président chinois.

— S'il s'agit d'un ulcère, c'est un mauvais ulcère ! » admit Gros-Sourcils, pris en défaut. Gros-Sourcils avait ses propres problèmes de santé. Il ne lui restait que six mois à vivre. Ainsi allèrent les choses dans l'intimité du bureau-bibliothèque de la résidence des Lacs du Centre et du Sud. Longtemps, la teneur de ces échanges demeura celée, car les bavardages entre grands du monde relèvent par essence du secret d'État, c'est là leur valeur et leur utilité.

Ayant peint autant qu'il pouvait, dans son usine de Manhattan, l'artiste new-yorkais traversa l'Atlantique sur un long-courrier afin d'inaugurer à Paris, avenue Pierre-Ier-de-Serbie, une exposition de deux cents de ses portraits de Mao, des grands, des moyens, des petits, posés sur un papier peint spécialement réalisé par lui : l'esquisse crayonnée du Président chinois, surcolorée en mauve, et mille fois dupliquée. Perchés sur des échafaudages à roulettes, les ouvriers moustachus accrochaient les toiles verte, rouge, jaune sur le mur tapissé, le commissaire d'exposition, cigarette au bec, vérifiait l'alignement. Des cameramen en veste à carreaux et rouflaquettes filmaient pour les Actualités et osaient quelques questions à leur portée en direction de l'Américain : « Est-ce que vous vous considérez comme un artiste ? Est-ce que l'argent est important ? » L'Américain serré dans une veste en mouton retourné répondait que non, il ne revendiquait pas le statut d'artiste, que oui, l'argent était important. Ses Mao récoltaient louanges et applaudissements. Un homme mûr, à l'accent étranger, chipotait devant le micro en détachant chacun de ses mots : « On est en pleine mythologie, comme si on était à l'époque de la construction des pyramides !... » L'exposition obtint un succès mérité.

Après Nixon et Pompidou, Mao se vit courtisé par tout ce que la planète ou presque comptait de chefs d'État en exercice. Mao Zedong reçut un message de bons souhaits du général Augusto Pinochet, un gredin dont on ne voyait jamais les yeux, qui venait d'enterrer au Chili le président socialiste et le poète Pablo Neruda. « Excellentissime Monsieur Mao, lui écrivait pompeusement le général, à l'occasion de votre quatre-vingtième anniversaire j'ai l'honneur de vous adresser mes félicitations et mes vœux de bonheur. Bien à vous — Général Augusto Pinochet Uguarte, président de la Junte Militaire de Gouvernement. » Le général célébrait l'anniversaire de Mao avec un mois d'avance pour le motif secondaire que les généraux ne sont pas tenus de savoir compter et la raison principale qu'il avait fort à faire, son coup d'État datant seulement d'un mois. Les cadavres étaient encore frais, du président renversé et de Pablo Neruda. Un nombre considérable de dignitaires, ministres, rois, princesses, généraux, colonels se pressaient à Pékin dans le bureau-bibliothèque pour s'asseoir au côté de Mao sur les fauteuils confortables orange recouverts de la housse à carreaux verts. Cela augmentait à coup sûr leur prestige sur la scène mondiale. Mao Zedong les voyait à la file, serrait une main, deux mains, prononçait trois mots, posait devant l'objectif. Mao accueillit en son boudoir le président du Gabon Omar Bongo, le premier ministre Hartling du Royaume de Danemark, le président à vie du Congo Mobutu Sese Seko coiffé de sa toque de léopard. Mobutu Sese Seko Kuku Ngbendu wa Za Banga de son nom complet, l'homme des Belges et de la CIA, assassin de Lumumba, prit la parole et leva son verre : « Le Président Mao n'appartient plus à la Chine seulement. Par sa lutte révolutionnaire et la profondeur de sa pensée, il est devenu un monument de l'Histoire universelle… Ma visite me remplit de joie. Elle me permet de m'abreuver directement à la source de la sagesse du Président Mao Zedong. Car aucun leader au monde n'a autant que lui l'expérience de la vie, l'expérience du pouvoir. » Puis il vida un peu de sa boisson dans un cendrier, selon la coutume de « l'Authenticité zaïroise », en mémoire des ancêtres, des fantômes, des spectres, des revenants, des âmes mortes et errantes.

Les étrangers, par-delà les Quatre Mers, accouraient, venaient prendre conseil, quémander une parole, la copie d'un poème. Pierre Elliott Trudeau du Canada, costume clair, cravate voyante, arrivait sur les pas de Gros-Sourcils, suivi du docteur Williams des îles de Trinidad et de Tobago, et d'Imelda Marcos, la femme aux trois mille paires de chaussures, dûment inscrite dans le *Guinness Book* des records, l'épouse du dictateur des Philippines. Mao, amaigri et hagard, tenait le bras de la pulpeuse Imelda, candidate malheureuse au titre de Miss Manille 1953. Pomme-Bleue, comme à l'accoutumée, s'occupait du divertissement. En robe longue immaculée, Mme Marcos assistait aux représentations du *Détachement féminin rouge*. Du fait du savoir géographique acquis au cours de ses voyages et dans les livres, Petite-Bouteille se réservait la partie diplomatique : « Les Philippines sont un pays pittoresque et riche en ressources naturelles dans le Sud-Est asiatique. Le peuple philippin est un peuple laborieux et courageux… » « … La République gabonaise est un beau pays, riche en ressources naturelles, sur la côte ouest de l'Afrique… » « … Le peuple danois, laborieux et courageux, possède une glorieuse tradition d'attachement à l'indépendance… » Petite-Bouteille regagnait peu à peu le terrain perdu. Il fut chargé de délivrer un discours à l'ONU. Pour la première fois, il voyait les gratte-ciel, le Chrysler Building, l'Empire State Building. Henry Kissinger l'invita à dîner au trente-cinquième étage du Waldorf-Astoria. Au retour, Petite-Bouteille fit un crochet par la France, pays où il avait séjourné cinq années de sa jeunesse, cinquante ans auparavant. L'envie lui prit de revoir l'endroit où il imprimait des tracts à la ronéo après avoir avalé un petit noir. Le personnel de l'ambassade le conduisit en voiture vers la place d'Italie. « Tout a changé ! se désolait-il. On avait l'habitude de se rencontrer dans un petit bistrot par ici… » Il ne le trouva pas. Mais il acheta une centaine de croissants moelleux et les ramena dans sa valise. Cela leur rappellerait le bon temps, à lui, à Deuxième-Couteau et au Premier Ministre atteint de son cancer, venu l'attendre à l'aéroport.

Le Mandarin-Versatile glissait petit à petit au fond de sa maladie. Le Premier Ministre pissait du sang. Des médecins de haut rang établissaient leurs diagnostics, proposaient des solutions. Mao Zedong disait oui, disait non. Deux ans après que le cancer eut commencé à lui ronger la vessie, le Mandarin-Versatile subit sa première opération majeure. Il entra à l'hôpital et n'en sortit plus que rarement, non seulement pour raisons médicales, mais afin d'échapper aux micros dont étaient truffés son logement et son bureau. L'affaiblissement du Mandarin réjouissait Pomme-Bleue, Zhang-le-Mince et Gros-Yao. La voie, devant eux, se libérait. Conformément à l'adage « injurier l'acacia en désignant le mûrier », leurs séides dans les journaux, les universités, étrillaient des gloires de l'Antiquité afin de faire trébucher le Premier Ministre et Petite-Bouteille, comme déjà ils avaient culbuté l'Ours-Téméraire et Liu Gros-Nez. Pomme-Bleue et ses amis supposaient que le passé convenablement utilisé servait les ambitions du présent. Le cours de l'Histoire jusqu'ici leur donnait raison. Ils s'attaquèrent donc en termes crus à Confucius, le Sage numéro un, et à ses disciples. Confucius, éructaient-ils, était « un sinistre individu, retors et pourri jusqu'à la moelle » auquel un brigand des vertes forêts nommé Liuxia Zhi avait abruptement signifié ses quatre vérités. « Ce que Confucius préconise est précisément ce que je rejette », avait lancé le hors-la-loi au milieu de maintes épithètes. L'épisode était attesté par des livres anciens. Confucius en prenait pour son grade et ses détracteurs espéraient que leur parabole secouerait pareillement le « Confucéen numéro un ». « Ah ! Ah ! Ah ! ricanait Pomme-Bleue, grâce à moi, le Premier Ministre ne sait plus où donner de la tête ! » Pomme-Bleue puisait dans l'Histoire des munitions bonnes à critiquer ses ennemis jusqu'à ce qu'ils puent, jusqu'à ce qu'ils tombent, mais également propres à conforter sa haute position. Étant d'une culture fort moyenne, reçue au temple de Confucius de Jinan quand elle avait quinze ans et qu'on l'appelait encore Grue-dans-les-Nuages, et ayant fréquenté très tôt les metteurs en scène, Pomme-Bleue disposait de conseillers assez calés pour pallier ses lacunes et lui fournir des références. Le Serpent-Blanc, son mentor de toujours, lui contait la vie des Trois Impératrices Extraordinaires, Lü Zhi qui découpait en rondelles ses rivales et jetait les morceaux aux cochons, Wu Zetian concubine de deux empereurs, et l'impératrice Cixi, perle noire de la dernière dynastie. Ah, quelles belles histoires, que celles-ci ! Pomme-Bleue en tirait d'utiles conclusions. Elle se mit à proférer d'un ton sûr des mots neufs grappillés sans doute dans le vocabulaire de sa biographe officielle, l'Américaine de Berkeley, des expressions qu'elle greffait sur les trames antiques. En Chine, pestait-elle, sévit un « grave chauvinisme mâle ». C'était autre chose au temps immémorial de la société matriarcale. « Les hommes doivent faire place aux femmes. Aux femmes de commander ! » Elle se voyait la mieux placée. Ainsi lui plaisait-il d'entrer en jouissance du sceau de jade blanc de l'impératrice Lü Zhi gravé d'un dragon, retrouvé dans des fouilles, et il lui plaisait également, comme l'impératrice Wu Zetian, de concevoir les robes appropriées à l'épanouissement planifié de la féminité. Elle imagina la robe officielle, universelle et pratique, boutonnée par-devant, fermeture éclair sur le côté, et choisit pour la confection une usine de la ville de Tianjin. On dit que Pomme-Bleue séjourna à Tianjin trente-huit jours, qu'elle mangea des écrevisses. De ses tâtonnements et réflexions naquit cette robe serrée à la taille par une ceinture, tombant en plis sur les mollets, terminée vers le haut par un petit décolleté en V. Le modèle l'emballait. Pomme-Bleue en fit tailler, assembler et coudre quatre-vingt mille qu'elle ordonna de disposer dans les rayons des magasins. Des sportives tout en muscles s'en revêtirent, couleur bleu ciel, afin de défiler devant le Shah d'Iran et Farah la Shahbanou au grand stade de Téhéran. « Bravo !… Bravo !… » s'enthousiasmait la foule bariolée installée sur les gradins. Mais à Pékin, à Shanghai, à Canton et alentour dans les bourgs, les villages, la robe n'avait guère de succès. « Avec cette sorte de vêtement, on ne peut ni travailler ni aller aux champs », récriminaient en privé les jamais-contentes. Il eût fallu pour que la robe s'achète, même à crédit, rendre son port obligatoire. Mais Pomme-Bleue ne disposait pas encore de ce pouvoir. Il en résulta, au détriment de l'État, un déficit net de deux cent vingt mille yuans que l'on compensa autrement.

La diffusion du *Petit Livre Rouge* atteignait son apogée. Nul ne savait exactement en combien d'idiomes il était traduit, ni le nombre d'exemplaires imprimés. Sept cent cinquante millions au bas mot. Aucun auteur vivant, sur les cinq continents, ne surpassait par ses ventes le Président Mao, pas même Georges Simenon ou Agatha Christie. Nul poète au monde ne débitait ses rimes aussi aisément dans les librairies. Pas un philosophe ne répandait plus largement ses concepts aux quatre vents. Pas un stratège ne transmettait mieux ses principes tactiques. Dans les langues de brousse, de cités, de montagnes, dans les langues secondaires, dans les langues principales. En mongol, en ouïgour, en tibétain. En arabe, en bengali, en tamoul. En français, en castillan, en lusitanien des bords du Tage. Il existait des éditions reliées cuir pour bibliophiles, au titre gravé à l'or fin, qui se négociaient par correspondance dans les grands centres de l'Europe et de l'Amérique. Tout cela faisait qu'accessoirement, Mao Zedong disposait d'un compte rempli avec lequel il acheta un téléviseur en couleur et une chaîne stéréo à sa deuxième épouse et demie, celle dont la tête batifolait et qui gardait dans le corps les éclats de métal des bombes de Chiang Kai-shek. À sa fille Li Min, Mao offrit un frigidaire. Pomme-Bleue était gênée d'avoir à quémander et, plus encore de devoir s'adresser à la Mandchoue pour couvrir ses menues dépenses. « Petite, lui disait-elle, je sais qu'à tes yeux il s'agit d'un gros montant, mais dans ma situation, c'est à peine suffisant pour joindre les deux bouts. » Elle réclamait en une fois dix ans du salaire d'un prolétaire chinois. Mao avait la main large. Ces affaires d'argent lui répugnaient, jamais il ne touchait un billet de ses doigts. Ne vivant plus avec Pomme-Bleue depuis déjà un bail, Mao Zedong commença à la rudoyer. « Ce n'est pas à toi d'organiser le gouvernement, la rabrouait-il. Cesse de jouer le patron en coulisse ! » Et une autre fois, il lui dit : « Fais attention où tu poses ton cul pour ne pas être le bon jour assise du mauvais côté. » Mais Pomme-Bleue, arguant de sa position, se plaignait encore et toujours de ne pas occuper le centre de la scène. « Depuis le 9e Congrès, je suis pratiquement oisive. On ne m'a guère attribué de travail. C'est encore plus vrai à l'heure présente. » Mao Zedong était fatigué de ses récriminations. « Ta fonction consiste à étudier les événements de l'intérieur et de l'extérieur. C'est déjà une tâche importante ! Je t'en ai parlé à maintes reprises… » Rien n'y faisait. Pomme-Bleue ne se résignait pas à un rôle de figuration. « J'ai mal à la tête chaque fois qu'il entame son refrain », confiait-elle à son entourage en parlant du Président. N'était-il pas l'heure pour elle, à soixante ans, d'accéder à des responsabilités dignes de son talent ? Se targuant de maîtriser plus ou moins les règles du *xiàngqí*, les échecs chinois, et bien qu'elle préférât les parties de cartes, Pomme-Bleue clama : « Je suis un pion ayant franchi la rivière. Impossible de faire volte-face. Mais je suis un pion qui peut prendre les maréchaux. » L'expérience enchâssait la prophétie dans l'ordre du plausible. Son destin appelait Pomme-Bleue au sommet, et des maréchaux il n'en restait plus trop.

Tout ce temps, ces semaines ajoutées aux jours, ces mois additionnés aux mois mués en années, l'Ours-Téméraire les consuma en prison. Démis de ses fonctions, privé de ses droits, condamné à perpétuité et exclu pour l'éternité de la confrérie des Redresseurs de Torts, il ne savait rien ou pas grand-chose de la chute de Tête-de-Fouine, du décès de Liu Gros-Nez, du Pirate-Optimiste, de Face-de-Lune, du sort de ses camarades et de son épouse. L'Ours-Téméraire demeurait détenu en un lieu inconnu et portait l'étiquette qu'on lui avait collé sur le poil : « Grand ambitieux, grand seigneur de guerre, grand conspirateur. » Lorsque sa condition se détériora, suite aux méchancetés, aux coups, aux interrogatoires incessants, et qu'une maladie maligne menaça de l'emporter, sa nièce, subitement, fut autorisée à le visiter. Il se tenait couché maigre comme un clou sur un lit de bois dans une cellule aux fenêtres obturées par du papier. Sa montre et sa ceinture lui avaient été ôtées. Alors, l'Ours-Téméraire écrivit une lettre dans laquelle il disait : « En dehors des excuses que je dois aux camarades qui ont souffert à cause de moi, je ne me sens pas coupable. Je me suis entièrement donné au Parti et je crois fermement à la cause du Communisme. Mon seul désir, avant de mourir, est qu'un verdict équitable soit rendu sur mon cas. J'ai écrit au Président Mao dans ce dessein, mais jusqu'à présent, je n'ai pas reçu de réponse. » L'Ours souffrait dans son corps et n'avait que son ombre pour le consoler. On dit qu'à la fin, sur injonction du Mandarin-Versatile, l'Ours-Téméraire fut conduit à l'Hôpital Militaire 301, avec ordre de déployer tous efforts propices à le soigner. Mais le cancer du côlon s'étendit à d'autres organes et se généralisa. On raconte qu'avant de sombrer dans le néant, l'Ours murmura : « L'Histoire est impartiale. L'Histoire les jugera et elle m'évaluera justement. » Puis il rendit son dernier soupir, le 29 novembre 1974 à quinze heures trente-cinq. Ainsi mourut à l'âge de soixante-dix-sept ans le maréchal Peng Dehuai, commandant en second de l'Armée Rouge des Ouvriers et des Paysans, que sa grand-mère avait voulu noyer étant enfant. Ses restes furent incinérés sous un nom d'emprunt avec les soixante-deux livres qu'il avait lus durant sa captivité. Dans sa cellule, on rassembla une paire de caleçons rapiécés, un pantalon et une veste, également ravaudés, une couverture, une cuillère d'aluminium, à quoi il fallait ajouter sa ceinture et la montre-bracelet. Son unique héritage.

Aux beaux jours de cette année-là, dans la région du Shaanxi, des paysans forant un puits découvrirent près du tombeau présumé de l'empereur Shihuangdi, celui qui enterra vifs les lettrés récalcitrants, une armée de statues, cavaliers, fantassins, des soldats de terre cuite, tous différents, tous singuliers. D'abord, émergea une tête, puis des bras, puis un corps, puis d'autres. Plus ils piochaient, plus les terrassiers en dégageaient, des gardes debout, des archers agenouillés, des officiers sur leurs chars de guerre, tous de bonne taille, moustachus, belliqueux, ordonnés en compagnies, en régiments, prêts à la bataille, tournés vers l'orient. Le Président Mao tenait l'empereur Shihuangdi des Qin en haute considération, bien qu'il le trouvât mou sous certains aspects. « Nous avons dépassé le Premier Empereur des Qin de cent coudées », aimait-il à parader. Les qualités de Shihuangdi semblaient indiscutables : n'avait-il pas modifié l'écriture, les poids, les monnaies, les mesures, l'écartement des roues des voitures, n'avait-il pas consolidé la Grande Muraille ? Et de surcroît il avait fait un brasier des livres anciens « afin que personne ne puisse dénigrer le présent au nom du passé ». Bien qu'il fréquentât les alchimistes en quête du secret de l'immortalité, l'empereur Shihuangdi, par prudence, s'était fait tailler ce tombeau de son vivant, drainant des points extrêmes de l'Empire et de son centre sept cent mille ouvriers, artisans, charpentiers, des potiers, des artistes, à l'effet de bâtir son palais souterrain, d'y camper son armée immobile et, cela étant accompli, il fit mettre à mort tous ceux qui savaient. Cependant, prétendent les annales, un météore traversa les nues et vint s'écraser au sol apportant le message : « L'Empereur mourra cette année. » Shihuangdi fit tuer tous ceux qui avaient observé la pierre céleste. Mais il mourut comme le Ciel et la nature l'avaient ordonné.

Mao Zedong n'avait pas l'intention de mourir bien que sa santé déclinât à l'évidence. Il ne nageait plus, demeurait allongé. Seule sa Mandchoue pouvait désormais interpréter les sons de sa bouche, le tremblement de ses lèvres, et tout un chacun, pour quelque cause que ce fût et aussi puissant qu'il soit, devait passer par elle pour accéder au Président, Pomme-Bleue y compris. Pomme-Bleue fit donc amie-amie avec l'usurpatrice, la cajola, la combla de cadeaux, lui offrit la robe à sa coupe, se fit tirer le portrait à son côté, la Mandchoue en beige et elle en bleu-gris. Toutes deux se tenaient par la main. Le visage de la Mandchoue était plat. En tous points elle paraissait moins attrayante que Pomme-Bleue ne l'avait été jadis, moins jolie que Nancy Tang et les autres Fleurs d'Or du Ministère des Affaires Extérieures ne l'étaient encore, moins fraîche que l'infirmière des soins quotidiens. Mais elle menait désormais la barque de Mao.

Deux mois tout juste s'étaient écoulés depuis sa première opération lorsque les médecins du Mandarin-Versatile jugèrent inéluctable une deuxième intervention pour juguler la prolifération des cellules cancéreuses de sa vessie. Les célébrations du vingt-cinquième anniversaire de la République des Redresseurs de Torts approchaient. Le Premier Ministre se remit debout et offrit un grand banquet de réjouissances à quatre mille cinq cents convives. À la table d'honneur avaient pris place les Brigands Justiciers encore valides et les nouveaux promus, entrelardés d'invités étrangers. Le Premier Ministre avait à sa droite le prince Sihanouk ci-devant roi du Cambodge, Petit-Chien dit Rouge-Vertu avait à sa gauche la princesse Monique, épouse Sihanouk, Deuxième-Couteau se trouvait assis à côté d'un Javanais, Petite-Bouteille d'un Laotien. Gros-Yao et Zhang-le-Mince encadraient un Indonésien, Wang-le-Jeune et le Serpent-Blanc, une Khmère Rouge. Pomme-Bleue flanquait le sous-chef des marxistes-léninistes suédois, un vague blondinet imberbe. Participaient également aux agapes des Albanais, des Birmans, des Sierra-Léonais, des Sud-Yéménites et les représentants de la fraction orthodoxe des Amitiés Sino-Nipponnes. Le Mandarin-Versatile, faible et maigre, se leva avant que les convives ne goûtent aux mets et déclara : « Il y a vingt-cinq ans, le Président

Mao Zedong, grand dirigeant du peuple chinois, a proclamé solennellement devant le monde entier : "La République Populaire de Chine est née et le peuple chinois est désormais debout"… Nous remercions sincèrement les peuples du monde et les amis de divers pays pour le soutien et l'aide qu'ils nous ont accordés. » Puis il porta un toast à la grande unité des populations variées de la Chine et de toutes les nations, et il avala son verre de maotai à 53 degrés. Tous l'imitèrent. Les étrangers croyaient dur comme fer que les Chinois qu'ils voyaient attablés étaient liés entre eux par de chauds sentiments de fraternité, alors que leurs hôtes rêvaient de régler au plus vite les comptes accumulés.

L'âpreté de la lutte, le temps implacable, le cosmos mouvant créèrent les conditions du dénouement, une cascade d'événements pour partie attendus, pour partie imprévisibles.

Dans l'île de Formose, convoitée par les Portugais à l'époque Ming et présentement sous influence américaine, le Généralissime Chiang Kai-shek s'éteignit une nuit d'orage. Trois attaques successives à intervalles rapprochés eurent raison d'un cœur usé par quatre-vingt-sept ans de battements militaires et réguliers. Son heure était venue. Chiang Kai-shek n'était plus. Cinq jours durant, sa dépouille fut exposée. Pendant quatre semaines, les bars, les night-clubs, les bordels furent interdits d'exercer. On plaça une bible dans son cercueil. Son fils, maître de la police, lui succéda. D'aucuns assurent que Mao Zedong passa la journée des obsèques au lit, silencieux, à écouter une marche funèbre.

Pour découvrir ce que fit Mao dans les mois qui suivirent, s'il resta alité, s'il mangea de nouveau avec appétit, si son esprit était vif encore, il suffit d'explorer le chapitre ultime. Ainsi, vous sera révélé le fin mot de cette aventure.

CHAPITRE XLVII

Les Brigands Justiciers quittent la scène sans considération de leurs mérites ou de leurs torts — L'affaire se dénoue sur un coup de théâtre.

Après qu'elle eut végété cinq ans dans la prison de Qincheng sans pouvoir adresser une seule parole à un être quelconque, Ding Ling la romancière vit soudain sa condition changer. Un garde ouvrit la porte et la conduisit dans un bureau où un chef en uniforme lui annonça : « Les investigations menées par la Direction sur votre cas sont closes et, selon le principe "*chercher la vérité dans les faits*", aucun problème n'a été mis au jour. » Ding Ling venait d'achever la lecture du volume 39 des *Œuvres complètes* de Marx et Engels. Elle fut relâchée la nuit, fourrée dans une jeep, et expédiée dans un village des monts Taihang où elle retrouva son mari dont elle n'avait eu aucune nouvelle durant le lustre écoulé. Lui aussi venait d'être libéré d'une cellule de Qincheng. L'un comme l'autre ignorèrent, tout ce temps, qu'ils étaient voisins. Bien qu'elle sentît sur son dos le poids de ses soixante et onze ans, Ding Ling plongea dans l'écriture. Elle se mit à noircir les feuilles d'un roman esquissé deux décennies plus tôt : *Dans les jours froids et amers*.

L'état du Premier Ministre s'aggravait. Il subit sa troisième opération. Le cancer progressait, atteignit son foie, se fixa à l'endroit exact où s'était déclaré un ulcère durant la Longue Marche des vingt-cinq mille lis, lorsqu'il délirait porté sur une civière en franchissant les Grandes Steppes Marécageuses. Cela le ramena au passé. Il chargea son pinceau et écrivit péniblement une missive au Président Mao. « Depuis la Conférence de Zunyi, au début de la

Longue Marche, j'ai bénéficié des enseignements du Président. Pourtant, malgré les quarante ans qui nous séparent de cet instant, j'ai commis de nombreuses fautes, et même des crimes… » Il voyait autour de lui danser les fantômes. Une nuit, Face-de-Lune lui apparut, Face-de-Lune rieur avec qui il avait vagabondé, traversé la France et le monde, l'Afrique, l'Asie. Le Mandarin-Versatile se réveilla en sursaut. « Aaah ! souffla-t-il aux docteurs accourus. J'ai rêvé que nous gravissions un mont ardu, Face-de-Lune et moi… Parvenu à mi-pente, il glissait et tombait… Je n'arrivais pas à le rattraper… Et nous avons chu tous deux du haut de la falaise… » Le Premier Ministre savait que le temps lui était compté, en mois, en semaines, en jours. À un visiteur étranger venu le saluer, il confia avoir reçu de Karl Marx en personne une invitation qui ne se pouvait refuser. Il se préparait donc au voyage. Le Mandarin-Versatile abordait la dernière courbe de la spirale.

Or, il advint qu'à ce moment, la fille qu'avait eue jadis le Pirate-Optimiste, le nourrisson qu'il avait porté contre son sein pendant la Longue Marche de l'Armée du IIe Front depuis le lac des Lotus Rouges jusqu'aux contreforts du plateau tibétain, ce minuscule bout de fille qui faisait sur lui ses besoins et qu'il avait appelée « Victorieuse », cette fille, âgée maintenant de quarante ans, obtint la permission d'organiser au jour anniversaire de son décès une cérémonie en mémoire de son père, Double Tête de Dragon dans la Société des Frères Aînés, héros de Nanchang, et mort comme un chien. Pour des motifs imprécis dans ces circonstances inopinées, Mao Zedong en convint : « J'ai eu grand tort, au sujet du Pirate-Optimiste. Je dois en porter la responsabilité. Le verdict le concernant doit être renversé. » Tout cette mouise, arbitra-t-il, était due à Tête-de-Fouine. Apprenant qu'avait lieu la cérémonie de réparation, le Mandarin-Versatile se rendit au cimetière de la Colline des Huit Trésors, contre l'avis des médecins, et s'inclina trois fois devant la photographie du Pirate-Optimiste. Puis les larmes coulèrent de ses yeux tandis qu'il s'adressait à la veuve : « Je n'ai pas su le protéger… » La veuve pleurait également à gros bouillons, et encore les enfants, qui lui dirent émus : « Prenez soin de vous,

Oncle Mandarin. » À quoi il répondit : « Je n'en ai plus pour longtemps. »

Aussi vrai que un se divise en deux, la nature ne cultive ni la justice ni l'égalité des êtres. C'est pourquoi héros et vilains quittaient le monde à des dates aléatoires, sans égard pour leurs mérites, sans considération de leurs fautes.

Les mains du Président Mao tremblaient, sa vue baissait au point qu'il ne pouvait plus tenir ni déchiffrer un livre. Une jeune lectrice de l'Université soulagea ses organes fatigués. Elle le distrayait avec les grands classiques qu'il avait tant aimés, *Le Roman des Trois Royaumes*, *Au bord de l'eau*, les ouvrages palpitants des anciennes dynasties. Or, arrivé à un certain chapitre, et peut-être las d'y revenir sans cesse, Mao Zedong, qui se souvenait parfaitement de l'intrigue et des personnages découverts dans son village de Shaoshan, la nuit, à la bougie, quand il était petit, décréta : « *Au bord de l'eau* ne s'en prend qu'aux fonctionnaires corrompus et non à l'Empereur. Chao Gai, chef suprême du Repaire, est éliminé de la cohorte des Cent Huit Brigands des Marais. Song Jiang, son successeur, capitule, pratique le révisionnisme, rebaptise la Salle de l'Assemblée des Preux selon Chao Gai du nom de Salle de la Loyauté à la Justice, et accepte de se soumettre pour être gracié. » Tourneboulée, toute pantoise, la lectrice de l'Université rapporta ces propos à Gros-Yao, le théoricien de la littérature, ami de Pomme-Bleue, de Zhang-le-Mince, de Wang-le-Jeune, huile parmi les huiles, et Gros-Yao trouva quoi en faire de sa plume alerte. « La critique d'*Au bord de l'eau* est très importante, claironna-t-il. Elle est de grande signification pour le prolétariat, les paysans pauvres et moyens-pauvres, dans la perspective de combattre le révisionnisme et de soutenir la ligne révolutionnaire du Président Mao. » De savants articles surgirent dans *Le Quotidien du Peuple* dénonçant le roman comme autrefois *La Destitution de Hai Rui*, cette pièce vénéneuse bourrée de génies malfaisants. Tout le monde sous le ciel connaissait *Au bord de l'eau*, l'avait lu ou se l'était fait raconter. On n'en savait pas long quant à son auteur, un nommé Shi Nai'an ayant vécu à la fin des Yuan ou au début des Ming, disons vers l'an 1368, mais il y avait beaucoup à dire de son contenu car l'ouvrage comprenait au moins soixante-dix parties et une myriade de personnages captivants, des sbires impériaux, des préfets concussionnaires, des mauvais hobereaux, des concubines perverses, des prisonniers menés par les chemins la cangue au cou, et les Cent Huit Brigands Justiciers, hors-la-loi des marais du mont Liang. Du début à la fin, ce n'était que bagarres, beuveries, rapines, banquets, meurtres, trahisons. Le vin et le sang coulaient à flots. On y mangeait goulûment des soupes de poisson aux piments rouges, du poulet cuit à la vapeur, on y taillait en pièces les félons, les riches marchands, les stipendiés du gouvernement et quelquefois les bons.

Or, peu avant que ne finisse le récit, et après qu'eut expiré Chao Gai, chef des rebelles, une boule de feu illumina la nuit, venant des Portes du Ciel, et s'abattit à grand bruit sur le Repaire des Brigands. Au point d'impact, en fouissant un peu, les compères découvrirent une stèle de pierre gravée des quatre caractères : « Exécuter la Justice au Nom du Ciel » et, sur l'autre face, la liste des Cent Huit Rebelles en ordre hiérarchique, Song Jiang étant placé premier, Licorne-de-Jade deuxième, l'Astre-de-Sapience troisième, le Dragon-Entre-les-Nuages quatrième, et ainsi de suite jusqu'au Chien-à-Poils-d'Or qui terminait l'énumération. Le commandant suprême Chao Gai n'y figurait pas puisqu'il était mort. Quant à Li Kui, le Tourbillon-Noir, brave de toutes les batailles, son nom n'apparaissait qu'en vingtième position et un sort lamentable lui était promis. Il ressortait des remarques impromptues de Mao Zedong que Song Jiang, le héros, n'était digne que de mépris et d'opprobre. Tel était le sens caché du roman *Au bord de l'eau*. Mais pour le comprendre il fallait, disaient les journaux, « rappeler toute la complexité des luttes de classes de ce temps ».

Pomme-Bleue, forte de ces enseignements, se rendit avec sa suite dans la commune exemplaire de Dazhai, suivie de camions apportant ses bagages et quatre chevaux d'agrément. C'était un endroit montagneux, peuplé d'agriculteurs vertueux qui s'échinaient à obtenir de hauts rendements, travaillant d'arrache-pied, le jour sous le soleil, la nuit à la lueur des lampes au kérosène, afin de dépasser les objectifs du Plan. Parfois, ils se réunissaient sous un saule pour faire la causette, répéter des citations de Mao Zedong. Pomme-Bleue visita un peu tout, les grottes, les champs de tabac, les vergers. Puis elle réunit les paysans et les entretint d'*Au bord de l'eau*. « En fait, leur dit-elle, le roman montre essentiellement comment Chao Gai, le Roi-Céleste, devient un fantoche. Et aujourd'hui, il y a des gens qui veulent faire du Président Mao une potiche. » Prenant leur mal en patience, les paysans l'écoutaient respectueusement pérorer. « Une certaine canaille, poursuivait-elle, s'est infiltrée dans nos rangs et vante ce roman à la gloire des capitulards. » Les gens reconnaissaient dans ce portrait-robot le Premier Ministre, mais n'osaient souffler mot.

Après la quatrième opération, après la cinquième, le Mandarin-Versatile renonça à l'espérance de la longévité. De plus en plus, il avait du mal à ingurgiter la nourriture. De plus en plus, il perdait son sang. Le personnel soignant sollicita, un jour de répit, d'être photographié à son côté. En souvenir. C'était mauvais signe. Le Premier Ministre y consentit et leur dit : « J'espère que plus tard vous ne ferez pas une croix sur mon visage. » On eût pu l'appeler le Mandarin-Désenchanté. Fréquemment, la mélancolie l'emportait sur tout autre sentiment. Rien désormais ne le faisait sourire. Il se faisait passer le chant « Les Fleurs de l'enterrement » que psalmodiait l'héroïne du *Rêve dans le Pavillon rouge* au chapitre 27 (PRÈS DU PAVILLON D'ÉMERAUDE, LA CHARMANTE XUE FAIT LA CHASSE AUX PAPILLONS BARIOLÉS — SUR LA TOMBE DES FLEURS, LA SVELTE DAIYU PLEURE LES COROLLES EFFEUILLÉES), un chant transposé en air d'opéra :

Ô fleur maintenant fanée, dispersée par le vent,
Qui a encore souvenance de toi, de ton parfum, de ta beauté ?…
Ô fleur, trois cent soixante-cinq jours durant,
Te menace le givre et te cingle le vent !…
Qui sait si ce n'est dans cet azur infini,
Que je trouverai la sépulture de mes rêves…
Qui donc, pour m'ensevelir, sera là plus tard…

On sait qu'à ce point précis du livre, l'auteur coupait court par une formule lapidaire : « Mais pour savoir ce qui va se passer, lisez dont plutôt le chapitre suivant. » Les médecins, les infirmières qui entouraient le Premier Ministre de leurs soins et de leurs attentions rechignaient à le voir écouter des musiques aussi lugubres. Chacun se rappelait la réplique du *Rêve dans le Pavillon rouge* : « Tu n'as pas peur que cela te porte malheur de parler de mourir de si grand matin ? » Alors, le Mandarin-Versatile demanda à ouïr *L'Internationale*, l'hymne des Brigands Justiciers du monde entier, et ses médecins le lui firent entendre comme il le désirait. Par la force des choses, les visites à son chevet s'espacèrent, hormis celles de très proches collaborateurs et de son épouse. Le Mandarin posait sa main entre les mains de cette femme, rencontrée plus d'un demi-siècle en arrière, qui l'avait accompagné à Shanghai dans la clandestinité, suivi pendant la longue marche du temps, et il lui chuchota : « Il y a dans mon cœur beaucoup de choses que je n'ai pas dites… » Le Mandarin-Versatile agitait sous son crâne de multiples pensées quand la douleur extrême lui en laissait la possibilité.

Pendant que le Premier Ministre vivait son calvaire, un autre se mourait pareillement du cancer. Le Serpent-Blanc bisquait de périr au seuil du pouvoir absolu sans y avoir pleinement mordu. « J'ai une tumeur là en bas. Je perds mon sang. Je suis fini… » C'était pour lui une sale déveine. Le pouvoir était là, à portée, et il ne pouvait le saisir. L'état d'esprit du Serpent-Blanc se modifia d'un coup sous l'effet combiné de la maladie et du dépit. L'épouvante du néant l'envahissait. Ses nuits devenaient cauchemars. Il s'abîma en une sorte d'état second et criait dans l'obscurité en égrenant les années : « En 1925, je n'étais pas un traître ! En 1926, je n'étais pas un traître ! En 1927, je n'étais pas un traître !… » Lorsqu'il comprit enfin que c'en était fait de lui et de ses ambitions, que Pomme-Bleue et ses créatures lui survivraient, échapperaient à sa tutelle sévère, à ses plans, il pria à son chevet deux des Fleurs d'Or de Mao, Nancy Tang et Petit-Rat, afin de leur livrer ses secrets. Il leur transmit faits et rumeurs du temps passé, collationnés sur ses fiches, selon lesquels Pomme-Bleue avait jadis mangé le morceau et

Zhang-le-Mince s'était vendu aux Chemises Bleues. Sous les couches de poussière épaisses des archives, jurait le Serpent, existaient des photos de Pomme-Bleue en uniforme du Kuomintang, vantant les vertus de Chiang Kai-shek, et les articles honteux que Zhang-le-Mince signait « Dick ». Il suffisait de fouiller un peu, suggérait encore le Serpent, tout viendrait à la lumière. Cela resta sans effet. Tétanisées par la révélation, ses conséquences pour leur confort, les Fleurs d'Or la celèrent dans le tréfonds de leur cœur. Alors, voyant venir la Faucheuse à grands pas, le Serpent-Blanc consulta un moine bouddhiste dans l'intention de discuter avec lui des modalités de la réincarnation. Cela également fut sans effet. Le matin du 16 décembre 1975, laissant derrière lui objets d'arts et livres rares, le Serpent-Blanc s'en alla cogner à la porte de Yama, Roi des Enfers. Ainsi mourut Kang Sheng, chef de la police secrète, auteur d'innombrables forfaits. Les condoléances affluèrent à Pékin. « Nous avons perdu en lui un bon camarade et ami », déplorait le chef modèle de l'Albanie. Les cendres du Serpent-Blanc furent enterrées provisoirement au cimetière de la Colline des Huit Trésors, dans le carré des héros et des martyrs.

Beaucoup, cependant, soufflèrent de soulagement, car depuis des lustres se colportait à voix basse parmi les Brigands Justiciers d'antan que mieux valait croiser Yama sur son chemin que le Serpent-Blanc et ses hommes de main. Le Premier Ministre apprit la nouvelle sur son lit de douleurs. Les infirmières lui lisaient les journaux. On dit qu'il contemplait le plafond, qu'il poussait des soupirs, et que parfois il se tournait silencieux vers le mur. Vint le Jour de l'An. La presse publia à l'occasion deux vieux poèmes du Président Mao. L'un était intitulé « Dialogue d'oiseaux », et l'autre « Retour aux Monts et aux Vaux ».

Rien d'impossible au sein de l'Univers,
Pourvu qu'on ose escalader la cime.

Ayant saisi les vers au vol, à la radio ou de la bouche d'un des soignants, le Mandarin marmotta : « *Aya !*... La Chine a produit un

Mao Zedong… » Mais aucun de ceux qui l'entendirent ne surent vraiment ce qu'il voulait dire.

Le Mandarin-Versatile se décida à mourir le 8 janvier 1976 à neuf heures cinquante-sept, après quatre-vingt-neuf transfusions sanguines. Soit par compassion, soit par intérêt, les sommités de l'État et du Parti se précipitèrent à l'hôpital où il gisait raide, les joues creuses, les yeux clos, sourcils épais et cheveux gris, recouvert du drapeau rouge, conformément aux rites. Tous les Maîtres du Jeu encore debout s'y rendirent à l'exception du Président Mao qui ne quittait plus sa résidence, veillé par sa Mandchoue. Autour du défunt, afin que l'endroit paraisse moins sinistre, le personnel avait placé des fleurs et des pins en pots. Se retrouvèrent donc au chevet du Premier Ministre froid Petite-Bouteille et Deuxième-Couteau qui l'avaient connu à Paris, Petit-Chien, dit Rouge-Vertu, qui l'avait connu à Berlin. Il y avait aussi là ses ennemis mortels, Zhang-le-Mince et Wang-le-Jeune, Gros-Yao et Pomme-Bleue, dissimulant à peine leur contentement. Voyant que Pomme-Bleue ne se découvrait pas, qu'elle gardait sa casquette vissée sur sa tête, Petit-Chien dit Rouge-Vertu fut pris d'une sainte colère et malgré ses quatre-vingt-dix ans, il lui tomba sur la couenne. « Tu crois que tu n'as pas fait assez de mal aux gens ? », hurlait-il sous son nez. L'Histoire prétend qu'à ce moment, ne pouvant se contrôler, il la gifla. Ce n'est pas prouvé, mais l'idée en réjouit plus d'un.

Le 11 janvier à seize heures quarante-cinq, le corps du Premier Ministre fut transféré au cimetière de la Colline des Huit Trésors pour y être incinéré. Les Pékinois se massaient des deux côtés de l'avenue de la Paix-Éternelle dans l'espoir d'apercevoir le fourgon mortuaire, un minibus azur et blanc, suivi de limousines Drapeau Rouge noires. Les gens pleuraient comme des fontaines, les jeunes, les vieux s'essuyaient de leurs gants de laine les yeux. Pendant trois jours, l'urne contenant les cendres fut exposée au Palais de la Culture des Travailleurs, sous le portrait du défunt, un portrait avantageux, retouché et frais. Les ouvriers de Pékin, les soldats, les femmes et les hommes assommés de chagrin défilèrent devant lui en manteau, tête nue, car l'hiver était glacial mais beau. Petite-Bouteille prononça l'éloge funèbre. « Ce grand combattant nous a quittés à jamais… Dès sa jeunesse, il s'est voué à la cause du peuple… Et toujours il œuvra pour les intérêts de la population avec un zèle sincère sans jamais se laisser rebuter ni par la peine ni par les tracas… » Petite-Bouteille lisait son papier devant le micro sur pied. Les dirigeants du Parti et de l'État se figeaient, tête baissée. Les mécaniciens de la locomotive à vapeur Mao-Zedong, au dépôt de Pékin, firent serment de guider toujours leur machine sur les rails d'acier de la révolution. Au village des monts Taihang où elle languissait, la romancière Ding Ling découpa dans le journal une photo du Premier Ministre et, avec des fleurs blanches, confectionna un autel devant lequel elle s'inclina. Conformément au vœu du défunt, ses cendres furent dispersées depuis un avion au-dessus des lacs, des plaines, des rivières et des montagnes. Ainsi finit Zhou Enlai, celui qui avait erré sur les routes, les océans, conduit la grande insurrection de Shanghai, et qu'en Occident souvent, par erreur, on prenait pour un personnage du roman de Malraux, Prix Goncourt 1933. Ainsi finit le Premier Ministre intangible de la République des Redresseurs de Torts.

Des événements qui se succédèrent alors à un rythme rapide, certains seulement s'inscrivaient dans une chaîne de causalité, malgré la créance de nombre de gens d'esprit superstitieux.

Le 8 mars 1976, en plein jour, une boule de feu rouge plus grosse d'apparence que la Lune traversa le ciel de Mandchourie. De l'avis des meilleurs, c'était le signe précurseur d'un changement de dynastie. Les chroniques anciennes rapportaient que dans le deuxième mois de la première année du règne de l'empereur Yuanping des Han, soit en l'an 74 d'avant l'ère occidentale, une étoile de la taille de l'astre nocturne s'était montrée au firmament, filant vers l'ouest, qu'au vingt-cinquième jour du premier mois de la troisième année du règne de l'empereur Huanghe des Tang, an 808 d'Occident, on avait vu dans la nuit des météores tomber en pluie, et qu'au vingt-cinquième jour du cinquième mois de la vingt-sixième année du règne de l'empereur Jiaqing des Ming, c'est-à-dire le 12 juin de l'année 1547 à quatre heures du matin, résonna un bruit de tonnerre dans un ciel incandescent. Voilà ce qu'attestaient les annales. Et, de mémoire d'homme, qu'une comète apparut en mai 1910, quatrième mois de la deuxième année du règne de l'empereur Xuantong, mieux connu sous le nom de Puyi, Henry Puyi, ultime souverain de Chine. Ce 8 mars 1976, donc, les habitants de la province du Jilin, qui jouxte la Corée, virent la boule de feu devenue jaune éclater en trois morceaux accompagnés d'une myriade de fragments aussi étincelants que les feux d'artifice de l'an nouveau. Le premier de ces météorites se fracassa à proximité d'une commune populaire, soulevant un nuage de poussière et creusant dans le sol gelé un cratère de deux mètres. Le poids de cet aérolite fut estimé à mille sept cent soixante-dix kilos, le poids du second à quatre cents kilos, celui du troisième à cent vingt-cinq kilos. Les scientifiques qui s'en mêlèrent ensuite estimèrent la température d'entrée du corps céleste dans l'atmosphère à 3 500 °C et identifièrent à l'analyse quarante minerais principaux et secondaires fastidieux à énumérer et dénués de poésie.

Dans les heures obscures précédant la Fête des Morts, qui tombait cette année le 4 avril et que l'on appelait plus proprement Fête de la Limpidité et de la Clarté, un ouvrier conducteur de bulldozer apposa sur le Monument aux Héros du Peuple, place de la Paix-Céleste, une affiche en grands caractères : « Mille pensées attristées en mémoire du Premier Ministre. » Les sbires de la Sécurité pincèrent le subversif et l'embarquèrent dans leur jeep. Mais des badauds commençaient à s'attrouper, à lire, à recopier, à écrire, à coller, à déchiffrer, à gloser jusqu'à ce que le Monument soit couvert de papiers exprimant navrance et colère. Les uns déposaient des couronnes de fleurs blanches au centre desquelles ils piquaient le portait encadré de noir du Mandarin-Versatile, d'autres griffonnaient des vers qu'ils accrochaient aux chaînes délimitant le socle du Monument ou à des fils tendus quand ne subsista plus un seul maillon de libre.

Chaque bouquet représente un cœur.
Chacun a les yeux embués de larmes.
Et il y a tant d'indignation et d'affliction
Que le printemps hésite à revenir.

Ils étaient si nombreux à se rendre sur les lieux que bientôt le Monument disparut sous les poèmes et les fleurs. Un cheminot calligraphia avec son sang sur une pièce de soie blanche : « Respecté et bien-aimé Premier Ministre, nous défendrons ta mémoire au prix de notre sang et de notre vie ! » Les gens applaudirent, éclatèrent en sanglots. L'émotion et la tension atteignaient leur point culminant. On dit que le jour de la Fête des Morts, de la Limpidité et de la Clarté, deux millions de citoyens affluèrent sur la place. Les sbires de la Sécurité se mêlaient à la foule, scrutaient les visages et attendaient les consignes. Les couronnes continuaient à s'amasser, les poèmes à s'afficher.

Sire X,
Le sais-tu ?
Ton trône
Branle sous ton cul.

Comprenant que le mouvement ne penchait guère en leur faveur, Wang-le-Jeune, Gros-Yao et Zhang-le-Mince donnèrent l'ordre de prendre des photos, de repérer les meneurs et, le soir venu, de ramasser en vrac les couronnes. Une troupe et deux cents camions furent affectés à cette tâche. Lorsque se leva le jour, la place était nettoyée, le Monument cerné par trois cordons de policiers. Alors, les gens courroucés s'agglutinèrent de nouveau et crièrent à gorge déployée « Libérez nos camarades ! » comme on le faisait ailleurs, et « Rendez-nous nos couronnes ! » comme on ne le faisait qu'ici. Voyant rôder les voitures de police avec des haut-parleurs, leurs cris redoublèrent d'intensité et d'ardeur. « Nous abattrons quiconque s'oppose au Premier Ministre ! » Puis ils chantèrent *L'Internationale* en se tenant par le bras. Les policiers furent saisis d'effroi, c'est souvent le cas lorsque ces notes s'échappent en force de cent mille bouches. La foule se pressait, faisait masse. Au bout d'un moment, les protestataires furibonds secouèrent les voitures des argousins, une Shanghai et des jeeps BJ-212, puis y mirent le feu, et finalement ils jugèrent aussi simple d'incendier le poste de police tout entier. Il était dix-sept heures, le 5 avril 1976 à Pékin, place de la Paix-Céleste. À vingt et une heures trente-cinq, la milice et la troupe reprirent le contrôle des lieux. « Nous avons gagné », exultait Pomme-Bleue en félicitant les chefs, et Wang-le-Jeune ajouta : « Vous avez fait du bon travail ! » Puis ils mangèrent du porc rôti et avalèrent du maotai.

Peu de jours s'écoulèrent avant que Petite-Bouteille, rendu responsable des troubles, ne soit démis de ses fonctions et assigné à résidence. Le bruit courait qu'il avait en personne tiré les ficelles de la rébellion, et on lui demanda son emploi du temps lors de la Fête des Morts. Petite-Bouteille jura qu'il était allé au Grand Hôtel de Pékin se faire couper les cheveux à la longueur réglementaire. Mais ses ennemis refusaient d'admettre son alibi. Pour la deuxième fois, Petite-Bouteille se retrouvait au placard. On le laissa tranquille, chez lui, tandis que les journaux s'emplissaient d'éditoriaux, de tribunes, de commentaires le traînant plus bas que terre. « Ce révisionniste impénitent a déçu l'espoir qu'avait le Président Mao de l'éduquer et de l'aider ! » Emmitouflés dans leurs habits molletonnés, les étudiants du campus de Pékin ripostaient au vent déviationniste de droite. Les ouvriers du pétrole de Daqing, les paysans pauvres et moyens-pauvres de la brigade exemplaire de Dazhai brandissaient le poing. Des bardes amateurs, contremaîtres, miliciens, composaient à leur tour de cinglants couplets pour faire pièce aux odes épinglées place de la Paix-Céleste.

J'écoute la radio, la fureur me submerge,
Une rage folle m'envahit le cœur.
Je tire le premier coup de canon au meeting de dénonciation…
Critiquons à fond Petite-Bouteille
Et manions un balai de fer
Pour nettoyer la terre de sa vermine.

La campagne battait son plein quand Petit-Chien, dit Rouge-Vertu, fit son paquet pour l'autre monde. Il semblait en pleine forme, à quatre-vingt-dix ans, et alla le premier jour de l'été, canne à la main, sourire aux lèvres, saluer un visiteur australien, lorsqu'un coup de froid sournois tomba sur ses épaules. La science des médecins ne put le sauver. À quinze heures zéro une, le 6 juillet 1976, c'était fini. Ainsi s'en fut le maréchal Zhu De, commandant en chef de l'Armée Rouge des Ouvriers et des Paysans que l'on appelait familièrement l'Armée de Zhu-Mao. Il avait tout connu, l'Empire, la République, la Ligue des Frères Jurés, l'opium, les philosophes de Göttingen, les prisons de Berlin et l'Américaine-Venue-en-Deuxième dont il était le légataire universel. Les gens de Pékin vinrent rendre hommage à ses restes. Ils avançaient lentement sur quatre rangs et ressortaient par deux portes latérales du Palais de la Culture des Travailleurs. Son épouse, la fille du pêcheur adroite au fusil, se tenait pétrifiée près de l'urne funéraire. Mao Zedong n'assista pas aux obsèques. Son état général, son cœur ne le permettaient pas. Le Président ne sortait plus. Sa Mandchoue veillait sur lui, le nourrissait à la petite cuillère. Elle lui projetait des films, *Love Story*, *La Mélodie du bonheur* primée aux Oscars. Petit-Chien fut inhumé en présence de ses ennemis, ceux qui voulaient sa peau, Pomme-Bleue, Zhang-le-Mince, Wang-le-Jeune, Gros-Yao, et du peu qui restaient de ses amis les Brigands Justiciers. L'urne contenant ses cendres rejoignit le cimetière de la Colline des Huit Trésors.

Le deuil n'était pas achevé que trembla la terre, à trois heures quarante-deux du matin, le 28 juillet, alors que tous dormaient, ouvrant des crevasses profondes. Quatorze, quinze, seize secondes. Un séisme de 7,8 sur l'échelle de Richter. La ville de Tangshan, à deux cents kilomètres de Pékin, fut rasée jusqu'au sol. L'Histoire rapporte que l'on compta deux cent quarante-deux mille quatre cent dix-neuf morts. La secousse effraya grandement les gens de la capitale. Dans l'obscurité, médecins et infirmières transférèrent Mao Zedong vers un bâtiment protégé en le poussant sur un lit roulant. C'est là qu'il vécut ses derniers moments, entouré d'appareils médicaux, de quinze médecins et vingt-quatre infirmières. Sa fille Li Min, qu'il avait eue avec sa deuxième épouse et demie, obtint la permission de le visiter. Mao Zedong, à ce qu'on dit, ouvrit un œil et pressa furtivement sa main. Les mots franchissaient difficilement ses lèvres. D'aucuns prétendent que, dans un murmure, il lui demanda son âge. Après, Mao ne parla plus.

Wang-le-Jeune se fit photographier pour le portrait officiel et Pomme-Bleue entreprit une tournée d'inspection. Pomme-Bleue aimait se rendre dans la commune exemplaire de Dazhai où elle avait ses habitudes. Les habitants à sa vue tordaient le nez. « Vous voulez savoir pourquoi je suis venue ? Je suis venue lutter contre le révisionnisme ! » Eux, qui vivaient là, ne montraient pas d'enthousiasme excessif. Pomme-Bleue s'était fait aménager une suite à l'hôtel avec des tapis épais et des rideaux sombres aux fenêtres de manière à n'être gênée ni par le bruit ni par la lumière. Dans la journée, elle respirait à cheval l'air de la campagne, coiffée d'un turban à la mode du Castor de Saint-Germain-des-Prés, et binait un minuscule jardinet où elle semait des graines de souchet comestible. Le soir, elle jouait au poker. Un appel téléphonique de Pékin la prévint de l'état déclinant de Mao Zedong et l'invita à rentrer.

Deux mois et trois jours s'étaient écoulés depuis la mort du commandant en chef de l'Armée insurgée des Brigands Justiciers, huit mois et un jour depuis la mort du fidèle Premier Ministre.

À zéro heure dix le 9 septembre 1976, le Président Mao Zedong passa l'arme à gauche. Ses trois âmes et ses sept affects se dissocièrent et disparurent.

Son corps inerte, recouvert du drapeau rouge à faucille et marteau, fut exposé au Palais de l'Assemblée du Peuple, entouré de fleurs d'hibiscus et de troènes verts. Les gens défilèrent devant lui. Les yeux fermés de Mao, la préparation qu'avait subie son corps, modifiaient singulièrement sa physionomie. Afin que puissent se dérouler sans accroc les cérémonies, on avait injecté dans ses artères une quantité respectable de formol. Sur la Porte de la Paix-Céleste était suspendu le portrait définitif, haut de sept mètres, celui à une oreille, en noir et blanc. Au neuvième jour du deuil la multitude se réunit sur la place, devant la tribune. Tête baissée, les gens observèrent trois minutes de silence. Puis retentit *L'Orient rouge* joué par les cuivres et les tambours. Les sirènes se mirent à siffler. Dans toute la Chine, le mouvement s'arrêta. Sur les lieux bénis de sa vie, à Shaoshan autour de sa maison natale, à Ruijin près du siège des Soviets initiaux, à Zunyi étape de la Longue Marche des vingt-cinq mille lis, les gens s'inclinaient trois fois devant son portrait, une fleur blanche à la boutonnière, un brassard noir passé à la manche gauche. Du haut des neuf étages de la Pagode Précieuse du Repaire tombait une banderole pleurant le défunt en treize caractères. Les jeunes filles nouaient leurs tresses d'un ruban blanc. Les enfants des écoles au foulard rouge, les ouvrières des usines devant leurs machines, les paysans dans leurs champs, les marins sur leurs navires, les voyageurs des avions traversant l'éther, les passagers des trains tressautant sur les rails, les mécaniciens à casquette de la locomotive Mao-Zedong, tous se tenaient également au garde-à-vous, hoquetant, le visage inondé de larmes. Place de la Paix-Céleste, derrière le micro à têtes multiples se tenaient en ligne les Maîtres du Jeu, Wang-le-Jeune, dans son uniforme vert à parements rouges, Zhang-le-Mince, Pomme-Bleue, la veuve, en costume sombre, un châle noir lui couvrant les cheveux, et d'autres moins connus, en gris, en bleu.

Ainsi prit fin l'existence de Mao Zedong, stratège, philosophe et poète, fondateur de la République Populaire de Chine.

Ailleurs, dans les autres pays, on lui rendit hommage. Des étudiants débraillés, en jeans pattes d'eph, promenèrent dans les rues de Rome une banderole où était écrit : « Le peuple, le peuple seul, est la force motrice, le créateur de l'Histoire universelle », tandis que d'autres proclamaient le long des boulevards humides de Paris : « Les masses sont les véritables héros. » De grandes blondes sérieuses et des garçons cravatés aux cheveux mi-longs arpentaient le pavé de Stockholm derrière une rangée parfaitement alignée de portraits définitifs. Il y eut des défilés au Mexique, en Éthiopie, au Pérou, en Tanzanie, et au Pakistan jusqu'à Rawalpindi. Les hommes politiques du monde entier exprimèrent leur désolation profonde. « Mao était un homme des plus remarquables », remarqua le président des États-Unis en mâchant un chewing-gum.

Ensuite, le silence se fit.

Le cadavre de Mao Zedong fut confié à une équipe de

taxidermistes aux fins d'être embaumé et conservé en l'état pour l'éternité. On le vida de ses viscères, de son cœur et ses reins, ses poumons et ses intestins, scellés en bocaux. Le reste de Mao fut placé dans un cercueil hermétique de cryolithe. Par sécurité contre les méfaits des mois, des ans, des bactéries, l'Institut d'Artisanat sculpta une copie conforme en cire, comme il est de mode chez Madame Tussaud, à Londres, ou au Musée Grévin.

Andy Warhol, l'artiste new-yorkais, ayant gagné avec ses portraits bariolés un nombre appréciable de dollars, peignit à l'acrylique rouge sur toile une faucille et un marteau orientés vers le bas qu'il intitula *Still Life*, en français *Nature morte*.

Les funérailles accomplies, Pomme-Bleue prit de l'assurance. Elle se montrait arrogante, fouillait les papiers de Mao à la recherche du testament. La Mandchoue, dernière compagne du Président, laissait faire. Pomme-Bleue invita ses collaborateurs au restaurant Fangshan pour des déjeuners de travail sous les plafonds bleu-vert décorés de phénix et de dragons. Son agitation n'était pas au goût des vétérans du Cercle des Premiers, les compagnons d'antan. Ceux-là tinrent conciliabule. Le 6 octobre, soit vingt-sept jours après la mort de Mao Zedong, sa veuve fut arrêtée par surprise et avec elle ses trois lieutenants. Ils furent convoqués le soir à huit heures dans la Salle de la Grande-Bienveillance en vue de concevoir le tome cinq des *Œuvres choisies* du Président Mao. Ils ne se méfiaient pas. À chaque fois que l'un franchissait la porte, des sbires l'alpaguaient. « Je n'aurais jamais cru que cela advienne si tôt ! » laissa tomber Wang-le-Jeune, après s'être quelque peu débattu. « Mais qu'est-ce qui se passe ? » couina Zhang-le-Mince, effaré. Réalisant ce qui arrivait, Gros-Yao défaillit, ses jambes flageolèrent, il fallut le soutenir. C'en était fini des trois de Shanghai. Pomme-Bleue lézardait encore dans sa résidence, vêtue d'un pyjama de soie, lorsque les gardes vinrent la cueillir. Elle éructa : « Qu'est-ce que vous foutez là ? » Puis elle se laissa emmener.

Pomme-Bleue, troisième épouse et demie de Mao Zedong, fut conduite en prison.

Plus tard, une nuit, elle se pendit.

Épilogue

Au quinzième jour de la septième lune, prétendaient les Anciens, les âmes errantes des défunts trouvent la voie du monde des vivants. Elles se plaignent alors et pleurent leur vie perdue en vain.

Sans hausser le ton plus que nécessaire, Lao-tseu, Sage aux longues oreilles, s'adressa à Confucius, Sage au regard perçant, et lui dit : « La justice et l'humanité d'aujourd'hui ne sont plus qu'un vain nom. Elles ne servent qu'à masquer la cruauté, et troublent le cœur des hommes. Jamais le désordre ne fut plus grand. »

Ayant livré sa pensée jusqu'au fond, le Sage aux longues oreilles dirigea son buffle d'eau en direction du mont Kunlun, séjour des Immortels.

Arrivé à une passe, sur la frontière de l'Ouest, un homme le reconnut et, se plaçant devant lui, l'implora : « Puisque vous voulez vous ensevelir dans la retraite, je vous prie de composer un livre pour mon instruction. » Ce qu'il fit.

PRINCIPAUX PERSONNAGES
ENTRÉS DANS L'HISTOIRE

Américain-Venu-en-Premier (l') : Edgar Snow, journaliste engagé.

Américaine-Venue-en-Deuxième (l') : Agnes Smedley, journaliste engagée.

Batracien-Graphomane (le) : Chen Boda, secrétaire de Mao Zedong, académicien, membre du Groupe Central de la Révolution Culturelle.

Bettencourt, André : politicien aisé.

Bibliothécaire-Chef (le) : Li Dazhao, intellectuel contestataire, bibliothécaire à l'Université de Pékin, fondateur du marxisme chinois.

Bijou-Oriental : Kawashima Yoshiko, princesse mandchoue, espionne nipponne.

Blo-bzang Phrin-las Lhun-grub Chos-kyi Rgyal-mtshan : Dizième Panchen Lama.

Bstan-'dzin rGya-mtsho : Quatorzième Dalaï Lama.

Butterfly Wu : Hu Die, actrice de cinéma.

Castor (le) : Simone de Beauvoir, romancière, essayiste.

Celui-Venu-d'Espagne : Roman Karmen, cinéaste soviétique, reporter de guerre.

Charlot : Charlie Chaplin, artiste vagabond.

Chiang Kai-shek : Généralissime, auteur du coup d'État de Shanghai le 12 avril 1927, chef du parti nationaliste Kuomintang.

Dai Li : organisateur du mouvement des Chemises Bleues et de la police secrète de Chiang Kai-shek.

De Gaulle, Charles : général rebelle, président des Français.

De-le-Martial : Demchugdongrub, prince mongol, maître de l'État du Mongokouo sous tutelle japonaise

Deuxième-Couteau : Nie Rongzheng, étudiant-travailleur en France et en Belgique, fondateur de l'Armée Rouge, maréchal et ministre de la Recherche de la République Populaire.

Ding Ling : romancière, combattante de l'Armée Rouge.

Docteur Fu, Nelson : Fu Lianzhang, médecin des Brigands Justiciers.

Doihara Kenji : soudard japonais, as du Renseignement.

Donald, William Henry : conseiller australien du Jeune-Maréchal puis de Chiang Kai-shek.

Dragon-Borgne (le) : Liu Bocheng, militaire de carrière, fondateur de l'Armée Rouge, maréchal de la République Populaire.

Du Grandes-Oreilles : Du Yuesheng, roi des bas-fonds shanghaiens, parrain de la Bande Verte.

Ef. Di. Ar. : Franklin Delano Roosevelt, président des États-Unis.

Face-de-Lune : Chen Yi, étudiant-travailleur en France, fondateur de l'Armée Rouge, maréchal et ministre des Affaires Extérieures de la République Populaire.

Feuille-d'Automne, épouse de Tête-de-Fouine : Ye Qun, épouse de Lin Biao.

Général Yang : Yang Hucheng, seigneur de guerre, fils de rien, général patriote.

Godard, Jean-Luc : cinéaste avant-gardiste suisse, professionnel de la profession.

Gros-Sourcils : Georges Pompidou, président français.

Gros-Yao : Yao Wenyuan, critique littéraire, membre du Groupe Central de la Révolution Culturelle et de la Bande des Quatre.

Hemingway, Ernest : écrivain américain.

Huang-le-Grêlé : Huang Jinrong, chef de la police chinoise de la Concession française, sommité de la pègre shanghaienne, parrain de la Bande Verte.

Itagaki Seishirō : général japonais, proconsul du Mandchoukouo.

Jeune-Écrivain (le) : Qu Qiubai, philologue et poète, successeur du Vieux-Professeur à la tête du Parti Communiste Chinois.

Jeune-Maréchal (le) : Zhang Xueliang, dandy patriote, fils du Tigre-de-Mandchourie.

Khrouchtchev, Nikita : dirigeant soviétique, successeur et contempteur de Staline.

Kim Il-sung : maître de la Corée au nord du 38e parallèle.

Lao She : écrivain, dramaturge.

Li l'Allemand : Otto Braun, agent de Moscou, conseiller militaire des communistes chinois.

Li Rui : secrétaire et biographe de Mao Zedong.

Liu Gros-Nez : Liu Shaoqi, agitateur syndical, président de la République Populaire, Numéro Deux du régime.

Londres, Albert. journaliste dégagé.

Lumière-Radieuse, épouse de Liu Gro-Nez : Wang Guangmei, épouse de Liu Shaoqi.

Malraux, André : écrivain, Prix Goncourt 1933.

Mandarin-Versatile (le) : Zhou Enlai, figure de proue du Parti Communiste Chinois, Premier Ministre de la République Populaire.

Mao Zedong : cofondateur du Parti Communiste Chinois, puis son président, âme de la République Populaire.

Matsui Iwane : général japonais, prédateur de Shanghai, bourreau de Nankin.

Ours-Téméraire (l') : militaire de carrière, commandant en second de l'Armée Rouge, maréchal et ministre de la Défense de la République Populaire.

Peck, Gregory : acteur hollywoodien.

Petit-Chien, dit Rouge-Vertu : Zhu De, militaire de carrière, commandant en chef de l'Armée Rouge, maréchal et président de l'Assemblée de la République Populaire.

Petite-Bouteille : Deng Xiaoping, étudiant-travailleur en France, commissaire politique de l'Armée Rouge, secrétaire du Parti.

Philosophe au Regard Divergent (le) : Jean-Paul Sartre, écrivain, essayiste.

Pirate-Optimiste (le) : He Long, bandit de grands chemins, fondateur de l'Armée Rouge, maréchal et ministre des Sports de la République Populaire.

Pomme-Bleue : Jiang Qing, actrice, épouse de Mao Zedong, membre du Groupe Central de la Révolution Culturelle et de la Bande des Quatre.

Puyi, Henry : ci-devant empereur, régna sur la Chine sous le nom d'empereur Xuantong, régna sur le Mandchoukouo sous le nom d'empereur Kangde.

Rong Guotuan : champion du monde de ping-pong 1959.

Serpent-Blanc (le) : Kang Sheng, âme des services secrets et de la police politique, membre du Groupe Central de la Révolution Culturelle.

Staline, Joseph : chef de la grande Russie et des pays alentour.

Syngman Rhee : maître de la Corée au sud du 38e parallèle.

Soong May-ling : épouse de Chiang Kai-shek, fille du richissime Charlie Soong.

Souverain de Tirana (le) : Enver Hoxha, maître de l'Albanie.

Stilwell, Joe « Vinaigre » : général américain délégué en Chine.

Tête-de-Fouine : Lin Biao, élève officier, fondateur de l'Armée Rouge, maréchal et successeur désigné de Mao Zedong.

Tigre-de-Mandchourie (le) : Zhang Zuolin, seigneur de guerre inféodé aux Japonais.

Tōyama Mitsuru : mentor de l'extrême droite japonaise, inspirateur à barbe blanche de la Société du Dragon Noir, promoteur de la Grande Asie nipponne.

Tricky Dick : Richard Nixon, président américain.

Vaillante-Pureté, épouse de Petit-Chien : Kang Keqing, épouse de Zhu De.

Vandervelde, Émile : ministre belge.

Von Falkenhausen, Alexander : général prussien, conseiller militaire de Chang Kai-shek.

Von Seeckt, Hans : général prussien, conseiller militaire de Chang Kai-shek.

Vieux-Professeur (le) : Chen Duxiu, intellectuel contestataire et universitaire héros de la jeunesse, fondateur du Parti Communiste Chinois.

Wang-le-Fou : Wang Shiwei, poète récalcitrant.

Wang-le-Jeune : Wang Hongwen, ancien de Corée, membre du Groupe Central de la Révolution Culturelle et de la Bande des Quatre.

Warhol, Andy : artiste new-yorkais.

Wetzell, Georg : général prussien, conseiller militaire de Chiang Kai-shek.

Zhang-le-Solitaire : Zhang Guotao, étudiant condisciple de Mao, cofondateur du Parti Communiste Chinois, chef de l'Armée Rouge du IVe Front.

Zhang-le-Mince : Zhang Chungqiao, membre du Groupe Central de la Révolution Culturelle et de la Bande des Quatre.

Zhuang Zedong : champion du monde de ping-pong 1961, 1963, 1965.

Composition IGS-CP
à L'Isle-d'Espagnac.
Achevé d'imprimer
sur Roto-Page
par l'Imprimerie Floch
à Mayenne, le 20 juin 2012.
Dépôt légal : juin 2012.
Numéro d'imprimeur : 82669.

ISBN 978-2-07-013721-3 / Imprimé en France.

240731